高等院校本科会计学专业教材新系
国家级一流本科专业建设点

Tax Accounting and Planning

税务会计与纳税筹划

第16版

盖地 张孝光 李彩霞 编著

东北财经大学出版社 大连
Dongbei University of Finance & Economics Press

图书在版编目（CIP）数据

税务会计与纳税筹划 / 盖地，张孝光，李彩霞编著. —16版. —大连：东北财经大学出版社，2024.4（2025.1重印）

（高等院校本科会计学专业教材新系）

ISBN 978-7-5654-5157-7

Ⅰ.税… Ⅱ.①盖… ②张… ③李… Ⅲ.①税务会计-高等学校-教材 ②税收筹划-高等学校-教材 Ⅳ.810.42

中国国家版本馆CIP数据核字（2024）第050031号

东北财经大学出版社出版

（大连市黑石礁尖山街217号 邮政编码 116025）

网 址：http://www.dufep.cn

读者信箱：dufep@dufe.edu.cn

大连图腾彩色印刷有限公司印刷 东北财经大学出版社发行

幅面尺寸：185mm×260mm 字数：442千字 印张：24.75 插页：1

2024年4月第16版 2025年1月第2次印刷

责任编辑：王 莹 责任校对：刘贤恩

封面设计：原 皓 版式设计：原 皓

定价：59.00元

教学支持 售后服务 联系电话：（0411）84710309

如有印装质量问题，请联系营销部：（0411）84710711

第16版前言

在会计的历史长河中，作为传统会计的主要继承者——财务会计，其历史不足百年，在我国也只有20多年的历史。与财务会计一样，税务会计也是传统会计的继承者，但它比财务会计的历史更为久远。在财务会计产生后，税务会计与财务会计的密切程度要远远高于管理会计与财务会计的密切程度，因为税务会计一般是以财务会计核算为基础的，这对税收征纳双方来说，符合帕累托最优原则。

在现代企业制度下，财务会计、税务会计与管理会计提供的三类会计信息在经济界被广泛使用，不可或缺。由于税务会计与财务会计在企业单位内一般是一套账簿，因此，在会计理论与实务界，有人将会计工作岗位的分工混同于会计学科的划分，认为财务会计可以处理涉税事项，税务会计没必要独立。但涉税事项不等于纳税事项，涉税事项的会计处理不等于税务会计的纳税事项处理。涉税事项的会计处理属于财务会计范畴，是为了填报财务报表（报告），其处理依据是会计准则、制度，税务会计根据税收法规规定处理纳税人的纳税事项，进而提供纳税申报表——税务会计报表，两者具有密切联系但又分属不同的会计信息处理系统。

改革开放以来，我国的税收、会计等法规制度建设已经明显地体现出基于会计权益的分权观，而非基于财税权益的集权观。在基于会计权益的分权观下，财务会计的规范标准是会计准则，税务会计的规范标准是税收法规，税务会计已经成为一种制度安排。

税务会计有两个基本目标：一是履行纳税义务；二是追求税收利益。通过税务会计"追求税收利益"，实际上就是"税务筹划"。鉴于有的学校并未单独设置"税务筹划"课程，本书在比较系统地阐述税务会计确认、计量、记录和申报的基础上，单设两章税务筹划理论与实务。

本书章节结构及主要内容安排如下：

第1章税务会计概论。第1节简述税务会计基本理论，包括税务会计概念、目标、原则、基本前提、计量属性等，从而构成税务会计概念基本框架；第2节简述纳税的基本知识，包括税收实体法的主要构成要素；第3节增设"诚信纳税与纳税信用"。诚信纳税是社会普遍存在的相互信任关系在税务领域的具体体现，是根据法律规定履行税收给付义务，同时也是法律规定的道德准则。纳税人应不断提高税法遵从度，税务会计人员要"诚信为本，操守为重"。

第2章至第9章分章阐述了7个主要税种（出口退免税涉及增值税和消费税，不属单独税种）的税务会计，其中又以第2章“增值税会计”和第7章“企业所得税会计”为本书核心章节。

第2章增值税会计。目前，包括我国在内的各国增值税会计处理都是遵循财税合一模式（即对涉税、纳税事项的会计处理，均以税收法规规定为准），即按增值税法的规定进行会计确认、计量、记录和纳税申报。对于财政部颁布的《增值税会计处理规定》（财会〔2016〕22号），我们认为实质上遵循的是财税合一模式，即主要服务于增值税的纳税申报，而对编报财务报表意义并不大。

第7章企业所得税会计。因《企业会计准则第18号——所得税》与企业所得税法采取财税分离模式[①]，本章第1～4节阐述税务会计中的“所得税会计（income taxes accounting）”，即以企业所得税法为确认、计量、记录依据，按税法规定进行纳税申报。本章第5、6节属于财务会计中的所得税会计处理（accounting for income taxes），以企业会计准则为依据，主要阐述资产负债表债务法的企业所得税会计处理方法，不包括各种涉及企业所得税事项的会计处理（应在《财务会计》教材中阐述），仅是为了便于分析比较两种会计的区别与联系。因为在“一套账”的账簿体系下，在会计记录环节，两者密不可分。当然，如果在财务会计课程中已经比较完整、系统地学习过这两节的内容或者受课时所限，可以不讲或者自学。

第3章至第6章和第9章分别阐述消费税会计、关税会计、出口退免税会计、资源税会计和土地增值税会计，这几个税种都是遵循财税合一模式进行会计处理。

第8章个人所得税会计。本章的会计主体包括以下两类：一是根据个人所得税法规定，承担预扣预缴居民个人所得税、代扣代缴非居民个人所得税扣缴义务的企业单位；二是缴纳个人所得税的居民企业。前者作为预扣预缴/代扣代缴的法定扣缴义务人，根据税法规定，确认计量被扣缴人的“综合所得”和其他各项应税所得，计算其应交税额，并做相应的会计处理；后者则是个人所得税纳税人对其经营所得进行确认、计量、会计记录和纳税申报。

第10章其他税会计。本章选择企业经常涉及的7个税种，简述其确认、计量、记录和纳税申报，这几个税种也是遵循财税合一模式进行会计处理。

第11章税务筹划理论。本章简述税务筹划概念与意义、动因与条件、原则与特点、节税与避税、基本原理与方法，为税务筹划实务奠定理论基础。

第12章税务筹划实务。因为本书不是专门的《税务筹划》教材，不可能系统阐述税务筹划实务，所以仅从企业组建、经营、投资和筹资等环节（活动），简要阐述税务筹划思路和方法，并以相关案例予以说明。

本书再版增加了与党的二十大报告相关的内容，扎实推进习近平新时代中国特色社会主义思想进教材、进课堂、进头脑。党的二十大报告提出，“健全现代预算制度，优化税制结构，完善财政转移支付体系”；“加大税收、社会保障、转移支付等的调节力度”；“完善个人所得税制度，规范收入分配秩序，规范财富积累机制”；“完善支持绿色发展的财税、金融、投资、价格政策和标准体系”。这是对完善现代税收制度体系作出的新部署，

---

① 执行《小企业会计准则》的企业，则是财税合一模式。

为完善现代税收制度、促进建立现代财税体制指明了方向。

各章内容均以交稿截止日的税收法规和相关会计制度为依据。

虽然我们对我国税收与会计的法规制度建设一直在关注、在追踪、在学习，但因水平所限，对某些问题的认识和理解也不一定准确，竭诚欢迎广大读者不吝指正。正如保罗·A.萨缪尔森、威廉·D.诺德豪斯在其《经济学》“序言”中所言，读者和编辑“不断地提问和诘难，使得该书每一版都比前一版少一点缺憾”。

变化总是在发生，唯有变化是永恒的，让我们适应变化、享受变化，并努力去追踪变化。书中所涉法规制度，若理解有误，应以法规为准；若以后有变，应以新法规为准。税收给会计增添了无穷无尽的烦恼，“对于会计这个行业来说，如果没有税收问题，那么这个行业的复杂程度将会惊人地降低”[①]。但从另一个角度看，也正是越来越复杂的现代税收制度，明显提高了会计从业门槛和会计职业地位，税收已经成为会计职业新的增长点。会计专业培养的应是复合型人才，税务会计则是复合型会计人才不可或缺的专业知识。

本书适用于高等院校会计学、审计学、财务管理和税收学等本科专业，适用课程为税务会计与纳税筹划、税务会计与税务筹划、税务会计与筹划、税务会计等，也可作为财税专业人员业务学习用书。

感谢本书的广大读者和所有关心、关注拙书的人，你们的支持和指正是拙书进步的不竭动力。

作 者

2024年3月

① 孙凯．美国联邦税收制度［M］．北京：中国税务出版社，1997.

第1版前言

作为"高等院校本科会计学专业教材新系"之一的本书由两部分组成：第一部分是第1~10章，属于税务会计的内容。在这部分，书中首次提出了"税务会计概念结构"，对此做了较为系统的论述，并简述了纳税基础。之后，按我国现行主要税种，分章叙述其基本内容、应交税金的计算及会计处理方法，突出了增值税会计、出口退税会计及所得税会计三章重点。本书所依税收法规资料为截至1999年年底我国正式颁布的有效文件（教师授课、读者阅读时，若有变动，应以现行税收法规为准）。本书对税收法规经过加工提炼、系统整理，将税款计算与相应的会计处理紧密结合，使每一章都是一个相对独立、内容完整的知识体系。同时，又是对财务会计的完善与充实，因为税务会计是在财务会计基础上，依我国现行税法，进行纳税计算和调整，其会计处理结果最后还要融入财务会计之中。

第二部分是第11章、第12章，属于纳税筹划部分。纳税筹划是21世纪的朝阳产业，体现了征纳税双方共享现代文明。书中先从理论上界定了税务筹划的基本含义、基本原理、基本技术和基本方法，然后从实务操作上简述了税务筹划的方法和技巧。但限于本书字数，对此不能更多地展开阐述。

按照知识教育与素质教育、能力教育、技术教育兼顾的原则，希望读者从本书中得到的不仅是"知识点"，还应该是一种思维方式、操作能力与应变能力。本书作为我国高校的一门新的专业课教材，其结构体系、内容取舍都带有一定的探索性。书中每章都设置学习目标、小思考、个案分析、小结等栏目，以方便阅读和掌握。本书各章后的关键概念、思考题、练习题、自测题及其参考答案，由赵颖老师编写。

"对于会计这个行业来说，如果没有税收问题，那么这个行业的复杂程度将会惊人地降低"①，可见税务会计的重要性；"在美国的财会、管理等专业的学习中，一门必学的知识就是学习怎样才能减少税金的缴纳，即纳税筹划"②。本书就是为适应这种要求而编著的，它除了作为大学本科、各类成人教育教材外，还可以作为广大会计人员、税收征管人员、注册会计师、注册税务师、律师和企业管理人员的专业学习参考书。

应当说明的是，本书在此次印刷时，根据2001年新颁布的《企业会计制度》和《具

① 孙凯．美国联邦税收制度［M］．北京：中国税务出版社，1997.
② 孙凯．美国联邦税收制度［M］．北京：中国税务出版社，1997.

体会计准则》对书中的内容进行了调整，充分吸收了新法规、新制度的相关内容。

在本书编写过程中，得到了费文英、盖路、盖昊的大力支持和协助，他们进行了资料整理、书稿打印等项工作。由于本人水平有限，书中难免存在缺憾，敬请广大读者不吝赐教。

盖 地

2001年8月于天津

课程思政、教学目标与教学安排

一、课程思政

1.课程思政基本目标

税务会计人员要“诚信为本，操守为重”；为企业理财，对社会尽责。诚信之路的构筑，要靠对每一笔涉税会计事项、每一张纳税申报表的正确处理。守正笃实，久久为功。

企业通过税务筹划追求自身税收利益时，要秉持一颗对税法的敬畏之心，法不可违，规不可破。坚守不违法底线，做遵纪守法人。

品德为先，知识为重；既要仰望星空，又要脚踏实地，做中国税收文化和会计文化的传承人、弘扬者。

2.课程思政具体要求

在教学过程中，应根据各章的具体内容，针对每个知识点设置思政元素，实现思政教育与专业教育的有机融合。

以税务会计与纳税筹划理论思考问题，启迪人生；用科学的教学理念、教学方法，培养具有家国情怀、创新思维的财税会计人才。

二、教学目标

本课程适用于因课时所限，不单独开设“税务筹划”课程的学校，即将“税务会计”与“纳税（税务、税收，下同）筹划”合并为“税务会计与纳税筹划”一门课。它应在学过“（中级）财务会计”之后开设，即在掌握财务会计专业知识的基础上，通过比较系统地学习我国现行税收法规，尤其是税收实体法的税制要素，理解并掌握主要税种的税务会计确认、计量、记录和申报的程序及处理方法，正确界定税务会计与财务会计的协同效应关系。同时，为了充分发挥会计的理财功能，在掌握税务会计知识的基础上，通过对税务筹划基本原理和纳税筹划主要实务的学习，掌握纳税筹划的基本理论、基本思路和手段、方法，以及主要税种的筹划实务，充分理解税务筹划与财务管理的密切联系，综合利用税收、会计与财务专业知识，旨在培养复合型专业人才。

三、教学安排

本课程为学期课，根据大多数院校每学期20教学周（授课18周，复习、考试2周）、每周4课时计算分配，制定如下“课时分配表”，供用书单位参考。从总课时80节课中扣除总复习8节课后，按72节课在课堂讲授与实训操作之间分配课时，其中：讲授61课时，占85%，实践环节11课时，占15%。

如果所在学校本课程的教学周、周课时以及课堂讲授与实训操作要求与此有所不同，可以酌情调整。

课时分配表（参考）

章次	章名	总计课时 （1）=（2）+（3）	讲授课时 （2）	实训课时 （3）
1	税务会计概论	4	4	—
2	增值税会计	16	12	4
3	消费税会计	4	3.5	0.5
4	关税会计	2	2	—
5	出口货物免、退税会计	4	3.5	0.5
6	资源税会计	2	2	—
7	企业所得税会计	14	12	2
8	个人所得税会计	6	5	1
9	土地增值税会计	4	3.5	0.5
10	其他税会计	4	3.5	0.5
11	税务筹划理论	6	5	1
12	税务筹划实务	6	5	1
合　计		72	61	11
复习、考试（第19、20周）		8		
总　计		80		

目 录

MULU

第1章 税务会计概论 ……1
学习目标 ……1
1.1 税务会计概念结构 ……1
1.2 税收实体法及其构成要素 ……9
1.3 诚信纳税与纳税信用 ……14
本章小结 ……17
主要概念和观念 ……18
基本训练 ……18
第2章 增值税会计 ……20
学习目标 ……20
2.1 增值税的税制要素 ……20
2.2 增值税的确认、计量与申报 ……33
2.3 增值税进项税额及其转出的会计处理 ……47
2.4 增值税销项税额的会计处理 ……59
2.5 增值税减免和缴纳的会计处理 ……81
本章小结 ……89
主要概念和观念 ……89
基本训练 ……89
第3章 消费税会计 ……94
学习目标 ……94
3.1 消费税的税制要素 ……94
3.2 消费税的确认、计量与申报 ……98
3.3 消费税的会计处理 ……106
本章小结 ……115
主要概念和观念 ……115
基本训练 ……115

第4章 关税会计 ……119
学习目标 ……119
4.1 关税的税制要素 ……119
4.2 关税的确认、计量与申报 ……126
4.3 关税的会计处理 ……133
本章小结 ……137
主要概念和观念 ……137
基本训练 ……137
第5章 出口货物免、退税会计 ……140
学习目标 ……140
5.1 出口货物免、退税的税制要素 ……140
5.2 出口货物免、退税的确认与计量 ……143
5.3 出口货物免、退税的会计处理 ……148
本章小结 ……160
主要概念和观念 ……160
基本训练 ……161
第6章 资源税会计 ……164
学习目标 ……164
6.1 资源税的税制要素 ……164
6.2 资源税的确认与计量 ……168
6.3 资源税的会计处理 ……171
本章小结 ……172
主要概念和观念 ……172
基本训练 ……173
第7章 企业所得税会计 ……175
学习目标 ……175
7.1 企业所得税的税制要素 ……175
7.2 企业所得税的确认、计量与申报 ……187
7.3 企业所得税的缴纳与申报 ……210
7.4 企业所得税的会计处理 ……223
7.5 财务会计中的所得税会计基础 ……233
7.6 财务会计中的所得税会计处理方法 ……240
本章小结 ……248
主要概念和观念 ……248
基本训练 ……249
第8章 个人所得税会计 ……254
学习目标 ……254

8.1　个人所得税的税制要素 ……254
8.2　个人所得税的确认、计量与申报 ……259
8.3　个人所得税的缴纳与申报 ……268
8.4　个人所得税的会计处理 ……274
本章小结 ……278
主要概念和观念 ……278
基本训练 ……278
第9章　土地增值税会计 ……281
学习目标 ……281
9.1　土地增值税的税制要素 ……281
9.2　土地增值税的确认、计算与清算 ……284
9.3　土地增值税的会计处理 ……287
本章小结 ……292
主要概念和观念 ……292
基本训练 ……292
第10章　其他税会计 ……296
学习目标 ……296
10.1　城市维护建设税会计 ……296
10.2　城镇土地使用税会计 ……299
10.3　房产税会计 ……302
10.4　车船税会计 ……305
10.5　印花税会计 ……308
10.6　契税会计 ……313
10.7　车辆购置税会计 ……316
10.8　财产和行为税的合并纳税申报 ……319
本章小结 ……321
主要概念和观念 ……321
基本训练 ……321
第11章　税务筹划理论 ……325
学习目标 ……325
11.1　税务筹划：新世纪的朝阳产业 ……325
11.2　税务筹划：节税与避税 ……336
11.3　税务筹划：原理与方法 ……341
本章小结 ……347
主要概念和观念 ……347
基本训练 ……347
第12章　税务筹划实务 ……351
学习目标 ……351
12.1　企业组建的税务筹划 ……351

12.2 企业经营的税务筹划 ……355
12.3 企业投资融资的税务筹划 ……367
本章小结 ……377
主要概念和观念 ……377
基本训练 ……377
综合案例 ……380
主要参考文献 ……383

第 1 章 税务会计概论

学习目标

掌握税务会计的概念结构、实体税的构成要素，明确纳税人的基本权利和义务等。其具体目标包括：

□ 知识目标

了解税务会计的目标、基本前提和一般原则，掌握税收制度的基本构成因素。

□ 技能目标

掌握税务会计与财务会计的联系与区别。

□ 能力目标

理解税务会计的基本作用，了解纳税人的各项权利和义务。

1.1 税务会计概念结构

1.1.1 税务会计概念

随着社会生产力的发展，各国的税法、税制越来越健全、越来越复杂。对作为主要纳税人的企业来说，纳税已成为其进行经营决策的一个越来越重要的因素。美国著名会计学家E.S.亨德里克森在《会计理论》一书中写道："很多小企业的会计目的主要都是为了编制所得税申报表，甚至不少企业若不是为了纳税根本不会记账。即使对于大公司来说，收益的纳税亦是会计师们的一个主要问题。"首先，在税务会计的产生和发展过程中，所得税的出现和不断完善对其影响最大，因为所得税的计算依据涉及企业的投资和筹资，以及企业的供应、生产、销售或商品流转的全过程；其次，比较科学合理的增值税的产生和不断完善，也对税务会计的发展起到了重要的促进作用，因为它对企业会计提出了更高的要求，迫使企业在会计凭证及会计账簿的设置、记载上分别反映收入的形成和物化劳动转移的价值及转移价值中所包括的已纳税金，这样才能正确核算增值额，从而正确计算企业应纳的增值税。为了满足纳税人的需要，或者说，纳税人为了适应纳税的需要，税务会计变得越来越重要。

税务会计是社会经济发展到一定阶段（文化、教育的普及和提高，生产规模的扩大，生产力的进步，社会成熟到能把征税、纳税看作是社会自我施加的约束等）而产生的。它是从传统会计中分离出来的，对维护国家和纳税人的权利都是极其重要的。因此，税务会计是近代新兴的一门边缘学科，是融税收法规和会计核算为一体的一种特种专业会计，是税务中的会计、会计中的税务。它是以国家现行税收法令为准绳，以货币计量为基本形式，运用会计学的理论和方法，连续、系统、全面地对税款的形成、计算和缴纳（即税务活动引起的资金运动）进行核算和监督的一门专业会计。税务会计本质上应是税收法律与财务会计准则既冲突又协调的一种会计机制。当会计准则与税收法规存在诸多差异时，“企业必须针对这些不一致保持一份专门用于纳税目的的税务会计记录”（罗伯特·N.安东尼等，2011）。税务会计作为一项实质性工作并不是独立存在的，而是企业会计的一个特殊领域，是以财务会计为基础的。税务会计并不要求企业在财务会计的凭证、账簿、报表之外再设一套会计账表（纳税报表除外）。对于中小企业来说，一般不必专门设置税务会计机构，但应该设置专门的工作岗位；对于大企业来说，应该设置专门的税务会计机构或税务管理部门。现代会计应具备多重功能，诸如财务功能、税务功能、管理功能、成本分析功能、经济效益分析功能等。企业一般仅需设一套完整的会计账表，既要符合税收法规的要求，又要符合会计准则的规范标准，当两者不一致时，应作纳税调整处理。税务会计作为一个相对独立的学科，与财务会计一样，也应有其概念结构（框架），概念结构一般包括对象、目标、基本前提、一般原则等①。

1.1.2 税务会计对象

税务会计对象是税务会计客体，企业发生的应税行为（应税交易）都是税务会计对象。具体而言，就是因企业发生的应税行为（应税交易）而产生的应缴税款（税金负债）的形成、计算、缴纳、补退、罚款等经济活动以货币表现的资金运动。

1）计税额、计税依据

（1）流转额（金额、数额）。流转额是税务会计按税法规定确认、计量、记录的销售（购进）额、销售（购进）量等，是各种流转税的计税依据，也是计算企业所得税的基础。

（2）成本费用额。成本费用额是企业在生产经营过程中的耗费和支出。它包括生产过程中的生产费用和流通过程中的流通费用。成本费用主要反映企业资金的垫支和耗费，是企业资金补偿的尺度。一定会计期间的成本费用总额与同期收入总额相配比，可以反映企业的生产经营成果。税务会计按税法规定确认、计量的税前扣除额，是计算企业所得税的基础。

（3）所得额。所得额是税务会计在财务会计核算的经营利润、投资收益等基础上，按税法规定调整、确认的应纳税所得（利润、收益）额。

---

① 盖地．税务会计理论研究［M］．北京：清华大学出版社，2015.

（4）财产额。财产额是税务会计按税法规定，对车船税、房产税、契税等所涉应税财产确认、计量的计税依据，如计税单位、基准税额、房产原值、成交（交换、市场）价格等。

（5）计税额。计税额是对行为税（如印花税、车辆购置税等），税务会计按税法规定确认、记录的计税金额（计税依据），如应税（成交）金额、计税价格等。

2）税款的计算与核算

按税法规定，在正确确认应缴税种计税依据基础上，计算应缴税金，并做相应的会计记录。

3）税款的缴纳、退补与减免

由于各种税的计税依据和缴纳方法不尽相同，企业应按税法规定，正确进行税款缴纳的会计记录。对企业多缴税款、应退税款或应补缴的税款，要进行相应的会计处理。减税、免税体现税收政策的灵活性和税收杠杆的调节作用，企业应正确进行减免税的会计处理。

4）税收滞纳金与罚款、罚金

企业因逾期缴纳税款或违反税法规定而支付的各项税收滞纳金、罚款、罚金，也应如实进行会计记录。

从总体上讲，财务会计的各项会计要素都与纳税有关，但并非各会计要素的每一经济事项都与纳税有关。税务会计对象与财务会计对象虽然总体范围一致，但在具体内容上，税务会计对象要小于财务会计对象。

1.1.3　税务会计目标与任务

税务会计目标是向税务会计信息使用者提供有助于税务决策的会计信息。其使用者包括税务征管机关、投资人、经营者等。

1）依法纳税，认真履行纳税人义务

税务会计要以国家的现行税法为依据，在财务会计有关资料的基础上，正确进行与税款形成、计算、申报、缴纳有关的会计处理和调整计算，正确及时地填报有关纳税报表，及时、足额缴纳各种税款，为税务机关（包括国家授权的代征机关）及时提供真实的税务会计信息。

2）正确进行税务会计处理，协调与财务会计的关系

税务会计既要以国家现行税法为准绳，又要按会计法规做调整分录，还要在财务报告中正确披露有关税务会计信息。它与财务会计是相互补充、相互服务、相互依存的关系。财务会计要符合会计准则、制度，要保持稳定性和规范性，税务会计要保持依法（税法）性。两者作为企业会计的重要组成部分，只有认真配合，相互协调，才能完成各自的具体目标，才能为企业共同的目标服务。

3）合理选择纳税方案，有效进行税务筹划

财务会计要为投资人、债权人、经营者服务，税务会计同样也要为投资人、经营者服务，但税务会计涉及的是与企业纳税有关的特定领域。在这个领域，要服从、服务的企业财务会计的总目标，就是减轻企业税负。在其他各项收入、成本、费用不变的前提下，企业税负与企业盈利成反比。因此，税务会计的总目标是：选择税负较轻的纳税方案；在企业经营的各个环节，事先进行税负的测算，以便做出税负最轻的决策；事后进行税负分析等。

1.1.4 税务会计基本前提

税务会计目标是提供有助于企业税务决策的信息，而企业错综复杂的经济业务会使会计实务存在种种不确定因素，因此，要进行正确的判断和估计，即明确税务会计的基本前提（假定）。税务会计源于财务会计，财务会计中的基本前提有些也适用于税务会计，如会计分期、货币计量等。税务会计在具体运用时，也有其特殊性，主要有：

1）税务会计主体（tax accounting entity）

税务会计主体亦称纳税会计主体，是指按税法规定取得会计凭证并进行会计确认、计量、记录和申报的纳税人和扣缴义务人。正确界定税务会计主体，就是要求每个纳税会计主体应与其他纳税会计主体分开，保持符合税法要求的会计记录并填报纳税申报表。一般情况下，纳税主体就是纳税会计主体，即税务会计主体。但在特定情况下，纳税主体不一定就是税务会计主体，如对工资薪金、劳务报酬等征收个人所得税时，纳税人是纳税主体但并非税务会计主体，作为扣缴义务人的企业单位才是这一纳税事项的会计主体——税务会计主体。

一般而言，财务会计主体同时也是税务会计主体，但在特殊或特定情况下，财务会计主体不一定就是税务会计主体（或者相反）。

2）持续经营（going concern or continuity of operation）

持续经营前提意味着该企业个体在可预计的时间内将实现它现在的承诺，如预期所得税在将来被继续征纳。这是所得税款递延、亏损前溯或后转以及暂时性差异能够存在并且能够使用纳税影响会计法进行所得税跨期摊配的前提所在。以折旧为例，它意味着，在缺乏相反证据的时候，人们总是假定该企业将在足够长的时间内为转回暂时性纳税利益而经营和赚得收益。

3）货币时间价值（time value of money）

货币（资金）在其运动过程中具有增值能力。即使不考虑通货膨胀的因素，今天的1元钱比若干年后收到或付出1元钱的价值要大得多。这说明，同样一笔资金，不同时间具有不同的价值。随着时间的推移，投入周转使用的资金价值将会发生增值，这种增值的能力或数额，就是货币的时间价值。这一基本前提已成为税收立法、税收征管和纳税人选择会计方法的立足点，它深刻地揭示出纳税人进行税务筹划的内在原因，也同时说明所得税会计中采用纳税影响会计法进行纳税调整的必要性。

4）纳税年度（taxable year）

纳税年度是指纳税人应向国家缴纳各种税款的起止时间。如我国规定，纳税年度是指自公历1月1日起至12月31日止。纳税年度一般要根据国民经济各部门生产经营的特点和纳税人缴纳税款数额的多少来确定。如纳税人在一个纳税年度的中间开业，或者由于合并、关闭等原因，使该纳税年度的实际经营期限不足12个月的，应当以其实际经营期限为一个纳税年度。纳税人清算时，应当以清算期间作为一个纳税年度。各国纳税年度规定的具体起止时间有所不同，一般有日历年度、非日历年度、财政年度或营业年度。纳税人可以在税法规定的范围内选择、确定，但必须符合税法规定的采用和改变纳税年度的方法，并且遵循税法中所做出的关于对不同企业组织形式、企业类型的各种限制规定。

5）年度会计核算（annual accounting）

年度会计核算是税务会计中最根本的前提，即认为税制是建立在年度会计核算的基础上，而不是建立在某一特定业务的基础上。纳税只针对某一特定纳税期间里发生的全部事件的净结果，而不考虑当期事件在后续年度中的可能结果，后续事件将在其发生的年度内考虑。比如在“所得税跨期摊配”中应用递延法时，由于强调原始差异对税额的影响而不强调转回差异对税额的影响，因此，与未来税率没有关联性。当时间性差异后来转回时，按时间性差异产生时递延的同一数额调整所得税费用，从而使税务会计数据具有更多的可稽核性，以揭示税款分配的影响额。

1.1.5　税务会计一般原则

由于税务会计与财务会计存在特殊的关系，因此，财务会计中的总体要求原则、会计信息质量要求原则及会计要素的确认与计量原则，大部分或基本上也都适用于税务会计。但因税务会计与税法存在的特定联系，税收理论和立法中的实际支付能力原则、公平税负原则、程序优先于实体原则等，也会非常明显地影响税务会计。根据税务会计的特点，结合财务会计原则与税收原则，归纳出税务会计的基本原则如下：

1）修正的应计制原则

实现制突出地反映了税务会计的重要原则——现金流动原则（具体化为公平税负和支付能力原则）。该原则是确保纳税人有能力支付应纳税款而使政府获取财政收入的基础。但是，由于实现制不符合会计准则的规定，一般不能用于财务报告目的，只适用于个人和不从事商品购销业务的中小企业的纳税申报。

应计制被广泛用于财务报告目的，当它被用于税务会计时，与财务会计中的应计制存在一些区别：第一，必须考虑支付能力原则，使得纳税人在最有能力支付时支付税款；第二，确定性的需要，使得收入和费用的实际实现具有确定性；第三，保护政府财政税收收入。例如，在收入的确认上，应计制的税务会计由于在一定程度上被支付能力原则所覆盖而包含着一定的收付实现制的方法，而在费用的扣除上，财务会计中采用稳健性原则列入的某些估计费用，在税务会计中是不能够被接受的，后者强调“该经济行为已经发生”的限制条件，从而达到保障政府税收收入的目的。

2）与财务会计日常核算方法基本一致原则

由于税务会计与财务会计的密切关系，税务会计一般应遵循各项财务会计准则。只有当某一事项按会计准则在财务报告日期确认以后，才能确认该事项按税法规定计量的应纳税款；依据会计准则在财务报表日期尚未确认的事项可能影响到当日已确认的其他事项的最终应纳税款，但只有在根据会计准则确认导致征税效应的事项之后，才能确认这些征税效应，这就是“与日常核算方法相一致”的原则，它包含：

（1）对于已在财务报表中确认的全部事项的当期或递延税款，应确认为当期或递延所得税负债或资产；

（2）根据现行税法的规定计量某一事项的当期或递延应纳税款，以确定当期或未来年份应付或应退还的所得税金额；

（3）为确认和计量递延所得税负债或资产，不预期未来年份赚取的收益或发生的费用的应纳税款或已颁布税法、税率变更的未来执行情况。

3）划分经营收益与资本收益的原则

在税务会计中，要严格地划分经营收益与资本收益，因为两者往往承担不同的纳税义务。营业收益是指企业在日常经营活动中获得的收入，通常表现为现金流入或其他资产的增加或负债的减少。其内容包括主营业务收入和其他业务收入两个部分。其应纳税额一般按正常税率计征。

资本收益是指在出售或交换税法规定的资本资产时所得的利益（如投资收益、出售或交换有价证券的收益等），一般包括纳税人除应收款、存货、经营中使用的地产和应折旧资产、某些政府债券以及作品的版权以外的资产。资本收益的纳税标准具有许多不同于营业收益的特殊规定。因此，为了正确地计算所得税负债和所得税费用，应该制定划分两种收益的原则和标准。这一原则在外国（如美国、英国等）的所得税会计中一般有较详尽的规定，我国在这方面尚待与国际惯例相协调。

4）配比原则

配比原则是财务会计的一般规范。将其应用于所得税会计，便成为支持“所得税跨期摊配”的重要指导思想。接受所得税是一种费用的观点意味着，如果所得税符合确认与计量两个标准，则应计制会计对于费用就是适宜的。应用应计制会计和与之相联系的配比原则，就意味着要根据该期间内为会计目的所报告的收入和费用来确定所得税费用，而不考虑为纳税目的所确认的收入和费用的时间性。也就是说，所得税费用与导致纳税义务的税前会计收益相配比（在同期报告），而不管税款支付的时间性。这样，由于所得税费用随同相关的会计收益在同一期间确认，从配比原则的时间一致性和因果性来看，所得税的跨期摊配方法也符合收入与费用的配比原则。

5）确定性原则

确定性原则是指在所得税会计处理过程中，按所得税法的规定，在纳税收入和费用的实际实现上应具有确定性。这一原则具体体现在“递延法”的处理中。在递延法下，当初的所得税税率是可确知的，递延税款是因暂时性差异的历史交易事项产生的。按当初税率报告递延所得税，符合会计以历史成本为基础报告绝大部分经济事项的特点，提高了会计信息的可信性。

6）可预知性原则

可预知性原则是支持并规范“债务法”的原则。债务法关于递延所得税资产或负债的确认模式，是基于这样的前提：根据会计准则编制的资产负债表，所报告的资产和负债金额将分别收回或清偿。因此，未来年份应税收益只在逆转差异的限度内才被认可，即未来年份的应税收益仅仅受本年暂时性差异的影响，而不预期未来年份赚取的收益或发生的费用。将可预知性原则应用于所得税会计处理，提高了对企业未来现金流量、流动性和财务弹性的预测价值。

1.1.6 税务会计计量属性

会计计量就是在恰当的时间、以特定的单位所做出的数量反映。“会计计量是会计系统的核心职能。”[1]“会计计量不论在理论上还是实务上都是会计的核心。因为会计的‘语言’就是量化的信息。”（葛家澍、杜兴强，2005）财务会计计量属性在会计理论研究、会计准则规范以及会计实务处理中，比较明确，基本成为共识。在《企业会计准则——基本准则》中，明确了财务会计的计量属性有历史成本、重置成本、可变现净值、现值和公允价值五种。

税务会计计量属性源于税法，但哪个国家的税法也没有像财务会计那样在一个规范性文件（如基本准则、编报财务报表的框架、概念框架、原则公告等）中集中阐明其计量属性，而税务会计计量属性既是实际存在的，又有别于财务会计。试问，哪个企业在填报税务会计报表（纳税申报表）时不需要对税务会计要素（涉税要素）进行确认、计量？而且绝不能出现差错，否则，将受到税务机关“立竿见影”的惩罚。因此，需要认真研究税法、正确理解税法，并从税法中归纳、提炼出其计量属性，以便正确地进行各种应交税费的计算与申报。由于各国税法的立法层次都要高于会计，因此，由税法决定的税务会计计量属性也要重于财务会计。在财务会计与税务会计合一的情况下，财务会计计量属性要服从于税务会计；而在财务会计与税务会计分离的情况下，财务会计计量属性与税务会计计量属性应体现或服务于各自的会计目标。基于对税法的理解和认识，本书将税务会计计量属性归纳为“以历史成本为主，以重置成本、现行市价为补充，在特定情况下采用公允价值”。

1）历史成本（实际成本）

“历史成本，是指企业取得该项资产时实际发生的支出。”[2]在一般情况下，企业的各项资产，包括固定资产、生物资产、无形资产、长期待摊费用、投资资产、存货等，均以历史成本为计税基础。历史成本强调：（1）其计算时点是企业取得该项资产时，而不是企业取得以后持有期间的价值；（2）企业取得资产时实际发生的支出，强调的是现实性，即使是企业取得资产时应当负担的支出，如果企业最终没有兑付这种义务性支出，其“支出”也是不能被包括在历史成本之中的。

历史成本是在特定环境和时点下，企业为取得某项资产所实际发生的支出，其金额是既定的、固定的，而且作为资产的计算基础，企业不得自行调整，否则会侵蚀税基。但企业的资产可能会在企业长期存在，持有期限较长；在持有期间，资产会因各种原因而发生增值或减值，对此，税法保留了一定的空间：“企业持有各项资产期间资产增值或者减值，除国务院财政、税务主管部门规定可以确认损益外，不得调整该资产的计税基础。”[3]

2）重置成本（现行成本）

重置成本是指在当前市场状况下，用现时价格水平生产或购建与某项资产具有相同使用功能或效用的全新资产的支出。税法中的重置成本含义与会计准则基本相同，只是使用范围、内容有所不同。税法仅限于在特定情况下允许企业采用重置成本计量属性，如对旧房及建筑物评估价格计量、对盘盈资产的计量。在土地增值税法中规定，旧房及建筑物的评估价格是“由政府批准设立的房地产评估机构评定的重置成本乘以成新度折扣率后的价

① YURI I.Theory of accounting measurement［M］. Sarasota：American Accounting Association，1979：29.
② 《中华人民共和国企业所得税法实施条例》第五十六条第二款。
③ 《中华人民共和国企业所得税法实施条例》第五十六条第三款。

格。”其中“重置成本”的具体运用是：对旧房及建筑物，按转让时的建材价格及人工费用计算，建造同样面积、同样层数、同样结构、同样建设标准的新房及建筑物所花费的成本费用。

3）现行市价

现行市价是根据目前公开市场上与被评估资产相似的或可比的参照物的价格来确定被评估资产的价格。按税法规定，对企业视同销售行为以及纳税人销售货物或应税劳务的价格明显偏低、又无正当理由时，其计税基础的确认应按现行市价。

在具体操作时，必须按税法规定的方法和顺序依次采用（而非自行选择）：①按纳税人当月同类货物的平均销售价格确定；②按纳税人近期同类货物的平均销售价格确定；③按组成计税价格确定，其计算公式是：

组成计税价格=成本×（1+成本利润率）

“成本”以企业历史成本计量，“成本利润率”则由国家统一规定。

4）公允价值

“公允价值，是指按照市场价格确定的价值。”[①]以市场价格作为公允价值的确定标准，具有客观性和公平性。对市场价格，可以理解为熟悉情况的双方在公平交易的条件下所达成的价格。当企业以非货币形式从各种来源取得收入时，其金额的确定应当采用该计量属性。它既适用于关联方，也适用于非关联方。由此可见，税法中界定的公允价值，基本上相当于会计准则中公允价值的“市场法”。它是基于相同或可比资产的市场交易而产生的价格。市场法主要指市场的价格信息，即在市场真实交易中可观察到的相同、相似或可比的资产的价格。

如果在活跃市场上能够观察到这类信息，应尽可能用它来进行估计。市场价格被认为是公允价值的最好反映，因为一个公开市场上的价格通常是公允和可接受的，相对而言也是容易得到的。

这种方法是站在销售人（卖方）的立场上，利用已被市场检验的实际交易价格来判断和估计计量对象的市场价格，因此，被认为是公允价值最为直接和最具说服力的获取方法。

1.1.7 纳税会计信息与涉税会计信息

财务会计提供的财务信息中包括税金及附加、所得税费用、递延所得税资产、递延所得税负债、应交税费余额、支付的各项税费、收到的税费返还等涉税会计信息，而税务会计提供的是企业纳税申报、税款缴纳和退补等纳税会计信息。由此可见，纳税会计信息与涉税会计信息是两类会计信息，两者虽有一定的联系，但具体内容不同、作用不同，究其原因是目标不同。纳税会计信息与涉税会计信息分属不同的会计信息处理系统（程序），不能互相取代，但在企业税务管理、税负分析、财务分析、风险识别及防控、投融资决策时应该综合考虑、结合运用（计算分析）。

不论是税务会计信息使用者，还是财务会计信息使用者，都不能将单一会计信息作为信息的唯一来源，也不能将涉税会计信息等同于纳税会计信息。

---

① 《中华人民共和国企业所得税法实施条例》第十三条第二款。

【小思考1-1】下列哪些结论正确?

(1) 税务会计就是税收会计

(2) 税务会计是从税收会计中独立出来的

(3) 税务会计是从财务会计中独立出来的

(4) 企业会计是以财务会计为主体、以税务会计和管理会计为两翼的会计体系

(5) 涉税会计信息不等同于纳税会计信息

【答案】(3)(4)(5)

1.2　税收实体法及其构成要素

税收实体法[①]是税收法律关系主体的实体权利和义务的法律规范总称。税收实体法直接关系征纳双方的权力和责任、权利和义务的界定。税收实体法是税法的核心内容，如果没有税收实体法，政府就没有权力向纳税人征税，纳税人就没有义务向政府缴税，也就没有税法体系。由于国家设置并征收的每个税种的特定目的不同，因此，一般都是分税种立法，即“一税一法”——一个税种一部税收实体法，而且每个税种（即每个税收实体法）的构成要素（基本要素）具有统一性，一般包括纳税人、课税对象（纳税对象）、税目、税率、计税依据等。

1.2.1　纳税权利义务人

纳税权利义务人简称“纳税人”[②]，是根据税法规定直接负有纳税义务并享有纳税人权利的单位和个人。纳税人可以是自然人，也可以是法人。自然人是依法享有民事权利，并承担民事义务的公民。法人是依法成立、能够独立支配财产并能以其名义享受民事权利并承担民事义务的社会组织。

在实际纳税中，与纳税人相关的概念还有：

（1）负税人，即最终承担税收负担的人。某种税的纳税人可能同时也是其负税人，但也可能不承担或不完全承担税负。因此，两者可能是合一的，也可能是分离的，关键看税负能否转嫁。如果税负能够转嫁，纳税人与负税人在一定程度上是分离的；否则，两者就是合一的。根据转嫁程度，纳税人与负税人可以不完全分离或不完全合一。税务会计主体是纳税人而非负税人，因此，以后章节不再涉及负税人概念。

（2）预扣预缴/代扣代缴/代收代缴义务人。税收法律、行政法规明确规定负有扣缴义务的单位和个人（简称扣缴义务人）。扣缴义务人在支付或收取款项时，代税务机关向负有纳税义务的单位和个人扣留或收取并解缴（缴纳）税款。

（3）代征人。依法接受委托、行使代征税款权利并承担“委托代征协议书”规定义务的单位或人员。遵循自愿原则，委托人应与代征人签订“委托代征协议书”，明确委托代

① 相对于税收实体法的是税收程序法，即规范税务机关和税务行政相对人在行政程序中权力和责任、权利和义务的法规总称。它可以保障实体法的有效实施，弥补其不足；维护纳税人的权益，规范和制约行政权的行使，提高执法水平和执法效率。

② 笔者不认可“纳税义务人”的提法。若没有权利，何来义务？因此，纳税人是纳税权利义务人的简称，而非“纳税义务人”的简称。

征范围和期限（不超过3年）、代征手续费率、违约责任等内容。

（4）纳税单位。纳税单位是指申报缴纳税款的单位，是纳税人的有效集合。为了征管和缴纳税款的方便，可以允许在法律上负有纳税义务的同类型纳税人作为一个纳税单位，填写一份申报表进行纳税。如企业所得税，既可以是以每个分公司为一个纳税单位，也可以是以总公司为一个纳税单位。在一般情况下，要根据管理的需要和国家政策来确定纳税单位。

1.2.2 课税对象

课税对象亦称征税客体、纳税对象等。它是征税的标的物，使人民明确对什么征税。每种税都有其特定的征税对象，它是区别不同税种的主要标志，体现不同税种征税的基本界限，决定着不同税种名称的由来以及各税种在性质上的差别，并对税源、税收负担等产生直接影响。与课税对象有关的概念有：

1）课税依据

课税依据亦称计税依据，它是税法中规定的据以计算应缴税款的直接数量依据，即税基。要计算应缴（应征）税款，还必须明确计税依据的计量单位。计量单位分为价值形态和实物形态两大类。如果计税依据是价值形态，如销售额、应纳税所得额等，其纳税对象与计税依据计量单位一致，均为货币计量；如果计税依据是实物形态，是以纳税对象的销售数量、计税面积、长度、重量等作为计税依据的，则纳税对象与计税依据可能不一致，如车船税，其纳税对象是各种车辆、船舶，而其计税依据则是车船的辆、吨、米等实物计量单位。以价值形态作为计税依据时，其计税方法为从价计税；以实物形态作为计税依据时，其计税方法为从量计税；既以价值、又以实物为依据计税时，其计税方法为复合计税。

2）税源

税源就是税收的最终出处，即税收的源头。在税收实务中，人们通常将课税对象称为税源，这是从取得税收收入角度来说的。在理论上，税源是指在国民收入初次分配中已经形成的各项收入，表现为利润、工资、利息、租金收入等。只有在少数情况下，课税对象同税源才是一致的，大多数税种都是不一致的。课税对象是明确课税的直接依据，而税源则是税收收入的最终来源。

1.2.3 税目

税目是征税对象的具体化，反映具体的征税范围，体现每个税种的征收广度。不是所有的税种都规定税目，对那些征税对象简单明确的税种，如房产税等，就不必另行规定税目。对于征税对象比较复杂的税种（如消费税），在税种内部不同征税对象需要采取不同的税率档次进行调节时，就需要对该税种的征税对象进行进一步的划分，其划分类别就是税目。税目一般分为列举税目和概括税目两种：

（1）列举税目。列举税目就是将每一种商品或经营项目等，采用一一列举的方法，分别规定税目，必要时还可以在税目之下划分若干个子目。

（2）概括税目。概括税目就是按照商品大类或行业，采用概括方法设计税目。

1.2.4　税率

税率是应纳税额与课税对象（计税依据）之间的关系或比例，是计算应纳税额的尺度，体现课税的深度。每种税的税率高低，直接关系国家财政收入的多少和纳税人的税收负担的大小。因此，税率是构成税制的基本要素。

税率可以从不同角度分类。按照税率的经济意义，税率可以分为名义税率和实际税率两种。名义税率就是税法上规定的税率；实际税率就是纳税人实际缴纳的税额与其全部收益额的比例（比重）。在一般情况下，同种税的实际税率可能低于其名义税率。按照税率的表现形式，税率可以分为以绝对数表示的税率和以百分比表示的税率。

1）定额税率

定额税率按纳税对象的一定计量单位规定固定的税额，而不是规定纳税比例，因此又称“固定税额”。它是税率的一种特殊形式，一般适用于从量计征的某些税种、税目。在具体运用上，又分为地区差别定额税率、幅度定额税率、分类分级定额税率等不同形式。

2）比例税率

比例税率对同一征税对象，不论数额大小，都按同一比例纳税。税额与纳税对象之间的比例是固定的。比例税率在具体运用上又可分为产品比例税率、行业比例税率、地区差别比例税率、幅度比例税率及其他一些比例税率等多种形式。

比例税率的优点包括：对同一纳税对象的不同纳税人税收负担相同，有利于企业在大体相同的条件下开展竞争，促进企业加强管理，提高经济效益；计算方便，有利于企业核算、缴纳税款，也便于加强税收稽征管理工作。其主要缺点包括：不分纳税人的收入、所得的多少、设备好坏、生产经营状况等，都按同一税率征税，这与纳税人的负担能力不完全匹配，在调节企业利润水平方面有一定的局限性。

3）累进税率

按照纳税对象数额的大小，实行等级递增的税率，即把纳税对象按一定的标准划分为若干个等级，从低到高分别规定逐级递增税率。这种税率制度既可适应纳税人的负担能力，又便于充分发挥调节纳税人收入水平的作用，而且适应性强，灵活性大，一般适用于对所得和财产的征税。按累进税率结构的不同，累进税率又可分为以下几种：

（1）全额累进税率。其对纳税对象的全部数额，都按照与之相适应的等级的累进税率计算纳税。在纳税对象提高到一个新的级距时，对其全额都提高到一级新的与之相适应的税率计算纳税。它的累进幅度较大，对纳税人的所得具有较强的调节作用，计算方法简单，但存在税负不尽合理的弊端。

（2）超额累进税率。其把纳税对象按数额大小划分为若干等级，从低到高对每个等级分别规定相应的税率，一定数额的纳税对象可以同时适用几个等级的税率，每超过一级，超过部分则按提高一级的税率征税，这样分别计算税额，各等级应纳税额之和，就是纳税人的应纳税额。它的累进程度比较缓和，纳税人的税负较前者要轻一些，但在计算上比较复杂。

（3）超率累进税率。它与超额累进税率在原理上是相同的，不过税率累进的依据不是纳税对象数额的大小，而是销售利润率、资金利润率或增值率的高低。我国现行的土地增值税，就是采用超率累进税率。

1.2.5 纳税环节

纳税环节是指对处于不断运动中的纳税对象选定应该缴纳税款的环节。税法对每一种税都要确定纳税环节，但有的税种纳税环节比较明确、固定，而有的税种则需要在许多流转环节中选择和确定，从对流转额的纳税来看，由于产品从生产到消费，中间要经过工业生产、商业批发、商业零售等环节，可以选择在产品的生产环节或第一次批发环节纳税，在其他环节不纳税，即实行“一次课征制”，如资源税；也可以在产品出厂销售时缴纳一次工业环节的税，经过商业零售环节时再缴纳一次税，而在商业批发等中间环节不纳税，即实行“两次课征制”；还可以在工业品的生产制造、批发和零售环节都纳税，即实行“多次课征制”。

1.2.6 申报纳税期限

1）纳税义务与纳税期限的确认

纳税义务发生时间，即纳税人应税行为的发生时间，是确认纳税期限的起始点。在各个税收实体法中都明确规定了应税行为的发生时间。与财务会计有所不同，税务会计确认有的基于收付实现制、有的基于权责发生制，因涉税事项和税种的不同而不同。

2）纳税期限

纳税期限是纳税人依法向国家缴纳每种税款的期限。纳税义务发生后，不可能立即缴纳税款。因此，在税收实体法中规定了每种税的具体间隔时间，即申报纳税期限。有按日、按月、按季、按半年之分；不能按固定期限纳税的，应按次申报纳税。

3）缴税（缴库）期限

缴税（缴库）期限是指纳税人将应纳税款实际缴纳（入库）的期限。如纳税人以月、季或半年为一个纳税期间的，自期满之日起15日内申报纳税，超过规定期限，即为欠税。此外，有的税种还规定了预缴税款期限和结清（清缴）期限。纳税人、扣缴人、纳税担保人应缴纳欠税及滞纳金的，可先行缴纳欠税，再依法缴纳滞纳金。企业破产应依法缴纳新产生的应纳税款。

4）延期申报

以下两种情况可以延期纳税申报：

一是法定延期。纳税期限的最后一日是法定休假日的，以休假日期满的次日为期限的最后一日；在期限内有连续3日（含）以上法定休假日的，按休假日天数顺延。例如，某企业增值税、消费税是每月期满后15日内为申报纳税期限，当年2月15日为星期六，则2月申报纳税期限顺延至2月17日；10月1日（星期四）至7日放假7天，10月申报纳税期限顺延至10月22日（星期四）。

二是核准延期。纳税人、扣缴义务人不能按期办理纳税申报，经税务机关核准，可以延期申报，但应按上期实际缴纳的税款或税务机关核定的税款预缴，并在核准的延期内办理税款结算。

1.2.7 税额计算

税额的计算是根据纳税人的生产经营或其他具体情况，对其应纳税产品（商品）或项目，按照国家规定的税率，采取一定的计算方法，计算出纳税人的应纳税额。每种税都明确规定了应纳税额的具体计算公式，但其基本计算方法相同，即：

应纳税额=计税依据×适用税率（或单位税额）

在具体运用公式中的“计税依据”时，又涉及两个概念：一是计税单位，亦称计税标准、课税单位，它是课税对象的计量单位和缴纳标准，是课税对象的量化。计税单位分为从价计征、从量计征和混合计征三种。从价计征是以价值形态的货币金额作为课税对象的计量单位，大部分税种属于此类；从量计征是以课税对象的重量、数量、容量、面积等实物形态为计税单位；混合计征是从量与从价复合计征。二是计税价格。对从价计征的税种、税率一经确定，应纳税额的多少就取决于价格因素，按照计税价格是否包含税款划分，计税价格又可以分为含税价格和不含税价格。

1.2.8　税负调整

纳税人税负的轻重，除了通过税基、税率体现外，还可以通过其他措施来调整。税基、税率主要体现税负的统一性，而税负调整则体现税负的灵活性。税负调整分税收减免（减轻税负）和税收加征（加重税负）两种情况。

1）税收减免

（1）税收减免及其要求。税收减免是减税与免税的合称。减免税是国家对特定纳税人或征税对象给予减轻或者免除税收负担的一种税收优惠措施，包括税基式减免、税率式减免和税额式减免，但不包括出口退税和财政部门办理的减免税。减免税体现税收在原则性基础上的灵活性，但它也存在扭曲资源配置的可能性。

纳税人同时从事减税、免税项目与非减免税项目的，应分别确认计量。纳税人依法可以享受减免税待遇，但因故未享受而多缴税款的，纳税人可以在《中华人民共和国税收征收管理法》（以下简称《税收征管法》）规定期限内申请减免税，要求退还多缴税款。

税务机关应当遵循依法、公开、公正、高效、便利原则，规范减免税管理，及时受理和核准纳税人申请的减免税事项。税务机关应当结合税收风险管理，将享受减免税的纳税人履行纳税义务情况纳入风险管理，加强监督检查。

（2）税收减免的类型。

① 核准类减免税，是指法律、法规规定应由税务机关核准的减免税项目。纳税人申请核准类减免税的，应当在政策规定的减免税期限内，向税务机关提出书面申请，并按要求报送相应的材料。纳税人对报送材料的真实性和合法性承担责任。

② 备案类减免税。纳税人享受备案类减免税，应当具备相应的减免税资质，并履行规定的备案手续。

③ 自行判别。企业可根据经营情况以及相关税收规定自行判断是否符合优惠事项规定条件。认为符合条件的，应按规定时间自行计算减免税额，填报纳税申报表主表和相关附表，相关资料留存备查。

（3）税收减免的形式。除减税（对纳税人涉税事项的税基、税率或应纳税额打一定折扣或予以降低而少征部分税款）、免税（对纳税人的应税行为免予征税）基本形式外，还有：

① 起征点。它是税法规定的对课税对象开始征税的临界点。课税对象未达到起征点

的不征税；达到或超过起征点的，就其全部金额征税，而不是仅就超过部分征税。起征点的设置有利于小微企业的生存和发展，但当起征点较高时，容易诱发纳税人避税。

② 免征额。它是税法规定的对课税对象中免予征税的临界点。它是按照税法规定的数额，从计税依据总额中预先减除的部分，即免征额部分不纳税，只对超过免征额的部分征税。免征额是一种普惠制，有利于保证纳税人的基本所得，如个人所得税中计算居民个人综合所得时的“减除费用”。

2）税收加征

（1）地方附加，简称附加，是指地方政府按照国家规定的比例，随同正税一起征收的作为地方财政收入的款项。

（2）加成征收，是指在按规定税率计算出应纳税额后，再加征一定成数的税额。一成是税额的10%，以此类推，一般最高为十成。加成实际上是税率的延伸，是对税率的补充规定。

（3）加倍征收，是指在按规定税率计算出应纳税额后，再加征一定倍数的税额。加倍征税是累进税率的一种特别补充，其延伸程度远远大于加成征税。因为加成征税并未超过税率自身的规定范围，最大的加成幅度才是一倍，而加倍征税则最少是一倍，因此，其调控跨度较大。

【小思考1-2】你认为哪种税率有利于纳税人？

（1）固定（定额）税率

（2）比例税率

（3）累进税率（全额、超额、超率）

（4）不能只根据税率种类判断，要考虑影响纳税人税负的各项因素，其中税率还要看其具体比例

【答案】（4）

1.3 诚信纳税与纳税信用

1.3.1 诚信纳税及其意义

1）诚信与诚信纳税

诚信即诚实守信，言必有信，一诺千金。诚信是法律规范的道德。诚信原则逐步上升为一种法律原则始自罗马法，后来被民法所继承和发展，如《瑞士民法典》总则规定：“任何人都必须诚实地行使其权利并履行其义务。”

诚实信用也是我国现行法律的一个基本原则，在《中华人民共和国民法典》《中华人民共和国消费者权益保护法》中有明确规定，因适用范围广，对其他法律原则具有指导和统领的作用。可见，“诚实信用”并非一般的道德准则。

党的二十大报告指出，“弘扬诚信文化，健全诚信建设长效机制”。这是提高全社会文明程度，实施公民道德建设工程的重要一环。人无信不立，国无信不兴。中国自古以来就强调“讲信修睦”。诚信不仅是中国由来已久的历史文化传统，更是中华民族世代相传的道

德圭臬，是为人之本、处世之方、立国之基。诚实守信作为职业道德的重要内容，对企业来说，其基本作用是树立良好的信誉。只有守信用、讲道德，才能从根本上做好企业品牌。

将诚信原则应用于税法关系中，是对税收法定原则的有益和必要的补充。诚信原则，施于征税人是诚信征税，施于纳税人则是诚信纳税。

诚信纳税是在现代市场经济条件下社会普遍存在的相互信任关系在税务领域的具体体现，对纳税人来说是将诚信规范体现在履行纳税义务上。诚信纳税是指按照法律规定自觉、准确、及时地履行税收给付义务与各种作为义务，是表现和反映征纳双方相互之间信任程度的标的，是由诚实、遵守规则的征纳行为所组成的一种税收道德规范。诚信纳税在一个行为规范、诚实而合作的税收征纳群体中产生。它既促进税收征纳双方共同遵守规则，改善征纳关系，也在潜移默化中提高征纳主体成员的素质，在相互信任中转化成合作、和谐关系。

法不可违，信不可失。诚信，不仅是一种品行，更是一种责任；不仅是一种道义，更是一种准则。守信用、讲品德、重责任，才能树立企业的良好形象，企业才会有长久立足之地。

2）诚信纳税的意义

（1）诚信纳税有利于促进市场经济健康发展。市场经济是竞争经济，这种竞争是一种公平有序的竞争；市场经济也是一种法治经济，它通过将一切市场行为纳入法律体系以确保市场经济秩序有法可依与有法必依。可见，健全的法律制度和公平的竞争环境是保障市场经济健康发展的要件。实施诚信纳税，以财力保障政府行使其职能，能够为市场经济的健康发展提供保证；诚信纳税还可以促使纳税人公平地参与市场竞争，可以建立健全税收法律制度，营造公平的纳税环境，这是市场经济健康发展所不可或缺的条件。

（2）诚信纳税利国利民。诚信纳税可以保证政府有稳定、充足的财政收入，增强国家实力，这样政府就可以为社会提供更多、更好的公共物品和服务，满足人民日益增长的对美好生活的需求。诚信纳税与国家和人民的利益息息相关，诚信纳税利国利民。只有诚信纳税，国家富强、民族振兴、人民幸福才有坚实的基础。

（3）诚信纳税可以降低征收成本。纳税人讲诚信，纳税遵从度高，税务部门就可以给依法纳税人以较大的自由度，取消或简化一些不必要的管理程序和要求，提高征管效率，降低征收成本。

（4）诚信纳税有利于维护企业的商誉。在市场经济条件下，纳税人的商誉不仅包括其在生产经营活动及商业交易中的诚信度，还包括其诚信纳税情况——纳税信用等级。可以说，诚信纳税是企业的一项无形资产，它传播着企业的良好商业信誉，成为衡量企业商业信誉的重要尺度。只有诚信纳税的企业才会获得较高的商业信用和更多的商机，做到基业长青、行稳致远。

1.3.2　纳税信用管理与评价

纳税信用是指纳税人依法履行纳税义务，并被社会所普遍认可的一种信用，是社会信用体系建设的重要内容。

纳税信用管理是指税务机关对纳税人的纳税信用信息开展的采集、评价、确定、发布和应用等活动，纳税信用管理遵循客观公正、标准统一、分类分级、动态调整的原则。国家税务总局推行纳税信用管理工作信息化，规范统一纳税信用管理。税务机关积极参与社会信用体系建设，与相关部门建立信用信息共建共享机制，推动纳税信用与其他社会信用联动管理。

纳税信用评价采取年度评价指标得分和直接判级的方式。评价指标包括税务内部信息和外部评价信息。直接判级适用于有严重失信行为的纳税人。

税务机关每年4月确定上一年度纳税信用评价结果，并为纳税人提供自我查询服务。有下列情形之一的纳税人，该评价年度直接判为D级：①存在逃避缴纳税款、逃避追缴欠税、骗取出口退税、虚开增值税专用发票等行为，经判决构成涉税犯罪的；②存在前项行为，未构成犯罪，但逃避缴纳税款金额10万元以上且占各税种应纳税总额10%以上，或者存在逃避追缴欠税、骗取出口退税、虚开增值税专用发票等税收违法行为，已缴纳税款、滞纳金、罚款的；③在规定期限内未按税务机关处理结论缴纳或者足额缴纳税款、滞纳金和罚款的；④以暴力、威胁方法拒不缴纳税款或者拒绝、阻挠税务机关依法实施税务稽查执法行为的；⑤存在违反增值税发票管理规定或者违反其他发票管理规定的行为，导致其他单位或者个人未缴、少缴或者骗取税款的；⑥提供虚假申报材料享受税收优惠政策的；⑦骗取国家出口退税款，被停止出口退（免）税资格未到期的；⑧有非正常户记录或者由非正常户直接责任人员注册登记或负责经营的；⑨由D级纳税人的直接责任人员注册登记或者负责经营的；⑩存在税务机关依法认定的其他严重失信情形的。

纳税信用级别设A、B、M、C、D五级，未发生上述失信行为的下列企业适用M级纳税信用：①新设立企业（根据《中华人民共和国企业破产法》重整后的企业，也按新设立企业评价）；②评价年度内无生产经营业务收入且年度评价指标得分70分以上的企业。

对纳税信用评价为M级的企业，税务机关实行下列激励措施：①取消增值税专用发票认证；②税务机关适时进行税收政策和管理规定的辅导。

A级纳税信用为年度评价指标得分90分以上的；B级纳税信用为年度评价指标得分70分以上不满90分的；C级纳税信用为年度评价指标得分40分以上不满70分的；D级纳税信用为年度评价指标得分不满40分或者直接判级确定的。

税务机关按照守信激励、失信惩戒的原则，对不同信用级别的纳税人实施分类服务和管理。对税收违法失信行为当事人，实行“一处失信，处处受限”的联合惩戒措施，将惩戒措施分为向社会公布和不向社会公布的两类当事人。对不向社会公布的当事人，实施纳税信用级别降为D级的惩戒措施。对D级纳税信用企业，严格限制发票领用量，严控每次领取数，并要预缴3%的税额，必须到办税服务厅排队验票、比对认证等。

鼓励纳税人主动纠正税收违法失信行为，建立信用修复制度。对纳税信用评价为A级的纳税人，税务机关予以下列激励措施：①主动向社会公告年度A级纳税人名单；②一般纳税人可单次领取3个月的增值税发票用量，需要调整增值税发票用量时即时办理；③普通发票按需领用；④连续3年被评为A级信用级别的纳税人，除享受以上措施外，还可以由税务机关提供绿色通道或专门人员帮助办理涉税事项；⑤税务机关与相关部门实施的联合激励措施，以及结合当地实际情况采取的其他激励措施。

1.3.3 努力提升纳税信用等级

A级纳税信用企业不仅可以在发票领用、认证、出口退税和日常办税多方面享受便利，而且在不动产登记、申请贷款和政府招投标等方面享受审批优先待遇。

对企业来说，提升纳税信用等级，除可以直接降低纳税成本外，还可以降低融资成本，扩大融资规模。企业的纳税信用等级越高，得到的贷款就越多，贷款期限就越长。

纳税人应重视自身的纳税信用，提高税务会计核算水平，加强税务会计管理，日常积累纳税信用，努力提升纳税信用等级。具体而言，主要应做到：①按规定正确进行纳税申报，及时进行抄报税等；②按规定要求报送企业会计制度和会计处理方法；③归集并留存享受税收优惠政策的相关备查资料；④如实向税务机关提供与关联企业业务往来中的价格、费用标准等信息；⑤及时响应税务机关的风险提醒，按规定及时解除非正常户；⑥及时、如实向税务机关备案银行账户。

纳税人应该“以信为用”，最大化利用其良好的纳税信用所带来的各种便利，获得充分的发展空间。

1.3.4　严重违法失信会计人员黑名单管理

为加快推进会计领域诚信体系建设，推动形成褒奖诚信、惩戒失信的强大合力，财政部印发了《严重违法失信会计人员黑名单管理办法（征求意见稿）》（以下简称《管理办法》）。《管理办法》明确，在从事会计核算、实行会计监督等会计工作过程中，违反会计法有关规定，受到刑事或行政处罚的会计人员[①]为严重违法失信人员。

会计人员因下列行为受到刑事处罚或行政处罚的，属于严重违法失信行为：①提供虚假财务会计报告；②伪造、变造会计凭证、会计账簿，编制虚假财务会计报告；③隐匿或故意销毁依法应当保存的会计凭证、会计账簿、财务会计报告；④授意、指使、强令会计机构、会计人员及其他人员伪造、变造会计凭证、会计账簿，编制虚假财务会计报告或者隐匿、故意销毁依法应当保存的会计凭证、会计账簿、财务会计报告；⑤贪污，挪用公款，职务侵占等与会计职务有关的违法行为。

认定部门以刑事、行政处罚等处理结果为依据，将属于规定的违法情形当事人列入会计人员黑名单。受到行政处罚的，列入黑名单的有效期为5年，自处罚生效之日起计算；受到刑事处罚的，列入黑名单的有效期为永久。

【小思考1-3】下列哪些结论正确？

（1）诚信纳税利国利民

（2）诚信纳税利国利民利己

（3）诚信纳税利国利民不利己

【答案】（1）（2）

本章小结

本章内容是有关税务会计的基本概念、基本理论。

税收与会计互相影响、互相促进。为适应纳税人的需要，或者说纳税人为了适应纳税的需要，才产生了税务会计。

税务会计作为一门专业会计，是从财务会计中分离出来的。它与财务会计一样，也有自己的概念结构，即有其对象、目标、基本前提、一般原则等。

---

①　会计人员是指符合《会计人员管理办法》规定，在会计师事务所、代理记账机构中从事代理记账业务的人员。

要更好地掌握税务会计，就要了解我国的现行税制体系、税制构成要素、税收征管的基本内容。能够做到诚信纳税的纳税人，一定是纳税信用等级较高的纳税人。因此，要努力提升企业的纳税信用等级。

主要概念和观念

□ 主要概念

税务会计　税务会计对象　税制构成要素　诚信纳税与纳税信用

□ 主要观念

财务会计信息不能满足税务机关的需要，只有通过税务会计并通过其报告才能满足税务机关的需要。纳税人设置税务会计，不仅是为了正确履行纳税义务，也是为了充分行使纳税人权利，实现税收利益。

基本训练

□ 知识测评

1.单项选择题

（1）定额税率一般适用于（　　）的某些税种、税目。

A.税务从价计征　　B.从量计征　　C.复合计征　　D.混合计征

（2）税基是指（　　）。

A.计税单位　　B.计税价格　　C.定额　　D.计税依据

2.多项选择题

（1）税务会计的基本前提是（　　）。

A.税务会计主体　　B.持续经营　　C.纳税年度　　D.货币时间价值

（2）税率的形式有（　　）。

A.比例税率　　B.定额税率　　C.累进税率　　D.超额累进税率

（3）税务会计的目标是（　　）。

A.依法纳税，认真履行纳税义务　　B.正确进行税务会计处理

C.合理选择纳税方法　　D.有效进行税务筹划

（4）以下各项中正确的有（　　）。

A.增值税规定的是免征额　　B.增值税规定的是起征点

C.个人所得税规定的是免征额　　D.个人所得税规定的是起征点

3.判断题

（1）税务会计不包括税务筹划。（　　）

（2）税务会计原则与财务会计原则相同。（　　）

（3）所有税种都有税目。（　　）

（4）适用M级纳税信用的企业不一定是新设企业。（　　）

（5）只有税务会计才能提供涉税会计信息。（　　）

4.简答题

（1）何谓税务会计?

（2）税务会计的目标是什么?

（3）税务会计有哪些基本前提?

（4）税务会计有哪些一般原则？

（5）简述税务会计计量属性。

5.思考题

（1）税务会计与财务会计的关系是什么？

（2）试述税收实体法的基本构成要素。

（3）如何提升企业纳税信用等级？A级信用纳税人可以获得哪些便利？

□ 技能测评

根据此前已经学习过的财务会计知识以及本章的学习内容，请做一张财务会计与税务会计联系与区别的对比表。

□ 能力测评

根据我国现行税收制度与企业会计准则，我国企业在处理财务会计与税务会计的关系上，是否应该采取统一的会计处理模式？为什么？

分析要求：

（1）对企业进行分类。

（2）不同类型企业的会计信息使用者不同，分类阐述你的意见。

第2章 增值税会计

学习目标

掌握增值税的税制要素、增值税会计处理和申报的基本方法等。其具体目标包括：

□ 知识目标

了解增值税的基本特点和内容，掌握增值税的计税原理，深刻领会增值税会计的账簿设置、会计记录和申报等问题。

□ 技能目标

掌握增值税的计算程序与方法，特别是进项税额与销项税额的计算；熟练掌握增值税的会计处理方法。

□ 能力目标

理解增值税两类纳税人的划分标准、计税方法及会计处理的不同，增值税会计与财务会计中增值税处理的关系。

2.1 增值税的税制要素

2.1.1 增值税的特点

1954年法国政府率先推行增值税，此后欧共体各成员国先后采用了增值税。增值税以其特有的优势，已被170多个国家和地区采用，成为世界税收史上最耀眼的一颗新星。

1）增值税的概念

根据增值税的计税原理，增值税是对商品生产和流通、服务中各环节的新增价值和附加值——增值额计算征收的一种流转税（间接税）。在实务中，由于增值额难以准确确认计量，征纳双方容易产生歧义。因此，在世界各国税法中，一般采用税款抵扣的办法，即根据货物和服务的销售额，按规定税率计算出销项税额，再从中扣除进项税额，其余额即为纳税人应缴纳的增值税税额，这种计算方法体现了按增值因素计税的原理，只是各国及各国的不同时期税法规定的扣除项目和税率有所不同而已。

根据我国现行增值税税法，增值税的定义可以概括为：增值税是对在我国境内销售货物、进口货物以及提供服务的单位和个人，就其应税销售额计算税款，并实行税款抵扣制的一种流转税（间接税）。

2）增值税的特点

（1）税款抵扣机制。增值税的魅力源于增值税的抵扣机制（层层抵扣、环环征税）。税款抵扣机制是增值税区别于其他流转税的本质特征，是增值税的灵魂和内核。一个抵扣不完全的增值税税制不是真正的增值税税制，或者说不是一个完全符合增值税理论规范的增值税税制。

（2）增值税具有中性效应。增值税的中性效应就是增值税的征收对企业经营行为影响较小，乃至不受影响。具体表现在两方面：

①应税交易在任何一个流转环节的增值税税负，不受流转环节多少的影响。同一种商品，不论其流转环节多与少，只要最终售价相同，其总体税负就相同（见表2-1）。

表2-1　**增值额与增值税税额（假定税率10%）**　单位：万元

流转环节	销售额	增值额	增值税税额
1.生产原材料	200	200	20
2.生产半成品	400	200	20
3.生产产成品	700	300	30
4.批发	900	200	20
5.零售	1 000	100	10
合　计		1 000	100
1.生产原材料至半成品	400	400	40
2.生产产成品并零售	1 000	600	60
合　计		1 000	100

②同传统间接税的差别税率相比，增值税对绝大多数商品和服务采用同一比例税率，实现等比负担，其干预、诱导能力大为弱化，有利于发挥市场机制对资源配置的主导作用。

因各国采用的增值税类型不同以及增值税税制中还存在多档税率、征收率等情况，进项税额尚未做到完全抵扣，因而不能完全消除重复征税的问题，增值税的中性效应被打折扣。为充分发挥增值税的中性效应，包括我国在内，各国普遍追求更为简明的增值税税制，简并税率、减少优惠、拓宽税基已经成为增值税制发展的主流和趋势。

3）增值税的优越性

（1）能够较好地体现公平税负的原则。不论企业是全能型还是非全能型，不论其生产经营客观条件如何，其税收负担应是一致的。由于增值税是以增值额作为计税依据的，而商品的盈利是构成增值额的主要因素之一，因此，增值税的税收负担同纳税人的负担能力是基本相适应的。

（2）有利于促进企业生产经营结构的合理化。由于增值税的税收负担不会因流转环节的多少而使整体税负发生变化，只影响整体税负在各流转环节间的纵向分配结构。所以，增值税不但有利于企业生产向专业化协作方向发展，还有利于经营组织结构的合理化。

（3）有利于保证国家取得财政收入。凡是从事生产经营的单位和个人，只要其经营中产生增值额，就应缴纳增值税。一种产品（商品）不论其在生产、经营中经过多少环节，每个环节都应根据其增值额计税。因此，不论从横向看还是从纵向看，增值税都有利于保证国家的财政收入。

（4）有利于制定商品、服务价格。价格一般由成本、利润、税金三部分构成。在阶梯式的流转税（传统流转税）下，商品的税负是一个不确定因素，从而也使商品价格难以正确确定；征收增值税后，商品的整体税负成为可确定的因素，它只与税率有关。因此，为合理制定商品、服务价格提供了有利条件。

4）按计税依据分类的增值税类型

（1）生产型增值税。这种类型增值税的计税依据等于工资、利润、利息、地租和折旧额之和。从国民经济整体看，其计税依据就是国内生产总值（GDP），故称其为生产型增值税。但是，由于这种类型增值税的扣除范围不包括固定资产，因此，它在一定程度上仍带有重复征税的问题，不利于投资较大的生产企业的专业化分工与协作，但对资本有机构成低的行业、企业和劳动密集型生产企业有利。采用这种类型增值税的国家较少，主要为部分发展中国家。

（2）收入型增值税。这种类型的增值税是以销售收入减去投入生产的中间性产品价值和固定资产折旧额后的余额为计税依据的一种增值税。就国民经济整体来说，计税依据相当于国民收入（v+m），故称其为收入型增值税。其税基较生产型增值税稍窄，对经济增长的影响呈中性。

（3）消费型增值税。这种类型的增值税是以销售收入减去投入生产的中间性产品价值和同期购入固定资产后的余额为计税依据的一种增值税。这种类型的增值税准许扣除当期购入的全部固定资产的已纳税款，即对所有外购项目价值（非本企业新创造的价值）都实行购进扣税法。因此，它最能体现增值税的计税原理，是最典型的增值税。从国民经济整体来说，国内生产总值的c+v+m中扣除了c及v+m中用于积累的部分，其税基相当于全部消费品的价值，但不包括原材料、固定资产等一切投资转移价值，故称其为消费型增值税。这种增值税税基较窄，具有抑制消费、刺激投资、促进资本形成和经济增长的作用。

【小思考2-1】你认为增值税具有以下哪些特点？

（1）不重复征税

（2）普遍征税

（3）同种货物售价相同、税负相同

（4）体现税收杠杆调节作用

【答案】（1）（2）（3）

2.1.2 增值税的纳税人

1）增值税纳税人的定义及分类

在我国境内销售和进口货物、提供应税服务、转让无形资产和不动产的单位和个人，为增值税的纳税人。

（1）“境内”销售货物、提供应税服务是指销售货物的起运地或者所在地在境内，提供的应税服务发生在境内。

（2）“单位”是指企业、行政单位、事业单位、军事单位、社会团体及其他单位。

（3）“个人”是指个体工商户和其他个人（指自然人，下同）。

（4）承租人和承包人。企业租赁或承包给他人经营的，以承租人或承包人为纳税人。

（5）扣缴义务人。境外单位或个人在境内销售货物或提供应税服务，在境内未设有经营机构的，其应纳税款以代理人为扣缴义务人；没有代理人的，以购买者为扣缴义务人。

我国将增值税的纳税人划分为小规模纳税人与一般纳税人。

2）小规模纳税人

小规模纳税人是指应税行为年应税销售额①在500万元及以下，不能按规定报送有关纳税资料的纳税人。年应税销售额是纳税人在连续不超过12个月或4个季度的经营期内累计应征增值税销售额，包括纳税申报销售额②、稽查查补销售额、纳税评估调整销售额。

3）一般纳税人

年应税销售额超过小规模纳税人规定标准的，应向主管税务机关办理一般纳税人登记（选择按小规模纳税人纳税的和其他个人除外）。纳税人应根据《增值税一般纳税人登记管理办法》填报“增值税一般纳税人登记表”。

纳税人兼有应税货物和销售服务、无形资产、不动产的，应税货物销售额与应税服务销售额应分别计算，分别适用增值税一般纳税人登记标准，其中有一项销售额超过规定标准，就应当按照规定办理增值税一般纳税人登记相关手续。

年应税销售额未超过规定标准以及新开业的纳税人，若符合规定条件（有固定经营场所，能够准确提供税务核算资料），也可以向主管税务机关申请办理一般纳税人资格登记。

小规模纳税人会计核算健全（按照国家统一会计制度规定设置账簿，根据合法、有效会计凭证进行会计核算），能够提供准确税务资料的，可以向主管税务机关申请办理一般纳税人资格登记。

一经认定为一般纳税人后，不得再转为小规模纳税人。

---

① 小规模纳税人偶然发生的转让不动产的销售额，不计入应税行为年应税销售额。

② 纳税人自行申报的全部应征增值税销售额，其中包括免税销售额和税务机关代开发票销售额。

2.1.3 增值税的纳税范围

1）纳税范围的一般规定

在我国境内销售货物、服务[①]、无形资产、不动产和金融商品，以及起运地在境外、目的地在境内的进口货物等应税交易，均属增值税的纳税范围。境内应税交易是指起运地、所在地在境内，销售方在境内，境内消费，境内发生（发行）等。

下列项目视为非应税交易，不征收增值税：①员工为受雇单位或者雇主提供取得工资薪金的服务；②行政单位收缴的行政事业性收费、政府性基金；③因征收征用而取得补偿；④存款利息收入；⑤国务院财政、税务主管部门规定的其他情形。

2）纳税范围的特别规定

（1）视同应税交易

视同应税交易是指在财务会计中一般不确认销售收入[②]，但按税法规定属于应税行为，应确认收入并计算缴纳税款的销售行为。站在税制设计和税收征管的角度，将无偿赠送和有偿销售货物、无偿和有偿提供服务、无偿和有偿转让无形资产和不动产同等对待，均纳入征税范围，既体现税收的公平原则，又可堵塞漏洞，防止纳税人逃避缴纳税款。同时，又将以公益活动为目的或以社会公众为对象的无偿赠送货物、无偿提供服务排除在视同销售之外，有利于促进社会公益事业的发展。

下列行为视同应税交易，应依法缴纳增值税：①单位和个体工商户将自产或者委托加工的货物用于集体福利或者个人消费；②单位和个体工商户无偿赠送货物（用于公益事业的除外）；③单位和个人无偿赠送无形资产、不动产或者金融商品（用于公益事业的除外）；④单位和个人无偿服务（用于公益事业、以社会公众为对象的除外）；⑤国务院财政、税务主管部门规定的其他情况。

（2）兼营

一般纳税人兼营销售货物、加工修理修配劳务、服务、无形资产、不动产适用不同税率或者征收率的，应当分别核算适用不同税率或征收率的销售额，未分别核算销售额的，从高适用税率、征收率。

一般纳税人兼营免税、减税项目的，应当分别核算免税、减税项目的销售额；未分别核算的，不得免税、减税。

一般纳税人销售自产机器设备的同时提供安装服务，应分别核算机器设备和安装服务销售额，一般纳税人销售外购机器设备的同时提供安装服务，如果已按兼营的有关规定，分别核算机器设备和安装服务的销售额，安装服务可按甲供工程选择适用简易计税方法计税。

（3）混合销售

一项销售行为如果既涉及货物又涉及劳务、服务，为混合销售。从事货物生产、批发或零售的单位和个体工商户的混合销售行为（以货物销售为主，兼营销售服务），按照销售货物缴纳增值税；其他单位和个体工商户的混合销售行为，按照销售服务缴纳增值税。

---

① 销售服务包括提供交通运输服务、邮政服务、电信服务、建筑服务、现代服务和生活服务。
② 不符合会计准则规定的收入确认条件。

2.1.4　增值税的税率、征收率

1）增值税税率

（1）基本税率 13%

一般纳税人销售货物、进口货物，加工修理修配、有形动产租赁服务。

（2）低税率

① 9%。一般纳税人销售、进口农产品（含粮食）、食用植物油、食用盐、自来水、石油液化气、天然气、煤气、农机、化肥农药、饲料、书报杂志、音像制品、电子出版物等，提供交通运输服务、邮政服务、基础电信服务和建筑服务，转让土地使用权，销售不动产和不动产租赁服务。

② 6%。一般纳税人销售（转让）土地使用权之外的其他无形资产，提供增值电信服务、金融服务、生活服务（餐饮服务，包括外卖收入和现场消费收入）以及除租赁服务之外的各项现代服务。

（3）零税率

① 出口货物税率为零（国务院另有规定的除外）。出口货物税率为零不等于出口货物免税。出口货物免税仅指在出口环节不征收增值税，而零税率是指对出口货物除了在出口环节免征增值税外，还要对产品在出口前已经缴纳的增值税退税或抵扣，以使出口产品在出口时完全不含增值税税款，从而以无税产品进入国际市场[①]。

② 跨境应税行为税率为零。境内单位和个人提供的国际运输、航天运输、向境外单位提供的研发服务和设计服务，境内单位和个人提供的往返香港地区、澳门地区、台湾地区的交通运输服务以及在香港地区、澳门地区、台湾地区提供的交通运输服务，适用增值税零税率；国际服务外包，实行增值税零税率或免税。境内单位和个人提供期租、程租和湿租服务，如果租赁的交通运输工具用于国际运输服务和港澳台运输服务，不适用增值税零税率，由承租方按规定申请适用零税率。

境内单位和个人提供适用零税率的应税服务，如果属于适用增值税一般计税方法的，实行免抵退税办法，退税率为其按照规定适用的增值税税率；如果属于适用简易计税方法的，实行免征增值税办法。外贸企业兼营适用零税率应税服务的，统一实行免退税办法。

纳税人提供应税服务同时适用免税和零税率规定的，可选择适用零税率或免税。

2）增值税的征收率

（1）3% 的征收率

小规模纳税人以及选择简易计税方法的一般纳税人销售货物、无形资产，提供应税服务、有形动产租赁，取得资管产品运营收益等。

（2）5% 的征收率

小规模纳税人以及选择简易计税方法的一般纳税人销售不动产（不含自建），符合条件的不动产融资租赁、经营租赁（转让土地使用权），提供劳务派遣服务、人力资源外包服务等。

---

①　但在实务中，并非全部出口产品都完全实行零税率。政府基于宏观经济调控政策，规定了出口产品的不同出口退税率，大部分出口产品实行零税率，小部分出口产品未能实行零税率。

2.1.5 增值税的纳税期限与纳税地点

1）纳税期限

增值税的计税期间分别为10日、15日、1个月、1个季度或半年，具体计税期间，由主管税务机关根据纳税人应纳税额的大小分别核定。以半年为计税期间的规定不适用于按一般计税方法计税的纳税人。自然人不能按照固定计税期间纳税的，可以按次纳税。

纳税人以1个月、1个季度或者半年为一个计税期间的，自期满之日起15日内申报纳税；以10日、15日为一个计税期间的，自期满之日起5日内预缴税款，于次月1日起15日内申报纳税并结清上月应纳税款。扣缴义务人解缴税款的计税期间和申报纳税期限比照执行。

纳税人进口货物，应当自海关填发海关进口增值税专用缴款书之日起15日内缴纳税款。

2）纳税地点

（1）固定业户应向其机构所在地主管税务机关申报纳税。总机构和分支机构不在同一县（市）的，应当分别向各自所在地主管税务机关申报纳税；经国家税务总局或其授权的税务机关批准，可以由总机构汇总向总机构所在地主管税务机关申报纳税。纳税人以总机构的名义在各地开立账户，通过资金结算网络在各地向购货方收取销货款，由总机构直接向购货方开具发票、货款直接存入总机构的网上银行存款账户的，在总机构所在地申报纳税。

（2）企业临时外出经营时，需要在"金税三期"网报系统中自主填报"跨区域涉税事项报告表"，系统自动推送至经营地税务机关，再去经营地主管税务机关报验，核实资料，接受经营地税收管理。外出经营结束后，经营地税务机关将涉税信息反馈至机构地主管税务机关，机构地税务机关对异地预缴税款情况进行比对分析，重点核查应预缴税款、已预缴税款和已抵减税款。

（3）非固定业户销售货物、服务，应当向销售地或服务发生地主管税务机关申报纳税；未向销售地、服务发生地主管税务机关申报纳税的，由其机构所在地或居住地主管税务机关补征税款。

（4）进口货物，应当向报关地海关申报纳税。

（5）其他个人提供建筑服务，销售或租赁不动产，转让自然资源使用权，应向建筑服务发生地、不动产所在地、自然资源所在地主管税务机关申报纳税。

2.1.6 增值税发票管理

1）增值税发票

增值税发票是增值税纳税人销售货物、服务而给受票方开具的发票。增值税发票根据管理平台不同分为由增值税发票管理系统开具的增值税发票和由电子发票服务平台开具的增值税发票。

（1）由增值税发票管理系统开具的增值税发票

由增值税发票管理系统开具的增值税发票有增值税纸质普通和专用发票、增值税电子普通和专用发票，以及机动车销售统一发票、二手车销售统一发票等。增值税专用发票不仅具有商事凭证的作用，还具有完税凭证的作用，是兼具销货方纳税义务和购货方进项税额抵扣权利的证明。

增值税专用发票由基本联次或基本联次附加其他联次构成，基本联次有发票联、抵扣联和记账联三联。发票联作为购买方核算采购成本和增值税进项税额的记账凭证；抵扣联作为购买方报送主管税务机关认证和留存备查的凭证；记账联作为销售方核算销售收入和增值税销项税额的记账凭证。其他联次用途由一般纳税人自行确定。

增值税防伪普通发票由不同颜色的五联（没有抵扣联）构成，而主要适用于生活服务业纳税人的普通发票（卷票）为单联票。专用发票不仅包括普通发票所记载的内容，还要记录购销双方的税务登记号、地址、电话、银行账户和税额等；增值税普通发票的价款是含税价，专用发票则是税款与价格分开填列。

增值税电子发票是指在经济活动中开具和取得的以电子方式存储的、有法定效力的收付款凭证。电子发票不需要纸质载体，没有印制、打印、存储和邮寄等成本，企业可以节约相关费用。需要纸质发票的，可以自行打印电子发票的版式文件，其法律效力、基本用途、基本使用规定等与税务机关监制的增值税普通发票相同。财会人员应加强对电子发票的审核或抽查，以防范重复打印、重复报销或修改金额的风险。

（2）由电子发票服务平台开具的增值税发票

由电子发票服务平台开具的增值税发票均为数字化电子发票（简称“数电票”），包括数电票（增值税专用发票）、数电票（普通发票）、数电票（铁路电子客票）、数电票（航空运输电子客票行程单）等。

数电票不以纸质形式存在，不用介质支撑，无须申请领用，发票验旧及申请增版增量，没有联次。数电票破除特定版式要求，有XML的数据电文格式以及PDF、OFD等格式。数电票的票面信息包括基本内容和特定内容。数电票的基本内容包括：发票号码、开票日期、购买方信息、销售方信息、项目名称、规格型号、单位、数量、单价、金额、税率或征收率、税额、合计、价税合计（大写、小写）、备注、开票人等。特定内容用于记录特定行业、发生特定应税行为及特定应用场景业务，包括但不限于稀土、建筑服务、旅客运输服务、货物运输服务、不动产销售、不动产经营租赁服务、农产品收购、光伏收购、代收车船税、自产农产品销售、差额征税等。特定业务的数电票票面按照特定内容展示相应信息，同时票面左上角展示该业务类型的字样。

2）增值税发票的领取

纳税人凭发票领取簿、经办人身份证明等领取增值税发票。纳税人有下列情形之一的，不得申领开具专用发票：

（1）会计核算不健全，不能向税务机关准确提供增值税销项税额、进项税额、应纳税额数据及其他有关增值税税务资料的。

（2）有《税收征管法》规定的税收违法行为，拒不接受税务机关处理的。

（3）有下列行为之一，经税务机关责令限期改正而仍未改正的：①虚开增值税专用发票；②私自印制专用发票；③向税务机关以外的单位和个人买取专用发票；④借用他人专用发票；⑤未按规定开具专用发票；⑥未按规定保管专用发票和专用设备；⑦未按规定申请办理防伪税控系统变更发行；⑧未按规定接受税务机关检查。

数电票通过“赋码制”取消特定发票号段申领，发票信息生成后，系统自动分配唯一的发票号码；通过“授信制”自动为纳税人赋予开具金额总额度。

3）增值税发票的开具

（1）开具主体

一般纳税人可以使用同一套增值税防伪税控系统（数电票通过电子发票服务平台开具，不使用增值税防伪税控系统）开具增值税专用发票、增值税普通发票等。一般纳税人销售货物、提供应税服务时，应向付款方开具专用发票。特殊情况下，由付款方向收款方开具发票。纳税人开具增值税专用发票时，既可开具电子专票，也可开具纸质专票。受票方索取纸质专票的，开票方应当开具纸质专票。

特殊情况是指收购单位和扣缴义务人支付个人款项时，以及国家税务总局认为其他需要由付款方向收款方开具发票的。

增值税小规模纳税人（其他个人除外）发生增值税应税行为，需要开具增值税专用发票的，可以自愿使用增值税发票管理系统自行开具。自愿选择自行开具增值税专用发票的小规模纳税人，发生增值税应税行为（包括销售其取得的不动产），需要开具专用发票的，税务机关不再为其代开。

（2）开具要求

① 一般纳税人销售货物、提供应税服务，可汇总开具增值税专用发票，并须同时使用增值税发票管理系统开具“销售货物或者提供应税劳务、服务清单”。

② 按照现行规定适用差额征税办法缴纳增值税，且不得全额开具增值税发票的（另有规定的除外），纳税人自行开具或税务机关代开增值税发票时，通过增值税发票管理系统中差额征税开票功能，录入含税销售额（或含税评估额）和扣除额，系统自动计算税额和不含税金额，备注栏自动打印“差额征税”字样，发票开具不应与其他应税行为混开。

③ 提供建筑服务，纳税人自行开具或者税务机关代开增值税发票时，应在发票的备注栏注明建筑服务发生地县（市、区）名称及项目名称。

④ 销售不动产。纳税人自行开具或税务机关代开增值税发票时，应在发票“货物或应税服务名称”栏填写不动产名称及房屋产权证书号码（无房屋产权证书的可不填写），“单位”栏填写面积单位，备注栏注明不动产的详细地址。

⑤ 出租不动产。纳税人自行开具或者税务机关代开增值税发票时，应在备注栏注明不动产的详细地址。

⑥ 提供货物运输服务，在开具增值税专用发票时，应将起运地、到达地、车种车号及货物运输信息填写在发票备注栏中，如内容较多，可另附清单（铁路运输企业受托代征的印花税款信息，也要填写在发票备注栏中）。

数电票的开具，无须使用税控专用设备，无须办理数电票票种核定，无须领用数电票，使用电子发票服务平台即可开票，不使用增值税防伪税控系统。

（3）不得开具专用发票的情况

① 向消费者个人销售应税项目；

② 一般纳税人零售的烟酒、服装、鞋帽（不含劳保专用品）、化妆品等最终消费品；

③ 销售货物、提供应税服务，适用免税规定的；

④ 接受方是其本单位的，视同销售货物；

⑤ 销售旧货。

（4）红字发票的开具

① 开具红字专用发票。一般纳税人开具专用发票后，发生销货退回、开票有误、应税服务中止以及发票抵扣联、发票联均无法认证等情形但不符合作废条件，或者因销货部分退回及发生销售折让，需要开具红字专用发票的，按以下方法处理：专用发票已交付购买方的，购买方可在增值税发票系统中填开并上传开具红字增值税专用发票信息表（以下称“信息表”）。专用发票尚未交付购买方或者购买方拒收的，销售方应于专用发票认证期限内在增值税发票系统升级版中填开并上传信息表；主管税务机关通过网络接收纳税人上传的信息表，系统自动校验通过后，生成带有红字发票信息表编号的信息表，并将信息同步至纳税人端系统；销售方凭税务机关系统校验通过的信息表开具红字专用发票，在增值税发票系统升级版中以销项负数开具。

② 开具红字数电票。纳税人发生销货退回、开票有误、服务中止、销售折让等情形，可按规定开具红字数电票。但以下几种情况下不允许开具红字数电票：蓝字发票已作废、已全额红冲、已被认定异常扣税凭证、已锁定（已发起红字确认单或信息表且未开具红字发票、未撤销红字确认单或信息表）；蓝字发票增值税用途为“待退税”“已退税”“已抵扣（改退）”“已代办退税”“不予退税且不予抵扣”；蓝字发票税收优惠类标签中，“冬奥会退税标签”为“已申请冬奥会退税”；对方纳税人为“非正常”“注销”等状态、无法登录系统进行相关操作。

受票方未进行用途确认时，由开票方通过电子发票服务平台发起“红字信息确认单”（以下称“确认单”）后，全额开具红字数电票，无须受票方确认；受票方已进行用途确认时，可由购销双方任意一方在电子发票服务平台（当受票方为非试点纳税人时，在增值税发票综合服务平台发起和确认）发起确认单，经对方确认后全额或部分开具红字数电票。受票方已将发票用于增值税申报抵扣的，应当暂依确认单所列增值税税额从当期进项税额中转出，待取得开票方开具的红字发票后，与确认单一并作为记账凭证。

4）增值税普通发票的开具

销售方为被视为企业的购买方开具增值税普通发票时，应在“购买方纳税人识别号”栏填写购买方的纳税人识别号或统一社会信用代码。不符合规定的发票，不得作为税收凭证用于办理涉税业务，如计税、退税、抵免等。开具发票时，应如实开具与实际经营业务相符的发票。购买方索取发票时，不得要求变更品名和金额。

金融机构开展贴现、转贴现业务需要就贴现利息开具发票的，由贴现机构按照票据贴现利息全额向贴现人开具增值税普通发票，转贴现机构按照转贴现利息全额向贴现机构开具增值税普通发票。

5）增值税发票的确认

一般纳税人取得增值税专用发票后，可以自愿使用增值税发票选择确认平台查询、选择用于申报抵扣、出口退税或者代办退税的增值税发票信息。

增值税发票选择确认平台的登录地址由国家税务总局各省、自治区、直辖市和计划单列市税务局确定并公布。

增值税小规模纳税人没有进项税额抵扣的问题，不需要取得增值税专用发票和进行发票认证。红字增值税专用发票不需要认证。纳税人初次购买增值税税控设备，按规定可以全额抵减应纳税额，不需要进行认证。

2.1.7 增值税的减免

1）增值税的免税

增值税的免税意味着其相应的进项税额不得抵扣或者需要转出，即纳税人要承担一定的增值税税负。因此，企业要权衡其利弊得失。

对学历教育、医疗服务、养老服务①、图书销售等社会基本服务免征增值税，具体免税项目主要有：

（1）纳税人采取转包、出租、互换、转让、入股等方式将承包地流转给农业生产者用于农业生产。

（2）从事农业（种植业、养殖业、林业、牧业、水产业）生产的单位和个人销售的自产初级农产品。

（3）批发、零售环节销售蔬菜（包括经过挑选、清洗、切分、晾晒、包装、脱水、冷藏、冷冻等工序加工的蔬菜，但不包括各种蔬菜类罐头），销售鲜活肉蛋。

（4）直接用于科学研究、科学试验和教学的进口仪器、设备。

（5）外国政府、国际组织无偿援助的进口物资和设备。

（6）由残疾人的组织直接进口供残疾人专用的物品。

（7）提供技术转让、技术开发和与之相关的技术咨询、技术服务。

（8）金融机构同业往来利息收入。同业往来利息收入包括金融机构与央行所发生的资金往来业务、银行联行往来业务、金融机构之间的资金往来业务和金融机构之间开展的转贴现业务、同业存款、同业借款、同业代付、买断式买入返售金融商品、持有金融债券、同业存单等。

（9）保险公司开办一年期以上人身保险产品取得的保费收入。

（10）跨境应税行为，包括国际运输、港澳台运输、出口服务和无形资产，境内保险公司向境外保险公司提供的完全在境外消费的再保险服务，财政部和国家税务总局规定的其他服务。

境内单位和个人销售适用增值税零税率的服务或无形资产的，可以放弃适用增值税零税率，选择免税缴纳增值税；适用简易计税方法的，实行免征增值税。

此外，针对特定项目还设有定期的增值税免税政策，包括：

（1）截至2027年12月31日，对经国务院批准对外开放的货物期货品种保税交割业务，免征增值税。

（2）2024年1月1日至2027年12月31日期间，对国家级、省级科技企业孵化器、大学科技园和国家备案众创空间向在孵对象提供孵化服务取得的收入，免征增值税。

---

① 为老年人提供集中居住和照料服务的各类养老机构，免征增值税。

2）增值税的即征即退、先征后退

（1）销售软件产品。增值税一般纳税人销售其自行开发生产的软件产品（含电子出版物）[①]，或将进口软件进行转换等本地化改造（重新设计、改进、转换等，不含单纯进行汉字化处理）后对外销售，按13%的税率缴纳增值税后，对其增值税实际税负[②]超过3%的部分，实行增值税即征即退。

即征即退税额=当期软件产品增值税应纳税额−当期软件产品销售额×3%

（2）一般纳税人提供管道运输服务，对其增值税实际税负超过3%的部分，实行增值税即征即退。

（3）经中国人民银行、银监会[③]或商务部批准从事融资租赁业务的试点纳税人中的一般纳税人，提供有形动产融资租赁服务和有形动产融资性售后回租服务，对其增值税实际税负超过3%的部分，实行增值税即征即退。

（4）属于增值税一般纳税人的动漫企业销售其自主开发生产的动漫软件，对其增值税实际税负超过3%的部分，实行增值税即征即退。

（5）资源综合利用产品和劳务。从事再生资源回收的一般纳税人销售其收购的再生资源，采用一般计税方法；符合规定条件的，也可选择简易计税方法依3%征收率计算缴纳增值税。

除纳税人聘用的员工为本单位或雇主提供的再生资源回收不征收增值税外，纳税人发生的再生资源回收并销售的业务，均可按规定免缴增值税。

一般纳税人销售自产的资源综合利用产品和提供资源综合利用劳务（简称销售综合利用产品和劳务），可享受增值税即征即退政策。纳税人应当取得发票或凭证而未取得的，该部分再生资源对应产品的销售收入不得适用即征即退规定。

$$\begin{matrix}\text{不得适用即征即退}\\\text{规定的销售收入}\end{matrix}=\begin{matrix}\text{当期销售综合利用产品}\\\text{和劳务的销售收入}\end{matrix}\times\left(\begin{matrix}\text{纳税人应当取得发票或凭证}\\\text{而未取得的购入再生资源成本}\end{matrix}\div\begin{matrix}\text{当期购进再生}\\\text{资源的全部成本}\end{matrix}\right)$$

$$\begin{matrix}\text{可申请}\\\text{退税额}\end{matrix}=\left[\left(\begin{matrix}\text{当期销售综合利用}\\\text{产品和劳务的销售收入}\end{matrix}-\begin{matrix}\text{不得适用即征即退}\\\text{规定的销售收入}\end{matrix}\right)\times\begin{matrix}\text{适用}\\\text{税率}\end{matrix}-\begin{matrix}\text{当期即征即退}\\\text{项目的进项税额}\end{matrix}\right]\times\begin{matrix}\text{对应的}\\\text{退税比例}\end{matrix}$$

纳税人应建立再生资源收购台账。如果现有账册、系统包括规定台账内容的，无须单独建立台账。

（6）安置残疾人的单位和个体工商户。由税务机关按纳税人安置残疾人人数[④]，实行限额即征即退增值税办法。每位残疾人每月可退还增值税的具体限额，由县级以上税务机关根据纳税人所在区县适用的经省级政府批准的月最低工资标准的4倍确定。

纳税人本期已缴增值税税额小于本期应退税额不足退还的，可在本年度内以前纳税期已缴增值税税额扣除已退增值税税额的余额中退还，仍不足退还的，可结转本年度内以后纳税期退还。年度已缴增值税税额小于或等于年度应退税额的，退税额为年度已缴增值税税额；年度已缴增值税税额大于年度应退税额的，退税额为年度应退税额。年度已缴增值

---

① 这是指同时符合以下两个条件的软件产品：一是取得省级软件产业主管部门认可的软件检测机构出具的检测证明材料；二是取得软件产业主管部门颁发的“软件产品登记证书”或著作权行政管理部门颁发的“计算机软件著作权登记证书”。

② 增值税实际税负是指纳税人当期提供应税服务实际缴纳的增值税税额占纳税人当期提供应税服务取得的全部价款和价外费用的比例（下同）。

③ 银监会在2018年与保监会合并后，更名为中国银行保险监督管理委员会，简称银保监会。

④ 盲人按摩机构月安置的残疾人占在职职工人数的比例不低于25%（含25%），且安置的残疾人人数不少于5人（含5人）；其他纳税人月安置的残疾人占在职职工人数的比例不低于25%（含25%），且安置的残疾人人数不少于10人（含10人）；依法与安置的每位残疾人签订了一年以上（含一年）的劳动合同或服务协议。

税税额不足退还的，不得结转以后年度退还。

符合增值税即征即退规定的纳税人，可以先行申请退税，然后再进行纳税评估。享受即征即退政策的纳税人，如果认为会出现转出进项税额大于应退回的即征即退金额，企业可以放弃该项免税，但在放弃后，36个月内不得再申请。

（7）符合相关法规规定的特定图书、报纸和期刊，增值税先征后退50%或100%。

（8）截至2027年12月31日，对符合条件的内资研发机构和外资研发中心采购国产设备，全额退还增值税。

3）增值税的减征

（1）小规模纳税人销售自己使用过的固定资产，纳税人销售旧货（不含二手车）①，减按2%的征收率征收。自2020年5月1日至2023年12月31日，从事二手车经销的纳税人销售其收购的二手车，减按0.5%征收增值税；纳税人应当开具二手车销售统一发票，购买方索取增值税专用发票的，应当再开具征收率为0.5%的增值税专用发票。

销售额=含税销售额÷（1+0.5%）

（2）一般纳税人销售自己使用过的属于规定不得抵扣且未抵扣进项税额的固定资产，按简易办法依照3%征收率减按2%征收增值税。

（3）截至2027年12月31日，增值税小规模纳税人适用3%征收率的应税销售收入，减按1%征收增值税。

（4）住房租赁收入的减征。住房租赁企业中的增值税一般纳税人向个人出租住房取得的全部出租收入，可以选择适用简易计税方法，按5%征收率减按1.5%计算缴纳增值税，进行预缴的，减按1.5%预征率预缴增值税；或适用一般计税方法计算缴纳增值税。利用非居住存量土地和非居住存量房屋建设的保障性租赁住房，取得保障性租赁住房项目认定书后，住房租赁企业向个人出租保障性租赁住房，比照执行上述增值税政策。住房租赁企业中的增值税小规模纳税人向个人出租住房，按5%征收率减按1.5%计算缴纳增值税。

4）减免增值税的放弃

一般纳税人发生应税行为适用免税、减税规定而要求放弃免、减税权的，应当以书面形式提交“纳税人放弃免（减）税权声明”，报主管税务机关备案。自提交备案资料次月起，按规定计算缴纳增值税；放弃免税、减税后，36个月内不得再申请免税、减税。纳税人对于某项业务一经放弃免税，应就该项业务全部放弃免税，不能以是否开具专用发票或者区分不同销售对象分别适用征、免税。

小规模纳税人也可以选择放弃减免税，但不需要填写“纳税人放弃免（减）税权声明”，也不影响享受其他增值税优惠政策。

5）增值税的起征点

按期纳税的，为月销售额5 000~20 000元（含本数，下同）；按次纳税的，为每次（日）销售额300~500元。低于起征点的，免缴增值税；超过起征点的，按全额计税。

小规模纳税人月销售额未超过10万元或季度销售额未超过30万元的，免征增值税。

① “旧货”是指进入二次流通的具有部分使用价值的货物，但不包括自己使用过的物品。

2.2　增值税的确认、计量与申报

2.2.1　增值税纳税义务的确认

1）纳税义务确认的基本原则

纳税义务发生时间：纳税人发生应税行为并收讫销售款项或者取得索取销售款项凭据的当天；先开具发票的，为开具发票的当天。取得索取销售款项凭据的当天是指书面合同确定的付款日期；未签订书面合同或书面合同未确定付款日期的，为资产转让、提供服务完成当天或不动产权属变更当天。

2）纳税义务确认的特殊原则

对以下情况，哪一个发生在先，就以那个时点确认纳税义务：

（1）开具增值税发票的时间；

（2）实际收款的时间；

（3）合同约定的收款日期。

增值税纳税义务的发生并不必然导致开票行为的发生，但开票行为的发生必然导致增值税纳税义务的发生。

3）纳税义务时点的确认

实务中，还应根据销售服务内容、收款方式、发票开具等因素确认纳税义务。

（1）直接收款方式。一般采用“提货制”或“送货制”，即已将货物移送对方，货款结算大多采用现金或支票结算方式，纳税义务为收款或开票的当天。

（2）托收承付和委托银行收款方式。销售方根据合同发货或提供服务后，委托银行向异地付款单位收取价款，付款单位根据合同核对单证后，向银行承认付款，或收款人委托银行向异地付款人收取款项。其纳税义务为发出货物或提供服务并办理托收或委托收款手续的当天。

（3）分期收款方式。纳税义务为书面合同约定的收款日期的当天，无书面合同或者书面合同未约定收款日期的，为货物发出的当天。

（4）预收款方式。何时确认收入主要看应税行为是否发生，一旦应税行为发生就要确认收入。具体分为：

① 先开具发票的，为开具发票的当天。由于发票开具后，取得发票的一方就可以抵扣进项税额，还可以在税前列支成本费用，因此，先开具发票的，开具方也要确认应税收入。

② 先收款后开票的，为纳税人发生应税行为并收讫销售款的当天。在此情况下，应税行为与收讫销售款项同时发生。如提供租赁服务采取预收款方式的，其纳税义务发生时间为收到预收款的当天；而建筑服务在预收款时，不确认纳税义务，无须开具发票，但应根据付款凭证及合同预缴税款[①]，其纳税义务发生时间是在项目完工结算、全额开具发票

---

① 销售建筑服务的预收款与销售不动产的预收款明显不同，一是不普遍且一般金额不大，二是与工程结算间隔期较短。若允许建筑企业不预缴增值税，待日后开具增值税发票（确认纳税义务）时再缴，鉴于税款并未少缴，只是将资金时间价值这一“小利”让与纳税人，则可称得上“算大账”。

时确认。

③ 未收款也未开票的，为纳税人发生应税行为并取得索取销售款项凭据的当天。在发生销售行为但未收到销售款项时，应先确认应税行为，再考虑是否签订书面合同：签订书面合同的，为合同确定的付款日期；未签订书面合同或书面合同未确定付款日期的，为销售完成当天或不动产权属变更当天。

（5）销售预付卡。售卡企业销售预付卡时，应向购卡人、充值人开具增值税普通发票，不确认增值税收入；在实际发出商品、提供服务时，确认增值税应税收入。

（6）委托其他纳税人代销货物，为收到代销单位的代销清单或者收到全部（或部分）货款的当天；未收到代销清单及货款的，为发出代销货物满规定期限的当天。

（7）从事金融商品转让的，为金融商品所有权转移当天。

（8）发生税法规定的视同销售货物行为（不包括委托和受托代销行为），为货物移送的当天；其他视同销售行为，其纳税义务发生时间为服务、无形资产转让完成的当天或不动产权属变更当天。

（9）进口货物，为报关进口当天。

（10）扣缴义务发生时间为纳税人纳税义务发生当天。

2.2.2 增值税销项税额的计算

1）销售额的确认计量

（1）销售额。销售额是纳税人发生应税交易取得的与之相关的对价，包括全部货币或者非货币形式的经济利益，不包括按照一般计税方法计算的销项税额和按照简易计税方法计算的应纳税额。视同发生应税交易以及销售额为非货币形式的，按照市场公允价格确定销售额。

销售额以人民币计算。纳税人以人民币以外的货币结算销售额的，应当折合成人民币计算，折合率可以选择销售额发生的当天或者当月1日的人民币汇率中间价。纳税人应当在事先确定采用何种折合率，确定后12个月内不得变更。

纳税人发生应税行为，开具增值税专用发票后，发生开票有误或者销售折让、中止、退回等情形的，应按规定开具红字增值税专用发票；未按照规定开具红字增值税专用发票的，不得从当期销售额或销项税额中扣减。

纳税人发生应税行为价格明显偏低或者偏高且不具有合理商业目的的，或者发生视同销售行为而无销售额的，主管税务机关有权按下列顺序确定销售额：

① 按照纳税人最近时期销售同类货物、服务、无形资产或者不动产的平均价格确定。

② 按照其他纳税人最近时期销售同类货物、服务、无形资产或者不动产的平均价格确定。

③ 按组成计税价格确定。组成计税价格的公式为：

组成计税价格=成本×（1+成本利润率）

公式中的成本，属销售自产货物的，应为实际生产成本；属销售外购货物的，应为实际采购成本。成本利润率由国家税务总局确定。

纳税人采取折扣方式销售货物，如果销售额和折扣额是在同一张发票的“金额”栏分别注明的，可按折扣后的销售额计缴增值税；如果仅在发票的“备注”栏注明折扣额，或者将折扣额另开发票，不论其在财务会计上如何处理，均不得从销售额中减去折扣额。

应税销售额包括纳税申报销售额、稽查查补销售额、纳税评估调整销售额、税务机关代开发票销售额和免税销售额。

（2）特定销售额的确认计量。

①贷款服务，以提供贷款服务取得的全部利息及利息性质的收入为销售额。金融机构开展贴现、转贴现业务，以其实际持有票据期间取得的利息收入作为贷款服务销售额计算缴纳增值税。

②直接收费金融服务，以提供直接收费金融服务收取的手续费、佣金、酬金、管理费、服务费、经手费、开户费、过户费、结算费、转托管费等各类费用为销售额。

③金融商品转让，按卖出价扣除买入价后的余额为销售额。转让金融商品出现的正负差，以盈亏相抵后的余额为销售额。若相抵后出现负差，可结转下一纳税期与下期转让金融商品销售额相抵，若年末仍为负差的，不得转入下一个会计年度。金融商品的买入价可按加权平均法或移动加权平均法核算，选择后36个月内不得变更。

纳税人无偿转让股票时，转出方以该股票的买入价为卖出价，按“金融商品转让”计算缴纳增值税；在转入方将上述股票再转让时，以原转出方的卖出价为买入价，按照“金融商品转让”计算缴纳增值税。

④融资租赁和融资性售后回租业务。经人民银行、银监会或商务部批准从事融资租赁业务的纳税人，提供融资租赁服务，以取得的全部价款和价外费用，扣除支付的借款利息（含外汇借款和人民币借款利息，下同）、发行债券利息和车辆购置税后的余额为销售额；提供融资性售后回租服务，以取得的全部价款和价外费用（不含本金），扣除对外支付的借款利息、发行债券利息后的余额作为销售额。

⑤一般纳税人提供客运场站服务，以其取得的全部价款和价外费用，扣除支付给承运方运费后的余额为销售额。

⑥提供旅游服务，可以选择以取得的全部价款和价外费用，扣除向旅游服务购买方收取并支付给其他单位或者个人的住宿费、餐饮费、交通费、签证费、门票费和支付给其他接团旅游企业的旅游费用（不得开具专用发票）后的余额为销售额。

2）含税销售额的换算

增值税是以不含增值税税款的销售额作为计税销售额，即实行价外计税。小规模纳税人销售货物、服务一般采用销售额和应纳税额合并定价的方法，一般纳税人也有可能采用合并定价的方法。如果不将含税销售额换算为不含税销售额而直接计税，会造成计税环节上的重复纳税现象。因此，应将含税销售额换算为不含税销售额后，再计算增值税税额。换算公式如下：

销售额=含税销售额÷（1+增值税税率或征收率）

3）销项税额及其计算

销项税额是指纳税人发生应税交易后，按照销售额和增值税税率计算并收取的增值税税额。销项税额的计算公式如下：

销项税额=销售额×税率

房地产开发企业中的一般纳税人销售自行开发的房地产项目，适用一般计税方法计税，其销售额的计算公式如下：

销售额=（全部价款和价外费用-当期允许扣除的土地价款）÷（1+9%）

$$\text{当期允许扣除的土地价款}=\left(\frac{\text{当期销售房地产项目建筑面积}}{\text{房地产项目可供销售建筑面积}}\right)\times\text{支付的土地价款}$$

当期销售房地产项目建筑面积是当期进行纳税申报销售额对应的建筑面积；房地产项目可供销售建筑面积是房地产项目可出售的总建筑面积，不包括销售房地产项目时未单独作价结算的配套公共设施的建筑面积；支付的土地价款是向政府、土地管理部门或受政府委托收取土地价款的单位直接支付的土地价款。

【例 2-1】天缘房地产新开工项目按一般纳税人计税方法计算增值税，以其取得的全部价款和价外费用，扣除受让土地时向政府部门支付的土地价款后的余额为销售额。公司当期销售价款为18 000万元，土地出让金为6 000万元。相关计算如下：

应税销售额=（18 000-6 000）÷1.09=11 009.17（万元）

增值税销项税额=11 009.17×9%=990.83（万元）

【例 2-2】某运输企业系增值税一般纳税人，除提供运输服务外，同时还提供装卸搬运服务。装卸搬运服务可以选择简易办法按照3%的征收率计算缴纳增值税。某月与客户签订运输合同，运费与装卸搬运费合并计价，合同金额2.2万元。

不含税销售额=22 000÷（1+9%）=20 183.49（元）

销项税额=20 183.49×9%=1 816.51（元）

如果合同分别计价、分别开票，合同总金额不变，假定运费占70%、装卸搬运费占30%，增值税计算如下：

运费销项税额=22 000×70%÷（1+9%）×9%=1 271.56（元）

装卸搬运费应交增值税=22 000×30%÷（1+3%）×3%=192.23（元）

增值税合计1 463.79元，比合并计价节税352.72元，同时还会相应减少应交城市维护建设税和教育费附加。

2.2.3 增值税进项税额的计算

1）进项税额的含义

进项税额是增值税一般纳税人购进的与应税交易相关的货物、服务、无形资产、不动产和金融商品支付或者所负担的增值税税额。进项税额实际上是购货方支付给销货方的税额，对购货方来说是进项税额，而对销货方来说，则是在价外收取的应交增值税。

2）准予抵扣的进项税额的确认

（1）从销售方取得的增值税专用发票上注明的税额。一般纳税人在取得增值税专用发票后，应在通过认证后，向主管税务机关申报抵扣进项税额。纳税人购进货物、应税劳务、服务，所支付款项的单位，必须与开具抵扣凭证的销货单位，提供劳务、服务的单位一致，方能申报抵扣进项税额。

（2）从海关取得的增值税专用缴款书上注明的税额。一般纳税人真实进口货物，从海关取得进口增值税专用缴款书，可按规定抵扣增值税税款。专用缴款书实行“先比对后抵扣”的办法。税务机关将进口货物取得的进口增值税专用缴款书信息与海关采集的缴款信息进行稽核比对。稽核比对结果相符的，专用缴款书上注明的增值税税额作为进项税额可以抵扣。

（3）购进农产品进项税额的抵扣。进项税额抵扣包括凭票抵扣和核定抵扣两种方式。凭票抵扣是纳税人凭增值税扣税凭证，计算抵扣进项税额；核定抵扣是特定行业纳税人购进农产品时，根据主管税务机关核定的当期农产品单耗数量或农产品耗用率，根据实际销售的产成品，倒推计算可抵扣进项税额。

一是凭票抵扣。除取得增值税专用发票和海关进口增值税专用缴款书外，应按农产品收购或销售发票上注明的买价[①]和扣除率计算准予抵扣的进项税额。纳税人购进用于生产销售或委托加工9%税率的农产品，按9%的扣除率计算进项税额；购进用于生产销售或委托加工13%税率的农产品，按10%的扣除率计算进项税额（购进当月按9%计算抵扣进项税额，生产领用月份加计抵扣1%进项税额）。

二是核定抵扣。

① 纳税人以购进农产品为原料生产货物，可按投入产出法、成本法及参照法计算当期可抵扣的进项税额，扣除率为销售货物的适用税率（13%或9%）。

② 购进农产品直接销售，按直接销售农产品的增值税税率计算可抵扣进项税额。

（4）纳税人支付的道路通行费，按照收费公路通行费增值税电子发票上注明的增值税税额抵扣进项税额；纳税人支付的桥、闸通行费，暂凭取得的通行费发票上注明的收费金额，按下式计算可抵扣进项税额：

桥、闸通行费可抵扣进项税额=通行费发票上注明的金额÷（1+5%）×5%

（5）纳税人购进国内旅客运输服务，其进项税额允许从销项税额中抵扣。纳税人未取得增值税专用发票的，暂按以下规定确定进项税额：

①取得增值税电子普通发票的，为发票上注明的税额。

②取得注明旅客身份信息的航空运输电子客票行程单的，按下式计算进项税额：

航空旅客运输进项税额=（票价+燃油附加费）÷（1+9%）×9%

③取得注明旅客身份信息的铁路车票的，按下式计算进项税额：

铁路旅客运输进项税额=票面金额÷（1+9%）×9%

④取得注明旅客身份信息的公路、水路等其他客票的，按下式计算进项税额：

公路、水路等其他旅客运输进项税额=票面金额÷（1+3%）×3%

（6）自2023年1月1日至2023年12月31日，允许生产性服务业纳税人按照当期可抵扣进项税额加计5%抵减应纳增值税税额（即“加计抵扣”）；对从事生活性服务业的纳税人，按当期可抵扣进项税额加计10%抵减应纳增值税税额。生产性服务业纳税人，是指提供邮政服务、电信服务、现代服务、生活服务取得的销售额占全部销售额的比重超过50%的纳税人；生活性服务业纳税人，是指提供生活服务取得的销售额占全部销售额的比重超过50%的纳税人。

自2023年1月1日至2027年12月31日，允许先进制造业企业按照当期可抵扣进项税额加计5%抵减应纳增值税税额。先进制造业企业是指高新技术企业（含所属的非法人分支机构）中的制造业一般纳税人。

---

① 在烟叶税纳税人收购烟叶的“买价”中，还包括其按规定缴纳的烟叶税。

①纳税人应按当期可抵扣进项税额的5%或10%计提当期加计抵减额。按规定不得从销项税额中抵扣的进项税额，不得计提加计抵减额；已计提加计抵减额的进项税额，按规定做进项税额转出的，应在进项税额转出当期相应调减加计抵减额。计算公式如下：

当期计提加计抵减额=当期可抵扣进项税额×5%（或10%）

当期可抵减加计抵减额=上期期末加计抵减额余额+当期计提加计抵减额-当期调减加计抵减额

②纳税人出口货物、发生跨境应税行为不适用加计抵减政策，其对应的进项税额不得计提加计抵减额。纳税人兼营出口货物、发生跨境应税行为且无法划分不得计提加计抵减额的进项税额，按下式计算：

$$\text{不得计提加计抵减额的进项税额}=\text{当期无法划分的全部进项税额}\times\text{当期出口货物劳务和发生跨境应税行为的销售额}\div\text{当期全部销售额}$$

③纳税人应单独核算加计抵减额的计提、抵减、调减、结余等变动情况。

【例2-3】2年前成立的某教育服务机构为一般纳税人，销售收入全部属于生活性服务业收入，符合加计抵减政策适用条件。当年10月，该机构取得教育服务免税收入1 000万元，取得不符合免税条件的教育服务应税收入1 400万元，取得用于应税服务项目并勾选确认抵扣的进项税额56万元，当月没有发生进项税额转出；9月期末留抵税额为0，未抵减完结转10月继续抵减的加计抵减额余额为1.1万元。当月有关计算如下：

应交增值税=1 400×6%-56=28（万元）

加计抵减额=56×10%=5.6（万元）

可抵减加计抵减额=1.1+5.6-0=6.7（万元）

实际缴纳增值税=28-6.7=21.3（万元）

（7）从境外单位或个人购进服务、无形资产、不动产，自税务机关或扣缴义务人取得的解缴税款的完税凭证上注明的增值税税额，准予从销项税额中全额抵扣。

【小思考2-2】以下能够抵扣进项税额的项目有哪些？

（1）员工出差、开会的差旅费

（2）总部派来的高管长期租住酒店租金

（3）企业组织职工外出旅游

（4）企业组织职工外出培训

【答案】（1）（4）

3）不得抵扣的进项税额

纳税人凭完税凭证抵扣进项税额的，应当具备书面合同、付款证明和境外单位的对账单或者发票。纳税人取得的增值税扣税凭证不符合有关规定或资料不全的，其进项税额不得从销项税额中抵扣。下列项目对应的进项税额不得从销项税额中抵扣：

（1）用简易计税方法计税项目、免征增值税项目、集体福利、个人消费的购进货物、服务、无形资产、不动产和金融资产，其中涉及的固定资产[①]、无形资产和不动产，仅指专用于上述项目的固定资产、无形资产（不包括其他权益性无形资产）和不动产。交际应酬消费也是一种个人消费（业务招待中消费的各类礼品），属于生活性消费活动，不是生

① 增值税中的固定资产仅指有形动产，属于“货物”范畴；而财务会计中的固定资产是指有形资产，除有形动产外，还包括房屋、建筑物（即增值税中的不动产）。

产经营中的投入和支出。

（2）非正常损失[①]的购进货物及相应的交通运输服务。

（3）非正常损失的在产品、产成品所耗用的购进货物（不含固定资产）及相应的交通运输服务。

（4）非正常损失的不动产，以及该不动产所耗用的购进货物、设计服务和建筑服务。

（5）非正常损失的不动产在建工程[②]所耗用的购进货物、设计服务和建筑服务。

（6）购进贷款服务，购进并直接用于餐饮服务、居民日常服务和娱乐服务。

4）不得抵扣进项税额的分类

对于不得从销项税额中抵扣的进项税额，可分以下两种类型：

一类是进项税额直接计入相关成本费用。①采用简易计税方法的纳税人；②采用一般计税方法的纳税人，在涉税行为发生时就能明确是用于免税项目、集体福利、个人消费，即使取得的是专用发票，其进项税额也应计入相应成本费用。

另一类是进项税额抵扣后，因资产改变用途，用于不得抵扣项目，或计税方法改为简易计税方法，原已抵扣的进项税额应予转出。

5）不得抵扣进项税额的转出

进项税额转出的计算方法有直接转出法、还原转出法、比例转出法和净值转出法。

（1）已抵扣进项税额的不动产，发生非正常损失，或者改变用途，专用于简易计税方法计税项目、免征增值税项目、集体福利或者个人消费的，按照下列公式计算不得抵扣的进项税额，并从当期进项税额中扣减：

不得抵扣的进项税额=已抵扣进项税额×不动产净值率

不动产净值率=（不动产净值÷不动产原值）×100%

（2）一般纳税人销售自行开发的房地产项目，兼有一般计税方法计税、简易计税方法计税、免征增值税的房地产项目而无法划分不得抵扣的进项税额的，应以“建筑工程施工许可证”注明的“建设规模”为依据进行划分。

$$\text{不得抵扣的进项税额}=\text{当期无法划分的全部进项税额}\times\left(\text{简易计税、免税房地产项目建设规模}\div\text{房地产项目总建设规模}\right)$$

适用一般计税方法的纳税人，兼营简易计税方法计税项目、免税项目而无法划分进项税额的，不得抵扣进项税额按以下方法计算：

$$\text{不得抵扣的进项税额}=\text{当期无法划分的全部进项税额}\times\left(\text{当期简易计税方法计税项目销售额}+\text{免税项目销售额}\right)\div\text{当期全部销售额}$$

【例2-4】某建筑企业当月有A、B、C三个施工项目，其中A项目采用简易计税方法，B、C项目采用一般计税方法。当月购进原材料900万元（不含税），其中B项目专用350万元，A、C项目原材料无法准确划分。当月A项目收入400万元，B项目收入450万元，C项目收入500万元（均含税）。计算当月不得抵扣进项税额。

不含税收入的换算：

A项目不含税收入=400÷（1+3%）=388.35（万元）

---

① 非正常损失是指因管理不善造成被盗、丢失、霉烂变质，以及因违反法律法规造成货物或不动产被依法没收、销毁、拆除的情形。

② 纳税人新建、改建、扩建、修缮、装饰不动产，均属于不动产在建工程。

B项目不含税收入=450÷（1+9%）=412.84（万元）

C项目不含税收入=500÷（1+9%）=458.72（万元）

不得抵扣进项税额的计算：

不得抵扣的进项税额=（900−350）×13%×388.35÷（388.35+458.72）

=550×13%×388.35÷847.07=32.78（万元）

6）允许抵扣进项税额的转入

根据规定不得抵扣进项税额的不动产，发生用途改变，用于允许抵扣进项税额项目的，按下列公式在改变用途的次月计算可抵扣进项税额。

可抵扣进项税额=增值税扣税凭证注明或计算的进项税额×不动产净值率

【小思考2−3】以下哪一种正确呢？

（1）请客户打高尔夫球属于个人消费，其进项税额不得抵扣

（2）请客户打高尔夫球支出属于业务招待费，其进项税额可以抵扣

【答案】（1）

2.2.4 增值税应纳税额的计算

我国增值税的主要计算方法是购进扣税法，亦称发票抵扣法，其基本计算公式是：

应交增值税=本期销售额×适用税率−同期购入额×适用税率

=本期销项税额−准予抵扣进项税额

全面营改增后，对金融商品转让等特定服务，采用按差额计征的购入扣额法（简称“扣额法”），其基本计算公式是：

应交增值税=［销售额（卖出价）−购入额（买入价）］×适用税率

前者属于间接计算法，后者属于直接计算法，即两种计算方法并存，均属于增值税法规中所称“一般计税方法”。“简易计税方法”仅是适用于小规模纳税人①的一种名为增值税实为传统流转税的计算方法。

1）一般计税方法应纳税额的计算

在持续经营情况下，应纳税额的具体计算一般是：

应抵扣税额=进项税额+上期留抵税额−进项税额转出−免抵退应退税额+纳税检查应补缴税额

应纳税额=销项税额−实际抵扣税额

如果销项税额大于应抵扣税额，实际抵扣税额就是应抵扣税额；如果销项税额小于应抵扣税额，实际抵扣税额就是销项税额，当期销项税额与同期应抵扣税额的差额为本期留抵税额，留抵税额可予以退还或者结转下期继续抵扣，直至抵扣完。企业若有增值税欠税，应以期末留抵税额抵减。

应纳税额合计=应纳税额+简易计税应纳税额−减免税额

【例2−5】某电信集团某分公司系一般纳税人。8月份利用固网、移动网、卫星、互联网提供语音通话服务，取得价税合计收入3 300万元；出租带宽、波长等网络元素取得价税合计服务收入825万元；出售带宽、波长等网络元素取得价税合计服务收入1 320万元。该分公司在提供电信业服务时，还附带赠送用户识别卡、电信终端等货物或者电信业服务，给客户提供基础电信服务价税合计1 095万元。当月认证增值税专用发票进项税额

① 一般纳税人的计税项目若选择简易计税方法，选择后36个月内不得变更。

300万元，符合进项税额抵扣规定。该分公司8月份应交增值税计算如下：

应交增值税=（3 300+825+1 320+1 095）÷1.09×9%−300=240（万元）

【例2-6】某企业为一般纳税人，11月份销售产品，开出增值税专用发票，销售额为120 000元，销项税额为15 600元；销售给小规模纳税人产品，开出普通发票，销售额为40 000元（含税）；将一批成本为10万元的产品对外投资。当月购料，取得专用发票，价款为60 000元，税额为7 800元；当月用水27 600元，专用发票注明税额2 484元；购进设备一台，价款为55 000元，专用发票注明税额7 150元。计算该企业当月应交增值税税额。

（1）销项税额的计算：

销售给小规模纳税人销项税额=40 000÷（1+13%）×13%=4 602（元）

投资产品销项税额=100 000×（1+10%）×13%=14 300（元）

销项税额合计=15 600+4 602+14 300=34 502（元）

（2）允许抵扣的进项税额的计算：

允许抵扣的进项税额合计=7 800+2 484+7 150=17 434（元）

（3）应纳税额的计算：

应纳税额=34 502−17 434=17 068（元）

2）简易计税方法应纳税额的计算

小规模纳税人采用简易计税方法。

建筑工程总承包单位为房屋建筑的地基与基础、主体结构提供工程服务，建设单位自行采购全部或部分钢材、混凝土、砌体材料、预制构件的，适用简易计税方法计税。

资管产品管理人在运营资管产品过程中发生的增值税应税行为，暂适用简易计税方法。管理人应分别核算资管产品运营业务和其他业务的销售额和增值税应纳税额；未分别核算的，资管产品运营业务不得适用简易计税方法。

符合条件的一般纳税人也可选择适用简易计税方法，如公共交通运输服务[①]、销售或出租不动产等。简易计税方法的应纳税额是按销售额和征收率计算的增值税税额，不得抵扣进项税额。应纳税额计算公式如下：

应纳税额=销售额×征收率

纳税人转让不动产，按有关规定差额缴纳增值税的，如果纳税人同时保留取得不动产时的发票和其他能证明契税计税金额的完税凭证等资料的，应凭发票进行差额扣除；若因丢失等原因无法提供取得不动产时的发票，可向税务机关提供其他能证明契税计税金额的完税凭证等资料，进行差额扣除。纳税人以契税计税金额进行差额扣除的，按照下列公式计算应纳增值税：

应纳增值税=［全部交易价格（含增值税）÷（1+5%）−契税计税金额（不含增值税）］×5%

3）预缴增值税的计算

（1）增值税的预缴

①房地产开发企业采用预收款方式销售其自行开发的房地产项目时，对预收款应预缴增值税。但按规定，其纳税义务在交房或办理产权转移时方予确认。因预缴的时点早于纳

---

① 即使年销售额超过500万元，也可选择按简易计税方法纳税。

税义务发生时点，预缴时尚未形成销项税额，其留抵税额不能抵扣预缴增值税。因此，企业在预收房款时，一般不能开具发票。

②提供建筑服务。根据建筑施工合同约定，在开工前收到发包方预先支付的工程款（预付备料款）即预收款后，虽未发生纳税义务（未开具发票），但有预缴税款义务。纳税人应以取得的预收款扣除支付的分包款后的余额，按预征率计算预缴增值税。在按合同约定的预收款抵扣工程进度款（建筑项目结算）时，确认预收款纳税义务的发生，按项目全额开具发票。

③其他企业异地转让不动产、异地提供不动产租赁服务、异地提供建筑服务时，应在异地预缴增值税，预缴增值税的时点为纳税义务发生后。

④建立预缴税款台账。为了加强对异地预缴税款的管理，企业应按服务发生地和项目逐笔登记与预缴税款有关的内容，留存备查。

⑤预缴增值税的申报抵减。异地预缴增值税应在机构所在地进行纳税申报。企业预缴的增值税可从本期应交税款中抵减；本期抵减不完的，可结转下期继续抵减，直至抵完。抵减时不需要区分计税方法，可直接抵减应交税款。

本期应补（退）税额=应交税款合计-预交税款-出口开具专用缴款书预缴税款

⑥填报“增值税预缴税款表”，提供发包方与总包方合同复印件（加盖公章）等资料。

（2）房地产开发企业（一般纳税人）预缴增值税的计算

房地产开发企业采取预收款方式销售所开发的房地产项目，在实际收到预收款（全部价款和价外费用）时，按3%的预征率计算应预缴增值税，其计算公式如下：

预交税款（一般计税）=预收款÷（1+9%）×3%

预交税款（简易计税）=预收款÷（1+5%）×3%

（3）异地出租不动产预缴增值税的计算

预交税款（一般计税）=含税销售额÷（1+9%）×3%

预交税款（简易计税）=含税销售额÷（1+5%）×5%

（4）异地转让自建不动产预缴增值税的计算。

预交税款=全部价款和价外费用÷（1+5%）×5%

（5）建筑服务预缴增值税的计算

预交税款（一般计税）=（预收款-支付的分包款）÷（1+9%）×2%

预交税款（简易计税）=（预收款-支付的分包款）÷（1+3%）×3%

【例2-7】当年9月份，天宇房地产开发公司简易计税项目预收房款4 000万元；一般计税项目收取预收款9 000万元，当月公司有留抵税额90万元。

（1）当年9月预缴增值税计算如下：

简易计税项目预交税款=4 000÷（1+5%）×3%=114.2857（万元）

一般计税项目预交税款=9 000÷（1+9%）×3%=247.7064（万元）

当月应预交增值税合计=114.2857+247.7064=361.9921（万元）

（2）1年后，简易计税的房地产项目交付业主；2年后一般计税的房地产项目交付业主。交付当月，公司可抵扣进项税额（含留抵税额）合计为250万元。简易计税项目和一般计税项目合计缴纳土地价款5 000万元，合计可售建筑面积1.4万平方米，其中简易计税项目可售建筑面积4 000平方米，一般计税项目可售建筑面积1万平方米。

①简易计税项目交房后应交增值税计算如下：

应交增值税=4 000÷（1+5%）×5%=190.4762（万元）

该公司此前已预缴税款361.9921万元，因此，当月无须缴纳增值税，可抵减的预缴增值税还有171.5159万元（361.9921−190.4762）。

②一般计税项目交房后应交增值税计算如下：

当期销售房地产项目对应的土地价款=5 000×1÷1.4=3 571.4286（万元）

销售额=（9 000−3 571.4286）÷（1+9%）=4 980.3407（万元）

销项税额=销售额×税率=4 980.3407×9%=448.2307（万元）

应交增值税=448.2307−250=198.2307（万元）

应补缴增值税=应交增值税−可抵减预缴增值税=198.2307−171.5159=26.7148（万元）

2.2.5　增值税的纳税申报

纳税人不论当期是否发生应税行为或是否应该缴税，均应按规定进行纳税申报。纳税申报是税务风险防控的最后环节，无论是多缴税的风险还是少缴税的风险，都会在纳税申报完成后形成。

1）纳税申报程序

纳税人办理纳税申报需要经过发票认证、抄报、纳税申报、报税和税款缴纳等程序。纳税人进行纳税申报，实行电子信息采集。使用防伪税控系统开具专用发票，在抄报成功后，方可向其主管税务机关进行纳税申报。

网上报税和网上申报的操作流程如下：纳税人必须先操作防伪税控开票子系统进行抄税，然后使用网上抄报税系统进行远程报税，再操作网上申报软件发送申报数据，最后使用网上抄报税系统清卡。通过网上申报软件发送申报数据后，要查看申报结果提示，如果提示申报成功则关注税款扣缴结果，在申报软件中及时查看银行扣款是否成功。

2）增值税及附加税费的申报

纳税人申报增值税、消费税时，应一并申报附征的城市维护建设税[①]、教育费附加和地方教育附加等附加税费。附加税费是随增值税、消费税附加征收的，附加税费单独申报易产生与增值税、消费税申报不同步等问题，整合主税附加税费申报表按照“一表申报、同征同管”的思路，将附加税费申报信息作为增值税、消费税申报表附列资料（附表），实现增值税、消费税和附加税费信息共用，提高申报效率，便利纳税人。

增值税、消费税分别与附加税费申报表整合，启用“增值税及附加税费申报表（一般纳税人适用）”（见表2−2）、“增值税及附加税费申报表（小规模纳税人适用）”（见表2−3）、“增值税及附加税费预缴表附列资料”（见表2−4）和“消费税及附加税费申报表”（见第3章表3−3）。附加税费申报表作为附列资料或附表，纳税人在进行增值税、消费税申报的同时完成附加税费申报。

纳税人在填写增值税、消费税相关申报信息后，自动带入附加税费附列资料（附表）；纳税人填写完附加税费其他申报信息后，回到增值税、消费税申报主表，形成纳税人本期应缴纳的增值税、消费税和附加税费。上述表内信息预填均由系统自动实现。

---

① 因城市维护建设税是增值税、消费税的附加税种。

表2-2 **增值税及附加税费申报表**

（一般纳税人适用）

根据国家税收法律法规及增值税相关规定制定本表。纳税人不论有无销售额，均应按税务机关核定的纳税期限填写本表，并向当地税务机关申报。

税款所属时间：自　年　月　日至　年　月　日　填表日期：　年　月　日　金额单位：元（列至角分）

纳税人识别号（统一社会信用代码）：□□□□□□□□□□□□□□□□□□□□□□□□□　所属行业：

纳税人名称:	法定代表人姓名		注册地址		生产经营地址	
开户银行及账号		登记注册类型			电话号码	

项目		栏次	一般项目		即征即退项目	
			本月数	本年累计	本月数	本年累计
销售额	（一）按适用税率计税销售额	1				
	其中：应税货物销售额	2				
	应税劳务销售额	3				
	纳税检查调整的销售额	4				
	（二）按简易办法计税销售额	5				
	其中：纳税检查调整的销售额	6				
	（三）免、抵、退办法出口销售额	7			—	—
	（四）免税销售额	8			—	—
	其中：免税货物销售额	9			—	—
	免税劳务销售额	10			—	—
税款计算	销项税额	11				
	进项税额	12				
	上期留抵税额	13				—
	进项税额转出	14				
	免、抵、退应退税额	15			—	—
	按适用税率计算的纳税检查应补缴税额	16			—	—
	应抵扣税额合计	17=12+13-14-15+16		—		—
	实际抵扣税额	18（如17<11，则为17，否则为11）				
	应纳税额	19=11-18				
	期末留抵税额	20=17-18				—
	简易计税办法计算的应纳税额	21				

续表

项目		栏次	一般项目		即征即退项目	
			本月数	本年累计	本月数	本年累计
税款计算	按简易计税办法计算的纳税检查应补缴税额	22			—	—
	应纳税额减征额	23				
	应纳税额合计	24=19+21-23				
税款缴纳	期初未缴税额（多缴为负数）	25				
	实收出口开具专用缴款书退税额	26			—	—
	本期已缴税额	27=28+29+30+31				
	①分次预缴税额	28		—		—
	②出口开具专用缴款书预缴税额	29		—	—	—
	③本期缴纳上期应纳税额	30				
	④本期缴纳欠缴税额	31				
	期末未缴税额（多缴为负数）	32=24+25+26-27				
	其中：欠缴税额（≥0）	33=25+26-27		—		—
	本期应补(退)税额	34＝24-28-29		—		—
	即征即退实际退税额	35	—	—		
	期初未缴查补税额	36			—	—
	本期入库查补税额	37			—	—
	期末未缴查补税额	38=16+22+36-37			—	—
附加税费	城市维护建设税本期应补（退）税额	39			—	—
	教育费附加本期应补（退）费额	40			—	—
	地方教育附加本期应补（退）费额	41			—	—

声明：此表是根据国家税收法律法规及相关规定填写的，本人（单位）对填报内容（及附带资料）的真实性、可靠性、完整性负责。

纳税人（签章）：　　　年　　月　　日

经办人：
经办人身份证号：
代理机构签章：
代理机构统一社会信用代码：

受理人：
受理税务机关（章）：
受理日期：　　年　　月　　日

表2-3 **增值税及附加税费申报表**

（小规模纳税人适用）

纳税人识别号（统一社会信用代码）：□□□□□□□□□□□□□□□□□□□□

纳税人名称： 金额单位：元（列至角分）

税款所属期： 年 月 日至 年 月 日 填表日期： 年 月 日

<table>
<tr><td rowspan="2" colspan="2">项 目</td><td rowspan="2">栏 次</td><td colspan="2">本期数</td><td colspan="2">本年累计</td></tr>
<tr><td>货物及劳务</td><td>服务、不动产和无形资产</td><td>货物及劳务</td><td>服务、不动产和无形资产</td></tr>
<tr><td rowspan="14">一、计税依据</td><td>（一）应征增值税不含税销售额（3%征收率）</td><td>1</td><td></td><td></td><td></td><td></td></tr>
<tr><td>增值税专用发票不含税销售额</td><td>2</td><td></td><td></td><td></td><td></td></tr>
<tr><td>其他增值税发票不含税销售额</td><td>3</td><td></td><td></td><td></td><td></td></tr>
<tr><td>（二）应征增值税不含税销售额（5%征收率）</td><td>4</td><td>—</td><td></td><td>—</td><td></td></tr>
<tr><td>增值税专用发票不含税销售额</td><td>5</td><td>—</td><td></td><td>—</td><td></td></tr>
<tr><td>其他增值税发票不含税销售额</td><td>6</td><td>—</td><td></td><td>—</td><td></td></tr>
<tr><td>（三）销售使用过的固定资产不含税销售额</td><td>7（7≥8）</td><td></td><td>—</td><td></td><td>—</td></tr>
<tr><td>其中：其他增值税发票不含税销售额</td><td>8</td><td></td><td>—</td><td></td><td>—</td></tr>
<tr><td>（四）免税销售额</td><td>9=10+11+12</td><td></td><td></td><td></td><td></td></tr>
<tr><td>其中：小微企业免税销售额</td><td>10</td><td></td><td></td><td></td><td></td></tr>
<tr><td>未达起征点销售额</td><td>11</td><td></td><td></td><td></td><td></td></tr>
<tr><td>其他免税销售额</td><td>12</td><td></td><td></td><td></td><td></td></tr>
<tr><td>（五）出口免税销售额</td><td>13（13≥14）</td><td></td><td></td><td></td><td></td></tr>
<tr><td>其中：其他增值税发票不含税销售额</td><td>14</td><td></td><td></td><td></td><td></td></tr>
<tr><td rowspan="8">二、税款计算</td><td>本期应纳税额</td><td>15</td><td></td><td></td><td></td><td></td></tr>
<tr><td>本期应纳税额减征额</td><td>16</td><td></td><td></td><td></td><td></td></tr>
<tr><td>本期免税额</td><td>17</td><td></td><td></td><td></td><td></td></tr>
<tr><td>其中：小微企业免税额</td><td>18</td><td></td><td></td><td></td><td></td></tr>
<tr><td>未达起征点免税额</td><td>19</td><td></td><td></td><td></td><td></td></tr>
<tr><td>应纳税额合计</td><td>20=15-16</td><td></td><td></td><td></td><td></td></tr>
<tr><td>本期预缴税额</td><td>21</td><td></td><td></td><td>—</td><td>—</td></tr>
<tr><td>本期应补（退）税额</td><td>22=20-21</td><td></td><td></td><td>—</td><td>—</td></tr>
<tr><td rowspan="3">三、附加税费</td><td>城市维护建设税本期应补（退）税额</td><td>23</td><td colspan="2"></td><td colspan="2"></td></tr>
<tr><td>教育费附加本期应补（退）费额</td><td>24</td><td colspan="2"></td><td colspan="2"></td></tr>
<tr><td>地方教育附加本期应补（退）费额</td><td>25</td><td colspan="2"></td><td colspan="2"></td></tr>
<tr><td colspan="7">声明：此表是根据国家税收法律法规及相关规定填写的，本人（单位）对填报内容（及附带资料）的真实性、可靠性、完整性负责。
纳税人（签章）： 年 月 日</td></tr>
<tr><td colspan="3">经办人：
经办人身份证号：
代理机构签章：
代理机构统一社会信用代码：</td><td colspan="4">受理人：
受理税务机关（章）：
受理日期： 年 月 日</td></tr>
</table>

表2-4 增值税及附加税费预缴表附列资料

（附加税费情况表）

税（费）款所属时间：　　年　　月　　日至　　年　　月　　日

纳税人名称：（公章）　　　　　　　　　　　　金额单位：元（列至角分）

税(费)种	计税(费)依据	税(费)率(征收率)(%)	本期应纳税(费)额	本期减免税(费)额		增值税小规模纳税人“六税两费”减征政策		本期实际预缴税(费)额
	增值税预缴税额			减免性质代码	减免税(费)额	本期是否适用 □是 □否		
						减征比例(%)	减征额	
	1	2	3=1×2	4	5	6	7=(3-5)×6	8=3-5-7
城市维护建设税								
教育费附加								
地方教育附加								
合 计	—	—		—		—		

【小思考2-4】以下哪一个说法正确呢？

（1）增值税纳税义务的确认与财务会计对收入的确认完全相同

（2）我国现行增值税能够充分体现税收中性原则

（3）进项税额的抵扣体现应计制会计基础

（4）销项税额的确认以应计制为基础

【答案】（4）

2.3 增值税进项税额及其转出的会计处理

2.3.1 增值税会计账户的设置

1）一般纳税人增值税会计账户设置

（1）“应交税费”下设二级账户

① 应交增值税。借方发生额为购进和进口货物、固定资产、无形资产以及接受应税服务支付的进项税额、缴纳增值税等，贷方发生额为销售货物、转让无形资产、不动产、提供应税服务等应缴增值税、出口货物退税、进项税额转出等。期末贷方余额反映企业尚未缴纳的增值税税额，借方余额反映企业尚未抵扣的、多缴的增值税税额。

② 未交增值税。月末，从“应交增值税”“预交增值税”明细账户转入当月应交未交、多交或预缴的增值税税额，以及当月交纳以前期间未交的增值税税额。该账户的借方发生额反映上交以前月份未交增值税和期末转入多交增值税，贷方发生额记录转入当月未交增值税。期末借方余额为企业多交增值税，贷方余额为未交增值税。

③ 预缴增值税，记录一般纳税人转让不动产、提供不动产租赁服务、提供建筑服务、采用预收款方式销售自行开发的房地产项目等按规定应预缴的增值税税额。

④ 待抵扣进项税额，记录一般纳税人已取得增值税扣税凭证并经认证，按照规定准予以后期间从销项税额中抵扣的进项税额。其包括实行纳税辅导期管理的一般纳税人取得的尚未交叉稽核比对的增值税扣税凭证上注明或计算的进项税额；营改增后，当企业取得不动产分期抵扣进项税额时，留待下次（以后）抵扣的进项税额以及进项税额的转入额。对不动产和不动产在建工程，纳税人应分别核算其待抵扣进项税额。

⑤ 待认证进项税额，记录一般纳税人因未经认证而不得从当期销项税额中抵扣的进项税额。其包括一般纳税人已取得增值税扣税凭证、按照规定准予从销项税额中抵扣但尚未认证的进项税额；一般纳税人取得货物等已入账，但因尚未收到相关增值税扣税凭证而不得从当期销项税额中抵扣的进项税额。

⑥ 增值税留抵税额。对纳税人而言，当本期可抵扣进项税额大于同期销项税额时，其差额（期末“应交增值税”为借方余额）为留抵税额，即留待后期抵扣的税额，不必单设会计账户处理。企业实际收到税务机关退还的留抵税额时，借记“银行存款”，贷记“应交税费——应交增值税（进项税额转出）”。企业在“营改增”当月月初，对不得从销售服务、无形资产、不动产的销项税额中抵扣的税额，通过专设的“增值税留抵税额”反映（其使命直至抵扣完），借记“应交税费——增值税留抵税额”，贷记“应交税费——应交增值税（进项税额转出）”；实际抵扣时[①]，借记“应交税费——应交增值税（进项税额）”，贷记“应交税费——增值税留抵税额”。

⑦ 待转销项税额。纳税人销售货物、无形资产及不动产，提供服务时，财务会计根据会计制度规定先确认相关收入及相应增值税税额，在期末填制资产负债表时，需要重分类至“其他流动负债”或“其他非流动负债”。税务会计根据税法规定，对尚未发生增值税纳税义务的事项不予确认销项税额。

⑧ 转让金融商品应交增值税，记录纳税人转让金融商品发生的增值税税额。月末，结转金融商品转让损失的应抵扣税额及实际缴纳增值税时，借记本账户；结转金融商品转让收益应纳税额时，贷记本账户。

⑨ 代扣代交增值税，记录纳税人购进在境内未设经营机构的境外单位或个人在境内的应税行为代扣代缴的增值税。

⑩ 增值税检查调整，记录企业在增值税检查中查出的以前各期应补、应退增值税税额。借方记录调减的销项税额和调增的进项税额，贷方记录调增的销项税额、调减的进项税额、调增的进项税额转出。全部调整事项入账后，应结出本账户余额，并对余额进行账务处理。

⑪ 增值税简易计税，记录一般纳税人采用简易计税方法时增值税的计提、扣减、预缴、缴纳、抵减、减免等事项。既核算纳税人适用简易计税方法应纳税额的计提，也核算差额计税的扣减、特定情形的预缴及申报后的缴纳。

（2）“应交税费——应交增值税”下设三级账户

企业应设置进项税额、进项税额转出、销项税额、销项税额抵减、已交税金、减免税

---

① 自2016年12月1日起，“营改增”前的尚未抵扣的留抵税额可一次性结转抵扣。

款、出口退税、出口退税抵减应纳税额、转出未交增值税、转出多交增值税等三级明细账户。

① 进项税额，记录企业购入和进口货物、固定资产、不动产、无形资产、接受应税服务而支付的、准予从销项税额中抵扣的增值税税额；若发生购货退回或折让，应以红字登记，以示冲销进项税额。

② 进项税额转出。当企业已经抵扣的进项税额不再符合抵扣条件时，应将确认的已经抵扣的进项税额在会计上做转出处理，贷记该明细账户，表示对借记"进项税额"进行冲减。

③ 销项税额，记录企业销售货物、固定资产、不动产，提供应税服务应收取的增值税税额。若发生销货退回或销售折让，应以红字登记，以示冲减销项税额。一般纳税人采用简易计税方法计算的应交增值税税额，也应在此明细账中反映，但也可通过专设明细账户记录。

④ 销项税额抵减，记录房地产企业适用"全额开票、差额计税"政策时，因按规定抵减销售额而减少的销项税额。

⑤ 已交税金，记录企业当月上缴本月应交增值税税额；收到退回的多交增值税税额时，以红字登记。

⑥ 减免税款，记录企业按规定直接减免、用于指定用途的或未规定专门用途的、准予从销项税额中抵扣的增值税税额。

⑦ 出口退税，记录企业向海关办理报关出口手续后，凭出口报关单等有关单证，向主管出口退税的税务机关申报办理出口退税而确认的应予退回的税款及应免抵税款；若办理退税后，又发生退货或者退关而补缴已退增值税，则用红字登记（详见本书第5章）。

⑧ 出口退税抵减应纳税额，记录出口企业按规定退税率计算的当期应予抵扣的税额（详见本书第5章）。

⑨ 转出未交增值税，记录企业月（季）终转出的当月应交未交的增值税税额。转至"未交增值税"账户后，"应交增值税"的期末余额不包括当期应交未交税额。

⑩ 转出多交增值税，记录企业月（季）终转出当月多交的增值税税额。转至"未交增值税"账户后，"应交增值税"的期末余额不含当期多交税额。

如果企业不设"未交增值税"二级账户，在"应交增值税"中也就没有必要设置"转出未交增值税"和"转出多交增值税"明细账户。从事"四项服务"的纳税人，可在"应交税费——应交增值税"下增设"加计抵减进项税额"明细账户。增值税会计科目的设置如图2-1所示。

2）小规模纳税人增值税会计账户设置

小规模纳税人应在"应交税费"账户下设置"应交增值税"二级账户，并根据需要，设置"转让金融商品应交增值税""代扣代交增值税"明细账户，但一般无须再设其他明细项目。贷方登记应交的增值税税额，借方登记实际上交的增值税税额；期末贷方余额反映企业尚未上交或欠交的增值税税额，借方余额则反映多交的增值税税额。此外，根据需要，还应设置"增值税检查调整"二级账户，其核算内容与一般纳税人相同。

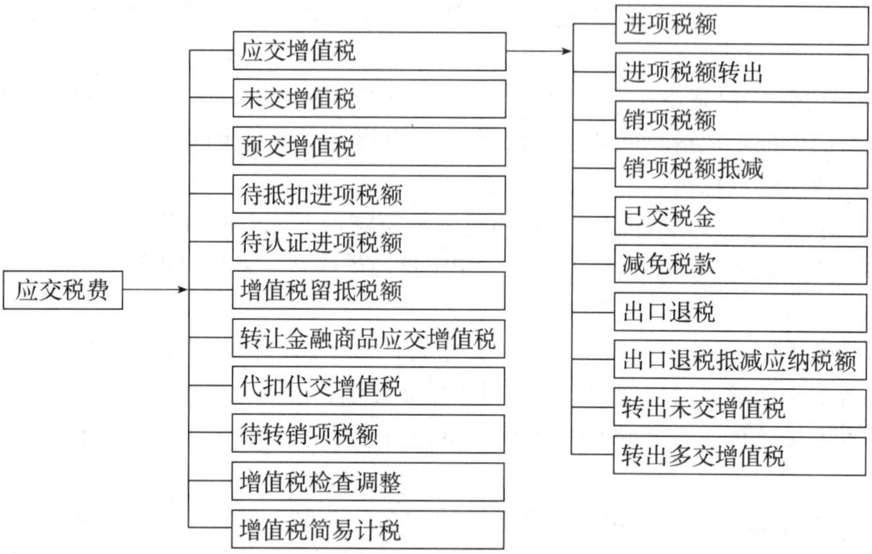

图2-1 增值税会计科目设置图示

2.3.2 增值税进项税额的会计处理

一般纳税人（采用一般计税方法，下同）购进货物、无形资产和不动产、接受服务，按应计成本费用的金额，借记“在途物资”“原材料”“库存商品”“生产成本”“无形资产”“固定资产”“管理费用”等，借记“应交税费——应交增值税（进项税额）”或“应交税费——待认证进项税额”，按应付或实际支付金额，贷记“应付账款”“应付票据”“银行存款”等。认证后，借记“应交税费——应交增值税（进项税额）”，贷记“应交税费——待认证进项税额”。

退货时，若原增值税专用发票未做认证，应将专用发票退回并做冲账的会计分录；若原增值税专用发票已做认证，根据红字增值税专用发票做冲账的会计分录。

一般纳税人自营改增后取得并按固定资产核算的不动产、不动产在建工程，其进项税额按现行规定自取得之日起分2年从销项税额中抵扣的，应按取得成本，借记“固定资产”“在建工程”等，按当期可抵扣增值税税额，借记“应交税费——应交增值税（进项税额）”，对后期可抵扣的增值税税额，借记“应交税费——待抵扣进项税额”，贷记“应付账款”“应付票据”“银行存款”等。尚未抵扣的进项税额在后期允许抵扣时，按允许抵扣的金额，借记“应交税费——应交增值税（进项税额）”，贷记“应交税费——待抵扣进项税额”。

1）购进货物进项税额的会计处理

（1）收料与付款同时进行。应按材料的实际成本和增值税进项税额借记“原材料”“应交税费——应交增值税（进项税额）”，按材料的实际成本和增值税进项税额之和贷记“银行存款”“库存现金”“其他货币资金”“应付票据”“应付账款”等。

【例2-8】天华工厂向本市某工厂购进乙材料3 000千克，单价为5元/千克，增值税进项税额为1 950元（3 000×5×13%），材料入库，发票收到并开出转账支票支付。做会计分录如下：

借：原材料——乙材料　15 000
　　应交税费——应交增值税（进项税额）　1 950
　贷：银行存款　16 950

（2）发票结算凭证已到，货款已经支付，但材料尚未收到。发生时应依据有关发票，借记“在途物资”“应交税费”，贷记“银行存款”“其他货币资金”“应付票据”等；在途物资入库后，借记“原材料”，贷记“在途物资”。

【例2-9】天华工厂9月6日收到银行转来的购买光明工厂丙材料的“托收承付结算凭证”及发票，数量为5 000千克，价格为11元/千克，增值税进项税额为7 150元。

企业购进货物并取得增值税专用发票后，在未认证前，应通过“待认证进项税额”账户过渡。做会计分录如下：

借：在途物资——光明工厂　55 000
　　应交税费——待认证进项税额　7 150
　贷：银行存款　62 150

材料验收入库时：

借：原材料——丙材料　55 000
　贷：在途物资——光明工厂　55 000

企业在规定时间内进行比对认证并获得通过后，记：

借：应交税费——应交增值税（进项税额）　7 150
　贷：应交税费——待认证进项税额　7 150

如果在规定时间内进行认证但未获通过，或超过规定时间未进行认证，则记：

借：原材料——丙材料　7 150
　贷：应交税费——待认证进项税额　7 150

【例2-10】新华工厂开出转账支票预付本市××单位购买甲材料货款30 000元。做会计分录如下：

借：预付账款——××单位　30 000
　贷：银行存款　30 000

预付货款购买的甲材料7 600千克已收到并验收入库，发票所列价款为35 000元，增值税进项税额为4 550元（35 000×13%），开出转账支票补付余款9 550元。做会计分录如下：

借：预付账款——××单位　9 550
　贷：银行存款　9 550
借：原材料——甲材料　35 000
　　应交税费——应交增值税（进项税额）　4 550
　贷：预付账款——××单位　39 550

（3）购进农产品进项税额的会计处理。

对农民专业合作社销售本社成员生产的农业产品，视同农业生产者销售自产农业产品免征增值税；增值税一般纳税人从农民专业合作社购进的免税农业产品，可计算抵扣增值税进项税额。

【例2-11】天天食品公司系增值税一般纳税人，主要从事饼干、雪饼、果汁等的生产销售。10月份发生如下购进业务：

（1）从一般纳税人A公司购进大米100吨，专用发票金额50万元，增值税税额4.5万元；当月生产领用大米40吨用于雪饼生产。

（2）从B农民专业合作社购入自产苹果4 000千克，价款3.2万元，取得增值税普通发票，当月全部领用生产苹果汁。

（3）从小规模纳税人C公司购进鲜橙1 500千克，价款2.1万元，取得增值税普通发票，当月全部领用生产橙汁；从批发市场购入适用免税政策的胡萝卜800千克，价款2 400元，取得增值税普通发票。

相关会计处理如下：

（1）购进大米。

借：原材料——大米　　500 000

　　应交税费——应交增值税（进项税额）　　45 000

　贷：银行存款　　545 000

（2）生产领用大米。

企业购进大米用于生产销售的饼干、雪饼为适用13%增值税税率的货物，领用时按1%的扣除率计算加计抵扣进项税额。

加计抵扣进项税额=当期生产领用农产品已按9%扣除率抵扣税额÷9%×（扣除率−9%）

=50×40÷100×9%÷9%×1%

=0.2（万元）

借：生产成本——雪饼　　198 000

　　应交税费——应交增值税（进项税额）　　2 000

　贷：原材料——大米　　200 000

（3）购进自产苹果。

一般纳税人从农民专业合作社购进自产苹果系免税农业产品，可计算抵扣增值税进项税额。

借：原材料——苹果　　29 120

　　应交税费——应交增值税（进项税额）（32 000×9%）　　2 880

　贷：银行存款　　32 000

（4）生产领用苹果。

当月购进苹果全部用于生产，则：

可加计抵扣进项税额=2 880÷9%×1%=320（元）

借：生产成本——苹果汁　　28 800

　　应交税费——应交增值税（进项税额）　　320

　贷：原材料——苹果　　29 120

（5）购进鲜橙、胡萝卜。

纳税人从小规模纳税人C公司购进鲜橙不属于从农业生产者购进自产农产品，进项税额不予抵扣；从批发、零售环节购进适用免征增值税的蔬菜、部分鲜活肉蛋而取得的普通发票，不得作为计算抵扣进项税额的凭证。

借：原材料——鲜橙　　21 000

　　　　——胡萝卜　　2 400

贷：银行存款　23 400

（6）生产领用鲜橙。

借：生产成本——橙汁　21 000

贷：原材料——鲜橙　21 000

2）购进货物退货、折让进项税额的会计处理

（1）全部退货。在未付款且未做账务处理的情况下，只需将“发票联”和“抵扣联”退还给销货方即可；如果已付款或者货款未付但已做账务处理，而发票联和抵扣联无法退还的情况下，购货方必须取得当地主管税务机关开具的“进货退出及索取折让证明单”并送交销售方，作为销售方开具红字增值税专用发票的合法依据。销售方在未收到证明单以前，不得开具红字增值税专用发票。销售方收到证明单以后，根据退回货物的数量、价款、税款或折让金额，向购买方开具红字增值税专用发票。

【例 2-12】天华工厂 8 月 2 日收到光明工厂转来的托收承付结算凭证（验单付款）及发票，所列甲材料价款 5 000 元，税额 650 元，委托银行付款。做会计分录如下：

借：在途物资——甲材料　5 000

应交税费——应交增值税（进项税额）　650

贷：银行存款　5 650

9 月 10 日材料运到，验收后因质量不符合约定而全部退货，取得当地主管税务机关开具的“进货退出及索取折让证明单”并送交销售方，代垫退货运杂费 800 元。9 月 20 日收到光明工厂开具的红字发票联、抵扣联，做会计分录如下：

9 月 10 日将证明单转交销货方时：

借：应收账款——光明工厂　5 800

贷：在途物资——甲材料　5 000

银行存款　800

9 月 20 日收到销货方开来的红字增值税专用发票及款项时：

借：银行存款　6 450

应交税费——应交增值税（进项税额）　650

贷：应收账款——光明工厂　5 800

（2）部分退货。购进的材料如果发生部分退货，在货款已付、发票无法退还的情况下，应向当地税务机关索取证明单，转交销货方，并根据销货方转来的红字发票联和抵扣联，借记“应收账款”或“银行存款”，贷记“应交税费——应交增值税（进项税额）”（记账时，用红字记入借方）、“在途物资”。

【例 2-13】以前采用托收承付结算方式（验单付款）购进的材料 2 000 千克，单价 5 元/千克，增值税进项税额 1 300 元，材料验收入库时发现质量不符，经与销货方协商后同意折让 10%。做会计分录如下：

材料验收入库，按扣除折让后的金额入账，并将证明单转交销货方时：

借：原材料　9 000

应收账款　1 000

贷：在途物资　10 000

收到销货方转来的折让金额红字增值税专用发票及款项时：

借：银行存款　　1 130

　　应交税费——应交增值税（进项税额）　　130

　贷：应收账款　　1 000

3）商品采购进项税额的会计处理

企业购进商品并取得专用发票后，如果能够及时认证并通过，在货款结算时，以购买价格借记“在途物资”，以增值税专用发票上注明的增值税税额，借记“应交税费——应交增值税（进项税额）”，按购买价格与增值税之和，贷记“应付账款”“应付票据”“银行存款”等；商品验收入库时，借记“库存商品”，贷记“在途物资”。

如果没有及时认证，根据专用发票先行入账时，为了区别于已获认证的购进商品的会计处理，可设“待认证进项税额”账户。当企业在规定时间内获得认证通过后，再借记“应交税费——应交增值税（进项税额）”，贷记“应交税费——待抵扣进项税额”。

【例 2-14】某商业批发企业购进商品一批，价款 10 000 元，增值税税额 1 300 元（10 000×13%），2个月后付款，做会计分录如下：

①商品购入时：

借：在途物资　　10 000

　　应交税费——待认证进项税额　　1 300

　贷：应付账款　　11 300

②验收入库时：

借：库存商品　　10 000

　贷：在途物资　　10 000

③实际付款时：

借：应付账款　　11 300

　贷：银行存款　　11 300

借：应交税费——应交增值税（进项税额）　　1 300

　贷：应交税费——待认证进项税额　　1 300

就零售企业商品采购而言，在商品验收入库时，以商品的售价（含税）金额，借记“库存商品”，以商品的进价（不含税）金额，贷记“在途物资”，以商品含税零售价大于不含税进价的差额，贷记“商品进销差价”。“商品进销差价”账户，是商品零售企业用来核算商品售价（含税）与进价（不含税）之间的差额（毛利+销项税额）的专门账户。借方反映取得商品进价大于零售价的差额，月终分摊的商品进销差价和库存商品售价调整时调低售价的差额；贷方反映取得商品零售价大于进价的差额和库存商品售价调整时调高售价的差额；贷方余额反映库存商品进价小于售价的差额，借方余额则反映库存商品进价大于售价的差额，余额一般在贷方。

零售企业库存商品实行售价金额核算，其会计处理有所不同，其他与批发企业基本相同。

【例 2-15】某零售商业企业向本市××无线电厂购入××DVD 150 台，单价 1 000 元/台，增值税专用发票上注明：价格150 000元，增值税税额19 500元（150 000×13%），做会计分录如下：

企业付款时：

借：在途物资　150 000

　　应交税费——应交增值税（进项税额）　19 500

　贷：银行存款　169 500

商品验收入库（设每台DVD含税售价1 560元）时：

借：库存商品——××DVD　234 000

　贷：在途物资　150 000

　　商品进销差价　84 000

4）支付水电费、运费进项税额的会计处理

【例2-16】天华工厂10月份收到电力公司开来的电力增值税专用发票，因该工厂生产经营用电和职工生活用电是一个电度表，增值税专用发票的增值税税额中有属于职工个人消费的部分。10月份该企业用电总价20 000元，其中：生产用电的电价为18 000元，职工生活用电的电价是2 000元。电力公司开来增值税专用发票，电价20 000元，税额2 600元，价税合计22 600元。该工业企业对职工个人用电的价税计算到人，在发工资时扣回。做会计分录如下：

借：制造费用　18 000

　　应交税费——应交增值税（进项税额）　2 340

　　应付职工薪酬　2 260

　贷：银行存款　22 600

5）接受应税服务进项税额的会计处理

企业接受应税服务，按照增值税专用发票上注明的增值税税额，借记“应交税费——应交增值税（进项税额）”。

【例2-17】某生产企业与中介公司签订委托销售合同，通过中介公司居间销售自产产品。9月份中介公司销售生产企业自产产品100万元，企业按合同规定支付佣金60 000元。中介公司向企业开具增值税专用发票，注明价款60 000元，增值税税额3 600元，价税合计63 600元。生产企业会计处理如下：

借：销售费用——手续费及佣金　60 000

　　应交税费——应交增值税（进项税额）　3 600

　贷：银行存款　63 600

由于实际支付的佣金60 000元超过所得税法规定的限额50 000元（100×5%），对于超额支付的10 000元，企业应做所得税纳税调增处理。

6）购入固定资产（有形动产、不动产）进项税额的会计处理

外购时，根据收到的增值税专用发票记载金额，借记“固定资产”“应交税费——应交增值税（进项税额）”等账户，贷记“应付账款”“应付票据”“银行存款”等账户。

纳税人应建立不动产和不动产在建工程台账，分别记录并归集不动产和不动产在建工程的成本、费用、扣税凭证及进项税额抵扣情况，留存备查。用于简易计税方法计税项目、免征增值税项目、集体福利或个人消费的不动产在建工程，也应在纳税人建立的台账中记录。

【例 2-18】M公司从某企业采购需安装的生产用机器设备一台，专用发票上注明价款40万元，增值税税额5.2万元；支付运输费用，取得货物运输业增值税专用发票，运费0.5万元，增值税税额450元。

借：在建工程　405 000
　　应交税费——应交增值税（进项税额）　52 450
　贷：银行存款　457 450

【例 2-19】天利公司系增值税一般纳税人，9月购进仓库一栋，购入价1 090万元，取得增值税专用发票。

进项税额的计算：

进项税额=1 090÷（1+9%）×9%=90（万元）

做会计分录如下：

借：固定资产——××仓库　10 000 000
　　应交税费——应交增值税（进项税额）　900 000
　贷：银行存款　10 900 000

7）接受非货币性资产投资进项税额的会计处理

【例 2-20】M公司系有限责任公司，接受N公司投入需要安装设备一套。双方协议约定公允价值300万元（不含税），并开具增值税专用发票。接受投资变更登记后，M公司注册资本1 250万元，N公司持股比例26%。M公司做会计分录如下：

借：在建工程——××安装设备　3 000 000
　　应交税费——应交增值税（进项税额）　390 000
　贷：实收资本　3 250 000
　　　资本公积——资本溢价　140 000

8）小规模纳税人的会计处理

由于小规模纳税人不实行税款抵扣制，因此，不论收到普通发票还是增值税专用发票，其所付税款均不必单独反映，可直接计入采购成本，按应付或实际支付的价款和进项税额，借记“材料采购”“原材料”“管理费用”等，贷记“应付账款”“银行存款”“库存现金”等。

【例 2-21】大明厂系小规模纳税人，3月份购入原材料一批，增值税专用发票上注明：材料价款8 800元，增值税税额1 144元；购入包装物一批，普通发票上所列价款2 500元。已付款并验收入库。做会计分录如下：

借：原材料　9 944
　　周转材料——包装物　2 500
　贷：银行存款　12 444

2.3.3 增值税进项税额转出和转入的会计处理

当企业购进货物用于免征增值税项目、集体福利、个人消费，或者发生非正常损失，应作进项税额转出或将其视同销项税额处理，从本期的进项税额中抵减，借记有关账户，贷记“应交税费——应交增值税（进项税额转出）”等。按我国现行出口退税政策规定，进项税额与出口退税税额的差额，也应做“进项税额转出”的会计处理（详见本书第5章）。

1）用于免税项目进项税额转出的会计处理

企业购进的货物，如果既用于应税项目，又用于免税项目，而进项税额又不能单独核算，月末应按免税项目销售额与应税免税项目销售额合计之比计算免税项目不予抵扣的进项税额，然后做“进项税额转出”的会计处理。如果企业生产的产品全部是免税项目，其购进货物的进项税额应计入采购成本，因而就不存在进项税额转出的问题。

【例2-22】某超市为增值税一般纳税人，经营当地蔬菜、水果等农产品。在上年12月末增值税纳税申报表中，“期末留抵税额”中蔬菜、水果金额共计88 000元。蔬菜、水果分别属于免税货物和应税货物。该超市1月份销售蔬菜240 000元、水果160 000元。本月上述销售业务共发生运输费6 000元，应分摊电费8 000元，均取得符合规定的抵扣凭据，但无法在水果与蔬菜之间进行划分。进行相关会计处理如下：

期初留抵税额中进项税额转出数=88 000×240 000÷（240 000+160 000）=52 800（元）

本月电费和运输费用可抵扣进项税额=8 000×13%+6 000×13%=1 820（元）

按上述公式计算其进项税额转出数：

本月进项税额转出数=1 820×240 000÷400 000=1 092（元）

进项税额转出合计数=52 800+1 092=53 892（元）

做会计分录如下：

借：王营业务成本——蔬菜　　53 892

　贷：应交税费——应交增值税（进项税额转出）　　53 892

【例2-23】2月15日，某企业购买口罩等防疫物资捐赠给公益性社会组织用于支援抗击疫情，取得的专用发票注明价款150万元，增值税19.5万元，货款已经支付。

（1）购进口罩时。

借：库存商品——防疫物资　　1 500 000

　　应交税费——应交增值税（进项税额）　　195 000

　贷：银行存款　　1 695 000

（2）捐赠时。

借：营业外支出　　1 695 000

　贷：库存商品——防疫物资　　1 500 000

　　　应交税费——应交增值税（进项税额转出）　　195 000

2）非正常损失货物进项税额转出的会计处理

购进货物发生非正常损失后，其税负也就不能再往后转嫁。因此，对发生损失的企业（视为应税货物的最终消费者）应征收该货物的增值税。因当初进货时支付的增值税税额已作为“进项税额”进行了抵扣，发生损失后应将其转出，由该企业负担该项税负，即转作待处理财产损失的增值税，应与遭受损失的存货成本一并处理。企业应根据税法规定，正确界定正常损失[①]与非正常损失。非正常损失存货有不含运费的原材料、含运费的原材

① 正常损失额确认后，可记入“管理费用”或“销售费用”，不做“进项税额转出”。

料及产成品、半成品等情况，企业应区分具体情况，正确进行会计处理。

对非正常损失存货进行会计处理，关键是正确计算其涉及的不得从销项税额中抵扣的进项税额。由于非正常损失的购进货物与非正常损失的在产品、产成品所耗用的购进货物或者应税劳务的进项税额一般都已在此前做了抵扣，发生损失后，一般很难核实所损失的货物是在过去何时购进的，其原始进价和进项税额也无法准确核定。因此，可按货物的实际成本计算不得抵扣的进项税额，由于损失的在产品、产成品中耗用了外购货物的实际成本，因此还需要参照企业近期的成本资料加以计算。存货损失还涉及企业所得税，其税前扣除见第7章。

【例2-24】某企业一批原材料被盗，其账面价值为150 000元，该批原材料增值税进项税额为19 500元。因被盗而发生的损失属于非正常损失，其进项税额不可抵扣。会计处理如下：

（1）毁损发生时：

借：待处理财产损溢——待处理流动资产损溢	169 500	
贷：原材料		150 000
应交税费——应交增值税（进项税额转出）		19 500

（2）报经批准后：

借：营业外支出——非正常损失	169 500	
贷：待处理财产损溢——待处理流动资产损溢		169 500

3）进项税额转入的会计处理

对不得抵扣且未抵扣进项税额的固定资产、无形资产、不动产，当发生用途改变，用于允许抵扣进项税额的应税项目时，可在用途改变的次月计算可以抵扣的进项税额（即进项税额转入），其计算依据是当初购进资产时取得的合法有效的增值税扣税凭证（经认证相符），计算公式如下：

可抵扣进项税额=增值税扣税凭证注明或计算的进项税额×不动产净值率

不动产净值率=不动产净值÷不动产原值×100%

对允许抵扣的进项税额，应借记“应交税费——应交增值税（进项税额）”“应交税费——待抵扣进项税额”；企业也可在“应交增值税”下增设“进项税额转入”明细账户。

【例2-25】某企业系增值税一般纳税人，今年6月购买了一栋房屋用于员工食堂，取得增值税专用发票注明税款54万元，价款600万元，折旧年限20年，无残值，7月份进行勾选认证、申报抵扣并做了进项税额转出处理。今年9月因经营需要将该房屋改做生产车间。

①可抵扣进项税额（进项税额转入额）计算如下：

不动产净值=600-［600÷（20×12）］×3=592.5（万元）

不动产净值率=592.5÷600×100%=98.75%

可抵扣进项税额=54×98.75%=53.325（万元）

②做会计分录如下：

改变用途转入进项税额时：

借：应交税费——应交增值税（进项税额）	533 250	
贷：固定资产		533 250

【小思考2-5】下列说法中正确的有哪些？

（1）一般纳税人要在“应交税费”账户下设置“应交增值税”明细账户

（2）购进货物时，所有纳税人都要借记“进项税额”

（3）进项税额都允许抵扣

（4）只有一般纳税人有“进项税额转出”的会计处理问题

（5）进项税额与进项税额转出是备抵关系

【答案】（1）（4）（5）

2.4　增值税销项税额的会计处理

2.4.1　销售货物、服务销项税额的会计处理

企业销售货物、无形资产、不动产，提供服务，借记“应收票据”“应收账款”“银行存款”等，贷记“主营业务收入”“固定资产清理”“工程结算”等，贷记“应交税费——应交增值税（销项税额）”。如果按会计准则确认收入或利得的时点早于按照税法规定确认的增值税纳税义务发生时点时，先将相关销项税额记入“应交税费——待转销项税额”，待实际发生纳税义务时再转入“应交税费——应交增值税（销项税额）”。如果前者确认的时点晚于后者确认的时点，应按应纳增值税税额，借记“应收票据”“应收账款”，贷记“应交税费——应交增值税（销项税额）”，待按会计准则确认收入或利得时按扣除增值税销项税额后的金额确认收入。

企业发生视同销售行为，应按增值税规定确认计量销项税额，借记“应付职工薪酬”“利润分配”等，贷记“应交税费——应交增值税（销项税额）”。

1）现销方式销项税额的会计处理

（1）采用支票、汇兑、银行本票、银行汇票结算方式（工具）销售产品的销项税额的会计处理

采用支票、银行汇票等结算方式销售产品，属于直接收款方式销售货物，不论货物是否发出，均为收到货款或取得索取销货款凭据并将提货单交给购货方的当天，确认销售成立并发生纳税义务。企业应根据销售结算凭证和银行存款进账单，借记“银行存款”“应收账款”。按增值税专用发票上所列增值税税额或按普通发票上所列货款按征收率折算增值税税额，贷记“应交税费——应交增值税（销项税额）”；按实际销货额，贷记“主营业务收入”。

【例2-26】天缘厂采用汇兑结算方式向光明工厂销售甲产品360件，单价600元/件，增值税税额28 080元（360×600×13%），开出转账支票，代垫运杂费1 000元，共计245 080元。货款尚未收到。做会计分录如下：

借：应收账款/应收票据——光明工厂	245 080	
贷：主营业务收入		216 000
应交税费——应交增值税（销项税额）		28 080
银行存款		1 000

对不完全符合财务会计中收入确认条件的销售业务，财务会计可先按销售产品成本，借记“发出商品”，贷记“产成品”或“库存商品”，但应根据开出的专用发票，借记“应收账款”，贷记“应交税费——应交增值税（销项税额）”。

如果天缘厂是以自备运输工具送货上门，此笔业务属于混合销售。假定应收取的运费为1 000元（不含税），销项税额为28 210元（（216 000+1 000）×13%），做会计分录如下：

借：应收账款/应收票据　　245 210

　贷：主营业务收入　　217 000

　　　应交税费——应交增值税（销项税额）　　28 210

【例2-27】某企业为推销一种新产品，规定在试用期的2个月内，客户不满意可给予退货。税务会计确认收入实现，财务会计认为商品所有权上的风险和报酬并未转移给买方，不确认收入，只有当买方正式接受商品或退货期满时才能确认收入。

该企业为增值税一般纳税人，购销业务适用13%的税率。5月10日发出的委托代销A商品50件（价税合计56.5万元，成本40万元），到11月30日仍未收到代销清单。预提应由11月份支付的利息0.2万元，收回上月借出款10万元并收到利息0.15万元。11月份销售A产品100件，取得收入113万元（含税价），销售成本80万元。

发出的委托代销商品50件超过规定时间未收回的58万元，暂不做会计处理。待收到代销清单时，做如下会计分录：

借：银行存款　　565 000

　贷：主营业务收入　　500 000

　　　应交税费——应交增值税（销项税额）　　65 000

预提应由本月支付的利息0.2万元，收回上月借出款并收到利息0.15万元：

借：财务费用　　500

　　银行存款　　101 500

　贷：应付利息　　2 000

　　　其他应收款　　100 000

销售A商品取得收入113万元：

借：银行存款　　1 130 000

　贷：主营业务收入　　1 000 000

　　　应交税费——应交增值税（销项税额）　　130 000

11月份财务确认的收入总额为100万元，利润总额为19.95万元（100−80−（0.2−0.15））。

根据税法规定，对该企业11月份征收增值税确认的收入总额为150万元（100+50），对该企业11月份征收企业所得税确认的收入总额为150.15万元（100+50+0.15），应纳税所得额为29.95万元（150.15−80−40−0.2）。

11月份发出的委托代销商品50件超过180天未收回的56.5万元，在会计上既不确认收入也不计提税金，而按税法规定应做如下调整：

借：应收账款——应收销项税额　　65 000

　贷：应交税费——应交增值税（销项税额）　　65 000

待企业收到代销清单时做如下分录：

借：银行存款　565 000

　贷：主营业务收入　500 000

　　应收账款——应收销项税额　65 000

按税法规定，企业收回上月借出款收到的利息0.15万元应计入收入，会计上直接冲减费用，造成会计处理比征收所得税少确认收入50.15万元（150.15−100）。因此，该企业在计算当年11月企业所得税时，还应调增应纳税所得额10.15万元（50.15−40），确认递延所得税资产25 375元（101 500×25%）。

借：递延所得税资产　25 375

　贷：应交税费——应交所得税　25 375

【例2-28】天华工厂销售给天力公司甲产品110件，开具普通发票，含税金额74 580元，用转账支票结清。因天力公司不属于一般纳税人，按税法规定应开具普通发票。所收款项是价税合并收取的，所以，应倒算销售额和销项税额并做会计分录如下：

销售额=74 580÷（1+13%）=66 000（元）

销项税额=66 000×13%=8 580（元）

借：银行存款　74 580

　贷：主营业务收入　66 000

　　应交税费——应交增值税（销项税额）　8 580

（2）采用商业汇票结算工具销售产品的销项税额的会计处理

采用商业汇票结算方式销售产品，当收到购货方交来的商业汇票时，销售收入实现并发生纳税义务。

【例2-29】天华工厂向光兴工厂销售甲产品100件，单价600元/件，增值税税额7 800元（100×600×13%），已收到购货单位交来的承兑期为4个月的银行承兑汇票。做会计分录如下：

借：应收票据——银行承兑汇票　67 800

　贷：应交税费——应交增值税（销项税额）　7 800

　　主营业务收入　60 000

（3）采用委托收款、托收承付结算方式销售产品的销项税额的会计处理

企业采用委托收款或托收承付结算方式销售产品，尽管结算程序不同，但按税法规定，均应于发出商品并向银行办妥托收手续的当天，确认销售实现并发生纳税义务。企业应根据委托收款或托收承付结算凭证和发票，借记“应收账款”，贷记“应交税费——应交增值税（销项税额）”“主营业务收入”。

【例2-30】天华工厂向外地胜利工厂发出乙产品200件，单价460元/件，增值税税额11 960元（200×460×13%），代垫运杂费2 000元。根据发票和铁路运单等，已向银行办妥委托收款手续。做会计分录如下：

借：应收账款/应收票据——胜利工厂　105 960

　贷：应交税费——应交增值税（销项税额）　11 960

　　主营业务收入　92 000

　　银行存款　2 000

2）直接收款方式销项税额的会计处理

（1）商品销售的会计处理

批发企业根据增值税专用发票记账联和银行结算凭证，借记“银行存款”，贷记“主营业务收入”“应交税费——应交增值税（销项税额）”；零售企业应在每日销售终了时，由销售部门填制销货日报表，连同销货款一并送交财会部门，倒算出销售额，借记“银行存款”，贷记“主营业务收入”等。

【例2-31】某商品零售企业9月8日各销售柜组交来销货款现金8 475元，货款已由财会部门集中送存银行。做会计分录如下：

按税法规定销售给消费者个人的商品，实行价税合并收取，所以应倒算销售额：

销售额=8 475÷（1+13%）=7 500（元）

销项税额=7 500×13%=975（元）

借：银行存款　　8 475
　贷：主营业务收入　　7 500
　　　应交税费——应交增值税（销项税额）　　975

上述做法需要每天或每次计算销项税额，工作量大，也会出现误差。为此，对采用售价金额核算、实物负责制的企业，按实收销货款（含税），借记“银行存款”，贷记“主营业务收入”；同时按售价金额结转成本，借记“主营业务成本”，贷记“库存商品”。这里的主营业务收入暂按含税价格全部计入。月末，将含税商品销售收入换算为不含税销售额乘以税率算出全月的销项税额，借记“主营业务收入”，贷记“应交税费——应交增值税（销项税额）”，使商品销售收入由含税变为不含税。按月末差价表结转实际成本，借记“商品进销差价”（差价+销项税额），贷记“主营业务成本”（含税）。将“主营业务成本”账户余额调整为实际主营业务成本。

沿用本例资料，每天收到销货款时，做会计分录如下：

借：银行存款　　8 475
　贷：主营业务收入　　8 475
借：主营业务成本　　8 475
　贷：库存商品　　8 475

假设本月全店的含税销售收入总额为50 850元，本月的销项税额为5 850元，做会计分录如下：

借：主营业务收入　　5 850
　贷：应交税费——应交增值税（销项税额）　　5 850

按月末商品进销差价表结转实际成本，假设商品进销差价表上所列商品进销差价总额为14 125元（含税）。

借：商品进销差价　　14 125
　贷：主营业务成本　　14 125

月末实现的毛利=本期含税毛利-销项税额=14 125-5 850=8 275（元）

（2）平销行为的会计处理

生产企业以商业企业经销价或高于商业企业经销价将货物销售给商业企业，商业企业再以进货成本或低于进货成本进行销售，生产企业则以返还利润等方式弥补商业企业的进销差价损失。生产企业弥补商业企业进销差价损失的方式有：返还资金方式，如返还利润或向商业企业投资等；赠送实物或以实物方式投资。税法规定，不论是否有平销行为，只要因购买货物而从销售方取得各种形式的返还资金，均应依所购货物的增值税税率计算应冲减的进项税额，并从其取得返还资金当期的进项税额中予以冲减。其计算公式如下：

$$\text{当期应冲减的进项税额}=\text{当期取得的返还资金}\div\left(1+\text{所购货物适用的增值税税率}\right)\times\text{所购货物适用的增值税税率}$$

【例2-32】8月份，某大型连锁超市销售某食品生产企业提供的商品50万元（不含税），月末收到返还现金10 000元，增值税税率为13%。此笔收款应属于与商品销售额（量）挂钩的返还收入，应按平销返利行为的有关规定冲减当期增值税进项税额。因多数平销返利是在商品售出后结算的，相当于进货成本的减少，应冲减“主营业务成本”。做会计分录如下：

借：银行存款　10 000
　贷：主营业务成本　8 850
　　应交税费——应交增值税（进项税额转出）（10 000÷（1+13%）×13%）　1 150

现金返利的涉税事项，一方面减少了增值税进项税额，从而要缴纳相应的增值税，另一方面增加了企业应纳税所得额，还要缴纳相应的企业所得税。

【例2-33】假如上例中连锁超市收到的是实物返利，该商品零售价为10 000元，生产成本为15 000元，其他资料不变。收到实物返利时，分两种情况。

假如供货方开具增值税专用发票，则会计分录如下：

借：库存商品　8 850
　应交税费——应交增值税（进项税额）　1 150
　贷：主营业务成本　8 850
　　应交税费——应交增值税（进项税额转出）　1 150

假如供货方不开具增值税专用发票，则会计分录如下：

借：库存商品　10 000
　贷：主营业务成本　8 850
　　应交税费——应交增值税（进项税额转出）　1 150

可见，无论是否取得专用发票，都要按货物的公允价值冲减成本，缴纳同样数量的企业所得税。如果取得专用发票，则有抵税作用，不缴增值税。

3）分期收款方式销项税额的会计处理

企业采用分期收款方式销售货物，其纳税义务的发生时间为“按合同约定的收款日期的当天”，即不论在合同约定的收款日是否收到或如数收到货款，均应确认纳税义务发生，并在规定时间内缴纳增值税。发出商品时，借记“长期应收款”，贷记“主营业务收入”；同时，结转销售成本。按合同约定的收款日期开具发票，借记“银行存款”“应收账款”等，贷记“长期应收款”“应交税费——应交增值税（销项税额）”。而按会计准则的规定，如果收款期较短（通常在3年以下），以合同金额确认收入，其会计处理与税法规定基本相同。如果收款期较长（通常在3年以上），实质上是具有融资性质的销售商品，按应收合同或协议价款，借记“长期应收款”，按应收合同或协议价款的公允价值（未来现金流量现值），贷记“主营业务收入”，按专用发票上注明的增值税税额，贷记“应交税费——

应交增值税（销项税额）”，按其差额，贷记“未实现融资收益”。“未实现融资收益”在收款期内按实际利率法摊销，摊销结果与直线法相差不大时，也可以采用直线法摊销。

【例2-34】华津厂按销售合同向N公司销售A产品300件，售价为1 000元/件，产品成本为800元/件，增值税税率为13%。按合同规定付款期限为18个月，货款分3次平均支付。本月为第1期产品销售实现月，开出增值税专用发票：价款100 000元、增值税税额13 000元，货款已如数收到。假定不计息。做会计分录如下：

①确认销售时：

借：长期应收款	339 000	
贷：主营业务收入		300 000
应交税费——待转销项税额		39 000
借：主营业务成本	240 000	
贷：库存商品		240 000

②约定日收到款项时：

借：银行存款	113 000	
贷：长期应收款		113 000
借：应交税费——待转销项税额	13 000	
贷：应交税费——应交增值税（销项税额）		13 000

4）销售退回及折让、折扣销项税额的会计处理

一般纳税人销售货物、提供应税劳务服务并开具增值税专用发票后，在发生销售货物退回或折让时，应按规定开具红字专用发票，对退还给购买方的增值税税额，可从发生销货退回、折让当期的销项税额中扣减。未按规定开具红字专用发票的，不得冲减当期销项税额。

（1）销货退回的销项税额的会计处理

① 已开发票未入账退货的会计处理。当销货方收到退回发票时，可对原蓝字发票作废处理，一般不做账务处理。在产品退回时发生的相关费用，借记“销售费用”，贷记“银行存款”“其他应付款”（购货方代垫）等。

② 无退货条件且已入账的会计处理。如果未确认收入，企业应按已记入“发出商品”账户的商品成本金额，借记“库存商品”等，贷记“发出商品”。采用计划成本或售价核算的，应按计划成本或售价计入库存商品，同时计算产品成本差异或商品进销差价。

③ 如果已确认收入，销货方在购货方提供“进货退出或索取折让通知单”后，开具红字专用发票。红字贷记“主营业务收入”“应交税费——应交增值税（销项税额）”，红字借记（或蓝字贷记）“应收账款”“银行存款”“财务费用”等；同时，借记“库存商品”，贷记“主营业务成本”。

④ 对于附有销售退回条款的销售，企业应当在客户取得相关商品控制权时，按照因向客户转让商品而预期有权收取的对价金额（不含预期因销售退回而可能退还的金额）确认收入，按照预期因销售退回而可能退还的金额确认负债；同时，按预期将退回商品转让时的账面价值扣除收回该商品预计发生的成本（包括退回商品的价值减损）后的余额，确认为一项资产；按商品转让时的账面价值，扣除上述资产成本的净额结转成本。在资产负债表日，应重新估计未来销售退回情况，如有变化，应当作为会计估计变更进行会计处理。

⑤ 税务会计应在销售时全部确认销项税额，实际发生退货时开具红字发票冲减当期

的销项税额和销售收入等；财务会计只对有控制权且不会退回的部分确认收入，由此产生的暂时性差异，需要进行递延所得税的会计处理。

【例2-35】某公司系增值税一般纳税人，10月18日销售一批商品给乙公司，取得收入102万元（不含税，增值税税率13%）。发出商品后，按正常情况已确认收入，并结转成本85万元。下个月，该笔货款已经如数收到。12月19日，因产品质量问题，该批销售商品被退回。该公司执行《小企业会计准则》，企业已经确认销售商品收入的售出商品发生的销售退回，不论是否属于本年度，均应在发生时冲减当期销售收入。

对退回商品，做会计分录如下：

贷：主营业务收入	1 020 000	
应交税费——应交增值税（销项税额）	132 600	
贷：银行存款		1 152 600
借：库存商品	850 000	
贷：主营业务成本		850 000

【例2-36】天通公司是增值税一般纳税人，销售自产货物实行10天无理由退货。根据以往的销售数据统计，年平均退货率为10%。上年12月份销售商品含税价为113万元（其中增值税销项税额13万元），成本85万元。

①确认销售收入时：

借：应收票据/应收账款——××客户	1 130 000	
贷：应交税费——应交增值税（销项税额）		130 000
预计负债——应付退货款（1 000 000×10%）		100 000
主营业务收入（1 130 000−130 000−100 000）		900 000

②结转销售成本时：

借：主营业务成本	765 000	
应收退货成本（850 000×10%）	85 000	
贷：库存商品		850 000

③确认退回金额时。无理由退货期满，假设今年1月6日前，共支付退货金额7.6万元（含税金额），开具红字专用发票。

借：预计负债——应付退货款	65 257	
贷：银行存款		76 000
应交税费——应交增值税（销项税额）（76 000÷（1+13%）×13%）		8 743

④采用未来适用法调整上年底多预计的退货金额（不涉及销项税额），多预计的退货费应增加退货当期的主营业务收入。若是少预估了退货费用，则应调减退货当期的主营业务收入。

借：预计负债——应付退货款（100 000−67 257）	32 743	
贷：主营业务收入		32 743

⑤确认退货成本时：

借：库存商品（850 000÷1 000 000×67 257）	57 168	
主营业务成本	27 832	
贷：应收退货成本		85 000

注：上述5笔会计分录，第①、③笔属于税务会计处理，其余应属财务会计处理。

（2）销货折让销项税额的会计处理

①如果购货方尚未进行账务处理，也未付款，销货方应在收到购货方转来的原开出增值税专用发票的发票联和抵扣联上注明“作废”字样。

如属当月销售，销货方尚未进行账务处理，则不需要进行冲销当月销售收入和销项税额的账务处理，只需根据双方协商扣除折让的价款和增值税税额，重新开具增值税专用发票，并进行账务处理。

②如果购货方已进行账务处理，发票联和抵扣联已无法退还。销货方应根据购货方转来的“通知单”，按折让金额（价款和税款）开具红字增值税专用发票，作为冲销当期销售收入和销项税额的凭据。

如属以前月份销售，销货方已进行账务处理，则应根据折让后的价款和增值税税额重新开具专用发票，按原开的专用发票的发票联和抵扣联与新开的专用发票的记账联差额，冲销退回当月产品销售收入和相应的销项税额，红字贷记“主营业务收入”“应交税费——应交增值税（销项税额）”，借记“应收账款”。

【例2-37】天华工厂7月20日采用托收承付结算方式销售给光明工厂的乙产品40 000元，增值税税额5 200元，由于质量原因，双方协商折让30%，8月18日收到光明工厂转来的增值税专用发票的发票联和抵扣联。做会计分录如下：

7月20日办妥托收手续时：

借：应收账款——光明工厂	45 200	
贷：主营业务收入——乙产品		40 000
应交税费——应交增值税（销项税额）		5 200

8月18日转来增值税专用发票时，按扣除折让后的价款28 000元和增值税税额3 640元，重新开具专用发票，冲销产品销售收入12 000元（40 000-28 000）和增值税税额1 560元（5 200-3 640）。

借：应收账款——光明工厂	13 560	
贷：主营业务收入——乙产品		12 000
应交税费——应交增值税（销项税额）		1 560

【例2-38】天华工厂上月销售给耀华工厂的丙产品40件，由于质量不符合要求，双方协商折让20%。耀华工厂转来的证明单上列明折让价款20 000元、折让税额2 600元，根据证明单开出红字增值税专用发票并通过银行汇出款项。做会计分录如下：

借：主营业务收入——丙产品	20 000	
应交税费——应交增值税（销项税额）	2 600	
贷：银行存款		22 600

实际记账时，“主营业务收入”“应交税费——应交增值税（销项税额）”应以红字记入贷方发生额。

（3）折扣销售方式销项税额的会计处理

在财务会计中，销售折扣分为商业折扣和现金折扣两种形式；而在税务会计（税法）中，折扣销售方式分为折扣销售和销售折扣两种方式。

①折扣销售销项税额的会计处理。折扣销售即财务会计中的商业折扣，是指销货方在销售货物时，因购货方购货数量较大或与销售方有特殊关系等原因而给予对方的价格优惠

（打折）和实物折扣[①]。纳税人采取折扣方式销售货物，如果销售额和折扣额在同一张发票上的"金额"栏分别注明，可按折扣后的销售额征收增值税；未在同一张发票"金额"栏注明折扣额，而仅在发票的"备注"栏注明折扣额的，折扣额不得从销售额中扣除。如果将折扣额另开发票，不论其在财务会计上如何处理，也不得从销售额中扣除折扣额，即要按折扣前的销售额全额作为计算销项税额的依据。

税法中对纳税人采取折扣方式销售货物销售额的核定，之所以强调销售额与折扣额必须在同一张发票上注明，主要是从保证增值税征管的需要（征税、扣税相一致）考虑的。如果允许对销售额开一张销货发票，对折扣额再开一张退款的增值税负数（红字）发票，就可能造成销售方按减去折扣额后的销售额计算销项税额，而购货方却按未减去折扣额的销售额及其进项税额进行抵扣的问题，导致增值税逃税现象的发生。[②]

"随货赠送"是组合销售本企业商品，这是一种促销行为。在销售主货物的同时赠送从货物，这种赠送是出于利润动机的正常交易，属于捆绑销售或降价销售。赠送的目的是诱导消费者购买，其实赠品的价值已经包含在销售商品的售价之中，实为折扣销售，属有偿赠送。应将总的销售金额按各项商品公允价值的比例进行分摊，以确认各项销售收入。

从增值税的链条来说，企业销售的商品有对应的进项税额和销项税额，但销售的赠品只有进项税额而没有销项税额，表面上看似不合理，其实赠品的销项税额已隐含在商品的销项税额当中，只是没有剥离出来而已，因此，对于赠品的进项税额应允许其申报抵扣，赠送赠品时也不应该单独再次计算其销项税额。在会计处理上，与一般销售和购进货物相同，购销双方均不反映折扣额，双方均按扣减折扣额后的余额计价入账，并各自反映其销项税额与进项税额。

【例2-39】某商店为扩大销售，承诺购买××型号手机一部，赠送品牌电池一个。假定手机标价2 560元（实际售价2 510元），成本1 800元，电池不标价（实际售价50元），成本22元，相关的会计处理为：

借：库存现金	2 560	
贷：主营业务收入——××手机		2 265
应交税费——应交增值税（销项税额）		295
借：主营业务成本	1 822	
贷：库存商品——××手机		1 800
——电池		22

②销售折扣销项税额的会计处理。销售折扣即财务会计中的现金折扣，是指销货方在销售货物后，为了鼓励购货方早日偿还货款而许诺给予一定比例的折扣优惠。折扣条件一般用"2/10，1/20，N/30"等表示，其含义是：10日内付款给予2%的折扣，20日内付款给予1%的折扣，30日内付款没有折扣即按全价付款。

纳税人销售货物时，确认纳税义务，开具专用发票，折扣额不得从销售额中减除，即按销售额全额计算销项税额。

在财务会计中，对附有现金折扣条件的商品赊销时，可将销售额扣除估计的极有可能

① 实物折扣按视同销售中"无偿捐赠"处理。
② 如果不是在销售商品和提供服务过程中发放赠品或通过价格折扣、折让方式向个人赠送礼品，企业应代扣代缴个人所得税。

发生的现金折扣后的余额记入“应收账款”，将销售额（不含税交易总价）扣除现金折扣后的余额贷记“主营业务收入”。资产负债表日，应重新估计可能收到的对价，按其差额调整“主营业务收入”。

【例2-40】8月8日，天鑫公司赊销一批产品给B客户，合同规定现金折扣条件为“2/10，1/20，N/30”，按销售价款计算现金折扣。当日开具专用发票，价款200 000元，税额26 000元。根据B客户此前付款情况等综合考虑，估计一般在11～20日可以支付全部货款，即可能获得2 000元（200 000×1%）现金折扣。天鑫公司会计处理如下：

产品发出并办理完托收手续时：

借：应收账款	224 000	
贷：主营业务收入（200 000-2 000）		198 000
应交税费——应交增值税（销项税额）		26 000

如果客户在11～20日付清货款，根据扣除现金折扣后的收款额入账：

借：银行存款	224 000	
贷：应收账款		224 000

如果客户超过20日付款，不能获得现金折扣，还应将估计的现金折扣贷记收入：

借：应收账款	2 000	
贷：主营业务收入		2 000

5）租赁业务销项税额的会计处理

【例2-41】A企业向B企业出租生产用新购设备一台，合同约定租赁日期从当年4月1日起租期1年，含税租赁价款总额为339万元，双方约定租赁费分4期，B企业于每季度前10天内向A企业定期预付。当年3月20日，A企业收到B企业预付的第二季度租赁费84.75万元并开具发票。

A企业做会计分录如下：

（1）3月20日，预收租赁费：

采用预收款方式的租赁服务，纳税义务发生时间为收到预收款的当天。

应交增值税=847 500÷（1+13%）×13%=97 500（元）

借：银行存款	847 500	
贷：预收账款——B企业		750 000
应交税费——应交增值税（销项税额）		97 500

（2）4月1日，确认当月收入：

每月收入额=750 000÷3=250 000（元）

借：预收账款——B企业	250 000	
贷：其他业务收入——租赁收入		250 000

6）包装物及没收押金销项税额的会计处理

（1）包装物销售销项税额的会计处理

①随同产品销售并单独计价的包装物。按规定，其应作为销售计算缴纳增值税，借记“银行存款”或“应收账款”，贷记“其他业务收入”“应交税费——应交增值税（销项税额）”。不单独计价时，作为产品销售，会计处理同前。

【例2-42】天华工厂销售给本市天众工厂带包装物的丁产品600件，包装物单独计价，开出的增值税专用发票上列明产品销售价款96 000元、包装物销售价款10 000元、增值税税额13 780元，款未收到。做会计分录如下：

借：应收账款——天众工厂　119 780

　贷：主营业务收入——丁产品　96 000

　　其他业务收入——包装物销售　10 000

　　应交税费——应交增值税（销项税额）　13 780

②销售产品，包装物出租。包装物租金属于价外费用，应缴纳增值税。

【例2-43】天华工厂采用银行汇票结算方式，销售给东平机械厂甲产品400件，单价400元/件，增值税税额20 800元（400×400×13%），包装物400个出租，承租期为2个月，共计租金4 520元，一次收取包装物押金23 400元，总计结算金额208 720元（400×400+20 800+4 520+23 400）。

按税法规定，收取的包装物租金应计算的销售额，不包括向购买方收取的销项税额，应倒算销售额，计算应交增值税。

包装物租金销售额=4 520÷（1+13%）=4 000（元）

包装物租金应计销项税额=4 000×13%=520（元）

借：银行存款　208 720

　贷：主营业务收入　160 000

　　其他业务收入　4 000

　　应交税费——应交增值税（销项税额）　21 320

　　其他应付款　　存入保证金　23 400

（2）包装物押金销项税额的会计处理

① 销售酒类产品而收取的押金。它又分两种情况：一是啤酒、黄酒，其计税要求、会计处理方法同②；二是其他酒类，对这类货物销售时收取的包装物押金，无论将来押金是否返还以及会计上如何核算，均应并入当期销售额计税。

② 销售酒类产品之外的货物而收取的押金。当包装物逾期未收回时，没收押金，按适用税率计算销项税额。“逾期”以一年为限，收取押金超过一年时，无论是否退还，均应并入销售额计税。

【例2-44】某企业销售A产品100件，成本价350元/件，售价500元/件，收取包装物押金9 040元，包装物成本价为70元/件。该产品是征收消费税产品，税率为10%。做会计分录如下：

销售产品时：

借：银行存款　65 540

　贷：主营业务收入——A产品　50 000

　　应交税费——应交增值税（销项税额）　6 500

　　其他应付款——存入保证金　9 040

计提消费税时：

借：税金及附加　5 000

　贷：应交税费——应交消费税　5 000

没收逾期未退包装物押金时：

借：其他应付款——存入保证金 9 040

贷：应交税费——应交增值税（销项税额） 1 040

其他业务收入 8 000

借：税金及附加 800

贷：应交税费——应交消费税 800

同时：

借：其他业务成本 7 000

贷：周转材料——包装物 7 000

7）销售服务销项税额的会计处理

【例 2-45】某金融企业为增值税一般纳税人，经营范围是贷款业务、直接收费金融服务、保险服务和金融商品转让等。当月取得贷款利息收入（含税）3 180 万元；当月转让 3 个月前购买的债券取得收入（含税）6 360 万元，当初购买债券支付价款 3 975 万元。

（1）贷款利息收入的会计处理：

销项税额=3 180÷（1+6%）×6%=180（万元）

借：银行存款或应收利息 31 800 000

贷：利息收入 30 000 000

应交税费——应交增值税（销项税额） 1 800 000

（2）金融商品转让的会计处理。金融商品转让以卖出价扣除买入价后的余额为销售额。不同品种金融商品转让产生的正负差，在同一个纳税期内可以相抵，以盈亏相抵后的余额作为销售额。月末，若产生转让收益，按应纳税额，借记“投资收益”等，贷记“应交税费——转让金融商品应交增值税”；若产生转让损失，按可结转下月的抵扣税额，借记“应交税费——转让金融商品应交增值税”，贷记“投资收益”等。

债券转让应纳税额=（6 360−3 975）÷（1+6%）×6%=135（万元）

借：银行存款 63 600 000

贷：投资收益 62 250 000

应交税费——转让金融商品应交增值税 1 350 000

纳税人销售活动板房、机器设备、钢结构件等自产货物的同时，还提供建筑、安装服务，不属于混合销售，应分别核算货物和建筑服务的销售额，分别适用不同的税率或征收率。一般纳税人销售电梯的同时提供安装服务，其安装服务可以按照甲供料工程选择适用简易计税方法计税。纳税人对安装运行后的电梯提供的维护保养服务，按“其他现代服务”缴纳增值税。

【例 2-46】天洋建筑公司系增值税一般纳税人，其提供适用一般计税方法的建筑服务，8 月份发生以下相关业务并作相关会计处理。

（1）购进周转材料一批，取得增值税专用发票，价款 20 000 元。

借：周转材料 20 000

应交税费——应交增值税（进项税额） 2 600

贷：银行存款 22 600

（2）将上述购入周转材料投入工程时：

借：工程施工——合同成本 20 000

　贷：周转材料 20 000

（3）接受采用简易征收方式计税的AC公司提供的建筑服务，价值24 720元，款项已支付，取得税务机关代开的增值税专用发票。

进项税额=24 720÷（1+3%）×3%=720（元）

借：工程施工——合同成本 24 000

　　应交税费——应交增值税（进项税额） 720

　贷：银行存款 24 720

（4）按建筑承包合同约定的日期收到预收账款54 500元，开具发票，虽未确认收入，但应计提销项税额。

销项税额=54 500÷（1+9%）×9%=4 500（元）

借：银行存款 54 500

　贷：应交税费——应交增值税（销项税额） 4 500

　　　工程结算、预收账款 50 000

（5）期末，结转未交增值税时：

未交增值税=4 500-（2 600+720）=1 180（元）

借：应交税费——应交增值税（转出未交增值税） 1 180

　贷：应交税费——未交增值税 1 180

2.4.2 视同销售的销项税额的会计处理

“视同销售”是税法上认定的一种特殊销售方式，这类销售没有现金流入，一般不会给企业带来直接的经济利益。因此，在财务会计中，视同销售一般不符合收入确认条件；但按税法规定，要按销售计算增值税销项税额，即正常计税。

对视同销售行为的会计处理，关键是应否通过收入账户进行核算，有两种观点（两种做法）：一种是与正常的、真正的销售核算相同，即按售价计算销售收入并相应计提销项税额，再按成本结转销售成本；另一种是不通过收入账户核算，直接按成本结转，同时按市价或公允价值计提销项税额，期末还应进行所得税纳税调整。前者是财务会计与税务会计不分离的做法，即会计准则与税法规定一致或财务会计服从税法；后者是财务会计与税务会计分离的做法。

对视同销售行为的会计处理，一般应遵循如下原则：① 视同销售行为是否会使企业获得收益。如果能获得收益，就应按销售收入处理；否则，按其成本进行结转。② 对视同销售行为计算的应交增值税，与一般的“进项税额转出”意义不同，税务会计应将其作为“销项税额”处理。③ 视同销售行为的价格（计税依据）应按税法规定确定（税务部门认定）。根据我国现行税法和企业会计准则的规定，增值税视同销售的税务会计处理与财务会计处理对比见表2-5。

1）货物在机构内部转移

设有两个以上机构并实行统一核算的纳税人，将货物从一个机构移送其他机构（不在同一县、市）用于销售的会计处理。货物移送要开具增值税专用发票，调出方计算销项税额，调入方计算进项税额。

表2-5 **视同销售行为——税法与会计准则处理对比表**

项目	去向	税法（税务会计）	会计准则（财务会计）
视同买断	委托代销	属于视同销售行为，贷记“应交税费——应交增值税（销项税额）”	确认收入
支付手续费			确认收入
视同买断	受托代销		确认收入
收取手续费			确认收入
统一核算，异地移送			不确认收入
外购货物、自产货物、委托加工货物	对外投资		确认收入
	利润分配		确认收入
	无偿捐赠		不确认收入
自产货物、委托加工货物	集体福利		确认收入
	个人消费		不确认收入
无偿提供服务，转让无形资产、不动产	其他单位或个人	不属视同销售行为，应做进项税额转出处理，贷记“应交税费——应交增值税（进项税额转出）”	不确认收入
	公益事业或以社会公众为对象		不确认收入
外购货物	简易计税项目、免征增值税项目		

【例2-47】某制造企业总公司设在甲市，有一个独立核算的生产分厂设在乙县，乙县生产分厂生产完成的产品要调拨到甲市销售。纳税及账务记录如下：

①总公司对分厂是一本账核算的。

在甲、乙两地，税务机关协商并报经双方上级税务机关批准，乙县用核定征收率征收增值税。该厂核定征收率为5%，成本利润率为10%。乙县生产分厂6月份调拨产品给总公司1 000 000元，计税价为1 100 000元，乙县征收的增值税为55 000元，乙县生产分厂在总公司核定的备用金中支付税额，并将税票随货物送总公司。总公司做会计分录如下：

借：应交税费——应交增值税（进项税额）（分厂缴纳税金） 55 000

　　贷：其他货币资金——乙县生产分厂备用金 55 000

②总公司、生产分厂为了适应纳税环节，生产分厂建立半级核算制度，即生产经营成本、销售由生产分厂核算，利润及其分配并到总公司核算。

上述销售发生时，乙县生产分厂开出增值税专用发票，销售额为1 100 000元，增值税税额为143 000元。生产分厂做会计分录如下：

借：应收账款 1 243 000

　　贷：主营业务收入——调拨销售给总公司 1 100 000

　　　　应交税费——应交增值税（销项税额） 143 000

总公司则凭上述增值税专用发票，借记“应交税费——应交增值税（进项税额）”。

2）企业将自产、委托加工的货物用于集体福利、个人消费

企业将自产、委托加工的货物用于集体福利、个人消费时，虽然没有产生现金流，但不论是增值税的规定，还是会计准则的规范，都将其视同销售（视同收入产生），应按移送货物的市场销售平均价格确认计量应税收入并计算销项税额。

【例2-48】某面粉有限公司系增值税一般纳税人，主营面粉、挂面加工等，共有职工90人，其中生产工人80人，厂部管理人员10人。7月份，公司决定以其生产的特制面粉作为福利发放给职工，每人2袋面粉。每袋面粉单位生产成本为40元，当月平均销售价格为65.4元/袋（含税）。会计处理如下：

①给职工发放面粉时：

应交增值税=［65.4÷（1+9%）×90×2］×9%=10 800×9%=972（元）

借：应付职工薪酬——职工福利 11 772

　贷：主营业务收入 10 800

　　　应交税费——应交增值税（销项税额） 972

②结转发放自产面粉成本时：

借：主营业务成本 7 200

　贷：库存商品——面粉 7 200

③成本费用分配：

计入生产成本=11 772×80÷90=10 464（元）

计入管理费用=11 772×10÷90=1 308（元）

借：生产成本 10 464

　　管理费用 1 308

　贷：应付职工薪酬——职工福利 11 772

上述会计处理已经按公允价值核算主营业务收入及主营业务成本，因此，在所得税纳税申报时，不再单独填报视同销售收入及视同销售成本。

3）将自产、委托加工、购进的货物无偿赠送其他单位或个人

这类业务并非销售活动，因为企业并未获得经济利益，但按税法规定，要视同销售货物计算缴纳增值税。自产、委托加工货物本身所耗原材料和支付的加工费等的“进项税额”与购买货物中的“进项税额”已从“销项税额”中扣除了，若不视同销售，买卖双方互相“赠送”，国家将无法收税。因此，这类业务要视同销售计税。按所赠货物的成本与所赠货物的售价或组成计税价格乘以税率计算的应纳增值税税额之和，借记“营业外支出”；按所赠货物的成本，贷记“产成品”“原材料”等；按应纳增值税税额，贷记“应交税费——应交增值税（销项税额）”。

【例2-49】天华公司系增值税一般纳税人，适用的增值税税率为13%。8月份将一批自产产品通过政府部门向灾区捐赠，成本为500万元，市场不含增值税价为650万元；将一批外购产品通过政府部门向灾区捐赠，外购价格为400万元。会计处理（仅反映增值税，其他税费略）如下：

（1）自产产品对外捐赠。

视同销售收入：650万元。

视同销售成本：500万元。

借：营业外支出——捐赠　　5 845 000
　贷：库存商品　　5 000 000
　　应交税费——应交增值税（销项税额）　　845 000

（2）外购产品对外捐赠。

视同销售收入：400万元。

视同销售成本：400万元。

借：营业外支出——捐赠　　4 520 000
　贷：库存商品　　4 000 000
　　应交税费——应交增值税（销项税额）　　520 000

4）委托代销商品

委托代销是用来扩大企业商品销售范围和销售量的经营措施之一，是委托其他单位代为销售商品的一种销售方式。账务处理方法视委托代销方式不同而有所区别。

（1）以支付手续费方式的委托代销

委托方应按商品售价（不含税）反映销售收入，所支付的手续费以“销售费用”列支。如果受托方为一般纳税人，则应给其开具增值税专用发票，列明代销商品价款和增值税税款；如果受托方为小规模纳税人，按税款和价款合计开具普通发票，借记“应收账款”或“银行存款”，贷记“主营业务收入”“应交税费——应交增值税（销项税额）”。收到受托方开来的手续费普通发票后，借记“销售费用——手续费”，贷记“应收账款”或“银行存款”。

【例2-50】某商业批发企业委托天方商店（一般纳税人）代销B商品400件，合同规定含税代销价为226元/件，手续费按不含税销售额的5%支付，该商品进价为150元/件。做会计分录如下：

①拨付委托代销商品时（按进价）：

借：委托代销商品　　60 000
　贷：库存商品——B商品　　60 000

②当在规定时间内收到天方商店报来的“代销清单”时：

代销清单列明销售数量150件，金额33 900元，倒算销售额并开具增值税专用发票，列明价款30 000元、增值税税额3 900元。

借：应收账款——天方商店　　33 900
　贷：主营业务收入　　30 000
　　应交税费——应交增值税（销项税额）　　3 900

③收到天方商店汇来的款项和手续费普通发票时：

普通发票列明，扣除手续费1 500元（30 000×5%），实收金额32 400元。

借：银行存款　　32 400
　　销售费用　　1 500
　贷：应收账款——天方商店　　33 900

④结转委托代销商品成本时：

借：主营业务成本　　22 500
　贷：委托代销商品　　22 500

（2）受托方视同买断（自购自销）作为自购自销的委托代销

委托方不采用支付手续费方式的委托代销商品，一般通过商品售价调整，作为对代销单位的报酬。这种方式实质上是一种赊销，受托方按什么价格销售，既可以约定，也可以由受托方自定。委托方在收到受托单位的代销清单后，按商品代销价反映销售收入，其账务处理基本同前，只是不支付手续费而已。

【例2-51】某商业零售企业委托天天商店代销A商品300件，双方协商含税代销价为113元/件，原账面价值为128.9元/件，代销价小于原账面价值的差额，冲销商品进销差价。做会计分录如下：

①拨付委托代销商品时：

借：委托代销商品	33 900	
商品进销差价	4 770	
贷：库存商品——A商品		38 670

②代销款收到并存入银行时：

天天商店报来代销清单，代销商品全部销售金额为33 900元，倒算销售额并开具增值税专用发票给受托单位（如为小规模纳税人则应开具普通发票），销售额为30 000元，增值税税额为3 900元。

借：银行存款	33 900	
贷：主营业务收入		30 000
应交税费——应交增值税（销项税额）		3 900

收到代销清单时，也可以按代销贷款（包括销项税额）借记“银行存款”，贷记“主营业务收入”。月终，根据含税销售额换算为不含税销售额，乘以税率，计算销项税额并登记入账，借记“主营业务收入”，贷记“应交税费——应交增值税（销项税额）”。

③结转委托代销商品成本时：

借：主营业务成本	33 900	
贷：委托代销商品		33 900

5）受托代销商品销项税额的会计处理

（1）收取手续费方式

受托方根据代销商品数量或金额的一定比例，向委托方收取手续费。受托方收取的手续费实际上是一种劳务收入。按照税法的有关规定，受托方代销商品应作为应税商品销售，计算增值税销项税额；收取的手续费属增值税应税劳务，应缴纳增值税。

如果受托方在双方协议价格的基础上自行加价进行销售，委托方按协议价格收取代销商品款，售价与协议价的差额归受托方所有。在这种方式下，受托方的收入包括代销商品差价和加收的手续费两部分，其计税依据为差价收入与手续费收入之和。

如果受托方只收取手续费，应按劳务收入计算缴纳增值税，对代销商品应作为应税销售，计算销项税额，如果购货方为一般纳税人，就应为其开具增值税专用发票。

【例2-52】某商品零售企业接受代销B商品600件，委托方规定代销价为60元/件（含税），代销手续费为含税代销额的5%，增值税税率为13%，代销手续费收入的增值税税率为6%。

①收到代销商品时（按含税代销价）：

借：受托代销商品——××部、组（B商品） 36 000

贷：代销商品款 36 000

②代销商品全部售出时：

借：银行存款 36 000

贷：应付账款——××企业 36 000

向委托单位报送代销清单，并向委托单位索要增值税专用发票。同时，计算代销商品的销项税额并调整“应付账款”，注销“代销商品款”和“受托代销商品”。

代销商品销项税额=600×60÷（1+13%）×13%=4 142（元）

借：应付账款——××企业 4 142

贷：应交税费——应交增值税（销项税额） 4 142

借：代销商品款 36 000

贷：受托代销商品——××部、组（B商品） 36 000

③收到委托单位的增值税专用发票时：

借：应交税费——应交增值税（进项税额） 4 142

贷：应付账款——××企业 4 142

④开具代销手续费收入发票时：

代销手续费收入=36 000×5%=1 800（元）

应交增值税=1 800÷（1+6%）×6%=102（元）

借：应付账款——××企业 1 800

贷：主营业务收入 1 698

应交税费——应交增值税（销项税额） 102

⑤支付扣除代销手续费后的代销款时：

借：应付账款——××企业 34 200

贷：银行存款 34 200

（2）视同买断（自购自销）方式的受托代销

代销商品售出时，借记“银行存款”账户，贷记“主营业务收入”“应交税费——应交增值税（销项税额）”账户，定期开出代销清单送交委托方，根据增值税专用发票，借记“受托代销商品款”“应交税费——应交增值税（进项税额）”账户，贷记“应付账款”账户，同时转销代销商品成本，借记“主营业务成本”账户，贷记“受托代销商品”账户。

【例2-53】A公司委托B公司代销商品100件，合同约定每件价格为300元，对外售价由B公司自定，其加价部分归其所有，B公司可以将未能代销出去的商品退回A公司。商品已发给B公司，B公司销售时每件价格为320元，商品已全部出售。B公司的会计处理如下：

（1）收到代销商品时：

借：受托代销商品 30 000

贷：受托代销商品款 30 000

（2）对外销售时：

借：银行存款　36 160

　贷：主营（或其他）业务收入　32 000

　　应交税费——应交增值税（销项税额）　4 160

借：主营（或其他）业务成本　30 000

　贷：受托代销商品　30 000

（3）将代销清单交给A公司，取得代销商品发票时：

借：受托代销商品款　30 000

　应交税费——应交增值税（进项税额）　3 900

　贷：应付账款——××委托代销企业　33 900

（4）按合同约定价格将代销商品款付给A公司时：

借：应付账款——××委托代销企业　33 900

　贷：银行存款　33 900

B公司应交增值税为260元（4 160–3 900），因2 000元的劳务报酬已经缴纳增值税，无须再缴纳增值税。B公司代销商品取得的劳务报酬为2 000元（32 000–30 000），相当于代销手续费收入，已经含在32 000元的主营（或其他）业务收入中，且已计提4 160元的销项税额。

2.4.3 销售、出租固定资产（有形动产、不动产）、无形资产销项税额的会计处理

1）转让（销售）固定资产（有形动产）应交增值税的会计处理

企业转让已使用过的、可抵扣增值税的固定资产，因该项固定资产在原来取得时，其增值税进项税额已记入“应交税费——应交增值税（进项税额）”，销售时按计算的增值税销项税额，应借记“固定资产清理”，贷记“应交税费——应交增值税（销项税额）”。如果是在增值税转型之前购入的机器设备，因当初购入时进项税额已计入资产成本，现在出售时，应按简易计税方法，依3%征收率减按2%计算缴纳增值税。转让损益记入“资产处置损益”。

【例2–54】某企业出售一台已经使用过的生产设备，含税价为113万元，已提折旧10万元，但未计提资产减值准备。该固定资产取得时，其进项税额13万元已记入“应交税费——应交增值税（进项税额）”，出售时收到价款80万元，不考虑城市维护建设税及教育费附加等相关税费。做会计分录如下：

（1）转入清理时：

借：固定资产清理　900 000

　累计折旧　100 000

　贷：固定资产　1 000 000

（2）出售时：

借：银行存款　800 000

　贷：固定资产清理（800 000÷（1+13%））　707 965

　　应交税费——应交增值税（销项税额）（707 965×13%）　92 035

同时：

借：资产处置损益 192 035

　贷：固定资产清理 192 035

2）转让不动产应交增值税的会计处理

【例2-55】某公司系增值税一般纳税人，8月份转让其营改增前购入的房屋一栋，房屋售价和价外费用共计1 200万元，当初购置价格为880万元。选择简易计税方法，按5%的征收率计算应纳增值税。

应纳增值税税额=（1 200−880）÷（1+5%）×5%=15.2381（万元）

借：银行存款 12 000 000

　贷：应交税费——应交增值税（简易计税） 152 381

　　其他业务收入（或主营业务收入） 11 847 619

如果纳税人转让的是其营改增前自建的房屋，选择简易计税方法，应以房屋售价和价外费用为销售额计税，应纳税额57.14万元（1 200÷（1+5%）×5%）。

3）出租不动产应交增值税的会计处理

【例2-56】天宇公司为从事货物生产销售的增值税一般纳税人。8月份将“营改增”后购置的异地房产出租，按一般计税方法计税，年租金为196.2万元，租期2年，按年收取租金。8月30日收到第1年租金，租期从9月1日开始计算。

收取租金后，公司应向房产所在地税务机关预缴增值税，再向机构所在地主管税务机关申报缴纳增值税。每年相关计算和会计处理如下：

应预交增值税=196.2÷（1+9%）×3%=5.4（万元）

应交增值税=196.2÷（1+9%）×9%=16.2（万元）

应申报缴纳增值税=16.2−5.4=10.8（万元）

（1）收到房屋租金时：

借：银行存款 1 962 000

　贷：预收账款 1 800 000

　　应交税费——应交增值税（销项税额） 162 000

（2）异地预缴增值税时：

借：应交税费——预交增值税 54 000

　贷：银行存款 54 000

（3）期末结转预缴增值税时：

借：应交税费——未交增值税 54 000

　贷：应交税费——预交增值税 54 000

（4）在机构所在地缴税时：

借：应交税费——未交增值税 108 000

　贷：银行存款 108 000

（5）每月确认收入时：

借：预收账款 150 000

　贷：其他业务收入（1 800 000÷12） 150 000

4）转让无形资产应交增值税的会计处理

【例2-57】某企业5月份将某产品的商标权以1 060 000元的价格转让给另一家企业。该商标权的账面余额为700 000元，已计提减值准备80 000元。做如下会计分录：

应交增值税=106÷（1+6%）×6%=100×6%=6（万元）

转让收益=不含税价款-资产成本=100-（70-8）=38（万元）

借：银行存款　1 060 000
　　无形资产减值准备　80 000
　贷：无形资产　700 000
　　应交税费——应交增值税（销项税额）　60 000
　　资产处置损益　380 000

2.4.4　金融商品转让的增值税会计处理

对转让当月产生的转让收益，按应纳税额借记“投资收益”等，贷记“应交税费——转让金融商品应交增值税”；若当月产生转让损失，按可结转下月的抵扣税额，借记“应交税费——转让金融商品应交增值税”，贷记“投资收益”等。缴纳增值税时，借记“应交税费——转让金融商品应交增值税”，贷记“银行存款”。年末，如果“应交税费——转让金融商品应交增值税”是借方余额，应借记“投资收益”等，贷记“应交税费——转让金融商品应交增值税”。

【例2-58】天达公司（一般纳税人）于5月1日从上交所购入A公司股票1万股，该股票在购买日的公允价值为10万元，支付交易费用100元，进项税额6元，取得专用发票并通过认证。当年8月10日，公司处置全部A公司股票，处置价款14.5万元。

（1）购入时。

借：交易性金融资产——A公司（成本）　100 000
　贷：其他货币资金——存出投资款　100 000
借：投资收益　100
　　应交税费——应交增值税（进项税额）　6
　贷：其他货币资金——存出投资款　106

（2）处置时。

应交增值税=（145 000-100 000）÷（1+6%）×6%=2 547.17（元）

借：其他货币资金——存出投资款　145 000
　贷：交易性金融资产——A公司（成本）　100 000
　　投资收益　45 000
借：投资收益　2 547.17
　贷：应交税费——转让金融商品应交增值税　2 547.17

2.4.5　增值税简易计税方法的会计处理

增值税简易计税方法适用于小规模纳税人和一般纳税人的特定货物、特定服务、特定项目。

1）小规模纳税人增值税的会计处理

小规模纳税人不实行税款抵扣办法，应以不含税销售额乘以征收率，计算应交增值税。因此，只需通过“应交税费——应交增值税”账户反映增值税的应交、上交和欠交情况。

【例2-59】某企业属小规模纳税人，3月份产品含税销售收入为154 500元，货款尚未收到。做会计分录如下：

（1）销售货款未收到时：

应纳增值税税额=154 500÷（1+3%）×3%=4 500（元）

借：应收账款　154 500

　贷：主营业务收入　150 000

　　　应交税费——应交增值税（销项税额）　4 500

（2）月末缴纳增值税时：

借：应交税费——应交增值税（销项税额）　4 500

　贷：银行存款　4 500

【例2-60】某餐饮企业系小规模纳税人。当月与驻地某施工队签订为期3个月的施工人员就餐协议。协议规定，每月餐费为5万元（含税），在协议签订时一次付清3个月的就餐费15万元，同时为施工队开具增值税专用发票。根据有关规定，先开具发票的，纳税义务发生时间为开具发票的当天。相关会计处理如下：

不含税销售额=150 000÷（1+3%）=145 631（元）

应交增值税=145 631×3%=4 369（元）

每月不含税销售额=145 631÷3=48 544（元）

（1）收到施工队支付的餐费款时：

借：银行存款　150 000

　贷：预收账款　145 631

　　　应交税费——应交增值税　4 369

（2）每月确认营业收入时：

借：预收账款　48 544

　贷：主营业务收入　48 544

2）一般纳税人简易计税方法的会计处理

一般纳税人用简易计税方法的计税项目，其进项税额不得从销项税额中抵扣，应计入相关成本费用，不通过“应交税费——应交增值税（进项税额）”核算；在其销售货物、无形资产、不动产，提供服务时，借记“应收账款”“银行存款”等，贷记“主营业务收入”“应交税费——增值税简易计税”等。

【例2-61】某公司系增值税一般纳税人，主营钢材和商品混凝土业务，其中自产商品混凝土选择简易计税方法。当月钢材销售额为700万元，钢材采购额为800万元；商品混凝土销售收入为159万元（含税）。做会计分录如下：

（1）销售钢材时：

借：应收账款——××客户　7 910 000

贷：主营业务收入——钢材　7 000 000

　　应交税费——应交增值税（销项税额）　910 000

（2）采购钢材时：

借：库存商品　8 000 000

　　应交税费——应交增值税（进项税额）　1 040 000

　贷：应付账款——××供应商　9 040 000

（3）销售混凝土时：

借：应收账款——××客户　1 590 000

　贷：主营业务收入——商品混凝土　1 543 689

　　应交税费——增值税简易计税　46 311

在实务中，对于简易计税方法减按2%征收的会计处理，因为纳税申报表中没有2%征收率一栏，为了完整地体现税收优惠，可以将少纳的1%作为补贴收入，在主表第23行“应纳税额减征额”填写。

【例2-62】某一般纳税人企业8月份销售一台使用过的特定设备，变价收入16.48万元。会计分录如下：

（1）销售时：

借：银行存款　164 800

　贷：固定资产清理　160 000

　　应交税费——增值税简易计税　4 800

（2）反映减计1%的税款：

借：应交税费——增值税简易计税　1 600

　贷：其他收益——减免税款　1 600

固定资产清理的销售额16万元填入纳税申报表附表一第10行第3列，税金0.48万元填入纳税申报表附列资料第10行第4栏，减计税额0.16万元填入纳税申报表主表第23行。

（3）下个月减按2%缴纳增值税时：

借：应交税费——增值税简易计税　3 200

　贷：银行存款　3 200

2.5　增值税减免和缴纳的会计处理

2.5.1　减免增值税的会计处理

1）直接减免增值税的会计处理

增值税免税收入的会计处理有价税分离记账法和价税合计记账法两种方法。在价税分离记账法下，销售免税项目时，借记“银行存款”等，贷记“主营业务收入”“应交税费——应交增值税（销项税额）”；对直接减免的销项税额，借记“应交税费——应交增值税（减免税款）”，贷记“其他收益”。

【例 2-63】某金融机构9月份取得农村小额贷款利息收入106万元（含税），免征增值税。会计分录如下：

借：银行存款　　1 060 000

　贷：主营业务收入（1 060 000÷（1+6%））　　1 000 000

　　　应交税费——应交增值税（销项税额）　　60 000

借：应交税费——应交增值税（减免税款）　　60 000

　贷：其他收益——减免税款　　60 000

上述会计处理，出现记账凭证（会计分录）与原始凭证（发票）不符的问题。如果将直接减免的增值税记入“主营业务收入”，则不会产生这个问题。直接减免的增值税是交易中产生的与交易额挂钩的收益，可以与发生的成本费用配比，计入营业收入更为合理。因此，可做如下会计处理：

借：银行存款　　1 060 000

　　应交税费——应交增值税（减免税款）　　60 000

　贷：主营业务收入　　1 060 000

　　　应交税费——应交增值税（销项税额）　　60 000

实务中，直接减免也不都是做如上处理。如企业初次购买增值税税控系统专用设备所支付的费用及缴纳的技术维护费，允许在增值税应纳税额中全额抵减。虽然也借记“应交税费——应交增值税（减免税款）”，但不能贷记“主营业务收入”或“其他收益”，而应贷记“管理费用”等，这是为了保持与企业购买税控设备及支付技术维护费时记入的损益类账户的一致性。

【例 2-64】某新华书店（一般纳税人）本月购进图书4 500册，款项从银行支付，取得增值税普通发票注明价款11万元，税款9 900元。本月销售图书6 600册，款项共计16.35万元，已全部存入银行。会计处理如下：

购进图书时：

借：库存商品　　119 900

　贷：银行存款　　119 900

销售图书时：

借：银行存款　　163 500

　贷：主营业务收入　　163 500

免税金额=163 500÷1.09×9%−9 900=3 600（元）

借：主营业务收入　　3 600

　贷：其他收益——减免税款　　3 600

2）即征即退增值税的会计处理

纳税人既有即征即退、先征后退项目，又有出口等其他应税项目的，即征即退、先征后退项目不参与出口项目免抵退计算。纳税人应分别核算，分别享受优惠政策，其进项税额也应分开核算，各自处理。

为了将上述项目单独核算，企业应设置“应交税费——应交增值税（一般项目）”

“应交税费——应交增值税（即征即退项目）”“应交税费——未交增值税（即征即退项目）”等明细科目；计提增值税应退税款时，借记“其他应收款”，贷记“其他收益”。

【例2-65】某外贸企业进口原棉一批，进口棉花征增值税实行即征即退办法。该批棉花价值折合人民币500 000元，应纳增值税65 000元。

做会计分录如下：

（1）外贸企业入账时：

借：原材料 500 000

应交税费——应交增值税（即征即退项目）（进项税额） 65 000

贷：应付账款、银行存款等 565 000

（2）收到进口商品退税款时：

借：银行存款 65 000

贷：应付账款——待转销进口退税单 65 000

（3）外贸企业将进口商品销售给生产企业时（假设销售价格为600 000元，增值税税额为78 000元）。

借：应收账款等 613 000

贷：主营业务收入 535 000

应交税费——应交增值税（即征即退项目）（销项税额） 78 000

（4）收到即征即退退税款时：

借：应付账款——待转销进口退税单 65 000

贷：其他收益 65 000

如果即征即退50%，则仅将退回的50%部分贷记“其他收益”。

（5）核算即征即退项目应交增值税和实际上缴增值税时：

借：应交税费——应交增值税（即征即退项目）（转出未交增值税） 13 000

贷：应交税费——未交增值税（即征即退项目） 13 000

借：应交税费——未交增值税（即征即退项目） 13 000

贷：银行存款 13 000

2.5.2 缴纳增值税的会计处理

1）按日申报缴纳增值税的会计处理

若税务机关核定纳税人按日缴纳增值税，企业平时按核定纳税期纳税时，属预缴性质；下月初，在核实上月应交增值税税额后，应于15日前清缴。

平时，企业在“应交税费——应交增值税”明细账中核算增值税涉税业务。其中，当月上缴当月应交增值税税额时，做会计分录如下：

借：应交税费——应交增值税（已交税金）

贷：银行存款

月末，结出该账户借方、贷方合计和差额。

若“应交税费——应交增值税”账户为贷方差额，表示本月应交未交的增值税税额；

若“应交税费——应交增值税”账户为借方差额，由于月中有预缴税款的情况，故该借方差额不仅可能是尚未抵扣完的进项税额，而且还可能包含多交的增值税。

2）按月申报缴纳增值税的会计处理

【例 2-66】天诚建筑公司系增值税一般纳税人。10月份销项税额为110万元，当期认证抵扣的进项税额为155万元。11月份销项税额为320万元，当期认证抵扣的进项税额为240万元；当月部分钢材被盗，应转出进项税额61万元。12月10日，申报缴纳11月份增值税（相关附加税费略）。

10月份应纳增值税税额=1 100 000−1 550 000=−450 000（元）<0

当月应交增值税为0，留抵税额为450 000元。

11月份增值税会计分录如下：

（1）进项税额转出时：

借：营业外支出（或待处理财产损溢）	610 000	
贷：应交税费——应交增值税（进项税额转出）		610 000

（2）计算应纳增值税时：

当月可抵扣进项税额=450 000+2 400 000−610 000=2 240 000（元）

当月应纳税额=3 200 000−2 240 000=960 000（元）

借：应交税费——应交增值税（转出未交增值税）	960 000	
贷：应交税费——未交增值税		960 000

（3）12月10日，申报缴纳11月份增值税时：

借：应交税费——未交增值税	960 000	
贷：银行存款		960 000

3）按季申报缴纳增值税的会计处理

纳税人按季度申报增值税时，每月只做计提增值税的会计处理，不做缴纳或免征增值税的会计处理。季末合并计算销售额，如果符合免征增值税条件，再做免征增值税的会计处理；如果不符合免征增值税条件，按季度合计销售额全额计算缴纳增值税。

【例 2-67】天鹏厂系制造企业，被认定为增值税小规模纳税人。当年7月份销售额为10万元（不含税，下同），8月份销售额为12万元，9月份销售额为6万元。第三季度销售额合计为40万元，选择按季申报缴纳增值税。

按季申报缴纳增值税时，即使有的月份未达到起征点，应免缴增值税，但因无法确定季度是否应该免税。因此，各月应按正常计税进行会计处理，季末一次结转免缴增值税。

（1）计提7月份应交增值税。

借：应收账款等	10 300	
贷：主营业务收入		100 000
应交税费——应交增值税		3 000

（2）计提8月份应交增值税。

借：应收账款等	123 600	
贷：主营业务收入		120 000
应交税费——应交增值税		3 600

（3）计提9月份应交增值税。

借：应收账款等　　61 800

　贷：主营业务收入　　60 000

　　　应交税费——应交增值税　　1 800

（4）结转季度免缴增值税。

第三季度合计销售额28万元（10+12+6），低于30万元，免缴增值税。

季度免缴税额=3 000+3 600+1 800=8 400（元）

借：应交税费——应交增值税　　8 400

　贷：其他收益——减免税款　　8 400

小规模纳税人是选择按月还是选择按季申报缴纳增值税，其计算结果不同。企业应根据其生产经营特点，慎重选择申报缴纳期限，且一个会计年度内不得变更。

【小思考2-6】如果该企业选择按月缴纳增值税，该季度每月如何进行会计处理？

4）预交增值税的会计处理

一般纳税人采用一般计税方法时，借记“应交税费——预交增值税”，贷记“银行存款”；月末，应将“预交增值税”明细账户余额转入“未交增值税”明细账户，借记“应交税费——未交增值税”，贷记“应交税费——预交增值税”。一般纳税人选择简易计税方法时，借记“应交税费——增值税简易计税”，贷记“银行存款”；月末不必结转，无须进行专门的会计处理。

小规模纳税人预交税款时，借记“应交税费——应交增值税”，贷记“银行存款”；月末不必结转，无须进行专门的会计处理。

【例2-68】天翔建筑公司为增值税一般纳税人，当年1月份承揽本地某建筑工程，承包合同约定总含税造价3 090万元，采用简易计税方法。3月6日收到业主支付的预付款309万元，7月7日收到工程进度款206万元。7月15日支付分包工程款55.62万元。相关会计处理如下：

（1）收到预收款，计算应预缴的增值税。

应预缴的增值税=309÷（1+3%）×3%=9（万元）

借：应交税费——预交增值税　　90 000

　贷：银行存款　　90 000

（2）收到工程进度款，计算应交增值税。

应交增值税=206÷（1+3%）×3%=6（万元）

借：银行存款　　2 060 000

　贷：合同结算——工程款　　2 000 000

　　　应交税费——预交增值税　　60 000

（3）支付分包工程款。

借：合同履约成本——工程支出　　540 000

　　应交税费——增值税简易计税　　16 200

　贷：银行存款　　556 200

（4）实际缴纳增值税。

借：应交税费——增值税简易计税　　43 800

贷：银行存款（60 000−16 200） 43 800

（5）结转应转销的预收款和预缴税款。

在简易计税法下收到进度款时，需要对相应的预收款和预缴税款进行纳税调整。按税法和会计准则要求，对7月份收取的工程进度款应分摊的预收款应作为当期收入，预缴税款也应抵减当期应交税款。

应分摊的预收款=309×（206÷3 090）÷（1+3%）=20（万元）

应抵减的预缴税款=20×3%=0.6（万元）

会计分录如下：

借：合同负债——预收款 206 000

贷：合同结算——工程款 200 000

应交税费——增值税简易计税 6 000

同时，冲销预缴税款，抵减当期应交税费：

借：应交税费——增值税简易计税 6 000

贷：应交税费——预交增值税 6 000

异地承揽项目不是在异地成立的子（分）公司，机构所在地会计部门对异地项目的款项收支业务应在当月处理完，即异地项目应预缴的税款必须在当月缴纳并进行会计处理，其余相关业务处理与本地项目相同。

【例2−69】10月，天缘房地产开发公司简易计税项目预收房款4 700万元，定金550万元。一般计税项目收取预收款10 900万元，有留抵税额101万元。当月预缴增值税计算如下：

简易计税项目预交税款=（4 700+550）÷（1+5%）×3%=150（万元）

一般计税项目预交税款=10 900÷（1+9%）×3%=300（万元）

当月应预缴增值税合计=150+300=450（万元）

（1）当月按规定预缴增值税时：

借：应交税费——预交增值税 3 000 000

——增值税简易计税 1 500 000

贷：银行存款 4 500 000

（2）月末将“预交增值税”转入“未交增值税”。

借：应交税费——未交增值税 3 000 000

贷：应交税费——预交增值税 3 000 000

5）补缴增值税的会计处理

开发企业应按规定的纳税义务发生时间确认销售收入和应纳税额。简易计税项目交房时应计算应纳税额，抵减预缴增值税后的余额应补缴增值税。一般计税项目交房或产权转移时，应计算从全部价款中减去支付的土地价款后的销售额，并根据销售额计算销项税额，计算应纳税额和应补缴增值税税额。

【例2−70】接【例2−69】，1年后，天缘房地产开发公司简易计税的房地产项目交付给业主；2年后，一般计税的房地产项目交付给业主，当月公司的进项税额（含留抵税额）合计为320万元。简易计税项目和一般计税项目合计缴纳土地款6 200万元，合计可售建筑面积1.55万平方米，其中简易计税项目可售建筑面积5 500平方米，一般计税项目可售建筑面积1万平方米。相关会计处理如下：

（1）简易计税交房时。

应交增值税=（4 700+550）÷（1+5%）×5%=250（万元）

公司此前已预缴税款450万元，当月无须缴纳增值税，后期可抵减的预缴增值税200万元（450−250）。

借：预收账款	52 500 000	
贷：主营业务收入		50 000 000
应交税费——增值税简易计税		2 500 000
借：应交税费——增值税简易计税	2 500 000	
贷：应交税费——未交增值税		2 500 000

（2）一般计税交房时。

①预收房款。

开发企业应按全额开具增值税专用发票，即专用发票上注明的销售额为10 000万元（10 900÷1.09），增值税税额为900万元（购房者可供抵扣的进项税额）。

借：预收账款	10 900	
贷：主营业务收入		10 000
应交税费——应交增值税（销项税额）		900

②土地抵减的销项税额。

当期销售项目对应的土地价款=6 200×1÷1.55=4 000（万元）

土地抵减的销项税额=4 000÷（1+9%）×9%=330.2752（万元）

借：应交税费——应交增值税（销项税额抵减）	3 302 752	
贷：主营业务成本		3 302 752

③转出未交增值税。

销售额=（10 900−4 000）÷（1+9%）=6 330.2752（万元）

销项税额=6 330.2752×9%=569.7248（万元）

应交增值税=569.7248−320=249.7248（万元）

借：应交税费——应交增值税（转出未交增值税）	2 497 248	
贷：应交税费——未交增值税		2 497 248

④补缴增值税。

应补缴增值税=249.7248−200=49.7248（万元）

借：应交税费——未交增值税	497 248	
贷：银行存款		497 248

【小思考2-7】你认为下列哪种说法正确？

（1）小规模纳税人与一般纳税人缴纳增值税所涉及的总账账户相同

（2）一般纳税人上缴当期应交增值税与上缴以前月份应交增值税的会计处理完全相同

【答案】（1）

6）从事生产、生活性服务的纳税人缴纳增值税的会计处理

从事生产、生活性服务的纳税人，对增值税的加计抵减，在实际缴纳增值税时，借记

"应交税费——未交增值税"等，按实际缴纳金额贷记"银行存款"，按加计抵减金额贷记"其他收益"，也可在"应交税费——应交增值税"下，设置"加计抵减额"明细账户，单独核算和反映增值税加计抵减的计提、调减、结余等情况。该账户的借方记当期计提的加计抵减额，贷方记当期按规定调整减少的加计抵减额，期末借方余额反映加计抵减结余金额。

计提加计抵减额时，借记"应交税费——应交增值税（加计抵减额）"，贷记"其他收益——增值税加计抵减收益"。

2.5.3 增值税纳税调整的会计处理

增值税一般纳税人在税务机关对其增值税纳税情况进行检查后，凡涉及增值税账务调整的，应设立"应交税费——增值税检查调整"专门账户，账务调整应按纳税期逐期进行。

凡稽查后应调减账面进项税额或调增销项税额和进项税额转出的数额，借记有关账户，贷记本账户；凡稽查后应调增账面进项税额或调减销项税额和进项税额转出的数额，借记本账户，并分别情况对该余额进行如下会计处理：

（1）若本账户余额在借方，全部视同留抵进项税额，借记"应交税费——应交增值税"，贷记"应交税费——增值税检查调整"。

（2）若本账户余额在贷方，且"应交税费——应交增值税"账户无余额，则借记"应交税费——增值税检查调整"，贷记"应交税费——未交增值税"。

（3）若本账户余额在贷方，"应交税费——应交增值税"账户有借方余额且等于或大于该贷方余额，则借记"应交税费——增值税检查调整"，贷记"应交税费——应交增值税"。

（4）若本账户余额在贷方，"应交税费——应交增值税"账户有借方余额但小于该贷方余额，则借记"应交税费——增值税检查调整"，贷记"应交税费——应交增值税""应交税费——未交增值税"。

【例2-71】1月份，某市税务稽查局对AT公司（一般纳税人）上年度增值税进行检查时发现：上年12月，公司存货发生非正常损失，全部记入"营业外支出"账户，其中包括增值税进项税额3 200元；将自产产品作为福利发放给职工，未按视同销售进行税务处理，少计算增值税销项税额4 000元。稽查局做出补缴增值税的决定，AT公司做有关会计分录如下：

（1）转出非正常损失存货的增值税进项税额：

借：以前年度损益调整　　3 200

　贷：应交税费——增值税检查调整　　3 200

（2）补提视同销售的增值税销项税额：

借：应付职工薪酬　　4 000

　贷：应交税费——增值税检查调整　　4 000

在年度纳税检查中，"应交税费——增值税检查调整"借方发生额为零，贷方发生额为7 200元，余额为7 200元，按规定应将检查后的"应交税费——增值税检查调整"的贷方余额先抵顶上期留抵，抵顶后的余额作为应当补交的增值税税额。

（3）若“应交税费——应交增值税”账户无余额，则：

借：应交税费——增值税检查调整 7 200

　贷：应交税费——未交增值税 7 200

实际缴纳查补税款时。

借：应交税费——未交增值税 7 200

　贷：银行存款 7 200

（4）若“应交税费——应交增值税”账户借方余额8 000元，查补税款可全部从留抵税额中抵扣。

借：应交税费——增值税检查调整 7 200

　贷：应交税费——应交增值税 7 200

（5）若“应交税费——应交增值税”账户借方余额3 500元，则：

借：应交税费——增值税检查调整 7 200

　贷：应交税费——应交增值税 3 500

　　　　　　——未交增值税 3 700

实际缴纳查补税款时。

借：应交税费——未交增值税 3 700

　贷：银行存款 3 700

AT公司在申报上年应交企业所得税时，还应对应纳税所得额做相应调整，但应缴纳的滞纳金和罚款不得在税前扣除。

本章小结

增值税会计是本书重点之一。本章在阐述我国现行增值税税制要素的基础上，比较系统地阐述了增值税销项税额、进项税额的确认计量和应纳增值税的计算、增值税会计的账户设置，企业增值税进项税额、进项税额转出、销项税额的会计处理方法，增值税结转、上缴的会计处理方法。增值税会计涉及的内容较多，会计处理方法比较复杂，应该在理解的基础上掌握。

主要概念和观念

□ 主要概念

增值税　纳税人　视同销售行为　混合销售行为　专用发票　计税方法　进项税额　销售额　销项税额　应纳税额

□ 主要观念

增值税虽然是价外计税，但它仍然是间接税，具有流转税的基本特征。目前，我国增值税的会计处理方法是遵循税务会计与财务会计合一的模式，即税法导向的会计处理方法。这对税务会计当然没有问题，但却不利于提高财务会计信息质量。

基本训练

□ 知识测评

1.单项选择题

（1）下列纳税人可以被认定为小规模纳税人的是（　　）。

A.年应税销售额在50万元以下的纳税人

B.年应税销售额在80万元以下的纳税人

C.年应税服务销售额在500万元及以下的纳税人

D.年应税销售额在50万元以下的从事货物生产的纳税人

(2)下列各项中，不属于租赁服务的是（　　）。

A.不动产融资租赁服务　　B.有形动产融资性售后回租服务

C.不动产经营租赁服务　　D.有形动产经营租赁服务

(3)下列属于视同销售行为的是（　　）。

A.委托代销货物　　B.销售免税项目

C.购买的货物用于集体福利　　D.购买的货物用于非应税项目

(4)增值税扣税凭证不包括（　　）。

A.完税凭证　　B.海关进口增值税专用缴款书

C.增值税普通发票　　D.农产品销售发票

2.多项选择题

(1)下列情况中不得开具增值税专用发票的是（　　）。

A.向消费者销售不动产　　B.提供销售服务

C.转让无形资产　　D.免征增值税的应税行为

(2)下列情况中，增值税一般纳税人应按9%的税率计算进项税额的是（　　）。

A.支付的运输费用　　B.收购免税农产品

C.支付不动产租金　　D.支付土地出让金

(3)以下正确的是（　　）。

A.交际应酬费属于个人消费　　B.业务招待费属于个人消费

C.交际应酬费进项税额不得抵扣　　D.业务招待费进项税额不得抵扣

(4)将购买的货物用于（　　）的，其进项税额准予抵扣。

A.固定资产在建工程　　B.集体福利

C.分配给股东或投资者　　D.无偿赠送他人

(5)在销售价格之外向购货方收取的下列费用中，并入销售额计算纳税的有（　　）。

A.违约金　　B.储备费　　C.手续费　　D.包装物押金

(6)纳税人提供租赁服务，适用税率或征收率有（　　）。

A.3%　　B.5%　　C.9%　　D.13%

3.判断题

(1)纳税人将购买的货物分配给股东，因该货物购买时已缴增值税，因此，用于分配给股东时可不再计入销售额征税。（　　）

(2)已抵扣进项税额的购进货物，如果因自然灾害而造成损失，应将损失货物的进项税额从当期发生的进项税额中扣减。（　　）

(3)纳税人进口增值税应税货物，按照组成计税价格和增值税暂行条例规定的税率计算增值税应纳税额，不得抵扣任何税额。其组成计税价格的计算公式为：组成计税价格=(关税完税价格+关税)÷(1-消费税税率)。（　　）

(4)一般纳税人从农业生产者手中或小规模纳税人手中购买农业产品，准予按购买价

格计算扣除9%的进项税额。（　　）

（5）采取以旧换新方式销售货物，可以用新货物的售价扣减旧货物的收购价格后确定销售额。（　　）

（6）期末结转后“应交税费——应交增值税”账户余额若在借方，反映尚未抵扣的进项税额。（　　）

（7）个体工商户也是增值税的纳税人。（　　）

4.简答题

（1）简述增值税的特点。

（2）如何认定小规模纳税人和一般纳税人？

（3）增值税进项税额的申报抵扣时间是什么？哪些进项税额不得抵扣？

（4）发生销货退回或折让时，如何开具增值税发票？

（5）企业的哪些行为属于视同销售行为？

（6）企业购销机器设备与购销房屋的增值税计税有何不同？你对此如何认识？

5.思考题

（1）销售方应开具专用发票但却开具普通发票的行为是否合法？它会造成什么后果？

（2）增值税的简易计税方法是否符合增值税的基本原理？

（3）如何理解计算增值税销项税额时的“销售额”？

（4）一般纳税人增值税会计要设置哪些会计账户？

（5）在企业不设置“未交增值税”二级账户的情况下，期末，“应交增值税”账户有可能是借方余额。负债类账户为什么会出现借方余额呢？能否避免呢？

□ 技能测评

1.根据下列经济业务，做出相应的会计分录：

（1）企业外购一批生产用材料，共计10 000吨，每吨不含税价格为3元，支付运费1 000元，增值税进项税额为3 900元（10 000×3×13%），运费允许抵扣的税额为90元（1 000×9%）。已开出银行承兑汇票支付货款，用现金支付运费。

（2）大华厂10月1日收到银行转来购买光远厂甲材料的“托收承付结算凭证”及发票，数量为10 000吨，每吨价格3元，增值税进项税额为3 900元，验单后大华厂付款。10月10日收到材料时发现材料规格不符而全部退货，此时大华厂已将进项税票入账，于是取得当地税务主管机关的证明单交给光远厂，10月15日收到光远厂开来的红字专用发票和退货款。

（3）大华厂购进原材料乙一批，共计10 000吨，发票注明价款100 000元，增值税税额13 000元，已付款，材料入库时，发现短缺100吨，经查为运输部门责任，大华厂向运输部门索赔。

（4）大华厂从美国进口一批原材料，海关审定的关税完税价格为3 000 000元人民币，应纳关税6 000 000元，应纳消费税1 000 000元。材料已验收入库，货款尚未支付。

（5）大华厂购入3台空调机，每台3 000元（含税价）；购入1台设备，价款5 000元，增值税税额650元，已付款。空调机和设备均已验收入库。

（6）大华厂10月份付电费30 000元，税额3 900元，价税合计33 900元；付水费30 000元，税额1 800元（税率6%），价税合计31 800元；用电10万度，其中，管理部门用电2万度，生产部门用电8万度；用水10万吨，其中，管理部门用水1万吨，生产部门用水9万吨。

（7）大华厂与某企业联营，接受该企业投入一台机器设备，价款250 000元，增值税税额32 500元；又投入一批原材料，价款20 000元，增值税税额2 600元。材料和设备均已验收入库，设备供企业生产使用。

（8）若第（7）题中，大华厂接受的不是投资，而是某企业的捐赠，其他条件不变，如何处理？

（9）大华厂请某机床修理厂人员来厂修理2台因故障停止运转的机床，支付修理费3 000元和增值税税额390元。

（10）某企业系小规模纳税人，购入原材料一批，价款5 000元，增值税税额650元；购入机器设备一台，普通发票上注明价款20 000元，材料和设备均已付款并验收入库。

（11）新华综合商场购入录像机10台，每台7 000元，增值税专用发票上注明价款70 000元，增值税税额9 100元，货物已到并验收入库，新华综合商场支付运费300元，货款于一个星期后支付。

2.根据下列资料，进行有关增值税的计算：

（1）某电信集团某分公司系增值税一般纳税人。10月份利用固网、移动网、卫星、互联网提供语音通话服务，取得价税合计收入3 270万元；出租带宽、波长等网络元素取得价税合计服务收入817.5万元；出售带宽、波长等网络元素取得价税合计服务收入1 308万元。分公司在提供电信业服务时，还附带赠送用户识别卡、电信终端等货物或者电信业服务，给客户提供基础电信服务价税合计490.5万元。当月认证增值税专用发票进项税额300万元，符合进项税额抵扣规定。计算该分公司10月份应交增值税。

（2）某市邮政局为增值税一般纳税人。8月份，提供邮政普遍服务，取得邮政服务收入价税合计272.5万元；提供邮政特殊服务，取得服务收入价税合计300万元。同时，提供其他邮政服务，取得服务收入价税合计109万元；提供收派服务（接受寄件人委托，在承诺时限内完成函件和包裹的收件、分拣、派送服务的业务），取得服务收入价税合计106万元。另外，该邮政局为其他企业出口货物提供邮政业服务和收派服务收入价税合计80万元；给中国邮政速递物流股份有限公司代办业务取得代理收入价税合计60万元；为金融机构代办金融保险业务，取得代理收入价税合计70万元。已知该邮政局当月共取得符合抵扣条件的增值税进项税额20万元，但无法准确划分征免税进项税额。该单位按规定程序已办理增值税免税手续。

邮政业在境内提供的其他邮政服务，适用9%的增值税税率；邮政业在境内提供的收派服务属于物流辅助服务，适用6%的增值税税率。中国邮政集团公司及其所属邮政企业提供的邮政普遍服务和邮政特殊服务，境内单位和个人为出口货物提供的邮政业服务和收派服务，免征增值税；邮政储蓄业务按“金融保险业”税目征收增值税。

根据以上资料和相关规定，计算该邮政局8月份应交增值税。

3.根据下列经济业务，做出相应的会计分录：

（1）某自行车厂生产自行车和供残疾人专用的轮椅，后者属于免税产品。10月份，该厂购入一批材料，增值税专用发票上注明价款300 000元，增值税税额39 000元，已付款并验收入库。10月份该厂产品销售额800 000元，其中轮椅销售额200 000元。

（2）某房地产开发公司系增值税一般纳税人。8月18日预售其开发的A-1房地产项目的房屋一套，售价1 000万元，收到客户李先生预交款800万元，采用一般计税方法。

（3）大华厂10月份共发生销项税额1 300元，进项税额1 500元，已交税金800元，进行月末结转。

（4）大华厂以10日为纳税期限，本月共预缴增值税税额800元，共发生销项税额2 000元，进项税额1 000元，进行月末结转。

□ **能力测评**

1.（1）M公司从某商场购入电视机一台，价款5 000元，增值税税额650元，做会计分录如下：

借：应收账款——某单位　　5 000
　　应交税费——应交增值税（进项税额）　　650
　贷：银行存款　　5 650

（2）10天后，根据有关凭证，又做收回电视机价款的会计分录：

借：库存现金　　5 000
　贷：应收账款——某单位　　5 000

经了解，该笔业务是某人委托该公司业务员购买电视机自用的，业务员与会计人员协商，将购买电视机的专用发票入账抵扣，挂在"应收账款"账户，不入"库存商品"账户。

（3）天宇公司在10月10日和18日，将价值56.5万元的设备（含税）以调拨的方式平调给异地H厂，并分别开具两张增值税专用发票，当月未作销售；第二年2月，该公司根据发票记账联，将该业务所含税金6.5万元从进项税额中转出，做会计分录如下：

借：应付账款——H厂　　565 000
　贷：库存商品　　500 000
　　　应交税费——应交增值税（进项税额转出）　　65 000

分析要求：

（1）你认为购买电视机的会计处理是否正确？请做出进一步分析。

（2）公司平销设备的会计处理可能会存在什么问题？

2.A公司从事电脑批发零售和软件开发业务。A公司与B公司经协商达成一致：由A公司向B公司销售一批专用电脑设备，价款100万元，同时向B公司提供与该批电脑设备有关的软件开发服务，价款80万元。A公司销售电脑设备，适用税率为13%；提供软件开发服务，适用税率为6%。签订合同有两种选择：

一是双方签订一份合同，既约定电脑设备销售事宜，又约定软件开发服务事宜；

二是双方签订两份合同，一份合同约定电脑设备销售事宜，另一份合同约定软件开发服务事宜。

分析要求：

（1）该笔业务是否属于混合销售？合同签订份数是不是界定混合销售的标准或标准之一？

（2）是否属于混合销售，应以什么为划分标准？

第3章
消费税会计

学习目标

掌握消费税的基本内容、消费税会计处理和报告的基本方法等。其具体目标包括：

□ 知识目标

了解消费税的基本特点和内容，掌握消费税的计算原理，深刻领会消费税会计的账簿设置、会计记录和报告等问题。

□ 技能目标

掌握消费税从价计税、从量计税、复合计税的计算方法，熟练掌握消费税的会计处理方法。

□ 能力目标

理解消费税的征收范围、纳税环节、计税方法及会计处理方法，了解消费税与增值税的异同。

3.1 消费税的税制要素

消费税是对在我国境内从事生产、委托加工和进口应税消费品的单位和个人征收的一种商品流转税；或者说，消费税是对特定消费品和消费行为所征收的一种流转税。

消费税（亦称货物税）源远流长，在我国可追溯到西汉时期对酒的课税。古罗马时代曾课征盐税。随着商品经济的发展，消费税课征范围不断扩大，数额日益增加。消费税由于其独特的调节作用，受到了世界各国的普遍重视。

中华人民共和国成立以来，在先后征收的货物税、商品流通税、工商统一税、工商税、产品税以及1994年以前的增值税中，对烟、酒、化妆品等消费品都设计了较高的税率，基本上具备对消费品课税的性质。随着对原工商税制的改革，消费税从中分化出来成为独立税种。

国务院于1993年12月13日发布了《中华人民共和国消费税暂行条例》及实施细则，并决定于1994年1月1日起实施。2009年1月1日起，我国开始实施修订后的《中华人民共和国消费税暂行条例》及其实施细则。

党的二十大报告指出，"完善支持绿色发展的财税、金融、投资、价格政策和标准体系，发展绿色低碳产业，健全资源环境要素市场化配置体系，加快节能降碳先进技术研发和推广应用，倡导绿色消费，推动形成绿色低碳的生产方式和生活方式"。消费税是我国绿色税收体系中占比最大的税种，承载着促进资源节约和环境保护的政策目标。消费税是对消费进行引导和调节的一种流转税，既有对奢侈品消费征税的调节收入分配功能，也有对成品油等征税的引导环保功能。

消费税具有征收范围的选择性、税率的调节性、征收环节的单一性和征收方法的多样性等特点。

3.1.1　消费税的纳税人和纳税范围

消费税的纳税人是在我国境内销售、委托加工和进口应税消费品的单位和个人。纳税人在生产、批发或零售环节销售应税消费品，纳税人自用未对外销售的应税消费品，应依法缴纳消费税。纳税人出口应税消费品，免征消费税（国务院另有规定的除外）。

3.1.2　消费税的征收意义

我国现行消费税与其他国家对消费行为、消费品普遍课征的消费税不同，它是选择性课征的特种消费税，即以调节功能为主，取得财政收入为辅的消费税。调节功能主要体现为：一是"寓禁于征"，主要选择高能耗、高污染的产品，稀缺资源类产品，以及过度消费对人体健康不利的产品课税，在减少消费的同时还能取得收入；二是选择某些高档消费品或奢侈品课税，让高收入人群负担更多税款，从而调节收入差距。

3.1.3　消费税的税目、税率

1）税目

从简化、科学原则出发，消费税共设置15个税目。征税主旨明确，课税对象清晰。

2）税率

消费税实行从价比例税率、从量定额税率与复合计税三种方式。

消费税税目税率见表3-1。

表3-1　**消费税税目税率表**

税　　目	税　　率
一、烟	
1.卷烟	
（1）甲类卷烟（生产环节）	56% 加0.003元/支
（2）乙类卷烟（生产环节）	36% 加0.003元/支
（3）甲类、乙类卷烟（批发环节）	11% 加0.005元/支
2.雪茄烟	36%
3.烟丝	30%

续表

税目	税率
4.电子烟 （1）工业 （2）商业批发	 36% 1%
二、酒 1.白酒 2.黄酒 3.啤酒 （1）甲类啤酒 （2）乙类啤酒 4.其他酒	 20%加0.5元/500克（或500毫升） 240元/吨 250元/吨 220元/吨 10%
三、高档化妆品	15%
四、贵重首饰及珠宝玉石 1.金银首饰、铂金首饰和钻石及钻石饰品 2.其他贵重首饰和珠宝玉石	 5% 10%
五、鞭炮、焰火	15%
六、成品油 1.汽油、石脑油、溶剂油、润滑油 2.柴油、航空煤油、燃料油	 1.52元/升 1.2元/升
七、摩托车 1.气缸容量（排气量，下同）250毫升 2.气缸容量250毫升以上的	 3% 10%
八、小汽车 1.乘用车 （1）气缸容量（排气量，下同）在1.0升（含1.0升）以下的 （2）气缸容量在1.0升以上至1.5升（含1.5升）的 （3）气缸容量在1.5升以上至2.0升（含2.0升）的 （4）气缸容量在2.0升以上至2.5升（含2.5升）的 （5）气缸容量在2.5升以上至3.0升（含3.0升）的 （6）气缸容量在3.0升以上至4.0升（含4.0升）的 （7）气缸容量在4.0升以上的 2.中轻型商用客车 3.超豪华小汽车（零售环节）	 1% 3% 5% 9% 12% 25% 40% 5% 10%
九、高尔夫球及球具	10%
十、高档手表	20%
十一、游艇	10%
十二、木制一次性筷子	5%
十三、实木地板	5%
十四、电池	4%
十五、涂料	4%

注释：

①卷烟实行从量和从价复合计税办法。先从量计税，定额税率为每标准箱（50 000支，下同）150元；再按调拨价格从价计税，每标准条（200支，下同）调拨价格在70元（含70元，不含增值税）以上的卷烟税率为56%；每标准条调拨价格在70元（不含增值税）以下的卷烟税率为36%；白包卷烟，手工卷烟，自产自用没有同牌号、同规格调拨价格的卷烟，委托加工没有同牌号、同规格调拨价格的卷烟，未经国务院批准纳入计划的企业和个人生产的卷烟，一律适用56%的比例税率。

②每吨啤酒出厂价格（含包装物及包装物押金）在3 000元（含3 000元，不含增值税）以上的，单位税额250元/吨；每吨啤酒出厂价格在3 000元（不含增值税）以下的，单位税额220元/吨；对饮食业、商业、娱乐业举办的啤酒屋（啤酒坊）利用啤酒生产设备自制的啤酒，适用单位税额250元/吨。

③航空煤油暂缓缴纳消费税。

④对无汞原电池、金属氢化物镍蓄电池（又称“氢镍蓄电池”或“镍氢蓄电池”）、锂原电池、锂离子蓄电池、太阳能电池、燃料电池和全钒液流电池免征消费税。

⑤对施工状态下挥发性有机物含量低于420克/升（含）的涂料免征消费税。

3.1.4　消费税的纳税环节、纳税期限与纳税地点

1）消费税的纳税环节

我国现行消费税纳税（征收）环节具有单一性，即大多都在生产（进口）环节征收，仅对少数消费品在批发或零售环节征税，即消费税的纳税环节可以分为生产（进口）环节和其他环节，具体内容如下：

（1）生产（进口）环节纳税

① 纳税人生产的应税消费品，在销售时纳税。

② 纳税人自产自用的应税消费品，用于连续生产应税消费品的，移送时不纳税，待最终应税消费品销售时纳税；用于其他方面的，在移送时纳税。

③ 委托加工的应税消费品，除受托方为个人外，受托方在向委托方交货时代收代缴消费税。

④ 进口的应税消费品，在报关进口时纳税。

（2）其他环节纳税

① 甲类卷烟、乙类卷烟、电子烟：除在生产环节纳税外，在批发环节按定额税率征收消费税。

② 金银（不包括镀金、包金首饰）、铂金、钻石及其饰品：在零售环节纳税。

③ 超豪华小汽车：在生产、进口环节按乘用车或中轻型商用客车征收消费税的基础上，在零售环节再加征10%的消费税。

2）纳税期限

消费税的计税期间分别为10日、15日、1个月、1个季度或者半年。具体计税期间，由主管税务机关根据纳税人应纳税额的大小分别核定；不能按照固定计税期间纳税的，可以按次纳税。以1个月、1个季度或者半年为一个计税期间的，自期满之日起15日内申报纳税；以10日、15日为一个计税期间的，自期满之日起5日内预缴税款，于次月1日起15日内申报纳税并结清上月应纳税款。对同一纳税人，其消费税的纳税期限与增值税相同。

3）纳税地点

（1）纳税人销售应税消费品的，以及自用应税消费品的，除国务院财政、税务主管部门另有规定外，应当向纳税人机构所在地或居住地的主管税务机关申报纳税。

（2）委托加工应税消费品（除受托方为个人外），由受托方向机构所在地的主管税务机关解缴消费税税款。

（3）委托个人加工的应税消费品，由委托方向机构所在地或居住地主管税务机关申报纳税。

（4）进口应税消费品的，应当向报关地海关申报纳税。

【小思考3-1】以下结论中，哪些正确？

（1）从价计征的消费税与增值税的计税依据相同

（2）消费税与增值税的纳税范围相同

（3）同一纳税人，其“两税”的纳税期限相同

【答案】（1）（3）

3.2 消费税的确认、计量与申报

3.2.1 消费税纳税义务的确认

（1）纳税人销售应税消费品，纳税义务发生时间为收讫销售款项或者取得索取销售款项凭据的当天；先开具发票的，为开具发票的当天。

（2）委托加工应税消费品，除受托方为个人外，由受托方在向委托方交货时代收代缴税款，纳税义务发生时间为受托方向委托方交货的当天。

（3）未对外销售，自用应税消费品纳税义务发生时间为移送货物的当天。

（4）进口应税消费品，纳税义务发生时间为进入关境的当天。

3.2.2 销售额的确认

1）销售额及其确认要求

销售额是指纳税人销售应税消费品取得的与之相关的对价，包括全部货币或者非货币形式的经济利益。

纳税人销售的应税消费品，以人民币计算销售额。纳税人以人民币以外的货币结算销售额的，应当折合成人民币计算。纳税人兼营不同税率的应税消费品，应当分别核算不同税率应税消费品的销售额、销售数量；未分别核算销售额、销售数量，或者将不同税率的应税消费品组成成套消费品销售的，从高适用税率。纳税人申报的应税消费品的计税价格和数量明显偏低且不具有合理商业目的的，税务机关、海关有权核定其计税价格和数量。

2）白酒生产企业销售额的确认

（1）基本要求。白酒生产企业销售给销售单位的白酒，生产企业消费税计税价格低于销售单位对外销售价格（不含增值税，下同）70%以下的，税务机关应核定消费税最低计

税价格。“销售单位”是指销售公司、购销公司以及委托境内其他单位或个人包销本企业生产的白酒的商业机构。“销售公司”“购销公司”是指专门购进并销售白酒生产企业生产的白酒，并与该白酒生产企业存在关联性质。“包销”是指销售单位依据协定价格从白酒生产企业购进白酒，同时承担大部分包装材料等成本费用，并负责销售白酒。

（2）计税价格的申报（申请）。白酒生产企业应将各种白酒的消费税计税价格和销售单位销售价格，在主管税务机关规定的时限内，填报“白酒相关经济指标申报表”。白酒生产企业申报的销售给销售单位的消费税计税价格低于销售单位对外销售价格70%以下的各种白酒，在规定的时限内，填报“白酒消费税最低计税价格核定申请表”（见表3-2），由税务机关核定消费税最低计税价格[①]。

表3-2　**白酒消费税最低计税价格核定申请表**

生产企业名称（公章）：　　　　填报时间：

序号	品名	规格	出厂价格（元）	产品成本利润率	销售价格（元）	出厂价格占销售价格比例	销售收入（万元）	备注
1	2	3	4	5	6	7=4÷6	8	9

经办人（签章）：　　　　财务负责人（签章）：　　　　法定代表人（签章）：

（3）最低计税价格的核定。

① 最低计税价格的核定标准。白酒生产企业销售给销售单位的白酒，生产企业消费税计税价格低于销售单位对外销售价格70%以下的，消费税最低计税价格由税务机关根据生产规模、白酒品牌、利润水平等情况，在销售单位对外销售价格50%～70%范围内自行核定。其中生产规模较大、利润水平较高的企业生产的需要核定消费税最低计税价格的白酒，税务机关核价幅度原则上应选择在销售单位对外销售价格的60%～70%范围内。

② 从高适用计税价格。已核定最低计税价格的白酒，生产企业实际销售价格高于消费税最低计税价格的，按实际销售价格申报纳税；实际销售价格低于消费税最低计税价格的，按最低计税价格申报纳税。

③ 重新核定计税价格。已核定最低计税价格的白酒，销售单位对外销售价格持续上涨或下降时间达到3个月以上、累计上涨或下降幅度在20%（含）以上的白酒，税务机关重新核定最低计税价格。

（4）对账证不全的小酒厂，白酒消费税采取核定征收方式。

3）其他企业销售额的确认

应税产品销售额为纳税人销售应税消费品向购买方收取的全部价款和价外费用，但不

① 年销售额1 000万元以上的各种白酒，在规定时限内逐级上报至国家税务总局选择部分白酒核定消费税最低计税价格，其余均由各省、自治区、直辖市和计划单列市税务机关核定。

包括应向购货方收取的增值税。

如果纳税人应税消费品的销售额中含增值税或因不得开具增值税专用发票而发生价款和增值税合并收取的，在计算消费税时，应当换算为不含增值税的销售额。对酒类产品生产企业销售酒类产品（啤酒、黄酒除外）而收取的包装物押金，不论押金是否返还与财务会计如何核算，均需并入酒类产品销售额中，依酒类产品适用税率计税。其换算公式为：

应税消费品的销售额=含增值税销售额÷（1+增值税税率或征收率）

应税消费品连同包装物销售的，无论包装物是否单独计价以及在会计上如何核算，均应并入应税消费品的销售额中缴纳消费税。

3.2.3 销售数量的确认

销售数量是指应税消费品的销售量。具体包括：

（1）销售应税消费品的，为应税消费品的销售数量；

（2）自用应税消费品的，为应税消费品的移送使用数量；

（3）委托加工应税消费品的，为纳税人收回的应税消费品数量；

（4）进口应税消费品的，为海关核定的应税消费品进口征税数量。

3.2.4 应交消费税的计算

1）销售应税消费品应纳税额的计算

消费税实行从价计税、从量计税，或者从价和从量复合计税（以下简称复合计税）的办法计算应纳税额。应纳税额的计算公式如下：

从价计税办法计算的应纳税额=销售额×消费税比例税率

从量计税办法计算的应纳税额=销售数量×消费税定额税率

复合计税办法计算的应纳税额=销售额×比例税率+销售数量×定额税率

在从量计税时，黄酒、啤酒以吨为计税单位，成品油以升为计税单位。为了规范不同产品的计量单位，准确计算应纳税额，税法对吨与升两个计量单位的换算标准规定如下：

黄酒	1吨=962升	汽油	1吨=1 388升	啤酒	1吨=988升
柴油	1吨=1 176升	石脑油	1吨=1 385升	溶剂油	1吨=1 282升
润滑油	1吨=1 126升	燃料油	1吨=1 015升	航空煤油	1吨=1 246升

【例3-1】某卷烟厂出售卷烟20个标准箱，每标准条调拨价格80元，共计400 000元，烟丝45 000元，不退包装物，采用托收承付结算方式，货已发出并办好托收手续。其应交消费税计算如下：

应交消费税=20×150+400 000×56%+45 000×30%=240 500（元）

【例3-2】某酒厂年销售白酒2 000吨，年销售额预计880万元。9月份销售白酒150吨，对外销售不含税单价6 500元/吨，销售散装白酒10吨，单价5 000元/吨，款项全部存入银行。其应交消费税计算如下：

应交消费税=（150×6 500+10×5 000）×20%+（150×2 000+10×2 000）×0.5=365 000（元）

如果该酒厂设立一个销售部，酒厂销售给销售部的白酒价格为4 100元/吨、散装白酒价格为3 100元/吨，计税价格低于销售单位对外销售价格70%以下，则该酒厂销售给销售部的白酒计税价格需要经过省级（包括计划单列市）税务机关核定消费税最低计税价格。

假设省级税务机关核定的最低计税价格分别为白酒5 900元/吨、散装白酒4 200元/吨。其应交消费税计算如下：

应交消费税=（150×5 900+10×4 200）×20%+（150×2 000+10×2 000）×0.5=345 400（元）

企业不能按照289 200元（（150×4 100+10×3 100）×20%+（150×2000+10×2 000）×0.5）缴纳消费税。

【例3-3】某烟厂购买已税烟丝2 000千克，每千克20元，未扣增值税。加工成卷烟200标准箱，每标准箱调拨价格7 500元，全部售出。其应交消费税计算如下：

烟丝不含增值税销售额=2 000×20÷（1+13%）=35 398（元）

应交消费税=200×150+200×7 500×36%−35 398×30%=559 380.6（元）

"超豪华小汽车"的征收范围为每辆零售价格130万元（不含增值税）及以上的乘用车和中轻型商用客车，即乘用车和中轻型商用客车子税目中的超豪华小汽车。在生产环节、进口环节，对超豪华小汽车按乘用车和中轻型商用客车税率征收消费税的基础上，在零售环节加征消费税，税率为10%。将超豪华小汽车销售给消费者的单位和个人为超豪华小汽车零售环节纳税人，应交消费税计算公式如下：

应交消费税=零售环节销售额（不含增值税，下同）×零售环节税率

国内汽车生产企业直接销售给消费者的超豪华小汽车，消费税税率按照生产环节税率和零售环节税率加总计算，应交消费税计算公式如下：

应交消费税=销售额×（生产环节税率+零售环节税率）

2）自用应税消费品应纳税额的计算

自用就是纳税人生产应税消费品后，不是用于直接对外销售，而是用于连续生产应税消费品或用于其他方面。

纳税人若是用于连续生产应税消费品的（作为生产最终应税消费品的直接材料，并构成最终产品实体的应税消费品，如卷烟厂生产的烟丝，再用于本厂连续生产出卷烟），根据税不重征的原则，不缴纳消费税；生产企业将自产石脑油用于本企业连续生产汽油等应税消费品的，不缴纳消费税；用于连续生产乙烯等非应税消费品或其他方面的，于移送使用时缴纳消费税。

纳税人若是用于其他方面，应于移送时缴纳消费税。"用于其他方面"是指纳税人用于生产非应税消费品和在建工程，以及用于馈赠、赞助、集资、广告、样品、职工福利、奖励等方面的应税消费品。应按照纳税人生产同类消费品的销售价为计税依据；若没有同类消费品的销售价格，则可按组成计税价格计算纳税。纳税人自产自用的应税消费品，按照纳税人生产的同类消费品的销售价格计算纳税；没有同类消费品销售价格的，按照组成计税价格计算纳税。"同类消费品的销售价格"是指纳税人或者代收代缴义务人当月销售的同类消费品的销售价格。如果当月同类消费品各期销售价格高低不同，应按销售数量加权平均计算。但销售的应税消费品有下列情况之一的，不得列入加权平均计算：(1）销售价格明显偏低并无正当理由的；(2）无销售价格的。如果当月无销售或者当月未完结，应按照同类消费品上月或者最近月份的销售价格计算纳税。

实行从价计税办法计算纳税的组成计税价格计算公式为：

组成计税价格=（成本+利润）÷（1−消费税比例税率）

实行复合计税办法计算纳税的组成计税价格计算公式为：

组成计税价格=（成本+利润+自产自用数量×消费税定额税率）÷（1–消费税比例税率）

其中，成本是指应税消费品的生产成本；利润是指按应税消费品的全国平均成本利润率计算的利润。

应税消费品的全国平均成本利润率统一规定为：烟类消费品为10%或5%；酒类消费品，除粮食白酒为10%外，其余为5%；化妆品、鞭炮焰火等为5%；贵重首饰及珠宝玉石、摩托车为6%；乘用车为8%；高尔夫球及球具为10%；高档手表为20%；游艇为10%；木制一次性筷子为5%；实木地板为5%；中轻型商用客车为5%；电池为4%；涂料为7%。

【例3–4】某汽车制造厂将自产乘用车（气缸容量2.0升）一辆，转作自用（固定资产），该种汽车对外销售价格为18万元，生产成本为15万元。其应交消费税计算如下：

应交消费税=180 000×5%=9 000（元）

如果该乘用车没有同类消费品的销售价格，其生产成本为15万元，则其组成计税价格计算如下：

消费税组成计税价格=150 000×（1+8%）÷（1–5%）=170 526（元）

应交消费税=170 526×5%=8 526（元）

增值税组成计税价格=150 000×（1+8%）+8 526=170 526（元）

应交增值税=170 526×16%=27 284（元）

3）委托加工应税消费品应纳税额的计算

委托加工的应税消费品是指由委托方提供原料或主要材料，受托方只收取加工费和代垫部分辅助材料进行加工的应税消费品。委托加工的应税消费品，按照受托方的同类消费品的销售价格计算纳税；没有同类消费品销售价格的，按照组成计税价格计算纳税。

实行从价计税办法计算纳税的组成计税价格计算公式为：

组成计税价格=（材料成本+加工费）÷（1–比例税率）

实行复合计税办法计算纳税的组成计税价格计算公式为：

组成计税价格=（材料成本+加工费+委托加工数量×定额税率）÷（1–比例税率）

组成计税价格中的“材料成本”是指委托方所提供加工的材料实际成本。委托方必须在委托加工合同中如实注明（或者以其他方式提供）材料成本，凡未提供材料成本的，受托方主管税务机关有权核定其材料成本。“加工费”是受托方加工应税消费品向委托方收取的全部费用（包括代垫的辅助材料实际成本）。

如果企业对收回的委托加工应税消费品不再继续加工，在以不高于受托方的计税价格直接出售时，不再计算缴纳消费税；如果企业对收回的委托加工应税消费品不再继续加工，但以高于受托方的计税价格出售时，需按规定计算缴纳消费税，并准予扣除受托方已代收代缴的消费税。

【例3–5】某酒业有限公司为增值税一般纳税人，11月初从农业生产者手中收购粮食40吨，每吨收购价格3 000元，支付粮食收购价款120 000元。公司将收购的粮食从收购地直接运回本地并委托本市某酒厂生产加工高度白酒（在当地无同类产品市场价格）。白酒加工完毕，公司当月收回白酒10吨，并取得该酒厂开具的防伪税控的增值税专用发票，注明协议加工费75 000元，其中包含代垫辅助材料40 000元。月底，公司在支付加工费和代扣代缴消费税后，直接将这批委托加工的高度白酒以每吨28 000元的价格出售。

（1）酒厂代收代缴消费税组成计税价格=［40×3 000×（1-10%）+75 000+10×2 000×0.5］÷（1-20%）=241 250（元）

代收代缴消费税=241250×20%+10×2 000×0.5=58 250（元）

（2）酒业有限公司在向酒厂支付加工费的同时，已经向受托方支付其代收代缴消费税58 250元。酒厂生产这批高度白酒的每吨消费税组成计税价格为24 125元（241 250÷10），酒业有限公司是以每吨28 000元的计税价格直接出售，高于酒厂的组成计税价格，不属于直接出售行为。因此，公司在销售这批高度白酒后，还应申报缴纳消费税。

应交消费税=（28 000×10×20%+10×2 000×0.5）−58 250=7 750（元）

【例3-6】天海公司是一家以销售蓄电池为主的商贸企业，系小规模纳税人。2月5日委托PM公司加工145件铅蓄电池，天海公司提供原材料成本57 700元，PM公司收取加工费4 400元，代垫辅助材料款300元。已知PM公司没有同类消费品的销售价格，2月22日加工收回，委托加工产品全部收回后，当月全部对外出售，共取得销售价款80 340元。

因委托加工产品收回后售价78 000元（80 340÷1.03）高于受托方计税价65 000元（（57 700+4 400+300）÷（1-4%）），天海公司还需缴纳消费税。当月，天海公司计算申报消费税如下：

通过PM公司代扣代缴消费税=（57 700+4 400+300）÷（1-4%）×4%=2 600（元）

应交消费税=80 340÷1.03×4%−2 600=520（元）

4）外购和委托加工收回的应税消费品连续生产应税消费品应纳税额的计算

若以外购、委托加工收回的应税消费品为原料，连续加工生产成为另一种应税消费品，当其销售时，根据税不重征的原则，凭合法有效凭证，准予从应纳消费税中扣除原已缴纳的消费税。有关计算公式如下：

本期应交消费税=当期销售额×消费税比例税率−当期准予抵扣的应税消费品已纳税款

当期准予抵扣的外购应税消费品已纳税款=当期准予扣除的外购应税消费品买价×外购应税消费品比例税率

当期准予抵扣的外购应税消费品买价=期初库存的外购应税消费品的买价+当期购进的应税消费品的买价−期末库存的外购应税消费品的买价

当期准予抵扣的委托加工应税消费品已纳税款=期初库存的委托加工应税消费品已纳税款+当期收回的委托加工应税消费品已纳税款−期末库存的委托加工应税消费品已纳税款

【例3-7】某日化厂9月份委托甲厂加工高档化妆品，收回时被代扣消费税4 000元，委托乙厂加工高档化妆品，收回时被代扣消费税5 000元。该厂将两者继续加工生产某高档化妆品出售，当月销售额440 000元。该厂期初库存的委托加工应税消费品已纳税款2 700元，期末库存的委托加工应税消费品已纳税款3 300元。有关计算如下：

当月准予扣除的委托加工应税消费品已纳税款=2 700+（4 000+5 000）−3 300=8 400（元）

本月应交消费税=440 000×15%−8 400=57 600（元）

【例3-8】某葡萄酒有限公司8月8日从其他葡萄酒生产企业购进葡萄酒290万元，取得增值税专用发票；12日，生产葡萄酒领用上述购进葡萄酒200万元，15日生产领用进口葡萄酒110万元。本月期初库存葡萄酒160万元，期初留抵税额21万元，17日直接销售进口葡萄酒11万元。本月共生产销售各类应征消费税的葡萄酒取得收入1 900万元。葡萄酒适用“酒”税目下的“其他酒”子目。计算当月应交消费税。

期末库存额=1 600 000+2 900 000−（2 000 000+1 100 000）−110 000=1 290 000（元）

本月准予抵扣税额=210 000+3 100 000×10%=520 000（元）

本月应交消费税=19 000 000×10%=1 900 000（元）

本期准予抵减税额=520 000元

本期应补交税额=1 900 000−520 000=1 380 000（元）

5）进口应税消费品应纳税额的计算

进口的应税消费品按照组成计税价格计算纳税。

实行从价计税办法计算纳税的组成计税价格计算公式为：

组成计税价格=（关税完税价格+关税）÷（1−消费税比例税率）

实行复合计税办法计算纳税的组成计税价格计算公式为：

组成计税价格=（关税完税价格+关税+进口数量×消费税定额税率）÷（1−消费税比例税率）

关税完税价格是指海关核定的关税计税价格。进口环节的消费税，除国务院另有规定者外，一律不得给予减税、免税。

【例 3-9】某公司进口成套高档化妆品一批。该成套高档化妆品CIF价格折合人民币为40万元，消费税税率为15%，增值税税率为13%，假定关税税率为25%。其应交消费税、增值税计算如下：

消费税组成计税价格=400 000×（1+25%）÷（1−15%）=588 235（元）

应交消费税=588 235×15%=88 235（元）

增值税的计税价格=400 000+400 000×25%+88 235=588 235（元）

应交增值税=588 235×13%=76 470.55（元）

6）消费税从量计税的计算

销售啤酒、黄酒收取的包装物押金，无论是否逾期，均不缴纳消费税。因为啤酒、黄酒采用从量计税征收消费税，应税消费品的计税依据是销售数量而非销售金额，征税的多少与销售数量成正比，而与销售金额无直接关系。因此，企业销售啤酒、黄酒时，如果发生包装物销售行为或收取押金，均不存在计征消费税的问题。啤酒、黄酒以外的其他酒类产品，其押金在收取时计征消费税和增值税。

【例 3-10】某啤酒厂本月外销啤酒10吨，每吨售价4 500元。当月作为福利发给职工每人10升，职工人数455人。计算当月应交消费税。

将发给职工的啤酒折算为计税单位（吨）=10×455÷988=4.6（吨）

应交消费税=（10+4.6）×250=3 650（元）

7）消费税复合计税的计算

复合计税方法是从价计税与从量计税相结合，计算应纳税额的一种计税方法。目前，我国白酒和卷烟产品采用复合计税方法。其计算公式为：

应交消费税=销售数量×消费税定额税率+销售额×消费税比例税率

实行复合计税办法纳税的组成计税价格计算公式为：

组成计税价格=（成本+利润+自用数量×定额税率）÷（1−比例税率）

【例 3-11】某酒厂10月份用粮食白酒1 000箱（每箱1 200元，每箱6瓶，每瓶500克）换取建筑材料，以满足扩建工程的需要。假定每箱1 200元的价格高于销售单位对外销售价格的70%以上。计算当月应交消费税。

应交消费税=1 000×1 200×20%+1 000×6×0.5=243 000（元）

3.2.5 消费税的纳税申报

纳税人无论当期有无销售或是否盈利，均应在规定时间内填制“消费税及附加税费纳税申报表”（见表3-3），并向主管税务机关进行纳税申报。

表3-3 **消费税及附加税费申报表**

税款所属期：自　　年　　月　　日至　　年　　月　　日

纳税人识别号（统一社会信用代码）：□□□□□□□□□□□□□□□□□□□□□□□□

纳税人名称：　　　　　　　　　　　　　　　　金额单位：人民币元（列至角分）

项目 应税消费品名称	适用税率		计量单位	本期销售数量	本期销售额	本期应纳税额
	定额税率	比例税率				
	1	2	3	4	5	6=1×4+2×5
合计	—	—	—	—	—	

	栏次	本期税费额
本期减（免）税额	7	
期初留抵税额	8	
本期准予扣除税额	9	
本期应扣除税额	10=8+9	
本期实际扣除税额	11［10<（6-7），则为10，否则为6-7］	
期末留抵税额	12=10-11	
本期预缴税额	13	
本期应补（退）税额	14=6-7-11-13	
城市维护建设税本期应补（退）税额	15	
教育费附加本期应补（退）费额	16	
地方教育附加本期应补（退）费额	17	

声明：此表是根据国家税收法律法规及相关规定填写的，本人（单位）对填报内容（及附带资料）的真实性、可靠性、完整性负责。

纳税人（签章）：　　年　　月　　日

经办人： 经办人身份证号： 代理机构签章： 代理机构统一社会信用代码：	受理人： 受理税务机关（章）： 受理日期：　　年　　月　　日

填表说明：

1. 本表作为“消费税及附加税费申报表”的主表，由消费税纳税人填写。

2. “税款所属期”：纳税人申报的消费税应纳税额所属时间，应填写具体的起止年、月、日。

3. “应税消费品名称”栏、第1栏“定额税率”、第2栏“比例税率”和第3栏“计量单位”：按照附注1“应税消费品名称、税率和计量单位对照表”内容对应填写。

4. 第4栏“本期销售数量”：填写税法规定的本期应当申报缴纳消费税的应税消费品销售数量（不含出口免税销售数量）。用自产汽油生产的乙醇汽油，按照生产乙醇汽油所耗用的汽油数量填写；以废矿物油生产的润滑油基础油为原料生产的润滑油，按扣除耗用的废矿物油生产的润滑油基础油后的数量填写。

5. 第5栏“本期销售额”：填写税法规定的本期应当申报缴纳消费税的应税消费品销售额（不含出口免税销售额）。

6. 暂缓征收的应税消费品，不计算本期应纳税额。

与原表相比，“消费税及附加税费申报表”的主要变化是：

一是将原分税目的8张消费税纳税申报表主表整合为1张主表，基本框架结构维持不变，包含销售情况、税款计算和税款缴纳三部分，增加了栏次和列次序号及表内钩稽关系，删除不参与消费税计算的“期初未缴税额”等3个项目，方便纳税人平稳过渡使用新申报表。①

二是将原分税目的22张消费税纳税申报表附表整合为7张附表，其中4张为通用附表，1张成品油消费税纳税人填报的专用附表，2张卷烟消费税纳税人填报的专用附表。

除成品油消费税纳税人、卷烟消费税纳税人需要填报的专用附表外，其他纳税人不需填报，系统也不会带出；企业在委托加工环节由受托方代收代缴的消费税，不再填报“代收代缴税款计算表”，应填报各税种通用的“代扣代缴、代收代缴税款明细报告表”。

【小思考3-2】以下公式中，哪些是正确的？

（1）应纳税额=销售收入×适用税率

（2）应纳税额=销售额×适用税率

（3）组成计税价格=（成本+利润）÷（1-比例税率）

（4）组成计税价格=（材料成本+加工费）÷（1+比例税率）

【答案】（2）（3）

3.3 消费税的会计处理

3.3.1 会计账户的设置

1）“应交税费——应交消费税”账户

为了正确、及时地反映企业应缴、已缴、欠缴消费税等相关涉税事项，纳税人应在“应交税费”账户下设置“应交消费税”明细账户进行会计处理。该明细账户采用三栏式账户记账，贷方核算企业按规定应缴纳的消费税；借方核算企业实际缴纳的消费税、允许抵扣的消费税；期末，贷方余额表示尚未缴纳的消费税，借方余额表示企业多缴的消费税。

2）“税金及附加”账户

为了反映因消费税负债而产生的消费税费用，企业还应设置“税金及附加”账户。该账户核算企业因销售应税产品而负担的消费税金及其附加（城市维护建设税、教育费附

---

① 因城市维护建设税是增值税、消费税的附加税种。

加等)。

企业计算应交消费税时，借记“税金及附加”，贷记“应交税费——应交消费税”。实际缴纳时，借记“应交税费——应交消费税”，贷记“银行存款”。期末，应将“税金及附加”账户的余额转入“本年利润”账户，结转后，本账户无余额。

3.3.2　应税消费品销售的会计处理

1）应税消费品销售的会计处理

企业应交消费税借记“税金及附加”，由销售收入补偿。销售实现时，企业按规定计算缴纳消费税。

【例3-12】某企业9月份销售乘用车（气缸容量2 300毫升）15辆，出厂价150 000元/辆，价外收取有关费用11 000元/辆。计算应交消费税和增值税。

应交消费税=（150 000+11 000÷1.13）×9%×15=215 642（元）

应交增值税=（150 000+11 000÷1.13）×13%×15=311 482（元）

根据有关凭证，做如下会计分录：

借：银行存款	2 707 500	
贷：主营业务收入		2 396 018
应交税费——应交增值税（销项税额）		311 482

同时：

借：税金及附加	215 642	
贷：应交税费——应交消费税		215 642

上缴税金（假设同期应交增值税110 000元）时，做如下会计分录：

借：应交税费——应交增值税（已交税金）	110 000	
——应交消费税	215 642	
贷：银行存款		325 642

【例3-13】某企业上月销售卷烟，现因质量问题退货，退回消费税金14 800元。做如下会计分录：

借：应交税费——应交消费税	14 800	
贷：税金及附加		14 800
借：银行存款	14 800	
贷：应交税费——应交消费税		14 800

2）应税消费品包装物应交消费税的会计处理

实行从价计征消费税的消费品连同包装物销售的，无论包装物是否单独计价，均应并入应税消费品的销售额中计算缴纳消费税。对出租出借包装物收取的押金和包装物已作价随同应税消费品销售，又另外加收的押金，因逾期未收回包装物而没收的部分，也应并入应税消费品的销售额中缴纳消费税。

（1）随同产品销售而不单独计价。因为其收入已包括在产品销售收入中，其应纳消费税与产品销售一并进行会计处理。

（2）随同产品销售而单独计价。因为其收入记入“其他业务收入”，其应纳消费税则应记入“其他业务成本”。

【例3-14】某酒厂系增值税一般纳税人，9月份销售白酒10吨，单价35 000元/吨（不含税），随同产品销售的包装物价款12 430元（含税）；另外收取包装物押金2 260元，约定6个月后返还包装物，否则没收押金。

销售白酒时：

借：应收账款/应收票据等	407 930	
贷：主营业务收入		350 000
其他业务收入（12 430÷1.13）		11 000
应交税费——应交增值税（销项税额）		46 930

应交消费税=10×35 000×20%+10×2 000×0.5+12 430÷1.13×20%=82 200（元）

借：税金及附加——白酒	80 000	
——包装物	2 200	
贷：应交税费——应交消费税		82 200

收取押金时：

借：银行存款等	2 260	
贷：其他应付款——××单位		2 260

收取押金应计税：

借：其他应付款——××单位	660	
贷：应交税费——应交增值税（销项税额）（2 260÷1.13×13%）		260
——应交消费税（2 260÷1.13×20%）		400

若如期退回包装物，返还押金时：

借：其他应付款——××单位	1 600	
销售费用	660	
贷：银行存款		2 260

若逾期未退回包装物，没收押金时：

借：其他应付款——××单位	1 600	
贷：其他业务收入		1 600

（3）出租、出借包装物逾期未收回而没收的押金。因为没收的押金转为“其他业务收入”，这部分押金收入应缴纳的消费税也应相应记入“其他业务成本”。

【例3-15】某企业销售化妆品，出借包装物收取押金1 500元。包装物逾期未还，没收押金。计算应交增值税和消费税。

应交增值税=1 500÷（1+13%）×13%=172.57（元）

应交消费税=1 500÷（1+13%）×15%=199.12（元）

做如下会计分录：

借：其他应付款	1 500	
贷：其他业务收入		1 327.43
应交税费——应交增值税（销项税额）		172.57

同时：

借：其他业务成本	199.12	
贷：应交税费——应交消费税		199.12

3.3.3 应税消费品视同销售的会计处理

1）企业以生产的应税消费品作为投资的会计处理

消费税的视同销售行为范围除与增值税有相同之处外，还包括纳税人以自产应税消费品连续生产非应税消费品行为。对视同销售行为，一般按同类应税消费品市场价格计税，但对纳税人用于换取生产资料或消费资料、投资入股和抵偿债务等方面的应税消费品，应当以纳税人同类应税消费品的最高销售价格为计税依据计算应交消费税。

企业以生产的应税消费品作为投资，应视同销售缴纳消费税，但在会计处理上投资不宜做销售处理。因为投资与销售两者性质不同，投资作价与用于投资的应税消费品账面成本之间的差额应由整个投资期间的损益来承担，而不应仅由投资当期损益承担。现行税法要求做销售处理，主要是为了便于所得税的计算。按会计制度规定，企业在投资时，应按协议价格或评估价值，借记"长期股权投资""存货跌价准备"等，按该应税消费品的账面价值，贷记"产成品"或"自制半成品"，按支付的相关税费，贷记"应交税费""银行存款"等；按投资时支付的相关税费（增值税、消费税除外），贷记"银行存款"。

【例3-16】某汽车制造厂4月份以其生产的10辆乘用车（气缸容量3.5升）向出租汽车公司投资。税务机关认可的每辆汽车售价为250 000元，每辆车的实际成本为200 000元。计算应交增值税和消费税。

应交增值税=250 000×13%×10=325 000（元）

应交消费税=250 000×25%×10=625 000（元）

做会计分录如下：

借：长期股权投资	2 825 000	
贷：主营业务收入		2 500 000
应交税费——应交增值税（销项税额）		325 000
借：税金及附加	625 000	
贷：应交税费——应交消费税		625 000
借：主营业务成本	2 000 000	
贷：库存商品		2 000 000

2）企业以生产的应税消费品换取生产资料、消费资料或抵偿债务的会计处理

企业以生产的应税消费品换取生产资料、消费资料或抵偿债务、支付代购劳务费等，应视同销售行为，在会计上做销售处理。以应税消费品换取生产资料和消费资料的，应按售价（若有不同售价，计算增值税时按平均售价，计算消费税时，应按最高售价）借记"材料采购"等，贷记"主营业务收入"；以应税消费品支付代购劳务费，按售价借记"应付账款"等，贷记"主营业务收入"。同时，按售价计算应交消费税，借记"税金及附加"，贷记"应交税费——应交消费税"，并结转销售成本。

【例3-17】某白酒厂5月份用粮食白酒10吨抵偿胜利农场谷物款55 000元。该粮食白酒本月售价在4 800～5 200元/吨浮动，平均销售价格为5 000元/吨。10吨粮食白酒的市价为51 000元。

以物抵债属视同销售行为，应交增值税的销项税额为：

5 000×10×13%=6 500（元）

该粮食白酒的最高销售价格为5 200元/吨，应交消费税为：

5 200×10×20%+10×2 000×0.5=20 400（元）

做会计分录如下：

借：应付账款——胜利农场　　55 000
　　营业外支出　　2 500
　贷：主营业务收入　　51 000
　　　应交税费——应交增值税（销项税额）　　6 500
借：税金及附加　　20 400
　贷：应交税费——应交消费税　　20 400

3）企业以自产应税消费品用于在建工程、职工福利的会计处理

企业将自产的产品自用是一种内部结转关系，不存在销售行为，企业并没有现金流入，因此，应按产品成本转账，并据其用途记入相应账户。当企业将应税消费品移送自用时，按其成本转账，借记“在建工程”“营业外支出”“销售费用”“应付职工薪酬”等，贷记“产成品”或“自制半成品”。按自用产品的销售价格或组成计税价格计算应交消费税时，则借记“在建工程”“营业外支出”“销售费用”等（不通过“税金及附加”账户），贷记“应交税费——应交消费税”。企业将自产应税消费品作为职工福利发放时，应确认收入，即按销售进行会计处理，借记有关对应账户，贷记“主营业务收入”“应交税费”等账户。

【例3-18】某啤酒厂将自己生产的某新品牌啤酒20吨发给职工作为福利，10吨用于广告宣传，让客户及顾客免费品尝。该啤酒每吨成本2 000元，每吨出厂价格2 500元。

（1）对将要发给职工的啤酒进行如下会计处理：

应付职工薪酬=20×2 500×1.13=56 500（元）

应交消费税=20×220=4 400（元）

应交增值税=2 500×20×13%=6 500（元）

借：应付职工薪酬　　56 500
　贷：主营业务收入　　50 000
　　　应交税费——应交增值税（销项税额）　　6 500
借：税金及附加　　4 400
　贷：应交税费——应交消费税　　4 400
借：主营业务成本　　40 000
　贷：产成品　　40 000

（2）对用于广告宣传的啤酒进行如下会计处理：

应交消费税=10×220=2 200（元）

应交增值税=2 500×10×13%=3 250（元）

借：销售费用　　25 450
　贷：应交税费——应交增值税（销项税额）　　3 250
　　　　　　　——应交消费税　　2 200
　　　产成品　　20 000

期末，对用于广告宣传的啤酒应作视同销售，调增应纳税所得额。

3.3.4　委托加工应税消费品的会计处理

1）委托方的处理

（1）委托加工应税消费品收回后不再加工而用于销售

委托方发出委托加工材料、向受托方支付加工费和代收代缴消费税时，借记“委托加工物资”等，贷记“应付账款”“银行存款”等。

在将收回的委托加工应税消费品不再加工而销售时，如果委托方在受托方计税基础上加价出售，计税并做应交消费税的会计分录；如果直接出售（不加价），因为不缴消费税，当然不必做应交消费税的会计分录。

【例3-19】某卷烟厂委托A厂加工烟丝，卷烟厂和A厂均为增值税一般纳税人。卷烟厂提供原料55 000元，A厂收取加工费20 000元，增值税税额2 600元。烟丝收回后直接用于销售。A厂应代收代缴消费税。卷烟厂应做如下会计分录：

①发出原料时：

借：委托加工物资　　55 000

　贷：原材料　　55 000

②支付加工费时：

借：委托加工物资　　20 000

　　应交税费——应交增值税（进项税额）　　2 600

　贷：银行存款　　22 600

③支付代收消费税时：

代收消费税=（55 000+20 000）÷（1−30%）×30%=32 143（元）

借：委托加工物资　　32 143

　贷：银行存款　　32 143

④加工的烟丝入库时：

借：原材料　　107 143

　贷：委托加工物资　　107 143

如果烟丝按入库价对外销售时，不再计算缴纳消费税；如果加价出售，其会计处理同下述④。

（2）委托加工应税消费品收回后连续生产应税消费品

委托加工应税消费品收回后连续生产应税消费品时，已纳消费税款准予抵扣。因此，委托方应将受托方代收代缴的消费税借记“应交税费——应交消费税”账户，待最终应税消费品销售时，允许从缴纳的消费税中抵扣。现行税法已将“收回扣税法”改为“生产实耗扣税法”，为了清晰反映其抵扣过程，可设“待抵扣税金”账户反映其发生和抵扣过程。

沿用上例资料，假定委托加工后尚需再加工成卷烟，则会计分录如下：

①发出材料、支付加工费：

会计分录同前。

②支付代收消费税时：

借：待抵扣税金——待扣消费税　　32 143

　贷：银行存款　　32 143

③加工的烟丝入库时：

借：原材料　75 000

　贷：委托加工物资　75 000

④上述加工的烟丝再加工成卷烟后对外销售。

假设当月销售3个标准箱，每标准条调拨价格为60元，期初库存委托加工应税烟丝已纳消费税2 580元，期末库存委托加工应税烟丝已纳税额29 880元，有关会计分录如下：

A.取得收入时：

借：银行存款　50 850

　贷：主营业务收入（3×250×60）　45 000

　　　应交税费——应交增值税（销项税额）　5 850

B.计提消费税时：

应交消费税=150×3+45 000×36%=16 650（元）

借：税金及附加　16 650

　贷：应交税费——应交消费税　16 650

C.抵扣消费税时：

当月准予抵扣的消费税=2 580+32 143−29 880=4 843（元）

借：应交税费——应交消费税　4 843

　贷：待抵扣税金——待扣消费税　4 843

D.当月实际上缴消费税时：

借：应交税费——应交消费税　11 807

　贷：银行存款　11 807

2）受托方的会计处理

受托方可按本企业同类消费品的价格计算代收代缴消费税；若没有同类消费品销售价格的，按照组成计税价格计算。

假设上例按组成计税价格计算，税率为30%，则：

组成计税价格=（55 000+20 000）÷（1−30%）=107 143（元）

应交消费税=107 143×30%=32 143（元）

仍沿用上例资料，A厂做有关会计分录。

（1）收取加工费时：

借：银行存款　22 600

　贷：其他业务收入（或主营业务收入）　20 000

　　　应交税费——应交增值税（销项税额）　2 600

（2）收取代收税金时：

借：银行存款　32 143

　贷：应交税费——应交代收消费税　32 143

（3）上缴代收税金时：

借：应交税费——应交代收消费税　32 143

　贷：银行存款　32 143

3.3.5　进口应税消费品的会计处理

进口应税消费品时，进口单位缴纳的消费税应计入应税消费品成本。按进口成本连同应纳关税、增值税、消费税，借记“固定资产”“商品采购”；由于进口货物在海关交税与提货联系在一起，即交税后方能提货，为简化核算，关税、消费税可以不通过“应交税费”核算，直接贷记“银行存款”。若特殊情况下，先提货，后交税时，可以通过“应交税费”核算。

【例3-20】某企业从国外购进高档化妆品一批，CIF价格折合人民币25万元。消费税税率为15%，增值税税率为13%，假定关税税率为20%。

应交关税=250 000×20%=50 000（元）

消费税组成计税价格=250 000×（1+20%）÷（1-15%）=352 941（元）

应交消费税=352 941×15%=52 941（元）

增值税的计税价格=250 000+250 000×20%+52 941=352 941（元）

应交增值税=352 941×13%=45 882（元）

做会计分录如下：

（1）进口商品入库时。

借：库存商品	352 941	
贷：应付账款——××供货商		250 000
应交税费——应交关税		50 000
——应交消费税		52 941

（2）缴纳税款时。

借：应交税费——应交增值税（进项税额）	45 882	
——应交关税	50 000	
——应交消费税	52 941	
贷：银行存款		148 823

3.3.6　金银首饰[①]、钻石及其饰品零售业务的会计处理

零售业务是指将金银首饰、钻石及其饰品销售给中国人民银行批准的金银首饰生产、加工、批发、零售单位以外的单位和个人的业务。

1）自购自销

企业销售金银首饰、钻石及其饰品的收入，记入“主营业务收入”；其应交的消费税，借记“税金及附加”，贷记“应交税费——应交消费税”。

金银首饰、钻石及其饰品连同包装物一起销售的，无论包装物是否单独计价，均应并入金银首饰、钻石及其饰品的销售额计缴消费税。随同首饰、饰品销售但不单独计价的包装物，其收入及应交消费税均与商品销售收入和税金在一起计算和处理；随同首饰、饰品销售而单独计价的包装物，其收入贷记“税金及附加”，应交消费税（税率同商品）借记“其他业务成本”。

【例3-21】某金银首饰商店是经中国人民银行总行批准经营金银首饰的企业。8月份

① 黄金摆件和金条不属于金银首饰范围，在零售环节不征收消费税。

实现以下销售业务：

（1）销售给经中国人民银行总行批准经营金银首饰单位金项链一批，销售额为2 648 000元；

（2）销售给未经中国人民银行总行批准的经营金银首饰单位金首饰一批，销售额为1 845 000元；

（3）门市零售金银首饰销售额为3 415 800元；

（4）销售金银首饰连同包装物销售，其包装物金额为314 500元，未并入金银首饰销售额内，作为其他业务收入；

（5）采取以旧换新方式销售金银首饰，换出金银首饰同类品种销售价计算为1 644 000元，收回旧金银首饰作价916 000元，实际收回金额为728 000元。

该商店8月份应交消费税计算如下：

（1）计算消费税。

① 金银首饰零售应交消费税=（1 845 000+3 415 800+728 000）÷（1+13%）×5%=264 991.15（元）

② 包装物应交消费税=314 500÷1.13×5%=13 915.93（元）

（2）计算增值税。

① 金银首饰销项税额=（2 648 000+1 845 000+3 415 800+728 000）÷1.13×13%=993 614.16（元）

② 包装物销项税额=314 500÷1.13×13%=36 181.42（元）

（3）根据以上计算，做如下会计分录。

①金银首饰（批发、零售、以旧换新）收入。

借：银行存款	8 636 800	
库存商品（旧金银首饰）	916 000	
贷：主营业务收入——批发		2 343 362.83
——零售		6 215 823.01
应交税费——应交增值税（销项税额）		993 614.16

②计提金银首饰消费税（附加税费略）。

借：税金及附加	264 991.15	
贷：应交税费——应交消费税		264 991.15

③随金银首饰销售包装物收入。

借：银行存款	314 500	
贷：其他业务收入		278 318.58
应交税费——应交增值税（销项税额）		36 181.42

④计提包装物收入应交消费税。

借：税金及附加	13 915.93	
贷：应交税费——应交消费税		13 915.93

2）受托代销

企业受托代销金银首饰时，消费税由受托方负担，即受托方是消费税的纳税义务人。

如果是以收取手续费的方式代销金银首饰，收取的手续费计入其他业务收入，根据销售价格计算的应交消费税，相应冲减其他业务收入，销售实现时，借记“其他业务收入"，贷记"应交税费——应交消费税"。

不采用收取手续费方式代销的，通常是由双方协商确定首饰的协议价，委托方按协议价收取代销货款，受托方实际销售的货款与协议价之间的差额归己所有。在这种情况下，受托方缴纳消费税的计算处理与自购自销相同。

【小思考3-3】你认为以下哪种说法正确？

（1）企业销售产品时，可以用一笔会计分录反映应交增值税和消费税

（2）企业以自产产品投资或用于在建工程时，可以用一笔会计分录反映应交增值税和消费税

【答案】（2）

本章小结

消费税作为增值税的补充，"两税"实现优势互补。消费税作为价内税与增值税作为价外税，并未改变"两税"作为流转税的性质。消费税是以特定消费行为计税的，它是单一环节税，因此，确认消费税的纳税环节尤为重要。

由于消费税的特点，其会计处理方法与增值税不同，初学者切勿混淆。在税务会计实务中，消费税的计算、缴纳、会计处理，往往是与增值税同步进行的，因此，要能综合运用。

主要概念和观念

□ 主要概念

消费税　复合计税　组成计税价格

□ 主要观念

消费税与增值税是"优势互补"的关系，"两税"的特点是两者相比，消费税的会计处理方法与增值税不同，不是因为"价外计税"与"价内计税"的问题，而是"制度设计"问题。

基本训练

□ 知识测评

1.单项选择题

（1）金、银首饰的纳税环节在（　　）。

A.销售实现时　　B.移送时　　C.加工完成时　　D.零售实现时

（2）消费税的纳税地点在（　　）。

A.注册地　　B.生产经营所在地　　C.纳税人核算地　　D.销售地

（3）啤酒的计量单位是（　　）。

A.箱　　B.吨　　C.升　　D.斤

（4）自产自用用于广告、福利、奖励的应税消费品，纳税环节在（　　）。

A.生产完成时　　B.移送使用时　　C.加工后收回时　　D.销售时

（5）进口应税消费品由海关代征的消费税，应记入（　　）。

A."商品采购"账户的借方　　B."税金及附加"账户的借方

C."应交税费"账户的借方　　D."应交税费"账户的贷方

2.多项选择题

(1) 以下货物应征消费税的是（　　）。

A.啤酒　　B.高档化妆品　　C.电子烟　　D.录像机

(2) 在应税消费品中，采用定额税率的是（　　）。

A.啤酒　　B.黄酒　　C.汽油　　D.柴油

(3) 准予将当期领用的已税消费品已纳税款从当期应纳消费税税款中扣除的情况是（　　）。

A.外购已税消费品连续生产应税消费品

B.委托加工收回已税消费品连续生产应税消费品

C.自产自用应税消费品用于其他方面

D.进口应税消费品用于投资

(4)（　　）可以不再缴纳消费税。

A.商业企业销售高档化妆品时

B.自产自用应税消费品用于连续生产应税消费品，移送时

C.委托加工收回的应税消费品不再继续加工，在以不属于受托方的计税价格直接出售时

D.外购已税消费品用于连续生产的，生产后

3.判断题

(1) 委托加工的加工费是指受托方加工应税消费品向委托方收取的全部费用，包括代垫的辅助材料实际成本和代收代缴的消费税。（　　）

(2) 委托加工应税消费品组成计税价格中的"材料成本"是指委托方所提供加工的材料实际成本和受托方提供的辅助材料实际成本之和。（　　）

(3) 消费税是价内税，因此应记入"税金及附加"账户的借方。（　　）

(4) 消费税是流转税的一种，故货物每流转一次，均应缴纳一次消费税。（　　）

□ 技能测评

1.根据下列经济业务，计算应交消费税：

(1) 某厂生产高档化妆品，成套销售，每套565元（含增值税），本月共销售1 000套。

(2) 某酒厂将自产啤酒20吨用于发放职工福利，当月该啤酒每吨成本1 500元，对外售价每吨2 000元（不含增值税）。

(3) 某烟厂委托某加工厂加工烟丝，烟厂提供主要材料成本10 000元，双方议定加工费为2 000元，受托方提供辅助材料成本1 000元，计算该加工厂代收代缴消费税。

(4) 某烟厂委托A厂加工烟丝，加工收回后再继续生产甲类卷烟，某月月初库存委托加工烟丝3 000元，当月收回委托加工烟丝5 000元，月末库存烟丝2 000元，该月烟厂共生产销售甲类卷烟6箱（每箱5万支），不含税销售额30 000元，该月烟厂应交消费税是多少？如果该烟丝不是委托加工的而是外购的，应交消费税为多少？

(5) 某外贸公司进口一批小汽车，每辆进口完税价格为7万元人民币，共进口150辆，关税税率为15%，消费税税率为8%。

2.根据上题的第（1）、（2）、（4）、（5）笔业务，编制会计分录。

3.某公司是一家生产销售涂料为主的制造企业，系增值税一般纳税人。1月份发生以下涉税业务：

（1）8日，公司将自己新研制的A型号次品涂料650吨，用于本公司办公楼装修（该批涂料在施工状态下挥发性有机物含量为600克/升）。自己使用的A型号涂料没有同类消费品价格，其生产成本为180元/吨。

（2）15日，公司当月外购1 180吨B型号涂料，不含税单价为158元/吨，大包装改成小包装，不经加工贴上商标，直接出售880吨（该批涂料在施工状态下挥发性有机物含量为480克/升），含税价款为245元/吨。

（3）22日，公司生产C型号涂料1 890吨，用于对外销售（该批涂料在施工状态下挥发性有机物含量为350克/升），当月实现含税销售收入452 000元。

计算公司当月应纳、应免消费税额。

4.某烟厂1月份购入原材料30 000元（不含增值税），增值税专用发票上注明的税款为5 100元。购入已税烟丝20 000元（不含增值税）；期初库存外购烟丝30 000元，期末库存烟丝50 000元。

（1）将部分原材料在本厂加工成烟丝，各项成本40 000元，将其中的10%用于广告宣传，其余90%继续生产成甲类卷烟。

（2）将原材料10 000元运往A厂委托加工成烟丝，双方协议加工费为1 000元，加工后运回直接用于销售，售价为20 000元（不含增值税）。

（3）本月销售甲类卷烟共计90 000元（不含增值税）。

计算该烟厂1月份应交增值税和消费税，并编制会计分录。

5.根据本章【例3-6】计算结果，编制相关会计分录。

□ **能力测评**

某化妆品公司委托某日化厂加工某种高档化妆品，将其收回后用于连续生产高档化妆品。8月份收回加工好的高档化妆品4 000千克，受托方按同类化妆品100元/千克的计税价格代收代缴消费税。当月销售用其连续生产后的高档化妆品100箱，销售价格为6 000元/箱。月底结账时，账面反映月初库存的委托加工高档化妆品3 000千克，价款30万元；月底库存委托加工高档化妆品2 000千克，价款20万元。消费税税率15%，销售价格均为不含税价格。公司进行如下计算和会计处理：

（1）当月应交消费税=6 000×100×15%=90 000（元）

（2）当月准予抵扣委托加工高档化妆品已交消费税=4 000×100×15%=60 000（元）

（3）当月实际应交消费税=90 000−60 000=30 000（元）

（4）做有关会计分录：

收回时支付受托方代缴消费税：

借：应交税费——应交消费税　　60 000

　　贷：应付账款（或银行存款）　　60 000

当月应交消费税：

借：税金及附加　　90 000

贷：应交税费——应交消费税　　90 000

上缴消费税：

借：应交税费——应交消费税　　30 000

贷：银行存款　　30 000

分析要求：

（1）上述计算和会计处理是否正确，为什么？

（2）如果上述委托加工高档化妆品收回后不再继续加工，而是直接对外销售，又该如何计算并做会计处理？

第4章 关税会计

学习目标

掌握关税的基本内容、关税会计处理和报告的基本方法等。其具体目标包括：

□ 知识目标

了解关税的基本特点和内容，掌握关税计算原理，深刻领会关税会计的账簿设置、会计记录和报告等问题。

□ 技能目标

掌握进口关税与出口关税完税价格的确认与计算方法、进口关税与出口关税的计算方法；熟练掌握关税的会计处理方法。

□ 能力目标

理解进口关税与出口关税政策、计税方法及会计处理的差异。

4.1 关税的税制要素

4.1.1 关税的概念和特征

1）关税的概念

关税（tariff）是国家授权海关对出入关境的货物和物品所征收的一种流转税。

关税是一个非常古老的税种。在公元前8至6世纪，古希腊出现了一批奴隶制城邦国家，雅典就是在这一时期兴起的，此后，成为经济文化交流中心的著名城邦。雅典官方以使用港口索取报酬为名，对输入输出货物征收一定比例的使用费，拒纳者不得进港。公元前5世纪，地中海、爱琴海、黑海一带经济迅速发展，雅典法典规定，进出港口的货物一律从价征收2%的关税，此时的关税已经属于国境关税了。

罗马王朝时代也对通过其海港、桥梁等的货物征收2%～5%的税金，后来税率提高至12.5%。这些税金是在货物通过一定地区时征收的，带有关税的性质。

英国很早就有一种“例行的通行税”，在商人进入市场时缴纳给当地的领主，后来把这种税称为关税，沿用至今。

我国自西周以后，在所设的“关卡”开始征收税金，供王室之用。《周礼》一书指出：“关市之赋，以待王之膳服。”至唐、宋、元、明四代，设立市舶机构管理对外贸易，征收关税。

2003年11月23日国务院令第392号公布《中华人民共和国进出口关税条例》（以下简称《关税条例》）。2011年第一次修订，2013年第二次修订，2016年第三次修订，2017年第四次修订。《关税条例》共计6章67条。

2）关税的分类

依据不同的分类标准，关税可以分为以下不同种类。

（1）按征收对象分类，有进口税、出口税和过境税。

① 进口税（import duty）。它是指海关在外国货物进口时所课征的关税。进口税通常在外国货物进入关境或国境时征收，或在外国货物从保税仓库提出运往国内市场时征收。现今世界各国的关税，主要是征收进口税。征收进口税的目的在于保护本国市场和增加财政收入。

② 出口税（export duty）。它是指海关在本国货物出口时所课征的关税。为降低出口货物的成本，提高本国货物在国际市场上的竞争能力，世界各国一般少征或不征出口税。但为限制本国某些产品或自然资源的输出，或为保护本国生产、本国市场供应和增加财政收入以及某些特定的需要，有些国家也征收出口税。

③ 过境税（transit duty），又称通过税。它是对外国货物通过本国国境或关境时征收的一种关税。过境税最早产生并流行于欧洲各国，自19世纪后半期起，各国相继废止征收，1921年资本主义国家在巴塞罗那签订《自由过境公约》后，便废除了过境税的条款。

（2）按征收目的分类，有财政关税和保护关税。

① 财政关税，又称收入关税。它是以增加国家财政收入为主要目的而课征的关税。财政关税的税率比保护关税低。随着世界经济的发展，财政关税的意义逐渐减低，而为保护关税所代替。

② 保护关税。它是以保护本国经济发展为主要目的而课征的关税。保护关税主要是进口税，税率较高。保护关税是实现一个国家对外贸易政策的重要措施之一。

（3）按征收标准分类，有从量税、从价税、混合税和滑准税。我国主要采用从价税计算关税。

（4）按税率制定分类，有自主关税和协定关税。

① 自主关税，又称国定关税。它是一个国家基于其主权独立自主制定的并有权修订的关税，包括关税税率及各种法规、条例。国定税率一般高于协定税率，适用于没有签订关税贸易协定的国家。

② 协定关税。它是两个或两个以上的国家，通过缔结关税贸易协定而制定的关税税率。协定关税有双边协定税率、多边协定税率和片面协定税率。片面协定税率是一国对他

国输入的货物降低税率，为其输入提供方便，而他国并不以降低税率作为回报的税率制度。

（5）按差别待遇分类，有普通关税、优惠关税、差别关税。

我国关税种类见表4-1。

表4-1　**我国关税种类一览表**

<table>
<tr><td>货物出口关税</td><td colspan="3">法定出口税率
暂定出口税率</td></tr>
<tr><td rowspan="3">进口关税</td><td rowspan="2">货物进口关税</td><td colspan="2">最惠国税率
协定税率
特惠税率
普通税率
暂定税率
关税配额税率
ITA税率（非全税目信息技术产品税率）</td></tr>
<tr><td>附加关税</td><td>报复性关税
反补贴税
反倾销税
保障性关税</td></tr>
<tr><td>进境物品进口税</td><td colspan="2">入境旅客行李物品和个人邮递物品进口税税率</td></tr>
</table>

3）关税的特点

（1）关税的征收以“关境”为界。关境与国境既有联系，又有区别。国境是主权国家行使行政权力的领域，即主权国家的领土、领海、领空范围。关境亦称税境，是一个国家的海关征收关税的领域，即主权国家关税法令实施的领域，只有在货物、物品进出关境时，才能对其征税。因此，关税是以通过关境为征税界点的。

如果一国既不与其他国家结成关税同盟，也不在本国设立自由港、保税区等，在这种情况下，关境与国境等同。如果一国与其他国家结成关税同盟，实施统一的关税法令和统一的税则，则关境的概念大于国境，关境内的跨国贸易无须缴纳关税；如果一国政府在其境内设立自由港、保税区、自贸区等，则关境的概念小于国境，对关境外而国境内的贸易，也必须缴纳关税。

（2）关税的征收主体是海关。税收一般是由国家税务机关征收的，但关税是由海关征收管理的，海关是依法监督管理进出境事务的国家行政机关。关税法规是相对独立的法律法规体系。

（3）税率上的复式性。我国现行关税税则采用最惠国税率、协定税率、特惠税率和普通税率。复式税则充分反映了关税具有维护国家权益、平等互利发展国际贸易往来和经济技术合作的特点。

（4）关税的保护性。关税是国际经济竞争的一种有效手段，强调对等与互惠，加强与世界各国的经济联系，同时也要坚决维护国家主权和经济利益，体现其保护性。制定保护性关税（protective tariff）的一般原则是征收的税额要等于或略高于该商品的国内外差价，即进口商品在征收关税后，其进口成本等于或略高于本国商品的平均成本。

4.1.2 关税的纳税人和纳税范围

1）纳税人

《关税条例》第五条规定："进口货物的收货人、出口货物的发货人、进境物品的所有人，是关税的纳税义务人。"

凡由外贸企业代理进出口业务的，都由办理进出口业务的外贸企业代为申报纳税；不通过外贸企业而自行经营进出口业务的，则由收、发货人自行申报纳税。

非贸易性物品的纳税人是物品持有人、所有人或收件人。

2）纳税范围

关税的纳税范围（对象）是进出我国关境的货物和物品。货物是指贸易性商品；物品包括入境旅客随身携带的行李和物品、个人邮递物品、各种运输工具上的服务人员携带进境的自用物品、馈赠物品，以及以其他方式进入我国关境的个人物品。

4.1.3 关税税则、税目和税率

1）关税税则

关税税则（customs tariff）亦称海关税则，它是一国对进出口商品计征关税的规章和对进出口的应税与免税商品加以系统分类的一览表，是海关征税的依据，是一国关税政策的具体体现。

《中华人民共和国进出口税则》包括正文和附录两大部分。正文包括海关进口税则和出口税则；附录是进口商品税目税率表、进口商品关税配额税目税率表、进口商品税则暂定税率表、出口商品税则暂定税率表、入境旅客行李物品和个人邮递物品税目税率表、非全税目信息技术产品进口税率表等附表。2024年我国关税税则税目数共计8 957个。

2）进口关税税则、税目和税率

（1）进口税则、税目。

进口税则商品分类目录采用《商品名称及编码协调制度》。税目税率表设置序号、税则号列、货品名称、最惠国税率、协定税率、特惠税率、普通税率等栏目。

税目包括税则号列（以下简称税号）和目录条文，税号在税则号列栏中列示，目录条文在货品名称栏中列示。

（2）进口税率。

A.最惠国税率。原产于共同适用最惠国待遇条款的世界贸易组织成员的进口货物，原产于与中华人民共和国签订含有相互给予最惠国待遇条款的双边贸易协定的国家或者地区的进口货物，以及原产于中华人民共和国境内的进口货物，适用最惠国税率。最惠国税率在进口税则中的标示方式如下：

a.以从价方式计征关税的最惠国税率，在最惠国税率栏中直接列明；以其他方式计征关税的最惠国税率在脚注中列明。

b.若税率中间有"#"，"#"前后分别为当年上半年和下半年适用税率。

c.非全税目信息技术产品的最惠国税率在最惠国税率栏中列明；其税则号列前标注

“ex”，表示适用该税率的应税货物以货品名称栏中的描述为准。

B.协定税率。原产于与中华人民共和国签订含有关税优惠条款的区域性贸易协定的国家或者地区的进口货物，适用协定税率。

C.特惠税率。原产于与中华人民共和国签订含有特殊关税优惠条款的贸易协定的国家或者地区的进口货物，适用特惠税率。

D.普通税率。原产于除适用最惠国税率、协定税率、特惠税率国家或地区以外的国家或者地区的进口货物，以及原产地不明的进口货物，适用普通税率。普通税率在进口税则中的标示方式如下：以从价方式计征关税的普通税率，在进口税则普通税率栏中直接列明；以其他方式计征关税的普通税率在普通税率栏脚注中列明。

E.关税配额税率。实行关税配额管理的进口货物，关税配额内的，适用关税配额税率，关税配额外的依照《条例》有关规定执行。

F.暂定税率。适用最惠国税率、协定税率、特惠税率、关税配额税率的进口货物在一定期限内可以实行暂定税率。

a.最惠国暂定税率。最惠国暂定税率在最惠国税率栏中以前置“△”标示（如“△8”表示该税目最惠国暂定税率为8%）。以从价以外方式计征关税的最惠国暂定税率见脚注。税号前标注“ex”，表示适用该税率的应税进口货物应在该税号范围内，以具体描述为准。若税率中间有“#”，“#”前后分别为当年上半年和下半年适用税率。

b.关税配额暂定税率。关税配额暂定税率在最惠国税率栏的脚注中列明。

3）出口关税税则、税目和税率

（1）出口税则、税目。

出口税则包括归类规则与税目税率表。归类规则与进口税则相同，不单独列明。税目税率表设置序号、税则号列、货品名称、出口税率等栏目。

税目与进口税则相同。税目税率表中仅列示征收出口关税或实行出口暂定税率的税目。

（2）出口税率。出口关税设置出口税率。

（3）出口暂定税率。适用出口税率的出口货物在一定期限内可以实行暂定税率。出口暂定税率在出口税率栏中以前置“△”标示（如“△8”表示该税目出口暂定税率为8%）。税号前标注“ex”，表示适用该税率的货物应在该税号范围内，以货品名称栏中的具体描述为准。

4）其他规则与说明

（1）反倾销税、反补贴税、保障措施关税。按照有关法律、行政法规的规定对进口货物采取反倾销、反补贴、保障措施的，其税率的适用按照《中华人民共和国反倾销条例》《中华人民共和国反补贴条例》《中华人民共和国保障措施条例》的有关规定执行。

（2）报复性关税。任何国家或地区违反与我国签订或共同参加的贸易协定及相关协定，对我国在贸易方面采取禁止、限制、加征关税或者其他影响正常贸易的措施的，对原产于该国家或者地区的进口货物可以征收报复性关税，适用报复性关税税率。征收报复性关税的货物、适用国别、税率、期限和征收办法，由国务院关税税则委员会决定并公布。

4.1.4 关税的缴纳及退补

1）关税的缴纳

（1）关税的基本缴纳方式

由接受进（出）口货物通关手续申报的海关逐票计算应征关税并填发关税缴款书，由纳税人凭以向海关或指定的银行办理税款交付或转账入库手续后，海关凭“银行回执联”办理结关放行手续。征税手续在前，结关放行手续在后，有利于税款及时入库，防止拖欠税款。因此，各国海关都以这种方式作为基本纳税方式。

（2）关税后纳方式

海关允许某些纳税人在办理有关关税手续后，先行办理放行货物手续，然后办理征纳关税手续的海关制度。后纳方式是针对某些易腐、急需或有关手续无法立即办结等特殊情况采取的一种变通措施，海关在提取货样、收取保证金或接受纳税人其他担保后即可放行有关货物。

为降低纳税成本（通关成本），促进进出口贸易发展，近年来，海关改革传统的税收征管模式，在有效监管的前提下变“逐票审核、先税后放”为“先放后税，汇总缴税”，即对符合条件的纳税人实行“先进口后征税”政策，对在1个月内多次进口货物应纳税款实施汇总计征。

（3）关税的纳税地点

海关征收关税时，根据纳税人的申请及进出口货品的具体情况，既可以在关境地缴税，也可以在主管地缴税。

纳税人缴纳关税时，应填制“海关进口关税专用缴款书”，并携带有关单证。海关进出口关税专用缴款书格式见表4-2。

表4-2 **海关（进出口关税）专用缴款书**

收入系统： 填发日期： 年 月 日 No.

<table>
<tr><td rowspan="3">收款单位</td><td>收入机关</td><td colspan="3">中央金库</td><td rowspan="3">缴款单位（人）</td><td>名　称</td><td colspan="2"></td></tr>
<tr><td>科　目</td><td></td><td>预算级次</td><td></td><td>账　号</td><td colspan="2"></td></tr>
<tr><td>收款国库</td><td colspan="3"></td><td>开户银行</td><td colspan="2"></td></tr>
<tr><td colspan="2">税号</td><td>货物名称</td><td colspan="2">数量</td><td>单位</td><td>完税价格（￥）</td><td>税率（%）</td><td>税款金额（￥）</td></tr>
<tr><td colspan="2"></td><td></td><td colspan="2"></td><td></td><td></td><td></td><td></td></tr>
<tr><td colspan="2"></td><td></td><td colspan="2"></td><td></td><td></td><td></td><td></td></tr>
<tr><td colspan="2"></td><td></td><td colspan="2"></td><td></td><td></td><td></td><td></td></tr>
<tr><td colspan="7">金额人民币（大写）： 万 仟 佰 拾 元 角 分</td><td>合计（￥）</td><td></td></tr>
</table>

<table>
<tr><td>申请单位编号</td><td></td><td>报关单编号</td><td></td><td rowspan="4">填制单位

制单人
复核人
单证专用章</td><td rowspan="4">收款国库（银行）

业务公章</td></tr>
<tr><td>合同（批文）号</td><td></td><td>运输工具（号）</td><td></td></tr>
<tr><td>缴款期限</td><td>年 月 日</td><td>提/装货单号</td><td></td></tr>
<tr><td colspan="4">备注：</td></tr>
</table>

2）关税的申报

进口货物的纳税人应当自运输工具申报进境之日起14日内，出口货物的纳税人除海关特准的外，应当在货物运抵海关监管区后、装货24小时以前，向货物的进出境地海关申报。进出口货物转关运输的，按照海关总署的规定执行。

进口货物到达前，纳税人经海关核准可以先行申报。

纳税人应当自海关填发税款缴款书之日起15日内向海关或其指定银行缴纳税款。若关税缴纳期限的最后一日是周末或法定节假日，其纳税期限顺延至周末或节假日过后的第一个工作日。纳税人未按期缴纳税款的，从滞纳税款之日起，按日（周末或法定节假日天数不予扣除）加收滞纳税款万分之五的滞纳金。

纳税人因不可抗力或者在国家税收政策调整的情况下，不能按期缴纳税款的，经海关总署批准，可以延期缴纳税款，但是最长不得超过6个月。

纳税人、担保人自缴纳税款期限届满之日起超过3个月仍未缴纳税款的，海关可以按照《海关法》第六十条的规定采取强制措施。

3）关税的退税

有下列情况之一的，进出口货物的收发货人或其代理人，可以自缴纳税款之日起1年内，书面声明理由，连同纳税收据向海关申请退税，逾期不予受理：

（1）因海关误征，多纳税款的；

（2）海关核准免验进口的货物，在完税后发现有短缺情况并经海关审查认可的；

（3）已征出口关税的货物，因故未装运出口，申报退关，经海关查验属实的。

按规定，上述退税事项，海关应当自受理退税申请之日起30天内做出书面答复并通知退税申请人。

4）关税的补缴

进出口货物放行后，海关发现少征或者漏征税款的，应当自缴纳税款或者货物放行之日起1年内，向纳税人补征税款。但因纳税义务人违反规定造成少征或者漏征税款的，海关应当自缴纳税款或者货物放行之日起3年内追征税款，并自缴纳税款或者货物放行之日起按日加收少征或者漏征税款万分之五的滞纳金。

因纳税人违反规定造成海关监管货物少征或者漏征税款的，海关应当自纳税人应缴纳税款之日起3年内追征税款，并自应缴纳税款之日起至海关发现违规行为之日止按日加收少征或者漏征税款万分之五的滞纳金。对骗取退税款的，税务机关可无限期追征。

4.1.5　关税的减免

1）法定减免

法定减免税是税法中明确规定的减税、免税。只要符合规定条件，纳税人可以免缴或减缴关税，海关一般不进行后续管理。以下进出口货物免缴关税：

（1）关税额在人民币50元以下的一票货物；

（2）无商业价值的广告品和货样；

（3）外国政府、国际组织无偿赠送的物资；

（4）在海关放行前损失的货物；

（5）进出境运输工具装载的途中必需的燃料、物料和饮食用品。

经海关核准暂时进境或者暂时出境，并在6个月内复运出境或者复运进境的货物，在进境或出境时，纳税人向海关缴纳相当于税款的保证金或者提供担保后，可予暂时免税。纳税人在规定期限内未复运出境的，纳税人应依法缴税。

2）特定减免

在法定减免税之外，根据国际通行规则制定发布的有关进出口货物减免关税的政策，亦称特定或政策性减免税。

（1）科教用品。对于不以营利为目的的科学研究机构和学校，在合理数量范围内进口国内不能生产的科学研究和教学用品，直接用于科学研究或者教学的，免缴进口关税以及进口环节的增值税、消费税。

（2）集成电路产品。进口国内不能生产或性能不能满足需求的自用生产性（含研发用）原材料、消耗品，净化室专用建筑材料、配套系统和集成电路生产设备零配件等，免缴进口关税。

（3）残疾人专用品。对于规定范围内的残疾人个人专用品，免缴进口关税和进口环节增值税、消费税；对康复机构、福利机构、假肢厂和荣誉军人康复医院进口国内不能生产的、《残疾人专用品免征进口税收暂行规定》明确规定的残疾人专用品，免缴进口关税和进口环节增值税。

（4）扶贫、慈善性捐赠物资。对境外自然人、法人或者其他组织等境外捐赠人，无偿向经国务院主管部门依法批准成立的，以人道救助和发展扶贫、慈善事业为宗旨的社会团体以及国务院有关部门和各省、自治区、直辖市人民政府捐赠的，直接用于扶贫、慈善事业的物资，免缴进口关税和进口环节增值税。

（5）特定地区、特定企业或者特定用途的进出口货物减征或者免征关税的，以及其他依法减征或免征关税的，按照国务院的有关规定执行。

3）临时减免

临时减免税是指上述法定减免税和特定减免税以外的其他减免税，即由国务院根据《海关法》对某项目、某类（批）进出口货物的特殊情况，给予特别照顾而一案一批、专文下达的减免税。

4.2 关税的确认、计量与申报

4.2.1 关税的基本计算公式

1）应纳关税的基本计算公式

应纳关税额=关税完税价格×关税税率

由于关税有从价计税、从量计税、复合计税和滑准计税四种方法，因此，关税的计算公式应具体分为：

（1）从价税（ad valorem duty）计算公式。从价税是以进出口货物的价格作为计税标准计缴的关税。它具有税负公平、明确，易于实施，计征简便等优点。大多数进出口商品采用从价税。货物的价格不是指商品的成交价格，而是指进出口商品的完税价格。其计算公式是：

应纳关税额=应税进出口货物数量×单位完税价格×适用税率

（2）从量税（specific duty）计算公式。从量税是以货物的实物计量单位（数量、重量、面积、容量、长度等）作为计税标准，以每一计量单位应纳的关税额作为税率来计缴的关税。其特点是不因商品价格的涨落而改变应纳税额，手续简便，但税负不合理、难以普遍采用。我国目前仅对啤酒、胶卷等少数商品计征从量关税。其计算公式是：

应纳关税额=应税进口货物数量×关税单位税额

（3）复合税（mixed or compound duty）计算公式。复合税亦称混合税，它是对进口商品既征从量税又征从价税的一种办法。一般以从量税为主，再加征从价税。实务中，货物的从量税额与从价税额难以同时确定，且手续繁杂，难以普遍采用。我国目前仅对录像机、放像机、摄像机和摄录一体机实行复合计税。其计算公式是：

应纳关税额=应税进口货物数量×关税单位税额+应税进口货物数量×单位完税价格×适用税率

（4）滑准税（sliding duty）计算公式。滑准税亦称滑动税、伸缩税，是对进口税则中的同一种商品按其市场价格标准分别制定不同价格档次的税率而征收的一种进口关税。征收这种关税的目的是使某种进口商品，不论其进口价格是高还是低，其税后价格保持在一个预定的价格标准上，以稳定该种商品的国内市场价格。它是预先按照商品市场价格的高低，制定出不同价格档次的税率，然后根据进口商品价格的变化而升降进口关税税率（比例税率）的一种计缴方法。一般是随着进口商品价格的变动而呈反方向变动，即价格越高，税率越低。因此，对实行滑准税率的进口商品应纳关税额的计算与从价税基本相同。

实行滑准税率可使商品的税后价格能够保持稳定，以缓解供需矛盾。我国关税配额外进口的棉花执行滑准税率，可以降低企业的用棉成本，并鼓励更多的纺织企业走高端路线，多生产高附加值的产品。

当进口棉花完税价格高于或等于15.000元/千克时，暂定从量税率为0.570元/千克；当进口棉花完税价格低于15.000元/千克时，暂定从价税率按下式计算：

$R_i=9.337/P_i+2.77\%P_i-1$（$R_i\leq40\%$）

式中，R_i为暂定从价税率，按上式计算结果小数点后第4位四舍五入保留前3位；P_i为关税完税价格，单位为元/千克。

应纳关税=进口货物完税价格×滑准税率

（5）选择税与季节性关税计算公式。选择税就是在从价税与从量税之间选择一种。目前，我国对天然橡胶实行选择税。在20%的从价税和2 000元/吨从量税两者中，从低选择计征关税。这种方法既可在国际市场胶价走低时保护国内橡胶产业，又可在进口胶价过高时，适当降低税负，稳定国内市场胶价和用胶行业的生产成本。

季节性关税就是对同种货物在不同季节执行不同的关税税率。目前，我国对三元复合肥征收季节性关税，即在每年的1月至9月农忙时，对三元复合肥征收35%的出口关税；在10月至12月农闲时，对三元复合肥征收20%的出口关税，以此调控国内的化肥供应和生产安排。

（6）报复性关税计算公式。

关税=关税完税价格×进口关税税率

报复性关税=关税完税价格×报复性关税税率

进口环节消费税=进口环节消费税完税价格×进口环节消费税税率

进口环节消费税完税价格=（关税完税价格+关税+报复性关税）÷（1-进口环节消费税税率）

进口环节增值税=进口环节增值税完税价格×进口环节增值税税率

进口环节增值税完税价格=关税完税价格+关税+报复性关税+进口环节消费税

（7）反倾销税计算公式。

反倾销税额=完税价格×反倾销税税率

进口环节增值税税额=（完税价格+关税额+反倾销税额）×进口环节增值税税率

2）关税完税价格

从上述计算公式可以看出，除从量计税外，其余计算方法均涉及“完税价格”。关税完税价格是指海关凭以从价计征关税的价格，即应纳关税价格。完税价格是海关在计征关税时采用的计税价格，是海关根据有关规定对进出口货物审查确定或估定后而确定的应税价格。它是海关征收关税的依据。海关以进出口货物的实际成交价格为基础审定完税价格，实际成交价格是一般贸易项下进口或出口货物的买方为购买该项货物向卖方实际支付或应当支付的价格。

4.2.2 关税完税价格的确认

1）进口货物完税价格的确认

2014年2月1日起实施的《中华人民共和国海关审定进出口货物完税价格办法》（海关总署令213号）规定：“进口货物的完税价格，由海关以该货物的成交价格为基础审查确定，并应当包括货物运抵中华人民共和国境内输入地点起卸前的运输及其相关费用、保险费。”

进口货物的成交价格是卖方向我国境内销售该货物时，买方为进口该货物向卖方实付、应付的，并且按规定调整后的价款总额，包括直接支付的价款和间接支付的价款。

若是单独计价，且已包括在进口货物的成交价格中，经海关审查属实的，下列费用应从完税价格中扣除：（1）进口人向其境外采购代理人支付的买方佣金；（2）卖方付给买方的正常回扣；（3）工业设施、机械设备类货物进口后基建、安装、装配、调试或技术指导的费用。

如果进口货物的成交价格不符合有关规定，或者成交价格不能确定的，海关经了解有关情况，并与纳税人进行价格磋商后，依次以下列方法审查确定该货物的完税价格：

（1）相同货物成交价格估价方法；

（2）类似货物成交价格估价方法；

（3）倒扣价格估价方法；

（4）计算价格估价方法；

（5）合理方法。

2）出口货物完税价格的确认

出口货物的完税价格由海关以该货物的成交价格为基础审查确定，并应当包括货物运至我国境内输出地点装载前的运输及其相关费用、保险费。出口货物的成交价格是指该货物出口销售时，卖方为出口该货物应当向买方直接收取和间接收取的价款总额。下列税收、费用不计入出口货物的完税价格：

（1）出口关税；

（2）在货物价款中单独列明的货物运至我国境内输出地点装载后的运输及其相关费用、保险费；

（3）在货物价款中单独列明由卖方承担的佣金。

出口货物的成交价格不能确定的，海关经了解有关情况，并与纳税人进行价格磋商后，依次以下列价格审查确定该货物的完税价格：

（1）同时或者大约同时向同一国家或者地区出口的相同货物的成交价格；

（2）同时或者大约同时向同一国家或者地区出口的类似货物的成交价格；

（3）根据境内生产相同或者类似货物的成本、利润和一般费用（包括直接费用和间接费用）、境内发生的运输及其相关费用、保险费计算所得的价格；

（4）按照合理方法估定的价格。

3）进出口货物原产地的认定

原产地规则是确定进出口货物原产国的标准和方法，是确定货物适用关税税率的重要依据。国际上对货物原产地的规定是在20世纪70年代初期发达国家对发展中国家的出口货物给予普遍的关税优惠待遇即实行普惠制以后产生的，主要是发达国家给予发展中国家出口制成品和半制成品的一种普遍的、非歧视的、非互惠的关税优惠制度。

确定进境货物原产国有利于正确运用进口税则的各栏税率，对产自不同国家或地区的进口货物适用不同的关税税率。我国原产地规定基本上采用了"全部产地生产标准"和"实质性加工标准"两种国际上通用的原产地标准。

（1）全部产地生产标准。全部产地生产标准是指进口货物"完全在一个国家内生产或制造"，生产或制造国即为该货物的原产国。完全在一个国家内生产或制造的进口货物包括：①在该国领土或领海内开采的矿产品；②在该国领土上收获或采集的植物产品；③在该国领土上出生或由该国饲养的活动物及从其所得产品；④在该国领土上狩猎或捕捞所得的产品；⑤在该国的船只上卸下的海洋捕捞物，以及由该国船只在海上取得的其他产品；⑥在该国加工船加工上述第⑤项所列物品所得的产品；⑦在该国收集的只适用于做再加工制造的废碎料和废旧物品；⑧在该国完全使用上述①至⑦项所列产品加工成的制成品。

（2）实质性加工标准。实质性加工标准是适用于确定有两个或两个以上国家参与生产的产品的原产国的标准，即经过几个国家加工、制造的进口货物，以最后一个对货物进行经济上可以视为实质性加工的国家作为有关货物的原产国。"实质性加工"是指产品加工后，已不适用原进出口税则中的税则归类，税目税率发生了改变，或者加工增值部分所占新产品总值的比例超过30%的。例如，进口的棉布是一国用他国的棉纱纺织而成的，该棉布不能以棉纱的生产国为原产国，而应以将棉纱织成棉布的国家作为原产国，因为棉纱经加工后，改变了原税则归类，不属于同一税号。

（3）其他。对机器、仪器、器材或车辆所用零件、部件、配件、备件及工具，如与主件同时进口且数量合理的，其原产地按主件的原产地确定，分别进口的则按各自的原产地确定。

4.2.3 进出口货物从价计征关税的计算

1）进口货物从价计征关税的计算

（1）CIF价格

以我国口岸CIF价格成交的或者和我国毗邻的国家以两国共同边境地点交货价格成交的，就分别以该价格作为完税价格。当成交价格不能确定时，以海关的估定价格为完税价格。其计算公式如下：

完税价格=在我国口岸成交的价格

进口关税=完税价格×进口关税税率

【例4-1】某进出口公司从日本进口甲醇，进口申报价格为CIF天津USD 500 000。假定计税日外汇牌价（中间价）①为USD 100=CNY 700。税则号列：甲醇应归入29051110，税率为5.5%。计算应交进口关税。

先计算出甲醇的完税价格：

USD 500 000×7=3 500 000（元）

再计算出甲醇应缴纳的进口关税：

3 500 000×5.5%=192 500（元）

（2）FOB价格

以国外口岸FOB价格或者从输出国购买以国外口岸CIF价格成交的，必须分别在上述价格基础上加上从发货口岸或者国外交货口岸运到我国口岸以前的运杂费和保险费作为完税价格。若以成本加运费价格成交的，则应另加保险费作为完税价格。

完税价格内应当另加的运费、保险费和其他杂费，原则上应按实际支付的金额计算，若无法得到实际支付金额时，也可以按外贸系统海运进口运费率或按协商确定的固定运杂费计算运杂费，保险费则按中国人民保险公司的保险费率计算，其计算公式如下：

完税价格=（FOB价格+运杂费）÷（1-保险费率）

【例4-2】某进出口公司从美国进口硫酸镁5 000吨，进口申报价格为FOB旧金山USD 325 000，运费每吨USD 40，保险费率为3‰，假定计税日外汇牌价为USD 100=CNY 700。计算应交进口关税。

先计算运费：

5 000×40×7=1 400 000（元）

再将进口申报价格由美元折合成人民币：

325 000×7=2 275 000（元）

然后计算完税价格：

完税价格=（2 275 000+1 400 000）÷（1-3‰）=3 686 058（元）

经查找，硫酸镁的税则号列为28332100，税率为5.5%，计算该批硫酸镁的应纳进口关税额：

应交进口关税=3 686 058×5.5%=202 733（元）

（3）CFR价格（货价加运费价格，或称含运费价格）

以货价加运费价格（原缩写语C&F）成交的，应当另加保险费作为完税价格。

---

① 实务中，海关每月使用的计征汇率为上一个月第三个星期三（若遇法定节假日，顺延采用第四个星期三）中行公布的外汇折算价。

完税价格=CFR价格÷（1-保险费率）

【例4-3】某进出口公司从日本进口乙醛17吨，保险费率为0.3%，进口申报价格为：CFR天津USD 306 000，假定计税日外汇牌价为USD 100=CNY 700。乙醛税则号列为：29121200，税率为5.5%。计算应交进口关税。

先将进口申报价格由美元折合成人民币：

306 000×7=2 142 000（元）

再计算完税价格：

完税价格=2 142 000÷（1-0.3%）=2 148 445（元）

最后计算该批进口货物应缴纳的进口关税：

应交进口关税=2 148 445×5.5%=118 164（元）

为了计算方便，可先计算出常数，即：

常数=1÷（1-保险费率）

再计算完税价格，其公式如下：

完税价格=CFR价格×常数

对个别货物实际没有支付运费，以及货物没有投保的，在计征时可酌情增加运费和普通保险费。

由陆路进口的货物，在计算完税价格时，所有应加运费等均应计算至该货物运抵我国关境为止。

（4）国内正常批发价格

进口货物在采购地的正常批发价格，若海关未能加以确定，应以申报进口时国内输入地点的同类货物的正常批发价格，减去进口关税和进口环节增值税以及进口后正常运输、储存、销售费用及利润作为完税价格。如果国内输入地点同类货物的正常批发价格未能确定或者有其他特殊情况，货物的完税价格由海关估定。

①不征国内税货物的计算公式如下：

完税价格=国内市场批发价格÷（1+进口优惠税率+20%）

②应缴纳国内税的货物应当扣除国内税，计算出完税价格，其计算公式如下：

$$\text{完税价格}=\frac{\text{国内市场批发价格}}{1+\text{进口关税税率}+\dfrac{1+\text{进口关税税率}}{1-\text{消费税税率}}\times\text{消费税税率}+20\%}$$

上述公式分母中的20%为国家统一规定的进口环节各项相关费用和利润占完税价格的比例。

【例4-4】M公司经批准从国外进口一批高档化妆品，其CIF价格已无法确定，进货地国内同类产品的市场正常批发价格为925 000元，国内消费税税率为15%，设进口关税税率为25%。计算该高档化妆品应交关税。

完税价格=925 000÷［1+25%+（1+25%）÷（1-15%）×15%+20%］

=925 000÷1.6706

=553 693.28（元）

应交进口关税=553 693.28×25%=138 423.32（元）

应交消费税=（553 693.28+138 423.32）÷（1-15%）×15%=122 138.22（元）

应交增值税=（553 693.28+138 423.32+122 138.22）×13%=814 254.82×13%=105 853.13（元）

2）出口货物从价计征关税的计算

（1）FOB价格

出口货物以我国口岸FOB价格成交的，应以该价格扣除出口关税后作为完税价格；如果该价格中包括向国外支付的佣金及垫仓物资和通风设备等，对这部分费用应先予扣除，并按规定扣除出口关税后作为完税价格。其计算公式为：

完税价格=FOB价格÷（1+出口关税税率）

应交出口关税=完税价格×出口关税税率

【例4-5】某进出口公司将磷5 000吨出口到日本，每吨FOB天津USD 560，其佣金为FOB价格的2%，理舱费USD 10 000，磷的出口关税税率为10%。假定计税日外汇牌价为USD 100=CNY 700。计算应交出口关税。

首先将含佣金的FOB价格换算为不含佣金价格：

（5 000×560）÷（1+2%）=2 745 098（美元）

再从中减去理舱费：

2 745 098-10 000=2 735 098（美元）

然后计算该批磷的完税价格：

完税价格=2 735 098÷（1+10%）=2 486 453（美元）

将美元价折合为人民币完税价格：

2 486 453×7=17 405 171（元）

最后计算该公司应纳的出口关税：

应交出口关税=17 405 171×10%=1 740 517（元）

（2）CIF价格

出口货物以国外口岸CIF价格成交的，应先扣除离开我国口岸后的运费和保险费后，再按上述公式计算完税价格及应缴纳的出口关税。其计算公式为：

完税价格=（CIF价格-保险费-运费）÷（1+出口关税税率）

【例4-6】天津某进出口公司向新加坡出口黑钨砂5吨，成交价格为CIF新加坡USD20 000，运费2 000美元，保险费200美元。假定关税税率20%，计税日外汇牌价（中间价）为USD100=CNY700。计算应交关税。

完税价格=（20 000×5-2 000-200）×7÷（1+20%）=570 500（元）

应交出口关税=570 500×20%=114 100（元）

（3）CFR价格

以境外口岸CFR价格成交的，其出口货物完税价格的计算公式为：

完税价格=（CFR价格-运费）÷（1+出口关税税率）

（4）CIFC价格

当成交价格为CIFC境外口岸时，有两种情况：

佣金C为给定金额，则出口货物完税价格的计算公式为：

完税价格=（CIFC价格-保险费-运费-佣金）÷（1+出口关税税率）

佣金C为百分比，则出口货物完税价格的计算公式为：

完税价格=［CIFC价格×（1-C）-保险费-运费］÷（1+出口关税税率）

上述（2）、（3）、（4）价格内所含的运费和保险费，原则上应按实际支付数扣除。如无实际支付数，海关可根据定期规定的运费率和保险费率计算，纳税后一般不做调整，由陆路输往国外的货物，应以该货物运离国境的FOB价格减去出口关税后作为完税价格。若FOB价格不能确定，则由海关估定。

【小思考4-1】你认为下列哪种说法正确？

（1）进口关税只能用CIF价格计算

（2）出口关税只能用FOB价格计算

（3）出口货物的完税价格不含关税

【答案】（3）

4.3　关税的会计处理

企业在进口商品时，国外进价成本一般以CIF价格为基础，以企业收到银行转来的全套进口单证，经与合同、信用证等审核相符，并通过银行向国外出口商承付或承兑远期汇票时间为入账标准。出口商品销售收入的入账金额一般应以FOB价格为标准，即不论发票价格（成交价格）采用哪种，都要以FOB作为收入确认的基础。商品进出口业务中发生的相关国内费用，计入采购成本或销售费用；进口时发生的国外费用，应计入商品采购成本；出口时发生的国外费用，应冲减商品销售收入。企业可以在“应交税费”账户下，设置“应交关税”二级账户，也可以分别设置“应交进口关税”“应交出口关税”两个二级账户。

4.3.1　制造企业关税的会计处理

1）进口关税的核算

制造企业通过外贸企业代理或直接从国外进口原材料，应支付的进口关税不通过“应交税费”账户核算，而是将其与进口原材料的价款、国外运费保费、国内费用一并直接计入进口原材料的采购成本，借记“在途物资”，贷记“银行存款”“应付账款”等，但这种会计处理方法不便于进行税负分析。

企业根据同外商签订的加工装配和补偿贸易合同而引进的国外设备，应支付的进口关税按规定以企业专用拨款等支付。支付时，借记“在建工程——引进设备工程”，贷记“银行存款”等。

【例4-7】某制造企业进口A材料折合人民币72万元。该企业对外付汇进口A材料，应付进口关税40 000元，材料已验收入库。代征增值税税率为13%，材料按实际成本核算，有关会计处理如下：

（1）购入现汇时：

借：银行存款——美元存款	720 000	
贷：银行存款——人民币存款		720 000

（2）对外付汇，支付进口关税、增值税，计算进口A材料的采购成本时：

A材料采购成本=720 000+40 000=760 000（元）

应支付增值税=760 000×13%=98 800（元）

借：在途物资——A材料	760 000	
应交税费——应交增值税（进项税额）	98 800	

贷：银行存款——美元存款 720 000

——人民币存款 138 800

（3）验收入库时：

借：原材料——A材料 760 000

贷：在途物资——A材料 760 000

【例4-8】某制造企业从中国香港进口原产地为韩国的某型号需要安装的设备2台，这些设备CFR价格天津HKD 120 000，保险费率为0.3%，关税税率为6%，代征增值税税率为13%，假定计税日外汇牌价为HKD 100=CNY 90。有关计算如下：

完税价格=120 000÷（1−0.3%）=120 361（港元）

完税价格折合人民币=120 361×0.9=108 325（元）

应交进口关税=108 325×6%=6 500（元）

应交增值税=（108 325+6 500）×13%=14 927.25（元）

有关会计分录如下：

（1）应付价款时：

借：在建工程 108 325

贷：应付账款——××供应商 108 325

（2）实际上缴关税、增值税时：

借：在建工程 6 500.00

应交税费——应交增值税（进项税额） 14 927.25

贷：银行存款 21 427.25

2）出口关税的核算

制造企业出口产品应缴纳的出口关税，支付时可直接借记“税金及附加”，贷记“银行存款”“应付账款”等。

【例4-9】某铁合金厂向日本出口一批铬铁，国内港口FOB价格折合人民币为5 600 000元，铬铁出口税率为40%，关税以支票付讫。应交出口关税计算如下：

应交出口关税=5 600 000÷（1+40%）×40%=1 600 000（元）

做会计分录如下：

借：税金及附加 1 600 000

贷：银行存款 1 600 000

4.3.2 商贸企业关税的会计处理

有进出口经营权的商品流通企业（包括商业、粮食、外贸、物资供销、医药商业、供销合作社等），按经营方式的不同，其进出口业务可以分为自营和代理两大类。不同经营方式下的进出口业务，有关关税核算的方法和内容也不一样。

1）自营进出口业务关税的核算

商品流通企业自营进口业务所计缴的关税，在会计核算上是通过设置“应交税费——应交进口关税”和“商品采购”账户加以反映的。应缴纳的进口关税，借记“商品采购”，贷记“应交税费——应交进口关税”；实际缴纳时，借记“应交税费——应交进口关税”，贷记“银行存款”。也可不通过“应交税费——应交进口关税”账户，直接借记“商品采购”，贷记“银行存款”“应付账款”等（出口业务计缴关税的会计处理亦然）。

商品流通企业自营出口业务所计缴的关税，在会计核算上是通过设置“应交税费——应交出口关税”和“税金及附加”账户加以反映的。应缴纳的出口关税，借记“税金及附加”，贷记“应交税费——应交出口关税”；实际缴纳时，借记“应交税费——应交出口关税”，贷记“银行存款”。这样进行会计处理，可以完整地反映企业的税金负债及其清偿，分析企业税负。

【例 4-10】某外贸企业从国外自营进口商品一批，CIF价格折合人民币为400 000元，进口关税税率为20%，代征增值税税率为13%，根据海关开出的税款缴纳凭证，以银行转账支票付讫税款。应交进口关税和商品采购成本计算如下：

应交进口关税=400 000×20%=80 000（元）

商品采购成本=400 000+80 000=480 000（元）

代征增值税=480 000×13%=62 400（元）

做会计分录如下：

借：商品采购　　480 000

　贷：应交税费——应交进口关税　　80 000

　　　应付账款　　400 000

借：应交税费——应交进口关税　　80 000

　　　　　——应交增值税（进项税额）　　62 400

　贷：银行存款　　142 400

商品验收入库时：

借：库存商品　　480 000

　贷：商品采购　　480 000

【例 4-11】某进出口公司自营出口商品一批，我国口岸FOB价折合人民币为720 000元，出口关税税率为20%，根据海关开出的税款缴纳凭证，以银行转账支票付讫税款。应交出口关税计算如下：

应交出口关税=720 000÷（1+20%）×20%=120 000（元）

做会计分录如下：

借：税金及附加　　120 000

　贷：应交税费——应交出口关税　　120 000

借：应交税费——应交出口关税　　120 000

　贷：银行存款　　120 000

2）代理进出口业务关税的核算

代理进出口业务，对受托方来说，一般不垫付货款，多以收取手续费形式为委托方提供代理服务，因此，由于进出口而计缴的关税均由委托单位负担，受托单位即使向海关缴纳了关税，也只是代垫或代付，日后仍要从委托方收回。

代理进出口业务所计缴的关税，在会计核算上也是通过设置“应交税费”账户来反映的，其对应账户是“应付账款”“应收账款”“银行存款”等。

【例 4-12】某进出口公司受某单位委托代理进口商品一批，进口货款1 750 000元已汇入进出口公司存款户。该进口商品在我国口岸CIF价折合人民币144万元，进口关税税率为20%，代理劳务费按货价的2%收取。该批商品已运达指定口岸，公司与委托单位办理有关结算。

应交进口关税=1 440 000×20%=288 000（元）

代理劳务费=1 440 000×2%=28 800（元）

根据上述计算资料，该进出口公司接受委托单位货款及向委托单位收取关税和劳务费等，做如下会计分录：

（1）收到委托方划来货款时：

借：银行存款　　1 750 000

　贷：应付账款——××单位　　1 750 000

（2）对外付汇进口商品时：

借：应收账款[①]——××外商　　1 440 000

　贷：银行存款　　1 440 000

（3）付进口关税时：

借：应付账款——××单位　　288 000

　贷：应交税费——应交进口关税　　288 000

借：应交税费——应交进口关税　　288 000

　贷：银行存款　　288 000

（4）将进口商品交付委托单位并收取劳务费时：

借：应付账款——××单位　　1 468 800

　贷：其他业务收入——劳务费　　28 800

　　　应收账款——××外商　　1 440 000

（5）向委托单位补收进口货款（含代垫税款）时：

借：银行存款　　6 800

　贷：应付账款——××单位　　6 800

【例4-13】某进出口公司代理某工厂出口一批商品。我国口岸FOB价折合人民币为360 000元，出口关税税率为20%，劳务费为10 800元。应交出口关税计算如下：

应交出口关税=360 000÷（1+20%）×20%=60 000（元）

做会计分录如下：

（1）计算应交出口关税时：

借：应收账款——××单位　　60 000

　贷：应交税费——应交出口关税　　60 000

（2）缴纳出口关税时：

借：应交税费——应交出口关税　　60 000

　贷：银行存款　　60 000

（3）应收劳务费时：

借：应收账款——××单位　　10 800

　贷：其他业务收入——劳务费　　10 800

① 或通过“应付账款”账户，下同。

（4）收到委托单位付来的税款及劳务费时：

借：银行存款　　70 800

　贷：应收账款——××单位　　70 800

【小思考4-2】你认为下列哪些说法正确？

（1）关税与消费税都是价内税

（2）关税与消费税的会计处理相同

（3）关税与增值税的会计处理相同

（4）出口关税的会计处理方法与消费税相同

【答案】（1）（4）

本章小结

关税作为国际上通用的税种，在各国的税制中具有特殊作用。关税分进口关税与出口关税两类，并且实行复合税率，这是关税的特殊性。正确确认关税完税价格是计税的基础和前提。

进口关税与出口关税的会计处理方法不同。对进口货物，海关要代征消费税、增值税，对“三税”的计算程序、计算方法、会计处理方法应重点掌握。

主要概念和观念

□ 主要概念

关税　关税完税价格　CIF　FOB　CFR

□ 主要观念

关税是维护国家经济权益的有力工具，也是关系纳税人切身利益的税种，关税的计算和申报比较复杂，因为它是既涉及进口，又可能涉及出口的税种，而且两者的会计处理也不相同。

基本训练

□ 知识测评

1.单项选择题

（1）纳税人多交关税申请退还的期限、海关补征的期限、海关追征的期限分别是自缴纳税款之日起（　　）。

A.一年内、一年内、三年内　　B.一年内、三年内、三年内

C.一年内、一年内、一年内　　D.一年内、三年内、一年内

（2）进口货物以海关确认的正常成交价格为基础的（　　）价格作为完税价格。

A.FOB　　B.CIF　　C.CFR　　D.CIFC

（3）在进口货物正常成交价格中若含（　　），可以从中扣除。

A.包装费　　B.运输费　　C.卖方付的回扣　　D.保险费

（4）在进口货物正常成交价格外，（　　）可以加入成交价格。

A.付给卖方的佣金　　B.卖方付的回扣　　C.运输费　　D.劳务费

2.多项选择题

（1）下列物品进出境时属于关税纳税对象的是（　　）。

A.贸易性商品　　B.个人邮寄物品　　C.海员的自用物品　　D.馈赠物品

（2）关税的纳税人是（　　）。

A.进口的收货人　　B.出口的发货人

C.非贸易性商品的持有人　　D.收件人

（3）关税的减免形式有（　　）。

A.法定减免　　B.特定减免　　C.临时减免　　D.确定减免

（4）在关税会计处理中，借记的账户可能有（　　）。

A.“税金及附加”　　B.“在建工程”　　C.“固定资产”　　D.“在途物资”

3.判断题

（1）关税是由海关对进出口的货物所征的一种税。（　　）

（2）关税只能由海关在关境地征收。（　　）

4.简答题

（1）什么是关税？它有什么作用和特点？

（2）关税额的计算方法有哪些？如何运用？

（3）在应对国外反倾销、反补贴中，会计应该有何作为？

5.思考题

（1）基本形式进口和特殊形式进口货物完税价格如何确认？

（2）出口货物完税价格如何确认？

（3）自营进出口业务关税如何核算？

（4）代理出口业务关税如何核算？

□ 技能测评

1.根据下列经济业务计算应交关税，并做出相应的会计分录：

（1）某公司进口原材料，CIF价格为20万美元，关税税率为10%，假定计税日外汇牌价为USD 100=CNY 650，应交多少关税？

（2）某公司进口原材料，进口申报FOB价格为20万美元，运费2万美元，保险费率为2%，关税税率为10%，假定计税日牌价为USD 100=CNY 630，应交多少关税？

（3）某公司从国外进口一批货物，进口申报价格为：CFR天津USD 200 000，保险费率为2%，关税税率为10%，假定计税日外汇牌价为USD 100=CNY 640，应交多少关税？

（4）某公司生产一批产品出口美国，出口申报价格为FOB天津USD 200 000，出口关税税率为10%，假定计税日外汇牌价为USD 100=CNY 640，计算应交出口关税。

（5）某公司生产一批产品出口美国，以CIF美国USD 200 000价格成交，其中运费10 000美元，保险费3 000美元，关税税率为10%，假定计税日外汇牌价为USD 100=CNY 620，计算应交关税。

（6）某公司生产一批产品出口美国，以CFR美国USD 200 000价格成交，其中运费10 000美元，关税税率为10%，假定计税日外汇牌价为USD 100=CNY 600，计算应交关税。

2.某进出口公司进口一台设备，双方协定CIF价格为100万美元，内含卖方付给我方回扣3万美元，在该成交价格外，我方另付给卖方佣金1万美元。假定计税日外汇牌价为USD 100=CNY 650，关税税率为10%，公司应交多少进口关税？

3.某生产企业6月份从日本进口一台设备，CIF价格为200万元人民币，第3年运往境外修理，海关审定的修理费和料件费为50万元人民币，复运进境时国际市场上同类设备CIF价格为300万元人民币，关税税率为10%，复运进境时该企业应交多少关税？

4.某进出口公司出口一批产品，价格为FOB天津USD 300 000，其中含支付国外2%的佣金，另外买方还支付货物包装费10 000美元。假定计税日外汇牌价为USD 100=CNY 640，关税税率为10%。计算应交出口关税。

□ **能力测评**

我国产品出口的税收优惠政策，按内容的不同，可划分为优惠税率、减免税、出口退税三种。

（1）优惠税率

①纳税人出口除原油、柴油、新闻纸、糖、援外物资和国家禁止出口的货物外，增值税税率为零。

②海关在《海关进出口税则》规定的出口税率的基础上，每年都对某些出口商品实施更为优惠的关税税率。为此，纳税人须时刻关注海关对关税税率的调整，及时做出适当的反应。

（2）减免税

①纳税人出口来料加工复出口的货物、古旧图书、卷烟、小规模纳税人自营出口或者委托出口的货物、出口企业从小规模纳税人购进并持普通发票的货物出口等，可以免缴增值税、消费税和出口关税，但不予退税（抽纱、工艺品、松香、山羊皮等除外）。

②我国缔结或参加的国际条约规定减征、免缴关税的货物、物品，海关应当予以减税、免税。

（3）出口退税

出口退税是指对货物在出口前实际承担的税收，按照规定的退税率退还给纳税人（详见下章）。

分析要求：企业如何降低出口产品税负（尤其是关税税负）？

第5章 出口货物免、退税会计

学习目标

掌握出口货物免、退税的基本原则、基本类型，出口货物免、退税会计处理和报告的基本方法等。其具体目标包括：

□ 知识目标

了解出口货物免、退税的基本特点和内容，掌握出口货物免、退税计算原理，深刻领会出口货物免、退税会计的账簿设置、会计记录和报告等问题。

□ 技能目标

掌握出口货物应退增值税、应退消费税的计算程序与方法，特别是生产企业免抵退增值税的计算和相应的会计处理方法。

□ 能力目标

理解出口货物免、退税的基本含义、退税程序、计算方法及会计处理，理解应退增值税与消费税的差异。

5.1 出口货物免、退税的税制要素

5.1.1 出口货物免、退税类型

出口退税是将出口货物的原料进口税和在国内生产、流通环节已缴纳的增值税、消费税等间接税税款退还给出口企业，使出口商品以不含间接税的价格进入国际市场，参与国际竞争的一项税收制度。

出口货物免税是出口时免缴增值税、消费税，退税是退还在其出口前已经缴纳的增值税、消费税，以体现国际贸易的消费地征税原则。

出口免、退税应在货物报关离境后，并在财务会计中已做出口销售的会计处理。

根据我国现行政策，出口货物免、退税有三种类型。

1）既免税，又退税

它是将货物在出口前的销售环节与出口环节分别视为一个征税环节。对前者，即对货物在出口前实际承担的税收负担，按规定的退税率计算后予以退还；对后者，即货物出口环节，免予征收增值税。

2）免税，但不退税

出口免税的含义同上。出口不退税是因该出口货物在出口销售之前的生产、销售或进口环节是免税的，其货物价款中本身就不含税而无须退税。

3）不免税，也不退税

出口不免税是指对国家限制或禁止出口的货物，在出口环节视同内销环节照常征税；出口不退税是指对该出口货物，不退还其出口环节之前已经缴纳的税款。如国家禁止出口的天然牛黄、麝香、铜及铜基合金、白金等。

5.1.2　出口货物免、退税方法

1）出口货物免、退增值税方法

对出口货物实行退（免）税，是国际通行的惯例，也是符合世贸组织规则的一项税收制度。目前，我国对出口货物退税主要采取“先征后退”和“免抵退税”两种方法。

流通企业以收购方式出口的货物，仍实行“先征后退”方法。生产企业出口货物、劳务，既可以采用“免抵退税”方法，又可以选择免（征）税方法。采用“免抵退税”方法，可以使出口货物的进项税额能够先抵顶其应纳税额，从而减少现金流，有利于加速企业资金周转；同时，有利于加强征退税的衔接，更有效地防止骗取出口退税等。但该方法操作复杂，而且有可能比免（征）税方法多缴税。生产企业应根据其产品内外销比例，事先预计、测算，选择其中一种方法。

（1）“先征后退”方法。“先征后退”作为出口退税的一种主要计算办法，有广义和狭义之分。广义的“先征后退”是指出口货物在生产（供货）环节按规定缴纳增值税、消费税，货物出口后由出口的外（工）贸企业向其主管出口退税的税务机关申请办理出口货物退税。狭义的“先征后退”仅是指对生产企业自营出口或委托外贸企业代理出口自产货物实行的一种出口退税方法，即有进出口经营权的生产企业自营出口或委托外贸企业代理出口的自产货物，一律先按出口货物离岸价及增值税法定征税税率计算征税，然后，按出口货物离岸价及规定的退税率计算退税。

（2）“免抵退税”方法。对本环节增值税部分免税，进项税额准予抵扣的部分在内销货物的应纳税额中抵扣，不足抵扣的部分实行退税。生产企业（独立核算，经主管税务机关认定为增值税一般纳税人，且具实际生产能力的企业或企业集团）自营或委托外贸企业代理出口自产产品和视同自产产品①（包括符合认定条件的外购产品、外购配套产品、集团成员生产的产品、委托加工收回的产品），除另有规定者外，增值税一律实行免抵退税

① 生产企业出口的视同自产产品，凡不超过当月自产产品出口额50%的，主管税务机关按有关规定审核无误后，办理免、抵、退税；凡超过当月自产产品出口额50%的，主管税务机关按有关规定从严管理，在核实全部视同自产产品供货业务、纳税情况且无误后，报经省级税务机关核准后办理免、抵、退税。

方法。免税是指对生产企业出口的自产货物，免征本企业生产销售环节增值税；抵税是指生产企业出口自产货物所耗用的原材料、零部件、燃料、动力等所含应予退还的进项税额，抵顶内销货物的应纳税款；退税是指生产企业出口的自产货物在当月内应抵顶的进项税额大于应纳税额时，对未抵顶完的部分给予退税。

2）出口货物免、退消费税方法

其主要有两种方法：

（1）免税，适用于生产企业出口自产货物；

（2）免、退税，适用于外贸企业。

3）跨境电商的出口退税方法

跨境贸易电子商务（跨境电商）、外贸综合服务（外综服）等是目前外贸的新业态。

跨境电商出口商品时，并未结清其国内完税义务，处于国内税“待税”状态。在程序上，对其征税与退税应一并完成。对增值税、消费税，未取得发票（进货凭证）的出口电商企业免税，后续无退税，即“无票免税”“免征不退”；取得发票的出口电商企业就应税项目缴税，出口后退税。前者“免征+不退税”，后者“征税+退税”。

5.1.3 出口货物的退税率

按照税收国际惯例，一般应该实行出口商品零税率的稳定的出口退税政策。我国是转型经济国家，近年来，我国的出口退税政策变化比较频繁。今后，应该逐步趋于稳定，以市场调节为主、政府调控为辅，增强企业的经营预期，减少市场波动幅度，避免使税收产生叠加或者扭曲市场信号参数的效应。

1）消费税的出口退税率

出口货物应退消费税的退税率（或单位税额）与其征税率（额）相同，即出口货物的消费税能够做到彻底退税。

办理出口货物退、免税的企业，应将不同税率的出口应税消费品分开核算和申报，凡因未分开核算而划分不清适用税率的，一律从低适用税率计算退、免税额。

2）增值税的出口退税率

1994年实行新税制时，按照规范化的增值税制度，对出口货物实行了零税率，货物出口时，按其征税率退税。从1995年7月1日起，不断调整出口货物的退税率。

目前，我国出口货物增值税退税率有6%、8%、9%、11%、13%等档次。

3）出口货物退税的三种情况

根据出口货物征退税率之间的关系可以分为三种情况：一是“零税率”，纳税人销售货物的适用税率为零，且允许抵扣进项税额——退税，退税率为其适用税率（退税率等于其征税率），即“彻底退税”的货物；二是退税率大于零而又小于征税率，即“未彻底退税”的货物（企业实际上要承担部分增值税负，即征退税额之差）；三是退税率为零，即“不予退税”的货物。

【小思考5-1】以下说法中，你认为哪些正确？

（1）免税是对进口货物而言的

（2）退税是对出口货物而言的

（3）免税、退税指免、退增值税、消费税

（4）消费税的退税率与其征税率相同

【答案】（2）（4）

5.1.4　出口退（免）税申报管理

出口企业、其他单位办理出口退（免）税备案手续时，应按规定向主管税务机关填报修改后的“出口退（免）税备案表”。主管税务机关确认申报凭证的内容与对应的管理部门电子信息无误后方可受理出口退（免）税申报。

外贸企业购进货物需分批申报退（免）税的以及生产企业购进非自产应税消费品需分批申报消费税退税的，由主管税务机关通过出口税收管理系统对进货凭证进行核对。

出口企业、其他单位在出口退（免）税申报期限截止之日前，申报出口退（免）税的出口报关单、代理出口货物证明、委托出口货物证明、增值税进货凭证仍没有电子信息或凭证的内容与电子信息比对不符的，应在出口退（免）税申报期限截止之日前，向主管税务机关报送“出口退（免）税凭证无相关电子信息申报表”。相关退（免）税申报凭证及资料留存企业备查，不必报送。

以下三类企业在申报出口退（免）税时，需要提供出口货物的收汇凭证：（1）出口退（免）税企业分类管理类别为第四类；（2）主管税务机关发现出口企业申报的不能收汇的原因为虚假的；（3）主管税务机关发现出口企业提供的出口货物收汇凭证是冒用的。

出口企业因纳税信用级别、海关企业信用管理类别、外汇管理的分类管理等级等发生变化，或者对分类管理类别评定结果有异议的，可以书面向负责评定出口企业管理类别的税务机关提出重新评定管理类别。

5.2　出口货物免、退税的确认与计量

5.2.1　出口货物应退增值税的确认与计量

1）企业应退增值税的确认、计量

企业应将出口货物单独设立库存账和销售账记载，货物报关出口并在财务会计上做销售处理后，依据购进出口货物增值税专用发票所注明的进项税额和适用退税率计算。计算公式为：

应退税额=出口货物的购进金额×退税率

或　　　　=出口货物的进项税额-出口货物不予退税的税额

出口货物不予退税的税额=出口货物的购进金额×（增值税法定税率-适用的退税率）

如购进的货物当时不能确定是用于出口或内销的，一律记入出口库存账，内销时再从出口库存账转入内销库存账。征税机关可凭该批货物的增值税专用发票或退税机关出具的证明办理抵扣。

【例5-1】某外贸出口企业，本月库存商品（轻工产品）明细账反映货物的进销存情况如下：期初结存2 000千克，金额6 000元，本期购进21 000千克，金额63 300元，本期

出口10 000千克，本期非销售付出1 100千克，金额3 300元，未抵扣完的进项税额为5 000元。该货物的出口退税率为11%，则该企业出口货物的退税额为：

$$出口货物的加权平均进价=\frac{6\,000+63\,300-3\,300}{2\,000+21\,000-1\,100}=3.01（元/千克）$$

应退税额=10 000×3.01×11%=3 311（元）

结转下期的进项税额=5 000−3 311=1 689（元）

2）生产企业出口货物免抵退增值税的计算

（1）生产企业免抵退增值税的基本程序

生产企业在货物出口并按会计制度的规定在会计上做销售后，在增值税法定纳税申报期内向主管税务机关办理增值税纳税和免抵退税申报，在办理完增值税纳税申报后，应于每月15日前（逢节假日顺延），再向主管税务机关申报办理免抵退税。

（2）生产企业出口货物FOB价格的确定

生产企业出口货物的免抵退税额，应根据出口货物FOB价格、出口货物退税率计算。出口货物FOB价格以出口发票计算的FOB价格为准（委托代理出口的，出口发票可以是委托方开具的或受托方开具的），若以其他价格条件成交的，应扣除按会计制度规定允许冲减出口销售收入的运费、保险费、佣金等。若申报数与实际支付数有差额的，在下次申报退税时调整（或年终清算时一并调整）。若出口发票不能如实反映FOB价格，企业应按实际FOB价格申报免抵退税，税务机关有权依法予以核定。

（3）生产企业出口货物、劳务增值税免抵退税的计算方法

①当期应纳税额的计算。

当期应纳税额=当期销项税额−（当期进项税额−当期不得免征和抵扣税额）

$$\text{当期不得免征和抵扣税额}=\text{当期出口货物离岸价}\times\text{外汇人民币折合率}\times\left(\text{出口货物适用税率}-\text{出口货物退税率}\right)-\text{当期不得免征和抵扣税额抵减额}$$

当期不得免征和抵扣税额抵减额=当期免税购进原材料价格×（出口货物适用税率−出口货物退税率）

②当期免抵退税额的计算。

当期免抵退税额=当期出口货物离岸价×外汇人民币折合率×出口货物退税率−当期免抵退税额抵减额

当期免抵退税额抵减额=当期免税购进原材料价格×出口货物退税率

③当期应退税额和免抵税额的计算。

a. 当期期末留抵税额≤当期免抵退税额，则：

当期应退税额=当期期末留抵税额

当期免抵税额=当期免抵退税额−当期应退税额

b. 当期期末留抵税额>当期免抵退税额，则：

当期应退税额=当期免抵退税额

当期免抵税额=0

当期期末留抵税额为当期增值税纳税申报表中“期末留抵税额”。

④当期免税购进原材料价格包括当期国内购进的无进项税额且不计提进项税额的免税原材料的价格和当期进料加工保税进口料件的价格，其中，当期进料加工保税进口料件的价格为组成计税价格。

$$\text{当期进料加工保税进口料件的组成计税价格}=\text{当期进口料件到岸价格}+\text{海关实征关税}+\text{海关实征消费税}$$

a.采用“实耗法”的，当期进料加工保税进口料件的组成计税价格为当期进料加工出口货物耗用的进口料件组成计税价格。其计算公式为：

$$\text{当期进料加工保税进口料件的组成计税价格}=\text{当期进料加工出口货物离岸价}\times\text{外汇人民币折合率}\times\text{计划分配率}$$

计划分配率=计划进口总值÷计划出口总值×100%

实行纸质手册和电子化手册的生产企业，应根据海关签发的加工贸易手册或加工贸易电子化纸质单证所列的计划进出口总值计算计划分配率。

实行电子账册的生产企业，计划分配率按前一期已核销的实际分配率确定；新启用电子账册的，计划分配率按前一期已核销的纸质手册或电子化手册的实际分配率确定。

b.采用“购进法”的，当期进料加工保税进口料件的组成计税价格为当期实际购进的进料加工进口料件的组成计税价格。

若当期实际不得免征和抵扣税额抵减额大于当期出口货物离岸价×外汇人民币折合率×（出口货物适用税率-出口货物退税率）的，则：

$$\text{当期不得免征和抵扣税额抵减额}=\text{当期出口货物离岸价}\times\text{外汇人民币折合率}\times\left(\text{出口货物适用税率}-\text{出口货物退税率}\right)$$

⑤出口企业既有适用增值税免抵退项目，也有增值税即征即退、先征后退项目的，增值税即征即退和先征后退项目不参与出口项目免抵退税计算。出口企业应分别核算增值税免抵退项目和增值税即征即退、先征后退项目，并分别申请享受增值税即征即退、先征后退和免抵退税政策。用于增值税即征即退或者先征后退项目的进项税额无法划分的，按照下列公式计算：

$$\text{无法划分进项税额中用于增值税即征即退或者先征后退项目的部分}=\text{当月无法划分的全部进项税额}\times\text{当月增值税即征即退或者先征后退项目销售额}\div\text{当月全部销售额、营业额合计}$$

【例5-2】某工厂是一家有进出口经营权的生产企业，兼营国际贸易和国内贸易，从事塑料制品的生产，适用的增值税税率为13%。10月份发生的有关业务为：当月从国内购入原材料，取得增值税专用发票上注明的价款为85万元，增值税为11.05万元，本月已通过税务机关的认证；取得的运输发票上注明的运费为4.5万元，保险费为0.6万元，运输发票已经税务机关比对认证。9月份有尚未抵扣完的进项税额5.4万元。本月内销塑料制品取得不含税收入32万元，报关出口货物离岸价为21.3万美元，折算汇率为USD 1∶CNY 6，假定出口退税率为11%，已经收汇核销。计算该企业10月份的应交（退）增值税。

当期进项税额=11.05+4.5×9%=11.455（万元）

当期免抵退税不得免征和抵扣税额=21.3×6×（13%-11%）=2.556（万元）

当期应交增值税=32×13%-（11.455-2.556）-5.4=-10.139（万元）

当期免抵退税额=21.3×6×11%=14.058（万元）

当期期末留抵税额10.139万元<当期免抵退税额14.058万元，因此：

当期应退税额=当期期末留抵税额=10.139万元

当期免抵税额=当期免抵退税额-当期应退税额=14.058-10.139=3.919（万元）

当月没有留抵下期的进项税额。

该企业11月份国内购入的原材料，已认证的增值税专用发票上注明的价款为247万元，增值税款为32.11万元；为销售货物支付运保费用，取得的运输发票上注明的运费为6.6万元，保险费为0.7万元，装卸费0.8万元，运输发票已经税务机关比对认证。本月内销塑料制品取得不含税收入61万元，报关出口货物离岸价为19.5万美元，折算汇率为USD 1∶CNY 6，适用的出口退税率为11%，已经收汇核销。计算该企业11月份的应交（退）增值税。

当期进项税额=32.11+6.6×9%=32.704（万元）

当期免抵退税不得免征和抵扣税额=19.5×6×（13%−11%）=2.34（万元）

当期应交增值税=61×13%−（32.704−2.34）=−22.434（万元）

当期免抵退税额=19.5×6×11%=12.87（万元）

当期期末留抵税额22.434万元>当期免抵退税额12.87万元，因此：

当期应退税额=当期免抵退税额=12.87万元

当期免抵税额=0

当月结转下期抵扣的进项税额=22.434−12.87=9.564（万元）

该企业12月国内购入的原材料，已认证的增值税专用发票上注明的价款为68万元，增值税款为8.84万元。本月内销塑料制品取得不含税收入200万元，报关出口货物离岸价为12.2万美元，折算汇率为USD 1∶CNY 6，适用的出口退税率为11%，已经收汇核销。计算该企业12月份的应纳（退）增值税税额。

当期进项税额=8.84万元

当期免抵退税不得免征和抵扣税额=12.2×6×（13%−11%）=1.464（万元）

当期应交增值税=200×13%−（8.84−1.464）−9.564=9.06（万元）

企业当月应当缴纳增值税9.06万元。

【例5-3】某自营出口生产企业系增值税一般纳税人，出口货物原征税率为13%，退税率为9%。某年11月份发生以下业务：上期期末留抵税额4万元；国内采购原料取得专用发票上注明税额32万元，发票已经税务机关认证；当期以进料加工方式进口保税料件100万元；内销货物不含税收入为160万元，销项税额为20.8万元；出口货物离岸价为240万元。出口退税的简化计算如下：

分别计算外销货物进项税额与内销货物进项税额：

外销货物进项税额=出口货物离岸价（FOB）×增值税税率

=（2 400 000−1 000 000）×13%=182 000（元）

内销货物进项税额=（320 000+40 000）−182 000=178 000（元）

计算内销货物应纳税额和出口退税额：

内销货物应纳税额（免抵税额）=内销销项税额−内销进项税额=208 000−178 000=30 000（元）

出口货物应退税额（免抵退税额）=（2 400 000−1 000 000）×9%=126 000（元）

计算应退税额：

应退税额=免抵退税额−免抵税额=126 000−30 000=96 000（元）

（4）生产企业出口退税方法的选择。根据现行规定，生产企业出口货物劳务可以在“免抵退”税方法与免（征）税方法之间选择。企业应根据其具体情况，如外销产品价格与内销产品价格的高低、外销产品与内销产品的比重、预计未来几年的变化趋势等，事先分析测算，选定某一比较有利的出口退税方法。

【例5-4】PM公司是一家经营玻璃纤维及制品生产、销售的生产型出口企业，为增值税一般纳税人。当月购进材料37 000万元，内销产品销售额46 000万元，外销产品销售额31 250万元，实行“免抵退”出口退税方式，退税率6%。当月增值税申报纳税及退免税计算分析如下：

①采用“免抵退税”方法：

销项税额=46 000×13%=5 980（万元）

进项税额=37 000×13%−31 250×（13%−6%）（进项税额转出）=2 622.5（万元）

应交增值税=5 980−2 622.5=3 357.5（万元）

“免抵退”税额=31 250×6%（退税率）=1 875（万元）

因为应纳税额3 357.5万元大于0，没有可退进项税额。因此，退税额为0，1 875万元为免抵税额。

②采用免（征）税方法：

销项税额=46 000×13%=5 980（万元）

出口免税部分的进项税额不能抵扣，内销应分摊予以抵扣的进项税额：

准予抵扣应分摊进项税额=（37 000×13%）×46 000÷（46 000+31 250）=2 864.21（万元）

应交增值税=5 980−2 864.21=3 115.79（万元）

根据上述计算，可知采用免（征）税方法比采用“免抵退税”方法少交税241.71万元（3 115.79−3 357.5）。

在企业产品外销价格低于内销价格的情况下，企业采用“免抵退税”方法，因减少外销增加内销，内销销项税额抵销进项税额，以致当年无退税额。在这种情况下，如果按免（征）税方法，将少交增值税241.71万元。在预计企业以后几年内销比例将会逐步增加且外销价格不会高于内销价格时，企业选择免（征）税方法比较有利。

5.2.2 出口货物应退消费税的计算

1）出口货物应退消费税的范围

有进出口经营权①的外贸企业购进或委托加工收回的应税消费品以及自营或委托其他企业代理出口的货物，可退还其在前一环节已缴纳的消费税。

有进出口经营权的生产企业收购或委托加工收回含有消费税的出口货物，采用自行或委托其他企业代理出口的，或没有进出口经营权的生产企业委托其他企业代理出口含有消费税货物的，可退还其在前一环节已缴纳的消费税，但必须符合增值税出口货物视同自产范围（消费税比照执行）。

若属生产企业自营出口或委托代理出口自产货物及不符合视同自产货物范围的，不予退还消费税，但可享受免税政策。

2）出口货物应退消费税的计算

出口企业出口应税消费品，应在确认收入次月的增值税纳税申报期内，向主管税务机关办理增值税、消费税退税申报。在纳税申报期内，收齐单证且信息齐全，方可正式申报退税。除提供增值税退税所需的资料及凭证外，还需提供“生产企业出口非自产货物消费税退税申请表”、消费税专用缴款书或分割单、海关进口消费税专用缴款书、委托加工收回应税消费品的代扣代收税款凭证原件或复印件。

---

① 没有进出口经营权的非出口企业（流通企业）购进或委托加工收回的应税消费品出口享受免税政策。

从价计税方法的应退税额=出口货物的工厂销售额×消费税比例税率

从量计税方法的应退税额=出口数量×单位税额

复合计税方法的应退税额=出口数量×单位税额+出口货物的工厂销售额×消费税比例税率

委托加工应税消费品应退税款=同类消费品销售价格或者组成计税价格×消费税比例税率

【例5-5】某外贸企业从某日化厂购进某高档化妆品出口，购进时增值税专用发票和消费税专用缴款书列明的购进单价为每支60元，数量为2 800支，消费税额是25 200元。本期出口购入的该批高档化妆品为2 000支。其应退消费税计算如下：

应退消费税额=出口销售数量×购进单价×消费税比例税率=2 000×60×15%=18 000（元）

【小思考5-2】以下说法中，你认为哪些不正确？

（1）外贸企业与制造企业出口退税的计算方法相同

（2）“免抵退税”与“先征后退”方法，企业可以任选其一

（3）现行退税方法都符合退税的基本原则

【答案】（1）（2）（3）

5.3 出口货物免、退税的会计处理

5.3.1 外贸企业免退增值税的会计处理

外贸企业购进出口货物时，应按照专用发票上注明的增值税税额，借记“应交税费——应交增值税（进项税额）”账户，按照专用发票上记载的应计入采购成本的金额，借记“库存商品”等账户；按照应付或实际支付的金额，贷记“应付账款”“应付票据”“银行存款”等账户。按照出口货物购进时取得的增值税专用发票上记载的进项税额或应分摊的进项税额与按照国家规定的退税率计算的应退税额的差额，借记“主营业务成本”账户，贷记“应交税费——应交增值税（进项税额转出）”账户。

外贸企业按照规定的退税率计算出应收出口退税时，借记“应收出口退税”或“其他应收款——应收出口退税”（下同）账户，贷记“应交税费——应交增值税（出口退税）”账户；收到出口退税款时，借记“银行存款”账户，贷记“应收出口退税”账户。

1）外贸企业出口货物的会计处理

【例5-6】A外贸企业从B企业购进一批原材料，以作价销售的形式将原材料卖给C企业委托加工产品，收回后报关出口。已知产品出口退（免）税率为11%，原材料征税率为13%，不考虑国内运费及所得税等其他税费因素，其1月至4月发生的相关业务及其会计处理如下：

（1）1月初，A企业购入B企业原材料，收到增值税专用发票计税金额为100 000元，进项税额13 000元，当月购货款已通过银行转账支付。

借：库存商品——原材料	100 000	
应交税费——应交增值税（进项税额）	13 000	
贷：银行存款		113 000

（2）国内作价销售原材料并结转成本。

①若作价11万元销售时。

借：银行存款　124 300

　贷：主营业务收入——内销收入　110 000

　　应交税费——应交增值税（销项税额）　14 300

②结转主营业务成本。

借：主营业务成本——内销商品　100 000

　贷：库存商品——原材料　100 000

③月末结转未缴增值税。

借：应交税费——应交增值税（销项税额）　14 300

　贷：应交税费——应交增值税（进项税额）　13 000

　　——应交增值税（未交增值税）　1 300

（3）2月份，申报上月应缴增值税税额。同时，A企业收回C企业加工完成的产品，取得增值税专用发票上的计税价格为150 000元（含加工费），进项税额为19 500元，并在当月全部报关出口，其离岸价折合人民币的价格为180 000元。

①2月份申报缴纳增值税。

借：应交税费——应交增值税（已交税金）　1 300

　贷：银行存款　1 300

②结转已缴税金。

借：应交税费——应交增值税（未交增值税）　1 300

　贷：应交税费——应交增值税（已交税金）　1 300

③确认外销收入。

借：应收账款——应收外汇账款（客户）　180 000

　贷：主营业务收入——外销收入　180 000

※在下月初时，应将出口销售额填入增值税纳税申报表中的“免税货物销售额”栏进行纳税申报。

④购进产品并将购货款通过银行转账支付。

借：库存商品——出口商品　150 000

　应交税费——应交增值税（进项税额）　19 500

　贷：银行存款　169 500

⑤根据取得的增值税专用发票上列明的计税金额计算退税额，并提取出口退税和结转成本。

应退税额=150 000×11%=16 500（元）

结转成本额=150 000+150 000×（13%-11%）=153 000（元）

借：应交税费——应交增值税（出口退税）　16 500

　主营业务成本——出口商品　153 000

　贷：应交税费——应交增值税（进项税额转出）　19 500

　　库存商品——出口商品　150 000

⑥结转应缴增值税（出口退税）。

借：应收出口退税——应退增值税　16 500

贷：应交税费——应交增值税（出口退税） 16 500

⑦2月末结转账户余额。

借：应交税费——应交增值税（进项税额转出） 19 500

贷：应交税费——应交增值税（进项税额） 19 500

（4）3月份，A企业收齐出口货物报关单和其他单证并向主管税务机关申报出口退（免）税。

（5）4月份，收到出口退税款时。

借：银行存款 16 500

贷：应收出口退税——应退增值税 16 500

企业如果采用委托加工修理修配货物以外的货物出口，其会计处理应参照例题中的第（3）～（5）步进行。

2）从小规模纳税人购进特准退税出口货物的会计处理

【例5-7】某土产进出口公司从小规模纳税人处购入麻纱一批用于出口，金额60 000元，小规模纳税人开来普通发票。土产公司已将该批货物出口完毕，有关出口应收的全套凭证已经备齐。

应退税额=60 000÷（1+3%）×3%=1 747.6（元）

做会计分录如下：

（1）申报退税时：

借：应收出口退税——应退增值税 1 747.60

贷：应交税费——应交增值税（出口退税） 1 747.60

（2）收到出口退税时：

借：银行存款 1 747.60

贷：应收出口退税——应退增值税 1 747.60

假定上例中，土产公司取得小规模纳税人所在地税务机关代开的增值税专用发票，发票上列明金额51 282.05元，税额3 076.92元，其余不变。外贸企业应依据购进麻纱的增值税专用发票上列明的进项税额和退税率计算退税额。

应退税额=51 282.05×6%=3 076.92（元）

做会计分录如下：

（1）申报退税时：

借：应收出口退税——应退增值税 3 076.92

贷：应交税费——应交增值税（出口退税） 3 076.92

（2）收到退税时：

借：银行存款 3 076.92

贷：应收出口退税——应退增值税 3 076.92

5.3.2 生产企业免抵退增值税的会计处理

1）免抵退税会计账户

生产企业免抵退增值税的会计处理，主要涉及：免税出口销售收入的核算、不得抵扣税额的核算、应交税费的核算、免抵退税货物不得抵扣税额抵减额的核算、出口货物免抵税额和应退税额的核算及免抵退税调整的核算。要进行免抵退税的会计处理，必须合理设置和正确使用有关账户。出口企业应在“应交税费——应交增值税”二级账户下设置有关明细账户，还可以设置“应交税费——未交增值税”账户。生产企业实行免抵退税，其“退税”的前提必须是期末有留抵税额，而当期期末的留抵税额，在月末需从“应交税费——应交增值税（转出多交增值税）”转入“应交税费——未交增值税”，退税的实质就是退“应交税费——未交增值税”的借方余额的部分。对“应交增值税”和“未交增值税”两个二级账户，除第2章述及外，在免抵退税的会计处理中，主要涉及“出口抵减应纳税额”“出口退税”“进项税额转出”“转出多交增值税”明细项目和“未交增值税”二级账户。

（1）“出口退税抵减应纳税额”明细项目。如果生产企业在发生出口业务的同期有内销业务，当然会有“内销产品应纳税额”，在办理免抵退时，可以从中抵减。但在一般贸易出口、进料加工复出口业务中，即使没有发生内销业务，也有“应纳税额”的问题，依免抵退税办法，也可从中抵减。因此，将原“出口抵减内销产品应纳税额”改为“出口退税抵减应纳税额”更为贴切。企业货物出口后，按规定计算的应免抵税额，借记“出口退税抵减应纳税额”明细项目，贷记“应交税费——应交增值税（出口退税）”。

（2）“出口退税”明细项目。记录企业凭有关单证向税务机关申报办理出口退税而应收的出口退税款及应免抵税额。出口货物应退回的增值税税额，用蓝字登记，退税后又发生退货、退关而补缴已退税款时，用红字登记。

（3）“进项税额转出”明细项目。企业在核算出口货物免税收入的同时，对免税收入按征退税率之差计算的“不得抵扣税额”，借记“主营业务成本”，贷记本明细项目。当月“不得抵扣税额”发生额合计数应与本月申报的“生产企业出口货物免抵退税申报明细表”中的“不得抵扣税额”合计数一致。企业收到税务机关出具的“进料加工贸易免税证明”和“生产企业进料加工贸易免税核销证明”后，按“证明”上注明的“不得抵扣税额抵减额”，以红字做上述会计分录。企业支付国外运费、保险费、佣金时，按出口货物征退税率之差计算的分摊额，也做上述红字会计分录。

（4）“转出多交增值税”明细项目。对按批准数进行会计处理的，其月末转出数为当期期末留抵税额；对按申报数进行会计处理的，其月末转出数为按公式计算的“结转下期继续抵扣的进项税额”。月末将多交增值税转出后，其借方余额为尚未抵扣的进项税额；但在税务会计处理时，也可以将其余额全部转出，转出后，无余额。这样便于进行免抵退税会计处理，税务机关倾向后者。不论采用哪种方法，企业在纳税申报时，“上期留抵税额”均不应包括多缴部分。

（5）“应交税费——未交增值税”账户。若按全额转出，其使用如下丁字账：

应交税费——未交增值税

①转入本月多缴增值税、期末留抵税额 ②上缴前期应交未交增值税	转入本月应交未交增值税
余额：①期末留抵税额 ②专用税票预缴多交税额	余额：结转下期的应交增值税

(6)销售账簿的设置。生产企业产品销售应按内、外销分别设账，对自营出口销售、委托代理出口销售、来料加工出口销售、深加工结转出口销售，应分别设置多栏式明细账，与按不同征税率、不同退税率的出口销售相比，还应分设账页。

2)免抵退税会计处理

【例5-8】某自营出口的生产企业4月份进项税额80万元，销项税额40万元，进项税额转出5万元，5月15日办理退税35万元，免抵税额25万元。做会计分录如下：

4月30日：

借：应交税费——未交增值税	350 000	
贷：应交税费——应交增值税（转出多交增值税）		350 000

5月15日：

借：应收出口退税——应退增值税	350 000	
应交税费——应交增值税（出口退税抵减应纳税额）	250 000	
贷：应交税费——应交增值税（出口退税）		600 000

【例5-9】某自营出口生产企业8月份发生如下业务：

①本期外购货物500万元验收入库，取得准予抵扣的进项税额65万元，上期留抵进项税额15万元（按全额转出进行会计处理）。

②本期收到其主管税务机关出具的“生产企业进料加工贸易免税证明”，其中注明的免税核销进口料件组成计税价格100万元，不得抵扣税额抵减额1万元，免抵退应抵扣税额15万元。

③本期收到其主管税务机关出具的“生产企业出口货物免抵退税审批通知单”，批准上期出口货物的免抵税额10万元，应退税额5万元，未抵扣完税额10万元，应退税额于当月办理了退库。

④本期内销货物销售额500万元，自营进料加工复出口货物折合人民币金额400万元，来料加工复出口货物加工缴费收入额100万元。

⑤当期实际支付国外运费、保险费、佣金费用50万元并冲减了出口销售收入。

⑥本期取得单证齐全的退税资料出口额300万元，均为进料加工贸易，计划分配率均为70%，并于9月10日前向退税机关申报。该企业内、外销货物适用增值税税率13%（非消费税应税货物），复出口货物的退税率为11%，存货按实际成本法核算。

A.按主管税务机关批准数进行会计处理。

a.购进货物。

借：原材料	5 000 000	
应交税费——应交增值税（进项税额）	650 000	
贷：应付账款（或银行存款）		5 650 000

b.根据当期收到的免税证明，将不得抵扣税额抵减额1万元入账。

借：主营业务成本	10 000	
贷：应交税费——应交增值税（进项税额转出）		10 000

c.收到“生产企业出口货物免抵退税审批通知单”，批准免抵税额10万元，未抵扣完的进项税额10万元，退税额5万元。

借：应交税费——应交增值税（出口退税抵减应纳税额） 100 000

应收出口退税——应退增值税 50 000

贷：应交税费——应交增值税（出口退税） 150 000

对未抵扣完的进项税额不做会计处理，据“生产企业出口货物免抵退税审批通知单”批准的应退税款办理退库。

借：银行存款 50 000

贷：应收出口退税——应退增值税 50 000

d.当期免税销售的会计处理。

内销货物的销售：

借：银行存款、应收账款等 5 650 000

贷：主营业务收入——内销 5 000 000

应交税费——应交增值税（销项税额） 650 000

来料加工复出口销售：

借：银行存款、应收账款等 1 000 000

贷：主营业务收入——来料加工贸易出口 1 000 000

同时，对来料加工耗用的进口料件按销售比例计算进项税额转出额：

转出额=65÷（500+400+100−50）×100=6.84（万元）

借：主营业务成本 68 400

贷：应交税费——应交增值税（进项税额转出） 68 400

凭出口外销发票，对进料加工复出口销售入账（不考虑成交方式）：

借：银行存款 4 000 000

贷：主营业务收入——进料加工贸易出口 4 000 000

同时，计算不得抵扣税额：

不得抵扣税额=400×（13%−11%）=8（万元）

借：主营业务成本 80 000

贷：应交税费——应交增值税（进项税额转出） 80 000

e.运费、保险费、佣金入账（冲减销售收入，平时不参与免抵退税计算，年终时一次调整免抵退税额；企业出口业务次数少时，也可同时冲减不得抵扣税额，这样，年终不再调整）。

借：主营业务收入（出口产品免税销售收入） 500 000①

贷：银行存款 500 000

f.应纳税额计算与应交税费的会计处理。

本月应纳税额=［65+（−1）+15+6.84+8−（65+10）］−15=18.84−15=3.84（万元）

本月“应交税费——应交增值税”为贷方余额，月末会计分录如下：

借：应交税费——应交增值税（转出未交增值税） 188 400

贷：应交税费——未交增值税 188 400

---

① 实际入账时，应该用红字或用负数记入贷方，以反映冲减“收入”。

月末，“应交税费——未交增值税”为贷方余额3.84万元。此结果与下面第二种方法相比，退税已冲抵了1.16万元的应纳税额。

如果“应交税费——应交增值税”为借方余额，则月末会计分录如下：

借：应交税费——未交增值税

　贷：应交税费——应交增值税（转出多交增值税）

g.单证收齐并向主管税务机关退税申报（不做会计处理，只登记退税申报台账）。

以上会计分录涉及的“应交税费——应交增值税”，以丁字账表示如下：

应交税费——应交增值税

①购进货物	650 000	②收到免税证明入账	-10 000
③审批应免抵税额	100 000	③审批免抵退税额	150 000
		④内销销项	650 000
		来料加工进项税额转出	68 400
⑥转出未交	188 400	免抵退不得抵扣税额	80 000
合　计	938 400	合　计	938 400

B.按企业退税申报数进行会计处理。

a.购进货物。

b.收到免税证明。

其会计处理与A.a和A.b相同。

c.收到“生产企业出口货物免抵退税审批通知单”，只在办理退库时做会计分录。

借：银行存款　　50 000

　贷：应收出口退税——应退增值税　　50 000

d.免税销售收入的会计处理与A.d相同。

e.运费、保险费、佣金的会计处理与A.e相同。

f.应纳税额的计算与会计处理。

应纳税额=［65+（-1）+6.84+8-65］-15=13.84-15=-1.16（万元）

月末，对“应交税费——应交增值税”的贷方余额做会计分录如下：

借：应交税费——应交增值税（转出未交增值税）　　150 000

　贷：应交税费——未交增值税　　150 000

月末，“应交税费——未交增值税”账户余额为0（15-15）。

g.退税单证收齐后，按退税申报数进行免抵退税的会计处理。

应免抵退税额=300×11%-300×70%×11%=9.9（万元）

应退税额=1.16万元

应免抵税额=9.9-1.16=8.74（万元）

根据以上结果，做会计分录如下：

借：应收出口退税——应退增值税　　11 600

　　应交税费——应交增值税（出口退税抵减应纳税额）　　87 400

　贷：应交税费——应交增值税（出口退税）　　99 000

以上会计分录涉及的“应交税费——应交增值税”，以丁字账表示如下：

应交税费——应交增值税

①购进货物	650 000	②收到免税证明入账	−10 000
		④内销销项税额	650 000
		来料加工进项转出	68 400
		免抵退不得抵扣税额	80 000
⑥转出未交	150 000		
B.g计算应免抵税额	87 400	B.g计算应免抵退税额	99 000
合　计	887 400	合　计	887 400

【例5-10】某有限公司10月份出口销售额为165万美元（包括CIF价和FOB价两种贸易方式的业务），其中，60万美元为FOB价，未在当月收齐出口报关单（退税专用联）；105万美元为CIF价并在当月全部收齐出口报关单。海外运保费15万美元。该公司当月内销销售收入（不含税价）为300万元人民币，销项税额为39万元人民币，购进原材料7 058 824元，进项税额为91.76万元人民币。销售货物的征税率为13%、退税率为11%。当月1日，美元汇率中间价为1美元兑人民币6元。该企业出口货物免抵退税的有关计算和会计处理如下：

①确认出口货物销售收入。

出口销售收入=1 650 000×6=9 900 000（元）

借：应收账款——外汇账款（国外客户）　　9 900 000

　贷：主营业务收入——出口收入　　9 900 000

②出口货物离岸价（FOB）应以出口发票上的离岸价为准（委托代理出口的，出口发票可以是委托方开具的或受托方开具的），若以其他价格条件成交的，应扣除按规定允许冲减出口销售收入的海外运费、保险费、佣金等。因此，该公司海外运保费应折合人民币用红字冲减外销收入。按当期全部（包括单证不齐部分）免抵退出口货物人民币销售额与征退税率之差的乘积计算当期免抵退税不得免征和抵扣税额，并将当期免抵退税不得免征和抵扣税额转入成本账户。

海外运保费=150 000×6=900 000（元）

免抵退税不得免征和抵扣税额=（1 650 000−150 000）×6×（13%−11%）=180 000（元）

　贷：主营业务收入——出口收入（运保费）　　900 000

　贷：应付账款——运保费单位　　900 000

借：主营业务成本——出口商品　　180 000

　贷：应交税费——应交增值税（进项税额转出）　　180 000

③根据主管退税机关审核确认后的当月“生产企业出口货物免抵退税申报汇总表”及附表，确认计算当期应纳税额、免抵退税额。

当期应纳税额=390 000−（917 600−180 000）=−347 600（元）

免抵退税额=［（1 650 000−150 000−600 000）×6−347 600］×11%=555 764（元）

应退税额=期末留抵税额=347 600元

免抵税额=555 764−347 600=208 164（元）

借：应收出口退税——应退增值税　　347 600

　　应交税费——应交增值税（出口退税抵减应纳税额）　　208 164

　贷：应交税费——应交增值税（出口退税）　　555 764

【例 5-11】某出口型生产企业采用进料加工方式为国外A公司加工化工产品一批，某年1月进口保税料件价值1 000万元，加工完成后返销A公司，售价折合人民币1 500万元，为加工该批产品耗用辅料、备品备件、动力费等支付价款312.5万元，支付进项税额为40.625万元，该化工产品征税率为13%，退税率为11%。假设本月内销货物销售额为零，本期未发生其他进项税额，存货采用实际成本法核算。该企业的会计处理如下：

①免税进口料件。

借：原材料 10 000 000

贷：银行存款 10 000 000

②外购原辅材料、备件及支付动力费等。

借：原材料等 3 125 000

应交税费——应交增值税（进项税额） 406 250

贷：银行存款 3 531 250

③产品外销时。

借：应收账款 15 000 000

贷：主营业务收入 15 000 000

④月末，计算当月出口货物不予抵扣和退税的税额。

免抵退税不得免征和抵扣税额＝当期出口货物离岸价×外汇人民币牌价×（出口货物征税率－出口货物退税率）－免抵退税不得免征和抵扣税额抵减额

＝当期出口货物离岸价×外汇人民币牌价×（出口货物征税率－出口货物退税率）－免税购进原材料价格×（出口货物征税率－出口货物退税率）

=15 000 000×（13%−11%）−10 000 000×（13%−11%）

=100 000（元）

会计处理如下：

借：主营业务成本 100 000

贷：应交税费——应交增值税（进项税额转出） 100 000

⑤计算应退税额和应免抵税额。

免抵退税额抵减额=免税购进原材料价格×出口货物退税率=10 000 000×11%=1 100 000（元）

免抵退税额=出口货物离岸价格×外汇人民币牌价×出口货物退税率−免抵退税额抵减额

=15 000 000×11%−1 100 000

=550 000（元）

若上年结转本年留抵进项税额5万元，则：

1月份的留抵税额=进项税额+上期留抵税额−内销销项税额−进项税额转出

=406 250+50 000−0−100 000=356 250（元）

当期期末留抵税额（356 250元）<当期免抵退税额（550 000元）时：

当期应退税额=当期期末留抵税额=356 250元

当期免抵税额=当期免抵退税额−当期应退税额=550 000−356 250=193 750（元）

借：应收出口退税——应退增值税 356 250

应交税费——应交增值税（出口退税抵减应纳税额） 193 750

贷：应交税费——应交增值税（出口退税） 550 000

假设上例中上年留抵税额为70万元，则：

1月份的留抵税额=进项税额+上期留抵税额-内销销项税额-进项税额转出

=406 250+700 000-0-100 000=1 006 250（元）

当期期末留抵税额（1 006 250元）>当期免抵退税额（550 000元）时：

当期应退税额=当期免抵退税额=550 000元

当期免抵税额=0

借：应收出口退税——应退增值税　550 000

贷：应交税费——应交增值税（出口退税）　550 000

结转下期留抵税额=1 006 250-550 000=456 250（元）

借：应交税费——未交增值税　456 250

贷：应交税费——应交增值税（转出多交增值税）　456 250

5.3.3　出口货物应退消费税的会计处理

消费税出口退税的会计处理主要涉及“应交税费——应交消费税”“应收出口退税——消费税”等账户。

【例5-12】某厂系一般纳税人，主要出口应税消费品。5月份外购一批原材料，计税价格为80万元，进项税额为10.4万元，当月委托连馨厂进行加工。8月份，委托加工收回并出口，加工费计税金额为4万元，出口产品符合视同自产退税要求。当月报关出口额总价折算人民币为128万元，申请退税单证齐备、信息齐全，尚未收到国外货款（属出口收汇非重点监管企业，在退税申报期内收汇即可）。产品消费税税率为15%，增值税征税率为13%，假定增值税退税率为11%，当期无内销业务发生，无上期结转留抵进项税额。相关会计处理如下：

（1）购进委托加工原材料（通过银行支付）：

借：原材料　800 000

应交税费——应交增值税（进项税额）　104 000

贷：银行存款　904 000

（2）发出委托加工原材料：

借：委托加工物资——连馨厂　800 000

贷：原材料　800 000

（3）支付委托加工费：

借：委托加工物资——连馨厂　40 000

应交税费——应交增值税（进项税额）　5 200

贷：银行存款　45 200

（4）支付代扣代缴消费税：

借：委托加工物资——连馨厂（(800 000+40 000)÷(1-15%)×15%）　148 235

贷：银行存款　148 235

加工收回成品入库时：

借：库存商品——出口商品（800 000+40 000+148 235）　988 235

贷：委托加工物资——连馨厂　988 235

（5）确认出口货物收入：

借：应收账款——国外××客户　　1 280 000

　贷：主营业务收入——出口收入　　1 280 000

结转出口化妆品销售成本时：

借：主营业务成本——××产品　　988 235

　贷：库存商品——出口商品　　988 235

（6）计算当期应纳税额：

当期不得免征和抵扣税额=1 280 000×（13%-11%）=25 600（元）

借：主营业务成本——××产品　　25 600

　贷：应交税费——应交增值税（进项税额转出）　　25 600

当期应纳税额=0-（104 000+5 200-25 600）-0=-83 600（元）

（7）计算当期免抵退税额：

当期免抵退税额=1 280 000×11%=140 800（元）

因当期期末留抵税额83 600元<当期免抵退税额140 800元，则：

当期应退税额=当期期末留抵税额=83 600元

当期免抵税额=当期免抵退税额-当期应退税额=140 800-83 600=57 200（元）

在8月份的增值税纳税申报期内，在出口退税申报系统中录入相关数据，生成电子数据并凭相关报表及凭证进行免抵退税正式申报。

（8）根据出口货物消费税专用缴款书，计算消费税应退税额：

借：应收出口退税——应退消费税　　148 235

　贷：主营业务成本——××产品　　148 235

（9）8月底，企业正式申报的免抵退税通过主管税务机关审批：

借：应收出口退税——应退增值税　　83 600

　　应交税费——应交增值税（出口退税抵减应纳税额）　　57 200

　贷：应交税费——应交增值税（出口退税）　　140 800

（10）出口企业收到退税款：

借：银行存款　　231 835

　贷：应收出口退税——应退增值税　　83 600

　　　　　　　　——应退消费税　　148 235

【小思考5-3】你认为以下哪些说法不正确？

（1）“出口抵减内销产品应纳税额”只在实行免抵退税方法的企业的会计处理中使用

（2）对不予抵扣或退税的税额，应贷记“进项税额转出”明细账户

（3）计算出应退税额后，才能贷记“出口退税”明细账户

【答案】（1）（2）（3）

5.3.4 出口货物跨年度发生退运的会计处理

生产企业出口货物跨年度发生退运（退货、退关），如果出口货物已经申报办理免抵退税，则应按规定补缴免抵退税额。对补缴的免抵退税额不得计入营业成本，应以红字贷记“应交税费——应交增值税（出口退税）”账户，蓝字贷记“银行存款”等账户（相当

于列作进项税额予以抵扣）；同时，将免抵退税不得免征和抵扣税额从成本中转回，红字借记“以前年度损益调整”账户，红字贷记“应交税费——应交增值税（进项税额转出）”账户。

【例5-13】某制造企业为增值税一般纳税人，属于出口收汇非重点监管企业（即在免抵退税申报期内收汇的出口货物，可不提供收汇凭证），其出口货物的增值税税率为13%，退税率为11%。

（1）7月份发生的相关业务如下：

7月8日发生一笔出口业务，出口销售额（FOB价）换算成人民币价格为600 000元，商品成本为525 000元，当月单证收齐且信息齐全。

7月10日有一笔在上年12月6日出口的货物发生退运，原出口销售额（FOB价）换算为人民币价格为300 000元，原商品成本为240 000元。该笔货物当时因出口单证未收齐，仅做了外销收入而未申请办理免抵退税。

7月15日有一笔在当年4月11日出口的货物发生退运，原出口销售额（FOB价）换算为人民币价格为510 750元，原商品成本为408 600元，该笔货物由于单证收齐且信息齐全，已在当期申请办理了免抵退税。

根据上述业务，做会计处理如下：

①对7月8日出口业务做外销收入：

借：应收账款——应收外汇账款（国外客户） 600 000

　贷：主营业务收入——出口收入 600 000

同时，结转出口货物销售成本：

借：主营业务成本 525 000

　贷：库存商品——出口商品 525 000

②对7月10日的退运业务，调整上年度外销收入（因未产生免抵退税额不作冲减调整）：

借：应收账款——应收外汇账款（国外客户）等 300 000

　贷：以前年度损益调整 300 000

同时，按原出口货物结转销售成本：

借：以前年度损益调整 240 000

　贷：库存商品——出口商品 240 000

③将7月15日的退运业务，冲减4月份外销收入：

借：应收账款——应收外汇账款（国外客户） 510 750

　贷：主营业务收入——出口收入 510 750

同时，按原出口货物结转销售成本：

借：主营业务成本 408 600

　贷：库存商品——出口商品 408 600

④计算当期不得免征和抵扣税额抵减额：

当期免抵退税不得免征和抵扣税额抵减额=（600 000−510 750）×（13%−11%）=1 785（元）

借：主营业务成本 1 785

　贷：应交税费——应交增值税（进项税额转出） 1 785

假设7月份有材料采购与内销（税额明细略），其月底产生进项留抵税额8 000元。

（2）8月份的会计处理如下：

假设8月份没有材料采购与内外销业务发生，只对所属期7月的业务进行应纳税额与免抵退税申报。

① 申报应纳税额。

在8月份的增值税纳税申报期内确定应纳税额，经计算当期有进项留抵税额8 000元。

② 申报免抵退税额。

申报免抵退税额分为预申报与正式申报两个步骤，经税务机关审核预申报与企业数据一致。因此，该企业在增值税纳税申报期内生成免抵退税正式申报，分别将当月出口的600 000元和退运的510 750元（以负数）录入申报系统并打印各类报表。

此时“生产企业出口货物免抵退税申报明细表”中第10栏“出口销售额人民币”产生的净额=600 000-510 750=89 250（元）。当期免抵退税额=89 250×11%=9 817.5（元）。因当期留抵税额8 000元小于当期免抵退税额9 817.5元，则当期应退税额为8 000元，当期免抵额=9 817.5-8 000=1 817.5（元）。

月末，企业根据税务机关审批的“生产企业出口货物免抵退税申报汇总表”进行账务处理：

借：应收出口退税——应退增值税	8 000.00	
应交税费——应交增值税（出口退税抵减应纳税额）	1 817.50	
贷：应交税费——应交增值税（出口退税）		9 817.50

如果该企业当期免抵退税额不足冲减，应补缴差额部分的税款；如果8月份已办理的免抵退税额9 817.5元，未在次年的4月增值税纳税申报期内收汇，应冲减已办理的原免抵退税额并转为免税处理。

本章小结

出口货物免、退税是国际贸易、国际税收惯例，因为各国流转税都是根据属地原则征税。只有使本国货物以零税率或基本为零的税率进入国际市场，才能与同类货物平等竞争。我国的出口免、退税政策遵循国际惯例，但又具中国特色，尚处于改革过程中。

不同企业、不同类型的出口货物，其出口退税的计算方法不同，相应的会计处理方法也不相同。出口退税的会计处理与流转税减免不同，它不并入应税所得中计缴所得税。

主要概念和观念

□ 主要概念

先征后退　免抵退税　免税采购

□ 主要观念

出口货物免、退税是国际贸易发展到一定阶段的必然产物，是多边贸易体制下，为避免双重征税而形成的一项重要国际惯例，是经济全球化趋势下国际税收协调的核心内容，是一种政府行为。出口退（免）税原则主要有：消费地原则、公平竞争原则、中性原则和符合国际组织规定（如关贸总协定、世界贸易组织等的有关规定）原则。出口退（免）税不是税收优惠或税收鼓励政策，而是通行的国际惯例。我国的出口退（免）税政策变化频繁，从而使其会计处理变得比较复杂。

基本训练

□ 知识测评

1.单项选择题

(1) 对于天然牛黄、白金等货物，运用的出口退免税政策是（　　）。

A.既免税，又退税

B.免税，但不退税

C.既不退税，又不免税

D.先征后退

(2) 外贸企业自营出口，计算不予退税的税额时，应贷记的账户是（　　）。

A.“应交税费——应交增值税（出口退税）”

B.“主营业务收入”

C.“应交税费——应交增值税（进项税额转出）”

D.“主营业务成本”

(3) 外贸企业自营出口，计算出应收的出口退税时，应贷记的账户是（　　）。

A.“应交税费——应交增值税（出口退税）”

B.“应交税费——应交增值税（进项税额转出）”

C.“主营业务收入”

D.“营业外收入”

(4) 有出口经营权的生产企业实行免抵退办法计算退税，实际收到退税款时，应贷记的账户是（　　）。

A.“应交税费——应交增值税（出口退税）”

B.“应交税费——应交增值税（进项税额转出）”

C.“应交税费——未交增值税”

D.“应收出口退税”

2.多项选择题

(1) 出口退税的基本原则有（　　）。

A.征多少、退多少　　B.先征后退

C.未征不退　　D.彻底退税

(2) 出口货物办理出口退税时必须符合的条件有（　　）。

A.属于增值税、消费税的纳税范围　　B.必须报关离境

C.必须以前环节已纳税　　D.在财务会计上做出口销售处理

(3) 出口退、免税的类型有（　　）。

A.既免税，又退税　　B.免税，但不退税

C.既不退税，又不免税　　D.先免后退

(4) 出口退、免税办法有（　　）。

A.先征后退　　B.即征即退　　C.免抵退税　　D.先免后退

3.简答题

(1) 简述我国目前出口货物免、退税方法，并进行评析。

(2) 出口货物应退增值税如何计算？

4.思考题

（1）出口货物应退消费税如何计算？

（2）出口退税款是补贴性质的款项吗？

□ **技能测评**

1.某生产企业兼营内销和出口货物，5月份出口货物（FOB价格）30万美元，外汇人民币牌价为USD 1：CNY 6.4，当期内销货物销项税额为500万元人民币，购进材料进项税额300万元人民币。上期未抵扣完进项税额10万元人民币。该货物适用的增值税税率为13%，出口退税率为11%，计算该企业应交或应退增值税税额。

2.某生产企业，8月份出口产品销售收入（FOB价格）为50万美元，汇率为USD 1：CNY 6.4，内销产品销售收入为800万元人民币，当月购进材料进项税额为100万元人民币，退税率为11%，产品适用的增值税税率为13%，计算当期应交或应退增值税税额，并编写相应的会计分录。

3.某生产企业兼营内销和出口货物，9月份内销货物销售额为700万元人民币。出口货物销售额（FOB价）180万美元（外汇人民币牌价为USD 1：CNY 6.5）。购进所需原材料等货物的进项税额为230万元。该企业销售货物适用的增值税税率为13%，出口退税率为11%。请计算该企业当期应交或应退增值税税额。

4.某外贸企业出口商品一批，以USD10 000 FOB价格成交，购进该批商品时支付的货款为人民币50 000元，进项税额6 500元，该批商品出口时，外汇牌价为USD 100=CNY 640，出口退税率为11%，计算应退税额，并做出相应的会计分录。

5.某生产企业6月份内销货物销售额为6万元，销项税额为0.78万元，出口销售额为1 300万元，当月进项税额为18万元，进口料件组成计税价格为700万元。增值税税率为13%，退税率为11%，计算当期应退增值税税额，并做出相应的会计分录。

□ **能力测评**

（1）改变货物收购方式。一般地，对退税率小于征税率的货物，出口企业从小规模纳税人（制造企业）进货比从一般纳税人进货所实现的出口盈利高，这是因为从小规模纳税人进货，征税率为3%，退税率也是3%，不会因征、退税率不同而产生增值税差额，从而增大出口成本；而从一般纳税人进货，货物退税率低于征税率，其产生的增值税差额要计入出口成本中。两者相比，前者进货方式下出口成本较低，盈利高。

（2）改变贸易方式。出口企业发生国外料件加工复出口货物业务，可采取三种贸易方式：一是国外料件正常报关进口，缴纳进口环节的增值税或消费税；二是进料加工方式，加工货物复出口后，可申请办理加工及生产环节已交增值税的出口退税；三是来料加工方式，免交加工费的增值税，对其耗用的国产辅料也不办理出口退税。

（3）改变货物出口方式。现行出口货物退（免）税政策规定，没有出口经营权的生产企业委托（只能委托）出口自产货物，并未规定实行何种退税管理办法；但属消费税征税范围内的货物，实行先征后退管理办法。有出口经营权的生产企业自营出口或委托出口的自产货物，除另有规定者外，一律实行“免抵退”税管理办法；属消费税征税范围内的货物，免交消费税。有出口经营权的生产企业和外贸企业，既可自营出口货物，也可委托出口货物，而且在这两种方式下都可办理出口货物的增值税退税（不能退税的货物除外）；同时，出口企业也可采取货物买断方式或将货物再调拨销售给其他外贸企业出口的方式出口货物，货物出口后不影响出口退税。

分析要求：

(1) 外贸出口企业，在加工复出口货物耗用的国产料件少且货物的退税率小于征税率的情况下，应选择什么加工方式?

(2) 作为外贸出口企业，对退税率小于征税率的货物，在进料加工贸易方式下，又可因料件进口后是委托加工还是作价加工两种方式的不同，出现不同的结果。一般而言，在进料加工贸易方式下，选择委托加工比作价加工好。为什么?

(3) 作为外贸企业，采购的货物是自己出口，还是委托他人出口，或是再调拨销售给他人由他人出口?

(4) 作为生产企业，是自营出口还是委托出口自产货物，或将自产货物销售给外贸企业由外贸企业出口?（以上问题并未考虑成本、费用等问题）

第6章 资源税会计

学习目标

掌握资源税的基本内容、资源税的会计处理和报告的基本方法等。其具体目标包括：

□ 知识目标

了解资源税的基本特点和内容，掌握资源税计算原理，深刻领会资源税会计的账簿设置与会计记录等。

□ 技能目标

掌握资源税的计算程序与方法，特别是计税依据（课税数量）的确认和计算；熟练掌握资源税会计处理方法。

□ 能力目标

理解资源税的特殊意义，理解资源税会计处理与其他流转税会计处理的异同。

6.1 资源税的税制要素

资源税是以特定资源为征税对象的一种流转税。我国的资源税是在1984年第二步"利改税"时开征的一个税种。1994年税制改革扩大了资源税的征收范围，并将盐税纳入其中，但尚未将所有自然资源列入征税对象。2019年8月26日，第十三届全国人民代表大会常务委员会第十二次会议通过《中华人民共和国资源税法》，自2020年9月1日起实施。

党的二十大报告明确指出，"推动经济社会发展绿色化、低碳化是实现高质量发展的关键环节"，"实施全面节约战略，推进各类资源节约集约利用"，"发展绿色低碳产业，健全资源环境要素市场化配置体系"；同时，要"完善能源消耗总量和强度调控，重点控制化石能源消费，逐步转向碳排放总量和强度'双控'制度"。财税制度是推动绿色发展的重要支撑和基本手段。目前我国已形成以资源税为重点的绿色税收制度，不断释放节能减排效应和绿色发展效应。征收资源税有利于合理开采和充分利用自然资源，促进企业节能减排，加快生态文明建设，形成健康、适度的消费观念和消费行为，推动绿色发展，促进人与自然和谐共生。

6.1.1　资源税的纳税人

在我国领域和管辖的其他海域开发应税资源的单位和个人，为资源税的纳税人。

单位是指企业、行政单位、事业单位、军事单位、社会团体及其他单位；个人是指个体工商户和其他个人。

6.1.2　资源税的征收范围

我国现行资源税的征税对象主要是各种矿产资源，应税产品为矿产品的，包括原矿和选矿产品。资源税的征收范围包括资源矿产、金属矿产、非金属矿产、水汽矿产和盐五大类。

纳税人开采或生产应税产品自用的，应当依法缴纳资源税；自用于连续生产应税产品的，不缴纳资源税。

6.1.3　资源税的税目、税率

资源税税法以正列举的方式统一规范了税目，分类确定税率，按照“资源税税目税率表”（见表6-1）实行从价计征或者从量计征。省级人民政府可在税率幅度内提出或确定本地区资源税适用税率。

6.1.4　资源税的纳税环节、地点和期限

1）纳税环节

（1）纳税人将自产应税产品对外销售，在销售环节缴纳资源税，纳税义务发生时间为收讫销售款或取得索取销售款凭据的当日。

（2）自用于连续生产应税产品的（如铁原矿用于继续生产铁精粉），移送时不缴纳资源税；但用于生产非应税产品（如将铁精粉继续用于冶炼），应在移送时计算缴纳资源税。纳税人自用应税产品，应当缴纳资源税的情况，包括以应税产品用于非货币性资产交换、捐赠、偿债、赞助、集资、投资、广告、样品、职工福利、利润分配或连续生产非应税产品等。

（3）纳税人以自采原矿加工为选矿产品销售，或者将选矿产品自用于应缴纳资源税的，按照选矿产品计征资源税，在原矿移送环节不缴纳资源税。

2）纳税地点

纳税人应当在矿产品的开采地或者海盐的生产地缴纳资源税。

扣缴义务人代扣代缴的资源税，应在收购地缴纳资源税。

纳税人跨省开采应税产品的，其下属生产单位与核算单位不在同一省、自治区、直辖市的，一律在开采地纳税，应纳税款由独立核算、自负盈亏的单位按开采地的实际销售（或自用）额（量）及适用税率（或单位税额）计算划拨。

表6-1 **资源税税目税率表**

税目			征税对象	税率
能源矿产	原油		原矿	6%
	天然气、页岩气、天然气水合物		原矿	6%
	煤		原矿或选矿	2% ~ 10%
	煤成（层）气		原矿	1% ~ 2%
	铀、钍		原矿	4%
	油页岩、油砂、天然沥青、石煤		原矿或选矿	1% ~ 4%
	地热		原矿	1% ~ 20%或每立方米1 ~ 30元
金属矿产	黑色金属	铁、锰、铬、钒、钛	原矿或选矿	1% ~ 9%
	有色金属	铜、铅、锌、锡、镍、锑、镁、钴、铋、汞	原矿或选矿	2% ~ 10%
		铝土矿	原矿或选矿	2% ~ 9%
		钨	选矿	6.5%
		钼	选矿	8%
		金、银	原矿或选矿	2% ~ 6%
		铂、钯、钌、锇、铱、铑	原矿或选矿	5% ~ 10%
		轻稀土	选矿	7% ~ 12%
		中重稀土	选矿	20%
		铍、锂、锆、锶、铷、铯、铌、钽、锗、镓、铟、铊、铪、铼、镉、硒、碲	原矿或选矿	2% ~ 10%
非金属矿	矿物类	高岭土	原矿或选矿	1% ~ 6%
		石灰岩	原矿或选矿	1% ~ 6%或每吨（或每立方米）1 ~ 10元
		磷	原矿或选矿	3% ~ 8%
		石墨	原矿或选矿	3% ~ 12%
		萤石、硫铁矿、自然硫	原矿或选矿	1% ~ 8%
		天然石英砂、脉石英、粉石英、水晶、工业用金刚石、冰洲石、蓝晶石、硅线石（矽线石）、长石、滑石、刚玉、菱镁矿、颜料矿物、天然碱、芒硝、钠硝石、明矾石、砷、硼、碘、溴、膨润土、硅藻土、陶瓷土、耐火黏土、铁矾土、凹凸棒石黏土、海泡石黏土、伊利石黏土、累托石黏土	原矿或选矿	1% ~ 12%

续表

税 目			征税对象	税 率
非金属矿	矿物类	叶腊石、硅灰石、透辉石、珍珠岩、云母、沸石、重晶石、毒重石、方解石、蛭石、透闪石、工业用电气石、白垩、石棉、蓝石棉、红柱石、石榴子石、石膏	原矿或选矿	2%～12%
		其他黏土（铸型用黏土、砖瓦用黏土、陶粒用黏土、水泥配料用黏土、水泥配料用红土、水泥配料用黄土、水泥配料用泥岩、保温材料用黏土）	原矿或选矿	1%～5%或每吨（或每立方米）0.1～5元
	岩石类	大理石、花岗岩、白云岩、石英岩、砂岩、辉绿岩、安山岩、闪长岩、板岩、玄武岩、片麻岩、角闪岩、页岩、乳石、凝灰岩、黑曜岩、霞石正长岩、蛇纹岩、麦饭石、泥灰岩、含钾岩石、含钾砂页岩、天然油石、橄榄岩、松脂岩、粗面岩、辉长岩、辉石岩、正长岩、火山灰、火山渣、泥炭	原矿或选矿	1%～10%
		砂石	原矿或选矿	1%～5%或每吨（或每立方米）0.1～5元
	宝玉石类	宝石、玉石、宝石级金刚石、玛瑙、黄玉、碧玺	原矿或选矿	4%～20%
水气矿产	二氧化碳气、硫化氢气、氦气、氡气		原矿	2%～5%
	矿泉水		原矿	1%～20%或每吨（或每立方米）1～10元
盐	钠盐、钾盐、镁盐、锂盐		选矿	3%～15%
	天然卤水		原矿	3%～15%或每吨（或每立方米）1～10元
	海盐			2%～5%

3）纳税期限

资源税按月或者按季申报缴纳；不能按固定期限计算缴纳的，可以按次申报缴纳。

纳税人按月或者按季申报缴纳的，应当自月度或者季度终了之日起15日内，向税务机关办理纳税申报并缴纳税款；按次申报缴纳的，应当自纳税义务发生之日起15日内，向税务机关办理纳税申报并缴纳税款。

6.1.5　资源税的减免

1）免缴资源税

（1）开采原油以及在油田范围内运输原油过程中用于加热的原油、天然气。

（2）煤炭开采企业因安全生产需要抽采的煤成（层）气。

2）减缴资源税

（1）从低丰度油气田开采的原油、天然气，减征20%资源税。

（2）高含硫天然气、三次采油和从深水油气田开采的原油、天然气，减征30%资源税。

（3）稠油、高凝油减征40%资源税。

（4）从衰竭期矿山开采的矿产品，减征30%资源税。

（5）自2023年9月1日至2027年12月31日，对充填开采置换出来的煤炭，资源税减征50%。

纳税人开采或者生产同一应税产品同时符合两项或两项以上减征资源税优惠政策的，除另有规定外，只能选择其中一项。

纳税人开采或者生产同一应税产品，其中既有享受减免税政策的，又有不享受减免税政策的，按照免税、减税项目的产量占比等方法分别核算确定免税、减税项目的销售额或者销售数量。

3）省、自治区、直辖市可以决定免征或减征资源税

（1）纳税人开采或者生产应税产品过程中，因意外事故或者自然灾害等原因遭受重大损失。

（2）纳税人开采共伴生矿、低品位矿、尾矿。

纳税人的免税、减税项目，应单独核算销售额或销售数量；未单独核算或不能准确提供销售额或销售数量的，不予免税或减税。

4）纳税人享受资源税优惠政策的办理方式

纳税人享受资源税优惠政策，实行“自行判别、申报享受、有关资料留存备查”的办理方式（另有规定的除外）。纳税人对资源税优惠事项留存材料的真实性和合法性承担法律责任。

6.2 资源税的确认与计量

6.2.1 资源税计税依据及其确认

1）资源税的计税依据

资源税的计税依据为应税产品的销售额、销售数量。

应税产品销售额是纳税人销售应税产品向购买方收取的全部价款和价外费用，不包括增值税税款。计入销售额中的相关运杂费用，凡取得增值税发票或者其他合法有效凭据的，准予从销售额中扣除。相关运杂费用是指应税产品从坑口或者洗选（加工）地到车站、码头或者购买方指定地点的运输费用、建设基金以及随运销产生的装卸、仓储、港杂费用。

应税产品销售数量包括纳税人开采或者生产应税产品的实际销售数量和自用于应当缴纳资源税情形的应税产品数量。纳税人不能准确提供应税产品的销售数量或移送数量的，以应税产品的产量或主管税务机关确定的折算比换算的数量为销售数量。

2）资源税计税依据的确认

（1）纳税人开采或者生产同一税目下适用不同税率应税产品的，应当分别核算不同税率应税产品的销售额或者销售数量；未分别核算或者不能准确提供不同税率应税产品的销售额或者销售数量的，从高适用税率。

（2）为公平原矿与选矿之间的税负，对同一种应税产品，征税对象为原矿的，纳税人销售自采原矿加工的选矿，应将选矿销售额折算为原矿销售额缴纳资源税；征税对象为选矿的，纳税人销售原矿时，应将原矿销售额换算为选矿销售额缴纳资源税。

（3）纳税人以外购原矿与自采原矿混合为原矿销售，或者以外购选矿产品与自产选矿产品混合为选矿产品销售的，在计算应税产品销售额或者销售数量时，直接扣减已单独核算的外购原矿或者外购选矿产品的购进金额或者购进数量；当期不足扣减的，可结转下期扣减。纳税人以外购原矿与自采原矿混合加工为选矿产品销售的，按下式计算扣减应税产品销售额或者销售数量：

$$\text{准予扣减的外购应税产品购进金额（数量）}=\text{外购原矿购进金额（数量）}\times\left(\text{本地区原矿适用税率}\div\text{本地区选矿产品适用税率}\right)$$

不能按照上式计算扣减的，按主管税务机关确定的其他合理方法进行扣减。

（4）纳税人自用应税产品时，应按对外销售该应税产品的平均价格确认销售额。纳税人自用应税产品包括纳税人以应税产品用于非货币性资产交换、捐赠、偿债、赞助、集资、投资、广告、样品、职工福利、利润分配或者连续生产非应税产品等。

（5）纳税人申报的应税产品销售额明显偏低且无正当理由的，或者有自用应税产品行为而无销售额的，主管税务机关可按下列方法和顺序确定其应税产品销售额：

①按纳税人最近时期同类产品的平均销售价格确定。

②按其他纳税人最近时期同类产品的平均销售价格确定。

③按后续加工非应税产品销售价格，减去后续加工环节的成本利润后确定。

④按应税产品组成计税价格确定。

组成计税价格=成本×（1+成本利润率）÷（1-资源税税率）

公式中的成本利润率由省、自治区、直辖市税务机关确定。

⑤按其他合理方法确定。

6.2.2 应交资源税的计算

1）从量计征资源税的计算

对经营分散、多为现金交易且难以控管的黏土、砂石，按照便利征管原则，资源税仍实行从量计征。从量计征资源税的，其应纳税额的计算公式如下：

应交资源税=应税产品实际销售数量×单位税额（定额税率）

代扣代缴税额=收购的未税矿产品数量×适用单位税额

销售数量包括纳税人开采或者生产应税产品的实际销售数量和视同销售的自用数量。纳税人不能准确提供应税产品销售数量的，以应税产品的产量或者主管税务机关确定的折算比换算成的数量为计征资源税的销售数量。

【例6-1】某砂石厂4月份开采砂石2 000吨，当月对外销售1 500吨，为建职工宿舍耗用自采砂石80吨，其余砂石待售。每吨资源税税额4.5元，计算当月应交资源税。

应交资源税=（1 500+80）×4.5=7 110（元）

2）从价计征资源税的计算

（1）开采原矿销售原矿资源税的计算

在开采原矿并销售原矿情况下，按从价计征资源税时，其计算公式如下：

应交资源税=应税产品销售额×适用税率

【例 6-2】某煤矿1月份开采原煤50万吨，当月对外销售35万吨，取得不含税收入24 500万元；销售与原煤同时开采的天然气，取得不含税收入26万元；因管理不善，当月开采的原煤发生火灾损失3万吨。原煤资源税税率5%，天然气资源税税率6%。

按规定，煤矿生产的天然气不缴资源税，因管理不善而造成的损失不能减免资源税。当月应交资源税计算如下：

应交资源税=24 500×5%+24 500÷35×3×5%=1 330（万元）

【例 6-3】某油田1月份对外销售原油，销售额为300 000元，适用税率为6%。在开采原油的同时，开采天然气200万立方米，当月全部用于职工宿舍取暖，已知开采成本220万元，当地无同类天然气售价，当地规定的天然气成本利润率为8%，资源税适用税率为6%。应交资源税计算如下：

原油应交资源税=300 000×6%=18 000（元）

天然气组成计税价格=2 200 000×（1+8%）÷（1−6%）=2 527 660（元）

应交资源税=2 527 660×6%=151 660（元）

（2）原矿销售额与选矿销售额的换算与折算

销售额的换算比、折算率一般应通过原矿售价、选矿售价和选矿比计算（市场法），也可通过原矿销售额、加工环节的成本利润率计算（成本法）。

①以原矿为征税对象的税目，如果销售选矿，在计算应纳资源税时，应将选矿销售额折算为原矿销售额。

原矿销售额=选矿销售额×折算率

折算率=（原矿单位售价×选矿比）÷选矿单位售价

选矿比=加工选矿耗用的原矿数量÷选矿数量

纳税人将开采的原煤加工成选煤（选矿）销售时，应以选煤销售额乘以折算率作为应税原煤销售额计算缴纳资源税。

应交资源税=选煤销售额×选煤折算率×税率

选煤折算率计算公式1：

$$\text{选煤折算率}=\left(\begin{matrix}\text{选煤平均}\\\text{销售额}\end{matrix}-\begin{matrix}\text{洗选环节}\\\text{平均成本}\end{matrix}-\begin{matrix}\text{洗选环节}\\\text{平均利润}\end{matrix}\right)\div\text{选煤平均销售额}\times100\%$$

洗选煤折算率计算公式2：

选煤折算率=原煤平均销售额÷（选煤平均销售额×综合回收率）×100%

综合回收率=选煤数量÷入选前原煤数量×100%

②以选矿为征税对象的税目，如果销售原矿，在计算应纳资源税时，应将原矿销售额换算为选矿销售额。

选矿销售额=原矿销售额×换算比

换算比=选矿单位售价÷（原矿单位售价×选矿比）

选矿比=加工选矿耗用的原矿数量÷选矿数量

如果本地区原矿销售情况很少，缺乏可参照的市场售价，纳税人销售或视同销售其自采原矿加工的选矿，可采用成本法计算销售额：

选矿销售额=原矿销售额+原矿加工为选矿的成本×（1+成本利润率）

【例6-4】某稀土矿山企业6月销售轻稀土选矿取得不含税收入1 400万元；销售自采轻稀土原矿取得含税收入791万元；移送45吨轻稀土原矿继续加工稀土选矿，当月没有销售。

省政府规定轻稀土资源税税率为7.5%，市场法的折算比为3.1。当月应交资源税计算如下：

选矿销售应交资源税=14 000 000×7.5%=1 050 000（元）

原矿销售应交资源税=7 910 000÷（1+13%）×3.1×7.5%=1 627 500（元）

合计应交资源税=1 050 000+1 627 500=2 677 500（元）

【例6-5】某省规定煤炭资源税税率6%。该省天原煤矿12月销售自产原煤1万吨，每吨不含税价格700元；用自采原煤连续加工成洗选煤500吨，当月销售300吨，每吨不含税价格900元，洗选煤折算率为75%。应交资源税计算如下：

自产原煤销售应交资源税=10 000×700×6%=420 000（元）

洗选煤销售应交资源税=300×900×75%×6%=12 150（元）

合计应交资源税=420 000+12 150=432 150（元）

【小思考6-1】你认为以下哪种说法正确？

（1）对外销售计税，自用不计税

（2）煤的征税对象是原矿或选矿

【答案】（2）

6.3　资源税的会计处理

6.3.1　会计账户的设置

为反映和监督资源税额的计算和缴纳，纳税人应设置“应交税费——应交资源税”账户，贷方登记本期应缴纳的资源税，借方登记企业实际缴纳或抵扣的资源税，贷方余额表示企业应缴而未缴的资源税。

企业按规定计算对外销售应税产品应交资源税时，借记“税金及附加”账户，贷记“应交税费——应交资源税”账户；企业计算自产自用应税产品应交资源税时，借记“生产成本”或“制造费用”账户，贷记“应交税费——应交资源税”账户；独立矿山、联合企业收购未税矿产品，按实际支付的收购款，借记“材料采购”账户等，贷记“银行存款”账户等，按代扣代缴的资源税，借记“材料采购”账户等，贷记“应交税费——应交资源税”账户。

纳税人按规定上缴资源税时，借记“应交税费——应交资源税”账户，贷记“银行存款”账户。

企业外购液体盐加工成固体盐，在购入液体盐时，按允许抵扣的资源税，借记“应交税费——应交资源税”或“待抵扣税金——待扣资源税”账户，按外购价款扣除允许抵扣资源税的数额，借记“材料采购”等账户；企业加工成固体盐销售时，按计算出的销售固体盐应缴纳的资源税，借记“税金及附加”账户，贷记“应交税费——应交资源税”账户，而将销售固体盐应纳资源税扣抵液体盐已纳资源税后的差额上缴时，借记“应交税费——应交资源税”账户，贷记“银行存款”账户。

纳税人与税务机关结算上月税款，补缴时，借记“应交税费——应交资源税”账户，贷记“银行存款”账户；退回税款时，借记“银行存款”账户，贷记“应交税费——应交资源税”账户。企业未按规定期限缴纳资源税，向税务部门缴纳滞纳金时，借记“营业外支出”账户，贷记“银行存款”账户。

6.3.2 资源税的会计处理

【例 6-6】以【例 6-1】砂石厂 4 月份销售砂石应交资源税会计分录如下：

借：税金及附加 7 110

　贷：应交税费——应交资源税 7 110

【例 6-7】以【例 6-3】油田 1 月份资源税计算资料为例，当月应交资源税会计分录如下：

借：税金及附加 151 660

　贷：应交税费——应交资源税 151 660

【例 6-8】以【例 6-4】稀土矿山企业 6 月份资源税计算资料为例，当月应交资源税的会计分录如下：

借：税金及附加 2 677 500

　贷：应交税费——应交资源税 2 677 500

【例 6-9】以【例 6-5】天原煤矿 12 月资源税计算资料为例，当月应交资源税的会计分录如下：

借：税金及附加 432 150

　贷：应交税费——应交资源税 432 150

【小思考 6-2】你认为以下哪种说法正确？

（1）资源税会计处理与消费税原理相同

（2）外购未税矿产品代扣的资源税，记入“材料采购”账户

【答案】（1）

本章小结

为促进资源节约集约利用，加快生态文明建设，我国资源税几经改革，征收范围逐步扩大，由仅对矿产资源征税扩大至对自然资源征税，由从量计征为主改为从价计征为主。资源税的征税对象有的是原矿，有的是选矿，当纳税人的应税行为与税法规定的征税对象不一致时，应按规定方法进行换算或折算，但其会计处理方法并不复杂，与消费税会计处理相近。

主要概念和观念

□ 主要概念

资源税　征税对象　从价计征　从量计征

□ **主要观念**

资源税属于环境税，科学、合理的资源税可以实现资源的有效配置，提高资源的开发利用率，促进企业公平竞争；资源税采用从价计征为主、从量计征为辅的计税方式，其会计处理与消费税基本相同。

基本训练

□ **知识测评**

1.单项选择题

（1）资源税是国家对（　　）开采应税矿产品的单位和个人征收的一个税种。

A.在我国境内　　B.在我国境外　　C.在我国境内外　　D.跨省

（2）以下不属于资源税税目的是（　　）。

A.人造石油　　B.天然气　　C.煤　　D.钠盐

（3）我国现行资源税主要采用（　　）税率。

A.比例　　B.定额　　C.复合　　D.超额累进

（4）（　　）不纳资源税。

A.矿泉水　　B.原油

C.与原油同时开采的天然气　　D.自来水

（5）以下关于资源税纳税义务确认时间的说法不正确的是（　　）。

A.纳税人自产自用应税产品视同销售，纳税义务发生时间为移送使用的当天

B.采用分期付款方式销售应税产品，纳税义务发生时间为产品发出和销售合同规定的收款日期当天，而不论到期是否收到款项

C.扣缴义务人代扣代缴的纳税义务发生时间为移送产品的当天

D.采用预收货款结算方式销售应税产品，为发出应税产品的当天

（6）以下关于资源税纳税地点的说法中，正确的是（　　）。

A.纳税人应在矿产品开采地缴纳资源税

B.纳税人应在海盐生产地缴纳资源税

C.扣缴义务人代扣代缴资源税，应当向收购地主管税务机关缴纳资源税

D.扣缴义务人代扣代缴资源税，应当向主管税务机关缴纳资源税

（7）某油田将开采的原油自用，在计提应交资源税时，应借记“（　　）”账户。

A.税金及附加　　B.材料采购　　C.生产成本　　D.主营业务成本

2.多项选择题

（1）在下列应税产品中，实行从价计征资源税的有（　　）。

A.原油　　B.铁矿石　　C.煤　　D.砂石

（2）征税对象是选矿的矿产品有（　　）。

A.磷矿　　B.铜矿　　C.膨润土　　D.氯化钾

3.简答题

（1）简述征收资源税的意义。

（2）简述资源税的纳税范围和纳税环节。

（3）如何确认资源税的计税依据？

4.思考题

（1）以自产或外购矿产资源对外销售，如何进行应交资源税的计算和会计处理？

（2）以原矿为征税对象的税目，如果进一步加工为选矿（精矿）并进行销售，如何计算其应交资源税？

□ 技能测评

1.某油田11月份销售原油100吨，单价5 500元/吨，适用税率为6%。计算应交资源税。

2.某煤矿1月份开采原煤50万吨，当月对外销售40万吨，为职工宿舍供暖，耗用本月自采原煤5万吨，5万吨待售。每吨原煤不含税价600元，资源税税率6%。计算应交资源税并做相应的会计处理。

3.某矿山当月生产石灰岩15万吨，销售12万吨，单位税额8元/吨；当月开采水泥配料用红土9万吨全部销售，单位税额4元/吨，计算应交资源税。

4.晋丰煤矿10月份销售洗选煤18 000吨，每吨售价920元。假定核定折算率为80%，适用税率为5%，计算应交资源税并做相应的会计处理。

第7章 企业所得税会计

学习目标

掌握企业所得税的税制要素、计算程序、计算方法及所得税事项的会计处理等。其具体目标包括：

□ 知识目标

了解企业所得税的基本特点和税制要素，企业所得税的计算原理；会计准则中规定的所得税会计处理方法；明确税务会计中的所得税会计与财务会计中的所得税会计的联系与区别。

□ 技能目标

掌握企业所得税的计算程序、计算方法、征收方法和纳税申报表的填制方法，掌握企业所得税预缴、汇算清缴、减免抵免、纳税调整等会计处理方法；特别是所得税会计中的资产负债表债务法的计算程序与会计处理方法。

□ 能力目标

理解企业所得税的应税收入、扣除项目金额、应纳税所得额及应纳所得税额的确认原则和计量方法；应纳税暂时性差异与可抵扣暂时性差异的划分及处理方法，递延所得税资产与递延所得税负债的确认与会计处理方法等。

7.1 企业所得税的税制要素

改革开放以来，我国的企业所得税税制进行了多次改革。1991年4月9日，第七届全国人民代表大会审议通过了《中华人民共和国外商投资企业和外国企业所得税法》，并决定自1991年7月1日起正式施行。该税法是在合并原《中外合资经营企业所得税法》和《外国企业所得税法》的基础上制定的。1993年12月13日，国务院发布的《中华人民共和国企业所得税暂行条例》，统一了内资企业所得税（此前分别执行的是国营企业所得税、集体企业所得税和私营企业所得税），并从1994年1月1日起施行。

2007年3月16日，第十届全国人民代表大会第五次会议通过了《中华人民共和国企业所得税法》，并从2008年1月1日起施行。企业所得税法按照“简税制、宽税基、低税率、严征管”的税制改革原则，借鉴国际经验，建立了各类企业统一适用的科学、规范的所得税制度，为各类企业创造了公平的市场竞争环境。

7.1.1 企业所得税的纳税人

企业所得税是对我国境内的企业和其他取得收入的组织的生产经营所得和其他所得征收的一种直接税。企业所得税的纳税人是在中华人民共和国境内的企业和其他取得收入的组织（以下统称“企业”），但依照中国法律、行政法规规定成立的个人独资企业以及合伙人是自然人的合伙企业[①]除外。企业分为居民企业和非居民企业。

居民企业是指依法在中国境内成立，或者依照外国（地区）法律成立但实际管理机构在中国境内的企业。依法在中国境内成立的企业，包括依照中国法律、行政法规在中国境内成立的企业、事业单位、社会团体以及取得收入的其他组织。

非居民企业是指依照外国（地区）法律成立且实际管理机构不在中国境内，但在中国境内设立机构、场所的，或者在中国境内未设立机构、场所，但有来源于中国境内所得的企业。依照外国（地区）法律成立的企业，包括依照外国（地区）法律成立的企业和其他取得收入的组织。

实际管理机构是指对企业的生产经营、人员、账务、财产等实施实质性全面管理和控制的机构。机构、场所是指在中国境内从事生产经营活动的机构、场所。

非居民企业委托营业代理人在中国境内从事生产经营活动的，包括委托单位或者个人经常代其签订合同，或者储存、交付货物等，该营业代理人视为非居民企业在中国境内设立的机构、场所。

7.1.2 企业所得税的扣缴义务人

（1）支付人为扣缴义务人。

非居民企业在中国境内未设立机构、场所的，或者虽设立机构、场所但取得的所得与其所设机构、场所没有实际联系的，其来源于中国境内的所得应缴纳的所得税，实行源泉扣缴，以支付人为扣缴义务人。税款由扣缴义务人在每次支付或者到期应支付时，从支付或者到期应支付的款项中扣缴。

支付人是指依照有关法律规定或者合同约定对非居民企业直接负有支付相关款项义务的单位或者个人。支付包括现金支付、汇拨支付、转账支付和权益兑价支付等货币支付和非货币支付。到期应支付的款项是指支付人按照权责发生制原则应当计入相关成本、费用的应付款项。

（2）指定扣缴义务人。

对非居民企业在中国境内取得工程作业和劳务所得应缴纳的所得税，税务机关可以指

① 合伙企业的合伙人是法人和其他组织的，合伙人在计算其应缴企业所得税时，不得用合伙企业的亏损抵减其盈利。

定工程价款或者劳务费的支付人为扣缴义务人。扣缴义务人由县级以上税务机关指定，并同时告知扣缴义务人所扣税款的计算依据、计算方法、扣缴期限。

在中国境内从事工程作业和提供劳务的非居民企业发生下列情形之一的，支付人为扣缴义务人：① 预计工程作业或提供劳务期限不足一个纳税年度，且有证据表明不履行纳税义务的；② 没有办理税务登记或者临时税务登记，且未委托中国境内的代理人履行纳税义务的；③ 未按照规定期限办理企业所得税纳税申报或者预缴申报的；④ 其他规定情形。

（3）扣缴义务人每次代扣的税款，应当自代扣之日起7日内缴入国库，并向所在地的税务机关报送扣缴企业所得税报告表。

（4）扣缴义务人未依法扣缴或者无法履行扣缴义务的，由纳税人在所得发生地缴纳。在中国境内存在多处所得发生地的，由纳税人选择其中一地申报缴纳企业所得税。

（5）纳税人未依法缴纳的，税务机关可以从该纳税人在中国境内其他收入项目（该纳税人在中国境内取得的其他各种来源的收入）的支付人应付的款项中，追缴该纳税人的应纳税款。在追缴该纳税人应纳税款时，应当将追款理由、追缴数额、扣缴期限和缴纳方式等告知该纳税人。

7.1.3　企业所得税的征税对象

1）居民企业的征税对象

居民企业应当就其来源于中国境内、境外的所得[①]缴纳企业所得税。所得包括销售货物所得，提供劳务所得，转让财产所得，股息红利等权益性投资所得，利息所得，租金所得，特许权使用费所得，接受捐赠所得和其他所得。

2）非居民企业的征税对象

非居民企业在中国境内设立机构、场所的，应当就其所设机构、场所取得的来源于中国境内的所得，以及发生在中国境外但与其所设机构、场所有实际联系[②]的所得，缴纳企业所得税。

非居民企业在中国境内未设立机构、场所的，或者虽设立机构、场所但取得的所得与其所设机构、场所没有实际联系的，应当就其来源于中国境内的所得缴纳企业所得税。

来源于中国境内、境外的所得，按照以下原则确定：

（1）销售货物所得，按照交易活动发生地确定；

（2）提供劳务所得，按照劳务发生地确定；

（3）转让财产所得，不动产转让所得按照不动产所在地确定，动产转让所得按照转让动产的企业或者机构、场所所在地确定，权益性投资资产转让所得按照被投资企业所在地确定；

（4）股息、红利等权益性投资所得，按照分配所得的企业的所在地确定；

（5）利息所得、租金所得、特许权使用费所得，按照负担、支付所得的企业或者机

① 境外的所得：不论与境内设立的机构、场所是否有联系。
② 实际联系是指非居民企业在中国境内设立的机构、场所拥有据以取得所得的股权、债权，以及拥有、管理、控制据以取得所得的财产等。

构、场所所在地确定，或者按照负担、支付所得的个人的住所地确定；

（6）其他所得，由国务院财政、税务主管部门确定。

7.1.4 企业所得税的税率

我国企业所得税税率采用比例税率，税率见表7-1。

表7-1 企业所得税税率表

税率种类	税率	适用范围
基本税率	25%	居民企业
		在中国境内设立机构、场所且所得与机构、场所有实际联系的非居民企业
低税率	20%	在中国境内未设立机构、场所的非居民企业
		虽设立机构、场所，但取得的所得与机构、场所没有实际联系的非居民企业
优惠税率	10%	执行20%税率的非居民企业
	15%	高新技术企业，技术先进型服务企业，其他特定企业
	20%	小型微利企业

1）小型微利企业的优惠税率

小型微利企业是指从事国家非限制和禁止行业，并符合下列条件的企业：年度应纳税所得额不超过300万元、从业人数不超过300人、资产总额不超过5 000万元。"从业人数"包括与企业建立劳动关系的职工人数和企业接受的劳务派遣用工人数。从业人数和资产总额指标，应按企业全年的季度平均值确定，计算公式如下：

季度平均值=（季初值+季末值）÷2

全年季度平均值=全年各季度平均值之和÷4

年度中间开业或者终止经营活动的，以其实际经营期作为一个纳税年度确定上述相关指标。

自2023年1月1日至2027年12月31日，符合条件的小型微利（包括电商）企业，无论采取查账征收方式还是核定征收方式缴纳企业所得税，其年应纳税所得额不超过100万元（含，下同）的部分，减按25%计入应纳税所得额，按20%的税率计算缴纳企业所得税。

2）高新技术企业、技术先进型服务企业的优惠税率

为扶持和鼓励高新技术企业[①]发展，对符合科技部、财政部和国家税务总局规定的认定条件和认定程序的高新技术企业。

经认定的技术先进型服务企业，减按15%的税率征收企业所得税。技术先进型服务企业必须同时符合以下条件：（1）在中国境内（不包括港、澳、台地区）注册的法人企业；（2）从事《技术先进型服务业务认定范围（试行）》中的一种或多种技术先进型服务业务，采用先进技术或具备较强的研发能力；（3）具有大专以上学历的员工占企业职工总

① 在《国家重点支持的高新技术领域》内，持续进行研究开发与技术成果转化，形成企业核心自主知识产权，并以此为基础开展经营活动，在中国境内（不包括港、澳、台地区）注册的居民企业。

数的50%以上；（4）从事《技术先进型服务业务认定范围（试行）》中的技术先进型服务业务取得的收入占企业当年总收入的50%以上；（5）从事离岸服务外包业务取得的收入不低于企业当年总收入的35%。

3）其他企业的优惠税率

自2011年1月1日至2030年12月31日，对设在西部地区的鼓励类产业企业减按15%的税率征收企业所得税；国家规划布局内的重点软件企业和集成电路设计企业，如当年未享受免税优惠的，可减按10%的税率缴纳企业所得税。

【小思考7-1】以下结论，哪个正确？

（1）符合小型微利企业条件的高新技术企业，可以叠加享受所得税优惠政策

（2）符合小型微利企业条件的高新技术企业，只能享受高新技术企业优惠政策

（3）符合小型微利企业条件的高新技术企业，不能叠加享受所得税优惠政策，但可以选择其中最优的，如选择小型微利企业优惠政策

（4）符合小型微利企业条件的高新技术企业，如果享受了小型微利企业条件的税收优惠政策，就应放弃高新技术企业资格

【答案】（3）

7.1.5　企业所得税中的收入

1）总额收入

总额收入是企业从各种来源取得的收入总和。收入包括企业以货币形式（现金、银行存款、应收账款、应收票据、债权投资以及债务的豁免等）和非货币形式（固定资产、生物资产、无形资产、股权投资、存货、其他债权投资、服务以及有关权益等）从各种来源取得的收入。如果是以非货币形式取得的收入，应当按公允价值确定收入额。公允价值是指按照资产的市场价格确定的价值。收入项目主要有：

（1）销售货物收入。销售货物收入是指企业销售商品、产品、原材料、包装物、低值易耗品以及其他存货取得的收入。

（2）提供服务收入。提供服务收入是指企业从事建筑安装、修理修配、交通运输、仓储租赁、金融保险、邮电通信、咨询经纪、文化体育、科学研究、技术服务、教育培训、餐饮住宿、中介代理、卫生保健、社区服务、旅游、娱乐、加工以及其他劳务服务活动取得的收入。承包收入为应税收入，支付的分包款可以在税前扣除，但不能直接从收入中抵扣。

（3）转让财产收入。转让财产收入是指企业转让固定资产、生物资产、无形资产、股权、债权等财产取得的收入。转让限售股取得收入的，企业应按减持限售股取得的全部收入，计入企业当年应税收入计算纳税。企业转让代个人持有的限售股所取得的收入，应作为企业应税收入计算纳税。转让收入扣除限售股原值和合理税费后的余额为该限售股转让所得。企业未能提供完整、真实的限售股原值凭证，不能准确计算该限售股原值的，主管税务机关按该限售股转让收入的15%核定其原值和税费。

（4）股息、红利等权益性投资收益。股息、红利等权益性投资收益是指企业因权益性投资从被投资方取得的收入。除国务院财政、税务主管部门另有规定外，按照被投资方做出利润分配决定的日期确认收入的实现。

（5）利息收入。利息收入是指企业将资金给他人使用但不构成权益性投资，或因他人占用本企业资金取得的收入，包括存款利息、贷款利息、债券利息、欠款利息等收入。

企业应按照合同约定的债务人应付利息日期确认收入。对债权投资、贷款等，按企业会计准则规定采用实际利率法确认的利息收入为应税收入（贷记“投资收益”）。

（6）租金收入。租金收入是指企业提供固定资产、包装物或者其他有形资产的使用权取得的收入。租金收入，按照合同约定的承租人应付租金的日期确认收入的实现。

（7）特许权使用费收入。特许权使用费收入是指企业提供专利权、非专利技术、商标权、著作权以及其他特许权的使用权取得的收入。特许权使用费收入，按照合同约定的特许权使用人应付特许权使用费的日期确认收入的实现。

（8）接受捐赠收入。接受捐赠收入是指企业接受的其他企业、组织或者个人无偿给予的货币性资产、非货币性资产。接受捐赠收入，按照实际收到捐赠资产的日期确认收入的实现。

（9）其他收入。其他收入是指企业取得的除上述各项收入以外的其他收入，包括企业资产溢余收入、逾期未退包装物押金收入、确实无法偿付的应付款项、已作坏账损失处理后又收回的应收款项、债务重组收入、补贴收入、即征即退税款、违约金收入、汇兑收益等。

2）不征税收入

（1）不征税收入的界定

不征税收入是指不具有可税性的收入。根据可税性原理，如果一项收入、收益具有公益性或者非营利性，就不具可税性，就不应该对其征税。因此，不征税收入是指不具可税性的收入。从政府角度而言，如果对财政支出的拨款征税后再转为财政收入，就如同左手送出去的钱右手又拿回一部分，是对财政资金的循环征税，不符合效率原则。行政事业性收费、政府性基金两者均属财政性资金，都是国家财政收入，征税者不应再对自己征税。

按税法规定，收入总额中的下列收入为不征税收入：

① 财政拨款，是指各级政府对纳入预算管理的事业单位、社会团体等组织拨付的财政资金（财政补助、专项财政补贴等），但国务院和国务院财政、税务主管部门另有规定的除外。

② 依法收取并纳入财政管理的行政事业性收费，是指企业根据法律法规等有关规定，按照国务院规定程序批准，在实施社会公共管理，以及在向公民、法人或者其他组织提供特定公共服务的过程中，向特定对象收取并纳入财政管理的费用。

③ 政府性基金，是指企业根据法律、行政法规等有关规定，代政府收取的具有专项用途的财政资金。

④ 国务院规定的其他不征税收入，是指企业取得的，由国务院财政、税务主管部门规定专项用途并经国务院批准的财政性资金。

（2）企业取得的财政性资金

企业从各级政府取得的财政性资金包括政府对企业的无偿拨款、税收返还、财政贴息，以及无偿给予的非货币性资产等（属于国家投资和使用后要求归还的本金除外），同时符合以下条件时，准予作为不征税收入，在计算应纳税所得额时从收入总额中减去：

① 企业能够提供规定资金专项用途的资金拨付文件[①]；

② 财政部门或其他拨付资金的政府部门对该资金有专门的资金管理办法或具体管理要求；

③ 企业对该资金以及以该资金发生的支出单独进行核算。

企业将符合规定条件的财政性资金作不征税收入处理后，在5年（60个月）内未发生支出且未缴回财政或其他拨付资金的政府部门的部分，应重新计入取得该资金第6年的应税收入总额；重新计入应税收入总额的财政性资金发生的支出，允许在计算应纳税所得额时扣除。企业从政府取得的搬迁补偿收入或处置相关资产而取得的收入，从规划搬迁的次年起的5年内，作为不征税收入，期满后，计入应税收入。

第2章已经述及，企业从政府取得的，与企业日常经营活动密切相关且构成企业商品或服务对价组成部分的经济资源，应按收入准则进行会计处理；而对与企业日常活动无关的政府补助（如受灾补贴等），按政府补助准则进行会计处理——记入“营业外收入”。

政府补助是来源于政府的经济资源，政府补助具有无偿性，不需要向政府交付商品或服务等对价。与资产相关的政府补助（企业取得的、用于购建或以其他方式形成长期资产的政府补助），应当冲减相关资产的账面价值或确认为“递延收益”；与收益相关的政府补助（除与资产相关的政府补助之外的政府补助），应当分别情况进行会计处理。

（3）企业取得财政性资金的会计处理

符合收入确认条件的，财务会计通过“其他收益”进行会计处理；符合政府补助确认条件的，财务会计通过“营业外收入”进行会计处理。

税务会计则应根据税法规定，对不征税收入或免税收入及其用于支出所形成的费用或资产进行同步纳税调整减少和增加。不征税收入管理的核心是收入暂不征税，其支出不能在税前扣除。

7.1.6　企业所得税的减免

1）免税收入

免税收入是指具有可税性，但税法规定免予征税的收入。企业取得的免税收入所对应的各项成本费用，除另有规定外，可在计算应税所得时扣除。企业的下列收入为免税收入：

（1）国债利息收入。以国债发行时约定应付利息的日期，确认利息收入的实现。企业从发行者处直接投资购买国债，其从发行者处取得国债利息收入。企业在到期前转让国债或者从非发行者处投资购买的国债，按以下方法计算的国债利息收入，全额免缴企业所得税：

国债利息收入=国债金额×适用年利率÷365×持有天数

式中，“国债金额”按国债发行面值或发行价格确定；“适用年利率”按国债票面年利率或折合年收益率确定；若企业不同时间多次购买同一品种国债的，“持有天数”可按平均持有天数计算确定。

【例7-1】某公司第1年6月15日从证券交易所购买3年期国债10万元（面值），支付

---

① 软件生产企业取得的即征即退增值税款，专项用于产品研发、扩大再生产并进行单独核算，企业可选择作为不征税收入，或作为应税收入，可享受企业所得税的加计扣除等优惠政策。

价款10.2万元，票面年利率为2.48%，到期一次付息。第4年3月31日，公司将该批国债转让，取得价款12万元，支付相关税费2 500元。其免税利息收入和应纳税所得额计算如下：

①免税利息收入。

持有天数=15+31+31+30+31+30+31+365×2+31+28+31=1 019（天）

免税利息收入=100 000×2.48%÷365×1 019=6 923.62（元）

②转让国债的应纳税所得额。

应纳税所得额=120 000−102 000−6 923.62−2 500=8 576.38（元）

（2）居民企业直接投资于其他居民企业所取得的股息、红利等权益性投资收益以及在中国境内设立机构、场所的非居民企业从居民企业取得与该机构、场所有实际联系的股息、红利等权益性投资收益，但不包括连续持有居民企业公开发行并上市流通的股票不足12个月取得的投资收益。

（3）符合条件的非营利组织[①]的收入（不包括非营利组织从事营利性活动所取得的收入，但国务院财政、税务主管部门另有规定的除外）。

对于不符合不征税收入条件的财政性补贴，应属于征税收入（应税收入或免税收入），当且仅当由国务院、财政部或国家税务总局三个部门中的一个或多个部门明确下发文件确认为免税收入的，才属于免税收入，在计入会计收入的年度可进行纳税调整处理[②]；否则，即属于应税收入，应当在取得财政补贴款项的当年计入应纳税所得额。

2）法定减免

（1）免缴企业所得税

企业[③]从事下列项目的所得，免缴企业所得税：① 蔬菜、谷物、薯类、油料、豆类、棉花、麻类、糖料、水果、坚果的种植；② 农作物新品种的选育；③ 中药材的种植；④ 林木的培育和种植；⑤ 牲畜、家禽的饲养；⑥ 林产品的采集；⑦ 灌溉、农产品初加工、兽医、农技推广、农机作业和维修等农、林、牧、渔服务业项目；⑧ 远洋捕捞。

（2）减缴企业所得税

企业从事下列项目的所得，减半缴纳企业所得税：① 花卉、茶以及其他饮料作物和香料作物的种植；② 海水养殖、内陆养殖；③ 企业种植观赏性植物。

企业从事国家限制或禁止发展的项目，不得享受税法规定的企业所得税优惠。

（3）技术转让所得的减免

技术转让是居民企业转让其所拥有技术的所有权或5年（含）以上全球独占许可使用权的行为。技术转让包括转让专利技术、计算机软件著作权、集成电路布图设计权、植物新品种、生物医药新品种以及财政部和国家税务总局确定的其他技术。

在一个纳税年度内，居民企业技术转让所得不超过500万元的部分，免缴企业所得税；超过500万元的部分，减半缴纳企业所得税。

居民企业取得禁止出口和限制出口技术转让所得，不享受技术转让减免企业所得税优惠政策。居民企业从直接或间接持有股权之和达到100%的关联方取得的技术转让所得，不享受技术转让减免企业所得税优惠政策。关联方之间发生技术转让所取得的技术转让所

---

① 非营利组织的认定管理办法由国务院财政、税务主管部门会同国务院有关部门制定。
② 如生产软件、集成电路的企业，其增值税实际税负超过3%的即征即退增值税补贴就属于免税收入。
③ 包括“公司+农户”经营模式的企业。

得，不享受本优惠政策。

（4）预提所得税的减免

① 非居民企业取得的税法规定的所得，减按10%的税率缴纳企业所得税。下列所得可以免缴企业所得税：外国政府向我国政府提供贷款取得的利息所得；国际金融组织向我国政府和居民企业提供优惠贷款取得的利息所得；经国务院批准的其他所得。

② 对境外投资者从中国境内居民企业分配的利润直接投资于非禁止外商投资的项目和领域，凡满足规定条件的，实行递延纳税，暂不征收预提所得税。

③ 境外投资者以分配利润补缴其在境内居民企业已经认缴的注册资本（新增或转增实收资本、资本公积）；境外投资者按金融主管部门规定，通过人民币再投资专用存款账户划转再投资资金，并在相关款项从利润分配企业账户转入境外投资者人民币再投资专用存款账户的当日，再由境外投资者人民币再投资专用存款账户，转入被投资企业或股权转让方账户的，可享递延纳税优惠。

3）定期减免

（1）享受企业所得税定期减税或免税的新办企业。享受企业所得税定期减税或免税的新办企业标准如下：按照国家法律、法规以及有关规定在工商行政主管部门办理设立登记，新注册成立的企业。

新办企业的权益性出资人（股东或其他权益投资方）实际出资中固定资产、无形资产等非货币性资产的累计出资额占新办企业注册资金的比例一般不得超过25%。现有企业新设立的不具有法人资格的分支机构，不论其货币投资占了多大比例，均不得作为新办企业。

办理设立登记的企业，在设立时以及享受新办企业所得税定期减税或免税优惠政策期间，从权益性投资者及其关联方购置、租借或无偿占用的非货币性资产占注册资本的比例累计超过25%的，不得享受新办企业的所得税优惠政策。

符合条件的新办企业利用转让定价等方法从关联企业转移来利润的，转移过来的利润不得享受新办企业所得税优惠政策；符合条件的新办企业，其业务和关键人员是从现有企业转移而来的，其全部所得不得享受新办企业所得税优惠政策。

（2）企业从事国家重点扶持的公共基础设施项目投资经营的所得，从项目取得第一笔生产经营收入所属年度起，第1年至第3年免缴企业所得税，第4年至第6年减半缴纳企业所得税。国家重点扶持的公共基础设施项目是指《公共基础设施项目企业所得税优惠目录》规定的港口码头、机场、铁路、公路、电力、水利等项目。企业承包经营、承包建设和内部自建自用以上项目，不得享受该项企业所得税优惠。

（3）从事符合条件的环境保护、节能节水项目的所得，从项目取得第一笔生产经营收入所属年度起，第1年至第3年免缴企业所得税，第4年至第6年减半缴纳企业所得税。符合条件的环境保护、节能节水项目，包括公共污水处理、公共垃圾处理、沼气综合开发利用、节能减排技术改造、海水淡化等。项目的具体条件和范围由国务院财政、税务主管部门商国务院有关部门制定，报国务院批准后公布施行。

（4）集成电路产业和软件产业。

① 国家鼓励的集成电路线宽小于28纳米（含），且经营期在15年以上的集成电路生产企业或项目，第1年至第10年免征企业所得税，优惠期自获利年度（应纳税所得额大于

零的当年，下同）起计算。

② 国家鼓励的集成电路线宽小于65纳米（含），且经营期在15年以上的集成电路生产企业或项目，第1年至第5年免征企业所得税，第6年至第10年按照25%的法定税率减半征收企业所得税；国家鼓励的集成电路线宽小于130纳米（含），且经营期在10年以上的集成电路生产企业或项目，第1年至第2年免征企业所得税，第3年至第5年按照25%的法定税率减半征收企业所得税；优惠期自项目取得第一笔生产经营收入所属纳税年度起计算，集成电路生产项目需单独进行会计核算、计算所得，并合理分摊期间费用。

③ 国家鼓励的线宽小于130纳米（含）的集成电路生产企业，属于国家鼓励的集成电路生产企业清单年度之前5个纳税年度发生的尚未弥补完的亏损，准予向以后年度结转，总结转年限最长不得超过10年。

④ 国家鼓励的集成电路设计、装备、材料、封装、测试企业和软件企业，自获利年度起，第1年至第2年免征企业所得税，第3年至第5年按照25%的法定税率减半征收企业所得税。

⑤ 国家鼓励的重点集成电路设计企业和软件企业，自获利年度起，第1年至第5年免征企业所得税，接续年度减按10%的税率征收企业所得税。

4）加速折旧

加速折旧包括缩短折旧年限和采用加速折旧方法两种类型。采取加速折旧方法的，可以采用双倍余额递减法或年数总和法。采取缩短折旧年限方法的固定资产，最低折旧年限不得低于税法规定折旧年限的60%；若为购置已使用过的固定资产，最低折旧年限不得低于税法规定最低折旧年限减去已使用年限后剩余年限的60%。

企业新购进的设备、器具（除房屋、建筑物以外的固定资产），单位价值不超过500万元的，允许一次性计入当期成本费用在计算应纳税所得额时扣除，不再分年度计算折旧。企业在享受加速折旧税收优惠时，并不要求财务会计也必须采取与税务会计相同的折旧方法。换言之，财务会计处理是否采取加速折旧方法，并不影响企业享受加速折旧税收优惠。这就可能导致财务会计折旧额小于同期税务会计折旧额，由此产生应纳税暂时性差异，可通过“递延所得税负债”账户调整该差异。企业在享受研发费加计扣除时，将已按财务会计处理的折旧额加计扣除，并做相应会计处理，否则不能加计扣除。

5）加计扣除

（1）研发费用的加计扣除

①加计扣除比例及费用项目

企业开展研发活动中实际发生的研发费用，自2023年1月1日起，未形成无形资产计入当期损益的，在按规定据实扣除的基础上，再按照实际发生额的100%在税前加计扣除；形成无形资产的，按照无形资产成本的200%在税前摊销。

集成电路企业[①]和工业母机企业[②]开展研发活动中实际发生的研发费用，自2023年1月1日至2027年12月31日，未形成无形资产计入当期损益的，在按规定据实扣除的基础上，再按照实际发生额的120%在税前加计扣除；形成无形资产的，按照无形资产成本的

---

① 集成电路企业是指国家鼓励的集成电路生产、设计、装备、材料、封装、测试企业。
② 工业母机企业是指生产销售符合《先进工业母机产品基本标准》产品的企业。

220%在税前摊销。

研发费用项目包括：

A.人工费用。直接从事研发活动人员的工资薪金、基本养老保险费、基本医疗保险费、失业保险费、工伤保险费、生育保险费、住房公积金和外聘研发人员的劳务费。

B.直接投入费用。研发活动直接消耗的材料、燃料和动力费用；用于中间试验和产品试制的模具、工艺装备开发及制造费，不构成固定资产的样品、样机及一般测试手段的购置费，试制产品的检验费；用于研发活动的仪器、设备的运行维护、调整、检验、维修等费用，以及通过经营租赁方式租入的用于研发活动的仪器、设备租赁费。

C.折旧费用。用于研发活动的仪器、设备的折旧费。企业融资租入固定资产不能加速折旧，但符合条件的折旧额（而不是支付的租赁费）可以加计扣除。

D.无形资产摊销额。用于研发活动的软件、专利权、非专利技术（包括许可证、专有技术、设计和计算方法等）的摊销费用。

E.新产品设计费、新工艺规程制定费、新药研制的临床试验费、勘探开发技术的现场试验费。

F.其他相关费用，是指与研发活动直接相关的其他费用，如技术图书资料费、资料翻译费、专家咨询费、高新科技研发保险费，研发成果的检索、分析、评议、论证、鉴定、评审、评估、验收费用，知识产权的申请费、注册费、代理费，差旅费，会议费等。此项费用总额不得超过可加计扣除研发费用总额的10%。

G.财政部和国家税务总局规定的其他费用。

②加计扣除适用范围

下列活动不得在税前加计扣除：

A.企业产品（服务）的常规性升级；

B.对某项科研成果的直接应用，如直接采用公开的新工艺、材料、装置、产品、服务或知识等；

C.企业在商品化后为顾客提供的技术支持活动；

D.对现存产品、服务、技术、材料或工艺流程进行的重复或简单改变；

E.市场调查研究、效率调查或管理研究；

F.作为工业（服务）流程环节或常规的质量控制、测试分析、维修维护；

G.社会科学、艺术或人文学方面的研究。

③特别事项处理

委托外部机构或个人进行研发活动所发生的费用，按照费用实际发生额（符合独立交易原则）的80%计入委托方研发费用并计算加计扣除，受托方不得再进行加计扣除。

委托境外进行研发活动所发生的费用，按费用实际发生额（符合独立交易原则）的80%计入委托方的委托境外研发费用。委托境外研发费用不超过境内符合条件的研发费用2/3的部分，可以按规定在企业所得税前加计扣除。委托境外个人进行研发活动发生的费用，不得加计扣除。

委托方与受托方存在关联关系的，受托方应向委托方提供研发项目费用支出明细情况。

④核算管理要求

研发费用加计扣除适用于会计核算健全、实行查账征收并能够准确归集研发费用的居民企业，对可加计扣除的研发费用实行归并核算。

企业应按照国家财务会计制度要求，对研发支出进行会计处理。企业研发项目立项时应设置研发支出辅助账（按自主、委托、合作、集中几种研发方式分设），由企业留存备查；年末汇总分析填报研发支出辅助账汇总表，并在报送年度财务会计报告的同时，随附注一并报送主管税务机关。研发支出辅助账、研发支出辅助账汇总表格式参照税总公告所附样式编制。企业年度纳税申报时，根据研发支出辅助账汇总表填报研发项目可加计扣除研发费用情况归集表，在年度纳税申报时随申报表一并报送。企业应不迟于年度汇算清缴纳税申报时，向税务机关报送"企业所得税优惠事项备案表"和研发项目文件完成备案，并将有关资料留存备查。

（2）安置残疾人员就业的工资加计扣除

企业安置残疾人员及国家鼓励安置的其他人员就业并符合具体规定条件的，除所支付的工资可据实扣除外，不论企业盈亏，均可按支付给残疾职工工资的100%加计扣除。企业对支付给残疾职工的工资，在进行企业所得税预缴申报时，可据实计算扣除；在年度终了进行企业所得税年度申报和汇算清缴时，再按规定计算加计扣除。

企业实际支付给职工工资的加计扣除部分，如果大于本年度应纳税所得额的，可准予扣除其不超过应纳税所得额的部分，超过部分在本年度和以后年度均不得扣除。

6）减计收入

减计收入是指企业以《资源综合利用企业所得税优惠目录》规定的资源作为主要原材料，生产国家非限制和禁止并符合国家和行业相关标准的产品取得的收入，减按90%计入收入总额。主要原材料占生产产品材料的比例不得低于《资源综合利用企业所得税优惠目录》规定的标准。

7）抵扣应纳税所得额

创业投资企业从事国家需要重点扶持和鼓励的创业投资，可以按投资额的一定比例抵扣应纳税所得额。创业投资企业采取股权投资方式投资于未上市的中小高新技术企业2年（含）以上的，可以按照其对中小高新技术企业投资额的70%在股权持有满2年的当年抵扣该创业投资企业的应纳税所得额；当年不足抵扣的，可以在以后纳税年度结转抵扣。

中小高新技术企业是指企业职工人数不超过500人、年销售收入不超过2亿元、资产总额不超过2亿元的高新技术企业。

8）税额抵免

企业购置用于环境保护、节能节水、安全生产等专用设备的投资额，可以按一定比例实行税额抵免。税额抵免是指企业购置并实际使用《环境保护专用设备企业所得税优惠目录》、《节能节水专用设备企业所得税优惠目录》和《安全生产专用设备企业所得税优惠目录》规定的环境保护、节能节水、安全生产等专用设备的，该专用设备投资额的10%可以从企业当年的应纳税额中抵免；当年不足抵免的，可以在以后5个纳税年度内结转抵免。企业进行税额抵免时，如果增值税进项税额允许抵扣，其设备投资额不再包括增值税进项税额；如果增值税进项税额不允许抵扣，其设备投资额可以是价税合计金额；如果取得的是普通发票，其设备投资额是发票上注明的金额。

享受企业所得税税额抵免优惠的企业，应是实际购置并自身实际投入使用税法规定的专用设备的企业；企业购置上述专用设备在5年内转让、出租的，应当停止享受企业所得税优惠，并补缴已经抵免的企业所得税税款。

9）企业所得税减免管理

企业按规定可以享受的各项减免政策（优惠事项）和资产损失税前扣除，实行“自行判别、申报享受、相关资料留存备查”的办理方式，即“以表代备”。企业应根据相关税收法规和经营情况，自行判断是否符合规定条件。符合条件的可按规定时间自行计算减免税额，并通过填报企业所得税纳税申报主表、附表享受税收优惠。从而大大简化了企业涉税事项的办理流程，但也将更多的隐性风险转移给企业，涉税风险从事前延伸到事后。如何应对后续稽查风险，对企业税务管理提出了更高要求。

企业同时享受多项优惠事项或享受的优惠事项按照规定分项目进行核算的，应按优惠事项或项目分别归集留存备查资料。在完成年度汇算清缴后，应同步将留存备查资料归集齐全并整理完成，以备税务机关核查。留存备查资料是指与企业享受优惠事项有关的合同、协议、凭证、证书、文件、账册、说明等资料，从享受优惠事项当年汇算清缴期结束次日起，保留期限10年。企业应按规定归集和留存相关资料备查，并对其真实性、合法性和完整性负责。

7.1.7　企业所得税的纳税地点和纳税年度

1）纳税地点

除税收法律、行政法规另有规定外，居民企业以企业登记注册地（企业按照国家有关规定进行登记注册的住所地）为纳税地点，但登记注册地在境外的，以实际管理机构所在地为纳税地点。

非居民企业取得税法规定的所得，以机构、场所所在地为纳税地点。

非居民企业在中国境内未设立机构、场所，或者虽设立机构、场所，但取得的所得与其所设机构、场所没有实际联系的，其所得应缴纳的企业所得税，以扣缴义务人所在地为纳税地点。

2）纳税年度

企业所得税按纳税年度计算，纳税年度自公历1月1日起至12月31日止。

企业在一个纳税年度中间开业，或者终止经营活动，使该纳税年度的实际经营期不足12个月的，应当以其实际经营期为一个纳税年度。

企业依法清算时，应当以清算期间作为一个纳税年度。

7.2　企业所得税的确认、计量与申报

7.2.1　应税收入的确认、计量

应税收入就是按税法规定应纳企业所得税的收入。它是在财务会计按会计准则确认计量的基础上，按税法规定再予确认计量的收入。

1）应税收入确认的原则和条件

对应税收入的确认，一般也应遵循财务会计中的权责发生制原则和实质重于形式原则[①]。

税法规定，企业销售商品同时满足下列条件的，应确认收入的实现：（1）商品销售合同已经签订，企业已将与商品所有权相关的主要风险和报酬转移给购货方；（2）企业对已售出的商品既没有保留通常与所有权相联系的继续管理权，也没有实施有效控制；（3）收入的金额能够可靠地计量；（4）已发生或将发生的销售方的成本能够可靠地核算。

【小思考 7-2】房地产开发企业销售自建房产，已签订正式销售合同并收取预收款，但尚未办理产权过户手续。当期是否确认应税收入，并预交企业所得税？

（1）是

（2）否

【答案】（1）

2）商品销售收入的确认、计量

在满足以上收入确认、计量的原则和条件下，企业应根据具体情况对应税收入进行确认、计量。

（1）一般商品销售收入的确认、计量。

① 销售商品采用托收承付方式的，在办妥托收手续时确认收入。

② 销售商品采取预收款方式的，在发出商品时确认收入。

③ 销售商品需要安装和检验的，在购买方接受商品以及安装和检验完毕时确认收入。如果安装程序比较简单，可在发出商品时确认收入。

④ 销售商品采用支付手续费方式委托代销的，在收到代销清单时确认收入。

（2）特殊商品销售收入的确认、计量。

① 以分期收款方式销售货物的，应当按照合同约定的收款日期确认收入的实现。

② 企业受托加工制造大型机械设备、船舶、飞机等，以及从事建筑、安装、装配工程业务或者提供劳务等，持续时间超过12个月的，应当按照纳税年度内完工进度或者完成的工作量确认收入的实现。完工进度或者完成的工作量不能合理判断的，按照税法确定的原则处理。

（3）采取产品分成方式取得收入的，以企业分得产品的日期确认收入的实现，其收入额按照产品的公允价值确定。

3）视同销售收入的确认、计量

视同销售是在税收上需要确认为应税收入（收益）而在财务会计中一般不做营业收入的事项，如企业将资产用于非货币性资产交换、市场推广或销售、交际应酬、职工奖励或福利、股息分配、对外投资、对外捐赠等事项均应视同销售。

确认视同销售的前提是资产所有权属发生改变，按自制、外购、委托加工资产分别确认视同销售价格。企业以自制产品发放职工福利，还是外购资产发放职工福利，二者在纳税处理上的主要差异如下：

（1）主营业务收入及成本的确认标准不同。以自制产品发放职工福利，主营业务收入

---

① 国务院财政、税务主管部门另有规定的除外。

按对外销售价或公允价值确认，主营业务成本按制造成本确认；以外购商品发放职工福利，主营业务收入和主营业务成本均按购买价确认。

（2）职工福利费税前扣除的确认方式不同。将自制产品发放职工福利按售价确认，根据税前扣除的真实发生原则，职工福利费按成本价确认，需要进行纳税调整；以外购商品发放职工福利，外购价既是公允价值又是成本价，因此，按外购价确认的职工福利费支出就是其发生的实际支出，无须进行纳税调增。

企业发生下列情形的处置资产（将资产转移至境外的除外），因资产所有权属在形式和实质上均不发生改变，应作为内部处置资产，不视同销售确认收入，相关资产的计税基础延续计算：将资产用于生产、制造、加工另一产品；改变资产形状、结构或性能；改变资产用途（如自建商品房转为自用或经营）；将资产在总机构及其分支机构之间转移；上述两种或两种以上情形的混合；其他不改变资产所有权属的用途。

4）租金收入的确认、计量

企业[①]提供固定资产、包装物或者其他有形资产的使用权取得的租金收入，应按交易合同或协议规定的承租人应付租金的日期确认收入的实现。如果交易合同或协议中规定的租赁期限跨年度，且租金是提前一次性收取的，出租人可对已确认的收入，在租赁期内，分期均匀计入相关年度收入。如某企业收到当年9月份至下年8月份的一笔租金120万元，其在当年所得税汇算清缴时应确认40万元。

5）股权转让所得的确认、计量

企业转让股权收入，应于转让协议生效且完成股权变更手续时，确认收入的实现。转让股权收入扣除为取得该股权所发生的成本后，为股权转让所得。企业在计算股权转让所得时，不得扣除被投资企业未分配利润等股东留存收益中按该项股权所可能分配的金额。在财务会计中，企业处置长期股权投资时，其账面价值与实际取得价款的差额，应确认为处置损益。采用权益法核算的长期股权投资，因被投资单位除净损益以外所有者权益的其他变动而计入所有者权益的，处置该项投资时应当将原计入所有者权益的部分按相应比例转入当期损益。

6）财产转让等所得的确认、计量

企业取得财产（包括各类资产、股权、债权等）转让收入、债务重组收入（债务重组合同或协议生效时，确认收入的实现）、接受捐赠收入、无法偿付的应付款收入等，不论是以货币形式还是以非货币形式体现，除另有规定外，均应一次性计入确认收入的年度计算缴纳企业所得税。企业以非货币性资产对外投资确认的转让所得，可在不超过5年期限内分期均匀计入相应年度的应税所得额，计算缴纳企业所得税。

7）权益性投资收益收入的确认、计量

企业权益性投资所取得的股息、红利等收入，应以被投资企业股东大会做出利润分配或转股决定的日期确定收入的实现。被投资企业将股权（票）溢价所形成的资本公积转为股本的，不作为投资方企业的股息、红利收入，投资方企业也不得增加该项长期投资的计税基础。

---

① 也包括出租方在我国境内设有机构场所且采取据实申报缴纳企业所得的非居民企业。

8）金融企业贷款利息收入的确认、计量

金融企业按规定发放的贷款，属于未逾期贷款（含展期，下同），应根据先收利息、后收本金的原则，按贷款合同确认的利率和结算利息的期限计算利息，并于债务人应付利息的日期确认收入实现；属于逾期贷款，其逾期后发生的应收利息，应于实际收到日期，或者虽未实际收到，但会计上确认为利息收入的日期，确认收入实现。金融企业已确认为利息收入的应收利息，逾期90天仍未收回，且会计上已冲减了当期利息收入的，准予抵扣当期应纳税所得额。金融企业已冲减了利息收入的应收未收利息，以后年度收回时，应计入当期应纳税所得额计算纳税。

9）企业接收划入资产

（1）企业接收政府划入资产

① 接收政府投资资产。县级以上人民政府及其有关部门将国有资产作为股权投资划入企业，属于政策性划转（投资）行为，不属于收入范畴，企业应将其作为国家资本金（资本公积）进行企业所得税处理。若为非货币性资产，应以政府确定的接收价为计税基础。

② 接收政府指定用途资产。县级以上人民政府及其有关部门将国有资产无偿划入企业，凡划出单位或监管部门指定专门用途，且企业按规定进行管理，具备财政性资金性质，作为不征税收入进行所得税处理。若为非货币性资产，应以实际接收价计算不征税收入额。

③ 接收政府无偿划入资产。如果属于上述情形以外的政府划入资产，企业应按政府确定的实际接收价计入当期应税收入，计算缴纳企业所得税。如果政府没有确定接收价，应按无偿划入资产的公允价值确认应税收入。

（2）企业接收股东划入资产

企业接收股东划入资产（包括股东赠予资产、在股权分置改革中接收非流通股股东赠予资产、股东放弃本企业的股权），合同（协议）约定作为资本金（含资本公积）且已进行会计处理的，属于接受股东股权的投资行为，不作为应税收入进行所得税处理，企业应按公允价值确定该项资产的计税基础。若企业接收股东划入资产系捐赠行为，应按公允价值确定该项资产的计税基础，同时作为应税收入计入收入总额，计算缴纳企业所得税。

10）其他收入的确认、计量

企业发生非货币性资产交换，将货物、劳务用于赞助、集资、广告、样品、职工福利和利润分配等用途的，应当视同销售货物、转让财产或者提供劳务，但国务院财政、税务主管部门另有规定的除外。

11）递延收入的确认、计量

企业在搬迁期间发生的搬迁收入和搬迁支出，可以暂不计入当期应纳税所得额，而在完成搬迁的年度，对搬迁收入和支出进行汇总清算。企业应在搬迁完成年度，将搬迁所得计入当年的应纳税所得额计算纳税。搬迁完成年度的确认：从搬迁开始，5年内（包括搬迁当年）任何1年完成搬迁的；从搬迁开始，搬迁时间满5年（包括搬迁当年）的年度。

7.2.2　企业所得税的税前扣除

1）税前扣除凭证及其扣除原则

企业所得税税前扣除凭证是指企业在计算企业所得税应纳税所得额时，证明与取得收入有关的、合理的支出实际发生，并可据以税前扣除的各类凭证。

企业发生的各项支出，应取得税前扣除凭证，作为计算企业所得税应纳税所得额时扣除相关支出的依据，企业应在当年度企业所得税汇算清缴期结束前取得税前扣除凭证。

根据凭证的来源，税前扣除凭证分为内部凭证和外部凭证。内部凭证是指企业自制用于成本、费用、损失和其他支出核算的会计原始凭证，其填制和使用应当符合国家会计法律、法规等相关规定；外部凭证是指企业发生经营活动和其他事项时，从其他单位、个人取得的用于证明其支出发生的凭证，包括但不限于发票（包括纸质发票和电子发票)、财政票据、完税凭证、收款凭证、分割单等。

企业从境外购进货物或劳务发生的支出，以对方开具的发票或者具有发票性质的收款凭证、相关税费缴纳凭证作为税前扣除凭证。

若是在汇算清缴期结束后，税务机关发现上述情况的，企业应自被告知之日起60日内补开、换开符合规定的发票、其他外部凭证，凭要求提供资料证实支出真实性后，其支出允许税前扣除。

税前扣除凭证应遵循真实性、合法性和关联性原则。真实性是指税前扣除凭证反映的经济业务真实，且支出已经实际发生；合法性是指税前扣除凭证的形式、来源符合国家法律、法规等相关规定；关联性是指税前扣除凭证与其反映的支出相关联且有证明力。

企业应将与税前扣除凭证相关的资料，包括合同协议、支出依据、付款凭证等留存备查，以证实税前扣除凭证的真实性。

2）税前扣除的确认原则

税前扣除权是纳税人的一项权利。企业在具体进行税前扣除时，对扣除项目的确认时间和条件，主要应遵循以下确认原则：

（1）权责发生制原则。该原则的基本含义与财务会计相同，所得税税法规定该原则，旨在尽可能减少两者的差异，降低成本和风险，但“另有规定的除外”，即一般以权责发生制为基础（如企业购买预付卡时，即使取得了售卡方开具的增值税普通发票，如果未发生实际消费，按权责发生制原则，其支出不得在所得税税前扣除)，但也共存其他原则，如真实发生、确定性等原则。

（2）配比原则。纳税人发生的费用应在费用应配比或应分配的当期申报扣除，不得提前或滞后申报扣除。

（3）确定性原则。纳税人可扣除的费用不论何时支付，其金额必须是确定的。

3）税前扣除范围

企业实际发生的与取得应税收入有关的、合理的支出，包括成本、费用、税金、损失和其他支出，准予在计算应纳税所得额时扣除；除税收法律、行政法规另有规定外，不得重复扣除。

（1）销售成本。销售成本是指企业申报纳税期间已经确认的销售商品，提供劳务服务，转让和处置固定资产、无形资产等的销售成本、销货成本、业务支出以及其他耗费。它与财务会计中的主营业务成本、其他业务成本有密切联系，但不是直接对应的。

（2）期间费用。期间费用是指企业在生产经营过程中发生的直接列入当期损益的费用，包括销售费用、管理费用和财务费用（已经计入成本的有关费用除外）。

（3）税金及附加。税金及附加是指企业实际发生的除所得税和增值税以外的各项税金及附加。

（4）损失。企业在生产经营活动中发生的固定资产和存货的盘亏、毁损、报废损失，转让财产损失，呆账损失，坏账损失，自然灾害等不可抗力因素造成的损失以及其他损失。税前扣除的损失为净损失，即企业的损失是扣除责任人赔偿和保险赔偿后的余额。企业已经作为损失处理的资产，若在以后纳税年度又全部收回或部分收回时，应计入当期应税收入。

（5）其他支出。其他支出是指除成本、费用、税金、损失外，企业经营活动中发生的与取得收入有关的、合理的支出。

4）准予扣除项目及其确认

企业根据会计准则规定已经确认的支出，凡未超过税法和有关税收法规规定的税前扣除范围和标准的，可按其实际确认的支出在税前扣除。超过税前扣除范围和标准的，应进行所得税的纳税调整。

（1）工薪支出

企业发生的合理的工资、薪金支出准予在税前扣除。职工工资、薪金是指企业每一纳税年度支付给在本企业任职或与其有雇佣关系的员工的所有现金或非现金形式的劳动报酬，包括基本工资、奖金、津贴、补贴、年终加薪、加班工资，以及与员工任职或者受雇有关的其他支出。企业雇佣季节工、临时工、实习生、返聘离退休人员以及接受外部劳务派遣用工，也属于企业任职或者受雇员工范畴。企业为其支付的相关费用，可以区分工资薪金支出和职工福利费支出后，准予在税前扣除，其中属于工资薪金支出的，准予计入企业工资薪金总额的基数，作为计算其他各项相关费用扣除的依据。

合理工资、薪金是指企业按照股东大会、董事会、薪酬委员会或相关管理机构制定的工资、薪金制度规定实际发放给员工的工资、薪金。税务机关在对工资、薪金进行合理性确认时，按以下原则判断：① 企业制定了较为规范的员工工资、薪金制度；② 企业所制定的工资、薪金制度符合行业及地区水平；③ 企业在一定时期所发放的工资、薪金是相对固定的，工资、薪金的调整是有序进行的；④ 企业对实际发放的工资、薪金，已依法履行了预扣预缴个人所得税的义务；⑤ 有关工资、薪金的安排，不以减少或逃避税款为目的。

符合合理工薪原则，列入企业员工工薪制度、固定与工资薪金一起发放的福利性补贴，可作为企业发生的工薪支出，按规定在税前扣除。企业在年度所得税汇算清缴结束前向员工实际支付的已预提工资薪金，准予在汇缴年度按规定扣除。按协议（合同）约定直接支付给劳务派遣公司的费用，作为劳务费支出；直接支付给员工个人的费用，作为工薪支出和职工福利费支出，准予计入工薪总额基数，作为计算其他各项相关费用扣除的依据。

（2）职工福利费[①]、工会经费、职工教育经费支出

企业实际发生的满足职工共同需要的集体生活、文化、体育等方面的职工福利费支出，不超过工资薪金总额14%的部分，准予扣除。

企业发生的职工福利费，应该单独设置账册，进行准确核算。没有单独设置账册准确核算的，税务机关应责令企业在规定的期限内进行改正。逾期仍未改正的，税务机关可对企业发生的职工福利费进行合理的核定。

企业拨缴的工会经费，不超过工资薪金总额2%的部分，准予扣除。

企业发生的职工教育经费支出，不超过工薪总额8%的部分，准予扣除；超过部分，可以在以后纳税年度结转扣除。软件企业、集成电路设计企业、动漫企业、核电企业、航空企业的职工培训费用，可按其实际发生额在税前全额扣除。

（3）社会保险费

① 企业按照国务院主管部门或省级人民政府规定的范围和标准为职工缴纳的基本医疗保险费、基本养老保险费、失业保险费、工伤保险费等基本社会保险费和住房公积金，准予税前扣除。

② 企业为本企业任职和受雇的员工支付的补充养老保险费、补充医疗保险费，分别在不超过职工工资总额5%标准内的部分，准予税前扣除；超过部分，不得扣除。

③ 企业按规定为特殊工种职工支付的人身安全保险费和符合规定的商业保险费，准予扣除；但为投资人、一般职工支付的商业保险费，不得扣除。

④ 企业参加的财产保险、责任保险，按规定缴纳的保险费，准予扣除。

（4）公益捐赠支出

公益捐赠支出是企业通过境内公益性社会组织、县级及以上人民政府及其部门等国家机关，向教育、扶贫、济困等公益慈善事业的捐赠支出[②]。在不超过按国家会计制度规定计算的年度会计利润12%的部分，准予在计算应纳税所得额时扣除；超过年度利润总额12%的部分，准予在以后3年内计算应纳税所得额时结转扣除。2019年1月1日至2025年12月31日，目标扶贫地区的扶贫捐赠支出，准予在计算应纳税所得额时据实扣除（全额扣除）。

企业发生的公益捐赠支出未在当年税前扣除的部分，准予向以后年度结转扣除，结转年限自捐赠发生年度的次年起计算最长不得超过3年。

企业在计算扣除时，应先扣除以前年度结转的捐赠支出，再扣除当年发生的捐赠支出。

【例7-2】AB公司某年度会计利润总额为600万元，向市慈善基金会捐赠其子公司10%的股权，该股权公允价值240万元，成本200万元，企业已将成本金额记入“营业外

① 职工福利费包括：（1）尚未实行分离办社会职能的企业，其内设福利部门所发生的设备、设施和人员费用，包括职工食堂、职工浴室、理发室、医务所、托儿所、疗养院等集体福利部门的设备、设施及维修保养费用和福利部门工作人员的工资薪金、社会保险费、住房公积金、劳务费等。（2）为职工卫生保健、生活、住房、交通（包括车改补贴）等所发放的各项补贴和非货币性福利，包括企业向职工发放的因公外地就医费用、未实行医疗统筹企业职工医疗费用、职工供养直系亲属医疗补贴、供暖费补贴、职工防暑降温费、职工困难补贴、救济费、职工食堂经费补贴、职工交通补贴等。（3）按照其他规定发生的其他职工福利费，包括丧葬补助费、抚恤费、安家费、探亲假路费等。

② “公益捐赠”的界定也适用于个人所得税，但公益捐赠主体为“个人”。

支出”。

假定不存在其他纳税调整事项，该公司实际捐赠支出为200万元，捐赠的扣除限额为72万元（600×12%），调增应纳税所得额128万元（200−72），视同销售收入200万元，视同销售成本200万元。该公司年度应交企业所得税182万元（（600+128）×25%）。

如果该公司不是向公益性社会团体捐赠，而是通过区政府向某小学捐赠，则该公司视同销售收入为240万元，视同销售成本为200万元，应纳税所得额40万元（240−200）。公司年度应交企业所得税192万元（（600+128+40）×25%）。

（5）利息费用

企业在生产经营活动中发生的、与收入有关的下列利息支出，准予扣除：

①非金融企业向金融企业借款的利息支出、金融企业的各项存款利息支出和同业拆借利息支出、企业经批准发行债券的利息支出[①]。

②非金融企业向非金融企业、股东或其他与企业有关联关系的自然人、向内部职工或其他人员[②]借款的利息支出，在债权性投资与权益性投资比例不超过2∶1的基础上，不超过按照金融企业同期同类贷款利率[③]计算的数额的部分。假设某企业权益性投资额为5 000万元，向自然人（或关联方）借款15 000万元，在计算利息扣除时，只允许按10 000万元乘以金融企业同期同类贷款利率计算的利息在税前扣除。金融企业与关联方借款，债资比不超过5∶1部分的利息支出准予扣除。

③对于采用实际利率法确认的与金融负债相关的利息费用，未超过同期银行贷款利率的部分，可在计算当期应纳税所得额时扣除，超过的部分不得扣除。

④投资人投资未到位而发生的利息支出。投资人在规定期限内未缴足其应投资本额的，其应投资本额与实投资本额的差额应支付的利息，不属于企业合理的支出，应由投资人负担，企业不得在税前扣除。假如某企业注册资本3 000万元，投资人先投入1 800万元，尚欠1 200万元。该年度企业向银行借款1 500万元，支付借款利息90万元。不得扣除的借款利息为72万元（90×1 200÷1 500），允许扣除的利息支出18万元（90−72）。

（6）汇兑损失

企业在货币交易中，以及纳税年度终了时将人民币以外的货币性资产、负债按照期末即期人民币汇率中间价折算为人民币时产生的汇兑损失，除已经计入有关资产成本以及与向所有者进行利润分配相关的部分外，准予扣除。

（7）借款费用

企业在生产经营活动中发生的合理的不需要资本化的借款费用，准予在税前扣除。

企业为购置、建造固定资产、无形资产和经过12个月以上的建造才能达到预定可销售状态的存货而发生的借款，在有关资产购置、建造期间发生的合理的借款费用，符合会计准则规定的资本化条件的，应作为资本性支出计入相关资产的成本；日后按税法规定计算的折旧等成本费用，可在税前扣除。有关资产竣工结算并交付使用后或达到预定可销售状态后发生的合理的借款费用，可在发生当期扣除。

---

① 符合资本化条件的，应计入相关资产成本。

② 企业与个人之间的借贷是真实、合法、有效的，并且不具有非法集资目的或其他违反法律、法规的行为；企业与个人之间签订了借款合同。

③ 企业按合同要求首次支付利息并进行税前扣除时，应提供金融企业的同期同类贷款利率情况说明，以证明其利息支出的合理性。

企业通过发行债券、取得贷款、吸收保户储金等方式融资而发生的合理的费用支出（包括手续费及佣金支出），符合资本化条件的，应计入相关资产成本；不符合资本化条件的，作为财务费用，准予在企业所得税前据实扣除。

（8）业务招待费

企业实际发生的与生产经营活动有关的业务招待费，按照实际发生额的60%扣除，但最高不得超过当年销售（营业）收入额（含视同销售收入额）的5‰。

从事股权投资业务的企业（包括集团公司总部、创业投资企业等），从被投资企业所分配的股息、红利以及股权转让收入，可以按规定比例计算业务招待费扣除限额。

（9）广告费和业务宣传费

企业发生的符合条件的广告费和业务宣传费支出，除国务院财政、税务主管部门另有规定外，不超过当年销售收入额（含视同销售收入额和创投企业的投资收益，但不包括营业外收入和非创投企业的投资收益）15%的部分，准予扣除；超过部分，准予在以后纳税年度结转扣除。化妆品制造或销售、医药制造和饮料制造（不含酒类制造）企业发生的广告费和业务宣传费支出，不超过当年销售收入30%的部分，准予扣除；超过部分，准予在以后纳税年度结转扣除。

烟草企业的烟草广告费和业务宣传费支出，一律不得在计算应纳税所得额时扣除。

企业申报的广告费支出，必须符合以下条件：广告是通过工商部门批准的专门机构制作的；已实际支付，并已取得相应发票；通过一定的媒体传播。

【例7-3】某公司上年设立时发生筹办费用15万元，其中业务招待费3万元、广告费和业务宣传费4.5万元。当年1月开始经营，全年实现营业收入1 500万元，实际支出业务招待费10.5万元，广告费和业务宣传费240万元。当年，公司应如何进行企业所得税纳税调整？

根据有关规定，企业筹办期间发生的筹办费用支出，不得计算为当期的亏损，即不作纳税调整。对于开（筹）办费用，企业可以在开始经营之日的当年一次性扣除，也可以作为长期待摊费用处理，但一经选定，不得改变。

当年1月，该公司开始经营，筹办费在1月份一次性扣除。当年，企业实际发生业务招待费10.5万元，共列支业务招待费13.5万元（3+10.5）。准予税前扣除的业务招待费计算如下：

①准予扣除的筹办期业务招待费。

准予扣除的筹办期业务招待费=3×60%=1.8（万元）

②当年准予扣除的业务招待费。

扣除限额=1 500×0.5%=7.5（万元）

扣除金额=10.5×60%=6.3（万元）

扣除金额小于扣除限额，当年准予税前扣除的业务招待费金额是6.3万元，加上准予扣除的筹办期的业务招待费1.8万元，共计8.1万元。应纳税调增金额是5.4万元（13.5−8.1）。

当年实际发生广告费和业务宣传费240万元，共列支广告费和业务宣传费244.5万元（4.5+240）。准予税前扣除的广告和业务宣传费计算如下：

① 准予扣除的筹办期广告费和业务宣传费4.5万元。

② 当年准予扣除的广告费和业务宣传费限额为225万元（1 500×15%），超过限额的15万元可以结转以后年度扣除。

加上准予扣除的筹办期广告费和业务宣传费4.5万元，共计229.5万元。应纳税调增金额是15万元（240-225或244.5-229.5）。

（10）固定资产折旧费用

企业按照规定计算的固定资产折旧，准予扣除。下列固定资产不得计算折旧扣除：① 房屋、建筑物以外未投入使用的固定资产；② 以经营租赁方式租入的固定资产；③ 以融资租赁方式租出的固定资产；④ 已足额提取折旧仍继续使用的固定资产；⑤ 与经营活动无关的固定资产；⑥ 单独估价作为固定资产入账的土地；⑦ 其他不得计算折旧扣除的固定资产。

（11）无形资产摊销费用

企业按照规定计算的无形资产摊销费用，准予扣除。下列无形资产不得计算摊销费用扣除：① 自行开发的支出已在计算应纳税所得额时扣除的无形资产；② 自创商誉；③ 与经营活动无关的无形资产；④ 其他不得计算摊销费用扣除的无形资产。

（12）长期待摊费用

企业发生的下列支出作为长期待摊费用按照规定摊销的，准予扣除：① 已足额提取折旧的固定资产的改建支出；② 租入固定资产的改建支出；③ 固定资产的大修理支出；④ 其他应当作为长期待摊费用的支出，如企业在筹建期间发生的开（筹）办费[①]等。

（13）资产损失

企业当期发生的固定资产和流动资产盘亏、毁损净损失，提供清查盘存资料，向主管税务机关备案后，准予扣除；企业因存货盘亏、毁损、报废等原因不得从销项税额中抵扣的进项税金，视同财产损失，准予与存货损失一起扣除。

（14）环境保护专项资金

企业按照国家法律、行政法规有关规定提取的用于环境保护、生态恢复等的专项资金，准予扣除；提取资金后改变用途的，不得扣除；已经扣除的，应计入当期应纳税所得额。

（15）租赁费

企业根据生产经营的需要租入固定资产所支付的租赁费，按下列办法扣除：① 以经营租赁方式租入固定资产发生的租赁费支出，按照租赁期限均匀扣除；② 以融资租赁方式租入固定资产发生的租赁费支出，按照规定构成融资租入固定资产价值的部分应当提取折旧费用分期扣除。

（16）劳动保护费

企业实际发生的合理的劳动保护支出，准予扣除。劳动保护支出是指确因工作需要为雇员配备或提供工作服、手套、安全保护用品、防暑降温用品等所发生的支出。

（17）手续费及佣金支出

佣金是在合法的商业活动中，支付给中间商、经纪人、代理商、掮客等中间人的合法劳动报酬。① 保险企业发生与其经营活动有关的手续费及佣金支出，不超过当年全部保

① 开（筹）办费，既可以作为长期待摊费用处理，也可以在开始经营之日的当年一次性扣除，但一经确定，不得改变。企业筹办期发生的业务招待费按其实际发生额的60%、广告费和业务宣传费按其实际发生额，计入筹办费。

费收入扣除退保金等后余额的18%（含本数）的部分，在计算应纳税所得额时准予扣除；超过部分，允许结转以后年度扣除。② 企业应与具有合法经营资格中介服务企业或个人签订代办协议或合同，并按国家有关规定支付手续费及佣金。除委托个人代理外，企业以现金等非转账方式支付的手续费及佣金不得在税前扣除。企业为发行权益性证券支付给有关证券承销机构的手续费及佣金不得在税前扣除。③ 企业不得将回扣、业务提成、返利、进场费计入手续费及佣金支出。④ 企业已计入固定资产、无形资产等相关资产的手续费及佣金支出，应当通过折旧、摊销等方式分期扣除，不得在发生当期直接扣除。⑤ 企业支付的手续费及佣金不得直接冲减服务协议或合同金额，并如实入账。⑥ 企业应当如实向当地主管税务机关提供当年手续费及佣金计算分配表和其他相关资料，并依法取得合法真实凭证。

（18）总机构分摊的费用

非居民企业在中国境内设立的机构、场所的费用就其中国境外总机构发生的与该机构、场所生产经营有关的费用，能够提供总机构出具的费用汇集范围、定额、分配依据和方法等证明文件，并合理分摊的，准予扣除。

（19）其他项目

根据有关法律、行政法规及有关税法规定准予扣除的其他项目，如会员费、合更少的会议费、差旅费、违约金、诉讼费用等。

5）以前年度发生的资产损失和应扣未扣支出的处理

（1）追补确认期限

企业以前年度发生的资产损失未能在当年税前扣除的，可按规定向税务机关说明并进行专项申报扣除。其中，属于实际资产损失的，准予追补至该项损失发生年度扣除，其追补确认期限一般不得超过5年，但因计划经济体制转轨过程中遗留的资产损失、企业重组上市过程中因权属不清出现争议而未能及时扣除的资产损失、因承担国家政策性任务而形成的资产损失以及政策定性不明确而形成资产损失等特殊原因形成的资产损失，其追补确认期限经国家税务总局批准后可适当延长。

对企业发现以前年度实际发生的、按照税收规定应在企业所得税前扣除而未扣除或者少扣除的支出，企业做出专项申报及说明后，准予追补至该项目发生年度计算扣除，追补确认期限不得超过5年。

（2）多缴税款的抵退

企业因以前年度实际资产损失未在税前扣除而多缴的企业所得税税款，可在追补确认年度企业所得税应纳税款中予以抵扣，不足抵扣的，可在以后年度递延抵扣，但不能退税。

企业实际资产损失发生年度扣除追补确认的损失后出现亏损的，应先调整资产损失发生年度的亏损额，再按弥补亏损的原则计算以后年度多缴的企业所得税税款，并按规定进行税务处理。亏损企业追补确认以前年度未在企业所得税前扣除的支出，或盈利企业经过追补确认后出现亏损的，应首先调整该项支出所属年度的亏损额，然后再按照弥补亏损的原则计算以后年度多缴的企业所得税款，并按前款规定处理。

（3）纳税申报

企业在进行企业所得税年度汇算清缴申报时，可将资产损失、应扣未扣支出申报材料和纳税资料作为企业所得税年度纳税申报表的附件一并向税务机关报送。企业资产损失、应扣未扣支出按其申报内容和要求的不同，分为清单申报和专项申报两种申报方式。其中，属于清单申报的，企业可按会计核算账户进行归类、汇总，然后再将汇总清单报送税务机关，有关会计核算资料和纳税资料留存备查；属于专项申报的，企业应逐项（或逐笔）报送申请报告，同时附送会计核算资料及其他相关的纳税资料。

（4）有关会计处理

《会计法》规定，企业不得随意改变费用、成本的确认标准或者计量方法，虚列、多列、不列或者少列费用、成本，不得提前或推迟确认企业的成本、费用、收入等。在对此类事项进行会计处理时，除涉及税法外，还涉及会计政策、会计估计变更和差错更正、资产负债表日后事项、所得税等项企业会计准则。存在财税差异的，财务会计应按资产负债表债务法，确认暂时性差异，以很可能获得用来抵扣可抵扣亏损和税款抵减的未来应纳税所得额为限，确认相应的递延所得税资产。

【例 7-4】某制造企业系一般纳税人，假设其近4年各年的会计利润与其每年的应纳税所得额相同，各年应纳税所得额依次如下：第1年104万元，第2年-300万元，第3年560万元，第4年880万元。企业在第4年内审时，发现以下问题。

①第1年，企业将一批自制产品（成本为120万元，同类不含增值税公允价格为200万元）全部通过政府机关对外捐赠，用于地震灾害后重建，该企业当时会计处理如下：

借：营业外支出	1 460 000	
贷：库存商品		1 200 000
应交税费——应交增值税（销项税额）		260 000

经审查，其会计处理正确，但第1年汇算清缴时，对外捐赠只调整了视同销售的应纳税所得额：确认视同销售收入200万元、视同销售成本120万元，调增视同销售所得80万元，但忽视了对外捐赠支出的税前扣除。

②第3年汇算清缴时，应扣未扣研发费的加计扣除金额为100万元（企业所得税税率为25%，不考虑税费附加）。

纳税调整如下：

①根据有关规定，企业发生为地震灾后重建的捐赠支出，可以据实全额扣除。

第1年对外捐赠支出146万元，可以全额在税前扣除，但企业当年未扣除，到第4年末，未超过5年的追补确认期，可以向主管税务机关进行专项申报和说明后进行扣除，第1年实际亏损为42万元（146-104）。

第3年，应扣未扣研发费的加计扣除金额为100万元，符合税法规定，允许追补扣除。

②计算多缴税款。

第1年多缴税款=104×25%=26（万元）

第3年加计扣除研发费、弥补以前年度亏损后，实际应纳税所得额为118万元（560-300-42-100）。

第3年多缴税款=（42+100）×25%=35.5（万元）

第4年应缴所得税额=880×25%=220（万元）

该企业第1年与第3年应扣未扣支出未在税前扣除而多缴的企业所得税款为61.5万元（26+35.5），可以在第4年度企业应缴企业所得税220万元中予以抵扣。第4年，实际应缴所得税款为158.5万元（220−61.5）。

③根据职业判断，以前年度未扣支出对企业所得税的影响，不属于重要的前期差错，无须做递延所得税的追溯调整。即第1年捐赠支出造成的实际亏损，不需要调整“以前年度损益调整”和“递延所得税资产”，第1年和第3年多缴税款全部作为第4年会计差错进行会计处理。

第4年应缴所得税的账务处理：

借：所得税费用　　　　1 585 000

　贷：应交税费——应交企业所得税　　　　1 585 000

6）不得扣除项目

（1）不得扣除的基本项目，具体包括：①向投资者支付的股息、红利等权益性投资收益款项；②企业所得税税款；③税收滞纳金；④罚金、罚款和被没收的违法所得[①]；⑤不属于公益性捐赠规定条件的捐赠支出；⑥赞助支出（即企业发生的各种与生产经营活动无关的非广告性质的支出）；⑦未经核定的准备金支出[②]；⑧因特别纳税调整而被加收的利息支出；⑨企业以其取得的不征税收入用于支出所形成的费用或资产（包括对资产计提的折旧、摊销）不得在税前扣除，但企业取得的各项免税收入所对应的各项成本费用，除另有规定者外，可以在计算企业应纳税所得额时扣除；⑩与取得收入无关的其他支出。

例如，某企业某年收到市财政局拨付的技术创新基金1 000万元（符合不征税收入的确认条件），收到时，已经记入“营业外收入”账户。该企业当年的收入总额为80 000万元（含不征税收入1 000万元），根据税法进行所得税纳税调整后，全年应税所得额为10 000万元。不征税收入用于的各项支出无法与应税收入所发生的支出划分清楚。企业在进行所得税汇算清缴时，如何计算不征税收入所形成的支出额，并正确填制所得税纳税申报表及其附表A105000。

假设“企业当年的支出总额”为X，收入总额−X=应纳税所得额，X=收入总额−应纳税所得额。由于“收入总额”中含“不征税收入”1 000万元，因此，

企业当年的支出总额=收入总额−不征税收入−应纳税所得额

=80 000−（10 000+1 000）=69 000（万元）

不征税收入所形成的支出=1 000÷80 000×69 000=862.5（万元）

企业应将不征税收入及其所形成的支出，分别填入企业所得税年度纳税申报表附表A105000的第8、9行和第24、25行。

如果该企业年度纳税调整后所得额是负数（亏损），若不考虑不征税收入的影响，扣除项目会大于应税总收入。这时，不征税收入所形成的支出最多与其收入相等，不应出现支出大于收入的情况，即当年不征税收入所形成的支出应为1 000万元。

（2）其他不得扣除项目。企业之间支付的管理费、企业内营业机构之间支付的租金和特许权使用费，以及非银行企业内营业机构之间支付的利息，不得扣除。企业对外投资期间，投资资产的成本在计算应纳税所得额时不得扣除。

（3）企业发生的与其经营活动有关的合理的费用，税务机关要求提供证明资料的，应提供能够证明其真实性的合法凭证，否则不得在税前扣除。

---

①　这是指行政机关依法没收的违法行为人取得的违法所得财物，不包括纳税人被没收财物的损失，如按经济合同规定支付的违约金、银行罚息、诉讼费等经营性罚款。

②　经国务院财政、税务主管部门批准（规定期限、规定比例限额）的准备金支出除外。

7）企业亏损的确认和弥补

（1）亏损的确认计量。亏损企业年度收入总额减去不征税收入、免税收入和各项税前扣除额后的余额为负数的金额。不征税收入和免税收入是指毛收入，其金额必然大于零；在计算亏损时，不减去免税所得大于零，以及税前扣除受盈利限制的加计扣除额，此类扣除额最多是将应纳税所得额扣除到零为止。

例如，某企业某年实现利润50万元。其中，收入1 000万元，成本费用950万元，包括技术转让所得100万元（收入500万元，成本费用400万元）。假设没有其他纳税调整项目，该企业当年应纳税所得额为-50万元（（1 000-500）-（950-400））。按照纳税申报表的要求，企业当年应纳税所得额为-50万元（50-100）。

（2）亏损弥补的期限。企业纳税年度发生的应税亏损，准予在以后年度以应税所得弥补，弥补年限不得超过5年；弥补年限连续计算，不得因弥补期间发生亏损而顺延。应税项目所得与减免税项目所得盈亏可以互相弥补。具备高新技术企业或科技型中小企业资格的企业，国家鼓励的集成电路企业，其具备资格年度之前5个年度发生的尚未弥补完的亏损，准予结转以后年度弥补，最长结转年限为10年。

（3）亏损弥补的特殊问题。

①企业合并。被合并企业的亏损不得在合并企业结转弥补，但企业股东在该企业合并发生时取得的股权支付金额不低于其交易支付总额的85%，以及同一控制下且不需要支付对价的企业合并，可以按下式计算：

$$\text{可由合并企业弥补的被合并企业亏损的限额}=\text{被合并企业净资产公允价值}\times\text{截至合并业务发生当年年末国家发行的最长期限的国债利率}$$

②企业分立。相关企业的亏损不得相互结转弥补，但被分立企业所有股东按原持股比例取得分立企业的股权，分立企业和被分立企业均不改变原来的实质经营活动，且被分立企业股东在该企业分立发生时取得的股权支付金额不低于其交易支付总额的85%，可以按以下规定处理：被分立企业未超过法定弥补期限的亏损额可按分立资产占全部资产的比例进行分配，由分立企业继续弥补。

③免税项目。如果一个企业既有应税项目，又有免税项目，其应税项目发生亏损时，按照规定可以结转以后年度弥补的亏损，应该是冲抵免税项目所得后的余额。如果应税项目有所得，但不足弥补以前年度亏损的，免税项目的所得也应用于弥补以前年度亏损。

（4）弥补亏损的特定问题。

① 纳税人弥补以前年度亏损时，先到期亏损先弥补，同时到期亏损先发生的先弥补。

② 如果企业当期有境外所得，可以用其弥补境内以前年度亏损。如果企业境外所得来自多个国家，弥补境内亏损时，可以自行选择弥补境内亏损的境外所得来源国家（地区）顺序。

【小思考7-3】税前扣除的原则是：

（1）与企业的生产经营有关

（2）与企业取得的收入相关

【答案】（2）

7.2.3 资产的所得税处理

1）资产的计税基础

税法中界定的资产是以资本投资而形成的财产。对资本性支出以及无形资产受让，开办、开发费用，不允许作为成本、费用一次性在税前扣除，应按折旧费用、摊销费用方式分次扣除。作为所得税处理的资产，包括固定资产、生物资产、无形资产、长期待摊费用、投资资产、存货等。

企业所得税法中用的"计税基础"与会计准则中的"计税基础"不同。在税务会计中，资产的计税基础是指企业取得某项资产时实际发生的支出。除盘盈固定资产外，企业的各项资产均应以历史成本为计税基础。企业持有各项资产期间资产增值或减值，除国务院财政、税务主管部门规定可以确认损益外，不得调整资产的计税基础。企业不能提供资产取得或持有时的支出以及税前扣除有效凭证的，税务机关有权采用合理方法估定其净值。资产的净值是指企业按税法规定确定的资产的计税基础扣除按税法规定计提的资产折旧、摊销、折耗、呆账准备后的余额。

2）固定资产的所得税处理

固定资产是企业为生产产品、提供劳务、出租或经营管理而持有的、使用时间超过12个月（不含12个月）的非货币性资产，包括房屋、建筑物、机器、机械、运输工具以及其他与生产经营有关的设备、器具、工具等。

（1）固定资产的计税基础。

① 外购的固定资产，以购买价款和支付的相关税费以及直接归属于使该资产达到预定用途发生的其他支出为计税基础。

② 自行建造的固定资产，以竣工结算前发生的支出为计税基础。

③ 企业固定资产投入使用后，由于工程款项尚未结清未取得全额发票的，可暂按合同规定的金额计入固定资产计税基础计提折旧，待发票取得后进行调整（该项调整应在固定资产投入使用后12个月内进行）。

④ 融资租入的固定资产，以租赁合同约定的付款总额和承租人在签订租赁合同过程中发生的相关费用为计税基础，租赁合同未约定付款总额的，以该资产的公允价值和承租人在签订租赁合同过程中发生的相关费用为计税基础。

⑤ 盘盈的固定资产，以同类固定资产的重置完全价值为计税基础。

⑥ 通过捐赠、投资、非货币性资产交换、债务重组等方式取得的固定资产，以该资产的公允价值和支付的相关税费为计税基础。

⑦ 改建的固定资产，除已足额提取折旧的固定资产的改建支出、租入固定资产的改建支出外，以改建过程中发生的改建支出增加计税基础。

（2）固定资产的折旧。固定资产按照直线法计算的折旧，准予税前扣除。企业应当从固定资产使用月份的次月起计算折旧；停止使用的固定资产，应当自停止使用月份的次月起停止计算折旧。企业应当根据固定资产的性质和使用情况，合理确定固定资产的预计净残值。固定资产的预计净残值一经确定，不得变更。

（3）固定资产的折旧年限。除国务院财政、税务主管部门另有规定外，固定资产计算折旧的最短年限如下：①房屋、建筑物，20年；②飞机、火车、轮船、机器、机械和其他生产设备，10年；③与企业生产经营活动有关的器具、工具、家具等，5年；④飞机、火车、轮船以外的运输工具，4年；⑤电子设备，3年。

（4）不得计提折旧的固定资产，具体包括：①房屋、建筑物以外未投入使用的固定资产；②以经营租赁方式租入的固定资产；③以融资租赁方式租出的固定资产；④已足额提取折旧仍继续使用的固定资产；⑤与经营活动无关的固定资产；⑥单独估价作为固定资产入账的土地；⑦其他不得计算折旧扣除的固定资产。

（5）固定资产的改建支出。固定资产的改建支出是指企业改变房屋、建筑物结构，延长使用年限等发生的支出。已足额提取折旧的固定资产的改建支出，按照固定资产预计尚可使用年限分期摊销；租入固定资产的改建支出，按照合同约定的剩余租赁期限分期摊销。改建的固定资产延长使用年限的，除已足额提取折旧的固定资产的改建支出、租入固定资产的改建支出外，应当适当延长折旧年限。

（6）固定资产的大修理支出。固定资产的大修理支出是指同时符合以下条件的支出：①修理支出达到取得固定资产时的计税基础的50%以上；②发生修理后固定资产的使用寿命延长2年以上。固定资产的大修理支出，按照固定资产尚可使用年限分期摊销。

（7）长期待摊费用的摊销。长期待摊费用的支出，应自支出发生的次月起分期摊销，摊销年限不得少于3年。

3）递耗资产的所得税处理

从事开采石油、天然气等资源的企业所发生的矿区权益和勘探费用可以在已经开始商业性生产后的不少于2年的期限内分期计提折耗。

从事开采石油资源的企业，在开发阶段的费用支出和在采油气井上建造和安装的不可移作他用的建筑物、设备等固定资产，以油气井、矿区或油气田为单位，按以下方法和年限计提的折耗准予扣除：①以油气井、矿区或油气田为单位，按照直线法综合计提折耗，折耗年限不少于6年；②以油气井、矿区或油气田为单位，按可采储量和产量法综合计提折耗。采取上述方法计提折耗的，可以不留残值，从油气井或油气田开始商业性生产月份的次月起计提折耗。

4）生产性生物资产的所得税处理

生产性生物资产是企业为生产农产品、提供劳务或者出租等而持有的生物资产，包括经济林、薪炭林、产畜和役畜等。

（1）生产性生物资产的计税基础。

生产性生物资产按照实际发生的支出作为计税基础。

具体确认方法如下：①外购的生产性生物资产，以购买价款和支付的相关税费为计税基础；②通过捐赠、投资、非货币性资产交换、债务重组等方式取得的生产性生物资产，以该资产的公允价值和支付的相关税费为计税基础。

（2）生产性生物资产的折旧。生产性生物资产按照直线法计提的折旧，准予扣除。

企业应当自生产性生物资产投入使用月份的次月起计提折旧；停止使用的生产性生物资产，应当自停止使用月份的次月起停止计提折旧。

企业应当根据生产性生物资产的性质和使用情况，合理确定生产性生物资产的预计净残值。生产性生物资产的预计净残值一经确定，不得变更。

（3）生产性生物资产的折旧年限。生产性生物资产计算折旧的最低年限如下：①林木类生产性生物资产为10年；②畜类生产性生物资产为3年。

5）无形资产的所得税处理

无形资产是企业为生产产品、提供劳务、出租或者经营管理而持有的、没有实物形态的非货币性长期资产，包括专利权、商标权、著作权、土地使用权、非专利技术等。

（1）无形资产的计税基础。

无形资产按取得时的实际支出作为计税基础。

具体确认方法如下：①外购的无形资产，以购买价款和支付的相关税费以及直接归属于使该资产达到预定用途发生的其他支出为计税基础；②自行开发的无形资产，以开发过程中该资产符合资本化条件后至达到预定用途前发生的支出为计税基础；③通过捐赠、投资、非货币性资产交换、债务重组等方式取得的无形资产，以该资产的公允价值和支付的相关税费为计税基础。

（2）无形资产的价值摊销。无形资产按照直线法计算的摊销费用，准予扣除。无形资产的摊销年限不得低于10年。作为投资或者受让的无形资产，有关法律规定或合同约定了使用年限的，可以按照规定或者约定的使用年限分期摊销。外购商誉的支出在企业整体转让或清算时准予税前扣除。

6）投资资产的所得税处理

投资资产是指企业对外进行权益性投资和债权性投资形成的资产。企业在转让或者处置投资资产时，投资资产的成本，准予从转让该资产的收入中扣除[①]。

投资资产按发生的实际支出作为计税基础，具体确认方法如下：①通过支付现金方式取得的投资资产，以购买价款为成本；②通过支付现金以外的方式取得的投资资产，以该资产的公允价值和支付的相关税费为成本。

7）存货的所得税处理

存货是企业持有以备出售的产品或商品、处在生产过程中的在产品、在生产过程或提供劳务过程中耗用的材料和物料等。

（1）存货的计税基础。

企业存货应按取得时的实际支出作为计税基础。

具体确认方法如下：①通过支付现金方式取得的存货，以购买价款和支付的相关税费为成本；②通过支付现金以外的方式取得的存货，以该存货的公允价值和支付的相关税费为成本；③生产性生物资产收获的农产品，以产出或者采收过程中发生的材料费、人工费和分摊的间接费用等必要支出为成本。

（2）存货的计价方法。企业各项存货的使用或者销售，其实际成本的计算方法可以在先进先出法、加权平均法、个别计价法中选用一种。计价方法一经选用，不得随意改变。

8）非货币性资产投资的所得税处理

实行查账征收的居民企业以非货币性资产对外投资确认的非货币性资产转让所得，可

---

① 企业对外投资的成本在对外转让或处置前不得扣除。

自确认非货币性资产转让收入年度起不超过连续5个纳税年度的期间内，分期均匀计入相应年度的应纳税所得额，按规定计算缴纳企业所得税。非货币性资产投资同时符合多项政策的，企业可选择其中一项最优政策执行。一经选择，不得改变。

关联企业之间发生的非货币性资产投资行为，投资协议生效后12个月内尚未完成股权变更登记手续的，于投资协议生效时，确认非货币性资产转让收入。

企业以非货币性资产对外投资而取得被投资企业的股权，应以非货币性资产的原计税成本为计税基础，加上每年确认的非货币性资产转让所得，逐年进行调整。被投资企业取得非货币性资产的计税基础，应按非货币性资产的公允价值确定。

企业在对外投资5年内转让上述股权或投资收回的，应停止执行递延纳税政策，并就递延期内尚未确认的非货币性资产转让所得，在转让股权或投资收回当年的企业所得税年度汇算清缴时，一次性计算缴纳企业所得税；企业在计算股权转让所得时，可按上述规定将股权的计税基础一次调整到位。对外投资5年内注销的，应停止执行递延纳税政策，并就递延期内尚未确认的非货币性资产转让所得，在注销当年的企业所得税年度汇算清缴时，一次性计算缴纳企业所得税。

7.2.4 应交企业所得税的计算

1）应纳税所得额的确定原则

（1）权责发生制原则

企业应纳税所得额的确定，一般应以权责发生制为基础。在一般情况下，企业所得税的纳税主体与会计核算主体是一致的，应纳税所得额的计算以财务会计核算的结果为基础，因而应纳税所得额的计算也采用了会计核算中的基本原则——权责发生制。

企业经济活动导致其实际获取或拥有对某一利益的控制权时，就表明企业已经产生应税收入，而与成本、费用对应的付款责任实际发生时，相关成本、费用也应允许从应税收入中减去，得出的应纳税所得额就是企业所得税的计税依据。

权责发生制原则与税前扣除的真实性原则并不矛盾。真实性是税前扣除的基本前提，除税法规定的研发费用支出和特定人员工资支出可以实行加计扣除外，一项费用只有确属已经真实发生，方可进行税前扣除。“真实发生”并非实际支付的概念，某些尚未支付但确属企业当期应该负担的费用，只要企业能够提供适当的凭据，就可以认定其已经真实发生，当期可以扣除。反之，即使是当期已经实际支付的费用，如果不属于企业当期应该承担的费用，也不应被看作企业当期已真实发生的费用，当期不得扣除。因此，对税前扣除真实性原则的阐释与权责发生制原则是不矛盾的。

（2）税法优先原则

税法优先原则是指企业在计算应纳税所得额时，企业财务、会计处理办法同税收法律、行政法规的规定不一致的，应当依照税收法律、行政法规的规定进行纳税调整，并据调整后的应纳税所得额计算缴税。

①税务会计与财务会计的适度分离。

由于税法（通过税务会计，下同）与财务会计目标不同，导致两者在某些规定上应适度分离。财务会计目标是真实、准确、完整地反映企业财务状况、经营成果和现金流量，为会计报表使用者提供决策有用的信息。税法的主要目的是及时足额地为国家筹集财政资金，对社会和经济发展进行适当调节，保护纳税人的合法权益，其根本点在于防止企业少计应税所得、少缴所得税。

税法与财务会计两者遵循的原则不能兼容。绝大多数国家认为，作为财务会计基础的典型惯例并不能完全适用于征税的实际需要。如财务会计确认收入要充分估计将来承担的义务或潜在义务，以确保能够准确反映一个经济实体真正的长期获利能力。

根据风险自担的原则，国家已经赋予经营实体有限责任的法律保护，除此之外的经营风险，国家将不予承担；否则，将导致风险程度不同的纳税人的税收负担不公平。

由于目标和原则的差异带来了税法与财务会计的适度分离，致使按税法规定应该确认为收入的，在财务会计中可以不确认为收入，而按税法规定不应该确认为费用的，财务会计却可能确认为费用；或者出现相反的情况。这种适度分离有其客观性和必然性。

②税务会计与财务会计差异的协调。

税法具有独立的法律效力，而会计规范则往往不具有法律效力。在处理税法与财务会计的冲突时，一般是采取协调的方式，除了无法协调的情况应遵循税法优先原则外，应尽可能减少税法与会计准则的差异，降低税收管理成本和税法遵从成本。

从提高税法的可操作性而言，财务会计无疑为税务会计提供了一个基点。也就是说，税法不是确定税务会计规则的唯一依据，如果会计准则能够更好地反映纳税人在纳税年度取得的应税所得，也可以从这些准则中获得一些框架性和原则性支持。

对于企业财务会计处理办法有规定，而税收法律、行政法规没有规定的，总体处理原则是按照已有的财务会计规定处理。这样，既有利于缩小和协调税法与财务会计的差异，也有利于降低纳税人财务核算成本、纳税遵从成本和降低税务机关的管理成本。

2）居民企业及在我国境内设立机构场所的非居民企业应纳税所得额的计算

企业应当建立健全会计制度，并按照税法规定正确计算应纳税所得额。

企业应纳税所得额的计算有直接计算法和间接计算法两种。直接计算法是按税法规定直接计算应纳税所得额的方法，即按税法规定的应税收入减去税法规定允许税前扣除项目金额计算应纳税所得额；间接计算法即在财务会计计算的账面利润（利润总额）的基础上，加减纳税调整项目金额，间接计算应纳税所得额的方法。

直接计算法的计算公式如下：

$$\text{应纳税所得额}=\text{收入总额}-\text{不征税收入}-\text{减免税收入}-\text{扣除费用金额}-\text{抵扣和减免所得、弥补以前年度亏损额}$$

对征纳双方来说，企业所得税的直接计算法成本较高。因此，在企业所得税的年度纳税申报（A类）时，一般采用间接计算法，即在财务会计“利润总额”的基础上，再按税法规定调整计算应纳税所得额，其计算公式如下：

$$\text{纳税调整后所得}=\text{利润总额}-\text{境外所得}\pm\text{纳税调整额}-\text{免税、减计收入及加计扣除}+\text{境外应税所得抵减境内亏损额}$$

应纳税所得额=纳税调整后所得-所得减免-弥补以前年度亏损-抵扣应纳税所得额

3）居民企业及在我国境内设立机构场所的非居民企业应纳税额的计算

企业的应纳税所得额乘以适用税率为应纳所得税额，再减去按税法规定的减免税额和抵免税额后的余额为应纳税额。其计算公式为：

应纳税额=应纳所得税额-减免所得税额-抵免所得税额

公式中的减免所得税额和抵免所得税额，是指根据税法规定减征、免征和抵免的所得税额。

【例7-5】某国家重点扶持的高新技术企业，某年度实现税前收入总额2 000万元（其中，包括产品销售收入1 800万元、购买国库券利息收入100万元），发生各项成本费用共计1 000万元，其中包括：合理的工资、薪金总额200万元，业务招待费100万元，职工福利费50万元，职工教育经费20万元，工会经费10万元，税收滞纳金10万元，提取的各项准备金支出100万元；企业当年购置环境保护专用设备500万元，购置完毕即投入使用；另外，有税前未弥补亏损44万元。该企业当年应交企业所得税是多少？

（1）计算企业的应税收入总额：

应税收入总额=2 000-100=1 900（万元）

（2）计算企业税前准予扣除项目的金额：

合理的工资、薪金是允许税前据实扣除的，业务招待费只能按实际发生数的60%扣除，但最高不得超过当年销售收入的5‰，职工福利费按工资、薪金总额的14%扣除，职工教育经费按工资、薪金总额的8%扣除，工会经费按工资、薪金总额的2%扣除，滞纳金属于不得税前扣除项目，未经核定的准备金支出也不得税前扣除。

准予扣除项目金额=1 000-（100-1 800×5‰）-（50-200×14%）-（20-200×8%）-（10-200×2%）-10-100

=767（万元）

（3）计算应纳税所得额：

应纳税所得额=1 900-767-44=1 089（万元）

（4）确定企业的适用税率。税法规定国家需要重点扶持的高新技术企业减按15%的税率征收企业所得税。

（5）计算投资抵免前企业的应纳税额。因企业当年购置并实际使用了税法鼓励的环境保护专用设备，因而可以实行投资抵免。

投资抵免前企业的应纳税额=1 089×15%=163.35（万元）

（6）计算允许抵免的税额。税法规定企业购置并实际使用的环境保护专用设备，其设备投资额的10%可从企业当年的应纳税额中抵免，即：

允许抵免的税额=500×10%=50（万元）

（7）计算该企业年度应交企业所得税：

应交企业所得税=163.35-50=113.35（万元）

4）在我国境内未设立机构场所的非居民企业应纳税所得额和应纳税额的计算

非居民企业取得的应税所得，按照下列方法计算其应纳税所得额：

（1）股息、红利等权益性投资收益和利息、租金、特许权使用费所得，以收入全额为应纳税所得额；

（2）转让财产所得，以收入全额减去财产净值后的余额为应纳税所得额；

（3）其他所得，参照前两项规定的方法计算应纳税所得额。

收入全额是指非居民企业向支付人收取的全部价款和价外费用。

非居民企业应纳税额的计算公式如下：

应纳税额=应纳税所得额×适用税率-抵免税额

【例7-6】某外国企业在中国境内设立一个分公司，该分公司可在中国境内独立开展经营活动，当年该分公司在中国境内取得营业收入200万元，发生成本费用150万元（其中有20万元不得税前扣除），假设该分公司不享受税收优惠，则当年该分公司应在中国缴纳多少企业所得税？

税法规定，非居民企业在中国境内设立机构、场所的，应当就其所设机构、场所取得的来源于中国境内的所得，以及发生在中国境外的与其所设机构、场所有实际联系的所得，按25%的税率计算缴纳企业所得税。

该分公司的应纳税所得额=200-（150-20）=70（万元）

由于该分公司不享受税收优惠，则：

该分公司当年应在中国缴纳所得税=70×25%=17.5（万元）

我国实行的是限额抵免的方式，这主要是出于维护居住国利益的考虑。抵免限额是指企业来源于中国境外的所得，依照税法和《企业所得税法实施条例》的规定计算的应纳税额。

5）境外所得税直接抵免的计算

（1）境外应纳税所得额的确认

① 居民企业在境外投资设立不具有独立纳税地位的分支机构，其来源于境外的所得，以境外收入总额扣除与取得境外收入有关的各项合理支出后的余额为应纳税所得额。各项收入、支出按我国企业所得税法及实施条例的有关规定确定。

② 居民企业在境外设立不具有独立纳税地位的分支机构取得的各项境外所得，无论是否汇回中国境内，均应计入该企业所属纳税年度的境外应纳税所得额。

③ 居民企业应就其来源于境外的股息、红利等权益性投资收益，以及利息、租金、特许权使用费、转让财产等收入，扣除按照企业所得税法及实施条例等规定计算的与取得该项收入有关的各项合理支出后的余额为应纳税所得额。来源于境外的股息、红利等权益性投资收益，应按被投资方做出利润分配决定的日期确认收入实现；来源于境外的利息、租金、特许权使用费、转让财产等收入，应按有关合同约定应付交易对价款的日期确认收入实现。

④ 非居民企业在境内设立机构、场所的，应就其发生在境外但与境内所设机构、场所有实际联系的各项应税所得，比照②的规定计算相应的应纳税所得额。

⑤ 在计算境外应纳税所得额时，企业为取得境内、外所得而在境内、境外发生的共同支出，与取得境外应税所得有关的、合理的部分，应在境内、境外应税所得之间，按照合理比例进行分摊后扣除。

（2）可抵免境外所得税税额的计算

可抵免境外所得税税额是指企业来源于中国境外的所得依照中国境外税收法律以及相关规定应当缴纳并已实际缴纳的企业所得税性质的税款。

企业可以选择按国别（地区）分别计算（即“分国（地区）不分项”）或不按国别（地区）汇总计算（即“不分国（地区）不分项”）其来源于境外的应纳税所得额。“分国（地区）不分项”计算方式以一个国家为维度，计算可抵免境外所得税额和抵免限额；同一投资架构层级且位于不同国家的企业之间，盈亏不得相互弥补。“不分国（地区）不分项”计算方法以同一投资架构层级为维度，计算可抵免境外所得税额和抵免限额；同一投资架构层级且位于不同国家的企业之间，盈亏可以相互弥补。

企业按规定计算的当年在境外缴纳的所得税额低于境外抵免限额的，可以从企业“应纳税总额”中据实抵免；超过抵免限额的，应以抵免限额作为境外所得税抵免额，超过抵免限额的部分，自下年起，可在连续5个纳税年度内，从每年度抵免限额抵免当年应抵税额后的余额内进行抵补。

【例7-7】天晟公司当年源于境内的应纳税所得额为1 000万元，公司有两个分支机构，甲国的A公司和乙国的B公司。按我国税法规定计算的A公司应纳税所得额200万元、B公司应纳税所得额150万元。A、B公司依据甲、乙两国税法规定，当年分别计算并实际缴纳所得税42万元和48万元。计算天晟公司在我国应汇总缴纳企业所得税税额。

（1）按分国（地区）不分项计算：

①按我国税法规定计算的境内、境外所得应纳税总额。

应纳税总额=（1 000+200+150）×25%（基本税率）=337.5（万元）

②境外所得的抵免限额。

A公司抵免限额=337.5×［200÷（1 000+200+150）］=50（万元）

B公司抵免限额=337.5×［150÷（1 000+200+150）］=37.5（万元）

在甲国实际缴纳企业所得税42万元，低于抵免限额50万元，可全额抵免。

在乙国实际缴纳企业所得税48万元，大于抵免限额37.5万元，可按限额抵免，超过抵免限额的10.5万元可从下年起，用以后连续5个纳税年度的每年抵免限额抵免当年应抵税额后的余额进行抵免。

③天晟公司当年实际应交企业所得税计算。

应交企业所得税=337.5−42−37.5=258（万元）

（2）按不分国不分项计算：

①按我国税法规定计算的境内、境外所得应纳税总额。

应纳税总额=（1 000+200+150）×25%（基本税率）=337.5（万元）

②境外所得的抵免限额。

抵免限额=（200+150）×25%（基本税率）=87.5（万元）

在境外实际缴纳企业所得税90万元（42+48），大于境外可抵免限额2.5万元（90−87.5），可按限额抵免，超过抵免限额的2.5万元可从下年起，用以后连续5个纳税年度的每年抵免限额抵免当年应抵税额后的余额进行抵免。

③天晟公司当年实际应交企业所得税计算。

应交企业所得税=337.5−87.5=250（万元）

（3）境外所得已纳税额抵免的简易计算

企业从境外取得营业利润所得以及符合境外税额间接抵免条件的股息所得，虽有所得来源国（地区）政府机关核发的具有纳税性质的凭证或证明，但若因客观原因无法真实、准确地确认应当缴纳并已经实际缴纳的境外所得税税额的，除就该所得直接缴纳及间接负担的税额在所得来源国（地区）的实际有效税率低于我国企业所得税法规定的25%税率50%以上的外，可按境外应纳税所得额的12.5%作为抵免限额，企业按该国（地区）税务机关或政府机关核发的具有纳税性质凭证或证明的金额，其不超过抵免限额的部分，准予抵免；超过的部分不得抵免。

6）境外所得税间接抵免的计算

居民企业从其直接或者间接控股的外国企业分得的来源于中国境外的股息、红利等权益性投资收益，外国企业在境外实际缴纳的所得税税额中属于该项所得负担的部分，可以作为该居民企业的可抵免境外所得税税额，在法定的抵免限额内抵免。

居民企业在按照企业所得税法规定用境外所得间接负担的税额进行税收抵免时，其取得的境外投资收益实际间接负担的税额，是指根据直接或者间接持股方式合计持股20%（含20%）以上的规定层级的外国企业股份，由此应分得的股息、红利等权益性投资收益中，从最低一层外国企业起逐层计算的属于由上一层企业负担的税额，其计算公式如下：

$$\begin{matrix}\text{本层企业所纳税额}\\\text{属于由上一层}\\\text{企业负担的税额}\end{matrix}=\left(\begin{matrix}\text{本层企业就利润和}\\\text{投资收益所实际}\\\text{缴纳的税额}\end{matrix}+\begin{matrix}\text{符合财税〔2009〕125号}\\\text{规定的由本层企业}\\\text{间接负担的税额}\end{matrix}\right)\times\begin{matrix}\text{本层企业向}\\\text{上一层企业分配}\\\text{的股息(红利)}\end{matrix}\div\begin{matrix}\text{本层企业}\\\text{所得税后}\\\text{利润额}\end{matrix}$$

【例7-8】中国居民企业A拥有设立在甲国的B企业60%具有表决权的股份，某年A企业本部确认计量的应纳税所得额1 000万元，收到B企业分回股息90万元，A企业适用的所得税税率为25%，B企业实现应纳税所得额500万元，适用20%的比例税率，甲国规定的股息预提所得税税率为10%，假定B企业按适用税率在甲国已经实际缴纳了企业所得税，且A企业当年也无减免税和投资抵免，则A企业当年应在中国缴纳多少企业所得税？

B企业应支付给A企业的股息=90÷（1−10%）=100（万元）

B企业针对A企业股息代缴预提税=100×10%=10（万元）

B企业当年实现的税后利润=500×（1−20%）=400（万元）

B企业支付给A企业的股息所承担的所得税税额=500×20%×100÷400=25（万元）

B企业支付给A企业的股息还原后的应税所得额=100+25=125（万元）

A企业收到B企业分回股息已在甲国纳税=25+10=35（万元）

抵免限额=125×25%=31.25（万元）<35万元

因此，允许抵免税额为31.25万元。

A企业当年应在中国缴纳企业所得税=（1 000+125）×25%−31.25=250（万元）

企业从境外取得营业利润所得以及符合境外税额间接抵免条件的股息所得，凡就该所得缴纳及间接负担的税额在所得来源国（地区）的法定税率且其实际有效税率明显高于我国的（国家名单见财政部、国家税务总局公布的文件），可直接以按规定计算的境外应纳税所得额和我国企业所得税法规定的税率计算的抵免限额作为可抵免的已在境外实际缴纳的企业所得税税额。

7）境内外纳税年度不一致的问题

企业在境外投资设立不具有独立纳税地位的分支机构，其计算生产、经营所得的纳税年度与我国规定的纳税年度不一致的，与我国纳税年度当年度相对应的境外纳税年度，应为在我国有关纳税年度中任何一日结束的境外纳税年度。

7.3 企业所得税的缴纳与申报

7.3.1 企业所得税的缴纳

企业所得税的征收（缴纳）有查账征收（核实征收）和核定征收两种方式。

1）企业所得税的查账征收

对会计核算和管理符合税法要求的企业，采用查账征收方式。在查账征收方式下，凡是具有法人资格的企业都必须单独申报缴纳企业所得税（国务院另有规定者除外），企业之间不得合并缴纳企业所得税。

企业在进行所得税纳税申报时，应根据企业所得税法与企业会计准则，确认、计量两者之间的差异，将利润表中的收入、成本和费用项目调整为纳税申报表中的收入和扣除项目，进而计算应纳税所得额、应纳所得税额与应纳税额等。

（1）企业所得税的预缴

企业所得税分月或者分季预缴，由主管税务机关具体核定每个企业的预缴期间。企业应当自月份或者季度终了之日起15日内，向主管税务机关报送企业所得税预缴纳税申报表。

企业预缴企业所得税时，应当按照月度或者季度的实际利润额预缴。“实际利润额”是按会计准则规定核算的利润总额减去以前年度待弥补亏损以及不征税收入、免税收入和减免的应税所得额后的余额①。

按照月度或者季度的实际利润额预缴有困难的，可以按照上一纳税年度应纳税所得额的月度或者季度平均额预缴，或者按照经税务机关认可的其他方法预缴。预缴方法一经确定，该纳税年度内不得随意变更。小型微利企业预缴所得税按20%的优惠税率计算，符合减半征收条件的，还可以按20%的50%计算。

【例7-9】某公司按季预缴企业所得税。某年第二季度会计利润总额为180万元（包括国债利息收入18万元），上年度未弥补亏损20万元，企业所得税税率为25%。生产经营借款包括：年初向银行借款100万元，年利率为5%；向甲公司借款40万元，年利率为9%。计提固定资产减值损失6万元，不考虑其他纳税调整事项，计算该公司第二季度预缴企业所得税的基数。

季度实际利润额=180−18−20=142（万元）

应预缴企业所得税=142×25%=35.5（万元）

对于其他永久性差异——长期借款利息超支的1.6万元（40×（9%−5%））和暂时性差异（资产减值损失6万元），季度预缴时不做纳税调整。

（2）企业所得税的汇算清缴

企业所得税汇算清缴是指纳税人在纳税年度终了后5个月内②，依照税收法规的规定，

---

① 凡不属于因税法与准则差异而导致的少计利润、多计免税收入、不征税收入等而少缴的税款，按规定加收滞纳金。

② 企业在年度中间终止经营活动的，应当自实际经营终止之日起60日内，向税务机关办理当期企业所得税汇算清缴。企业应当在办理注销登记前，就其清算所得向税务机关申报并依法缴纳企业所得税。

自行计算全年应纳税所得额和应纳所得税额，根据月度或季度预缴所得税的数额，确定该年度应补或者应退税额，并填写年度企业所得税纳税申报表，向主管税务机关办理年度企业所得税纳税申报、提供税务机关要求提供的有关资料、结清全年企业所得税税款的行为。

凡在纳税年度内从事生产经营（包括试生产、试经营），或在纳税年度中间终止经营活动的纳税人，不论是否在减税、免税期间，也无论盈利或亏损，均应按税法有关规定进行企业所得税的汇算清缴。

实行查账征收的企业（A类）适用汇算清缴办法，核定定额征收企业所得税的纳税人（B类）不进行汇算清缴。企业进行汇算清缴应重点关注：

① 收入。核查企业收入是否全部入账，特别是往来款项是否还存在该确认为收入而没有入账的。

② 成本。核查企业成本结转与收入是否匹配，是否真实反映企业成本水平。

③ 费用。核查企业费用支出是否符合税法规定，计提费用项目和税前列支项目是否超过税法规定标准。

④ 税收。核查企业各项税款是否提取并缴纳。

⑤ 补亏。企业当年实现的利润对以前年度发生亏损的合法弥补（5年内）。

⑥ 调整。不论是正常纳税的企业，还是依法享受企业所得税减免的企业（事先应在税务机关备案），在汇算清缴时，均应在财务会计账面利润的基础上，依法进行企业所得税纳税调整。它是一般纳税调整，不对财务会计记录调整，只在纳税申报表中进行调整，影响的只是企业应纳所得税，不影响企业的账面利润。企业对以上项目按税法规定进行调增和调减后，依法计算本企业年度应纳税所得额，进而计算本年度实际应纳所得税额和应补（退）所得税额，或者是应减免税额。

（3）固定资产折旧的纳税调整

① 如果财务会计折旧年限短于税法最低折旧年限。按财务会计折旧年限计提的年折旧额高于按税法规定的最低折旧年限计提的折旧额，应调增年应纳税所得额；当财务会计折旧年限期满且提足折旧后，其未足额在税前扣除的部分，准予在剩余的税务会计折旧年限按规定扣除，即准予将前期纳税调增的金额在后期进行纳税调减。

② 如果财务会计折旧年限长于税法最低折旧年限。视同财务会计与税法无差异，按财务会计年限计算的折旧额在税前扣除，年度汇算清缴时无须进行纳税调减。但在适用税法规定的加速折旧政策时，其折旧额可以据实扣除，财务会计可做暂时性差异处理。

③ 企业按会计准则规定提取的固定资产减值准备，不得在税前扣除（需进行纳税调增），其折旧仍按税法确定的固定资产计税基础[①]计算扣除。

④ 企业按税法规定实行加速折旧的，其按加速折旧办法计算的折旧额可以全额在税前扣除，而不要求财务会计是否也按加速折旧处理。石油天然气开采企业在计提油气资产折耗（折旧）时，由于财务会计与税法规定计算方法不同导致的折耗（折旧）差异，应按税法规定进行纳税调整。

---

① 企业持有固定资产期间，如果发生增值或减值，除国务院财政、税务主管部门规定可以确认损益外，不得调整该资产的计税基础。

（4）货币计量单位

企业依法缴纳的所得税，以人民币作为计量单位。

企业所得以人民币以外的货币计算的，预缴企业所得税时，应当按照月度或者季度最后一日的人民币汇率中间价，折合成人民币计算应纳税所得额。年度终了汇算清缴时，对已经按照月度或者季度预缴税款的，不再重新折合计算，只就该纳税年度内未缴纳企业所得税的部分，按照纳税年度最后一日的人民币汇率中间价，折合成人民币计算应纳所得税。

经税务机关检查确认，企业多计应税所得的，应当按照检查确认退税时的上一个月最后一日的人民币汇率中间价，将少计或者多计的所得折合成人民币计算应纳税所得额，再计算应补缴或者应退的税款。

（5）居民企业跨地区经营的汇总纳税

①企业范围。居民企业在中国境内跨地区（指跨省、自治区、直辖市和计划单列市，下同）设立不具有法人资格分支机构的，该居民企业为跨地区经营汇总纳税企业（以下简称汇总纳税企业）。缴纳的企业所得税（包括滞纳金、罚款）为中央收入并全额上缴中央国库的国有邮政企业、中国工商银行股份有限公司、中国农业银行股份有限公司、中国银行股份有限公司、国家开发银行股份有限公司、中国农业发展银行、中国进出口银行、中国投资有限责任公司、中国建设银行股份有限公司、中国建银投资有限责任公司、中国信达资产管理股份有限公司、中国石油天然气股份有限公司、中国石油化工股份有限公司、海洋石油天然气企业（包括中国海洋石油总公司、中海石油、中国长江电力股份有限公司以及铁路运输企业，其企业所得税征收管理不适用汇总纳税方法。

②基本要求。汇总纳税企业实行“统一计算、分级管理、就地预缴、汇总清算、财政调库”的企业所得税征收管理办法。统一计算是指总机构统一计算包括汇总纳税企业所属各个不具有法人资格分支机构在内的全部应纳税所得额、应纳税额。分级管理是指总机构、分支机构所在地的主管税务机关都有对当地机构进行企业所得税管理的责任，总机构和分支机构应分别接受机构所在地主管税务机关的管理。就地预缴是指总机构、分支机构应按本办法的规定，分月或分季分别向所在地主管税务机关申报预缴企业所得税。汇总清算是指在年度终了后，总机构统一计算汇总纳税企业的年度应纳税所得额、应纳所得税额，抵减总机构、分支机构当年已就地分期预缴的企业所得税款后，多退少补。财政调库是指财政部定期将缴入中央国库的汇总纳税企业所得税待分配收入，按照核定的系数调整至地方国库。

③税款预缴和汇算清缴。汇总纳税企业汇总计算的企业所得税，包括预缴税款和汇算清缴应缴应退税款，50%在各分支机构间分摊，各分支机构根据分摊税款就地办理缴库或退库；50%由总机构分摊缴纳，其中25%就地办理缴库或退库，25%就地全额缴入中央国库或退库。

汇总纳税企业应根据当期实际利润额，按规定的预缴分摊方法计算总机构和分支机构的企业所得税预缴额，分别由总机构和分支机构就地预缴；在规定期限内按实际利润额预缴有困难的，也可以按上一年度应纳税所得额的1/12或1/4，按预缴分摊比例计算总机构和分支机构的企业所得税预缴额，分别由总机构和分支机构就地预缴。预缴方法一经确定，当年度不得变更。

总机构应将本期企业应纳所得税额的50%部分，在每月或季度终了后15日内就地申报预缴。总机构应将本期企业应纳所得税额的另外50%部分，按照各分支机构应分摊的比例，在各分支机构之间进行分摊，并及时通知到各分支机构；各分支机构应在每月或季度终了之日起15日内，就其分摊的所得税额就地申报预缴。

汇总纳税企业预缴申报时，总机构除报送企业所得税预缴申报表和企业当期财务报表外，还应报送汇总纳税企业分支机构所得税分配表和各分支机构上一年度的年度财务报表（或年度财务状况和营业收支情况）；分支机构除报送企业所得税预缴申报表（只填列部分项目）外，还应报送经总机构所在地主管税务机关受理的汇总纳税企业分支机构所得税分配表。在一个纳税年度内，各分支机构上一年度的年度财务报表（或年度财务状况和营业收支情况）原则上只需要报送一次。

汇总纳税企业应当自年度终了之日起5个月内，由总机构汇总计算企业年度应纳所得税额，扣除总机构和各分支机构已预缴的税款，计算出应缴应退税款，按规定税款分摊方法计算总机构和分支机构的企业所得税应缴应退税款，分别由总机构和分支机构就地办理税款缴库或退库。

汇总纳税企业在纳税年度内预缴企业所得税税款少于全年应缴企业所得税税款的，应在汇算清缴期内由总、分机构分别结清应缴的企业所得税税款；预缴税款超过应缴税款的，主管税务机关应及时按有关规定分别办理退税，或者经总、分机构同意后分别抵缴其下一年度应缴企业所得税税款。

汇总纳税企业汇算清缴时，总机构除报送企业所得税年度纳税申报表和年度财务报表外，还应报送汇总纳税企业分支机构所得税分配表、各分支机构的年度财务报表和各分支机构参与企业年度纳税调整情况的说明；分支机构除报送企业所得税年度纳税申报表（只填列部分项目）外，还应报送经总机构所在地主管税务机关受理的汇总纳税企业分支机构所得税分配表、分支机构的年度财务报表（或年度财务状况和营业收支情况）和分支机构参与企业年度纳税调整情况的说明。

④总分机构分摊税款的计算。

总机构分摊税款=汇总纳税企业当期应纳所得税额×50%

所有分支机构分摊税款总额=汇总纳税企业当期应纳所得税额×50%

某分支机构分摊税款=所有分支机构分摊税款总额×该分支机构分摊比例

总机构应按上年度分支机构的营业收入、职工薪酬和资产总额三个因素计算各分支机构分摊所得税款的比例，三因素的权重依次为0.35、0.35、0.30；三级及以下分支机构，其营业收入、职工薪酬和资产总额统一计入二级分支机构。

某分支机构分摊比例=该分支机构营业收入÷各分支机构营业收入之和×0.35+该分支机构职工薪酬÷各分支机构职工薪酬之和×0.35+该分支机构资产总额÷各分支机构资产总额之和×0.30

分支机构分摊比例一经确定，一般当年不做调整。

总机构设立具有主体生产经营职能的部门，且该部门的营业收入、职工薪酬和资产总额与管理职能部门分开核算的，可将该部门视同一个二级分支机构，按规定计算分摊并就地缴纳企业所得税；该部门与管理职能部门的营业收入、职工薪酬和资产总额不能分开核算的，该部门不得视同一个二级分支机构。

总机构和分支机构处于不同税率地区的，先由总机构统一计算全部应纳税所得额，然后按规定比例和计算的分摊比例，计算划分不同税率地区机构的应纳税所得额，再分别按各自的适用税率计算应纳税额后加总计算出汇总纳税企业的应纳所得税总额，最后按规定比例和计算的分摊比例，向总机构和分支机构分摊就地缴纳的企业所得税款。

汇总纳税企业未按规定准确计算分摊税款，造成总机构与分支机构之间同时存在一方（或几方）多缴另一方（或几方）少缴税款的，其总机构或分支机构分摊缴纳的企业所得税低于按规定计算分摊的数额，应在下一税款缴纳期内，由总机构将按本规定计算分摊的税款差额分摊到总机构或分支机构补缴；其总机构或分支机构就地缴纳的企业所得税高于按规定计算分摊的数额的，应在下一税款缴纳期内，由总机构将按本办法规定计算分摊的税款差额从总机构或分支机构的分摊税款中扣减。

【例 7-10】总机构设在天津市的天鹏公司，在北京、石家庄和银川分别设有三个分公司，该公司采用总分公司汇总纳税方法。第二季度，银川分公司占三个分公司资产总额、经营收入、职工薪酬的比例分别为：50%、20%、40%。银川分公司适用西部大开发15%的所得税优惠税率，总机构和另外两个分支机构税率均为25%。假设第二季度该公司应纳税所得额为2.4亿元，计算银川分公司应分摊比例及应预缴企业所得税。

①银川分公司应分摊比例及应纳税所得额的计算：

应分摊比例=（该分支机构资产总额÷各分支机构资产总额之和）×0.30+（该分支机构经营收入÷各分支机构经营收入之和）×0.35+（该分支机构职工薪酬÷各分支机构职工薪酬之和）×0.35

=50%×0.30+20%×0.35+40%×0.35=0.36

应纳税所得额=24 000×50%×0.36=4 320（万元）

②不同税率地区应预缴企业所得税的计算：

银川分公司应预缴企业所得税=4 320×15%=648（万元）

其他公司应预缴企业所得税=（24 000−4 320）×25%=4 920（万元）

天鹏公司应预缴企业所得税合计=648+4 920=5 568（万元）

③实际分摊应预缴企业所得税的计算：

各分公司应预缴企业所得税的分摊额=5 568×50%=2 784（万元）

其中：

银川分公司分摊应预缴的企业所得税=2 784×0.36=1 002.24（万元）

由于银川分公司适用15%的优惠税率，因此不能用该公司全部应纳税所得额直接乘以25%适用税率（24 000×50%×25%），这样就会使该公司多预缴企业所得税。另外，银川分公司的预缴税额也不是用该分公司所分摊的应纳税所得额直接乘以优惠税率15%后的金额（4 320×15%），而是该分公司分摊比例占各分公司应预缴所得税总额的份额（2 784×0.36），否则，就会使该分公司少预缴所得税。不论多缴还是少缴，都不是对税法的遵从。

（6）在我国境内设立机构场所的非居民企业的汇总纳税

非居民企业在中国境内设立两个或者两个以上机构、场所的，经税务机关审核批准，可以选择由其主要机构、场所汇总缴纳企业所得税。汇总计算并缴纳企业所得税时，应统一核算应纳税所得额，具体办法由国务院财政、税务主管部门另行制定。

主要机构、场所，是指具备下列条件的机构、场所：

① 对其他各机构、场所的生产经营业务负有监督管理责任；

② 设有完整的账簿、凭证，能够准确反映各机构、场所的收入、成本、费用和盈亏情况。

经税务机关审核批准，是指经各机构、场所所在地税务机关的共同上级税务机关审核批准。

非居民企业经批准汇总缴纳企业所得税后，需要增设、合并、迁移、关闭机构、场所或者停止机构、场所业务的，应当事先由负责汇总申报缴纳企业所得税的主要机构、场所向其所在地税务机关报告；需要变更汇总缴纳企业所得税的主要机构、场所的，依照上述规定办理。

（7）多缴税款的退还

如果企业因计算错误等失误而出现应在当期扣除而未扣除的税费，从而多缴了税款，以后年度发现后准予追补确认退还，但根据权责发生制原则，不得改变税费扣除的所属年度，应追补至该项目发生年度计算扣除。

2）企业所得税的核定征收

（1）企业所得税核定征收范围

① 依照税法规定可以不设账或应设而未设账的；

② 只能准确核算收入总额或收入总额能够查实，但其成本费用支出不能准确核算的；

③ 只能准确核算成本费用支出或成本费用支出能够查实，但其收入总额不能准确核算的；

④ 收入总额、成本费用支出均不能正确核算，难以查实的；

⑤ 虽然能够按规定设置账簿并进行核算，但未按规定保存有关凭证、账簿及纳税资料的；

⑥ 未按规定期限办理纳税申报，经税务机关责令限期申报，逾期仍不申报的。

（2）企业所得税征收方式的确定

① 企业在每年第一季度填列“企业所得税征收方式鉴定表”（简称“鉴定表”）一式三份，报主管税务机关审核。

所填“鉴定表”的五个项目依次是：A.账簿设置情况；B.收入总额核算情况；C.成本费用核算情况；D.凭证、账簿保存情况；E.纳税义务履行情况。

五项均合格的，实行纳税人自行申报、税务机关查账征收方式。

有一项不合格的，实行核定征收方式，具体分为：若A、D、E项中有一项不合格或B、C项均不合格，实行定额征收办法；若B、C项中有一项合格、一项不合格的，实行核定应税所得率征收办法。

② 主管税务机关对“鉴定表”审核后，报县（市、区）级税务机关确定企业的所得税征收方式。

③ 征收方式确定后，在一个纳税年度内一般不得变更。

④ 对实行核定征收方式的纳税人，主管税务机关应该根据企业和当地的具体情况，按公平、公正、公开原则分类逐户核定其应纳税额或应税所得率。

（3）企业所得税的定额征收

定额征收是指主管税务机关按照一定的标准、程序和方法，直接核定纳税人的年度应纳所得税额，由纳税人按规定进行申报缴纳。实行定额征收办法的企业，参照以前年度经营情况，可先采用发票加定额的方法测算本年度应税收入总额，然后再核定其应纳所得税额。

（4）核定应税所得率征收

按核定征收方式缴纳企业所得税的企业，在其收入总额或成本费用支出额能够正确核算的情况下，可按国家规定的应税所得率计算应纳税所得额，再计算出应纳税额，据以申报纳税。也就是说，按应税所得率核定征收企业所得税的企业，其应交所得税的计算如下：

①应税收入额=收入总额-不征税收入-免税收入

②应纳税所得额=应税收入额×应税所得率

或 =成本（费用）支出额÷（1-应税所得率）×应税所得率

③应纳所得税额=应纳税所得额×适用税率

企业所得税应税所得率不是税率，它是对核定征收企业所得税的企业计算其应纳税所得额（不是应纳所得税额）时预先规定的比例，是企业应纳税的所得额占其经营收入的比例。该比例根据各个行业的实际销售利润率或者经营利润率等情况分别测算得出。企业所得税应税所得率见表7-2。

表7-2 **企业所得税应税所得率表**

行　业	应税所得率
农、林、牧、渔业	3%~10%
制造业	5%~15%
批发和零售贸易业	4%~15%
交通运输业	7%~15%
建筑业	8%~20%
饮食业	8%~25%
娱乐业	15%~30%
其他行业	10%~30%

注：跨境电商试验区内“无票免税”出口电商企业，应税所得率为4%。

主管税务机关根据纳税人的行业特点、纳税情况、财务管理、会计核算、利润水平等因素，结合本地实际情况，分类逐户核定其应税所得率。企业经营多业的，无论其经营项目是否单独核算，均由主管税务机关根据其主营项目，核定其适用某一行业的应税所得率；应税所得率一经核定，除发生特殊情况（企业实行改组改制的，生产经营范围、主营业务发生重大变化的，遭受风、火、水、震等人力不可抗拒灾害的）外，一个纳税年度内一般不得调整。核定征收企业，其发生的亏损不能在税前弥补。

【例7-11】假定某核定征收企业年度实现收入160万元，成本费用140万元，主管税务机关核定的应税所得率为10%。

如果是以收入为核定基数，则：

其应交所得税=160×10%×25%=4（万元）

如果以成本费用为核定基数，则：

应交所得税=140÷（1-10%）×10%×25%=3.89（万元）

如果采用定额征收方式，假定核定其全年应交企业所得税4.4万元，则每季应交1.1万元。

7.3.2　小型微利企业所得税预缴和汇算清缴

符合条件的小型微利企业，预缴和年度汇算清缴企业所得税时，通过填写纳税申报表的相关内容，即可享受减征税政策。

统一实行按季度预缴企业所得税。第一季度预缴企业所得税时，如未完成上一纳税年度汇算清缴，无法判断上一纳税年度是否符合小型微利企业条件的，可暂按上一纳税年度第四季度的预缴申报情况判别。

预缴企业所得税时，按照以下规定享受减征税政策：

（1）查账征收企业。

对上一纳税年度符合条件的小型微利企业，分别按照以下两种情况处理：

①按实际利润额预缴的，预缴时本年度累计实际利润额不超过规定标准的，可享受减征税政策；

②按上一纳税年度应纳税所得额平均额预缴的，预缴时可以享受减征税政策。

（2）核定应税所得率征收企业。上一纳税年度符合条件的小型微利企业，预缴时本年度累计应纳税所得额不超过规定标准的，可享受减征税政策。

（3）核定应纳所得税额征收企业。根据减征税政策规定需要调减定额的，由主管税务机关按程序调整，依规定征收。

（4）企业预缴时享受了减征税政策，年度汇算清缴时不符合小型微利企业条件的，应当按规定补缴税款。

7.3.3　企业所得税的纳税申报

企业所得税纳税申报表的填制是所得税会计的核心内容。企业所得税纳税申报表的填制一般以财务会计信息为基础，但这些信息往往要按税法规定进行纳税调整或重新组织，以符合所得税会计报表的要求，即及时、正确地提供税务会计信息。

企业进行所得税纳税申报时，必须正确填制并及时报送企业所得税纳税申报表，还应附送同期财务会计报告等资料。

1）企业所得税预缴纳税申报表格式及填制

企业所得税预缴纳税申报表分A类申报表和B类申报表（2018年版）两种。企业所得税月（季）度预缴纳税申报表（A类）适用于实行查账（核实）征收企业所得税的居民企业纳税人在月（季）度预缴纳税申报时填报；跨地区经营汇总纳税企业的分支机构在进行月（季）度预缴申报和年度汇算清缴时填报。企业所得税月（季）度预缴和年度纳税申报表（B类）适用于核定征收企业所得税的居民企业在月（季）度预缴申报和年度汇算清缴申报时填报。扣缴义务人还应填报“扣缴报告表”，汇总纳税企业应填报“汇总纳税分支机构分配表”。A类预缴纳税申报表、B类预缴和年度纳税申报表格式分别见表7-3、表7-4。

表7-3 **A200000 中华人民共和国企业所得税月（季）度预缴纳税申报表（A类）**

税款所属期间： 年 月 日至 年 月 日

纳税人识别号（统一社会信用代码）：□□□□□□□□□□□□□□□□□□□□□

纳税人名称： 金额单位：人民币元（列至角分）

优惠及附报事项有关信息									
项 目	一季度		二季度		三季度		四季度		季度平均值
	季初	季末	季初	季末	季初	季末	季初	季末	
从业人数									
资产总额（万元）									
国家限制或禁止行业	□是 □否				小型微利企业				□是 □否
	附报事项名称								金额或选项
事项 1	（填写特定事项名称）								
事项 2	（填写特定事项名称）								

预缴税款计算		本年累计
1	营业收入	
2	营业成本	
3	利润总额	
4	加：特定业务计算的应纳税所得额	
5	减：不征税收入	
6	减：资产加速折旧、摊销（扣除）调减额（填写 A201020）	
7	减：免税收入、减计收入、加计扣除（7.1+7.2+…）	
7.1	（填写优惠事项名称）	
7.2	（填写优惠事项名称）	
8	减：所得减免（8.1+8.2+…）	
8.1	（填写优惠事项名称）	
8.2	（填写优惠事项名称）	
9	减：弥补以前年度亏损	
10	实际利润额（3+4-5-6-7-8-9）/按照上一纳税年度应纳税所得额平均额确定的应纳税所得额	
11	税率（25%）	
12	应纳所得税额（10×11）	
13	减：减免所得税额（13.1+13.2+…）	
13.1	（填写优惠事项名称）	
13.2	（填写优惠事项名称）	
14	减：本年实际已缴纳所得税额	
15	减：特定业务预缴（征）所得税额	
L16	减：符合条件的小型微利企业延缓缴纳所得税额（是否延缓缴纳所得税 □是 □否）	
16	本期应补（退）所得税额（12-13-14-15）/税务机关确定的本期应纳所得税额	

汇总纳税企业总分机构税款计算			
17	总机构	总机构本期分摊应补（退）所得税额（18+19+20）	
18		其中：总机构分摊应补（退）所得税额（16×总机构分摊比例____%）	
19		财政集中分配应补（退）所得税额（16×财政集中分配比例____%）	
20		总机构具有主体生产经营职能的部门分摊所得税额（16×全部分支机构分摊比例____%×总机构具有主体生产经营职能部门分摊比例____%）	
21	分支机构	分支机构本期分摊比例	
22		分支机构本期分摊应补（退）所得税额	

实际缴纳企业所得税计算			
23	减：民族自治地区企业所得税地方分享部分：□ 免征 □ 减征：减征幅度____%	本年累计应减免金额（（12-13-15）×40%×减征幅度）	
24	实际应补（退）所得税额		

谨声明：本纳税申报表是根据国家税收法律法规及相关规定填报的，是真实的、可靠的、完整的。

纳税人（签章）： 年 月 日

经办人： 经办人身份证号： 代理机构签章： 代理机构统一社会信用代码：	受理人： 受理税务机关（章）： 受理日期： 年 月 日

表7-4　　**B100 000 中华人民共和国企业所得税月（季）度预缴和年度纳税申报表**

税款所属期间：　　年　月　日至　　年　月　日

纳税人识别号（统一社会信用代码）：□□□□□□□□□□□□□□□□□□□□

纳税人名称：　　　　　　　　　　　　　　　　　　　　金额单位：人民币元（列至角分）

<table>
<tr><td>核定征收方式</td><td colspan="6">□核定应税所得率（能核算收入总额的）　□核定应税所得率（能核算成本费用总额的）
□核定应纳所得税额</td></tr>
<tr><td>行次</td><td colspan="5">项　　目</td><td>本年累计金额</td></tr>
<tr><td>1</td><td colspan="5">收入总额</td><td></td></tr>
<tr><td>2</td><td colspan="5">减：不征税收入</td><td></td></tr>
<tr><td>3</td><td colspan="5">减：免税收入（4+5+8+9）</td><td></td></tr>
<tr><td>4</td><td colspan="5">国债利息收入免征企业所得税</td><td></td></tr>
<tr><td>5</td><td colspan="5">符合条件的居民企业之间的股息、红利等权益性投资收益免征企业所得税</td><td></td></tr>
<tr><td>6</td><td colspan="5">其中：通过沪港通投资且连续持有H股满12个月取得的股息红利所得免征企业所得税</td><td></td></tr>
<tr><td>7</td><td colspan="5">　　　通过深港通投资且连续持有H股满12个月取得的股息红利所得免征企业所得税</td><td></td></tr>
<tr><td>8</td><td colspan="5">　　　投资者从证券投资基金分配中取得的收入免征企业所得税</td><td></td></tr>
<tr><td>9</td><td colspan="5">　　　取得的地方政府债券利息收入免征企业所得税</td><td></td></tr>
<tr><td>10</td><td colspan="5">应税收入额（1-2-3）/成本费用总额</td><td></td></tr>
<tr><td>11</td><td colspan="5">税务机关核定的应税所得率（%）</td><td></td></tr>
<tr><td>12</td><td colspan="5">应纳税所得额（（第10行×第11行）/［第10行÷（1-第11行）×第11行］）</td><td></td></tr>
<tr><td>13</td><td colspan="5">税率（25%）</td><td></td></tr>
<tr><td>14</td><td colspan="5">应纳所得税额（12×13）</td><td></td></tr>
<tr><td>15</td><td colspan="5">减：符合条件的小型微利企业减免企业所得税</td><td></td></tr>
<tr><td>16</td><td colspan="5">减：实际已缴纳所得税额</td><td></td></tr>
<tr><td>17</td><td colspan="5">本期应补（退）所得税额（14-15-16）/税务机关核定本期应纳所得税额</td><td></td></tr>
<tr><td colspan="2">月（季）度申报填报</td><td>小型微利企业</td><td>□是 □否</td><td>期末从业人数</td><td colspan="2"></td></tr>
<tr><td colspan="2" rowspan="2">年度申报填报</td><td>所属行业明细代码</td><td></td><td>国家限制或禁止行业</td><td colspan="2">□是 □否</td></tr>
<tr><td>从业人数</td><td></td><td>资产总额（万元）</td><td colspan="2"></td></tr>
<tr><td colspan="7">谨声明：此纳税申报表是根据《中华人民共和国企业所得税法》、《中华人民共和国企业所得税法实施条例》以及有关税收政策和国家统一会计制度的规定填报的，是真实的、可靠的、完整的。
法定代表人（签章）：　　年　月　日</td></tr>
<tr><td colspan="2">纳税人公章：
会计主管：

填表日期：　　年　月　日</td><td colspan="2">代理申报中介机构公章：
经办人：
经办人执业证件号码：
代理申报日期：　　年　月　日</td><td colspan="3">主管税务机关受理专用章：
受理人：

受理日期：　　年　月　日</td></tr>
</table>

2）企业所得税年度纳税申报表（A类）及其填制

年终进行企业所得税汇算清缴时，应填报企业所得税年度纳税申报表（A类，2017年版）。它适用于查账征收企业，由37张表单组成，其中必填表2张，选填表35张。从表单结构看，全套申报表分为基础信息表、主表（见表7-5）、一级明细表、二级明细表和三级明细表，表单数据逐级汇总（见表7-6）。从填报内容看，全套申报表由反映纳税人整体情况（2张）、会计核算（6张）、纳税调整（13张）、弥补亏损（1张）、税收优惠（9张）、境外税收（4张）、汇总纳税（2张）等明细情况的表单）组成。

表7-5　**中华人民共和国企业所得税年度纳税申报表（A类）**

所属期间：××××年1月1日至××××年12月31日

纳税人名称：

纳税人识别号：　　金额单位：元（列至角分）

行次	类别	项　目	金额
1	利润总额计算	一、营业收入（填写A101010\101020\103000）	370 638 681.28
2		减：营业成本（填写A102010\102020\103000）	326 245 177.35
3		减：税金及附加	1 907 319.00
4		减：销售费用（填写A104000）	0.00
5		减：管理费用（填写A104000）	3 115 962.31
6		减：财务费用（填写A104000）	-1 322 791.69
7		减：资产减值损失	0.00
8		加：公允价值变动收益	0.00
9		加：投资收益	0.00
10		二、营业利润（1-2-3-4-5-6-7+8+9）	40 693 014.31
11		加：营业外收入（填写A101010\101020\103000）	100 000.00
12		减：营业外支出（填写A102010\102020\103000）	0.00
13		三、利润总额（10+11-12）	40 793 014.31
14	应纳税所得额计算	减：境外所得（填写A108010）	0.00
15		加：纳税调整增加额（填写A105000）	10 884.24
16		减：纳税调整减少额（填写A105000）	13 646 889.68
17		减：免税、减计收入及加计扣除（填写A107010）	0.00
18		加：境外应税所得抵减境内亏损（填写A108000）	0.00
19		四、纳税调整后所得（13-14+15-16-17+18）	27 157 008.87
20		减：所得减免（填写A107020）	0.00
21		减：弥补以前年度亏损（填写A106000）	0.00
22		减：抵扣应纳税所得额（填写A107030）	0.00
23		五、应纳税所得额（19-20-21-22）	27 157 008.87

续表

行次	类别	项　目	金 额
24	应纳税额计算	税率（25%）	25%
25		六、应纳所得税额（23×24）	6 789 252.22
26		减：减免所得税额（填写A107040）	3 394 626.11
27		减：抵免所得税额（填写A107050）	0.00
28		七、应纳税额（25-26-27）	3 394 626.11
29		加：境外所得应纳所得税额（填写A108000）	0.00
30		减：境外所得抵免所得税额（填写A108000）	0.00
31		八、实际应纳所得税额（28+29-30）	3 394 626.11
32		减：本年累计实际已缴纳的所得税额	5 099 126.79
33		九、本年应补（退）所得税额（31-32）	-1 704 500.68
34		其中：总机构分摊本年应补（退）所得税额（填写A109000）	0.00
35		财政集中分配本年应补（退）所得税额（填写A109000）	0.00
36		总机构主体生产经营部门分摊本年应补（退）所得税额（填写A109000）	0.00
37	实际应纳税额计算	减：民族自治地区企业所得税地方分享部分： □ 免征 □ 减征：减征幅度____%	0.00
38		十、本年实际应补（退）所得税额（33-37）	-1 704 500.68

谨声明：此纳税申报表是根据《中华人民共和国企业所得税法》、《中华人民共和国企业所得税法实施条例》、有关税收政策以及国家统一会计制度的规定填报的，是真实的、可靠的、完整的。

法定代表人（签章）：　　　　年　　月　　日

纳税人公章： 会计主管： 填表日期：　　年　月　日	代理申报中介机构公章 经办人及执业证件号码： 代理申报日期：　　年　月　日	主管税务机关受理专用章： 受理人： 受理日期：　　年　月　日

从使用频率看，绝大部分纳税人实际填报表单的数量约为8～10张，除2张必填表外，“一般企业收入明细表”“一般企业成本支出明细表”“期间费用明细表”“纳税调整项目明细表”“职工薪酬支出及纳税调整明细表”“减免所得税优惠明细表”等为常用表单。其余则应根据纳税人所在行业类型、业务发生情况正确选择填报适合本企业的表单。

企业所得税的年度纳税申报以主表为核心，主表的结构是以企业所得税的间接法原理为基础设计的。填制时，以利润表为起点，将财务会计利润按税法规定调整为应纳税所得额，进而计算应纳所得税额，具体包括利润总额计算、应纳税所得额计算、应纳税额计算三部分。主表数据大部分从附表中生成，个别数据从财务报表中取得。纳税申报表的每张附表既独立体现现行企业所得税政策，又与主表密切关联。

表7-6 **企业所得税年度纳税申报表填报表单**

表单编号	表单名称	是否填报
A000000	企业所得税年度纳税申报基础信息表	☑
A100000	中华人民共和国企业所得税年度纳税申报表（A类）	☑
A101010	一般企业收入明细表	□
A101020	金融企业收入明细表	□
A102010	一般企业成本支出明细表	□
A102020	金融企业支出明细表	□
A103000	事业单位、民间非营利组织收入、支出明细表	□
A104000	期间费用明细表	□
A105000	纳税调整项目明细表	□
A105010	视同销售和房地产开发企业特定业务纳税调整明细表	□
A105020	未按权责发生制确认收入纳税调整明细表	□
A105030	投资收益纳税调整明细表	□
A105040	专项用途财政性资金纳税调整明细表	□
A105050	职工薪酬支出及纳税调整明细表	□
A105060	广告费和业务宣传费等跨年度纳税调整明细表	□
A105070	捐赠支出及纳税调整明细表	□
A105080	资产折旧、摊销及纳税调整明细表	□
A105090	资产损失税前扣除及纳税调整明细表	□
A105100	企业重组及递延纳税事项纳税调整明细表	□
A105110	政策性搬迁纳税调整明细表	□
A105120	贷款损失准备金及纳税调整明细表	□
A106000	企业所得税弥补亏损明细表	□
A107010	免税、减计收入及加计扣除优惠明细表	□
A107011	符合条件的居民企业之间的股息、红利等权益性投资收益优惠明细表	□
A107012	研发费用加计扣除优惠明细表	□
A107020	所得减免优惠明细表	□
A107030	抵扣应纳税所得额明细表	□
A107040	减免所得税优惠明细表	□

续表

表单编号	表单名称	是否填报
A107041	高新技术企业优惠情况及明细表	□
A107042	软件、集成电路企业优惠情况及明细表	□
A107050	税额抵免优惠明细表	□
A108000	境外所得税收抵免明细表	□
A108010	境外所得纳税调整后所得明细表	□
A108020	境外分支机构弥补亏损明细表	□
A108030	跨年度结转抵免境外所得税明细表	□
A109000	跨地区经营汇总纳税企业年度分摊企业所得税明细表	□
A109010	企业所得税汇总纳税分支机构所得税分配表	□
说明：企业应根据实际情况选择需要填报的表单。选择“填报”的，在“□”内打“√”，并完成该表单内容的填报；未选择“填报”的表单，无须向税务机关报送。		

企业在计算应纳税所得额及应纳税额时，对企业财务、会计处理方法与税法规定不一致的，应当按照税法规定计算。税法规定不明确的，在未做出明确规定之前，可以暂按企业财务、会计规定计算。

通过申报表的填报，可以揭示企业税收管理、财务管理中存在的问题，正确处理所得税会计与财务会计的关系。正确填报申报表，不仅为了履行纳税义务，还可以将经营活动中容易忽视的涉税细节问题以表格的形式展现出来，可以有效规划企业涉税事项，防范企业税务风险。

3）非居民企业和自行申报纳税人的纳税申报

预缴企业所得税税款时，填报“中华人民共和国非居民企业所得税预缴申报表（2019年版）”及其附表；年度企业所得税汇算清缴时，填报“中华人民共和国非居民企业所得税年度纳税申报表（2019年版）”及其附表。

源泉扣缴和指定扣缴的扣缴义务人，以及扣缴义务人未依法扣缴或无法履行扣缴义务情况下自行申报的纳税人，按次或按期扣缴或申报企业所得税税款时，填报“中华人民共和国扣缴企业所得税报告表（2019年版）”。

7.4　企业所得税的会计处理

7.4.1　企业所得税的账户设置

在企业所得税会计处理（记录）中，需要设置的最主要账户是“应交企业所得税”，它既可以作为总账账户，又可以作为“应交税费”总账账户下的一个二级账户，反映企业所得税的应交、实际上交和退补等情况。本账户的贷方反映应交和应补交的所得税，借方反映实际上交和补交的企业所得税；贷方余额反映应交未交的所得税，借方余额反映多交的所得税。企业各期应交所得税的金额是根据当期应纳税所得额与法定所得税率计算的企业应缴所得税税款，应借记“所得税费用——当期所得税费用”，贷记本（明细）账户。实际缴纳时，借记本（明细）账户，贷记“银行存款”账户。

执行《小企业会计准则》的企业，所得税会计处理保持与税法的一致性，其会计记录体现两者合一；执行《企业会计准则》的企业，所得税会计处理呈现与税法的差异，其会计记录体现两者分离。在一套账簿体系下，以借记“所得税费用”总账金额是否保持与贷记“应交税费——应交企业所得税”金额的一致性为识别标准。如果在贷记“应交企业所得税”依税法确认计量后，借方账户金额不再重新确认计量，即服从贷方，说明两者合一。如果在贷记“应交企业所得税”依税法确认计量后，借方账户金额按会计准则规定重新确认计量，说明两者分离，其差额可以通过“递延税款”或“递延所得税资产”“递延所得税负债”予以反映。

本节阐述的是税务会计范畴的会计处理，即以企业所得税税法为导向的涉税事项的会计处理，其目标应是为了及时正确地填制“企业所得税会计报表——所得税纳税申报表”（主表及其附表），最大限度地获得企业的税收利益。

后两节阐述的是以所得税会计准则为规范标准的会计处理方法，本属财务会计范畴。之所以在本章阐述，是为了便于理解并掌握两者的联系和区别。

7.4.2 企业所得税预缴和汇算清缴的会计处理

1）企业所得税预缴的会计处理

企业计提应预缴的企业所得税时，应借记“所得税费用——当期所得税费用”，贷记“应交税费——应交企业所得税”；实际缴纳时，借记“应交税费——应交企业所得税”，贷记“银行存款”。

【例 7-12】天缘公司某年第一季度会计利润总额为 100 万元（含国债利息收入 5 万元），以前年度未弥补亏损为 20 万元，企业所得税税率为 25%。企业“长期借款”账户记载：年初向工商银行借款 50 万元，年利率为 6%；向 B 公司借款 100 万元，年利率为 8%。上述款项全部用于生产经营。另外，计提固定资产减值损失 4 万元。假设无其他纳税调整事项。

（1）第一季度预缴所得税的计算和会计处理。

企业预缴的基数为会计利润 100 万元，扣除上年度亏损 20 万元以及不征税收入和免税收入 5 万元后，实际利润额为 75 万元。对于其他永久性差异，如长期借款利息超支的 2 万元（100×（8%-6%））和暂时性差异（资产减值损失 4 万元），季度预缴时不作纳税调整。做会计分录如下：

反映应交所得税：

借：所得税费用——当期所得税费用　　187 500

　贷：应交税费——应交所得税　　187 500

下月初，实际缴纳企业所得税时：

借：应交税费——应交所得税　　187 500

贷：银行存款　187 500

（2）后三个季度预缴所得税的计算和会计处理。

假设第二季度企业累计实现利润135万元，第三季度累计实现利润-20万元，第四季度累计实现利润120万元，则每季度末会计处理如下：

第二季度末，做会计分录如下：

借：所得税费用——当期所得税费用　150 000

贷：应交税费——应交所得税（（1 350 000-750 000）×25%）　150 000

下月初缴纳企业所得税时：

借：应交税费——应交所得税　150 000

贷：银行存款　150 000

第三季度累计利润为亏损，不缴税也不做会计处理。

第四季度累计实现利润120万元，税法规定应先预缴税款，再汇算清缴。由于第四季度累计利润小于以前季度（第二季度）累计实现利润总额，暂不缴税也不做会计处理。

2）企业所得税汇算清缴的会计处理

（1）无须公开披露年度财务报告企业的企业所得税汇算清缴。对这类企业，所得税汇算清缴可以采用简化会计处理方法。在年终结账前，不直接进行所得税纳税调整，也不通过“以前年度损益调整”账户，而是直接冲减“利润分配——未分配利润”，进行简化会计处理。期末补缴的企业所得税也不会对决策产生重大影响，“应交税费——应交企业所得税”也能正确反映所交金额，年终保持账表一致。在税务检查和报表审计中，一般也不将其作为差错处理。

（2）公众公司企业所得税汇算清缴。新三板挂牌企业及上市公司办理企业所得税汇算清缴通常是在年度财务报表披露后至企业所得税汇缴期满前进行，分以下两种情况：

①在年度财务报告披露后办理汇算清缴。企业所得税汇缴是在审计后的年度财务报告基础上，对税会差异项目进行纳税调整后而形成的应纳税所得额，进而计算应纳所得税额。这是实务中比较常见的情况。

这种情形下，虽然企业的年度企业所得税是在年度财务报告披露后办理纳税申报的，但在年度利润表金额已经审计确定而未经股东大会批准发布之前，审核人员应根据企业所得税年度纳税申报表准确计算“应纳所得税额”，并以此确定最终的财务报告相应项目金额。

由于企业的净利润是按照审计后的会计利润扣除所得税费用后的差额确定的，因此，只有先计算出所得税费用，才能得出年度净利润。

审计人员根据审计后的会计利润、所得税费用确定净利润，并形成最终的财务报告，经股东大会批准后对外披露。

②在年度财务报告披露之前办理汇算清缴，即企业所得税汇缴按规定在5月底之前已经办理，但年度财务报告是在6月份披露的。在这种情况下，汇缴时未经审计的财务报告与披露时审计后的财务报告之间如果存在数据差异，则会影响应纳税所得额和应纳所得税额，需要进行更正申报，并重新报送审计后的年度财务报告及企业所得税年度纳税申报表。在汇缴时进行纳税调整而增加或减少的应纳企业所得税额，应视同报告年度当年发生的会计事项，调整报告年度的所得税费用和应交所得税金额。

在年度财务报告金额已经确认尚未报出之前，填报企业所得税年度纳税申报表，涉及应补缴税款的，借记“所得税费用——当期所得税费用”，贷记“应交税费——应交企业所得税”；涉及应退税款的，做方向相反的会计分录。

企业所得税实行动态管理，企业所得税汇缴后，5年内发现多缴、少缴企业所得税的，均可更正原所属年度的纳税申报表，按规定计算应补、退税款。涉及应退税款的，应出具专项报告，经税务机关审核确认后，办理退税或抵顶当期应纳所得税额。

（3）相关会计处理。在汇算清缴企业所得税时，若全年应交企业所得税大于全年已预缴的企业所得税，其差额为应补缴的企业所得税，按其差额借记“以前年度损益调整”，贷记“应交税费——应交企业所得税”；实际缴纳时，借记“应交税费——应交企业所得税”，贷记“银行存款”。企业还应将“以前年度损益调整”账户余额转入“利润分配”，借记“利润分配——未分配利润”，贷记“以前年度损益调整——所得税费用”；同时调整盈余公积，借记“盈余公积”，贷记“利润分配——未分配利润”。

在汇算清缴企业所得税时，若全年应交企业所得税小于全年已预缴的企业所得税，其差额为多缴的企业所得税，按其差额借记“应交税费——应交企业所得税”，贷记“以前年度损益调整”。如果税务机关退还企业多缴的所得税，借记“银行存款”，贷记“应交税费——应交企业所得税”；若多缴的所得税不能办理退税，则可以挂账用以抵缴以后应预缴的企业所得税。企业还应将“以前年度损益调整”账户余额转入“利润分配”，借记“以前年度损益调整——所得税费用”，贷记“利润分配——未分配利润”；同时调整盈余公积，借记“利润分配——未分配利润”，贷记“盈余公积”。

【例7-13】天洋公司按季预交企业所得税（税率25%）。1月份向工商银行借款40万元，年利率6.5%，当月还向某公司借款15万元，年利率10.5%，两笔借款全部用于生产经营；计提资产价值准备3万元；无其他纳税调整事项。第4季度实际利润额累计280万元。假定当年4个季度预缴企业所得税共计68.9万元。天洋公司于次年4月15日进行企业所得税的汇算清缴，相关会计处理如下：

年度应纳税所得额=2 800 000+150 000×（10%-6%）+30 000=2 836 000（元）

年度实际应交企业所得税=2 836 000×25%=709 000（元）

汇算清缴应补缴企业所得税=709 000-689 000=20 000（元）

（1）计提应补缴企业所得税时：

借：以前年度损益调整——所得税费用　　20 000

　贷：应交税费——应交企业所得税　　20 000

（2）应补缴企业所得税时：

借：应交税费——应交企业所得税　　20 000

　贷：银行存款　　20 000

（3）将“以前年度损益调整”余额转入“利润分配”时：

借：利润分配——未分配利润　　20 000

　贷：以前年度损益调整　　20 000

（4）因净利润变动调整盈余公积时：

借：盈余公积（20 000×10%）　　2 000

　贷：利润分配——未分配利润　　2 000

【例7-14】某上市公司按季预交企业所得税（税率25%）。年度利润表中利润总额为3 000万元。公司当年发生诉讼，预计赔偿对方100万元，并记入“营业外支出”和“预计负债”；次年3月15日法院判决，该公司须赔偿对方300万元，假定该事项可以在所得税前列支，无其他纳税调整事项。当年4个季度预缴企业所得税共计653.5万元。公司于次年4月15日进行企业所得税的汇算清缴，次年4月30日对外公告财务报告，相关会计处理如下：

年度应纳税所得额=30 000 000-（3 000 000-1 000 000）=28 000 000（元）

年度应交企业所得税=28 000 000×25%=7 000 000（元）

应补缴企业所得税=7 000 000 -6 535 000=465 000（元）

（1）计提应补缴企业所得税时：

借：以前年度损益调整——所得税费用　　465 000

　贷：应交税费——应交企业所得税　　465 000

（2）补缴企业所得税时：

借：应交税费——应交企业所得税　　465 000

　贷：银行存款　　465 000

（3）将“以前年度损益调整”余额转入“利润分配”时：

借：利润分配——未分配利润　　465 000

　贷：以前年度损益调整　　465 000

（4）因净利润变动调整盈余公积时：

借：盈余公积（465 000×10%）　　46 500

　贷：利润分配——未分配利润　　46 500

【例7-15】承【例7-14】，假设公司于次年3月30日已经对外公告财务报告，次年4月15日进行企业所得税的汇算清缴，相关会计处理如下：

年度应纳税所得额=30 000 000-（3 000 000-1 000 000）=28 000 000（元）

年度应交企业所得税=28 000 000×25%=7 000 000（元）

应补缴企业所得税=7 000 000-6 535 000=465 000（元）

（1）计提应补缴企业所得税时：

借：所得税费用　　465 000

　贷：应交税费——应交企业所得税　　465 000

（2）补缴企业所得税时：

借：应交税费——应交企业所得税　　465 000

　贷：银行存款　　465 000

7.4.3 企业所得税纳税调整的会计处理

【例7-16】某企业某年末“利润分配——未分配利润”账户借方余额100万元，企业申报亏损也是100万元。税务机关进行纳税检查时发现，企业当年不得在税前列支的金额为110万元，扣除账面亏损后，企业还盈利10万元。应做会计记录如下：

应补缴所得税=100 000×25%=25 000（元）

税前不得支出的110万元属永久性差异，企业仍在税前扣除，造成虚报亏损，按逃税定性，110万元视同应税所得，假定罚款按逃税额的100%计算，则应罚款275 000元（1 100 000×25%×100%）。

（1）补缴所得税时：

借：所得税费用 25 000

贷：应交税费——应交企业所得税 25 000

借：应交税费——应交企业所得税 25 000

贷：银行存款 25 000

（2）缴纳罚款时：

借：营业外支出——税收罚款 275 000

贷：银行存款 275 000

假定不是上述情况，而是查出企业将10万元收入存入小金库而未入账。这就应该调减亏损10万元，调整后，仍然亏损90万元。这种情况，只罚不补。假定罚款按逃税额的100%计算，应做会计分录如下：

（1）将未入账现金入账时：

借：银行存款 100 000

贷：以前年度损益调整 100 000

（2）缴纳罚款时：

借：营业外支出——税收罚款 25 000

贷：银行存款 25 000

【例7-17】税收征管人员到某公司进行常规检查，发现公司在被检查年度的前一年，将其自产的成本为100万元，正常对外销售价格为120万元的产品用于广告宣传，仅做了借记“销售费用”100万元，贷记“库存商品”100万元的会计分录。已知该公司当年可税前列支的广告费为60万元。

因公司未将自产产品用于广告宣传，按视同销售的规定计缴企业所得税，税务部门要求公司调增应税所得额20万元；由于当年可税前列支的广告费为60万元，公司实际扣除了100万元，税务部门还要求公司调增应税所得额40万元。两项合计调增应税所得额60万元。公司在当年按照25%的税率补缴了15万元的企业所得税，但仅做会计分录如下：

（1）借：所得税费用——当期所得税费用 150 000

贷：应交税费——应交企业所得税 150 000

（2）借：本年利润 150 000

贷：所得税费用——当期所得税费用 150 000

当时，公司并未意识到自己处理有误，此次税务部门再次检查，发现公司未将上一年度纳税调整的金额予以转回。这样，公司因没有转回上一年度的可抵扣暂时性差异，多计算了被检查年度的应税所得额60万元，从而多缴了企业所得税15万元。企业如果通过“递延所得税资产”账户进行核算，就可以避免此类情况发生。

仍以上年度调增的应税所得额为例，第一年度汇算清缴时，公司应做会计分录如下：

（1）借：所得税费用——当期所得税费用　150 000

　　贷：应交税费——应交企业所得税　150 000

（2）借：递延所得税资产——可抵扣暂时性差异　150 000

　　贷：所得税费用——递延所得税费用　150 000

第二年度汇算清缴时，应对转回的可抵扣暂时性差异60万元进行相关会计记录。假定公司当年被认定为高新技术企业，其适用税率为15%，应做会计分录如下：

（1）借：应交税费——应交企业所得税　90 000

　　贷：所得税费用——当期所得税费用　90 000

（2）借：所得税费用——递延所得税费用　90 000

　　本年利润　60 000

　　贷：递延所得税资产——可抵扣暂时性差异　150 000

在企业所得税汇算清缴时，若发现以前年度实际发生的、按税法规定可在税前扣除而未扣除或者少扣除的支出，在企业做出专项申报说明后，准予追补至该项目发生年度计算扣除，但追补确认期限不得超过5年。企业因此而多缴的企业所得税和相应利息，可以在追补确认年度企业所得税应交税款中抵扣，不足抵扣的，可以向以后年度递延抵扣或申请退税。亏损企业追补确认以前年度未在企业所得税前扣除的支出，或盈利企业经过追补确认后出现亏损的，应首先调整该项支出所属年度的亏损额，然后按照弥补亏损的原则计算以后年度多缴的企业所得税款，并按规定处理。

7.4.4　企业所得税抵免的会计处理

【例7-18】某企业12月份总机构损益类账户余额如下（单位：万元）：

主营业务收入	1 760	主营业务成本	780
税金及附加	65	销售费用	55
管理费用	49.2	财务费用	24
其他业务收入	130	其他业务成本	85
营业外收入	36	营业外支出	57

该企业在美国的分支机构当年获利244 897.97美元，已在美国缴纳所得税6万美元。当年12月31日我国外汇牌价USD1=CNY7。另外，企业在当年度中，超过业务招待费标准的招待费支出为36 000元，赞助支出为45 000元。企业所得税税率为25%。

企业全部利润=8 108 000+244 897.97×7=9 822 285.79（元）

应纳税所得额=9 822 285.79+36 000+45 000=9 903 285.79（元）

境内外所得按税法计算的应纳税总额=9 903 285.79×25%=2 475 821.45（元）

境外所得税款扣除限额=2 475 821.45×（244 897.97×7÷9 903 285.79）

=428 571.45（元）

实际在境外缴纳的所得税税额=60 000×7=420 000（元）

在境外实际缴纳的税款低于扣除限额，因此，可以从应纳税额中扣除其在境外实际缴纳的所得税税款，企业实际应缴税款的计算如下：

实际应缴企业所得税=2 475 821.45−420 000=2 055 821.45（元）

假设企业上年实际缴纳所得税200万元，税务机关同意当年每季按上年实缴额的1/4

预缴，做如下会计分录。

（1）每季预缴所得税时：

借：应交税费——应交企业所得税　　500 000

　贷：银行存款——人民币户　　500 000

（2）计算当年应交所得税时：

借：所得税费用——当期所得税费用　　2 055 821.45

　贷：应交税费——应交企业所得税　　2 055 821.45

（3）下年初补缴税款时：

借：应交税费——应交企业所得税　　55 821.45

　贷：银行存款　　55 821.45

7.4.5 企业所得税减免的会计处理

当纳税人符合减免企业所得税规定时，应在年度终了后2个月内向主管税务机关提供以下书面资料：减免税申请报告（主要包括减免税依据、范围、年限、金额、企业的基本情况等）；同期财务会计报表；营业执照的复印件；根据不同减免税项目，税务机关要求提供的其他材料。

1）直接减免

企业仍然需要计算应交所得税，待税务机关审批之后再确认减免税。企业在计算应交所得税时，借记“所得税费用——当期所得税费用”，贷记“应交税费——应交所得税”；税务机关确认减免时，借记“应交税费——应交所得税”，贷记“所得税费用——当期所得税费用”。

2）即征即退与先征后退

企业在计算应纳所得税时，借记“所得税费用——当期所得税费用”，贷记“应交税费——应交所得税”；缴纳时，借记“应交税费——应交所得税”，贷记“银行存款”。确认应退税金并收到退税款时，借记“银行存款”，贷记“其他收益”等。

3）有指定用途的退税

所得税退税款作为国家投资，形成国家资本。收到退税时，借记“银行存款”，贷记“实收资本——国家资本金”。对有指定用途的政策性成员，可将减免的所得税额贷记“资本公积”。

企业实际收到具有专门用途的先征后返所得税税款时，应计入当期利润总额，暂不作为当期应纳税所得额。

7.4.6 预提所得税代扣代缴的会计处理

外国企业在中国境内未设立机构、场所，而有取得来源于中国境内的利润（股息）、利息、租金、特许权使用费和其他所得的，按规定其所得税应由支付人在每次支付的款额中扣除，并在7日内缴入国库。对非居民纳税人在我国境内从事劳务、服务的所得，税务机关可以指定工程价款或劳务费的支付人为所得税扣缴义务人，税款在支付的款额中扣缴。

【例7-19】天欣通用污水处理有限公司系境外KH公司和市政排水有限公司共同出资成立的合资企业。境外KH公司占51%的股权，以欧元注册资本，股权成本价为2 580 000欧元。今年1月10日，境外KH公司将其注册资本51%的股权转让给市政排水有限公司，51%股权的转让价为6 440 000欧元，并完成了相关变更手续。假设股权转让日的汇率中间价是1欧元=8.5元人民币。

股权转让所得=6 440 000−2 580 000=3 860 000（欧元）

股权转让收益（折合人民币）=3 860 000×8.5=32 810 000（元）

应交企业所得税=32 810 000×10%=3 281 000（元）

做如下会计分录。

（1）应交预提所得税。

借：其他应付款等——境外KH公司　　3 281 000

　贷：应交税费——应交预提所得税　　3 281 000

（2）缴纳预提所得税。

借：应交税费——应交预提所得税　　3 281 000

　贷：银行存款　　3 281 000

7.4.7 企业清算的所得税处理

企业清算的所得税处理是企业在不能持续经营，发生结束自身业务、处置资产、偿还债务以及向所有者分配剩余财产等经济行为时，对清算所得、清算所得税、股息分配等事项的处理。

（1）清算所得的计算

清算所得是清算企业应交企业所得税应纳税所得额，即应纳税所得额。

企业的全部可变现价值或交易价格，减去资产的计税基础、清算费用、相关税费，加上债务清偿损益等后的余额为清算所得，具体计算公式如下：

清算所得=资产变现收入+清算资产盘盈−资产计税基础的账面净值−清算费用−债权损失+无法偿还的债务收益−税前可弥补亏损

或　　=（资产变现收入+清算资产盘盈）−清算费用−债权损失−［未付职工工资+欠税+（尚未偿付的其他各类债务−无法偿还的债务）］−累计未分配利润−资本公积−注册资本−税前可弥补亏损

（2）剩余资产的计算

剩余资产（财产）是可以向股东分配的实际资产，即清算所得减去清算所得应交企业所得税后的余额，具体计算公式如下：

剩余财产=全部资产的可变现价值或交易价格−清算费用−未付职工工资、社会保险费用和法定补偿金等−未结清税费−其他公司债务

未结清税费=清算前未交税费+清算过程中产生的除企业所得税以外的相关税费+清算所得应纳所得税税额

（3）股息所得的计算

被清算企业的股东分得的剩余资产金额为股息所得，即被清算企业累计未分配利润和累计盈余公积中按该股东所占股份比例计算的应分得部分。计算公式如下：

股息所得=（原留存收益+清算损益）×持股比例

（4）股东资产转让所得（损失）的计算

剩余资产减除股息所得后的余额，超过或低于股东投资成本的部分，应确认为股东的

投资转让所得或损失。计算公式如下：

投资转让所得（损失）=剩余财产-股息所得-投资成本

【例7-20】已知居民企业甲公司的股东为A公司。某年6月，居民企业乙公司吸收合并甲公司，合并时甲公司的资产账面价值为4 500万元，计税基础为4 800万元，可变现净值为7 500万元，负债账面价值为3 000万元，计税基础为2 850万元，最终清偿额为2 700万元。乙公司支付4 800万元给A公司作为对价。假设甲公司资产、负债的账面价值与计税基础一致，不考虑其他因素。

（1）所得税的确认计量。

①合并时，甲公司资产、负债的公允价值分别为7 500万元、2 700万元，乙公司据此确认合并资产、负债的计税基础。

②甲公司按清算进行所得税处理。甲公司资产处置损益2 700万元（7 500-4 800），负债清偿损益为150万元（2 850-2 700），假设清算费用、相关税费等合计300万元，不考虑其他因素。

甲公司清算所得为2 550万元（2 700+150-300），应纳所得税额为637.5万元（2 550×25%）。

③甲公司清算后剩余财产的分配。不考虑其他因素，剩余财产为3 862.5万元（7 500-300-637.5-2 700），分配归A公司所有。

④投资方从被清算企业分得的剩余资产，其中相当于从被清算企业累计未分配利润和累计盈余公积中应当分得的部分，应当确认为股息所得；剩余资产减除上述股息所得后的余额，超过或者低于投资成本的部分，应当确认为投资资产转让所得或者损失。因此，A公司应确认股息所得和投资资产转让所得。

假设A公司对甲公司的投资成本为1 200万元，清算时甲公司实收资本为1 200万元、资本公积为75万元、盈余公积为45万元、未分配利润为180万元。则A公司分得的剩余资产3 862.5万元中，未分配利润180万元和盈余公积45万元都应确认为股息所得，剩余资产减除股息所得后的余额为3 637.5万元（3 862.5-180-45），该余额超过投资成本的部分2 437.5万元（3 637.5-1 200）应当确认为股权转让所得。

（2）所得税的会计处理。

①甲公司的会计处理。

资产负债清算时：

借：银行存款	75 000 000	
贷：资产类账户		45 000 000
清算损益		30 000 000
借：负债类账户	30 000 000	
贷：清算损益		3 000 000
银行存款		27 000 000

发生清算税费时：

借：清算费用等	3 000 000	
贷：银行存款		3 000 000

结转损益时：

借：清算损益　33 000 000
　贷：清算所得　30 000 000
　　　清算费用等　3 000 000

财务会计核算的清算所得为3 000万元，比税务会计计算的清算所得2 550万元多450万元，是因资产的计税基础与账面价值差异（300万元）和负债的账面价值与计税基础差异（150万元）造成的。

计算清算所得税时：

借：所得税费用　6 375 000
　贷：应交税费——应交所得税　6 375 000
借：应交税费——应交所得税　6 375 000
　贷：银行存款　6 375 000

结转所得税时：

借：清算所得　6 375 000
　贷：所得税费用　6 375 000

②乙公司合并甲公司的会计处理：

借：资产类账户　75 000 000
　贷：负债类账户　27 000 000
　　　银行存款　48 000 000

③A公司的会计处理：

收回投资，确认股息所得和股权转让所得时：

借：银行存款　38 625 000
　贷：投资收益、应收股利等账户[①]　26 625 000
　　　长期股权投资——甲公司　12 000 000

7.5 财务会计中的所得税会计基础

7.5.1 所得税会计处理规范概述

各国所得税会计准则大致都经历了与所得税法保持一致到逐步分离的过程。在财务会计中，所得税会计准则是对企业涉税事项出于财务报告目标而进行的会计规范，称为所得税会计处理（accounting for income taxes）；而体现所得税法要求的所得税会计（income taxes accounting）则属于税务会计范畴。

美国会计师协会（AICPA）的会计程序委员会1944年发布的第23号公告是第一个建议对实际发生的应付所得税进行期内和跨期分配的权威性会计公告。1954年，美国开始了关于所得税分配的持久争论，在这一年中，其颁布的收入法案允许出于纳税目的采用加速折旧方法计提折旧，而出于财务会计目的计算的折旧一般采用直线法，随之产生了出于

① 180+45+2 437.5=2 662.5（万元）。

财务会计目的和出于纳税目的而记录的折旧之间的重大差异。

1967年美国会计原则委员会（APB，美国财务会计准则委员会FASB的前身）发布了第11号意见书，取消了在所得税会计处理中的“当期计列法”（即应付税款法），并规定采用“全面所得税分摊法”。1986年，APB发布了《所得税会计征求意见稿》。《所得税会计征求意见稿》中建议采用资产债务法对当年和以前年度由企业经营活动所产生的所得税的影响进行核算。1987年12月，FASB发布了第96号公告《所得税会计》，该公告应用于1988年12月15日以后的财务年度的会计报表，但是96号公告发布后，由于各方对所得税会计的处理原则及方法仍然存在不同的意见，FASB曾两次推迟其执行时间。1992年2月FASB公布了《所得税的会计处理》（SFAS 109）。

国际会计准则委员会（IASC）于1979年7月发布了第12号公告《所得税会计》，要求企业采用纳税影响会计法进行所得税会计处理；1985年IASC成立了课题组，专门研究修改第12号公告；1989年1月，IASC发布了《所得税会计征求意见稿》（E33），建议企业采用利润表债务法进行所得税会计处理；1994年10月，IASC再次发布了《所得税会计征求意见稿》（E49），该征求意见稿基本上采纳了SFAS 109号公告所提出的处理办法；1996年IASC正式发布了修订后的《国际会计准则第12号——所得税》（IAS 12）；2004年3月，IASC对《国际会计准则第12号——所得税》进行了修订和认定。

我国1994年的税制改革，明确了我国税制走税收国际惯例的方向，2001年4月28日第九届全国人大常务委员会第二十一次会议修订的《中华人民共和国税收征收管理法》第二十条规定，从事生产、经营的纳税人的财务会计制度或者财务会计处理办法与国务院或者国务院财政、税务主管部门有关税收的规定抵触的，应当依照国务院或者国务院财政、税务部门有关税收的规定计算应纳税款、代扣代缴和代收代缴税款。

1999年修订的《中华人民共和国会计法》也明确了财务会计要根据国家统一的会计制度确认、计量、记录会计要素，提供财务会计报告，而不再依附税法和财务制度。2001年企业会计制度的改革，使会计与税法对有关收入、收益、费用、损失等的确认差异越来越大。

2006年2月15日，财政部颁布的《企业会计准则第18号——所得税》，体现了我国所得税会计准则的国际趋同。

2011年10月18日，财政部颁布的《小企业会计准则》，规定小企业所得税的会计处理方法是财务会计与税务会计的协调统一，体现了税法导向原则，可以降低小企业的纳税成本和税务风险。

7.5.2 所得税会计的理论基础

1）所得税会计目标

如前所述，以企业所得税法规定为处理依据的所得税会计是税务会计的重要组成部分，其基本目标当然要体现税务会计目标，具体目标是及时正确地填报企业所得税纳税申报表（主表及其附表），提供符合税法要求、体现企业税收利益诉求的纳税（所得税）会计信息。

按所得税会计准则所进行的所得税会计处理当然属于财务会计范畴，其基本目标要体现财务会计目标，具体目标应是提供有助于投资人、债权人决策的涉及企业（公司）所得税的会计信息，如所得税费用、递延所得税资产、递延所得税负债等。但现行各国的“所得税”会计准则对其目标的阐述均比较模糊，甚至有点“越界”，如美国FASB颁布的《所得税的会计处理》（SFAS 109）中提出的所得税会计目标是：（1）确认当年的应交所得税或应退所得税金额；（2）对已在企业财务报表或纳税申报表中确认事项的未来纳税影响，确认其递延所得税负债或资产。上述目标显然超出了会计准则的“职权范围”。

2）所得税会计中的所得税性质

在进行所得税会计研究时，还应明确所得税的性质，即所得税的归属，也就是所得税项目在财务会计报表中是作为一项收益分配列示，还是作为一项费用列示。若是作为收益分配，则不能递延，应采用当期计列法进行所得税会计处理；若是作为费用，则能够递延，可采用跨期所得税分摊法进行所得税会计处理。

（1）收益分配论。收益分配论的理论依据是“企业主体理论”。该理论从企业是经营实体的角度出发，认为企业应独立于企业所有者而存在，会计恒等式应表述为“资产=负债+所有者权益”，企业的收益是所有者权益的体现，代表企业的经营业绩，企业可以将其用于各种经营活动。收益分配论认为，企业所得税是企业收益的分配，与企业收益的其他各种分配项目一样，是对国家支持的一种回报，应归入收益分配项目。所得税与债务利息、股息一样是对所有者权益的分配，企业应以资产或产权的增加、减少为依据，判定现金流入与流出是属于收入还是属于费用。因此，所得税的支付使企业的资产减少，产权减少，属于收益分配的性质。

基于收益分配论的所得税会计处理，不需要单独设置会计账户，而只需要直接在“利润分配”账户中进行核算。我国现行事业单位因其筹资的特殊性，其应交所得税就是作为收益分配进行会计处理的。

（2）费用论。费用论认为，企业所得税是企业为取得收益而发生的一种支出，与企业生产经营的各种支出一样，应归入费用项目。费用论的理论依据是“业主理论”。该理论认为企业的所有者是企业的主体，会计恒等式应表述为“资产-负债=所有者权益”，资产是所有者的资产，负债是所有者的负债，权益是所有者的净资产。在企业经营过程中，收入意味着所有者权益的增加，费用意味着所有者权益的减少，收入减费用而形成的企业收益，实际上体现了所有者财富的增加。企业应以所有者权益的增加或减少为依据，判定现金流入与流出是属于收入还是属于费用。

IASC在《编报财务报表的框架》（2001年4月被IASB采纳）中认为，企业的费用是指会计期间经济利益的减少，其形式表现为资产流出、资产递耗或是发生负债而引起业主产权减少，但不包括与产权所有者分配有关的类似事项，其具体表现形式是现金、现金等价物、存货和固定资产的流出或折耗。所得税是为获得收益而付出的代价，是企业现金的流出，它会引起经济利益的减少，与其他费用的发生、资产的折耗性质相同，因此应作为费用确认。

3）当期计列法与跨期所得税分摊法

在进行所得税会计处理时，企业需要决定是按照应税所得与现行税率计算的应交所得税作为本期所得税费用，还是根据收益/费用观或资产/负债观计算的“所得税”作为本期所得税费用，也就是决定企业发生的暂时性差异是否需要在会计报表上作为一项要素予以确认和计量，即所得税费用是采用当期计列法，还是采用跨期所得税分摊法。两种方法从不同角度分析了所得税费用与税前会计利润或应税所得之间的关系，以及暂时性差异的所得税影响是否构成资产或负债的定义，从而形成了所得税会计理论中的一个主要问题。

（1）当期计列法

当期计列法是以企业纳税申报表上所列示的本期应交所得税作为本期所得税费用列入利润表。采用这种方法，会计准则与税法之间产生的各种差异均于本期确认所得税费用，本期所得税费用等于本期应交所得税。当期计列法的基本观点是所得税与应税所得存在着必然的联系。所得税只来源于应税所得，即只有当经济事项的所得与确定该期的应税所得结合起来时才产生所得税。会计核算的重点应放在当发生应税所得时，对当期所得税费用才予以确认，而不必将所得税与企业的税前会计利润联系起来。跨期所得税分摊得出的净利润是虚设的，使其人为地均衡各期收益，掩盖了管理者试图减轻税负的行为。

（2）跨期所得税分摊法

跨期所得税分摊法是将暂时性差异所产生的未来所得税影响额分别确认为负债或资产，并将此所得税影响额递延至以后期间分别确认为所得税费用（或收益）。采用这种方法，本期发生的暂时性差异在资产负债表上被确认为一项负债或一项资产，并同时确认本期所得税费用（或利益）。跨期所得税分摊的基本观点是，在交易或事项影响会计报表收益期间，应当确认同期对所得税费用的纳税影响。所得税是由交易或事项引起的，一个时期的经营成果与所得税有密切的联系，因此当交易或事项产生会计收益时，应于同期确认所得税费用，以遵循配比原则。跨期所得税分摊所计算的本期所得税费用直接与本期税前会计利润相联系，能真实反映企业各期的净利润，避免采用当期计列法造成的各期间净利润忽高忽低。目前，IASB、FASB等均采用跨期所得税分摊法。

7.5.3 基于资产负债观的所得税会计差异

资产负债观直接从资产和负债的角度确认与计量企业的收益，认为收益是企业期末净资产与期初净资产的差额，强调综合收益，收益由排除资本变动的净资产的期初期末余额之差产生。按照资产负债观理念，真正的利润本质上是净资产的增加，真正的亏损本质上是净资产的减少。要求在计量属性上尽可能采用公允价值，强调财务会计处理的重心应该是对资产和负债要素的确认与计量，而收入和费用要素则从属于资产和负债要素；在财务报告中，强调资产负债表在整体报告体系中的核心地位，利润表只是资产负债表的附表，是对资产负债观所确定的综合收益的明细说明。

在所得税会计中，基于会计准则与税法的不同关系，形成了财务会计与税务会计的不同关系模式，具体表现在对待差异的不同处理方法上，因而形成了不同的所得税会计处理方法（详见本章第4节）。为了提高财务会计（报告）信息质量，从各国所得税会计处理发展趋势看，越来越多的国家开始采用体现资产负债观的资产负债表债务法。

1）计税基础

在采用资产负债表债务法时，企业的资产及负债应根据会计准则与税法的不同要求分别进行计价，因而形成包括财务会计计价基础与税法计价基础在内的两种计价基础。财务会计计价基础即资产（负债）的账面价值；税法计价基础即计税基础，是企业在资产负债表日根据税法规定为计算应交所得税所确认的资产（负债）的价值。前者属于财务会计范畴，后者属于税务会计范畴。

（1）资产的计税基础

资产的计税基础是指企业在收回资产账面价值过程中，计算应纳税所得额时按照税法规定可以在应税经济利益中抵扣的金额，即该项资产在未来使用或最终处置时，允许被作为成本或费用于税前扣除的金额。

在财务会计处理上，资产在初始确认时，其计税基础一般为取得成本，即企业为取得某项资产支付的成本在未来期间准予税前扣除的金额。在资产持续持有的过程中，其计税基础是指资产的取得成本减去以前期间按照税法规定已经税前扣除的金额后的余额，该余额代表的是按照税法规定，所涉及的资产在未来期间计税时仍然可以在税前扣除的金额。如固定资产、无形资产等长期资产在某一资产负债表日的计税基础，是指其成本扣除按照税法规定已在以前期间税前扣除的累计折旧额、摊销额后的余额。用公式表示如下：

资产的计税基础=未来可在税前扣除的金额=资产的账面价值-未来应纳税金额+未来可抵扣金额

一般情况下，资产在取得时，其入账价值与计税基础是相同的；在后续计量过程中，因企业会计准则与税法规定不同，可能产生资产的账面价值与其计税基础之间的差异。

在税务处理上，企业的各项资产应以历史成本为计税基础。企业持有期间资产的增值或减值，除国务院财政、税务主管部门规定可以确认损益外，不得调整该资产的计税基础（详见“7.2企业所得税的确认、计量与申报”）。

现以简例说明：①一台设备成本为10 000元，已提折旧4 500元（已在当年和以前年度抵扣），剩余成本将在未来期间（折旧或处置）予以抵扣，则该项设备的税基为5 500元。若其重估价为6 000元，则有500元的暂时性差异产生。②企业一笔应收账款2 000元，其相应收入已包括在应税利润（可抵扣亏损）中，即该应收账款的相应收入已经通过销售（营业）收入计入应税收入并缴纳流转税，计入应税所得并缴纳所得税。因此，在该应收账款收回时，不必再缴税了，其计税基础就是其账面价值（金额）。③企业一笔应收利息1 500元，相应利息收入按现金制缴税，就计税而言，该笔金额流入企业时无抵扣金额，则该应收利息的计税基础为零。

【例7-21】AB公司某项设备原价为3 000万元，财务会计规定的折旧年限为3年，税务会计规定的折旧年限为5年，两者均采用直线法计提折旧。在计提完2年折旧后的会计期末，对该项固定资产计提了60万元的固定资产减值准备。确定该固定资产的财务会计账面价值和税务会计确认的计税基础。假设财务会计与税务会计预计净残值率均为0。

财务会计的账面价值=3 000-1 000-1 000-60=940（万元）

税务会计确认的计税基础=3 000-600-600=1 800（万元）

该例说明，固定资产账面价值与计税基础的差异原因有：一是折旧年限不同，财务会计的折旧年限为3年，税务会计的折旧年限为5年，每年因折旧年限不同产生的暂时性差异为400万元，2年后会计期末因折旧年限不同产生的暂时性差异合计800万元；二是计提固定资产减值准备造成的差异，2年后会计期末由于财务会计计提了减值准备60万元，税法规定固定资产减值准备在计提时不允许在税前扣除，实际发生损失时才允许在税前扣除，由此产生差异60万元。两者合计为860万元。

（2）负债的计税基础

负债的计税基础是指负债的账面价值减去其在未来期间计算应纳税所得额时按照税法规定可予抵扣的金额。对于预收款项产生的负债，其计税基础为账面价值减去未来期间不征税的金额。

现以简例说明：①流动负债中包括账面金额为1 000元的应付罚款，计税时，该项罚款不可抵扣，则该项罚款的税基为1 000元。此时，不存在可抵扣暂时性差异。②企业一笔短期应计费用，其账面金额为20 000元，计税时，相应的费用将在未来以现金制予以抵扣，则该项流动负债应计费用的计税基础为0，如果相关的费用已抵扣，则该应计费用的计税基础就是20 000元。③一项应付货款的账面价值为10万元。该货款的归还不会产生纳税后果，该货款的计税基础为10万元。

2）暂时性差异

暂时性差异（temporary differences）是指资产或负债的计税基础与其列示在财务报表上的账面金额之间的差异，该差异在以后年度当财务报表上列示的资产收回或列示的负债偿还时，会产生应纳税金额或可抵扣金额。未作为资产和负债确认的项目，如果按照税法规定可以确定其计税基础的，该计税基础与其账面价值之间的差额也属于暂时性差异。

时间性差异侧重于从收入或费用角度分析会计利润和应税利润之间的差异，揭示的是某个会计期间内产生的差异。暂时性差异侧重于从资产和负债的角度分析某个时点上存在的账面价值与其计税基础之间的差异，这种差异可能导致相关期间会计利润和应税利润之间发生差异，也可能并不会产生相关期间会计利润和应税利润的差异。

按照暂时性差异对未来期间应税金额的影响，暂时性差异可分为应纳税暂时性差异和可抵扣暂时性差异。

（1）应纳税暂时性差异

应纳税暂时性差异是指在确定未来收回资产或清偿负债期间的应纳税所得额时，将导致产生应税金额的暂时性差异。当资产的账面价值大于其计税基础或者负债的账面价值小于其计税基础时，产生应纳税暂时性差异，即对于资产而言，当会计口径的价值高于税收口径的价值时，在纳税时，可以在本期抵扣不缴税，等到以后再缴税；对于负债而言，当会计口径的价值小于税收口径的价值时，在纳税时，可以在本期抵扣不缴税，等到以后再缴税。应纳税暂时性差异示例：

① 某项固定资产成本为300万元，账面价值为200万元。计税累计折旧为180万元，该项固定资产的计税基础为120万元。为收回账面金额，企业必须赚得应税收益200万元，但只能抵扣计税折旧120万元。如果税率为25%，当企业收回该资产账面金额时，应支付所得税20万元（80×25%）。因此，账面金额200万元与其计税基础120万元之间的差额80万元为应纳税暂时性差异。

② 某企业拥有一项交易性金融资产，成本为500万元，期末公允价值为750万元。按照企业会计准则，交易性金融资产期末按公允价值计价，但依照税法规定，在交易性金融资产的持有期间，其公允价值的变动不计入应纳税所得额，即其计税基础不变。该项交易性金融资产账面价值大于计税基础的250万元为应纳税暂时性差异。

（2）可抵扣暂时性差异

可抵扣暂时性差异是指在确定未来收回资产或清偿负债期间的应纳税所得额时，将导致产生可抵扣应税金额的暂时性差异。“可抵扣”一般意味着税款已经缴了，但按照税法规定不该在本期缴的，只有等到以后抵扣处理。当资产的账面价值小于其计税基础或者负债的账面价值大于其计税基础时，产生可抵扣暂时性差异。允许抵减以后年度利润的称为抵扣亏损，视同可抵扣暂时性差异。可抵扣暂时性差异示例：

企业将产品保修费用100 000元确认为负债，计入当期损益。产品保修费用于实际支付时才能抵扣应纳税所得额。该项预计负债的计税基础是0。在以账面金额清偿该负债时，企业的未来应纳税所得额减少100 000元，如果税率为25%，相应减少未来所得税支出25 000元。账面金额与计税基础之间的差额100 000元是一项可抵扣暂时性差异。

应纳税暂时性差异与可抵扣暂时性差异识别表见表7-7。

表7-7　**应纳税暂时性差异与可抵扣暂时性差异的识别表**

账面价值与计税基础	资　产	负　债
账面价值>计税基础	应纳税暂时性差异（递延所得税负债）	可抵扣暂时性差异（递延所得税资产）
账面价值<计税基础	可抵扣暂时性差异（递延所得税资产）	应纳税暂时性差异（递延所得税负债）

【例7-22】某股份有限公司的所得税采用资产负债表债务法核算，所得税税率为25%。该公司第1年资产负债表的有关项目见表7-8。

表7-8　**资产负债表的有关项目**　单位：万元

项　目	期末余额	年初余额
存　货	500	1 400
长期股权投资	400	0
固定资产	2 900	2 400
预计负债	480	0
递延所得税资产	—	75
递延所得税负债	—	50

相关说明：

①“存货跌价准备”账户年初贷方余额300万元，期末贷方余额120万元。

②“长期股权投资”包含当年3月1日对甲公司的投资，初始投资成本500万元，采用权益法核算。由于甲公司本年发生亏损，该公司年末按应负担的亏损份额确认投资损失100万元，同时调整长期股权投资的账面价值。年末，未对长期股权投资计提减值准备。

③“固定资产”包含一台B设备，系上年12月25日购入，原价1 000万元，预计净残值为零。税法规定按年数总和法计提折旧，折旧年限为4年；会计上采用直线法计提折旧，折旧年限为5年。

④预计负债为本年年末计提的产品保修费用480万元。

假设除上述事项外，没有发生其他纳税调整事项。该公司当年利润表中“利润总额”

项目金额为2 000万元。计算该公司年末暂时性差异及因此而形成的应纳税暂时性差异、可抵扣暂时性差异。

存货产生的暂时性差异=账面价值-计税基础=500-（500+120）=-120（万元）

长期股权投资产生的暂时性差异=账面价值-计税基础=400-500=-100（万元）

固定资产产生的暂时性差异=账面价值-计税基础=800-600=200（万元）

预计负债产生的暂时性差异=（-1）×（账面价值-计税基础）

=（-1）×（480-0）=-480（万元）

存货、长期股权投资和预计负债三个项目产生的暂时性差异，计算结果均为负数，属于可抵扣暂时性差异；固定资产产生的暂时性差异，计算结果为正数，属于应纳税暂时性差异。

应纳税暂时性差异=（正的）资产类差异+（正的）负债类差异=200（万元）

可抵扣暂时性差异=（负的）资产类差异+（负的）负债类差异

=（-120）+（-100）+（-480）=-700（万元）

7.6 财务会计中的所得税会计处理方法

7.6.1 所得税会计账户的设置

由于财务会计采用所得税的会计处理方法不同，企业所得税会计账户的设置也有所区别，一般应设置以下账户：

1）所得税费用

① 采用应付税款法的企业，本账户反映企业根据企业所得税税法确认计量的应从当期利润总额中扣除的所得税费用。

② 采用纳税影响会计法的企业，本账户反映企业根据所得税会计准则确认计量的应从当期利润总额中扣除的所得税费用。

在资产负债表债务法下，本账户应按“当期所得税费用”“递延所得税费用”进行明细核算。资产负债表日，企业按税法规定计算确定的当期应交所得税金额，借记“所得税费用——当期所得税费用”，贷记“应交税费——应交所得税”。

资产负债表日，根据递延所得税资产的应有余额大于“递延所得税资产”账户余额的差额，借记“递延所得税资产”账户，贷记“所得税费用——递延所得税费用”“资本公积——其他资本公积”等账户；递延所得税资产的应有余额小于“递延所得税资产”账户余额的差额做相反的会计分录。

企业应予确认的递延所得税负债，应当比照上述原则调整“所得税费用”“递延所得税负债”等相关账户。

期末，应将本账户的余额转入“本年利润”账户，结转后本账户应无余额。

2）递延所得税资产（采用资产负债表债务法）

本账户核算企业确认的可抵扣暂时性差异产生的递延所得税资产和税法规定可用以后年度税前利润弥补的亏损、税款抵减产生的所得税资产金额，以及以后各期应转销的金额。企业应按其可抵扣暂时性差异项目进行明细核算。

资产负债表日，按企业确认的递延所得税资产金额，借记本账户，贷记“所得税费用——递延所得税费用”账户。资产负债表日，递延所得税资产的应有余额大于其账面余额的，应按其差额确认，借记本账户，贷记“所得税费用——递延所得税费用”等账户；资产负债表日，递延所得税资产的应有余额小于其账面余额的差额做相反的会计分录。

企业合并中取得资产、负债的入账价值与其计税基础不同形成可抵扣暂时性差异的，应于购买日确认递延所得税资产，借记本账户，贷记“商誉”等。与直接计入所有者权益的交易或事项相关的递延所得税资产，借记本账户，贷记“资本公积——其他资本公积”账户。

资产负债表日，预计未来期间很可能无法获得足够的应纳税所得额用以抵扣可抵扣暂时性差异的，按原已确认的递延所得税资产中应减记的金额，借记“所得税费用——递延所得税费用”“资本公积——其他资本公积”等账户，贷记本账户。

本科目期末借方余额，反映企业确认的递延所得税资产。

3）递延所得税负债（采用资产负债表债务法）

本账户核算企业确认的应纳税暂时性差异产生的所得税负债以及以后各期应转销的金额。企业按其应纳税暂时性差异项目进行明细核算。

资产负债表日，按企业确认的递延所得税负债金额，借记“所得税费用——递延所得税费用”账户，贷记本账户。资产负债表日，递延所得税负债的应有余额大于其账面余额的，应按其差额确认，借记“所得税费用——递延所得税费用”账户，贷记本账户；资产负债表日，递延所得税负债的应有余额小于其账面余额的做相反的会计分录。

与直接计入所有者权益的交易或事项相关的递延所得税负债，借记“资本公积——其他资本公积”账户，贷记本账户。企业合并中取得资产、负债的入账价值与其计税基础不同形成应纳税暂时性差异的，应于购买日确认递延所得税负债，同时调整商誉，借记“商誉”账户等，贷记本账户。

本账户期末贷方余额，反映企业已确认的递延所得税负债。

4）递延税款（采用利润表债务法、递延法）

本账户核算企业由于时间性差异导致的税前会计利润与应税所得之间的差额所产生的影响纳税的金额，以及以后各期转销的金额。其贷方发生额，反映企业本期税前会计利润大于应税所得产生的时间性差异影响纳税的金额，以及本期转销已确认的时间性差异对纳税影响的借方金额；其借方发生额，反映企业本期税前会计利润小于应税所得产生的时间性差异影响纳税的金额，以及本期转销已确认的时间性差异对纳税影响的贷方金额。

采用利润表债务法时，“递延税款”账户的贷方或借方发生额，还反映因税率变动调整的递延税款金额。“递延税款”账户的期末贷方（或借方）余额，反映尚未转回的时间性差异影响所得税的金额。

企业接受捐赠的非现金资产，应在弥补亏损后，按其余额计算缴纳所得税，一般不再递延纳税。企业还应当设置“递延税款备查簿”，详细记录发生时间性差异的原因、金额、预计转销期限、已转销金额等。

“递延税款”账户的核算范围小于“递延所得税资产”“递延所得税负债”账户。

5）应交所得税

税务会计中的“应交企业所得税”明细账户已在本章第4节述及。虽然财务会计与税务会计都需要设置该账户，但其借贷发生额是税务会计根据税法进行的确认计量，财务会计仅是接受了税务会计的计算结果而已。在资产负债表中，包括“应交企业所得税”在内的所有税金仅反映其期末余额，而且是税与费的合计余额，可以说，没有多少信息含量。

在资产负债表债务法下，所得税会计处理的核心是确认计量“递延所得税资产”和“递延所得税负债”，“递延所得税费用”不过是借贷（或贷借）“递延所得税资产”和“递延所得税负债”的差额。

7.6.2 应付税款法的会计处理

应付税款法（taxes payable method）是企业将本期税前会计利润与应税所得额之间的差额所造成的影响纳税的金额直接计入当期损益，而不递延到以后各期的一种所得税会计处理方法。应付税款法是税法导向的会计处理方法，执行《小企业会计准则》的企业采用该方法。

在应付税款法下，本期发生的时间性差异不单独核算，与本期发生的永久性差异一并处理，即“应税所得额=利润总额±永久性差异金额±时间性差异金额”。将税前会计利润调整为应税所得，再按应税所得计算应交所得税，并将之作为本期所得税费用，即本期所得税费用等于本期应交所得税。时间性差异产生的影响所得税的金额，在财务会计报表中不反映为一项负债或一项资产，仅在财务会计报表附注中说明其影响。

【例7-23】某企业全年发生超标业务招待费35 000元。固定资产折旧采用直线法，本年折旧额为50 000元；计税采用双倍余额递减法，本年折旧额为65 000元。年度利润表上反映的税前会计利润为100万元，所得税税率为25%。

本期应交企业所得税和所得税费用计算如下：

税前会计利润	1 000 000
+ 永久性差异	35 000
- 时间性差异	15 000
= 应税所得额	1 020 000
× 所得税税率	25%
= 本期应交所得税	255 000

本期所得税费用=255 000元

会计分录如下：

借：所得税费用　　255 000

　贷：应交税费——应交所得税　　255 000

实际上缴所得税时：

借：应交税费——应交所得税　　255 000

　贷：银行存款　　255 000

7.6.3　纳税影响会计法

纳税影响会计法（tax effect accounting）是将本期由税前会计利润与应税所得额之间产生的暂时性差异造成的影响纳税的金额，递延和分配到以后各期（即将本期产生的暂时性差异对所得税的影响采取跨期分摊）的一种所得税会计处理方法。

采用纳税影响会计法，所得税被视为企业在获得收益时发生的一种费用，并应随同有关的收入和费用计入同一纳税期内，以达到收入和费用的配比。时间性（暂时性）差异影响的所得税税额，包括在利润表的所得税费用项目以及资产负债表中的递延税款余额内。

采用纳税影响会计法时，在时间性（暂时性）差异产生递延税款借方金额的情况下，为了慎重起见，如在以后转回暂时性差异的影响期内（一般为3年）有足够的应纳税所得额予以转回的，才能确认时间性（暂时性）差异的所得税影响金额，并在递延税款的借方反映，否则，应于发生当期视同永久性差异处理。

我国的所得税会计在采用纳税影响会计法时，采用的是部分摊配方式，即对递延税款贷项不作限制，对递延税款借项作了限制，体现会计处理的谨慎性原则。

纳税影响会计法包括递延法与债务法两种方法，而债务法又分为利润表债务法（损益表债务法）和资产负债表债务法。

目前，FASB颁布的《所得税的会计处理》（SFAS 109）（1991年12月16日生效）、IASC颁布的《国际会计准则第12号——所得税》（对报告期自1998年1月1日或以后日期开始的财务报表有效，IASB于2004年予以确认）以及我国的《企业会计准则第18号——所得税》等均已取消递延法（deferred method）①，而主张采用债务法中的资产负债表债务法，但英国等国家目前则采用利润表债务法。

7.6.4　利润表债务法

利润表债务法又称利润表法。它以利润表为基础，注重时间性差异，将时间性差异对未来所得税的影响看作对本期所得税费用的调整。其特点是当预期税率发生变动或税基变动时，必须对已发生的递延税款按现行税率进行调整。

这种方法下的所得税费用计算过程为：首先计算当期应交所得税，然后再计算当期所得税费用，最后倒挤出本期发生的递延税款。因此，本期所得税费用等于本期应交所得税加（或减）本期发生的递延税款，加（或减）由于税率或税基变动时，以前各期确认的递延税款账面余额的调整数。

其基本程序和计算公式如下：

①应交所得税，即应纳税额的计算公式见7.2节。

②本期因税率税基变动调增或调减递延税款=累计时间性差异×现行所得税税率-前期确认时间性差异时适用的所得税税率

或　=递延税款账面余额-已经确认递延税款金额的累计时间性差异×现行所得税税率

① 递延法是按时间性差异产生年度的税率确认递延所得税费用作为递延所得税贷项或递延所得税借项，并将其随时间的推移而依次逐渐转销的一种所得税费用跨期摊配方法。在递延法下，一个时期的所得税费用，除包括本期应交所得税税额外，还包括本期发生而应在以后时期或从前期转来应在本期转销的时间性差异对纳税的影响额。递延法主要有三个特点：一是以利润表为导向，强调收入与费用的配比。二是本期发生的时间性差异影响所得税的金额，用现行税率计算；以前发生而在本期转销的各项时间性差异影响所得税的金额，用当初的税率计算转销。三是在递延法下，在资产负债表上反映的递延税款余额，并不完全代表收款的权利或付款的义务。

③所得税费用=财务会计利润×现行所得税税率+因税率或税基变动对前期递延税款的调整数

④递延税款=应交所得税-所得税费用

利润表债务法下本期所得税费用（或利益），通常应在同一期间的利润表净利润（或亏损）前列示。在资产负债表中，递延所得税贷项或递延所得税借项，应按其流动性与长期性分别列示。

企业应在“递延税款”账户下，按照时间性差异的性质、发生时间分类进行明细核算。此外，企业还应设置递延税款备查登记簿，详细记录发生的时间性差异的原因、金额、预计转销期限、已转销数额等。

【例7-24】天华公司固定资产原值400万元，税法规定使用年限10年，公司按5年计提折旧。假设前5年每年会计利润为1 000万元（无其他纳税调整事项）。第6年起该项设备不再提取折旧，假定其他因素不变，后5年每年会计利润为1 200万元。前4年公司适用的所得税税率为25%，从第5年起，所得税税率变动为20%，会计处理如下：

①前4年产生的递延税款。

假定不考虑设备残值等因素，按5年计提折旧，每年折旧额为80万元；按10年计提折旧，每年折旧额为40万元。由于折旧年限不同，折旧每年影响利润40万元，时间性差异计算如下：

时间性差异=80-40=40（万元）

按照税前会计利润计算的所得税费用为250万元（1 000×25%），按照应税所得计算的应交所得税为260万元（（1 000+40）×25%），时间性差异对纳税的影响金额即递延税款，计算如下：

时间性差异影响纳税的金额=260-250=10（万元）

或 =40×25%=10（万元）

做会计分录如下：

借：所得税费用 2 500 000

递延税款 100 000

贷：应交税费——应交所得税 2 600 000

②第5年税率变动。

按照税前会计利润计算的所得税费用为200万元（1 000×20%），按应税所得计算的应交所得税208万元（（1 000+40）×20%），两者差额计算如下：

时间性差异影响纳税的金额=208-200=8（万元）

调整前4年按25%的税率计算的对纳税的影响额：

递延税款余额调整数=40×4×（25%-20%）=8（万元）

做会计分录如下：

借：所得税费用 2 000 000

递延税款 80 000

贷：应交税费——应交所得税 2 080 000

同时：

借：所得税费用 80 000

贷：递延税款 80 000

③后5年会计处理。

按照税前会计利润计算的所得税费用为240万元（1 200×20%），按应税所得计算的应交所得税为232万元（（1 200−40）×20%），两者的差额为：

时间性差异影响纳税的金额=240−232=8（万元）

做会计分录如下：

借：所得税费用 2 400 000

贷：递延税款 80 000

应交税费——应交所得税 2 320 000

按上述计算结果逐年登入所得税费用、应交税费和递延税款账户后：①递延税款账户反映了时间性差异的逐年确认与累积、因税率或税基变动递延税款余额的调整以及调整后的时间性差异依次转回的会计处理过程；②所得税费用和应交所得税各年虽有所不同，但是从税法规定的该固定资产10年使用期限来看，所得税费用合计数与应交所得税合计数是相同的，均为2 408万元。

【例7−25】假定【例7−24】中，天华公司财务会计按10年计提折旧，税务会计按5年计提折旧，其他资料不变。第1年会计处理如下：

应税所得额=1 000−40=960（万元）

应交所得税额=960×25%=240（万元）

所得税费用=1 000×25%=250（万元）

递延税款=250−240=10（万元）

借：所得税费用 2 500 000

贷：应交税费——应交所得税 2 400 000

递延税款 100 000

其余年度的计算和会计分录略。

在会计实务中，当企业有多种（项）时间性差异时，这些时间性差异发生的时间和转销时跨越的时间往往不一致，如果综合反映在“递延税款”账户上，就难以清晰地显示特定时间性差异的确认和转回过程。因此，必须分类、分项记录和反映时间性差异的确认和转回。企业应在“递延税款”总账下，按时间性差异的性质和时间分类进行明细核算。

在资产负债表中，递延所得税贷项和递延所得税借项，按其流动性（转销时间的长短）分别作为流动（或非流动）资产（或负债）项目。

在利润表债务法下，当所得税税率或税法变动时，“递延税款”账户的余额要及时进行相应调整，因而在资产负债表上列示的递延税款借项或贷项符合资产或负债的含义。其缺点是，当税率变动时，必须重新计算并调整“递延税款”借项或贷项的余额，较为复杂。

7.6.5 资产负债表债务法

资产负债表债务法又称资产负债表法，它是以估计转销年度的所得税税率为依据，计算递延税款的一种所得税会计处理方法。资产负债表债务法从暂时性差异产生的本质出发，分析暂时性差异产生的原因及其对企业期末资产和负债的影响，体现“资产负债观”。

在资产负债表债务法下，仅确认暂时性差异的所得税影响，因为永久性差异不会产生资产、负债的账面价值与其计税基础的“差异”，即不会形成暂时性差异，对企业在未来期间的计税没有影响，不会产生递延所得税，因此，其“差异”应在发生当期进行所得税纳税调整。

资产负债表债务法采用“递延所得税资产”和“递延所得税负债”的概念，将“递延税款”的外延大大扩展，并且更具现实意义。在资产负债表中，递延所得税资产和递延所得税负债应按当期所得税资产和负债分别列报。

在资产负债表债务法下，应先根据企业所得税法确认、计量企业的本期应纳税所得额，并按应纳税所得额和现行适用税率计算本期应交所得税；再根据企业会计准则确认、计量企业同期期末暂时性差异及结转以后年度的本期弥补亏损与所得税抵减，计算递延所得税负债（或资产）的期末余额，并将递延所得税负债（或资产）的期末余额与期初余额的差额作为递延所得税费用（或所得收益）；最后将应交所得税加（或减）递延所得税费用（或收益），即为所得税费用（或收益）。

资产负债表债务法的计算程序和计算公式如下：

（1）应交所得税，即应纳税额的计算公式见7.2节。

（2）期末递延所得税资产=可抵扣暂时性差异期末余额×预计税率

（3）期末递延所得税负债=应纳税暂时性差异期末余额×预计税率

（4）当期递延所得税负债（资产）=期末递延所得税负债（资产）-期初递延所得税负债（资产）

（5）$\text{所得税费用}=\text{应交所得税}+\left(\begin{matrix}\text{期末递延}\\\text{所得税负债}\end{matrix}-\begin{matrix}\text{期初递延}\\\text{所得税负债}\end{matrix}\right)-\left(\begin{matrix}\text{期末递延}\\\text{所得税资产}\end{matrix}-\begin{matrix}\text{期初递延}\\\text{所得税资产}\end{matrix}\right)$

或 =应交所得税+期初递延所得税净资产-期末递延所得税净资产

或 =应交所得税+净递延所得税资产=当期所得税费用±递延所得税费用（收益）

资产负债表债务法适用于对所有暂时性差异的会计处理，处理时应遵循以下步骤：

（1）确定各项资产、负债的计税基础；

（2）计算各项资产、负债的暂时性差异；

（3）确认计量暂时性差异的递延所得税资产或负债；

（4）将递延所得税负债或资产及相应的所得税费用（收益）在财务报表中予以列示。

若产生递延所得税资产或负债的项目与利润相关，则递延所得税资产或负债对应的账户是“所得税费用——递延所得税费用”；若产生递延所得税资产或负债的项目与利润不相关，则递延所得税资产或负债对应的账户是相应账户，如其他债权投资的公允价值变动所产生的账面金额与计税金额不一致，要确认递延所得税资产或负债，其相应的账户为“其他综合收益”。

“其他综合收益”各项目是否产生所得税影响，取决于各项目是否产生暂时性差异。

【例7-26】年末，天科公司可抵扣暂时性差异2 240万元，应纳税暂时性差异3 000万元，假定所有暂时性差异与直接计入所有者权益的交易事项无关，也没有可抵扣亏损和税款抵减，预计未来期间有足够的应纳税所得额用以抵扣可抵扣暂时性差异。在以下不同假定情况下，完成天科公司企业所得税会计处理。

（1）假定递延所得税资产和递延所得税负债均无期初余额。

递延所得税资产=2 240×25%=560（万元）

递延所得税负债=3 000×25%=750（万元）

递延所得税费用=750-560=190（万元）

借：所得税费用——递延所得税费用　1 900 000
　　递延所得税资产　5 600 000
　贷：递延所得税负债　7 500 000

（2）假定递延所得税资产期初账面余额为460万元，递延所得税负债期初账面余额为670万元。

递延所得税资产=560−460=100（万元）

递延所得税负债=750−670=80（万元）

递延所得税费用=80−100=−20（万元）

借：递延所得税资产　1 000 000
　贷：递延所得税负债　800 000
　　　所得税费用——递延所得税费用　200 000

（3）假定递延所得税资产期初账面余额为690万元，递延所得税负债期初账面余额为800万元。

递延所得税资产=560−690=−130（万元）

递延所得税负债=750−800=−50（万元）

递延所得税费用=−50−（−130）=80（万元）

借：所得税费用——递延所得税费用　800 000
　　递延所得税负债　500 000
　贷：递延所得税资产　1 300 000

（4）假定递延所得税资产期初账面余额为500万元，递延所得税负债期初账面余额为800万元。

递延所得税资产=560−500=60（万元）

递延所得税负债=750−800=−50（万元）

递延所得税费用=−50−60=−110（万元）

借：递延所得税资产　600 000
　　递延所得税负债　500 000
　贷：所得税费用——递延所得税费用　1 100 000

（5）假定递延所得税资产期初账面余额为680万元，递延所得税负债期初账面余额为690万元。

递延所得税资产=560−670=−110（万元）

递延所得税负债=750−690=60（万元）

递延所得税费用=60−（−110）=170（万元）

借：所得税费用——递延所得税费用　1 700 000
　贷：递延所得税资产　1 100 000
　　　递延所得税负债　600 000

【例7−27】天韵公司税务会计年终经过纳税调整后，确定应纳税所得额800万元。财务会计预计公司未来期间能够产生足够的应纳税所得额用以抵扣暂时性差异。年末，根据公司资产、负债项目及其计税基础，暂时性差异计算见表7−9。

表7-9 **暂时性差异计算表** 单位：万元

资产、负债项目	账面价值	计税基础	应纳税暂时性差异	可抵扣暂时性差异
固定资产	1 200	1 100	100	—
无形资产	260	0	260	—
预计负债	140	0	—	140
合计	—	—	360	140

假定除上述资产、负债项目外，其他资产、负债项目账面价值与计税基础不存在差异，而且递延所得税资产、递延所得税负债均不存在期初余额，适用所得税税率为25%。所得税的有关计算如下：

应交企业所得税=800×25%=200（万元）

递延所得税负债=360×25%=90（万元）

递延所得税资产=140×25%=35（万元）

递延所得税费用=90-35=55（万元）

所得税费用合计=200+55=255（万元）

根据计算结果，做会计分录如下：

借：所得税费用——当期所得税费用 2 000 000

　贷：应交税费——应交企业所得税 2 000 000

借：所得税费用——递延所得税费用 900 000

　贷：递延所得税负债 900 000

借：递延所得税资产 350 000

　贷：所得税费用——递延所得税费用 350 000

本章小结

本章是全书重点章之一。本章比较全面、系统地阐述了企业所得的税制要素，在此基础上，系统阐述了企业所得税的应税收入、税前扣除、应纳税所得额、应纳税额的确认计量和纳税申报，比较完整地介绍了企业所得税的会计处理。同时，为便于理解税务会计与财务会计对所得税会计处理的联系和区别，还简述了体现财务报告目标的所得税会计处理方法，尤其是资产负债表债务法。

主要概念和观念

□ 主要概念

应税收入　免税收入　不征税收入　税前扣除　计税基础　应纳税所得额　应纳所得税额　应付税款法　利润表债务法　资产负债表债务法　暂时性差异

□ 主要观念

企业所得税作为直接税是我国复合税制体系的重要税种。现代所得税制离不开会计，会计对现代所得税制的形成和推行具有重要作用，而企业所得税会计是采用应付税款法，还是采用纳税影响会计法，则是判断会计是以税法为导向还是以会计准则为导向的主要标志。

基本训练

□ 知识测评

1.单项选择题

（1）以下项目不计入应纳税所得额的是（　　）。

A.企业转让固定资产、生物资产、无形资产、股权、债权等财产取得的收入

B.企业发生非货币性资产交换，以及将货物、财产、劳务用于捐赠、偿债、赞助、集资、广告、样品、职工福利或者利润分配等用途

C.企业依法收取并纳入财政管理的行政事业性收费、政府性基金

D.企业接受的来自其他企业、组织或者个人无偿给予的货币性资产、非货币性资产

（2）企业所得税（　　）预缴。

A.分月　　B.分季　　C.分旬　　D.分月或分季

（3）境内乙公司的境外投资方甲公司（非居民企业）将其持有的50%股权转让给境内丙公司，取得收益4亿元，按税法规定，（　　）应为企业所得税代扣代缴义务人。

A.乙公司　　B.丙公司

C.乙、丙公司任选其一　　D.乙公司和丙公司

（4）企业来源于境外所得，已在境外实际缴纳的所得税税款，在汇总纳税并按规定计算扣除限额时，如果境外实际缴纳的税款超过扣除限额，对超过的部分可处理的方法是（　　）。

A.列为当年费用支出

B.从本年度的应纳所得税额中扣除

C.用以后年度税额扣除的余额补扣，补扣期限最长不得超过5年

D.从以后年度境外所得中扣除

（5）下列对固定资产计税基础的表述，不符合税法规定的是（　　）。

A.盘盈固定资产，以同类固定资产的重置价值为计税基础

B.自行建造的固定资产，以竣工结算前发生的支出为计税基础

C.接受捐赠固定资产，以该资产的原账面价值为计税基础

D.接受固定资产投资，以该资产的公允价值和支付的相关税费为计税基础

2.多项选择题

（1）计算企业所得税时需确定的收入总额包括（　　）。

A.财产转让收入　　B.特许权使用费收入

C.固定资产盘盈收入　　D.包装物押金收入

（2）根据企业所得税法的规定，下列收入属于征税收入的有（　　）。

A.特许权使用费收入　　B.财产转让收入

C.劳务收入　　D.国债利息收入

（3）企业所得税税前扣除的确认原则有（　　）。

A.权责发生制原则　　B.配比原则　　C.相关性原则

D.确定性原则　　E.合理性原则

（4）下列各项中，符合企业所得税弥补亏损规定的有（　　）。

A.纳税人弥补以前年度亏损时，先到期亏损先弥补

B.企业当期有境外所得，可以用其弥补境内以前年度亏损

C.企业境外分支机构的亏损，可用境内总机构的所得弥补

D.投资方企业发生亏损，可用被投资企业分回的所得弥补

E.企业某一年度发生的亏损，可以用下一年度的所得弥补

（5）根据企业所得税法规定，在计算应纳税所得额时，不得从收入总额中扣除的有（　　）。

A.自然灾害或者意外事故损失有赔偿的部分

B.购置、建造、对外投资的支出

C.以经营租赁方式租入而发生的租赁费

D.各种广告性质的赞助支出

（6）在采用纳税影响会计法对所得税进行核算的情况下，当期发生的下列事项中，影响当期所得税费用的有（　　）。

A.时间性差异产生的递延税款借项　　B.暂时性差异产生的递延税款贷项

C.税率变动对递延税款余额的调整金额　　D.计提存货跌价准备

3.判断题

（1）税法规定，企业在进行亏损弥补时，亏损弥补期应连续计算，不得间断，不管允许弥补亏损的5年中是盈利还是亏损。（　　）

（2）企业所得税税收优惠政策规定，新办的高新技术企业自获利年度起免缴所得税2年，期满后按15%的税率缴纳企业所得税。（　　）

（3）企业境外业务之间的盈亏可以互相弥补，企业境内外业务之间的盈亏也可以互相弥补。（　　）

（4）企业所得税在年度终了后汇算清缴时，对已按月份预缴税款的外国货币所得，不再重新折合计算，只就全年未纳税的外币所得部分，按照年度最后一日的国家外汇牌价折合成人民币计算应纳税所得额。（　　）

（5）企业在计算应纳税所得额时，对于根据生产经营需要租入固定资产所支付的租赁费可以据实从收入总额中扣除。（　　）

（6）企业所得税法中的居民纳税义务人负有全面纳税义务，应就其来源于境内、境外所得申报缴纳企业所得税。（　　）

（7）企业所得税法规定，如果管理机构所在地与经营地不在同一地点，必须按经营地所适用的税率计算纳税。（　　）

（8）企业合并纳税时，各营业机构有盈有亏，盈亏相抵后仍有利润的，应当按亏损的营业机构所适用的税率纳税。（　　）

（9）在采用资产负债表债务法进行所得税会计核算时，应将由于暂时性差额和永久性差额产生的对未来所得税的影响金额，作为一项递延所得税资产或负债。（　　）

（10）采用应付税款法进行所得税会计处理时，即使在永久性和时间性差异同时存在的情况下，当期的所得税费用也等于当期应交所得税的数额。（　　）

4.简答题

（1）企业应纳税所得额如何确定？哪些项目准予扣除？哪些项目不准予扣除？准予扣

除项目的扣除标准是什么?

（2）试比较企业所得税的直接计算法与间接计算法。

（3）企业亏损如何弥补？亏损企业所得税年度纳税申报表（A类）第19至31行如何填制?

5.思考题

（1）企业已经计提而未实际发放的工资、薪金是否允许在税前扣除?

（2）当企业购进设备而未能取得有关发票时，如何确认该项固定资产的计税基础?

（3）境外所得税抵免原理和方法。

（4）企业所得税预缴与汇算清缴的关系。

（5）利润表债务法与资产负债表债务法有何区别？各有何特点?

□ 技能测评

1.（1）某纳税人某年度捐赠支出80万元，通过民政局向自然灾害地区捐赠50万元，其余30万元直接捐赠给某山区小学，假设该企业本年度利润总额3 000万元，无其他调整项目，计算该企业应纳税所得额。

（2）某企业某一年度发放的工资总额为200万元，税务机关核定的工资薪金为160万元，企业提取的工会经费、职工福利费和职工教育经费分别为4万元、28万元和3万元。在计算应纳税所得额时，应如何调整?

（3）某企业年营业收入为2亿元，当年实际发生业务招待费支出105万元，计算其业务招待费税前扣除额。

（4）表7-10为经税务机关审定的某企业8年应纳税所得额的情况，假设该企业一直执行5年亏损弥补规定，则该企业8年间应纳企业所得税税额为多少?

表7-10　**应纳税所得额**　单位：万元

年度	1	2	3	4	5	6	7	8
应纳税所得额	-100	20	-40	20	20	30	-20	80

（5）某企业某年度财务会计报表中的利润总额为100万元，已累计预缴企业所得税25万元。该企业当年其他有关情况如下：

① 发生的公益性捐赠支出18万元；

② 开发新技术的研究开发费用20万元（未形成资产）；

③ 直接向某足球队捐款35万元；

④ 支付诉讼费2.3万元；

⑤ 支付违反交通法规罚款0.8万元。

要求计算：

①公益性捐赠支出所得税前纳税调整额；②研究开发费用所得税前扣除数额；③当年应纳税所得额；④当年应纳所得税额；⑤当年应汇算清缴的所得税额。

2.A公司为一家餐饮企业。某年1月，A公司与B公司共同投资成立C公司，经营餐饮酒店业务。其中A公司以土地使用权投资，该土地使用权账面价值800万元，评估价值（公允价值）1 000万元，享有40%的股份，B公司以资金1 500万元进行投资，享有60%的股份。同期，C公司对该土地进行了“三通一平”处理。当年8月，A公司将其持有的

40%的股份以1 400万元价格转让给B公司。B公司持有C公司100%的股份。A公司如何进行有关会计处理？B公司又如何进行相关会计处理？

□ 能力测评

1.某制造企业系增值税一般纳税人，“应交税费——应交增值税”账户无余额，原材料采用计划成本核算。某年会计利润总额为300 000元，依25%的税率提取并缴纳企业所得税75 000元。下一年度2月6日，税务代理人员对该企业当年度有关账册资料进行代理审查，发现如下问题：

（1）“其他应付款——包装物押金”贷方余额45 000元，经核实，其中有逾期包装物押金11 902.34元。

（2）“财务费用”账户列支预提5—12月长期借款利息80 000元，该项借款用于建造厂部办公大楼，在建工程尚未完工。

（3）该企业为大华服装厂提供贷款担保，因大华服装厂亏损倒闭，而由该企业承担的贷款利息20 000元，列入“营业外支出”账户。

（4）“材料成本差异”账户贷方余额120 000元，无借方发生额。该企业1—12月制造部门共耗用各种材料450万元（其他部门未领用），库存原材料150万元。期末在产品、库存产成品、已出售产成品成本分别为200万元、300万元、500万元。

经核实，其他均符合有关规定。

分析要求：

（1）分析上述事项存在的问题。

（2）计算应补缴的企业所得税税额。

提示：注意材料成本差异的分摊方法以及企业所得税审查中涉及补缴流转税费业务的处理。在实际操作中，还需对“在建工程”“材料成本差异”“生产成本”“产成品”“其他应付款”“应交税费——应交增值税”“应交税费——应交城市维护建设税”“应交税费——应交教育费附加”“以前年度损益调整”“所得税费用”“本年利润”等账户做相应调整。

对上述业务进行所得税纳税调整，计算调整金额和应补（或应退）所得税税额。

4项业务均应调增应税所得，共计应调增应税所得155 000元，应补缴所得税51 150元。

2.某企业当年利润总额为12万元，未做纳税调整，依25%的税率计算所得税3万元。下一年度1月税务代理人员受托对该企业当年所得税代理审查，发现以下问题：

（1）当年3月接受外商捐赠设备一台，原价10万元，估计折旧2万元，发生运杂费0.3万元。当年9月售出该设备，售价11万元，发生清理费0.1万元；4—9月已提折旧0.5万元。净收益3.1万元，已结转至营业外收入。

（2）取得国库券利息收入1万元，从联营企业分回税后利润8.5万元（联营企业所得税税率为15%）。

（3）“营业外支出”中列支通过民政部门向受灾地区捐赠的5万元，企业当年利润总额为50万元。

分析要求：

（1）该企业是否应做纳税调整？如何调整？

（2）接受捐赠资产是否计税？如何计税？

（3）调整后的应税所得额是多少？计算企业全年应纳所得税税额。

3.某市税务局稽查人员在对天缘房地产公司上年申报纳税情况进行检查时发现，该公司固定资产折旧账簿上计提家具折旧1 700万元。稽查人员询问详情，公司财务总监解释说，这是公司老总从拍卖会上购买的几件清代黄花梨家具，买价为8 500万元，公司分5年计提折旧。因此，当年计提家具折旧1 700万元并在税前扣除。

稽查人员表示想观赏下这些价值不菲的古董，财务总监将稽查人员领到公司总裁的会议室。看到工艺讲究的黄花梨条案和太师椅，还发现摆放在玻璃柜里的一对瓷瓶。财务总监告知："这是清代官窑粉彩花瓶，是老总花1 400万元从海外拍卖的回流文物。"稽查人员问这对瓶子在会计上是如何处理的。财务总监说："瓶子不能作为固定资产，我们作为相关费用处理了。"稽查人员查阅企业会计账簿，发现公司已将购买瓷瓶的支出作为当期费用一次性在税前扣除了。

稽查人员认定，公司这样处理账务不符合税法规定，需补缴税款。

分析要求：公司的税务处理是否正确？税务机关的认定是否合乎税法规定？

第8章 个人所得税会计

学习目标

本章是从税务会计主体而非纳税主体的角度，即作为个人所得税预扣预缴/代扣代缴人的企业单位和缴纳个人所得税的居民企业，分析如何正确对个人所得税进行确认、计量、记录和申报。

□ 知识目标

了解个人所得税的基本特点和税制要素、个人所得税的计算原理。

□ 技能目标

掌握综合所得与分类所得的个人所得税计算方法、纳税申报表的填制方法，企业预扣预缴/代扣代缴个人所得税和居民企业缴纳个人所得税的会计处理。

□ 能力目标

理解个人所得税的应纳税所得额、免征额，居民纳税人与非居民纳税人的划分标准、承担纳税义务的差异等。

8.1 个人所得税的税制要素

2018年8月31日，第十三届全国人民代表大会常务委员会第五次会议通过《关于修改〈中华人民共和国个人所得税法〉的决定》，这标志着我国在建立综合与分类相结合的个人所得税税制上迈出关键的一步。自然人纳税人将由原被动扣缴向主动申请转变，有利于增强纳税人的税收意识和税收认同感。党的二十大报告明确指出，“完善个人所得税制度，规范收入分配秩序，规范财富积累机制，保护合法收入，调节过高收入，取缔非法收入”。这意味着我国将加大财税制度对收入分配的调节力度，继续完善个人所得税法条款，加强对高收入者的税收调节和监管，加大对偷逃个人所得税等违法行为的查处力度。

8.1.1　个人所得税纳税人和纳税范围

个人所得税是对自然人取得的应税所得征收的一种直接税。根据属人与属地原则，我国个人所得税的纳税人分为居民纳税人和非居民纳税人。纳税人有中国居民身份号码的，以居民身份号码为纳税人识别号；没有中国居民身份号码的个人，应在首次发生纳税义务时，由税务机关赋予其纳税人识别号。个人应当凭纳税人识别号实名办税。

（1）居民纳税人及其纳税范围。居民纳税人亦称居民个人，是指在中国境内[①]有住所或者无住所而在一个纳税年度内在中国境内居住累计满183天的个人。居民纳税人应就其来源于中国境内、境外的所得申报缴纳个人所得税，即承担无限纳税义务。

中国境内有住所是指因户籍、家庭、经济利益关系而在中国境内的习惯性居住，纳税年度自公历1月1日起至12月31日止。

（2）非居民纳税人及其纳税范围。非居民纳税人亦称非居民个人，是指在中国境内无住所又不居住，或者无住所而在一个纳税年度内在中国境内居住累计不满183天的个人。非居民纳税人应就其来源于中国境内的所得申报缴纳个人所得税，即负有限纳税义务。

（3）扣缴义务人。个人所得税以所得人为纳税人，以支付所得的单位或个人为扣缴义务人[②]。扣缴义务人应依法履行预扣预缴/代扣代缴义务，纳税人不得拒绝；若拒绝的，扣缴义务人应及时报告税务机关。扣缴义务人应依法对纳税人报送的专项附加扣除等相关涉税信息和资料保密。

8.1.2　个人所得税应税项目

我国现行个人所得税实行分类（项）课征与综合课征相结合的征收制度。以下各项个人所得，应当缴纳个人所得税。

（1）工资、薪金所得。个人因任职或受雇取得的工资、薪金、奖金、年终加薪、劳动分红、津贴、补贴以及与任职或者受雇有关的其他所得。

个人提前退休取得的一次性补贴收入，内部退养取得的一次性收入，不属于免税的离退休工资，应按“工资、薪金所得”计税。

（2）劳务报酬所得。个人从事劳务取得的所得，包括从事设计、装潢、安装、制图、化验、测试、医疗、法律、会计、咨询、讲学、翻译、审稿、书画、雕刻、影视、录音、录像、演出、表演、广告、展览、技术服务、介绍服务、经纪服务、代办服务以及其他劳务取得的所得。

（3）稿酬所得。个人因其作品以图书、报刊等形式出版、发表而取得的所得。

（4）特许权使用费所得。个人提供专利权、商标权、著作权[③]、非专利技术以及其他特许权的使用权取得的所得。

居民个人取得的第（1）项至第（4）项所得称为“综合所得”，按纳税年度合并计算个人所得税；非居民个人取得的第（1）项至第（4）项所得，按月或者按次分项计算个人所得税。

---

① 目前，不包括中国香港、澳门和台湾地区。
② 即掌握纳税人所得信息并且对所得取得过程有控制权的单位，包括第三方交易平台、第三方支付平台等。
③ 即提供其使用权所取得的所得，不包括稿酬所得。

（5）经营所得。具体包括：

① 个人通过在中国境内注册登记的个体工商户、个人独资企业、合伙企业从事生产、经营活动取得的所得；

② 个人依法取得执照，从事办学、医疗、咨询以及其他有偿服务活动取得的所得；

③ 个人承包、承租、转包、转租取得的所得；

④ 个人从事其他生产、经营活动取得的所得。

（6）利息、股息、红利所得。个人拥有债权、股权等而取得的利息、股息、红利性质的所得。

（7）财产租赁所得。个人出租不动产、土地使用权、机器设备、车船以及其他财产而取得的所得。

（8）财产转让所得。个人转让有价证券、股权、合伙企业中的财产份额、不动产、土地使用权、机器设备、车船以及其他财产取得的所得。

（9）偶然所得。

① 个人为单位或他人提供担保获得收入。

② 房屋产权所有人将房屋产权无偿赠与他人，受赠人因无偿受赠房屋取得的受赠收入①。

③ 企业在业务宣传、广告等活动中，随机向本单位以外的个人赠送礼品（包括网络红包，下同）；企业在年会、座谈会、庆典以及其他活动中向本单位以外的个人赠送礼品，个人取得的礼品收入（具有价格折扣或折让性质的消费券、代金券、抵用券、优惠券等礼品除外）。

④ 个人得奖、中奖、中彩以及其他偶然性质的所得。

8.1.3 个人所得税税率

1）居民个人综合所得个人所得税税率

（1）居民个人预扣预缴个人所得税税率。

①工资、薪金所得，按月预扣预缴个人所得税，适用3%～45%的七级超额累进税率（见表8-1）。

表8-1 **居民个人工资、薪金所得个人所得税预扣率表**

级数	累计预扣预缴应纳税所得额	预扣率（%）	速算扣除数
1	不超过36 000元的	3	0
2	超过36 000元至144 000元的部分	10	2 520
3	超过144 000元至300 000元的部分	20	16 920
4	超过300 000元至420 000元的部分	25	31 920
5	超过420 000元至660 000元的部分	30	52 920
6	超过660 000元至960 000元的部分	35	85 920
7	超过960 000元的部分	45	181 920

① 如下三种情况，当事人双方不缴个人所得税：房屋产权所有人将房屋产权无偿赠与配偶、父母、子女、祖父母、外祖父母、孙子女、外孙子女、兄弟姐妹；房屋产权所有人将房屋产权无偿赠与对其承担直接抚养或者赡养义务的抚养人或赡养人；房屋产权所有人死亡，依法取得房屋产权的法定继承人、遗嘱继承人或受遗赠人。

②劳务报酬所得，按次预扣预缴个人所得税税率（见表8-2）。

表8-2　**居民个人劳务报酬所得个人所得税预扣率表**

级 数	预扣预缴应纳税所得额	预扣率（%）	速算扣除数
1	不超过20 000元的	20	0
2	超过20 000元至50 000元的部分	30	2 000
3	超过50 000元的部分	40	7 000

③稿酬所得、特许权使用费所得，按次预扣预缴个人所得税，适用20%的比例预扣率，其中，稿酬所得"收入额"减按70%计算。

（2）居民个人非预扣预缴综合所得个人所得税税率。

居民个人取得的一次性收入以及综合所得的年终汇算清缴，即非预扣预缴个人所得税，按年计算，适用3%～45%的七级超额累进税率（见表8-3）。

表8-3　**居民个人综合所得个人所得税年度税率表**

级 数	全年应纳税所得额	预扣率（%）	速算扣除数
1	不超过36 000元的	3	0
2	超过36 000元至144 000元的部分	10	2 520
3	超过144 000元至300 000元的部分	20	16 920
4	超过300 000元至420 000元的部分	25	31 920
5	超过420 000元至660 000元的部分	30	52 920
6	超过660 000元至960 000元的部分	35	85 920
7	超过960 000元的部分	45	181 920

2）非居民个人综合所得个人所得税税率

扣缴义务人向非居民个人支付工资、薪金所得，劳务报酬所得，稿酬所得和特许权使用费所得时，适用3%～45%的七级超额累进税率，月度税率表见表8-4。

表8-4　**非居民个人综合所得个人所得税月度税率表**

级 数	应纳税所得额	税率（%）	速算扣除数
1	不超过3 000元的	3	0
2	超过3 000元至12 000元的部分	10	210
3	超过12 000元至25 000元的部分	20	1 410
4	超过25 000元至35 000元的部分	25	2 660
5	超过35 000元至55 000元的部分	30	4 410
6	超过55 000元至80 000元的部分	35	7 160
7	超过80 000元的部分	45	15 160

3）居民企业经营所得个人所得税率

居民企业经营所得适用5%～35%的五级超额累进税率（见表8-5）。

表8-5 **居民企业经营所得个人所得税税率表**

级数	全年应纳税所得额	税率（%）	速算扣除数
1	不超过30 000元的	5	0
2	超过30 000元至90 000元的部分	10	1 500
3	超过90 000元至300 000元的部分	20	10 500
4	超过300 000元至500 000元的部分	30	40 500
5	超过500 000元的部分	35	65 500

8.1.4 个人所得税减免

1）免征个人所得税

下列各项个人所得，免征个人所得税：

（1）省级人民政府、国务院部委和中国人民解放军军以上单位，以及外国组织、国际组织颁发的科学、教育、技术、文化、卫生、体育、环境保护等方面的奖金。

（2）个人持有财政部发行的债券而取得的利息，个人持有经国务院批准发行的金融债券而取得的利息。

（3）按国务院规定发给的政府特殊津贴、院士津贴，以及国务院规定免予缴纳个人所得税的其他补贴、津贴。

（4）根据国家有关规定，从企业、事业单位、国家机关、社会组织提留的福利费或工会经费中支付给个人的生活补助费；各级人民政府民政部门支付给个人的生活困难补助费。

（5）保险赔款。

（6）军人的转业费、复员费、退役金。

（7）按照国家统一规定发给干部、职工的安家费、退职费、基本养老金或退休费、离休费、离休生活补助费。

（8）个人转让上市公司股票取得的所得（暂免）。

（9）依照有关法律规定应予免税的各国驻华使馆、领事馆的外交代表、领事官员和其他人员的所得。

（10）中国政府参加的国际公约、签订的协议中规定免税的所得。

（11）国务院规定的其他免税所得。

2）减征个人所得税

（1）残疾、孤老人员和烈属的所得。

（2）因自然灾害遭受重大损失的。

（3）2023年1月1日至2027年12月31日，对个体工商户年应纳税所得额不超过200万元的部分，在现行优惠基础上，减半征收个人所得税。

（4）国务院规定的其他减税情形。

8.2　个人所得税的确认、计量与申报

8.2.1　个人所得税计税依据

个人所得税的计税依据——应纳税所得额，是指个人取得的各项所得减去按规定项目、标准扣除费用之后的余额。

个人所得的形式，包括现金、实物、有价证券和其他形式的经济利益。所得为实物的，应按取得的凭证上所注明的价格计算应纳税所得额；无凭证的实物或凭证上所注明的价格明显偏低的，参照市场价格核定应纳税所得额。所得为有价证券的，根据票面价格和市场价格核定应纳税所得额。所得为其他形式的经济利益，参照市场价格核定应纳税所得额。

所得为人民币以外货币的，按照办理纳税申报或扣缴申报的上一月最后一日人民币汇率中间价，折合成人民币计算应纳税所得额。年度终了后办理汇算清缴的，对已按月、季或按次预缴税款的人民币以外货币所得，不再重新折算；对应当补缴税款的所得部分，按上一纳税年度最后一日人民币汇率中间价，折合成人民币计算应纳税所得额。

1）居民个人的综合所得

居民个人的综合所得，以每一纳税年度收入额减去费用60 000元（免征额）以及专项扣除、专项附加扣除和依法确定的其他扣除后的余额，为年度应纳税所得额。

（1）专项扣除，包括居民个人按照国家规定的范围和标准缴纳的基本养老保险、基本医疗保险、失业保险等社会保险费和住房公积金（“三险一金”）。

（2）专项附加扣除，具体包括：

① 三岁以下婴幼儿照护。纳税人照护3岁以下婴幼儿子女的，按每个婴幼儿每月2 000元的标准定额扣除。父母可以选择由其中一方按扣除标准的100%扣除，也可以选择由双方分别按扣除标准的50%扣除。

② 子女教育。纳税人的子女接受学前教育、各层次的学历教育的相关支出，按照每个子女每年24 000元（每月2 000元）的标准定额扣除。受教育子女的父母可以分别按扣除标准的50%扣除；经父母约定，也可以选择由其中一方按扣除标准的100%扣除。扣除方式在一个纳税年度内不得变更。

③ 继续教育。纳税人接受学历继续教育的支出，在学历教育期间按每年4 800元（每月400元）定额扣除；接受技能人员职业资格继续教育、专业技术人员职业资格继续教育支出，在取得相关证书的年度，按每年3 600元定额扣除。个人接受同一学历教育事项，符合规定扣除条件的，该项教育支出可以由其父母按照子女教育支出扣除，也可以由本人按照继续教育支出扣除，但不得同时扣除。

④ 大病医疗。在一个纳税年度内，在社会医疗保险管理信息系统记录的（包括医保目录范围内的自付部分和范围外的自费部分）由个人负担超过15 000元的医药费用支出部分，为大病医疗支出，可按每年60 000元标准限额，在办理汇算清缴时，凭医疗服务收费相关票据原件或复印件，由纳税人本人据实扣除。

⑤ 住房贷款利息。纳税人本人或配偶使用商业银行或住房公积金个人住房贷款为本

人或其配偶购买住房，发生的首套住房贷款利息支出，在偿还贷款期间，可以按照每年12 000元（每月1 000元）的标准定额扣除。经夫妻双方约定，可以选择由其中一方扣除，具体扣除方式在一个纳税年度内不得变更。纳税人应当留存住房贷款合同、贷款还款支出凭证。

⑥ 住房租金。纳税人本人及配偶在纳税人的主要工作城市没有住房，而在主要工作城市租赁住房发生的租金支出，可以按规定标准定额扣除。直辖市、省会（首府）城市、计划单列市以及国务院确定的其他城市，扣除标准为每月1 500元。除上述城市以外，市辖区户籍人口超过100万的城市，扣除标准为每月1 100元；市辖区户籍人口不超过100万的城市，扣除标准为每月800元。住房租金支出由签订租赁住房合同的承租人扣除；纳税人及其配偶不得同时分别享受住房贷款利息专项附加扣除和住房租金专项附加扣除；纳税人应当留存住房租赁合同。

⑦ 赡养老人。纳税人赡养60岁（含）以上父母和其他法定赡养人的赡养支出，按照以下标准定额扣除：纳税人为独生子女的，按照每年36 000元（每月3 000元）的标准定额扣除；纳税人为非独生子女的，应当与其兄弟姐妹分摊每年36 000元（每月3 000元）的扣除额度，每人不超过1 500元，分摊方式包括平均分摊、被赡养人指定分摊或者赡养人约定分摊，具体分摊方式在一个纳税年度内不得变更。其他法定赡养人是指祖父母、外祖父母的子女已经去世，实际承担对祖父母、外祖父母赡养义务的孙子女、外孙子女。

（3）其他扣除，包括个人缴付符合国家规定的企业年金、职业年金，个人购买符合国家规定的商业健康保险、税收递延型商业养老保险、个人养老金（在每年12 000元的额度内扣除）以及国务院规定可以扣除的其他项目。

专项扣除、专项附加扣除和依法确定的其他扣除，以居民个人一个纳税年度的应纳税所得额为限额。本纳税年度扣除不完的，不得结转以后年度扣除。

2）居民企业经营所得

经营所得，以个体工商户、个人独资企业、合伙企业以及个人从事其他生产、经营活动每一纳税年度的收入总额减去成本、费用和损失后的余额，为应纳税所得额。

成本、费用是生产、经营活动中发生的各项直接支出和分配计入成本的间接费用以及销售费用、管理费用、财务费用；损失是生产、经营活动中发生的固定资产和存货的盘亏、毁损、报废损失，转让财产损失，坏账损失，自然灾害等不可抗力因素造成的损失以及其他损失。

取得经营所得的个人，若没有综合所得的，计算其每一纳税年度应纳税所得额时，可扣除免征额6万元及专项扣除、专项附加扣除和依法确定的其他扣除，专项附加扣除在办理汇算清缴时减除。

从事生产经营活动，未提供完整、准确的纳税资料，不能正确计算应纳税所得额的，由主管税务机关核定应纳税所得额或应纳税额。

3）财产租赁所得

财产租赁所得，每次（以一个月内取得的收入为一次）收入不超过4 000元的，减去费用800元；4 000元以上的，减去20%的费用，其余额为应纳税所得额。

4）财产转让所得

财产转让所得，按一次转让财产的收入额减去财产原值和合理费用（卖出财产时按规定支付的相关税费）后的余额计算纳税。两人以上共同取得同一项目收入的，应当对每人取得的收入分别按照税法的规定计算纳税。财产原值按下列方法确定：

（1）有价证券，为买入价以及买入时按照规定交纳的有关费用；

（2）建筑物，为建造费或者购进价格以及其他有关费用；

（3）土地使用权，为取得土地使用权所支付的金额、开发土地的费用以及其他有关费用；

（4）机器设备、车船，为购进价格、运输费、安装费以及其他有关费用。

纳税人未提供完整、准确的财产原值凭证，不能按规定方法确定财产原值的，由主管税务机关核定财产原值。

5）利息、股息、红利所得和偶然所得

利息、股息、红利所得和偶然所得，以每次（实际支付或取得）收入额为应纳税所得额。扣缴义务人若已将纳税人应得收入通过“利润分配”账户明确到个人名下，即属于挂账未分配的股息、红利等，应认定为所得的支付，进行个人所得税的代扣代缴。

6）公益捐赠的扣除

（1）公益捐赠金额的确定。

① 捐赠货币性资产的，按照实际捐赠金额确定。

② 捐赠股权、房产的，按照个人持有股权、房产的财产原值确定。

③ 捐赠除股权、房产以外的其他非货币性资产的，按照非货币性资产的市场价格确定。

（2）居民个人公益捐赠的扣除。

① 在财产租赁所得、财产转让所得、利息股息红利所得、偶然所得（即“分类所得”）、综合所得、经营所得中扣除。在当期一个所得项目扣除不完的公益捐赠支出，可在其他所得项目中继续扣除。

② 在综合所得、经营所得中扣除的，扣除限额分别为当年综合所得、当年经营所得应纳税所得额的30%；在分类所得中扣除的，扣除限额为当月分类所得应纳税所得额的30%。

③ 纳税人自行决定在综合所得、分类所得、经营所得中的扣除顺序。

④ 在综合所得中扣除的，按如下规定处理：a.取得工资薪金所得的，可选择在预扣预缴时扣除，也可选择在年度汇算清缴时扣除。b.选择在预扣预缴时扣除的，按累计预扣法计算扣除限额，捐赠当月的扣除限额为截至当月累计应纳税所得额的30%；全额扣除的，从其规定。c.取得其余三项所得的，公益捐赠支出统一在汇算清缴时扣除。d.取得全年一次性奖金、股权激励等所得，采用单独计税方式处理（不并入综合所得），其扣除比照分类所得处理。

（3）在经营所得中扣除的公益捐赠。

① 个体工商户发生的公益捐赠支出，在经营所得中扣除。

② 个人独资企业、合伙企业发生的公益捐赠支出，个人投资者应按捐赠年度合伙企业的分配比例（个人独资企业为100%），计算归属于每一个人投资者的公益捐赠支出，在经营所得中扣除。

③ 可以选择在预缴税款时扣除，也可选择在汇算清缴时扣除。

④ 采取核定征收方式的，不得扣除公益捐赠支出。

（4）非居民个人发生的公益捐赠支出，未超过发生当月应纳税所得额30%的部分，可从其应纳税所得额中扣除。扣除不完的，可在经营所得中继续扣除。

7）居民个人从中国境内和境外取得的综合所得、经营所得和其他所得

居民个人从中国境内和境外取得的综合所得、经营所得，应当分别合并计算应纳税额；从中国境内和境外取得的其他所得，应当分别单独计算应纳税额。

已在境外缴纳的个人所得税税额是居民个人来源于中国境外的所得，依照该所得来源国家（地区，下同）的法律应当缴纳并且实际已经缴纳的所得税税额。

纳税人境外所得依照税法规定计算的应纳税额，是居民个人抵免已在境外缴纳的综合所得、经营所得和其他所得的所得税税额的限额（以下简称抵免限额）。除另有规定外，来源于中国境外一个国家的综合所得抵免限额、经营所得抵免限额和其他所得抵免限额之和，为来源于该国家所得的抵免限额。抵免限额计算公式如下：

来源于一国（地区）综合/经营所得的抵免限额=中国境内、境外综合/经营所得依照个人所得税法和实施条例规定计算的综合/经营所得应纳税总额×来源于该国（地区）的综合/经营所得收入额÷中国境内、境外综合/经营所得收入总额

居民个人在中国境外某国实际已经缴纳的个人所得税税额，低于按规定计算的来源于该国所得抵免限额的，应在中国缴纳差额部分的税款；超过来源于该国所得抵免限额的，其超过部分不得在本纳税年度应纳税额中抵免，但可在以后纳税年度来源于该国所得抵免限额的余额中补扣，补扣期限最长不得超过5年。

居民个人申请抵免已在境外缴纳的个人所得税税额，应提供境外税务机关出具的税款所属年度的有关纳税凭证。

8.2.2 居民个人所得税应纳税额的计算

1）工资、薪金所得应纳税额的计算

$$\text{应纳税所得额}=\text{工资、薪金应税收入额}-\text{专项扣除额}^{①}-\text{减除费用（免征额）}-\text{专项附加扣除额}-\text{依法确定的其他扣除额}$$

应交个人所得税=应纳税所得额×适用税率−速算扣除数

（1）工资、薪金所得的预扣预缴。扣缴义务人向居民个人支付工资、薪金所得时，应按累计预扣法预扣预缴税款，并按月办理全员全额扣缴申报（另有规定的除外）。

累计预扣法是扣缴义务人在一个纳税年度内预扣预缴税款时，以纳税人截至当前月份累计工资、薪金所得收入额减去纳税人申报的累计减除费用、专项扣除、专项附加扣除和依法确定的其他扣除后的余额为累计预缴应纳税所得额，根据工薪所得预扣率表（见表8-1）计算累计应预扣预缴税额，再减去已预扣预缴税额，以确定本期应预扣预缴税额的一种计算方法。当余额为负值时，暂不退税，纳税年度终了后余额仍为负值时，可通过年度汇算清缴、多退少补。计算公式如下：

$$\text{本期应预扣预缴个人所得税}=(\text{累计预扣预缴应纳税所得额}\times\text{预扣率}-\text{速算扣除数})-\text{累计减免税额}-\text{累计已预扣预缴税额}$$

① 即“三险一金”。各项保险提取比例分别是：养老保险8%、医疗保险2%、失业保险0.4%、住房公积金12%，“三险一金”之和是职工工薪收入的22.4%。

累计预扣预缴应纳税所得额=累计收入-累计免税收入-累计减除费用-累计专项扣除-累计专项附加扣除-累计依法确定的其他扣除

累计减除费用=5 000元/月×当期月份数

【例8-1】天发公司员工张强1月份工资收入额18 000元，当月专项扣除额（“三险一金”）相当于职工工薪收入的22%，子女教育、继续教育、住房贷款利息和赡养老人等专项附加扣除额共计4 400元，无其他扣除额。计算应预扣预缴张强当月应交个人所得税。

当月应纳税所得额=18 000-5 000-18 000×22%-4 400=4 640（元）

当月预扣预缴个人所得税=4 640×3%-0=139.2（元）

2月份工资收入额17 500元，专项扣除额、专项附加扣除额和免征额与1月份相同。当月应预扣预缴张强应交个人所得税计算如下：

累计应纳税所得额=（18 000+17 500）-5 000×2-（18 000+17 500）×22%-4 400×2
=8 890（元）

当月预扣预缴个人所得税=8 890×3%-139.2=127.5（元）

对上一完整纳税年度内每月均在同一单位预扣预缴工资薪金所得个税且全年工薪收入（不扣减任何费用及免税收入）不超过6万元的居民个人，扣缴义务人在预扣预缴本年度工薪所得个人所得税时，累计减除费用自1月份起直接按照全年6万元计算扣除，即在纳税人累计收入不超过6万元的月份，暂不预扣预缴个人所得税；在其累计收入超过6万元的当月及年内后续月份，再预扣预缴个人所得税，并在“个人所得税扣缴申报表”相应纳税人的备注栏注明“上年各月均有申报且全年收入不超过6万元”。按累计预扣法预扣预缴劳务报酬所得个税的居民个人，比照执行。

（2）工资、薪金所得的汇算清缴。年度终了后，纳税人应在次年3月至6月到主管税务机关进行个人所得税的汇算清缴。

【例8-2】仍以【例8-1】为例，假设张强当年全年工资收入总额220 000元，全年专项附加扣除额共计52 800元，无其他扣除额；当年预扣预缴个税合计1 680元。下年初，张强到主管税务机关办理汇算清缴时，应退（补）个人所得税计算如下：

全年应纳税所得额=220 000-220 000×22%-52 800-60 000=58 800（元）

全年应交个人所得税=58 800×10%-2 520=3 360（元）

应补交个人所得税=3 360-1 680=1 680（元）

（3）全年一次性奖金收入的计税。居民个人取得全年一次性奖金的计税有两种计算方法可供选择。

一是以全年一次性奖金收入除以12个月得到的数额，再以按月换算后的综合所得确定适用税率和速算扣除数，单独计算纳税。计算公式如下：

应交个人所得税=全年一次性奖金收入额×适用税率-速算扣除数

二是将居民个人取得的全年一次性奖金并入当年综合所得计算纳税。

对居民个人而言，不同计算方法下，全年应纳个税总额不同；同种计算方法下，对普通员工与企业高管来说，其实际税负也不相同。纳税人应在事先测算后选择全年一次性奖金的计税方法。第一种计算方法延至2027年12月31日。

（4）一次性补贴收入的计税。应按办理提前退休、内部退养手续至法定退休年龄之间实际年度数平均分摊（相当于一次取得多年的工资），确定适用税率和速算扣除数，按表8-3计算纳税。计算公式如下：

应交个人所得税=｛［（一次性补贴收入÷办理提前退休、内部退养手续至法定退休年龄的实际年度数）-减除费用］×适用税率｝×办理提前退休、内部退养手续至法定退休年龄的实际年度数

2）劳务报酬所得、稿酬所得、特许权使用费所得应纳税额的计算

扣缴义务人向居民个人支付劳务报酬所得、稿酬所得、特许权使用费所得，每次收入不超过4 000元（含）的，扣除费用按800元计算；每次收入4 000元以上的，扣除费用按20%计算；稿酬所得的收入额减按70%计算，以每次收入额为应纳税所得额。

属于一次性收入的，以取得该项收入为一次；属于同一项目连续性收入的，以一个月内取得的收入为一次。

以每次收入额为预扣预缴应纳税所得额。劳务报酬所得适用20%至40%的超额累进预扣率（见表8-2），稿酬所得、特许权使用费所得适用20%的比例预扣率。

劳务报酬所得应预扣预缴税额=预扣预缴应纳税所得额×预扣率-速算扣除数

稿酬所得、特许权使用费所得应预扣预缴税额=预扣预缴应纳税所得额×20%

居民个人取得劳务报酬所得、稿酬所得、特许权使用费所得，在预扣预缴税款后，应当在年度终了后与工资、薪金所得合并计税，进行汇算清缴，多退少补。

（1）劳务报酬所得应纳税额的计算。

【例8-3】某演员8月份在A地演出2天，共获演出收入60 000元。计算其应交个人所得税。

应纳税所得额=60 000×（1-20%）=48 000（元）

应交个人所得税=48 000×30%-2 000=12 400（元）

如果该演员通过民政部门将这笔收入税后全部捐赠给贫困地区，应交个人所得税计算如下：

可在税前扣除的捐赠额=48 000×30%=14 400（元）

实际应纳税所得额=48 000-14 400=33 600（元）

应交个人所得税=33 600×30%-2 000=8 080（元）

实际捐款金额=60 000-8 080=51 920（元）

（2）稿酬所得、特许权使用费所得应纳税额的计算。

【例8-4】某作家取得一笔稿酬收入20 000元，应交个人所得税计算如下：

应纳税所得额=20 000×（1-20%）×70%=11 200（元）

应交个人所得税=11 200×20%=2 240（元）

3）财产租赁所得应纳税额的计算

按照每次租赁收入的大小，区别情况计算：

（1）每次收入不超过4 000元的：

应交个人所得税=（每次收入额-费用800元）×20%

（2）每次收入4 000元以上的：

应交个人所得税=每次收入额×（1-20%）×20%

4）财产转让所得应纳税额的计算

应交个人所得税=（财产转让收入额-财产原值-合理费用）×20%

5）利息、股息、红利所得应纳税额的计算

应交个人所得税=每次收入额×20%

6）偶然所得应纳税额的计算

应交个人所得税=每次收入额×20%

8.2.3 非居民个人所得税应纳税额的计算

（1）非居民个人的工资、薪金所得。以每月收入额扣除免征额5 000元后的余额为应纳税所得额，适用按月换算后的综合所得税率表即月度税率表（见表8-4）计算应纳税额。

非居民个人综合所得应纳税额=应纳税所得额×税率-速算扣除数

（2）非居民个人取得来源于境内的劳务报酬所得、稿酬所得、特许权使用费所得，以税法规定的每次收入额为应纳税所得额，适用表8-4计算应纳税额。

（3）扣缴义务人向非居民个人支付上述所得时，应当按月或按次扣缴个人所得税。

【例8-5】以【例8-3】资料为例，假如该演员系非居民个人，应扣缴个人所得税计算如下：

应纳税所得额=60 000×（1-20%）=48 000（元）

应交个人所得税=48 000×30%-4 410=9 990（元）

以【例8-4】资料为例，假如该作家系非居民个人，应扣缴个人所得税计算如下：

应交个人所得税=11 200×10%-210=910（元）

8.2.4 居民个人所得税的纳税调整

居民个人从中国境外取得的所得，可以从其应纳税额中抵免已在境外缴纳的个人所得税税额，但抵免额不得超过该纳税人境外所得依照税法规定计算的应纳税额。有下列情形之一的，税务机关有权按照合理方法进行纳税调整：

（1）个人与其关联方之间的业务往来不符合独立交易原则而减少本人或其关联方应纳税额，且无正当理由。

关联方是指夫妻、直系血亲、兄弟姐妹及其他抚养、赡养、扶养关系的个人，在资金、经营、购销等方面有直接、间接控制关系，其他经济利益关系。

独立交易原则是指没有关联关系的交易各方，按公平成交价格和营业常规进行业务往来应遵循的原则。

（2）居民个人控制的，或者居民个人和居民企业共同控制的设立在实际税负明显偏低的国家（地区）的企业，无合理经营需要，对应当归属于居民个人的利润不作分配或减少分配。

纳税人能够提供资料证明其控制的企业满足国务院财政、税务主管部门规定条件的，可免予纳税调整。

（3）个人实施其他不具有合理商业目的（以减少、免除或推迟缴纳税款为主要目的）的安排而获取不当税收利益。

税务机关按规定做出的纳税调整，需要补征税款并依法加收利息的，纳税人应当补缴税款和利息[①]。有关部门依法将纳税人、扣缴义务人遵守税法的情况纳入信用信息系统，并实施联合激励或惩戒。

8.2.5 居民企业个人所得税的计算

1）应交个人所得税的计算

个体工商户、个人独资企业、合伙企业及个人从事生产、经营所得，以每一纳税年度的收入总额，减去成本、费用、税金、损失、其他支出以及允许弥补的以前年度亏损后的余额，为应纳税所得额。从事生产经营以及与生产经营有关的活动取得的货币形式和非货币形式的各项收入为收入总额，具体包括销售货物收入、提供劳务收入、转让财产收入、利息收入、租金收入、接受捐赠收入、其他收入。个人所得税的计算公式如下：

应纳税所得额=收入总额-（成本+费用+税金+损失+其他支出+允许弥补的以前年度亏损）

应交个人所得税=应纳税所得额×税率-速算扣除数

未提供完整、准确的纳税资料，不能正确计算应纳税所得额的，由主管税务机关核定其应纳税所得额。

企业应当分别核算生产经营活动中的生产经营费用和个人、家庭费用。对于生产经营与个人、家庭生活混用难以分清的费用，其40%视为与生产经营有关费用，准予扣除。

纳税年度发生的亏损，准予向以后年度结转，结转年限最长不得超过5年。

2）税前扣除项目和标准

（1）企业向其从业人员实际支付的合理的工资、薪金支出，允许在税前据实扣除。业主的工资、薪金支出不得税前扣除，业主的费用扣除标准，依照相关法律、法规和政策规定执行。

（2）按国务院有关主管部门或省级人民政府规定的范围和标准为其业主和从业人员缴纳的基本养老保险费、基本医疗保险费、失业保险费、生育保险费、工伤保险费和住房公积金，准予扣除。为从业人员缴纳的补充养老保险费、补充医疗保险费，分别在不超过从业人员工资总额5%标准内的部分据实扣除，超过部分不得扣除。

业主本人缴纳的补充养老保险费、补充医疗保险费，以当地（地级市）上年度社会平均工资的3倍为计算基数，分别在不超过该计算基数5%标准内的部分据实扣除，超过部分不得扣除。

（3）在生产经营活动中发生的下列利息支出准予扣除：向金融企业借款的利息支出；向非金融企业和个人借款的利息支出，不超过按照金融企业同期同类贷款利率计算的数额的部分。

（4）向当地工会组织拨缴的工会经费、实际发生的职工福利费支出、职工教育经费支出分别在工资、薪金总额[②]的2%、14%、8%的标准内据实扣除[③]。

---

① 按照税款所属纳税申报期最后一日中国人民银行公布的与补税期间同期的人民币贷款基准利率计算利息，自税款纳税申报期满次日起至补缴税款期限届满之日止按日加收。纳税人在补缴税款期限届满前补缴税款的，利息加收至补缴税款之日。

② 允许在当期税前扣除的工资、薪金支出数额。

③ 业主本人向当地工会组织缴纳的工会经费、实际发生的职工福利费支出、职工教育经费支出（比例同上），以当地（地级市）上年度社会平均工资的3倍为计算基数。

（5）发生的与生产经营活动有关的业务招待费，按照实际发生额的60%扣除，但最高不得超过当年销售收入的5‰。

（6）每一纳税年度发生的与其生产经营活动直接相关的广告费和业务宣传费不超过当年销售收入15%的部分，可以据实扣除；超过部分，准予在以后纳税年度结转扣除。

（7）研究开发新产品、新技术、新工艺所发生的开发费用，以及研究开发新产品、新技术而购置单台价值在10万元以下的测试仪器和试验性装置的购置费准予直接扣除；单台价值在10万元以上（含10万元）的测试仪器和试验性装置，按固定资产管理，不得在当期直接扣除。

（8）个人向个人养老金资金账户的缴费，按12 000元/年的限额，在综合所得或经营所得中据实扣除；计入个人养老金资金账户的投资收益，暂不征收个人所得税；个人领取的个人养老金，不并入综合所得，单独按照3%的税率计算缴纳个人所得税。

8.2.6　独资合伙企业应纳税额的计算

个人独资企业、合伙企业（简称独资合伙企业）的生产经营所得，应依法计算缴纳个人所得税，其应纳税额的计算有查账征收和核定征收两种方法。

投资者本人的费用扣除标准统一确定为60 000元/年（5 000元/月），投资者的工资不得在税前扣除。投资者及其家庭发生的生活费用不允许在税前扣除；如果发生的生活费用与企业生产经营费用混合在一起且难以划分的，全部视为投资者个人及其家庭发生的生活费用，不得在税前扣除。

1）查账征收方法

（1）企业向其从业人员实际支付的合理的工资、薪金支出，允许在税前据实扣除。

（2）企业拨缴的工会经费、发生的职工福利费、职工教育经费支出分别在工资、薪金总额2%、14%、8%的标准内据实扣除。

（3）企业每一纳税年度发生的广告费和业务宣传费用不超过当年销售收入15%的部分，可据实扣除；超过部分准予在以后纳税年度结转扣除。

（4）企业每一纳税年度发生的与其生产经营业务直接相关的业务招待费支出，按照发生额的60%扣除，但最高不得超过当年销售收入的5‰。

（5）企业生产经营和投资者及其家庭生活共用的固定资产难以划分的，由主管税务机关根据企业的生产经营类型、规模等具体情况，核定准予在税前扣除的折旧费用的数额或比例。

（6）企业计提的各种准备金不得扣除。

（7）持有股权、股票、合伙企业财产份额等权益性投资的独资合伙企业，一律适用查账征收方式计征个人所得税。独资合伙企业应自持有权益性投资之日起30日内，主动向税务机关报送持有权益性投资的情况。

2）核定征收方法

实行核定征收方法的，应交个人所得税计算公式如下：

应交个人所得税=应纳税所得额×适用税率

应纳税所得额=应税收入额×应税所得率

或　　　　　=成本费用支出额÷（1−应税所得率）×应税所得率

应税所得率见表8-6。

表8-6 个人所得税核定征收应税所得率表

行 业	应税所得率
工业、交通运输业、商业	5%～20%
建筑业、房地产开发业	7%～20%
饮食服务业	7%～25%
娱乐业	20%～40%
其他行业	10%～30%

8.3 个人所得税的缴纳与申报

8.3.1 个人所得税的缴纳

个人所得税实行源泉分项/综合扣缴和纳税人自行申报两种缴纳办法，以支付所得的单位或个人为扣缴义务人。在两处及以上取得应税所得和没有扣缴义务人的，纳税人应当自行申报纳税；自行申报纳税人，应在取得所得的所在地税务机关申报纳税。纳税人从中国境外取得所得的，应在户籍所在地税务机关或指定税务机关申报纳税。在两处及以上取得的所得，需要合并计算纳税的，由纳税人申请、税务机关批准，可在其中一处税务机关申报纳税。纳税人要求变更纳税申报地点的，应经原主管税务机关批准。

（1）综合所得的缴纳。综合所得按年计算个人所得税。有扣缴义务人的，扣缴义务人在向个人支付①应税款项时，应按税法规定预扣或代扣税款，并专项记载备查。

居民个人取得工资、薪金所得时，可向扣缴义务人提供专项附加扣除有关信息。扣缴义务人应按纳税人提供的信息计算办理扣缴申报，不得擅自更改纳税人提供的信息。

纳税人、扣缴义务人应按规定保存与专项附加扣除相关的资料。税务机关可对纳税人提供的专项附加扣除信息进行抽查。税务机关发现纳税人提供虚假信息的，应当责令改正并通知扣缴义务人；情节严重的，有关部门应当依法予以处理，纳入信用信息系统并实施联合惩戒。

纳税人同时从两处及以上取得工资、薪金所得，并由扣缴义务人减除专项附加扣除的，对同一专项附加扣除项目，在一个纳税年度内只能选择从一处取得的所得中减除。

对上一完整纳税年度内每月均在同一单位预扣预缴工资、薪金所得个税且全年工薪收入不超过6万元的居民个人，扣缴义务人在预扣预缴本年度工薪所得个人所得税时，累计减除费用自1月份起直接按照全年6万元计算扣除，即在纳税人累计收入不超过6万元的月份，暂不预扣预缴个人所得税；在其累计收入超过6万元的当月及年内后续月份，再预扣预缴个人所得税，并在“个人所得税扣缴申报表”相应纳税人的备注栏注明“上年各月均有申报且全年收入不超过6万元”。按累计预扣法预扣预缴劳务报酬所得个税的居民个

① 包括现金支付、汇拨支付、转账支付和以有价证券、实物以及其他形式的支付。

人，比照执行。

居民个人取得劳务报酬所得、稿酬所得、特许权使用费所得，应当在汇算清缴时向税务机关提供有关信息，减除专项附加扣除。

年度预扣预缴税额与年度应纳税额不一致时，纳税人应于次年3月1日至6月30日向主管税务机关办理综合所得年度汇算清缴，税款多退少补。纳税人可以委托扣缴义务人或者其他单位和个人办理汇算清缴。

【例8-6】某集团公司营销高管李远兼任集团公司下属A、B两家公司的营销总监。A、B公司每月各向其发放工资1.2万元，其社会保险和住房公积金选择在A公司缴纳，个人承担部分为每月1 500元，每月专项附加扣除合计3 500元。纳税人选择从A公司取得的所得中减除专项附加扣除金额，其个人所得税计算如下：

①A公司预扣预缴。

全年累计应纳税所得额=12 000×12−5 000×12−1 500×12−3 500×12=24 000（元）

全年累计预扣预缴个人所得税=24 000×3%=720（元）

②B公司预扣预缴。

全年累计应纳税所得额=12 000×12−5 000×12=84 000（元）

全年累计预扣预缴个人所得税=84 000×10%−2 520=5 880（元）

③年度汇算清缴。

全年应纳税所得额=（12 000+12 000）×12−5 000×12−1500×12−3 500×12=168 000（元）

全年累计预扣预缴个人所得税=720+5 880=6 600（元）

全年应交个人所得税=168 000×20%−16 920=16 680（元）

A、B公司全年预扣预缴李远个人所得税6 600元，低于其应交税款16 680元，且综合所得年收入额减除专项扣除的余额超过6万元。因此，李远应在次年规定期限内办理汇算清缴并补交个税10 080元（16 680−6 600）。非居民个人取得工资、薪金所得，劳务报酬所得，稿酬所得和特许权使用费所得，有扣缴义务人的，由扣缴义务人按月或按次代扣代缴税款，不办理汇算清缴。

（2）经营所得的缴纳。纳税人取得经营所得，按年计算个人所得税，由纳税人在月度或季度终了后15日内向税务机关报送纳税申报表，并预缴税款；在取得所得的次年3月31日前办理汇算清缴。

（3）纳税人取得利息、股息、红利所得，财产租赁所得，财产转让所得和偶然所得，按月或按次计算个人所得税，有扣缴义务人的，由扣缴义务人按月或按次代扣代缴税款。

（4）扣缴义务人每月或每次预扣、代扣的税款，应在次月15日内缴入国库，并向税务机关报送个人所得税扣缴申报表。

8.3.2 个人所得税的纳税申报

纳税年度自公历1月1日起至12月31日止。有下列情形之一的，纳税人应当依法办理纳税申报。

（1）取得综合所得。

需要办理汇算清缴的情形包括：

① 从两处以上取得综合所得，且综合所得年收入额减去专项扣除的余额超过6万元。

② 取得劳务报酬所得、稿酬所得、特许权使用费所得中一项或者多项所得，且综合所得年收入额减去专项扣除的余额超过6万元。

③ 纳税年度内预缴税额低于应纳税额。

④ 纳税人申请退税。纳税人申请退税，应提供其在中国境内开设的银行账户，并在汇算清缴地就地办理税款退库。

（2）取得应税所得，扣缴义务人未扣缴税款。

应当区别以下情形办理纳税申报：

① 居民个人取得综合所得的，按“（1）取得综合所得”办理。

② 非居民个人取得工资、薪金所得，劳务报酬所得，稿酬所得，特许权使用费所得的，应在取得所得的次年6月30日前，向扣缴义务人所在地主管税务机关办理纳税申报，并报送“个人所得税自行纳税申报表（A表）”。有两个以上扣缴义务人均未扣缴税款的，选择向其中一处扣缴义务人所在地主管税务机关办理纳税申报。

（3）取得经营所得的纳税申报。个体工商户业主、个人独资企业投资者、合伙企业个人合伙人、承包承租经营者个人以及其他从事生产、经营活动的个人取得经营所得，按年计算个人所得税，由纳税人在月度或季度终了后15日内，向经营管理所在地主管税务机关办理预缴纳税申报，并报送“个人所得税经营所得纳税申报表（A表）”。在取得所得的次年3月31日前，向经营管理所在地主管税务机关办理汇算清缴，并报送“个人所得税经营所得纳税申报表（B表）”；从两处以上取得经营所得的，选择向其中一处经营管理所在地主管税务机关办理年度汇总申报，并报送“个人所得税经营所得纳税申报表（C表）”。

（4）取得境外所得。居民个人从中国境外取得所得的，应当在取得所得的次年3月1日至6月30日内，向中国境内任职、受雇单位所在地主管税务机关办理纳税申报；在中国境内没有任职、受雇单位的，向户籍所在地或中国境内经常居住地主管税务机关办理纳税申报。

（5）因移居境外注销中国户籍，应向税务机关申报下列事项：

① 注销户籍当年的综合所得、经营所得汇算清缴的情况；

② 注销户籍当年的其他所得的完税情况；

③ 以前年度欠税的情况。

（6）非居民个人在中国境内从两处以上取得工资、薪金所得。

8.3.3 纳税申报表

个人所得税纳税申报表有个人所得税基础信息表（A、B表）、个人所得税扣缴申报表、个人所得税自行纳税申报表（A表）、个人所得税年度自行纳税申报表、个人所得税经营所得纳税申报表（A、B、C表）、合伙制创业投资企业单一投资基金核算方式备案表、单一投资基金核算的合伙制创业投资企业个人所得税扣缴申报表。

1）个人所得税基础信息表

个人所得税基础信息表（A表）适用于扣缴义务人办理全员全额扣缴申报时，填报其支付所得的纳税人的基础信息。

扣缴义务人首次向纳税人支付所得，或者纳税人相关基础信息发生变化的，应填写本表，并于次月扣缴申报时向税务机关报送。表中带“*”项目分为必填和条件必填，其余项目为选填。

个人所得税基础信息表（B表）适用于自然人纳税人基础信息的填报。自然人纳税人初次向税务机关办理相关涉税事宜时填报本表；初次申报后，以后仅需在信息发生变化时填报。表中带“*”的项目为必填或者条件必填，其余项目为选填。

2）个人所得税扣缴申报表

个人所得税扣缴申报表（见表8-7）适用于扣缴义务人向居民个人支付工资、薪金所得，劳务报酬所得，稿酬所得和特许权使用费所得的个人所得税全员全额预扣预缴申报；向非居民个人支付工资、薪金所得，劳务报酬所得，稿酬所得和特许权使用费所得的个人所得税全员全额扣缴申报；向居民个人和非居民个人支付利息、股息、红利所得，财产租赁所得，财产转让所得和偶然所得的个人所得税全员全额扣缴申报。

扣缴义务人应专门设立预扣预缴税收账簿，正确反映个人所得税的扣缴情况，如实填写本表及其他相关资料，在每月或每次预扣、代扣税款的次月15日内，将已扣税款缴入国库，并向税务机关报送本表。

3）个人所得税经营所得纳税申报表

个人所得税经营所得纳税申报分为A表、B表和C表三种。

（1）个人所得税经营所得纳税申报表（A表）

个人所得税经营所得纳税申报表（A表）（见表8-8）适用于查账征收和核定征收的个体工商户业主、个人独资企业投资人、合伙企业个人合伙人、承包承租经营者个人以及其他从事生产、经营活动的个人在中国境内取得经营所得，办理个人所得税预缴纳税申报时，向税务机关报送。合伙企业有两个或者两个以上个人合伙人的，应分别填报本表。纳税人应在月度或季度终了后15日内，向税务机关办理预缴纳税申报。

（2）个人所得税经营所得纳税申报表（B表）

个人所得税经营所得纳税申报表（B表）适用于个体工商户业主、个人独资企业投资人、合伙企业个人合伙人、承包承租经营者个人以及其他从事生产、经营活动的个人在中国境内取得经营所得，且实行查账征收的，在办理个人所得税汇算清缴纳税申报时，向税务机关报送。合伙企业有两个或者两个以上个人合伙人的，应分别填报本表。纳税人应在取得经营所得的次年3月31日前，向税务机关办理汇算清缴。

（3）个人所得税经营所得纳税申报表（C表）

个人所得税经营所得纳税申报表（C表）适用于个体工商户业主、个人独资企业投资人、合伙企业个人合伙人、承包承租经营者个人以及其他从事生产、经营活动的个人在中国境内两处以上取得经营所得，办理合并计算个人所得税的年度汇总纳税申报时，向税务机关报送。

纳税人从两处以上取得经营所得，应当于取得所得的次年3月31日前办理年度汇总纳税申报。

表8-7

个人所得税扣缴申报表

税款所属期：　年　月　日至　年　月　日

扣缴义务人名称：

扣缴义务人纳税人识别号（统一社会信用代码）：□□□□□□□□□□□□□□□□□□□□□□　　金额单位：人民币元（列至角分）

							本月（次）情况														累计情况（工资、薪金）											税款计算							
							收入额计算				专项扣除				其他扣除									累计专项附加扣除															
序号	姓名	身份证件类型	身份证件号码	纳税人识别号	是否为非居民个人	所得项目	收入	费用	免税收入	减除费用	基本养老保险费	基本医疗保险费	失业保险费	住房公积金	年金	商业健康保险	税延养老保险	财产原值	允许扣除的税费	其他	累计收入额	累计减除费用	累计专项扣除	子女教育	赡养老人	住房贷款利息	住房租金	继续教育	累计其他扣除	减按计税比例	准予扣除的捐赠额	应纳税所得额	税率/预扣率	速算扣除数	应纳税额	减免税额	已扣缴税额	应补（退）税额	备注
1	2	3	4	5	6	7	8	9	10	11	12	13	14	15	16	17	18	19	20	21	22	23	24	25	26	27	28	29	30	31	32	33	34	35	36	37	38	39	40
合计																																							

谨声明：本扣缴申报表是根据国家税收法律法规及相关规定填报的，是真实的、可靠的、完整的。

扣缴义务人（签章）：　　　　年　月　日

代理机构签章： 代理机构统一社会信用代码： 经办人签字： 经办人身份证件号码：	受理人： 受理税务机关（章）： 受理日期：　年　月　日

表8-8　**个人所得税经营所得纳税申报表（A表）**

税款所属期：　年　月　日至　年　月　日　金额单位：人民币元（列至角分）被投资单位信息

名称	
纳税人识别号（统一社会信用代码）	□□□□□□□□□□□□□□□□□□□□□□□□
征收方式（单选）	

□查账征收（据实预缴）　□查账征收（按上年应纳税所得额预缴）　□核定应税所得率征收
□核定应纳税所得额征收　□税务机关认可的其他方式

个人所得税计算

项　目	行次	金额/比例
一、收入总额	1	
二、成本费用	2	
三、利润总额（3=1-2）	3	
四、弥补以前年度亏损	4	
五、应税所得率（%）	5	
六、合伙企业个人合伙人分配比例（%）	6	
七、允许扣除的个人费用及其他扣除（7=8+9+14）	7	
（一）投资者减除费用	8	
（二）专项扣除（9=10+11+12+13）	9	
1.基本养老保险费	10	
2.基本医疗保险费	11	
3.失业保险费	12	
4.住房公积金	13	
（三）依法确定的其他扣除（14=15+16+17）	14	
1.	15	
2.	16	
3.	17	
八、准予扣除的捐赠额（附报“个人所得税公益慈善事业捐赠扣除明细表”）	18	
九、应纳税所得额	19	
十、税率（%）	20	
十一、速算扣除数	21	
十二、应纳税额（22=19×20-21）	22	
十三、减免税额（附报“个人所得税减免税事项报告表”）	23	
十四、已缴税额	24	
十五、应补/退税额（25=22-23-24）	25	

谨声明：本表是根据国家税收法律法规及相关规定填报的，本人对填报内容（附带资料）的真实性、可靠性、完整性负责。

纳税人签字：　年　月　日

经办人： 经办人身份证件类型： 经办人身份证件号码： 代理机构签章： 代理机构统一社会信用代码：	受理人： 受理税务机关（章）： 受理日期：　年　月　日

8.4 个人所得税的会计处理

8.4.1 企业预扣预缴个人所得税的会计处理

1）支付工资、薪金预扣预缴所得税

企业作为个人所得税的扣缴义务人，应按规定扣缴职工应缴纳的个人所得税。预扣个人所得税时，借记“应付职工薪酬”账户，贷记“应交税费——应交预扣个人所得税”等账户。

【例 8-7】天泰公司工程师项军1月份工资收入额25 000元，当月专项扣除额（“三险一金”）5 500元，专项附加扣除额4 000元，无其他扣除额。公司预扣预缴项军当月应交个人所得税的计算和相关会计分录如下：

当月应纳税所得额=25 000−5 500−4 000−5 000=10 500（元）

当月预扣预缴个人所得税=10 500×3%=315（元）

实际发放工资时（实务中，会计分录按总额反映，个人信息在明细表中显示）：

借：应付职工薪酬——工资薪金	25 000	
贷：库存现金、银行存款		19 185
其他应付款		5 500
应交税费——应交预扣个人所得税		315

财务会计记录当月应付职工薪酬时：

借：生产成本、管理费用等	25 000	
贷：应付职工薪酬——工资薪金		25 000

2）承包、承租经营所得应交所得税的会计处理

承包、承租经营有如下两种情况，个人所得税也相应涉及两个应税项目。

（1）承包、承租人对企业经营成果不拥有所有权，仅按合同（协议）规定取得一定所得的，其所得按工资、薪金所得项目征税，适用3%～45%的超额累进税率。

（2）承包、承租人按合同（协议）的规定只向发包、出租方交纳一定费用后，企业经营成果归其所有的，承包、承租人取得的所得，按对企事业单位的承包经营、承租经营所得项目，适用5%～35%的超额累进税率。

第一种情况的会计处理方法与工薪所得扣缴所得税的会计处理相同；第二种情况，应由承包、承租人自行申报缴纳个人所得税，发包、出租方不作扣缴所得税的会计处理。

【例 8-8】4月1日，李某与原所在事业单位签订承包合同经营招待所，合同规定承包期为一年，李某全年上交费用100 000元，年终招待所实现利润400 000元。李某应交个人所得税如下：

应纳税所得额=承包经营利润−上交承包费−费用扣减额

=400 000−100 000−5 000×12

=240 000（元）

应交个人所得税=应纳税所得额×适用税率-速算扣除数

=240 000×20%-10 500

=37 500（元）

发包、出租方在收到李某缴来承包（租）费时，作会计分录如下：

借：银行存款　100 000

　贷：其他业务收入　100 000

3）向股东支付股利代扣代缴所得税的会计处理

股份公司向法人股东支付股票股利、现金股利时，因法人股东不缴个人所得税，无代扣代缴问题；若以资本公积转增股本，不属股息、红利的分配，也不涉及个人所得税问题。

公司向个人支付现金股利时，应代扣代缴的个人所得税可从应付现金中直接扣除。公司按应支付给个人的现金股利金额，借记“利润分配——未分配利润”，贷记“应付股利”；当实际支付现金并代扣个人所得税时，借记“应付股利”，贷记“库存现金”“应交税费——应交代扣个人所得税”。

企业派发股票股利或以盈余公积对个人股东转增资本，也应代扣代缴个人所得税，其方法有：

（1）内扣法。在派发股票股利或以盈余公积对个人股东转增资本的同时，从中扣除应代扣代缴的个人所得税，借记“利润分配——未分配利润”等，贷记“股本”“应交税费——应交代扣个人所得税”等，这样处理会改变股东权益结构或使公司法人股与个人股权比例频繁变动。

（2）外扣法。可由企业按增股金额，向个人收取现金以备代缴，或委托证券代理机构从个人股东账户代扣。公司派发股票股利或以盈余公积对个人股东转增资本时：

借：利润分配（转作股本的股利）、盈余公积等

　贷：股本、实收资本

计算应扣缴个人所得税时：

借：其他应收款——代扣个人所得税（配股）

　贷：应交税费——应交代扣个人所得税

收到个人股东交来税款或证券代理机构扣缴税款时：

借：银行存款、库存现金

　贷：其他应收款——代扣个人所得税（配股）

实际上交税款时：

借：应交税费——应交代扣个人所得税

　贷：银行存款

外扣法下，向个人收取现金或委托证券代理机构从个人股东账户代扣税款都有其麻烦和困难；如果可能，公司在决定股利分配方案时，可将股票股利与现金股利结合，使现金股利相当于或大于个人股东应缴的所得税，这样，即可免除上述不便。

8.4.2　居民企业个人所得税的会计处理

1）账户设置

企业应设置“本年应税所得”账户，该账户下设“本年经营所得”和“应弥补的亏

损”两个明细账户。

“本年经营所得”明细账户核算企业本年生产经营活动取得的收入扣除成本费用后的余额。如果收入大于应扣除的成本费用总额，在不存在税前弥补亏损的情况下，差额即为本年经营所得，应由“本年应税所得——本年经营所得”账户转入“留存利润”账户；如果计算出的结果为经营亏损，则应将本年发生的经营亏损由“本年经营所得”明细账户转入“应弥补的亏损”明细账户。

“应弥补的亏损”明细账户核算企业发生的可由生产经营活动所得税前弥补的亏损。发生亏损时，由“本年经营所得”明细账户转入本明细账户。生产经营过程中发生的亏损，可以由以后年度的生产经营所得在税前弥补，但延续弥补期不得超过5年。超过弥补期的亏损，不能再以生产经营所得税前弥补，应从“本年应税所得——应弥补的亏损”账户转入“留存利润”账户，减少企业的留存利润。

2）本年应税所得的会计处理

年末，企业计算本年经营所得，应将“主营业务收入”和“其他业务收入”账户的余额转入“本年应税所得——本年经营所得”账户的贷方；将“主营业务成本”“其他业务成本”“销售费用”“税金及附加”账户余额转入“本年应税所得——本年经营所得”账户的借方。“营业外收入”和“营业外支出”账户如为借方余额，转入“本年应税所得——本年经营所得”账户的借方；如为贷方余额，转入“本年应税所得——本年经营所得”账户的贷方。

3）应弥补亏损的会计处理

企业生产经营活动中发生的经营亏损，应由“本年经营所得”明细账户转入“应弥补亏损”明细账户。弥补亏损时，由“应弥补亏损”明细账户转入“本年经营所得”明细账户。超过弥补期的亏损，由“应弥补亏损”明细账户转入“留存利润”账户。

【例8-9】某个人独资企业某年主营业务收入500 000元，主营业务成本380 000元，销售费用70 000元，税金及附加35 000元，没有其他项目。

结转本年的收入和成本费用时做如下会计分录：

借：主营业务收入	500 000	
贷：本年应税所得——本年经营所得		500 000
借：本年应税所得——本年经营所得	485 000	
贷：主营业务成本		380 000
销售费用		70 000
税金及附加		35 000

该企业本年应纳税所得额=500 000−380 000−70 000−35 000−5 000×12=−45 000（元）

转入“应弥补的亏损”明细账户，做如下会计分录：

借：本年应税所得——应弥补的亏损	45 000	
贷：本年应税所得——本年经营所得		45 000

4）留存利润的会计处理

企业应设置“留存利润”账户核算非法人企业的留存利润。年度终了，计算结果如为本年经营所得，应将本年经营所得扣除可在税前弥补的本期年度亏损后的余额转入该账户的贷方，同时计算确定本年应缴纳的个人所得税，记入该账户的借方，然后将税后列支费用及超过弥补期的经营亏损转入该账户的借方。该账户贷方金额减去借方金额后的余额，为留存利润金额。

【例8-10】某合伙企业年度收入总额500 000元，可在税前扣除的成本费用为350 000元，税后列支费用为25 000元。以前年度留存利润为零。

转入经营所得：

借：本年应税所得——本年经营所得　150 000

　贷：留存利润（500 000-350 000）　150 000

计算应交个人所得税：

应交个人所得税=150 000×20%-10 500=19 500（元）

借：留存利润　19 500

　贷：应交税费——应交个人所得税　19 500

转入税后列支费用：

借：留存利润　25 000

　贷：税后列支费用　25 000

留存利润=150 000-19 500-25 000=105 500（元）

5）缴纳个人所得税的会计处理

（1）企业缴纳个人所得税

企业生产经营所得应缴纳的个人所得税，应按年计算，分月预缴，并在年度终了后汇算清缴。企业应在“应交税费”账户下设置“应交个人所得税”明细账户，核算企业预缴和应缴的个人所得税，以及年终汇算清缴个人所得税的补交和退回情况，企业按月预缴个人所得税时，借记“应交税费——应交个人所得税”账户，贷记“库存现金”等账户；年度终了，计算出全年实际应缴的个人所得税，借记“留存利润”账户，贷记“应交税费——应交个人所得税”账户。“应交个人所得税”明细账户的贷方金额大于借方金额的差额，为预缴数小于应交数的差额。

补缴个人所得税时，记入“应交税费——应交个人所得税”明细账户的借方；收到退回的多缴的个人所得税时，记入“应交税费——应交个人所得税”明细账户的贷方，如果多缴的所得税不退回，而是用来抵顶以后期间的个人所得税，多缴的个人所得税金额就作为下一年度的预缴个人所得税金额。

【例8-11】某个体企业经过主管税务机关核定，按照上年度实际应交个人所得税金额，确定本年各月的预缴个人所得税金额。上年应交个人所得税金额为60 000元。

本年各月个人所得税预缴金额=60 000÷12=5 000（元）

每月预缴个人所得税时：

借：应交税费——应交个人所得税　5 000

　贷：库存现金　5 000

年终，汇算清缴全年个人所得税，确定本年度生产经营活动应交个人所得税为80 000元。

借：留存利润　80 000

　贷：应交税费——应交个人所得税　80 000

全年1月至12月已经预缴个人所得税60 000元（5 000×12），记入“应交个人所得税”明细账户的借方，贷方与借方差额20 000元（80 000-60 000）为应补缴的个人所得税。

补缴个人所得税时：

借：应交税费——应交个人所得税 20 000

贷：库存现金 20 000

如果汇算清缴确定的全年应交个人所得税为50 000元，则会计分录如下：

借：留存利润 50 000

贷：应交税费——应交个人所得税 50 000

已预缴个人所得税金额为60 000元，应交金额为50 000元，应交金额比已预缴的金额少10 000元，由主管税务机关按规定退回。企业收到退税时，会计分录如下：

借：库存现金 10 000

贷：应交税费——应交个人所得税 10 000

如果将企业多缴的10 000元抵顶下年的个人所得税，只需将该余额转入下一年度即可。

（2）企业预扣预缴个人所得税

企业预扣预缴从业人员的个人所得税，应在“应交税费”账户下单独设置“应交代扣个人所得税”明细账户进行核算。根据应代扣额，记入该账户的贷方；实际上缴时，按上缴金额记入该账户的借方。

本章小结

本章是从企业的角度对个人所得税会计进行的阐述，一类是承担预扣预缴/代扣代缴个人所得税义务的企业，另一类是缴纳个人所得税的居民企业。应掌握个人所得税的税制要素，正确履行预扣预缴/代扣代缴义务并进行相应的会计处理；掌握居民企业应交个人所得税的计算及其相应的会计处理方法。

主要概念和观念

□ 主要概念

居民个人（居民纳税人） 非居民个人（非居民纳税人） 居民企业 综合所得 超额累进税率 预扣预缴/代扣代缴

□ 主要观念

为了降低征管成本，防止税款流失，各国对个人所得税一般都是由支付单位扣缴。因此，个人所得税的纳税人与税务会计主体一般是分离的。

基本训练

□ 知识测评

1.单项选择题

（1）某工程师当年将自己研制的一项非专利技术使用权提供给甲企业，取得技术转让收入3 000元，又将自己发明的一项专利转让给乙企业，取得收入45 000元。该工程师两次所得应纳的个人所得税为（ ）元。

A.7 640 B.7 650 C.7 680 D.9 200

（2）1月1日，张某与某事业单位签订承包合同经营招待所，承包期为3年；当年招待所实现承包经营净利润400 000元，按合同规定每年应从承包经营利润中上缴承包费100 000元，当年“三险一金”专项扣除额66 000元，专项附加扣除额共计48 000元，无其他扣除额。张某当年应缴纳个人所得税（ ）元。

A.34 700　　B.28 700　　C.26 700　　D.14 700

（3）当年8月，李某出版小说一本取得稿酬80 000元，从中拿出20 000元通过国家机关捐赠给受灾地区。李某8月份应缴纳个人所得税（　　）元。

A.6 160　　B.6 272　　C.8 400　　D.8 960

2.多项选择题

（1）纳税人取得的以下所得按照“工资、薪金所得”缴纳个人所得税的有（　　）。

A.单位为职工个人购买商业性补充养老保险

B.个人为他人提供担保获得的报酬

C.个人退休后再任职取得的收入

D.企业为股东购买车辆并将车辆所有权办到股东个人名下

（2）企业支付给个人的劳务报酬、特许权使用费、稿费、财产租赁费，一般由支付单位作为扣缴义务人向纳税人扣缴税款，并计入该企业的有关期间费用。企业在支付上述费用时，借记的账户有（　　）。

A.管理费用　　B.财务费用　　C.销售费用　　D.应付利润

（3）下列各项中，适用5%～35%的五级超额累进税率征收个人所得税的有（　　）。

A.个体工商户的生产经营所得

B.合伙企业的生产经营所得

C.个人独资企业的生产经营所得

D.个人对企事业单位的承包、承租经营所得

（4）对个人所得缴纳个人所得税时，以每次收入额为应纳税所得额的有（　　）。

A.利息、股息、红利所得　　B.稿酬所得

C.财产转让所得　　D.偶然所得

3.简答题

（1）如何界定个人所得税的居民纳税人和非居民纳税人？两类纳税人承担的纳税义务有何不同？

（2）如何计算预扣预缴个人所得税并进行会计记录？

（3）居民企业与法人企业应纳税所得额确认计量有无不同？居民企业应纳所得税如何计算？

（4）居民企业如何进行个人所得税的会计处理？

4.思考题

（1）试比较误餐补助与午餐补助的所得税会计处理之异同。

（2）个人所得税一般都是预扣预缴，还需要纳税人到税务机关进行纳税申报（汇算清缴）吗？

（3）财产租赁所得与财产转让所得应纳税所得额的计算有何不同？

□ 技能测评

1.某居民个人当年1月至12月从任职单位取得工资、薪金收入135 000元，取得税后稿酬收入20 000元。当年还从A国取得特许权使用费收入18 000元（人民币，下同），从B国取得利息收入13 000元，已按A国、B国税法规定分别缴纳个人所得税3 100元和1 950元。计算该纳税人当年应交个人所得税。

2.中国公民李某系自由职业者，以绘画为生。李某当年1月至12月收入情况如下：

（1）两次取得绘画收入合计243 000元（人民币，下同）。

（2）在A国出版画册取得稿酬150 000元，已按收入来源国税法缴纳个人所得税12 000元。

（3）取得保险赔款20 000元。

要求：计算李某当年应交个人所得税。

3.某个体工商户8月份产品销售收入20万元，为生产应税产品耗用原材料、物料、电力等共计3.5万元，支付工人工资4万元，销售费用1.1万元，销售税金1.5万元，办公费用0.2万元。

要求：计算该个体工商户当月应交个人所得税，并做相关会计分录。

□ 能力测评

某个人独资企业，某年度有关经营情况如下：

（1）取得营业收入200万元；

（2）发生营业成本100万元；

（3）发生税金及附加5.28万元；

（4）发生管理费用26万元，其中支付业务招待费10万元；

（5）12月份购买小货车一辆支出5万元；

（6）共有雇员5人，人均月工资4 000元，共开支工资24万元；

（7）投资者个人每月领取工资4 000元，共开支工资4.8万元；

（8）按照实际支付的工资，共提取三项经费5.04万元（工资与经费未计入成本费用）；

（9）当年向某单位借入流动资金10万元，支付利息费用1万元，同期银行贷款利息率为4.8%；

（10）9月份在运输途中发生车祸，车辆被损坏，损失达4.5万元，11月取得保险公司的赔款2.5万元；

（11）对外投资，分得股息3万元。

企业自行计算当年应交个人所得税如下：

应纳税所得额=200−100−5.28−26−5−24−4.8−5.04−1−4.5+3=27.38（万元）

应交个人所得税=273 800×20%−10 500=44 260（元）

分析要求：该个人独资企业自行计算结果是否正确？如果不正确，正确的计算结果应该是多少？

第9章 土地增值税会计

学习目标

掌握土地增值税的基本内容、土地增值税会计处理和报告的基本方法等。其具体目标包括：

□ 知识目标

了解土地增值税的基本特点和内容，掌握土地增值税的计算原理，深刻领会土地增值税会计的账簿设置与会计记录等。

□ 技能目标

掌握土地增值税的计算程序与方法，特别是土地增值额、增值率的计算方法；熟练掌握土地增值税会计处理方法。

□ 能力目标

理解土地增值税的扣除项目及其金额的确认和计算方法，土地增值税的“增值额”与增值税的“增值额”之异同。

9.1 土地增值税的税制要素

土地增值税是对有偿转让国有土地使用权及地上建筑物、其他附着物产权的单位和个人，按其取得的增值性收入所征收的一种收益税。

1993年11月26日，《中华人民共和国土地增值税暂行条例》在国务院第十二次常务会议上通过，自1994年1月1日起正式实施。此后，财政部又发布了《中华人民共和国土地增值税暂行条例实施细则》，从1995年1月27日起施行。

9.1.1 土地增值税的纳税人

凡是有偿转让我国国有土地使用权、地上建筑物及附着物（以下简称转让房地产）产权，并且取得收入的单位和个人，为土地增值税的纳税义务人。其具体包括：国有企业、集体企业、私营企业、外商投资企业和外国企业；机关、团体、部队、事业单位、个体工商户及其他单位和个人；外国机构、华侨、港澳台同胞及外国公民。

9.1.2 土地增值税的纳税范围

土地增值税的纳税范围是：转让国有土地使用权；地上的建筑物及附着物连同国有土地使用权一并转让。

“转让”是指以出售或其他方式进行的有偿转让，不包括以继承、赠与方式进行的无偿转让。出租房地产行为、受托代建工程，由于产权没有转移，不属于纳税范围。

土地增值税纳税范围的具体界定：

（1）以出售方式转让国有土地使用权、地上建筑物及附着物，又分以下三种情况：

① 出售国有土地使用权是指土地使用者通过出让方式，向政府缴纳了土地出让金，有偿受让土地使用权后，仅对土地进行通水、通电、通路和平整地面等土地开发，不进行房产开发，然后直接将空地出售。

② 取得国有土地使用权后进行房屋开发建造，然后出售，即通常所说的房地产开发。

③ 存量房地产的买卖，是指已经建成并已投入使用的房地产，其房屋产权和土地使用权一并转让给其他单位和个人。

以上三种情况，均应计算缴纳土地增值税。

（2）以继承、赠与方式转让房地产。因其只发生房地产产权转让，没有取得相应的收入，属于无偿转让房地产的行为，不缴土地增值税。这里的“继承”是指法定继承；“赠与”仅指将房地产赠与直系亲属或承担直接赡养义务的人以及通过中国境内非营利性社会团体、国家机关进行的公益性赠与。

（3）房地产出租。出租人虽取得了收入，但没有发生房产产权、土地使用权的转让，不缴土地增值税。

（4）房地产抵押。房地产在抵押期间未发生权属的变更，不缴土地增值税，抵押期满后，发生房地产权属转让的，缴纳土地增值税。

（5）房地产交换。房地产交换既发生了房产产权、土地使用权的转移，交换双方又取得了实物形态的收入，应缴纳土地增值税。对个人互换自有居住用房地产的，经核实，可免缴土地增值税。

（6）以房地产投资入股进行合资或联营。投资方将房地产转移到所投资的企业，暂免缴纳土地增值税。被投资企业将上述房地产再转让时，应缴纳土地增值税。

（7）房地产的联建。这是以转让部分土地使用权来换取新建成房屋部分产权的行为，建成后按比例分房自用的，暂免缴纳土地增值税；建成后转让的，应缴纳土地增值税。

（8）房地产的重新评估。对房地产重新评估后升值的，因未发生房地产权属转移，土地使用人也未取得收入，不缴土地增值税。

9.1.3　土地增值税税率

土地增值税实行的是四级超率累进税率，即以纳税对象的增值率为累进依据，按超率累进方式计算应纳税额的税率。

采用超率累进税率，需要确定以下几项因素：

一是纳税对象数额的相对率。土地增值税以增值额与扣除项目金额的比为相对率。

二是把纳税对象的相对率从低到高划分为若干个级次。土地增值税按增值额与扣除项目金额的比率从低到高划分为四个级次，即增值额未超过扣除项目金额50%的部分，增值额超过扣除项目金额50%、未超过100%的部分，增值额超过扣除项目金额100%、未超过200%的部分，增值额超过扣除项目金额200%的部分。

三是按各级次分别规定不同的税率。土地增值税的税率是30%、40%、50%、60%，具体见表9-1。

表9-1　**土地增值税税率表**

级次	增值额占扣除项目金额比例	税率（%）	速算扣除率（%）
1	50%（含）以下	30	0
2	50%以上～100%（含）	40	5
3	100%以上～200%（含）	50	15
4	200%以上	60	35

9.1.4　土地增值税的减免

（1）纳税人建造普通标准住宅出售，增值额未超过扣除项目金额20%的，免征土地增值税。

（2）因国家建设需要依法征用、收回的房地产，免征土地增值税。

（3）居民个人拥有的普通住宅，在其转让时，凡居住满5年（或以上）的，免缴土地增值税；居住满3年未满5年的，减半缴纳土地增值税；居住未满3年的，按规定缴纳土地增值税。

（4）以房地产进行投资、联营的，投资、联营的一方以土地（房地产）作价入股进行投资作为联营条件，将房地产转让到所投资、联营的企业时，可免缴土地增值税；一方出地，一方出资金，双方合作建房，建成后按比例分房自用的，可免缴土地增值税。

9.1.5　土地增值税的纳税期限、纳税地点

土地增值税的纳税人应于转让房地产合同签订之日起7日内到房地产所在地（坐落地）的税务机关办理纳税申报，并向税务机关提交房屋及建筑物产权、土地使用权证书，

土地使用权转让、房产买卖合同，房地产评估报告以及其他与转让房地产有关的资料。

纳税人因经常发生房地产转让而难以在每次转让后申报的，经税务机关审核同意后，可以定期进行纳税申报，具体期限由税务机关根据情况确定。

房地产所在地是指房地产的坐落地。纳税人转让的房地产坐落在两个或两个以上地区的，应按房地产所在地分别纳税。

纳税人应按照税务机关核定的税额及规定的期限缴纳土地增值税。

纳税人没有依法缴纳土地增值税，土地管理部门、房产管理部门可以拒办权属变更手续。

【小思考9-1】你认为以下哪种提法正确？

（1）土地增值税采用超率累进税率

（2）转让既包括有偿转让，也包括无偿转让

【答案】（1）

9.2 土地增值税的确认、计算与清算

9.2.1 转让收入的确认

纳税人转让房地产取得的应税收入是扣除增值税后的收入，即不含增值税收入，包括全部价款和有关经济利益。其收入形式包括：

（1）货币收入。纳税人转让国有土地使用权、地上建筑物及附着物产权而取得的现金、银行存款、支票、银行本票、汇票等各种信用票据和国库券、金融债券、企业债券、股票等有价证券。

（2）实物收入。纳税人转让国有土地使用权、地上的建筑物及附着物产权而取得的各种实物形态的收入，如钢材、水泥等建材，房屋、土地等不动产。

（3）其他收入。纳税人转让国有土地使用权、地上的建筑物及附着物而取得的无形资产收入或具有财产价值的权利，如专利权、商标权。

纳税人隐瞒、虚报房地产成交价格的或转让房地产的成交价格低于房地产评估价格又无正当理由的，应由评估机构参照同类房地产的市场交易价格进行评估，税务机关根据或参照评估价格确定纳税人转让房地产的收入。

9.2.2 扣除项目金额的确认

1）新建房扣除项目金额

（1）取得土地使用权所支付的金额，是指纳税人为取得土地使用权所支付的地价款或出让金，以及按国家统一规定缴纳的有关费用和税金（如契税）。

（2）开发土地和新建房及配套设施的成本。纳税人房地产开发项目实际发生的成本（房地产开发成本），包括土地征用及拆迁补偿费、前期工程费、建筑安装工程费、基础设施费、公共配套设施费、开发间接费。其中，土地征用及拆迁补偿费包括土地征用费，耕

地占用税，劳动力安置费及有关地上、地下附着物拆迁补偿的净支出，安置动迁用房支出等；开发间接费是指直接组织、管理开发项目发生的费用，如工资、福利费、折旧费、办公费、周转房摊销等。

（3）开发土地和新建房及配套设施的费用。此项费用亦称房地产开发费用。它是指与房地产开发项目有关的销售费用、管理费用、财务费用。其中，财务费用中的利息支出，在最高不超过按商业银行同类同期贷款利率计算的金额前提下，允许据实扣除；管理费用、销售费用，则按上述（1）、（2）项计算的金额之和的5%以内计算扣除（具体比例由省级政府规定）。凡不能按转让房地产项目计算分摊利息支出以及不能提供金融机构证明的房地产开发费用的，按上述（1）、（2）项计算的金额之和的10%以内计算扣除（具体比例由省级政府规定）。

（4）与转让房地产有关的税金，是指在转让房地产时缴纳的税金及附加，即城市维护建设费、印花税和教育费附加等。在转让房地产时涉及的增值税进项税额，若允许在销项税额中计算抵扣的，不计入扣除项目；若不允许在销项税额中计算抵扣的，可以计入扣除项目。免征增值税的，确定计税依据时，成交价格、租金收入、转让房地产取得的收入不得扣减增值税税额。

（5）财政部规定的其他扣除项目。

根据现行规定，对从事房地产开发的企业，可按上述第（1）、（2）项金额之和，加计20%扣除。这主要是考虑投资的合理回报和通货膨胀等因素。

2）旧房及建筑物扣除项目金额

其扣除项目包括转让房地产的评估价格和转让中支付的相关税金。评估价格即在转让已使用的房屋及建筑物时，由政府批准设立的房地产评估机构评定的重置成本乘以成新度折扣率的价格。评估价格须经税务机关确认。

9.2.3　应交土地增值税的计算

土地增值税是以纳税人转让房地产所取得的增值额为计税依据，它是纳税人转让房地产所取得的收入减去规定扣除项目金额后的余额。

土地增值税实行超率累进税率。其基本计算公式如下：

土地增值额=转让收入−扣除项目金额

应交土地增值税=土地增值额×适用税率

由于土地增值税是采用超率累进税率计算的，只有先计算出增值率，即增值额占扣除项目金额的比例后，才能确定适用税率，并计算应纳税额。其计算公式如下：

增值率=增值额÷扣除项目金额×100%

$$应交土地增值税 = \sum(每级距的土地增值额 \times 适用税率)$$

这种方法要分段计算、汇总合计，比较烦琐，因此，在实际工作中，一般采用速算扣除法计算。

根据表9-1的速算扣除率，其计算公式如下：

应交土地增值税=土地增值额×适用税率−扣除项目金额×速算扣除率

【例9-1】天博房地产公司新开工项目按一般计税方法计算增值税，土地价款3 500万元，其他开发成本4 000万元，当年取得销售收入15 490万元。

公司无法按项目分摊利息支出，不能提供金融机构贷款证明，不考虑其他税费。不能按转让房地产项目计算分摊利息支出或不能提供金融机构证明的，房地产开发费用按规定计算的金额之和的10%以内计算扣除；对从事房地产开发的纳税人可按规定计算的金额之和，加计20%的扣除，合计可以加计扣除30%的成本。相关计算如下：

销售额=（15 490−3 500）÷1.09=11 000（万元）

增值税销项税额=11 000×9%=990（万元）

土地增值税应税收入=15 490−990=14 500（万元）

扣除项目=（3 500+4 000）×（1+30%）=9 750（万元）

土地增值税增值额=14 500−9 750=4 750（万元）

增值率=4 750÷9 750×100%=48.72%

适用30%的税率，速算扣除系数为0。

应交土地增值税=4 750×30%=1 425（万元）

【例9–2】某房地产开发公司开发商住混合楼项目，商业项目面积为1 000平方米，普通标准住宅面积为5 000平方米，合计6 000平方米。该混合楼项目土地成本为120万元，房屋开发成本600万元，其他费用按比例扣除。假如该商业项目收入为500万元，普通标准住宅收入为600万元，合计1 100万元，相关税金及附加为50万元。计算应交土地增值税时有两种计算方法可以选择。

第一种计算方法：

扣除项目金额=土地成本+房屋开发成本+费用扣除（10%）+加计扣除（20%）+税金
=120+600+（120+600）×10%+（120+600）×20%+50=986（万元）

增值额=收入额−扣除项目金额=1 100 −986=114（万元）

增值率=增值额÷扣除项目金额×100%=114÷986×100%=12%

由于增值率低于50%，所以适用30%的税率；增值率未超过20%的，普通标准住宅项目免税。

若按面积分摊增值额，商业项目应交土地增值税为：

114×1 000÷6 000×30%=5.7（万元）

若按收入分摊增值额，商业项目应交土地增值税为：

114×500÷1 100×30%=15.55（万元）

第二种计算方法：

普通标准住宅扣除项目金额=（120×5 000÷6 000+600×5 000÷6 000）×+20%+10%）+25=805（万元）

除相关税金及附加外其他按面积分摊。

普通标准住宅增值额=600−805=−205（万元）（无增值额）

商业项目扣除项目金额=（120×1 000÷6 000+600×1 000÷6 000）×（1+20%+10%）+25=181（万元）

商业项目增值额=500−181=319（万元）

商业项目增值率=319÷181×100%=176.24%（适用50%的税率）

商业项目应交土地增值税=319×50%−181×15%=132.35（万元）

两种方法计算结果相差悬殊。根据《中华人民共和国土地增值税暂行条例实施细则》第八条规定："土地增值税以纳税人房地产成本核算的最基本的核算项目或核算对象为单位计算。"哪一种计算方法更符合税法规定呢？

9.2.4　土地增值税的清算

1）土地增值税的清算单位

土地增值税以国家有关部门审批的房地产开发项目为单位进行清算，对于分期开发的项目，以分期项目为单位清算。开发项目中同时包含普通住宅和非普通住宅的，应分别计算增值额。

2）土地增值税的清算条件

符合下列情形之一的，纳税人应进行土地增值税的清算：①房地产开发项目全部竣工且完成销售的；②整体转让未竣工决算房地产开发项目的；③直接转让土地使用权的。

符合下列情形之一的，要求纳税人进行土地增值税清算：①已竣工验收的房地产开发项目，已转让的房地产建筑面积占整个项目可售建筑面积的比例在85%以上，或该比例虽未超过85%，但剩余的可售建筑面积已经出租或自用的；②取得销售（预售）许可证满3年仍未销售完毕的；③纳税人申请注销税务登记但未办理土地增值税清算手续的；④省级税务机关规定的其他情况。

3）非直接销售和自用房地产的收入确定

（1）房地产开发企业将开发产品用于职工福利、奖励、对外投资、分配给股东或投资人、抵偿债务、换取其他单位和个人的非货币性资产等，发生所有权转移时应视同销售房地产，其收入按下列方法和顺序确认：

① 按本企业在同一地区、同一年度销售的同类房地产的平均价格确定；

② 由主管税务机关参照当地当年同类房地产的市场价格或评估价值确定。

（2）房地产开发企业将开发的部分房地产转为企业自用或用于出租等商业用途时，如果产权未发生转移，不缴纳土地增值税，在税款清算时不列收入，不扣除相应的成本和费用。

【小思考9-2】你认为以下哪种说法正确？

（1）扣除项目金额都是实际发生的成本、费用、税金

（2）计算增值率是为了确认土地增值税税率

【答案】（2）

9.3　土地增值税的会计处理

9.3.1　主营房地产业务的企业土地增值税的会计处理

主营房地产业务的企业，既有房地产开发企业，也有对外经济合作企业、股份制试点企业和外商投资房地产企业等。这些企业的房地产经营收入占其全部经营收入的比重较大，直接影响企业的经营业绩。

1）现货房地产销售

在现货房地产销售情况下，采用一次性收款、房地产移交使用、发票账单提交买主、钱货两清的，应将房地产移交和发票结算账单提交买主时作为销售实现，借记“银行存

款”等，贷记“主营业务收入”“应交税费——应交增值税（销项税额）”；计算应交土地增值税时，借记“税金及附加”，贷记“应交税费——应交土地增值税”。

采用赊销、分期收款方式销售房地产的，应以合同规定的收款时间作为销售实现时间，分次结转收入。

2）商品房预售

按照《中华人民共和国城市房地产管理法》的规定，商品房可以预售，但应符合下列条件：已交付全部土地使用权出让金，取得土地使用权证书；持有建设工程规划许可证；按提供预售的商品房计算，投入开发建设的资金达到总投资的25%以上，并已经确定工程进度和竣工交付日期；向县级以上人民政府房产管理部门办理预售登记，取得商品房预售许可证明。

在商品房预售的情况下，商品房交付使用前采取一次性收款或分次收款的，收到购房款时，借记“银行存款”，贷记“预收账款”；按规定预缴土地增值税时，借记“应交税费——应交土地增值税”，贷记“银行存款”等；待该商品房交付使用后，开出发票结算账单交给买主时，作为收入实现，借记“预收账款”，贷记“主营业务收入”等；同时，计算由实现的销售收入负担的土地增值税，借记“税金及附加”等，贷记“应交税费——应交土地增值税”。按照税法规定，该项目全部竣工、办理决算后进行清算，企业收到退回多缴的土地增值税，借记“银行存款”等，贷记“应交税费——应交土地增值税”。补缴土地增值税时，做相反的会计分录。

【例 9-3】天湖房地产公司7月份销售A项目，取得普通住宅预收款8 720万元，开工许可证在“营改增”后取得，适用增值税一般计税方法，本省规定的土地增值税预征率为2%。

预缴增值税=8 720÷（1+9%）×3%=240（万元）

预缴土地增值税=（8 720-240）×2%=169.6（万元）

做会计分录如下：

（1）收到预收款时：

借：银行存款	87 200 000	
贷：预收账款		87 200 000

（2）次月预缴增值税时：

借：应交税费——预交增值税	2 400 000	
贷：银行存款		2 400 000

（3）预缴土地增值税时：

借：应交税费——应交土地增值税	1 696 000	
贷：银行存款		1 696 000

可见，预缴增值税与预缴土地增值税的计税依据不同。

9.3.2 兼营房地产业务的企业土地增值税的会计处理

兼营房地产业务的企业，转让房地产取得的收入，计算应由当期营业收入负担的土地增值税时，记入“其他业务成本”等账户。企业按规定计算出应缴纳的土地增值税，借记“其他业务成本”，贷记“应交税费——应交土地增值税”。兼营房地产业务的企业如果没有设置“其他业务成本”账户，计算转让房地产应缴纳的土地增值税时，应记入相关账户，如金融企业可记入“其他业务成本”账户。企业实际缴纳土地增值税时，借记“应交税费——应交土地增值税”账户，贷记“银行存款”等账户。

【例9-4】兼营房地产业务的某金融公司，按5 000元/平方米的价格购入一栋两层楼房，共计2 000平方米，支付价款10 000 000元。后来，该公司没有经过任何开发，以9 000元/平方米的价格出售，取得转让收入18 000 000元，缴纳相关税费990 000元。该公司既不能按转让房地产项目计算分摊利息支出，也不能提供金融机构证明。计算应交土地增值税并做会计分录如下：

（1）计算土地增值税税额：

扣除项目金额=10 000 000+10 000 000×10%+990 000=11 990 000（元）

增值额=18 000 000-11 990 000=6 010 000（元）

增值额占扣除项目金额的比例=6 010 000÷11 990 000×100%=50.13%

土地增值税税额=6 010 000×40%-11 990 000×5%=1 804 500（元）

（2）土地增值税的会计处理：

计算应由当期销售收入负担的土地增值税时：

借：其他业务成本　1 804 500

　贷：应交税费——应交土地增值税　1 804 500

实际缴纳土地增值税时：

借：应交税费——应交土地增值税　1 804 500

　贷：银行存款　1 804 500

9.3.3 非房地产企业转让房地产土地增值税的会计处理

企业转让国有土地使用权连同地上建筑物及其附着物，应通过“固定资产清理”等账户核算，取得的转让收入记入“固定资产清理”等账户的贷方；应缴纳的土地增值税，借记“固定资产清理”等，贷记“应交税费——应交土地增值税”等。转让以行政划拨方式取得的国有土地使用权，转让时也应缴纳土地增值税。企业先按缴纳的土地出让金作为“无形资产”入账，按转让无形资产进行会计处理。

【例9-5】AB公司（增值税一般纳税人）因企业现金流量不足，长期拖欠CD公司商品价款3 000万元，CD公司已计提坏账准备450万元。经双方商议，于5月10日签订债务重组协议，AB公司将其一栋商品房抵顶商品价款。商品房于营改增前购置，买价1 923.08万元，原价2 000万元，已提折旧500万元，市场公允价值2 500万元（含税），AB公司另支付银行存款250万元，经税务机关认定的重置成本价为3 000万元，成新度折扣率65%。CD公司将该商品房重新装修后销售，取得销售收入3 270万元（含税），发生装修费支出327万元（含税）。不考虑其他相关税费。

（1）AB公司相关会计处理。

①应交相关税金的计算。

增值税一般纳税人销售营改增前取得的不动产，可以选择按简易计税方法适用征收率5%缴纳增值税，开具增值税专用发票。

应交增值税=（2 500-1 923.08）÷1.05×5%=27.47（万元）

增值税专用发票上反映的税额为27.47万元，金额为2 472.53万元（2 500-27.47）。

应交土地增值税的计算：

评估价格=3 000×65%=1 950（万元）

增值额=2 500÷1.05-1 950=430.95（万元）

增值率=430.95÷1 950×100%=22.1%

应交土地增值税=430.95×30%-1 950×0%=129.29（万元）

②将抵债房产转入清理。

借：固定资产清理	15 000 000	
累计折旧	5 000 000	
贷：固定资产		20 000 000

③计提应交税费。

借：固定资产清理	1 567 600	
贷：应交税费——应交增值税（销项税额）		274 700
——应交土地增值税		1 292 900

④抵偿债务。

借：应付账款——CD公司	30 000 000	
贷：固定资产清理		25 000 000
银行存款		2 500 000
营业外收入——债务重组利得		2 500 000
借：固定资产清理	8 432 400	
贷：资产处置损益		8 432 400

（2）CD公司相关会计处理。

①收到抵债资产，冲销债权。

借：库存商品——待售房产	24 725 300	
应交税费——应交增值税（进项税额）	274 700	
库存现金	2 500 000	
坏账准备	4 500 000	
贷：应收账款——AB公司		30 000 000
资产减值损失		2 000 000

②将待售房产转入在建工程。

借：在建工程	24 725 300	
贷：库存商品——待售房产		24 725 300

③发生工程支出。

借：在建工程	3 000 000	
应交税费——应交增值税（进项税额）	270 000	
贷：库存现金等		3 270 000

④工程完工转入库存商品，待售房产转入在建工程。

借：库存商品——待售房产	27 725 300	
贷：在建工程		27 725 300

⑤开具增值税专用发票进行销售。

借：应收账款（或银行存款）　32 700 000

　贷：其他业务收入　30 000 000

　　　应交税费——应交增值税（销项税额）　2 700 000

⑥计算应交土地增值税。

扣除项目金额=2 772.53万元

增值额=3 270÷1.09−2 772.53=227.47（万元）

增值率=（227.47÷2 772.537）×100%≈8.2%

应交土地增值税=227.47×30%−2 772.53×0%=68.241（万元）

借：税金及附加　682 410

　贷：应交税费——应交土地增值税　682 410

⑦结转出售抵债资产成本。

借：其他业务成本　27 725 300

　贷：库存商品——待售房产　27 725 300

【例9-6】某企业于营改增后转让以行政划拨方式取得的土地使用权，转让土地使用权应补交的土地出让金5万元，取得土地使用权转让收入21.8万元（含税），增值税税率9%。有关税务会计处理如下：

（1）补交出让金：

借：无形资产　50 000

　贷：银行存款　50 000

（2）计算应交土地增值税：

销售额=218 000÷（1+9%）=200 000（元）

应交增值税=200 000×9%=18 000（元）

增值额=218 000÷1.09−50 000=150 000（元）

增值率=150 000÷50 000×100%=300%

应交土地增值税=150 000×60%−50 000×35%=72 500（元）

借：银行存款　218 000

　贷：应交税费——应交增值税（销项税额）　18 000

　　　　　　——应交土地增值税　72 500

　　　无形资产　50 000

　　　资产处置损益　77 500

上交土地增值税：

借：应交税费——应交土地增值税　72 500

　贷：银行存款　72 500

【小思考9-3】你认为以下哪些说法正确？

（1）土地增值税是价内税

（2）应交土地增值税与应交增值税的计税依据相同

（3）兼营房地产企业的应交土地增值税记入“其他业务成本”

【答案】（1）（3）

本章小结

土地增值税实为房地产增值税，它是为配合我国对房地产的宏观调控政策而出台的一个新税种。掌握土地增值税，关键是正确理解其计税收入、扣除项目及金额的确定，计算程序、计税方法，并能正确地进行会计处理。

主要概念和观念

□ 主要概念

土地增值税　土地增值额

□ 主要观念

国家对土地增值额的征税，实质上是对土地收益或者说是对地租的征税，它也有利于对土地的合理利用，抑制房地产市场的过热。土地增值税是我国唯一实行超率累进税率的税种，其计算程序比较复杂、规范，纳税人应严格按规定计算，并正确进行土地增值税的会计处理。

基本训练

□ 知识测评

1.单项选择题

（1）根据《中华人民共和国土地增值税暂行条例》的规定，土地增值税按照纳税人转让房地产所（　　）和规定的税率计算缴纳。

A.取得的收入　　B.取得的增值额

C.支付的成本、费用　　D.取得的利润

（2）某单位转让一幢2000年建造的办公楼，当时造价为300万元，经房地产评估机构评定，该楼现在的重置成本价为3 000万元，成新率为40%，在计算土地增值税时，其评估价格为（　　）。

A.1 800万元　　B.3 000万元　　C.300万元　　D.1 200万元

（3）纳税人建造普通标准住宅出售，增值额超过扣除项目金额20%的，应就其（　　）按规定计算缴纳土地增值税。

A.超过部分的金额　　B.扣除项目金额

C.全部增值额　　D.出售金额

（4）个人因工作调动或改善居住条件而转让原自用住房，经向税务机关申报核准，凡居住（　　）的，减半缴纳土地增值税。

A.满1年未满2年　　B.满2年未满3年

C.满3年未满5年　　D.满5年或5年以上

（5）根据土地增值税暂行条例的规定，纳税人应在转让房地产合同签订后（　　）内，到房地产所在地主管税务机关办理申报。

A.5日　　B.7日　　C.10日　　D.15日

2.多项选择题

（1）在下列各项中，应征土地增值税的有（　　）。

A.企业之间的房地产互换

B.居民个人之间互换自用居住用房地产

C.房地产开发企业将开发产品用于对外投资，房屋转移至被投资企业

D.非房地产企业在重组时以服务作为投资，房屋权属转移至被投资企业

（2）以下不属于土地增值税征税范围的有（　　）。

A.房地产出租　　B.房地产交换

C.房地产抵押期满后发生权属转让的　　D.房地产重新评估

（3）以下属于土地增值税免税项目的有（　　）。

A.房地产赠与

B.房地产继承

C.以房地产进行投资，将房地产转让到所投资企业

D.合作建房，建房后分房自用的

（4）计算应交土地增值税时，可能借记的账户有（　　）。

A.“税金及附加”　　B.“其他业务成本”

C.“管理费用”　　D.“固定资产清理”

3.判断题

（1）一方出地，一方出资金，双方合作建房，可免缴土地增值税。（　　）

（2）对房地产的抵押，在抵押期间不缴纳土地增值税，但对于以房地产抵债而发生房地产权属转让的，则应缴纳土地增值税。（　　）

（3）王某在温泉公寓花80万元购置一套别墅，欲将原居住6年的约50平方米的旧房卖出。经评估，此房价值30万元，按照土地增值税有关规定，王某出售该旧房可免于缴纳土地增值税。（　　）

（4）房地产交换发生了房产产权、土地使用权的转移，但交换双方均未有货币的收付，故不应缴纳土地增值税。（　　）

4.简答题

（1）简述土地增值税的会计处理程序。

（2）对房地产的继承、出租、抵押、交换、投资、联建、评估、代建房等行为具体界定其是否属于土地增值税的纳税范围，并说明原因。

（3）简述土地增值税的税率形式及级次设置和相应税率。

（4）转让房地产取得收入的类型有哪些？

5.思考题

（1）从事房地产开发企业的允许扣除项目有哪些？

（2）非从事房地产开发企业的允许扣除项目有哪些？

（3）如何计算应纳土地增值税税额？

（4）主营房地产业务的企业如何进行土地增值税会计处理？

（5）兼营房地产业务的企业如何进行土地增值税会计处理？

□ 技能测评

1.某房地产开发公司转让写字楼一幢，取得转让收入3 000万元，该公司为取得土地使用权而支付的土地价款和有关费用为300万元，投入房地产开发成本为1 200万元，缴纳相关税金157.5万元，房地产开发费用为150万元。

要求：计算该公司应纳土地增值税税额。

2.某房地产开发公司转让商品房一幢，取得转让收入4 000万元，该公司为取得土地使用权而支付的土地价款和有关费用为500万元，投入房地产开发成本为1 500万元，缴纳相关税金210万元，房地产开发费用中利息支出为100万元（能够提供金融机构证明，并按房地产项目分摊），其他房地产开发费用的计算扣除比例为5%。

要求：

（1）计算应纳土地增值税税额。

（2）若房地产开发费用中利息支出不能按房地产项目分摊，计算应纳土地增值税税额。

3.某房地产开发公司预售商品房，取得收入500万元，预缴土地增值税50万元，工程竣工后按税法规定计算应交土地增值税65万元。

要求：做出预缴和补缴土地增值税的会计分录。

4.某企业将"固定资产"账面上的一幢房屋转让，原值200万元，已提折旧120万元，评估重置成本为300万元，成新率为50%，取得转让收入400万元，应交流转税36万元。

要求：计算应交土地增值税，并做出相应会计分录。

5.某市宏志房地产开发公司参与开发市内新区建设项目，建成后的普通标准住宅销售收入5 000万元，综合楼销售收入18 000万元，公司按税法规定分别缴纳了销售环节有关税金及教育费附加（印花税忽略不计）。公司取得土地使用权所支付的金额为2 000万元，其中建造普通标准住宅占用土地支付的金额占全部支付金额的1/4。公司分别计算了普通标准住宅和综合楼的开发成本及开发费用，普通标准住宅增值额占扣除项目金额的18%，综合楼开发成本为6 000万元。另知，该公司不能提供金融机构贷款证明，当地省人民政府规定允许扣除的房地产开发费用计算比例为10%。

要求：计算该公司应缴纳的土地增值税税额。

□ 能力测评

1.某开发商有可供销售的普通住房1万平方米，每平方米可有A、B、C三种价格，允许扣除项目金额大体一致（具体见表9-2）。

表9-2 **每平方米普通住房价格及相关费用** 金额单位：万元

方案	每平方米售价	地价	开发成本	开发费用	利息支出	税金	其他扣除项目	允许扣除金额合计	增值率	应缴土地增值税	利润
A	0.14	300	500	40	90	77	160	1 167	19.97%	0	233
B	0.15	300	500	40	90	77.5	160	1 167.5	28.48%	99.75	232.75
C	0.16	300	500	40	90	88	160	1 178	35.82%	126.6	295.4

A.每平方米售价为1 400元时，增值率为19.97%，增值率未超过扣除项目金额20%，免征土地增值税，获得233万元的利润。

B.每平方米售价为1 500元时，增值率为28.48%，增值率超过允许扣除项目金额20%，但不超过50%，应缴土地增值税99.75万元，可获得232.75万元的利润。

C.每平方米售价为1 600元时，增值率为35.82%，超过允许扣除项目金额20%，但不超过50%，应缴土地增值税126.6万元，可获得295.4万元的利润。

表面上看，C的售价最高，利润最大，但存在风险也大。如果空房在一定时间内销售不出去，开发商所负担的超过贷款期限的利息和罚息均不允许扣除，实际得到的利润可能不如A或B。

A和B相比，A每平方米售价低于B 100元，但可少缴土地增值税99.75万元，获利高于B。同时，A在价格上有优势，容易占领市场，因此，一般应该选择A。

2.按《中华人民共和国土地增值税暂行条例实施细则》的规定，在房地产开发成本中包括很多可以扣除的内容，其中公共设施费和开发间接费，企业应特别关注。

如某房地产开发商计划开发1万平方米普通商品住房，售价预定为每平方米1 800元。为吸引更多的客户，企业决定增加开发成本，改善住房环境，增大投入主要用于公共配套设施费和开发间接费用两项，其他允许扣除项目金额大体一致（见表9-3）。

表9-3　**每平方米普通商品住房价格及相关费用**　金额单位：万元

方案	每平方米售价	地价	开发成本	开发费用	利息支出	税金	其他扣除项目	允许扣除金额合计	增值率	应缴土地增值税	利润
A	0.18	300	600	40	90	99	180	1 309	37.51%	147.3	343.7
B	0.18	300	700	40	90	99	200	1 429	25.96%	111.3	259.7
C	0.18	300	800	40	90	99	220	1 549	16.20%	0	251

资料来源　佚名．加大投入，提高市场竞争力［N］．中国税务报，2000-02-23.

在A的基础上，B增加开发成本100万元，相应也增加其他扣除项目20万元，增值率为25.96%，应缴土地增值税111.3万元，利润259.7万元。

C在B的基础上，增加开发成本100万元，同时也增加其他扣除项目20万元，增值率为16.20%，不超过允许扣除项目金额的20%，免缴土地增值税，可获利润251万元。

C与B比，虽然多投入100万元，但可免缴土地增值税111.3万元，且所获得利润只比B少8.7万元，关键是进一步改善了住房环境，赢得了客户。因此，B与C相比，应该选择C。

A开发成本相对于B、C要少，所获的利润比B、C多，但住房环境不如B、C；如果发生空房滞销，其所负担的超过贷款期限的利息和罚息均不允许扣除，实际所得的利润可能要比B、C少。

分析要求：从此案例中，你得到什么启示？企业在财务管理中，如何考虑税收因素？

第10章 其他税会计

学习目标

掌握小税种的基本内容、小税种会计处理和报告的基本方法等。其具体目标包括：

□ 知识目标

了解小税种的特点和内容，掌握其计算原理，深刻领会其会计的账簿设置与会计记录等。

□ 技能目标

掌握小税种的计算程序与方法，熟练掌握小税种的会计处理方法。

□ 能力目标

理解小税种的种类及归类、与主体税种的关系、会计处理特点等。

10.1 城市维护建设税会计

10.1.1 城市维护建设税概述

1985年2月8日，国务院颁布了《中华人民共和国城市维护建设税暂行条例》，并于当年1月1日起施行。2020年8月11日，第十三届全国人民代表大会常务委员会第二十一次会议通过《中华人民共和国城市维护建设税法》，自2021年9月1日起施行。

1）城市维护建设税的纳税人

在我国境内缴纳增值税、消费税的单位和个人，为城市维护建设税（以下简称“城建税”）的纳税人。城建税的扣缴义务人为负有增值税、消费税扣缴义务的单位和个人，在扣缴增值税、消费税的同时扣缴城建税。

2）城建税的计税依据

城市维护建设税是一种附加税，它以纳税人依法实际缴纳的增值税、消费税（简称两税）税额为计税依据。

依法实际缴纳的两税税额是纳税人依照增值税、消费税相关法律法规和税收政策规定计算应缴纳的两税税额（不含因进口货物或境外单位和个人向境内销售劳务、服务、无形资产而缴纳的两税税额），加上增值税免抵税额，扣除直接减免的两税税额和期末留抵退税退还的增值税税额（期末留抵退还的增值税税额）后的金额，即：

$$\frac{\text{城建税}}{\text{计税依据}}=\frac{\text{按规定计算}}{\text{的两税税额}}+\frac{\text{增值税}}{\text{抵免税额}}-\frac{\text{直接减免}}{\text{的两税税额}}-\frac{\text{期末留抵退税退}}{\text{还的增值税税额}}$$

纳税人自收到留抵退税额之日起，应在下一个纳税申报期从城建税计税依据中扣除。留抵退税额仅允许在按照增值税一般计税方法确定的城建税计税依据中扣除。当期未扣除完的余额，在以后纳税申报期按规定继续扣除。

增值税小规模纳税人更正、查补此前按一般计税方法确定的城建税计税依据，允许扣除尚未扣除完的留抵退税额。

教育费附加和地方教育附加的计征依据与城建税计税依据相同。

3）城建税的税率

城建税纳税人按行政区划确定的市区、县城、镇和不在上述区域的适用不同税率。行政区划变更的，自变更完成当月起适用新行政区划对应的城建税税率，纳税人在变更完成当月的下一个纳税申报期按新税率申报缴纳。

纳税人所在地在市区的，税率为7%；纳税人所在地在县城、镇的，税率为5%；纳税人所在地不在市区、县城或镇的，税率为1%。

4）城建税的申报缴纳

城建税的纳税义务发生时间与两税的纳税义务发生时间一致，分别与两税同时缴纳（在缴纳两税时，应在两税同一缴纳地点、同一缴纳期限内，在同一张申报表中一并缴纳对应的城建税）。

对增值税免抵税额征收的城建税，纳税人应在税务机关核准免抵税额的下一个纳税申报期内向主管税务机关申报缴纳。

采用委托代征、代扣代缴（不含因境外单位和个人向境内销售劳务、服务、无形资产代扣代缴增值税情形）、代收代缴、预缴、补缴等方式缴纳两税的，应当同时缴纳城建税。

因纳税人多缴发生的两税退税，同时退还已缴纳的城建税。

两税实行先征后返、先征后退、即征即退的，除另有规定外，不予退还随两税附征的城建税。

10.1.2　城市维护建设税的会计处理

企业核算应缴纳城市维护建设税时，应设置“应交税费——应交城市维护建设税”账户。

【例10-1】天晟城建公司系一般纳税人，在异地某县承揽某一城建工程，6月销项税额为450万元，进项税额为240万元，异地预缴增值税90万元。假设该公司只有该项目，当月无其他涉税事项。

（1）应交税费的计算：

①服务发生地的计算。

应交城市维护建设税=90×5%=4.5（万元）

应交教育费附加=90×3%=2.7（万元）

应交地方教育附加=90×2%=1.8（万元）

②机构所在地的计算。

应交城市维护建设税=（450−240−90）×7%=8.4（万元）

应交教育费附加=（450−240−90）×3%=3.6（万元）

应交地方教育附加=（450−240−90）×2%=2.4（万元）

③服务发生地城市维护建设税税率为5%，机构所在地城市维护建设税税率为7%，存在2%的税率差，在机构所在地申报时不需要补缴。

（2）应交税费的会计分录：

①在服务发生地预缴税费时：

借：税金及附加	90 000	
贷：应交税费——应交城市维护建设税		45 000
——应交教育费附加		45 000
借：应交税费——应交城市维护建设税	45 000	
——应交教育费附加	45 000	
贷：银行存款		90 000

②在机构所在地预缴税费时：

借：税金及附加	144 000	
贷：应交税费——应交城市维护建设税		84 000
——应交教育费附加		60 000
借：应交税费——应交城市维护建设税	84 000	
——应交教育费附加	60 000	
贷：银行存款		144 000

【例10-2】位于市区的某公司城建税适用税率为7%，10月份零售金银镶嵌首饰应纳消费税10万元；当月销售珠宝首饰境内购销业务销项税额与可抵扣进项税额之差16万元；拥有一项珠宝零售IT系统的软件著作权，当月申请并取得该软件著作权的即征即退税额2.5万元（上月缴纳入库）。在出口业务中，当期实际免抵税额为3.5万元。计算应交城建税并进行会计处理。

增值税的计税依据为：当月境内购销业务销项税额与可抵扣进项税额之差16万元，加上当期免抵税额3.5万元。即征即退税额2.5万元，不构成城建税的计税依据。

消费税的计税依据为10万元。

当月城建税计税依据=16+3.5+10=29.5（万元）

应交城建税=29.5×7%=2.065（万元）

借：税金及附加	20 650	
贷：应交税费——应交城市维护建设税		20 650

【小思考10-1】你认为以下哪种说法正确?

(1) 城市维护建设税采用比例税率

(2) 城市维护建设税因纳税人所在地不同而税率不同

【答案】(1)(2)

10.2　城镇土地使用税会计

10.2.1　城镇土地使用税概述

城镇土地使用税是对城市、县城、建制镇和工矿区范围内使用土地的单位和个人，按实际占用土地面积征收的一种资源类税。“单位”包括国有企业、集体企业、私营企业、股份制企业、外商投资企业、外国企业以及其他企业和事业单位、社会团体、国家机关、军队以及其他单位；“个人”包括个体工商户以及其他个人。

土地是国家的宝贵资源，是人类赖以生存和从事生产的必不可少的物质条件。我国人多地少，珍惜土地、节约用地是一项基本国策。

1984年10月第二步“利改税”和改革工商税制时，确立了一个单独的新税种，定名为城镇土地使用税。2006年12月30日，国务院第163次常务会议通过修订后的《中华人民共和国城镇土地使用税暂行条例》，修订后的暂行条例自2007年1月1日起施行。

开征城镇土地使用税有利于合理使用城镇土地，用经济手段加强对土地的控制和管理，变土地的无偿使用为有偿使用；调节不同地区、不同地段之间的土地级差收入，使各纳税人的收入水平大体均衡；促进节约使用土地，提高土地的使用效益；同时，城镇土地使用税的征收，也有利于企业加强经济核算，有利于理顺国家与土地使用者之间的分配关系，增加财政收入，促进税制改革及地方税收体系的建立。

1）城镇土地使用税的纳税人

城镇土地使用税的纳税人是在我国境内使用土地的单位和个人。

拥有土地使用权的纳税人不在土地所在地的，该土地的代管人或实际使用人承担纳税义务；土地使用权未确定或权属纠纷未解决的，由实际使用人纳税；土地使用权为多方共有的，由共有各方分别纳税。

2）城镇土地使用税的计税依据及其确认

城镇土地使用税的计税依据是纳税人实际占用的土地面积。

购置新建商品房，自房屋交付使用之次月起计缴房产税、城镇土地使用税；购置存量房，自办理房屋权属转移、变更登记手续，房地产权属登记机关签发房屋权属证书之次月起计缴房产税和城镇土地使用税。

纳税人因房产、土地的实物或权利状态发生变化（房屋交付使用或已经办理产权转移手续）而依法终止房产税、城镇土地使用税纳税义务的，其应纳税款的计算应截止到房产、土地的实物或权利状态发生变化的当月月末；房地产开发企业将开发的商品房销售交付给购房人的当月月末，其城镇土地使用税纳税义务终止。即在商品房出售之前，应按规定计缴城镇土地使用税；终止缴纳的时间应自商品房出售、双方签订销售合同生效的次月起。

3）城镇土地使用税的税率

城镇土地使用税采用定额税率。城镇土地使用税定额是根据我国经济发展状况，参考城市主要经济指标，结合不同地区收取土地占用费的金额标准测算确定。

大、中、小城市以公安部门登记在册的非农业正式户口人数为依据，按照国务院颁布的《城市规划条例》中规定的标准划分。人数在50万以上者为大城市，人数介于20万至50万之间者为中等城市，人数在20万以下者为小城市。

各省、自治区和直辖市人民政府可根据市政建设情况，在规定税额幅度内，确定所辖地区的适用税额幅度。

城镇土地使用税每平方米年税额如下：大城市1.5元至30元；中等城市1.2元至24元；小城市0.9元至18元；县城、建制镇、工矿区0.6元至12元。

各省、自治区、直辖市人民政府可根据本地区具体情况，适当降低税额，但降低额不得超过最低税额的30%；经济发达地区适用税额标准应适当提高，但须报经财政部批准。

4）城镇土地使用税的免税

免税的城镇土地包括：国家机关、人民团体、军队自用的土地（仅指这些单位的办公用地和公务用地）、由国家财政部门拨付事业经费的单位自用的土地；宗教寺庙、公园、名胜古迹自用的土地（公园、名胜古迹中附设的营业单位、影剧院、饮食部、茶社、照相馆、索道公司经营用地等均应按规定缴纳城镇土地使用税）；市政街道、广场、绿化地带等公用土地；直接用于农、林、牧、渔业的生产用地；经批准开山填海整治的土地和改造的废弃土地，从使用月份起免缴城镇土地使用税5～10年；农民自用住宅地。

5）城镇土地使用税的纳税期限

城镇土地使用税按年计算，分期缴纳。缴纳期限由省、自治区、直辖市人民政府确定。

新征用的土地，如属于耕地，自批准征用之日起满1年时开始缴纳城镇土地使用税；如属于非耕地，则自批准征用次月起缴纳城镇土地使用税。

10.2.2 城镇土地使用税的计算

城镇土地使用税以纳税人实际使用的土地面积为依据，依照规定的税额，按年计算，分期缴纳。

城镇土地使用税的应纳税额计算公式如下：

应交城镇土地使用税=应税土地的实际使用面积×适用单位税额

【例10-3】某厂实际占用土地40 000平方米，其中企业自办托儿所用地200平方米，企业自办医院占地2 000平方米。该厂位于中等城市，当地人民政府核定该企业的城镇土地使用税单位税额为9元/平方米。计算该厂年度应纳城镇土地使用税额。

按照规定，企业自办托儿所、医院占用的土地，可以免纳城镇土地使用税，因而该厂年度应纳城镇土地使用税额计算如下：

应交城镇土地使用税=（40 000−200−2 000）×9=340 200（元）

【例10-4】某西服厂和光明招待所共同使用一块面积为130 000平方米的土地。其中，西服厂使用78 000平方米，光明招待所用地面积为52 000平方米，西服厂和光明招待所位于人口数为30万人的城市，该城市的单位税额为8元/平方米。西服厂和光明招待所各自缴纳多少城镇土地使用税额？

按照规定，土地使用权共有的，应按土地使用权共有的各方实际使用的土地面积，分别计算城镇土地使用税。西服厂占用的土地面积是总土地面积的60%，光明招待所占用的土地面积是总面积的40%。因而，西服厂、光明招待所应分别承担城镇土地使用税的60%和40%。该城市的单位税额为8元/平方米，则两单位承担的城镇土地使用税额如下：

西服厂应交城镇土地使用税=130 000×8×60%=624 000（元）

光明招待所应交城镇土地使用税=130 000×8×40%=416 000（元）

10.2.3　城镇土地使用税的会计处理

纳税人按规定计算缴纳城镇土地使用税时，借记“税金及附加”“管理费用”“长期待摊费用”等，贷记“应交税费——应交城镇土地使用税”；实际缴纳时，借记“应交税费——应交城镇土地使用税”，贷记“银行存款”等。

【例10-5】天达公司从事房地产开发经营业务，其开发的位于某市南区6号地块第一期住宅楼占地面积8万平方米。第二季度每月销售房屋对应的土地占用面积分别为1.5万平方米、1.2万平方米、1万平方米。截至6月末，公司已向房地产管理部门集中办理了个人土地使用证。该地块城镇土地使用税为每平方米5.4元/年。

计算城镇土地使用税，首先要明确终止纳税义务的时间，公司在4、5、6月份销售该地块楼房，其土地权属已经发生变化，不能以6月份实际办理土地使用证时间来确认土地权属的变化；其次，在计算城镇土地使用税时，当月减少的面积，当月仍应计缴城镇土地使用税，即应以各月月初实际占用土地面积为计税依据。因此，公司第二季度各月应纳税额计算如下：

4月应交城镇土地使用税=8×5.4÷12=3.6（万元）

5月应交城镇土地使用税=（8−1.5）×5.4÷12=2.925（万元）

6月应交城镇土地使用税=（8−1.5−1.2）×5.4÷12=2.385（万元）

第二季度应交城镇土地使用税=3.6+2.925+2.385=8.91（万元）

4月应交城镇土地使用税会计分录如下：

借：税金及附加	36 000	
贷：应交税费——应交城镇土地使用税		36 000

5月应交城镇土地使用税会计分录如下：

借：税金及附加	29 250	
贷：应交税费——应交城镇土地使用税		29 250

6月应交城镇土地使用税会计分录如下：

借：税金及附加	23 850	
贷：应交税费——应交城镇土地使用税		23 850

【例10-6】某商业企业占用土地10 000平方米，其中企业自办学校用地为3 000平方米，当地政府核定的城镇土地使用税额为2元/平方米。计算该企业应纳城镇土地使用税，

并做如下会计分录：

应交城镇土地使用税=（10 000−3 000）×2=14 000（元）

计算时，做如下会计分录：

借：税金及附加 14 000

　贷：应交税费——应交城镇土地使用税 14 000

结算时，做如下会计分录：

借：应交税费——应交城镇土地使用税 14 000

　贷：银行存款 14 000

【小思考10-2】你认为以下哪种说法正确？

（1）城镇土地使用税采用定额税率和比例税率

（2）城镇土地使用税应通过“应交税费”账户进行会计处理

【答案】（2）

10.3 房产税会计

10.3.1 房产税概述

房产税是以房屋为征税对象，按照房屋的计税余值或租金收入，对产权所有人征收的一种财产税。

国务院于1986年9月15日发布了《中华人民共和国房产税暂行条例》，并从1986年10月1日起执行，当时规定房产税只对内资企业和中国公民征收，而对涉外企业和外籍人员仍征收原城市房地产税。自2009年1月1日起，外商投资企业、外国企业和组织以及外籍个人，依照《中华人民共和国房产税暂行条例》缴纳房产税。

1）房产税的纳税人

凡在我国境内拥有房屋产权的单位和个人均为房产税的纳税人。产权属于全民所有的，其经营管理的单位和个人为纳税人；产权出典的，承典人为纳税人；产权所有人、承典人不在房产所在地，或者产权未确定或租典纠纷未解决的，房产代管人或者使用人为纳税人。

2）房产税的纳税范围和计税依据

房产税的纳税对象是我国境内的房屋（房产）。目前，房产税的纳税范围为城市、县城、工矿区、建制镇。不涉及农村，而且仅限于经营性房屋。

房产税以房产评估值（现按原值）为计税依据。房产评估值是指房产在评估时的市场价值。房产评估值由省、自治区、直辖市人民政府认定的专门资产评估机构进行评估，房产评估值由评估机构每3～5年评估一次，具体时间由省、自治区、直辖市人民政府确定。

对按照房产原值计税的房产，无论财务会计如何核算，房产原值均应包含地价，包括为取得土地使用权支付的价款、开发土地发生的成本费用等。宗地容积率低于0.5的，按房产建筑面积的2倍计算土地面积并据此确定计入房产原值的地价。

3）房产税的税率

房产税以房产的计税余值或租金收入为计税依据，采用比例税率。按房产余值计征的，税率为1.2%；按租金收入计征的，税率为12%。

企事业单位、社会团体以及其他组织向个人、专业化规模化住房租赁企业出租住房（包括保障性租赁住房）的，减按4%的税率征收房产税。

4）房产税的减免

下列房产免征房产税：国家机关、人民团体、军队的房产；由国家财政部门拨付事业经费的单位的房产；宗教寺庙、公园、名胜古迹的房产；个人的房产。上述单位和个人用于生产经营的房产除外。

房地产开发企业建造的商品房，在售出前，免缴房产税，但在售出前本企业已使用或出租、出借的商品房，应按规定缴纳房产税。

10.3.2　房产税的计算和缴纳

房产税的基本计算公式是：

应交房产税=房产评估值×适用税率

在实务中，可按以下两种方法计算：

（1）按房产原值一次减除10%~30%后的余值计算，计算公式是：

年应交房产税=房产账面原值×（1-一次性减除率）×1.2%

（2）按租金收入（不含增值税）计算，计算公式是：

年应交房产税=年租金收入÷（1+9%）×适用税率（12%）

房产税按年计算，在房产所在地分期（月、季、半年）缴纳。

【例10-7】天苑公司为扩大生产规模，上年9月份取得一块面积为5万平方米的土地建厂房，支付的9 000万元地价款计入无形资产。厂房建筑面积为11万平方米，建筑成本为5 200万元，今年11月份交付使用。

新建厂房宗地容积率为2.2（11÷5），大于0.5，应将全部地价款一并计入房产原值。

当年应交房产税=（9 000+5 200）×（1-30%）×1.2%=119.28（万元）

【例10-8】某企业系一般纳税人，5月份购进房产用作仓储，取得增值税专用发票注明金额1 000万元，税额90万元。假设房产折旧年限为20年，残值为0。每月应交房产税计算如下：

应交房产税=1 000×（1-30%）×1.2%÷12=0.7（万元）

一年后，企业将该房产改作职工食堂。改变用途后，每月应交房产税计算如下：

房产累计折旧额=1 000÷20×1=50（万元）

房产净值=1 090-50=1 040（万元）

房产净值率=1 040÷1 090×100%=95.41%

不得抵扣进项税额=90×95.41%=85.87（万元）

改变用途后房产账面价值=1 090-85.87=1 004.13（万元）

改变用途后每月应交房产税=1 004.13×（1-30%）×1.2%÷12=0.702 9（万元）

10.3.3 房产税的会计处理

企业按规定计算或预提的房产税，应借记“税金及附加”等，贷记“应交税费——应交房产税”。

【例10-9】某公司12月31日“固定资产”明细账中房屋原值240万元，下年2月份公司将房产原值中的80万元房产租给其他单位使用，每年收取租金9.9万元。

当地政府规定，对自用房屋，按房产原值扣除25%后作为房产余值，以1.2%的税率缴纳房产税；对出租房屋，按其租金收入12%的年税率缴纳房产税。

房产税按年计算、分季缴纳。

（1）应交房产税的计算。

①1月份按房产余值计算应交房产税。

年应交房产税=2 400 000×（1−25%）×1.2%=21 600（元）

月应交房产税=21 600÷12=1 800（元）

②2月份应交房产税计算。

按房产余值计算：

年应交房产税=（2 400 000−800 000）×（1−25%）×1.2%=14 400（元）

月应交房产税=14 400÷12=1 200（元）

按租金收入计算：

年应交房产税=99 000÷（1+10%）×12%=10 800（元）

月应交房产税=10 800÷12=900（元）

应交房产税合计=1 200+900=2 100（元）

③3月份应交房产税与2月份相同。

（2）相关会计分录。

①1月份预提房产税时：

借：税金及附加　　1 800

　贷：应交税费——应交房产税　　1 800

②2月份预提税金时：

借：税金及附加　　2 100

　贷：应交税费——应交房产税　　2 100

③3月份与2月份会计分录相同。

④4月初缴纳第一季度房产税时：

借：应交税费——应交房产税（1 800+2 100×2）　　6 000

　贷：银行存款　　6 000

【小思考10-3】你认为以下哪种说法正确？

（1）房产税采用比例税率

（2）房产税以房产原值作为计税依据

【答案】（1）

10.4　车船税会计

10.4.1　车船税概述

2006年12月29日，国务院第162次常务会议通过了《中华人民共和国车船税暂行条例》[①]（中华人民共和国国务院第482号令），自2007年1月1日起施行。2011年2月25日第十一届全国人民代表大会常务委员会第十九次会议通过《中华人民共和国车船税法》，自2012年1月1日起施行。

1）车船税的纳税人和扣缴义务人

车船税是对在我国境内所规定车辆和船舶的所有人或管理人征收的一种财产税。"车辆、船舶"是指依法应当在车船登记管理部门登记的机动车辆和船舶，以及依法不需要在车船登记管理部门登记的在单位内部场所行驶或者作业的机动车辆和船舶。已缴纳车船税的车船在同一纳税年度内办理转让过户的，不另纳税，也不退税。

从事机动车第三者责任强制保险业务的保险机构为机动车车船税的扣缴义务人，应当在收取保险费时依法代收车船税，并出具代收税款凭证。扣缴义务人已代收代缴车船税的，纳税人不再向车辆登记地的主管税务机关申报缴纳车船税。没有扣缴义务人的，纳税人应当向主管税务机关自行申报缴纳车船税。

已完税或依法减免税的车辆，纳税人应当向扣缴义务人提供登记地的主管税务机关出具的完税凭证或者减免税证明。纳税人没有按照规定期限缴纳车船税的，扣缴义务人在代收代缴税款时，可以一并代收代缴欠缴税款的滞纳金。

2）车船税的计税依据和单位税额

车船税属于财产税类，本应按其价值，采用比例税率计税，但鉴于车船种类繁多、变动频繁，如若每次计税都要按其价格或评估价值，难度太大，不易操作。因此，采用从量计税，计税依据是车船的排气量、整备质量、核定载客人数、净吨位、千瓦、艇身长度，以车船登记管理部门核发的车船登记证书或者行驶证所载数据为准；依法不需要办理登记的车船和应依法登记而未办理登记或者不能提供车船登记证书、行驶证的车船，以车船出厂合格证明或者进口凭证标注的技术参数、数据为准；不能提供车船出厂合格证明或者进口凭证的，由主管税务机关参照国家相关标准核定，没有国家相关标准的参照同类车船核定。

乘用车依排气量从小到大递增税额，其中，客车按照核定载客人数20人以下和20人（含）以上两档划分递增税额；机动船舶按其净吨位递增税额；拖船按照发动机功率每1千瓦折合净吨位0.67吨计算征收车船税。

车船的适用税额见"车船税税目税额表"（见表10-1）。国务院财政部门、税务主管部门可以根据实际情况，在"车船税税目税额表"规定的税目范围和税额幅度内，划分子税目，并明确车辆的子税目税额幅度和船舶的具体适用税额。车船的具体适用税额由省、自治区、直辖市人民政府在规定的子税目税额幅度内确定。

---

① 此前是"车船使用税"和"车船使用牌照税"。前者对内资企业和中国公民征收，后者则属涉外税种，对外资企业和外籍人员征收。两者并存，使我国对车船的征税既烦琐又复杂，不利于公平税负。

表10-1 **车船税税目税额表**

税目		计税单位	年基准税额（元）	备注
乘用车按发动机气缸容量（排气量分档）	1.0升（含）以下的	每辆	60 ~ 360	核定载客人数9人（含）以下
	1.0升以上至1.6升（含）		360 ~ 660	
	1.6升以上至2.0升（含）		660 ~ 960	
	2.0升以上至2.5升（含）		960 ~ 1 620	
	2.5升以上至3.0升（含）		1 620 ~ 2 460	
	3.0升以上至4.0升（含）		2 460 ~ 3 600	
	4.0升以上的		3 600 ~ 5 400	
商用车	客车	每辆	480 ~ 1 440	核定载客人数9人（包括电车）
	货车	整备质量每吨	16 ~ 120	1. 包括半挂牵引车、挂车、客货两用汽车、三轮汽车和低速载货汽车 2. 挂车按照货车税额的50%计算
其他车辆	专用作业车	整备质量每吨	16 ~ 120	不包括拖拉机
	轮式专用机械车	整备质量每吨	16 ~ 120	
摩托车		每辆	36 ~ 180	
船舶	机动船舶	净吨位每吨	3 ~ 6	拖船、非机动驳船分别按机动船舶税额的50%计算；游艇的税额另行规定
	游艇	艇身长度每米	600 ~ 2 000	

3）车船税的减免

捕捞、养殖渔船，军队、武警专用的车船，警用车船，依照法律规定应当予以免税的外国驻华使领馆、国际组织驻华代表机构及其有关人员的车船免征车船税。

对使用符合条件的新能源车船免征车船税；对符合条件的节约能源车船，减半征收车船税。

省、自治区、直辖市人民政府根据当地实际情况，可以对公共交通车船，农村居民拥有并主要在农村地区使用的摩托车、三轮汽车和低速载货汽车定期减征或者免征车船税。

临时入境的外国车船和香港特别行政区、澳门特别行政区、台湾地区的车船，不征收车船税。按照规定缴纳船舶吨税的机动船舶，自车船税法实施之日起5年内免征车船税。依法不需要在车船登记管理部门登记的机场、港口、铁路站场内部行驶或者作业的车船，自车船税法实施之日起5年内免征车船税。

4）车船税纳税期限、纳税地点

车船税按年申报，分月计算，一次性缴纳。纳税年度为公历1月1日至12月31日。

车船税的纳税地点为车船的登记地或者车船税扣缴义务人所在地。依法不需要办理登记的车船，车船税的纳税地点为车船的所有人或者管理人所在地。

10.4.2　车船税纳税义务的确认和应纳税额的计算

1）纳税义务的确认

车船税纳税义务发生时间为取得车船所有权或者管理权的当月（以购买车船的发票或者其他证明文件所载日期的当月为准）。纳税人在购车缴纳交强险的同时，由保险机构代收代缴车船税。

2）应纳税额的计算

（1）乘用车、商用车客车、摩托车。

应交车船税=应税车辆数×单位税额

（2）商用车货车、挂车、其他车辆。

应交车船税=整备质量吨数×单位税额

（3）船舶。

应交车船税=净吨位数×单位税额

（4）购置的新车船，购置当年的应纳税额自纳税义务发生的当月起按月计算。应纳税额为年应纳税额除以12再乘以应纳税月份数。

【例10-10】某运输公司拥有商用货车10辆（整备质量20吨），商用客车30辆，乘用车5辆。

假设商用货车每吨车船税60元，商用客车每辆车船税1 000元，乘用车每辆车船税500元。公司年度应纳车船税计算如下：

商用货车应交车船税=10×20×60=12 000（元）

商用客车应交车船税=30×1 000=30 000（元）

乘用车应交车船税=5×500=2 500（元）

应交车船税合计为44 500元。

【例10-11】某船务公司3月份购入一艘净吨位为15 000吨的船舶，一艘2 200千瓦拖船，发票日期为当月。拖船按照发动机功率每1千瓦折合净吨位0.67吨计缴车船税。计算新增船、舶拖船当年应交车船税。

拖船的功率数折合为净吨位数=0.67×22 000=14 740（吨）

船舶、拖船相应税目的具体适用税额为每吨6元，则：

船舶当年应交车船税=15 000×6×10÷12=75 000（元）

拖船当年应交车船税=14 740×6×10÷12×50%=36 850（元）

应交车船税合计=75 000+36 850=111 850（元）

10.4.3　车船税的会计处理

企业按规定缴纳的车船税，一般可在“税金及附加”账户中列支。

【例10-12】根据【例10-10】的计算结果，该运输公司做如下会计分录：

反映应交车船税时：

借：税金及附加 44 500

贷：应交税费——应交车船税 44 500

实际缴纳车船税时：

借：应交税费——应交车船税 44 500

贷：银行存款 44 500

【小思考10-4】你认为以下哪种说法正确？

（1）车船税属于行为税

（2）车船税属于财产税

【答案】（2）

10.5 印花税会计

10.5.1 印花税概述

1）印花税的性质和意义

印花税是一种行为税，因其采用在应税凭证上粘贴印花税票的方法作为完税的标记，故称印花税。

1950年政务院公布了《中华人民共和国印花税暂行条例》。1958年税制改革时，将印花税并入工商统一税。国务院于1988年8月正式颁布了《中华人民共和国印花税暂行条例》，决定自同年10月起恢复征收印花税。2021年6月10日，第十三届全国人民代表大会常务委员会第二十九次会议通过《中华人民共和国印花税法》，自2022年7月1日起施行。

印花税由纳税人自行贴花完税，并实行轻税重罚，有助于提高纳税人自觉纳税的法治观念。

征收印花税，可以通过对各种应税凭证贴花和检查，及时了解和掌握纳税人的经济活动情况和税源变化情况，有助于对其他税种的征管；促使各种经济活动合法化、规范化，促进经济往来各方信守合同，提高合同兑现率；有利于在对外经济活动中维护我国的经济权益。

2）印花税的纳税人和计税依据

（1）纳税人和纳税义务的确认

在我国境内书立应税凭证、进行证券交易的单位和个人，为印花税的纳税人，应依法缴纳印花税；在我国境外书立在境内使用的应税凭证的单位和个人，应依法缴纳印花税。

应税凭证是指税法所附“印花税税目税率表”列明的合同、产权转移书据和营业账簿；证券交易是指转让在依法设立的证券交易所、国务院批准的其他全国性证券交易场所交易的股票和以股票为基础的存托凭证；证券交易印花税对证券交易的出让方征收，不对受让方征收。

印花税纳税义务发生时间为纳税人书立应税凭证或者完成证券交易的当日；证券交易印花税扣缴义务发生时间为证券交易完成的当日。

（2）计税依据

①应税合同的计税依据为合同所列的金额，不包括列明的增值税税款；

②应税产权转移书据的计税依据为产权转移书据所列的金额，不包括列明的增值税税款；

③应税营业账簿的计税依据为账簿记载的实收资本（股本）、资本公积合计金额；

④证券交易的计税依据为成交金额。

⑤应税合同、产权转移书据未列明金额的，印花税的计税依据按实际结算的金额确定；不能按实际结算的金额确定的，应按书立合同、产权转移书据时的市场价格确定。依法应当执行政府定价或政府指导价的，按国家有关规定确定。

⑥证券交易无转让价格的，按照办理过户登记手续时该证券前一个交易日收盘价计算确定计税依据；无收盘价的，按证券面值计算确定计税依据。

3）印花税的税目税率[1]

印花税采用比例税率。设置合同（书面合同）、产权转移书据、营业账簿和证券交易四个税目，税率有1‰、0.5‰、0.3‰、0.25‰、0.05‰五个档次，其税目税率表见表10-2。

表10-2　**印花税税目税率表**

税目		税率	备注
书面合同	借款合同	借款金额的0.05‰	指银行业金融机构、经银行业监管机构批准设立的其他金融机构与借款人（不包括同业拆借）的借款合同
	融资租赁合同	租金的0.05‰	
	买卖合同	价款的0.3‰	
	承揽合同	报酬的0.3‰	
	建筑工程合同	价款的0.3‰	
	运输合同	运输费用的0.3‰	指货运合同和多式联运合同（不包括管道运输合同）
	技术合同	价款、报酬或使用费的0.3‰	不包括专利权、专有技术使用权转让书据
	租赁合同	租金的1‰	
	保管合同	保管费的1‰	
	仓储合同	仓储费的1‰	
	财产保险合同	保险费的1‰	不包括再保险合同
产权转移书据	土地使用权出让书据	价款的0.5‰	转让包括买卖（出售）、继承、赠与、互换、分割
	土地使用权、房屋等建筑物和构筑物所有权转让书据（不包括土地承包经营权和土地经营权转移）	价款的0.5‰	
	股权转让书据（不包括应缴纳证券交易印花税的）	价款的0.5‰	
	商标专用权、著作权、专利权、专有技术使用权转让书据	价款的0.3‰	
营业账簿		实收资本（股本）、资本公积[1]合计金额的0.25‰	
证券交易		成交金额的1‰	自2023年8月28日起，证券交易印花税减半征收

① 企业在实际收到出资时确认纳税义务，即以实际投入的资本或股本为实收资本。企业其他债权投资按公允价值变动而增加的“资本公积”，应按年补交印花税。

4）印花税的免税

下列凭证免征印花税：

（1）应税凭证的副本或者抄本；

（2）依照法律规定应当予以免税的外国驻华使馆、领事馆和国际组织驻华代表机构为获得馆舍而书立的应税凭证；

（3）中国人民解放军、中国人民武装警察部队书立的应税凭证；

（4）农民、家庭农场、农民专业合作社、农村集体经济组织、村民委员会购买农业生产资料或者销售农产品书立的买卖合同和农业保险合同；

（5）无息或者贴息借款合同、国际金融组织向中国提供优惠贷款而书立的借款合同；

（6）财产所有权人将财产赠与政府、学校、社会福利机构、慈善组织书立的产权转移书据；

（7）非营利性医疗卫生机构采购药品或卫生材料书立的买卖合同；

（8）个人与电子商务经营者订立的电子订单。

根据国民经济和社会发展的需要，国务院对居民住房需求保障、企业改制重组、破产、支持小型微型企业发展等情形可以规定减征或者免征印花税，报全国人民代表大会常务委员会备案。

5）印花税票的贴花

（1）印花税票粘贴在应税凭证上的，由纳税人在每枚税票的骑缝处盖戳注销或者画销。

（2）纳税人在应纳税凭证订立或领受时即行贴花完税，不得延至凭证生效日期贴花。

（3）已贴花的凭证，实际所载金额增加的部分，应补贴印花。

（4）不论合同是否兑现或是否按期兑现，已贴印花不得揭下重用，已缴纳的印花税款不予退税。

（5）多贴印花税票的，不得申请退税或者抵用。

10.5.2 印花税的计算和缴纳

1）印花税的计算

印花税的应纳税额按照计税依据乘以适用税率计算，计算公式如下：

应交印花税=计税依据×适用税率

（1）应税合同的应纳税额为价款、报酬、租金等乘以适用税率。

（2）应税产权转移书据的应纳税额为支付价款乘以适用税率。

（3）应税营业账簿的应纳税额为实收资本（股本）、资本公积合计金额乘以适用税率。

（4）证券交易的应纳税额为成交金额或者按规定计算确定的计税依据乘以适用税率。

（5）应税权利、许可证照的应纳税额为适用税额。

（6）同一应税凭证载有两个或两个以上经济事项并分别列明价款或报酬的，按各自适用税目税率计算应纳税额；未分别列明价款或报酬的，按税率高的计算应纳税额。

（7）同一应税凭证由两方或者两方以上当事人订立的，应按各自涉及的价款或报酬分别计算应纳税额。

【例 10-13】甲企业向乙企业购买钢材，双方签订买卖合同，总价值为30万元，合同书一式两份，计算应纳印花税额如下：

甲企业和乙企业都是签订合同的当事人，故均为纳税人。买卖合同的税率为0.3‰，双方各自应交印花税计算如下：

应交印花税=300 000×0.3‰=90（元）

甲、乙两企业各自应购买印花税票90元，贴在各自留存的合同上，并在每枚税票骑缝处盖戳注销或画销。

【例 10-14】某企业于1月1日新启用“实收资本”和“资本公积”账簿，期初余额分别为240万元和80万元。计算该企业“实收资本”和“资本公积”账簿应纳印花税如下：

应交印花税=（2 400 000+800 000）×0.25‰=800（元）

当年年末，“实收资本”和“资本公积”账簿的余额分别是280万元和120万元，应按增加金额计税（如果年末该账簿的金额减少，不退印花税）：

年末应交印花税=（2 800 000−2 400 000+1 200 000−800 000）×0.25‰=200（元）

2）补缴印花税的计算

在实务中，购销双方若长期合作则通常具有良好信誉，因此，不少纳税人和业务单位购销往来，不签买卖合同，而以日常的供货或提货及结算单据来确认成本、计量收入。根据有关规定，企业使用的调拨单（单、卡、书、表等），凡属明确双方供需关系，据以供货和结算，具有合同性质的凭证，应按规定贴花。因此，只要具有合同性质的购销往来凭证，其要素虽不完全，但已明确双方主要权利、义务，就应按规定贴花。

【例 10-15】某公司是某空调品牌经销商，掌握该品牌空调系列产品在某市的销售权，主管税务机关没有将其纳入印花税核定征收管理范围。某年度该纳税人按“买卖合同”税目缴纳印花税1 500元。该品牌空调总部、公司及该市经销商均为独立核算、自负盈亏的纳税人，各方之间的购销往来一般不签买卖合同，以供货或提货及结算单据作为入账的凭据。各方约定，空调一经发货，无论存在质量问题与否，均不能退换货。经认定，公司与该品牌空调总部及该市该品牌空调经销商之间的供货或提货及结算单据是具有合同性质的凭证，应按规定缴纳“买卖合同”税目的印花税。该公司当年销售收入为1.5亿元，销售成本为1.1亿元。公司应交印花税计算如下：

应交印花税=（150 000 000+110 000 000）×0.3‰=78 000（元）

当年按“买卖合同”税目已经缴纳印花税1 500元，应再补缴76 500元。如果主管税务机关认定公司故意隐匿少缴印花税，除被追缴税款外，还可能面临加处罚款和滞纳金的问题。

3）印花税的缴纳

印花税可以采用粘贴印花税票或者由税务机关依法开具其他完税凭证的方式缴纳。

纳税人为单位的，应当向其机构所在地的主管税务机关申报缴纳印花税；纳税人为个人的，应当向应税凭证书立地或者纳税人居住地的主管税务机关申报缴纳印花税。

不动产产权发生转移的，纳税人应当向不动产所在地的主管税务机关申报缴纳印花税。

纳税人为境外单位，在境内有代理人的，以其境内代理人为扣缴义务人；在境内没有代理人的，由纳税人自行申报缴纳印花税。

证券登记结算机构为证券交易印花税的扣缴义务人，应当向其机构所在地的主管税务机关申报解缴税款以及银行结算的利息。

印花税按季、按年或者按次计征。实行按季、按年计征的，纳税人应当于季度、年度终了之日起15日内申报并缴纳税款。实行按次计征的，纳税人应当于纳税义务发生之日起15日内申报并缴纳税款。

证券交易印花税按周解缴，扣缴义务人应于每周终了之日起5日内申报解缴税款及银行结算的利息。

【小思考10-5】以下说法正确的是：

（1）印花税全部采用比例税率

（2）印花税的特点是纳税人自行完成纳税义务，实行轻税重罚

【答案】（2）

10.5.3 印花税的会计处理

企业缴纳的印花税，一般是自行计算、购买、贴花、注销，不会形成税款债务，为了简化会计处理，可以不通过“应交税费”账户核算，在缴纳时直接贷记“银行存款”。由于印花税的适用范围较广，其应记入账户应视业务的具体情况予以确定：若是固定资产、无形资产购销、转让、租赁，作为购买方或承受方、承租方，其支付的印花税应借记“固定资产”“无形资产”“税金及附加”等；作为销售方或转让方、出租方，其支付的印花税应借记“固定资产清理”“其他业务成本”等。在其他情况下，企业支付的印花税，则应借记“税金及附加”。企业在债务重组时（以债务转资本方式重组为例），债务人应缴的印花税，应借记“税金及附加”，贷记“银行存款”；债权人则应借记“长期股权投资”，贷记“银行存款”。

【例10-16】某建筑安装公司8月份承包某工厂建筑工程一项，工程造价为6 000万元，按照合同法，双方签订建筑承包工程合同。订立建筑安装工程承包合同，应按合同金额的0.3‰贴花。计算应交印花税，并做如下会计分录：

应交印花税=60 000 000×0.3‰=18 000（元）

借：税金及附加　　18 000

　　贷：银行存款　　18 000

各种合同应于合同正式签订时贴花。建筑公司应在自己的合同正本上贴花18 000元，由于该份合同应纳税额超过500元，所以该公司应向税务机关申请填写缴款书或完税证，将其中一联粘贴在合同上或由税务机关在合同上加注完税标记。

【例10-17】某厂经营情况良好，但当年企业只就5份委托加工合同（合同总标的150万元）按每份5元粘贴了印花税票。经税务机关稽查，委托加工合同不能按件粘贴印花税票，该企业在此期间还与其他企业签订购销合同20份，合同总标的800万元。税务机关做出补缴印花税并对逃税行为做出应补缴印花税票款4倍罚款的决定。

委托加工合同应补缴印花税=1 500 000×0.3‰−25=425（元）

买卖合同应补缴印花税=8 000 000×0.3‰=2 400（元）

（1）应补缴印花税：

借：税金及附加　2 825

　贷：应交税费——应交印花税（425+2 400）　2 825

（2）实际补缴印花税时：

借：应交税费——应交印花税　2 825

　贷：银行存款　2 825

（3）上缴罚款时：

借：营业外支出——税收罚款　11 300

　贷：银行存款（（425+2 400）×4）　11 300

10.6　契税会计

10.6.1　契税概述

契税是以境内土地、房屋权属发生转移的不动产为征税对象，以当事人双方签订的合同契约为依据，向产权承受人一次性征收的一种财产税。

契税在我国有悠久的历史，它起源于1 000多年前东晋的“估税”。北宋时期，契税逐渐趋于完备。元、明、清等都征收契税。1950年4月3日，政务院颁布了《中华人民共和国契税暂行条例》。1997年7月7日，国务院发布了《中华人民共和国契税暂行条例》，并从当年10月1日起实施；2020年8月11日，第十三届全国人民代表大会常务委员会第二十一次会议通过《中华人民共和国契税法》，自2021年9月1日起施行。

1）契税的纳税人和征收范围

在我国境内转移土地、房屋权属，承受单位和个人为契税的纳税人，以不动产单元为基本单位。

转移土地、房屋权属是指：①土地使用权出让（不包括土地承包经营权和土地经营权的转移）；②土地使用权转让，包括出售、赠与、互换；③房屋所有权转让（买卖、赠与、互换）。

以作价投资（入股）、偿还债务、划转、奖励等方式转移土地、房屋权属的，应按税法规定计算缴纳契税。

2）契税的计税依据

（1）土地使用权出让，房屋买卖，为土地、房屋权属转移合同确定的成交价格，包括应交付的货币以及实物、其他经济利益对应的价款。

（2）土地使用权出让的，计税依据包括土地出让金、土地补偿费、安置补助费、地上附着物和青苗补偿费、征收补偿费、城市基础设施配套费、实物配建房屋等应交付的货币以及实物、其他经济利益对应的价款。

（3）土地使用权及所附建筑物、构筑物等转让的，计税依据为承受方应交付的总价款。

（4）土地使用权互换、房屋互换，互换价格相等的，互换双方计税依据为零；互换价格不相等的，以其差额为计税依据，由支付差额的一方缴纳契税。

（5）房屋附属设施（包括停车位、机动车库、非机动车库、顶层阁楼、储藏室及其他房屋附属设施）与房屋为同一不动产单元的，计税依据为承受方应交付的总价款，并适用与房屋相同的税率；房屋附属设施与房屋为不同不动产单元的，计税依据为转移合同确定的成交价格，并按当地确定的适用税率计税。

（6）以划拨方式取得的土地使用权，经批准改为出让方式重新取得该土地使用权的，应由该土地使用权人以补缴的土地出让价款为计税依据缴纳契税。

（7）以作价投资（入股）、偿还债务等应交付经济利益的方式转移土地、房屋权属的，参照土地使用权出让、出售或房屋买卖确定契税适用税率、计税依据等；以划转、奖励等没有价格的方式转移土地、房屋权属的，参照土地使用权或房屋赠与确定契税适用税率、计税依据等。

（8）契税的计税依据不包括增值税。

3）契税的税率

契税实行幅度比例税率，税率为3%～5%。

具体适用税率，由省、自治区、直辖市人民政府在规定的税率幅度内提出，报同级人大常委会决定，并报全国人大常委会和国务院备案；省级政府可按规定程序对不同主体、不同地区、不同类型住房的权属转移确定差别税率。

4）契税的减免

（1）免征契税

① 国家机关、事业单位、社会团体、军事单位承受土地、房屋权属用于办公、教学、医疗、科研、军事设施。

② 非营利性的学校、医疗机构、社会福利机构承受土地、房屋权属用于办公、教学、医疗、科研、养老、救助。

③ 承受荒山、荒地、荒滩土地使用权用于农、林、牧、渔业生产。

④ 婚姻关系存续期间夫妻之间变更土地、房屋权属；夫妻因离婚分割共同财产发生土地、房屋权属变更的。

⑤城镇职工按规定第一次购买公有住房的。

⑥法定继承人通过继承承受土地、房屋权属。

⑦依照法律规定应当予以免税的外国驻华使馆、领事馆和国际组织驻华代表机构承受土地、房屋权属。

（2）国务院对居民住房需求保障、企业改制重组、灾后重建等情形可以规定免征或减征契税，报全国人大常委会备案；省级政府可以决定对下列情形免征或减征契税：

① 因土地、房屋被县级以上人民政府征收、征用，重新承受土地、房屋权属；

② 因不可抗力灭失住房，重新承受住房权属。

免征、减征契税的具体办法，由省级政府提出，报同级人大常委会决定，并报全国人大常委会和国务院备案。

（3）纳税人改变有关土地、房屋的用途，或者有其他不再属于税法规定的免征、减征契税情形的，应当缴纳已经免征、减征的税款。

5）契税的缴纳

契税的纳税义务发生时间为纳税人签订土地、房屋权属转移合同的当天，或者纳税人取得其他具有土地、房屋权属转移合同性质凭证的当天。具有土地、房屋权属转移合同性质的凭证包括契约、协议、合约、单据、确认书以及其他凭证。

纳税人应自纳税义务发生之日起10日内，向土地、房屋所在地的契税征收机关办理纳税申报，并在征收机关核定期限内缴纳税款。

发生以下情形，按规定不再需要办理土地、房屋权属登记的，纳税人应自纳税义务发生之日起90日内申报缴纳契税。纳税人未出具契税完税凭证的，土地管理部门、房产管理部门不予办理有关土地、房屋的权属变更手续。

（1）因人民法院、仲裁委员会的生效法律文书或监察机关出具的监察文书等发生土地、房屋权属转移的，纳税义务发生时间为法律文书等生效当日。

（2）因改变土地、房屋用途等情形应当缴纳已经减征、免征契税的，纳税义务发生时间为改变有关土地、房屋用途等情形的当日。

（3）因改变土地性质、容积率等土地使用条件需补缴土地出让价款，应当缴纳契税的，纳税义务发生时间为改变土地使用条件当日。

10.6.2　契税的计算

契税的应纳税额计算公式如下：

应交契税=计税依据×适用税率

转移土地、房屋权属以外汇结算的，按照纳税义务发生之日中国人民银行公布的人民币市场汇率中间价折成人民币结算。

10.6.3　契税的会计处理

1）企业的会计处理

企业按规定计算的应交契税，应借记“固定资产”“无形资产”等，贷记“应交税费——应交契税”。

企业也可以不通过“应交税费——应交契税”账户核算，当实际缴纳契税时，借记“固定资产”“无形资产”等账户，贷记“银行存款”账户。

【例10-18】某企业以980万元购得一块土地的使用权，当地规定契税税率为3%，应做如下会计分录：

应交契税=980×3%=29.4（万元）

借：无形资产——土地使用权　　294 000

　贷：银行存款　　294 000

【例10-19】M公司接受张某赠与房屋一栋，赠与契约未标明价格。经主管税务机关核定，房屋现值为460万元（假定评估价值与此相同），设契税税率为4%。M公司应做如下会计分录：

应交契税=460×4%=18.4（万元）

借：固定资产　　4 784 000

贷：递延所得税负债 1 150 000

营业外收入 3 450 000

应交税费——应交契税 184 000

上缴契税时：

借：应交税费——应交契税 184 000

贷：银行存款 184 000

【例 10-20】A企业以一栋房屋换取B公司一栋房屋，房屋契约写明：A企业房屋价值5 000万元，B公司房屋价值3 600万元。经税务机关核定，认为A、B双方房屋价值与契约写明价值基本相符。此项房屋交换，B公司应是房屋产权的承受人，是多得的一方，应为契税的纳税人。假设B公司所在地契税税率为5%。B公司做如下会计处理：

应交契税=（5 000−3 600）×5%=70（万元）

借：固定资产 14 700 000

贷：应付账款——A企业 14 000 000

应交税费——应交契税 700 000

2）事业单位的会计处理

（1）取得土地使用权时，按规定缴纳的契税：

借：无形资产——土地使用权

贷：银行存款

（2）取得房屋产权，按规定缴纳的契税：

借：固定资产

贷：固定基金

同时：

借：专用基金——修购基金

事业支出

贷：银行存款

【小思考 10-6】你认为以下哪种说法正确？

（1）契税采用比例税率

（2）契税以成交价格、交换差价作为计税依据

【答案】（1）

10.7 车辆购置税会计

10.7.1 车辆购置税的纳税人

为进一步规范政府行为，深化财税体制改革，正确处理税费关系，以税收为主体筹集交通基础设施维护和建设资金，促进汽车工业及道路、水路等相关事业的健康发展，2018年12月29日第十三届全国人大常委会第七次会议通过了《中华人民共和国车辆购置税法》。

在我国境内购置汽车、有轨电车、汽车挂车、排气量超过一百五十毫升的摩托车（以

下统称“应税车辆”）的单位和个人，为车辆购置税的纳税人。购置包括购买、进口、自产、受赠、获奖或以其他方式取得并自用应税车辆的行为。

10.7.2　车辆购置税的计税价格

车辆购置税的计税价格为实际成交价格，纳税人应如实申报应税车辆的计税价格。如果纳税人申报的应税车辆计税价格明显偏低，又无正当理由的，由税务机关依法核定其计税价格。应税车辆计税价格具体确认如下：

（1）纳税人购买自用应税车辆的计税价格，为纳税人实际支付给销售者的全部价款和价外费用（不含增值税）；

（2）纳税人进口自用应税车辆的计税价格，为关税完税价格加上关税和消费税；

（3）纳税人以受赠、获奖或者其他方式取得自用应税车辆的计税价格，按照购置应税车辆时相关凭证载明的价格确定（不含增值税）。

10.7.3　车辆购置税的减免

纳税人在办理车辆购置税免税、减税时，应提供车辆合格证明和车辆相关价格凭证，并根据不同的免减税情况，分别提供相关资料的原件、复印件。

（1）外国驻华使馆、领事馆和国际组织驻华机构及其有关人员自用车辆，提供机构证明和外交部门出具的身份证明。

（2）中国人民解放军和中国人民武装警察部队列入装备订货计划的车辆。

（3）悬挂应急救援专用号牌的国家综合性消防救援车辆，提供中华人民共和国应急管理部批准的相关文件。

（4）城市公交企业购置的公共汽电车辆，提供所在地县级（含）以上交通运输主管部门出具的公共汽电车辆认定表。

（5）设有固定装置的非运输专用作业车辆。

（6）自2018年1月1日至2023年12月31日，对购置的新能源汽车（纯电动汽车、插电式混合动力汽车、燃料电池汽车）免征车辆购置税；自2024年1月1日至2025年12月31日，购置新能源汽车免征车辆购置税，其中，每辆新能源乘用车免税额不超过3万元；自2026年1月1日至2027年12月31日，购置新能源汽车减半征收车辆购置税，其中，每辆新能源乘用车减税额不超过1.5万元。

10.7.4　车辆购置税的税率和应纳税额的计算

（1）车辆购置税税率为10%。应交车辆购置税计算如下：

应交车辆购置税=计税价格×税率

若发票中的销售价格含增值税，在计算应交车辆购置税时，应将含税销售价换算为不含税销售价，再乘以车辆购置税税率，计算公式是：

应交车辆购置税=含税价格÷（1+增值税税率或征收率）×车辆购置税税率

【例10-21】某企业5月份购买一辆进口轿车，关税完税价格50万元，消费税税率12%，关税税率15%。应交车辆购置税计算如下：

应交关税=50×15%=7.5（万元）

应交消费税=（50+7.5）÷（1-12%）×12%=7.8409（万元）

应交车辆购置税=（50+7.5+7.8409）×10%=6.5341（万元）

（2）免减税车辆因转让、改变用途等原因不再属于免减税范围的，应缴纳车辆购置税，并如实填报“车辆购置税纳税申报表”。

应交车辆购置税=初次办理纳税申报时的计税价格×（1-使用年限①×10%）×10%-已交车辆购置税

（3）已经缴纳车辆购置税的，纳税人按规定向原征收机关申请退税时，应如实填报“车辆购置税退税申请表”，提供纳税人身份证明和相关资料。应退税额计算如下：

应退车辆购置税=已交车辆购置税×（1-使用年限②×10%）

10.7.5 车辆购置税的纳税地点和申报纳税

1）纳税地点

需要办理车辆登记的，向车辆登记地的主管税务机关申报纳税；不需要办理车辆登记的，单位纳税人向其机构所在地的主管税务机关申报纳税，个人纳税人向其户籍所在地或者经常居住地的主管税务机关申报纳税。

2）纳税义务确认

（1）购买自用应税车辆的为购买之日，即车辆相关价格凭证的开具日期。相关凭证是指原车辆所有人购置或者以其他方式取得应税车辆时载明价格的凭证；无法提供相关凭证的，参照同类应税车辆市场平均交易价格确定其计税价格。

（2）进口自用应税车辆的为进口之日，即“海关进口增值税专用缴款书”或者其他有效凭证的开具日期。

（3）自产、受赠、获奖或者以其他方式取得并自用应税车辆的为取得之日，即合同、法律文书或者其他有效凭证的生效或者开具日期。

3）申报纳税

车辆购置税实行“一车一申报”制度，纳税人办理纳税申报时应当如实填报“车辆购置税纳税申报表”，同时提供车辆合格证明和车辆相关价格凭证。

纳税人购买自用应税车辆的，应自购买之日起60日内申报纳税；进口自用应税车辆的，应自进口之日起60日内申报纳税；自产、受赠、获奖或者以其他方式取得并自用应税车辆的，应自取得之日起60日内申报纳税。

车辆购置税为一次征收制，纳税人应一次缴清。纳税人应在向公安机关车辆管理机构办理车辆登记注册前，缴纳车辆购置税。缴税后，主管税务机关应给纳税人开具“车辆购置税完税证明”，纳税人需持“车辆购置税完税证明”到公安机关办理车辆登记注册手续；“完税证明”每车一证，随车携带，以备检查。

10.7.6 车辆购置税的会计处理

企业购买、进口、自产、受赠、获奖以及以其他方式取得并自用的应税车辆应缴纳的

---

① 自初次办理纳税申报之日起，至不再属于免、减税范围的情形发生之日止。使用年限取整计算，不满一年的不计算在内。

② 自纳税人缴纳税款之日起，至申请退税之日止。

车辆购置税，或者当初购置的属于减免税的车辆在转让或改变用途后，按规定应补缴的车辆购置税，借记“固定资产”等，贷记“银行存款”“应交税费”等。作为固定资产成本构成的车辆购置税，在车辆使用期间，采用计提折旧方式的，可以在税前扣除。

【例10-22】某公司8月份购进一辆小汽车，增值税专用发票所列价款22万元，增值税税额2.86万元，9月份到主管税务机关缴纳车辆购置税。

应交车辆购置税=220 000×10%=22 000（元）

（1）购置时：

借：固定资产——小汽车　242 000

　　应交税费——应交增值税（进项税额）　28 600

　贷：银行存款或应付账款等　248 600

　　　应交税费——应交车辆购置税　22 000

如果是执行《小企业会计准则》的企业，以收付实现制为会计基础，其缴纳的印花税、耕地占用税、契税、车辆购置税等，不通过“应交税费”科目，直接记入“税金及附加”“在建工程”“固定资产”“无形资产”等相应科目。如本例，小企业购置小汽车，确认实际支付或应付价款及相关税费时，做会计分录如下：

借：固定资产——小汽车　270 600

　贷：银行存款或应付账款等　270 600

（2）下个月公司缴纳车辆购置税时：

借：应交税费——应交车辆购置税　22 000

　贷：银行存款　22 000

10.8　财产和行为税的合并纳税申报

10.8.1　合并申报的意义

为了进一步优化税收营商环境，提高办税效率，提升办税体验，在2019年成功推行城镇土地使用税和房产税合并申报的基础上，扩大合并申报范围，实行财产和行为税各税种合并申报，并开展增值税、消费税分别与附加税费申报表整合。

（1）优化办税流程。财产和行为税10个税种（资源税、土地增值税、城镇土地使用税、耕地占用税、房产税、车船税、印花税、契税、环境保护税、烟叶税）原有分税种纳税申报存在“入口多、表单多、数据重复采集”等问题。合并申报按照“一表申报、税源信息采集前置”的思路，对申报流程进行优化改造，“简并申报表，一表报多税”，将10税种申报统一到一个入口，将税源信息从申报环节分离至税源基础数据采集环节，便于数据的统筹运用，提高数据使用效率。

（2）减轻办税负担。简并税费申报对原有表单和数据项进行全面梳理整合，减少了表单数量和数据项。新申报表充分利用部门共享数据和其他征管环节数据，可实现已有数据自动预填，大幅减轻纳税人填报负担，降低纳税人申报错误概率。

（3）提高办税质效。简并税费申报利用信息化手段实现税额自动计算、数据关联比对、申报异常提示等功能，可有效避免漏报、错报，确保申报质量，还有利于优惠政策及时落实到位。通过整合各税种申报表，实现多税种“一张报表、一次申报、一次缴款、一张凭证”，提高了办税效率。对纳税人而言，可简化报送资料、减少申报次数、缩短办税时间。

10.8.2 财产和行为税纳税申报表

“财产行为税纳税申报表”（见表10-3）由一张主表和一张减免税附表组成，主表为纳税情况，附表为申报享受的各类减免税情况。

表10-3 **财产和行为税纳税申报表**

纳税人识别号（统一社会信用代码）：□□□□□□□□□□□□□□□□□□□□□□

纳税人名称： 金额单位：人民币元（列至角分）

序号	税种	税目	税款所属期起	税款所属期止	计税依据	税率	应纳税额	减免税额	已缴税额	应补(退)税额
1										
2										
3										
4										
5										
6										
7										
8										
9										
10										
11	合计	—	—	—	—	—				
声明：此表是根据国家税收法律法规及相关规定填写的，本人（单位）对填报内容（及附带资料）的真实性、可靠性、完整性负责。 纳税人（签章）： 年 月 日										
经办人： 经办人身份证号： 代理机构签章： 代理机构统一社会信用代码：						受理人： 受理税务机关（章）： 受理日期： 年 月 日				

填表说明：

1.本表根据各税种税源明细表自动生成，申报前需填写税源明细表。

2.本表包含一张附表“财产和行为税减免税明细申报附表”。

3.税款所属期起：纳税人申报相应税种所属期的起始时间，填写具体的年、月、日。

4.税款所属期止：纳税人申报相应税种所属期的终止时间，填写具体的年、月、日。

5.减免税额：纳税人本期享受的减免税金额，等于减免税附表中该税种的减免税额小计。

6.已缴税额：纳税人本期应纳税额中已经缴纳的部分。

7.应补（退）税额：纳税人本期实际需要缴纳的税额。应补（退）税额=应纳税额-减免税额-已缴税额。

纳税申报前，需要先维护税源信息。税源信息没有变化的，确认无变化后直接进行纳税申报；税源信息有变化的，通过填报“税源明细表”进行数据更新维护后再进行纳税申报。

纳税人可以自由选择维护税源信息的时间，既可以在申报期之前，也可以在申报期内。为确保税源信息和纳税申报表逻辑一致，减轻纳税人填报负担，征管系统将根据各税种税源信息自动生成新申报表，纳税人审核确认后即可完成申报。无论选择何种填报方式，纳税人申报时，系统都会根据已经登记的税源明细表自动生成申报表。

不同纳税期限的财产和行为税各税种可以合并申报。合并申报不强制要求一次性申报全部税种，纳税人可以自由选择一次性或分别申报当期税种。例如，纳税人7月应申报城镇土地使用税、房产税、印花税和资源税等4个税种，7月5日申报时只申报了城镇土地使用税、房产税、印花税等3个税种，遗漏了资源税，则可在申报期结束前单独申报资源税，不用更正此前的申报。

本章小结

本章所述的七个“小税种”均属地方税种，虽然税额一般较小，却是较为普遍的税种，即一般企业都要缴纳。

凡是其计算、缴纳不易与征税部门发生争议的税种，在会计处理上都可以简化，即可以不通过“应交税费”账户核算，直接反映在相关费用账户即可。当然，也可以通过“应交税费”账户反映应缴税款及其上缴。

主要概念和观念

□ 主要概念

城市维护建设税　城镇土地使用税　房产税　车船税　印花税　契税

□ 主要观念

本章所阐述的七个“小税种”，之所以称之为“小”，是因为其征收额占税收总额的比重小。但小税种也可能存在大风险，必须严格按税法规定计算、缴纳，并正确进行相应的会计处理。目前，城市维护建设税是非独立税种，其余六个税种均为独立税种。

基本训练

□ 知识测评

1.单项选择题

（1）契税的纳税人是（　　）。

A.转让土地使用权的企业　　B.继承父母房产的子女

C.出售房屋的个体工商户　　D.获得住房奖励的个人

（2）某市区内增值税一般纳税人某月应纳增值税税额为10万元，该纳税人未能按时纳税，滞纳了3天，税务机关每日加收2‰的滞纳金，那么纳税人应纳城市维护建设税（　　）元。

A.5 030　　B.7 042　　C.7 000　　D.5 000

（3）已贴用的印花税票揭下重用的，税务机关可处以重用印花税票金额的（　　）。

A.1 ~ 3倍罚款　　B.3 ~ 5倍罚款

C.1 ~ 5倍罚款　　D.50%以上5倍以下罚款

（4）企业缴纳印花税，记账时借方的会计账户是（　　）。

A.“应交税费——应交印花税”　　B.“税金及附加”

C.“银行存款”　　D.“其他应付款”

（5）以下不属于城镇土地使用税免税项目的是（　　）。

A.国家机关、人民团体、军队的办公用地和公务用地

B.名胜古迹内附设的茶楼用地

C.直接用于农、林、牧、渔业的生产用地

D.市政街道、广场、绿化地带等公用土地

（6）城镇土地使用税的纳税期限是（　　）。

A.按月　　B.按次

C.1日、3日、5日、10日、15日　　D.按年计算，分期缴纳

（7）载货汽车以（　　）为车船税的计税依据。

A.辆　　B.净吨位　　C.整备质量吨　　D.吨位

（8）接受国有土地使用权赠与时应交契税的计税依据是（　　）。

A.参照市场价格　　B.成交价格　　C.赠与价格　　D.价格差额

2.多项选择题

（1）城市维护建设税的计税依据有（　　）。

A.增值税　　B.土地增值税　　C.消费税　　D.增值税的滞纳金

（2）城市维护建设税的税率有（　　）。

A.7%　　B.5%　　C.3%　　D.1%

（3）下列各项中，不应缴纳印花税的是（　　）。

A.农林作物的保险合同　　B.商店零星修理业务开具的保险单

C.建筑安装工程承包合同　　D.报刊发行单位和订阅单位之间书立的凭证

（4）印花税的纳税人包括（　　）。

A.立账簿人　　B.立据人　　C.立合同人　　D.领受人

（5）印花税的税目包括（　　）。

A.合同或具有合同性质的凭证　　B.权利、许可证照

C.营业账簿　　D.产权转移书据

（6）印花税的税率有（　　）。

A.0.3‰　　B.1‰　　C.0.5‰　　D.0.05‰

（7）适用于印花税定额税率的有（　　）。

A.借款合同　　B.专利权　　C.营业执照　　D.专利证书

（8）城镇土地使用税的纳税范围包括（　　）。

A.市区的土地　　B.郊区的土地　　C.县城的土地　　D.农业用地

（9）房产税的纳税义务人可能是（　　）。

A.房屋的产权所有人　　B.房屋的承典人

C.房屋的代管人　　D.房屋的使用人

（10）车船税的免税项目有（　　）。

A.行政事业单位、军队自用的车船　　B.按规定缴纳船舶吨税的船只
C.消防车船　　D.游船

3.判断题

（1）商品从生产到消费的流转过程中，只要发生增值税、消费税的纳税行为，就要在缴纳增值税、消费税的同一环节上，分别计算缴纳城市维护建设税。（　）

（2）对出口货物按规定应退还的增值税、消费税，应一并退还已缴纳的城市维护建设税。（　）

（3）对进口货物，海关代征增值税、消费税的同时，要代征城市维护建设税。（　）

（4）对合同、书据等由两方或两方以上当事人共同书立的凭证，承受方为印花税的纳税人。（　）

（5）印花税暂行条例要求在应纳税凭证书立或领受时即行贴花完税，不得延至凭证生效日期贴花。（　）

（6）已贴花的凭证，凡修改后所载金额增加的部分，应就金额重新计算贴花。（　）

（7）城镇土地使用税的计税依据是纳税人实际占用的土地面积。（　）

（8）车船税对内资企业、涉外企业、中国公民、外籍人员均征收。（　）

4.简答题

（1）城市维护建设税的计税依据和税率是什么？

（2）印花税的纳税义务人是如何确定的？如何计算印花税额？如何进行相关的会计处理？

（3）城镇土地使用税的纳税范围和计税依据是什么？

5.思考题

（1）自用房产和出租房产各自如何计税？

（2）车船税如何规定纳税义务人和纳税范围？

（3）如何计算车船税？

（4）契税的计税依据是什么？企业单位如何进行会计处理？

□ 技能测评

1.市区内某卷烟厂，当月实际已缴增值税10万元、消费税12万元，计算应交城市维护建设税，并做相应会计分录。

2.某县城一家旅游公司某月组织游客到四川旅游，收取全部费用共计20万元，代游客支付交通、保险、门票和住宿费12万元，到四川境内由另一家当地旅行社负责导游，转付导游费2万元，计算旅游公司应交城市维护建设税，并做相应会计分录。

3.某企业上年实收资本增加额600万元、资本公积增加额100万元，计算该企业当年应交印花税，并做相应会计分录。

4.驻扎在县城的某部队占用土地共300 000平方米，其中，办公用地280 000平方米，部队的饮食服务部占地5 000平方米，影剧院占地4 000平方米，其他营业占地11 000平方米。当地政府核定的城镇土地使用税单位税额为2元/平方米，计算该部队应交城镇土地

使用税额，并做相应会计分录。

5.某两个企业进行房屋交换，A企业房屋价值100万元，B企业房屋价值150万元，契税税率为3%，A、B谁应缴契税？应交多少？如何进行会计处理？

□ 能力测评

1.自建自用房需要缴纳哪几种税？如果仅在面积相同的情况下，能否得出购房与租房哪一种的税负轻？试分析缘由。

2.在本章涉及的“小税种”中，其应交税款的会计处理可以不通过“应交税费”账户核算，而是直接记入有关费用账户。请分析这样进行会计处理有何利弊。

第11章 税务筹划理论

学习目标

掌握税务筹划的基本含义、基本原理、基本方法等。其具体目标包括：

□ 知识目标

了解税务筹划的动因、原则、特点，掌握税务筹划原理与方法。

□ 技能目标

掌握税务筹划的基本程序与方法，特别是节税与避税的基本方法。

□ 能力目标

理解税务筹划的意义、概念，在追求税后收益最大化的同时，努力降低税务筹划风险。

11.1 税务筹划：新世纪的朝阳产业

11.1.1 税务筹划的概念

1）税务筹划——智慧人的文明行为

一百多年前，马克思、恩格斯在其不朽名著《共产党宣言》中写道："一个幽灵，共产主义的幽灵，在欧洲徘徊。旧欧洲的一切势力……都为驱除这个幽灵而结成了神圣同盟。"依笔者管见，一百年后，"税收"倒像是一个幽灵，国家若没有税收便无法存在，社会福利也将无从谈起；而纳税人——不论是法人、自然人，则视其如"幽灵"，总想避之而又挥之不去。

意大利前总理贝卢斯科尼因其一句"让所有人缴更少的税"而"荣获"最大说谎者（见2005年8月10日，《参考消息》刊登的题为"世纪谎言"的报道）。说明某些政治家们往往以减轻纳税人的税负作为讨好选民的承诺，但承诺如果不能兑现，就会变成谎言，成为人们嘲笑的对象。好花不常开，好景不长在。2013年8月，已经下台的贝卢斯科尼因逃税4.5亿欧元，被判处4年监禁，但因其执政时制定的特赦法，有3年被免，剩余刑期因“监狱人满为患”，刑期减少6个月，又因其77岁年龄，米兰上诉法院2014年4月15日宣布，准许其在养老院做168个小时义工，并在两个半月做完。意大利的刑法就像瑞士奶酪一样布满孔洞，这些数不胜数的孔洞都是贝卢斯科尼政府发酵出来的。在此，我们还是要佩服老贝的“先见之明”，要不是他在任时制定的特赦法，日后，他可能真要蹲4年牢狱。

在澳大利亚2013年大选中，阿博特领导的自由党-国家党联盟赢得大选。竞选期间，他在广播电台节目中称：“我们要的是减税而不是增税……该计划是出于缩减赤字的考虑，而像我一样的高收入者理应肩负重担。”多么诱人的承诺，多么豪迈的气概！但在阿博特当选总理后，“为防止高收入者利用附加福利逃避纳税”，决定从2015年4月1日起到2017年3月底，将附加福利税由47%提高至49%，这使得年收入18万澳元以上的工作者面临最高49%的边际税率。税务专家警示，“赤字税”可能诱发更多避税，高收入人群会更倾向于使用抵扣、信托等其他缩小税负的途径来逃避缴税。2015年12月1日，Facebook掌门扎克伯格宣布，他和妻子普里西拉·陈的爱女出生了。伴随这一喜讯的是，他宣布要将其名下99%的Facebook股票捐赠给慈善机构，这份捐赠目前价值高达450亿美元。Facebook在提交给美国证券交易委员会的文件中披露：“2015年12月1日，我们的创始人、董事长兼首席执行官马克·扎克伯格宣布，他将在有生之年捐出他在Facebook持有的几乎全部股份或者通过出售此类股票获得的税后净收益，或以其他方式制定此类股份或净收益的用途，以进一步推动我们拓展人类潜能和通过各种慈善、公众倡导及其他类公益活动促进平等的使命。出于这一目的，扎克伯格先生成立了一家名为陈-扎克伯格计划的新实体，他将拥有该实体所持任何股份的投票权和处置权。”

“新实体”就是责任有限公司。批评人士指出，有限公司这一方式既可以让扎克伯格夫妇出售手中持股时获得税务减免好处，也允许营利运行；有人甚至批评说，捐善款其实是扎克伯格夫妇逃避巨额资本利得税的手段，并公开质问如果真的只为慈善，为何不直接建立非营利慈善基金？

对于避税的质疑，扎克伯格说：“采用有限责任公司，而非传统基金的模式，我们在将股票转移到‘陈-扎克伯格计划’时不会享受税收优惠，但却能够更加灵活高效地执行我们的使命。事实上，如果我们将股票转移到传统基金会，便可立刻享受税收优惠，但有限责任公司却不能，与所有人一样，我们必须在有限责任公司出售股票时缴纳资本利得税。”扎克伯格捐出的资金，只有一部分会捐给非营利的慈善组织，这部分确实能够抵扣税款，但主要方式还是用于投资，投给他认为“能让世界变得更美好”的企业，这些是要缴税的。这种LLC的捐赠模式目前在美国越来越流行，比如乔布斯的遗孀也是以这种方式设立的机构。

有人质疑，为什么要捐赠股票？通过向慈善机构捐赠股票，捐赠者可以享受对应这些股票公平市价的联邦所得税减免优惠。股票价值和股票净值是完全不同的两个概念，这可能意味着相当可观的纳税减免。与卖掉股票再将所得以现金形式捐出，直接捐赠升值的股票在个人纳税方面是一种更明智的做法。因为在直接捐出股票后，就不用再缴股票转让的资本利得税了。因正规慈善机构是享受税收优惠的，日后受赠组织卖掉股票的话，无论回报有多高，它都不必纳税。

由此得出，扎克伯格的捐赠是慷慨的，但可能是一个精明的避税计划。这是肯定中的否定，是用扎克伯格"可能是在避税"来否定他的真实慷慨的捐赠行为。如果扎克伯格真是为了避税，他大可不必这么轰动式地捐出99%的股票资产。对于美国的一些超级富豪来说，捐赠和慈善是再自然不过的观念，"在巨富中死去是一种耻辱。"（卡内基）2010年，比尔·盖茨和沃伦·巴菲特提出"捐款承诺"（Giving Pledge），要求签署人必须承诺在有生之年至少捐出一半的财产给慈善事业，已经有上百位亿万富翁签了字，其中就包括扎克伯格。

视避税为贬义、反避税为褒义，将法律规范下的游戏规则混同于道德范畴。从来就没有过公益捐赠行为的人，有什么资格站在道德高地评判他人呢？既然政府有税收优惠政策，对纳税人来说，为什么不可以将其税后收益最大化呢？从"最大化的收益"中拿出几百亿美元进行公益捐赠，又有多少人能够做到呢？

世界媒体大王鲁珀特·默多克在英国的主要控股公司——新闻投资公司，在过去11年中，共获利近14亿英镑（21亿美元），但其在英国缴的公司所得税净额竟然为零（见表11-1），真是"绝顶精明"。默多克不仅在生意上精于经营，而最"精明"之处还是表现在其税单上，他正是靠着独特的"扩张和避税手段创造着超级利润"。无独有偶，美国总统唐纳德·特朗普在竞选时被曝其某公司多年未交所得税，其实他是利用美国税法中对应税亏损弥补的规定所进行的税务筹划，与当年默多克的税务安排异曲同工。2018年10月，《纽约时报》获取的一份记载特朗普女婿库什纳2009—2016年间商业运作的资料显示，库什纳在其中5年间缴纳的所得税"接近于零"，另外3年也仅缴了一点点税，有关资料中没有任何内容说明"库什纳及其公司存在违法行为"。对此，美国民众则难掩愤怒之情。税法漏洞往往出现在对资本所得的规定中，而不会出现在对劳动所得的征税上。

表11-1 **鲁珀特·默多克向英国纳税情况一览表（新闻投资公司）** 单位：百万英镑

时间	税前利润	英国公司税或退税
1988	91	4
1989	208	-3
1990	-192	5
1991	-281	0
1992	-32	-8
1993	23	-5
1994	360	1
1995	715	1
1996	287	1
1997	-101	1
1998	309	3
总额	1 387	0

有人说，现在是野蛮者抗税，愚昧者逃税，糊涂者漏税，智慧者进行税务筹划。

在社会主义市场经济运行机制下，《中华人民共和国宪法》中确立了走以法治国的道路。征税与纳税都应该在税法及相关法律的约束下进行，即征纳双方要共享现代文明。纳税人应该做守法人、文明人、智慧人。

2）税务筹划的概念

什么是税务筹划呢？税务筹划亦称税收筹划、纳税筹划（tax planning）。在西方发达国家，税务筹划对于纳税人来说是耳熟能详的，而在我国，则处于初始阶段，人们对此有极大的兴趣，但又似乎心有所忌。对税务筹划概念的描述也不尽一致，以下是几种有代表性的观点。

荷兰国际财税文献局的《IBFD国际税收辞汇》是这样下定义的："税务筹划是指通过纳税人经营活动或个人事务活动的安排，实现缴纳最低的税收。"

印度税务专家N.J.雅萨斯威在《个人投资和税务筹划》一书中提出："税务筹划是纳税人通过财务活动的安排，以充分利用税务法规提供的包括减免在内的一切优惠，从而获得最大的税收利益。"

另一印度税务专家E.A.史林瓦斯在《公司税收筹划手册》中说道："税收筹划是经营管理整体的一个组成部分……税务已成为重要的环境因素之一，对企业既是机遇，也是威胁。"

梁云凤博士认为，税务筹划是"纳税人在税收法律许可的范围内，当存在多种纳税方案可供选择时，通过经营、投资、理财、组织、交易等事项进行科学、合理的事前选择和策划，以达到税收负担最低或税收利益最大为目的的一种财务管理活动"①。

美国南加州大学W.B.梅格斯博士在与别人合著的、已发行多版的《会计学》中，在援引知名法官汉德的"法院一再声称，人们安排自己的活动以达到低税负的目的，是无可指责的。每个人都可以这样做，不论他是富翁，还是穷光蛋，而且这样做是完全正当的，因为他无须超过法律的规定来承担国家赋税；税收是强制课征的，而不是靠自愿捐款。以道德的名义来要求税收，不过是侈谈空论而已"这一段名言之后，进行了如下阐述："人们合理而又合法地安排自己的经营活动，使之缴纳可能最低的税款。他们使用的方法可称为税收筹划……少缴税和递延缴纳税款是税务筹划的目标所在。"他接着说："美国联邦所得税已变得如此之复杂，这使为企业提供详尽的税务筹划，成为一种谋生的职业。现在几乎所有的公司都聘用专业的税务专家，研究企业主要经营决策上的税收影响，为合法地少纳税制订计划。"另外还说："在纳税发生之前，有系统地对企业经营或投资行为做出事先安排，以尽量减少缴纳所得税，这个过程就是筹划，如选择企业的组织形式和资本结构，投资采取租用还是购入的方式，以及交易的时间。"

如果把时间追溯到更早一点，1935年英国上议院议员汤姆林爵士针对"税务局长诉温斯特大公"一案，做了有关税务筹划的声明："任何一个人都有权安排自己的事业，依据法律这样做可以少缴税。为了保证从这些安排中得到利益……不能强迫他多缴税。"汤姆林爵士的观点赢得了法律界的认同，英国、澳大利亚、美国等在以后的税收判例中经常援引这一原则精神。

---

① 梁云凤．所得税筹划策略与实务［M］．北京：中国财政经济出版社，2002：8.

总括各家之言，本书对税务筹划的概念归纳如下：

税务筹划是纳税人依据所涉及的税境，在遵守税法、尊重税法的前提下，规避涉税风险，控制或减轻税负，有利于实现企业财务目标的谋划、对策与安排。

3）税务筹划概念的狭义与广义之分

本书认为，税务筹划概念有狭义与广义之分。狭义的税务筹划仅指节税，广义的税务筹划既包括节税，又包括避税及税负转嫁。在税务筹划实务中，节税与避税往往难以严格划分，因此，本书所述税务筹划是广义的税务筹划（节税、避税在11.2节详述）。

4）税务筹划的基本含义

税务筹划的行为主体是纳税人或企业法人，他们本身可以是税务筹划的行为人，也可以聘请税务顾问代理；税务筹划是以不违反国家的现行税法为前提的；税务筹划的目的（目标）是纳税人税收负担最低化或税后财富最大化。为此，争取实现“纳税最少”“纳税最晚”。

11.1.2　税务筹划的必然性

众所周知，税收是随着国家和私有财产制度的产生而产生的。正如马克思指出的，“国家存在的经济体现就是捐税”①。可见，税收于国家之重要。但现代意义上的税收，应该是在税法规范下的税收。这是社会经济发展到一定历史阶段的必然。这个阶段，纳税人的经济活动和政府行为要求商品生产者依据一定的规则和规范从事生产、经营活动，而这些规则和规范又不会十分完善，难以防止或杜绝生产经营者有效地规避这些规则、规范的管制和约束，从而使其能够有效地规避某些应尽的义务或应承担的法律责任。

1）税务筹划是纳税人的基本权利

在高度集中统一的计划经济体制下，实行的是统收统支的办法，企业（纳税人）需要的资金由国家拨入，企业实现的盈利，无论以利润，还是以税金形式存在都要上缴国家，企业都无权益可言。在市场经济条件下，国家承认企业的独立法人地位，企业行为自主化，企业利益独立化。企业作为独立法人所追求的目标是如何最大限度地、合理合法地满足自身的经济利益。企业权益不是凭空产生的，不是国家或政府想给就给、不想给就不给，企业想要就要、不想要就不要的，而应是社会发展的必然产物，是社会发展的客观需要。应该看到，企业权益的满足是以社会需要的满足为条件的，企业的创建、企业的发展应该是社会的需要，企业生产的产品只有为社会所接受，才能补偿其生产经营耗费并实现利润；否则，企业就无法生存和发展，自然也就谈不上企业应有的权益。

无论从法律还是从企业行为看，企业权益归根到底是企业的权利和利益。权利和利益是有区别的。企业利益是由企业权利派生的，有权利才可能有利益。任何利益都产生于一定的权利。企业权利是客观存在的，是由企业赖以生存的社会经济条件及企业承担的义务决定的。可以说，有什么样的社会经济条件就有什么样的企业义务，就有什么样的企业权利以及由此派生出来的企业利益。

在法治社会中，企业权利包括设立权、发展权、人权、财权、物权、借贷权、经营决

---

① 中共中央编译局．马克思恩格斯选集（第一卷）[M]．北京：人民出版社，1972：181.

策权、产品开发权以及税务筹划权等。这些权利以及相应的利益，是企业权益的实实在在的内容，是企业权益的外在形式得以体现的质的规定。

企业的权利作为社会经济发展到一定时期的产物，其内在质与量的规定性要由这种内容的形式表现并明确下来。这种形式就是法律。企业权益尽管有其客观的内在标准，但任何一家企业都不能以这种内在标准行使自己的权利，也不能凭借这种内在标准去维护自己的利益。企业所能依据的只能是法律形式和法律所规定的企业权益。法律对权利的规定是实施权利的前提，但还需要企业在遵守法律的同时，主动地实现其需求。税务筹划就是这种具有法律意识的主动行为。

税务筹划是纳税人的一项基本权利，纳税人在法律允许或不违反税法的前提下，有从事经济活动、获取收益的权利，有选择生存与发展、兼并与破产的权利。税务筹划所取得的收益应属合法收益。

税务筹划是企业对其资产、收益的正当维护，属于企业应有的经济权利。纳税人对经济利益的追求可以说是一种本能，具有明显的排他性和为己的特征，最大限度地维护自己的利益是十分正常的。税务筹划应是在企业权利的边界内或边界线上，超越企业权利的范围和边界，必然构成对企业义务的违背、践踏，而超越企业义务的范围和边界，又必然构成对企业权利的破坏和侵犯。对纳税人来说，遵守权利的界限是其应承担的义务，坚守义务的界限又是其应有的权利。

税务筹划是企业对社会赋予其权利的具体运用，属于企业应有的社会权利。企业的社会权利是指法律规定并允许的受社会保障的权利。它不应因企业的所有制性质、经营状况、贡献大小不同而不等。其实，对企业正当的税务筹划活动进行打压，恰恰助长了逃税及抗税现象的滋生。因此，鼓励企业依法纳税、遵守税法的最明智的办法是让企业（纳税人）充分享受其应有的权利（其中包括税务筹划），而不是剥夺其权利、促使其走违法之道。

企业税务筹划的权利与企业的其他权利一样，都是有特定的界限的，超越（不论主动还是被动）这个界限就不再是企业的权利；就不再是合法，而是违法。企业的权利与义务互为条件，可以相互转换。在纳税上，其转换的条件是：

（1）当税法中存在的缺陷被纠正或税法中不明确的地方被明确后，企业相应的筹划权利就会转换成纳税义务。如某种税的税率由超额累进税率改为固定比例税率后，纳税人利用累进级距的不同税率而进行的筹划就不存在了。

（2）当国家对税法或条例中的某项（些）条款或内容重新解释并明确其适用范围时，纳税人原有的权利就可能转变成义务。由于税法或条例中的某项（些）条款或内容规定不明确或不适当，纳税人就有了税务筹划的权利，如果国家或政府发现后予以重新解释或明确其适用范围，那么，对有些纳税人而言就可能不再享有税务筹划的权利了，而且再发生这种经济行为就可能变为纳税义务了。

（3）当税法或条例中的某项（些）特定内容取消后，税务筹划的条件随之消失，企业的筹划权利就转换为纳税义务。如某项税收优惠政策（对某一地区或某一行业）取消后，纳税人就不能再利用这项优惠政策进行筹划，而只能履行正常的纳税义务了。

（4）当企业因实施税务筹划而对其他纳税人（法人、自然人）的正常权利构成侵害时，企业的筹划权利就要受到制约，就要转变为尊重他人权利的义务。这就是说，企业税务筹划权利的行使以不伤害、不妨碍他人权利为前提。

2）税务筹划的主观动机

对企业的所有者来说，收入与成本目标的实现仅仅意味着税前利润预期的获得，并非是其终极财务目标的实现。因为他们更为关注的是如何最大限度地分享税后利润，即税后利润的最大化才是其最终财务目标。从这个角度来看，企业的税款支出（还包括相关的纳税成本）是企业的一种附加的、具有强制约束性的成本或费用。

在市场经济条件下，企业作为商品生产经营的主体，有自己独立的经济利益，而纳税无论在理论上对维护企业的共同社会利益定义得多么重要或多么必要，也无论税制本身制定得如何公正、公平与合理，对每个企业而言，纳税毕竟是其既得利益的一种直接减少（损失）或是政府对其财务成果的一种无偿占有，尽管站在国家角度应是另一种解释。企业作为主要纳税人，必然要考虑在其纳税后，是否确实有助于产生一种良好的社会效应，这种预期的社会效应何时、在何种程度上显现出来，即使产生了预期的社会效应（社会秩序、公共设施、市场环境等），本企业是否因此得益、得益多少，这些都带有不确定性、隐秘性及非对等性。

更大的问题还在于纳税的实际结果与税务理论的偏差，一旦纳税的预期效应未能实现，甚至在某种程度上扰乱了企业内在的运行机制，或因为时滞性而使企业久久感受不到社会秩序、市场环境的优化，纳税人会质疑纳税的必要性。况且，企业得益于社会秩序、市场环境的改善具有非计量性、隐秘性的特点，再加之其受益程度与其纳税的多少具有非对等性、非直接相关性，纳税人会认为社会效应对于各个企业通常都是无差别的，对企业的市场地位具有决定意义的还是各自的竞争实力。上述情况是诱发企业在主观意念中进行税务筹划的根本动机。同时，纳税还给企业带来相应的风险。

一是投资扭曲风险。建立现代税制的一项主要原则应是税收的中立性，即中性原则。纳税人不应因国家征税而改变其既定的投资方向。但事实上却不是这样，纳税人会因税收因素放弃最优的甲投资方案而改为次优的乙投资方案，这种因课税使纳税人被迫改变投资行为而给企业带来的机会损失的可能性，即为投资扭曲风险，这种风险源于税收的非中立性。可以说，税收非中立性越强，投资扭曲风险程度越大，相应的扭曲成本也就越高。

二是经营损益风险。政府课税（尤指所得税）体现为对企业既得利益的分享，而并未承担相应比例经营损失风险的责任，尽管税法规定企业在一定期限内可以用以后实现的利润（税前利润）补偿前期发生的经营亏损。因此，政府在某种意义上成为企业不署名的“合伙者”，企业盈利，政府通过征税获取一部分利益，企业亏损，政府因允许企业延期弥补亏损而相应承担了部分风险，但这种“风险”是以企业在以后限定期间内拥有充分获利能力为假定前提的，否则，一切风险损失将完全由企业自己负担（以税后利润弥补亏损）。即使是前一种情况，由于抵补损失的来源并非来自企业以前年度盈利时已缴税款的返还（我国税法不允许亏损前溯），而是企业以后年度实现的利润，这说明国家税收的立法意识在总体上是倾向于政府的。因为已纳税款不能返还，意味着税款是预缴，也就是企业税负的相对加重，弥补前期亏损的结果，企业承担了大部分损失（按现行25%的所得税税率，企业承担的是75%）。

三是税款支付风险。纳税作为企业对政府负债的偿还，具有单向、强制、完全现金（会计上广义的现金）支付的刚性约束。它不同于企业其他一般性债务的偿还，其他债务的偿还具有非完全现金支出的特点，有时不动用现金即可结清所欠债务，如双方互为债权债务、新旧债务调换等。而企业所负的税收债务，不可能采取与政府间债权债务互抵的途径予以结清，企业必须无条件履行纳税义务，按期申报、缴纳税款，非经特别批准，不得展期缴纳，即使对已获纳税申报延期许可的企业，也必须按照税务机关核定的额度预缴税款；各项税款的支付必须全部以现金缴付。企业一旦现金不足而又无法融通，不但要接受税务机关的经济惩罚（滞纳金、罚款、纳税抵押或纳税担保等使纳税成本增加），而且要承受因企业信誉的降低而可能导致其市场价值潜在的有形、无形损失，这种损失可能比前者更大。

由于上述原因，企业在理财行为中不可避免地会形成一种纳税抵触意识，促使企业进行税务筹划。实际上，企业主观上减轻税负意识在很大程度上取决于政府对税收杠杆的利用效果，即征收税款能在多长时间、多大程度上给企业带来直接或间接的利益增值。如果这种积极作用能使纳税人在预期的时间内切实感受到，则有助于社会和经济效益好、纳税多的企业因此而强化市场竞争能力。真正确立一种优胜劣汰的市场竞争机制，必然有助于企业在强化纳税意识的同时，淡化对履行纳税义务的抵触情绪。

3）税务筹划的客观条件

税务筹划的主观动机并不意味着企业目的能够实现，要想使税务筹划变为现实，还必须具备某些客观条件。客观条件是指税法、税制的完善程度及税收政策导向的合理性、有效性。税收法律制度作为贯彻国家权力意志的杠杆，不可避免地会在其立法中体现国家推动整个社会经济运行的导向意图，会在公平税负、税收中性的一般原则下，渗透税收优惠政策，如不同类型、不同地区企业的税负差异，不同经济行为税基的宽窄、税率的高低，不同企业、不同项目进项税额的抵扣办法，减税、免税、退税等；因税收优惠政策、同种税在实际执行中的差异等形成了非完全统一的税收法律制度，无疑为企业选择自身利益最大化的经营理财行为，即进行税务筹划提供了客观条件。企业利用税收法律制度的差异或“缺陷”进行旨在减轻税负的税务筹划，如果仅从单纯的、静态的税收意义上说，的确有可能影响国家收入的相对增长，但这是短期的，因为税制的这些差异或“缺陷”，是国家对社会经济结构规模进行能动的、有意识的优化调整，即力图通过倾斜的税收政策诱导企业在追求自身利益最大化的同时，转换经营机制，实现国家和政府的调整意图。从长远发展看，这对企业、对国家都是有利的，这是为将来取得更大的预期收益而支付的有限机会成本。因此，企业利用税制的非完全同一性所实现的税负减轻，与其说是利用了税制的差异和“缺陷”，不如说是对税法意图的有效贯彻执行。

在税收实践中，除了上述税收政策导向性的差异和“缺陷”外，税收法律制度也会存在自身难以克服的各种纰漏，即真正的缺陷，如税法、条例、制度不配套，政策模糊、笼统，内容不完整等，这也为企业进行税务筹划提供了有利条件。对此，不论国家基于维护其利益的目的而做出怎样的结论，从理论上说，不能认为企业进行的税务筹划是不合法的，尽管它可能背离国家税收立法意图。国家只能在不断完善税收法律制度上去努力，企业也应该认识到，税务筹划也应该尽可能地从长远考虑，过分看重眼前利益可能会招致更大的潜在损失。

4）税务筹划的行为规范

企业要在有关法律（不限税法）约束下，通过内在经营机制的优化而谋取最大限度的利益增值，这是企业经营理财（含税务筹划）的行为准则和根本出发点。税务筹划作为企业维护自身利益的必要手段，不能仅考虑税负的减轻，而是应将减轻税负置于企业的整体理财目标之中。为此，要充分考虑（分析）以下几点：

（1）企业采取怎样的行为方式才能达到最佳的税务筹划效果，即有利于企业财务目标的最大化。

（2）税务筹划的实施对企业当前和未来发展是否会产生现实的或潜在的机会损失。

（3）企业取得的税务筹划效应与形成的机会成本配比的结果是否真正有利于企业内在经营机制的优化和良性循环。

（4）企业税务筹划行为的总体实施是否具有顺应动态市场的应变能力，即具有怎样的结构弹性、可能的结构调整成本及风险程度。

（5）企业进行的税务筹划是否存在受法律惩处的可能性，一旦避税不当将给企业带来什么后果等。如果单纯为节税而节税，就可能降低节税的效果，甚至可能出现以下负面效应：

① 筹划的显性收益抵补不了节税的显性成本（税收罚款、滞纳金等支出）。

② 筹划的显性收益虽然大于相应的显性成本，但其显性净收益却低于机会成本。

③ 筹划的显性净收益虽然超过了机会成本（损失），但因片面节税动机导致的筹资、投资或经营行为短期化，使企业资金运动的内在秩序受干扰，影响企业资金未来的获利能力，形成潜在损失。

④ 存在触犯法律的可能性，形成有形或无形的机会损失（隐性成本）。

由此可见，单凭主观动机或愿望并不一定就能减轻税负、降低税收成本，只有将主观动机与决策素质（水平）较好地融于具体的经营理财行为中，并通过对客观条件（现行税制）的深刻理解与充分把握，在对未来国家经济政策、市场动态准确预测的基础上，才能有效地进行税务筹划。

11.1.3　税务筹划的积极意义

1）有助于提高纳税人的纳税意识，抑制逃税行为

社会经济发展到一定水平，企业开始重视税务筹划，税务筹划与纳税意识的增强具有客观一致性和同步性的关系。企业从事税务筹划的初衷的确是为了不缴或少缴税，但企业的这种安排应采取的是合法或不违法的形式，企业对经营管理活动进行税务筹划是利用国家税收调控取得成效的一个见证。

企业纳税意识强的基本要求应是：财务会计账证齐全、规范、准确；按规定办理营业登记与税务登记手续；及时、足额地申报缴纳税款；自觉配合税务机关的纳税检查；接受税务机关的处罚，如上缴滞纳金及罚款等。

税务筹划搞得好的企业往往纳税意识也较强。税务筹划与纳税意识的这种一致性关系体现在：

其一，税务筹划是企业纳税意识提高到一定阶段的表现，是与经济体制改革发展到一定水平相适应的。只有税制改革与征管改革取得了一定的成效，税法的权威才能得以体现，否则，该收的税收不上来，对非法逃税行为的处罚也仅局限于补交税款，这无疑会加剧企业逃税的倾向，此时企业纳税意识淡薄，用不着进行税务筹划即能取得较大税收利益。

其二，企业纳税意识强与企业进行的税收筹划具有共同点，即企业税务筹划所安排的经济行为必须合乎税法条文和立法意图或不违反税法规定，而依法纳税更是企业纳税意识强的应有之意。

其三，设立完整、规范的财务账表和正确进行会计处理是企业进行税务筹划的技术基础，会计账表健全规范，其节税的弹性应该会更大，它也为以后提高税务筹划效率提供了依据。同时，依法建账也是企业依法纳税的基本要求。

作为纳税人，谁都希望减轻自己的税负，古今中外，概莫能外。如果有不违法的手段（税务筹划）可以选择，纳税人自然也就不去做逃避缴纳税款的违法之事了。

2）有助于实现纳税人财务利益的最大化

税务筹划可以减少纳税人的税收费用，还可以防止纳税人陷入税法陷阱（tax trap）。税法陷阱是税法漏洞的对称。税法漏洞的存在，给纳税人提供了避税的机会；而税法陷阱的存在，又让纳税人不得不小心，否则会落入税务当局设置的看似漏洞、实为陷阱的圈套（这也是政府反避税措施之一）。纳税人一旦落进税法陷阱，就要缴纳更多的税款，影响纳税人财务利益。税务筹划可防止纳税人陷入税法陷阱，不缴不该缴付的税款，有利于纳税人财务利益最大化。

3）有助于提高企业的经营管理水平和会计管理水平

资金、成本、利润是企业经营管理和会计管理的三大要素，税务筹划就是为了实现资金、成本、利润的最优效果，从而提高企业的经营管理水平。企业进行税务筹划离不开会计人员，会计人员既要熟知会计准则、会计制度，更要熟知现行税法，要按照税法要求设账、记账、计税、报送财务会计报告和进行纳税申报，从而也有利于提高企业的会计管理水平。

4）有助于优化产业结构和资源的合理配置

纳税人根据税法中税基与税率的差别，根据税收的各项优惠、鼓励政策，进行投资决策、企业制度改造、产品结构调整等，尽管在主观上是为了减轻税负，但在客观上却是在国家税收的经济杠杆作用下，逐步走向了优化产业结构和生产力合理布局的道路，体现了国家的产业政策，有利于促进资本的流动和资源的合理配置。

5）从长远和整体看，税务筹划不仅不会减少国家的税收总量，甚至可能增加国家的税收总量

税务筹划有利于贯彻国家的宏观调控政策。企业进行税务筹划，降低了企业税负，促进了企业的发展，企业收入和利润增加了，从整体和未来发展上看，国家的税收也将同步增长，使经济效益与社会效益实现有机结合。

6）有助于不断健全和完善国家的税收法律制度

纳税人的税务筹划，可以促使税务当局及早发现现行税制中的缺陷和疏漏，然后依法定程序进行更正、补充或修改，从而促使税收法律、制度的不断健全、不断完善。

11.1.4　税务筹划的原则

1）守法原则

税务筹划的最基本原则是符合税法或者不违反税法，即一定要守法，这是税务筹划与逃、欠、抗、骗税的本质区别。

税务筹划是在尊重税法、不挑战税法的前提下进行的，它是在对税法进行认真研究比较后，对纳税进行的一种最优化选择。在有多种纳税方案可供选择时，纳税人选择最优税负的决策是无可非议的，征税人不应当加以反对。用道德的名义要求纳税人选择高税负，不是税收的法律要求。

2）保护性原则

由于我国大部分税种的税率不是单一税率，有的税种还有不同的扣除率、出口退税率，纳税人要避免多交税款，在兼营不同税种、兼营不同税率的货物、劳务时，在出口货物时，在同时经营应税与免税货物时，要按不同税率（退税率）分别设账，分别核算（它与财务会计的设账原则不同）；在有混合销售行为时，要掌握计税原则。另外，由于增值税实行专用发票抵扣制，依法取得并认真审核、妥善保管发票是至关重要的，对纳税人来说，这都是保护性的举措，否则，不但不能减轻负担，还可能加重税负。

3）时效性原则

时效性原则体现在充分利用资金的时间价值上，如销售收入的确认、准予扣除项目的确认、增值税进项税额的确认与抵扣时间、增值税销项税额的确认时间、出口与出口退税时间等，都有时效性问题。另外，程序性税法与实体性税法如有变动，遵循的“程序从新、实体从旧”原则也是时效性问题。

4）整体综合性原则

在进行一种税的税务筹划时，还要考虑与之有关的其他税种的税负效应，进行整体筹划，综合衡量，力求整体税负最轻、长期税负最轻，防止顾此失彼、前轻后重。

综合衡量从小的方面说就是，眼睛不能只盯在个别税种的税负高低上，一种税少缴了，另一种税可能要多缴，要着眼于整体税负的轻重。还要从另一个角度看，税收支付的减少不等于资本总体收益的增加。某些设在我国经济特区的外资企业，用转移定价的方法将利润逆向转移到境外高税区，为的是逃避外汇管制，追求集团总体收益而非税负最轻。最理想的当然是“节税”增收，如果有多种税收选择，总体收益最多，但纳税并非最少的方案，也应视为理想的方案。就是说，税务筹划要算大账。选优弃劣，避害趋利，始终是税务筹划的根本原则。

11.1.5　税务筹划的特点

1）前瞻性

税务筹划一般都是在应税行为发生之前进行规划、设计和安排，它可以在事先测算出税务筹划的效果，因而具有一定的前瞻性。在经济活动中，纳税义务通常具有滞后性。企业交易行为发生后，才缴纳有关流转税；收益实现或分配后，才缴纳所得税；财产取得之后，才缴纳财产税。这在客观上提供了纳税前事先做出筹划的可能性。另外，经营、投资和理财活动是多方面的，税法规定也是有针对性的。纳税人和征税对象的性质不同，税收待遇也往往不同，这在另一方面向纳税人显示出可选择较低税负决策的机会。如果经营活动已经发生、计税依据已经确定，再去“谋求”少缴税款，则不能认为是税务筹划。

2）目的性

目的性表示纳税人要取得税务筹划的税收利益。这有两层意思：一层意思是选择低税负。低税负意味着低的税收成本，低的税收成本意味着高的资本回收率。另一层意思是滞延纳税时间（不是指不按税法规定期限缴纳税款的欠税行为）。纳税期的推后，也许可以减轻税收负担（如避免高边际税率），也许可以降低资本成本（如减少利息支出）。不管是哪一种，其结果都是税款支付的节约。

3）普遍性

各税种规定的纳税人、纳税对象、纳税地点、税目、税率、减免税及纳税期限等方面，一般都有差别。这就给纳税人提供了税务筹划的机会，也就决定了税务筹划的普遍性。

4）多变性

各国的税收政策，尤其是各税种的实施细则等，随着政治、经济形势的变化会不断地发生变化，因此，税务筹划也就具有多变性。纳税人应随时关注国家税收制度的变动，进行税务筹划的应变调整。

5）专业性

专业性主要不是指纳税人的税务筹划需要其财务、会计专业人员进行，而是指面临社会化大生产、全球经济日趋一体化、国际经贸业务的日益频繁，同时各国税制也越来越复杂，仅靠纳税人自身进行税务筹划已经显得力从不心，作为第三产业的税务代理、税务咨询便应运而生。现在世界各国，尤其是发达国家的会计师事务所、律师事务所和税务事务所纷纷开展有关税务筹划的咨询业务，说明税务筹划呈越来越专业化的特点。

【小思考 11-1】你认为以下哪种说法正确？

（1）税务筹划是纳税人的权利　　（2）税务筹划没有任何风险

（3）税务筹划对国家无益　　（4）税务筹划是合法行为

【答案】（1）

11.2 税务筹划：节税与避税

根据税务筹划的实施手段，可以将税务筹划划分为节税手段、避税手段和税负转嫁手段，本节侧重介绍前两种手段。

11.2.1 节税

1）节税（tax saving）的含义

节税是在税法规定的范围内，当存在着多种税收政策、计税方法可供选择时，纳税人以税负最低为目的，对企业经营、投资、筹资等经济活动进行的涉税选择行为。

2）节税的特点

（1）合法性。节税是在符合税法规定的前提下，在税法允许甚至鼓励的范围内进行的纳税优化选择。

（2）符合政府政策导向。税收作为有力的宏观调控手段（杠杆），各国政府都会根据纳税人谋求利润最大化的心理，有意识地通过税收优惠、税收鼓励政策，引导投资、引导消费，纳税人在实现节税目的的同时，政府也实现了其政策导向。

（3）普遍性。各国的税收制度不论如何完善，它在不同纳税人、征收对象（范围）、征收期限、地点、环节等方面，总是存在差别的，这就为纳税人节税提供了普遍性。

（4）多样性。各国的税法不同，会计准则、会计制度也不尽一致，甚至在每个国家的不同时期，其税法、会计准则、会计制度也有变动，而且在地区、行业之间存在差异。这种差异越大、变动越多，纳税人节税的余地就越大、形式越多。

3）节税的形式

（1）利用税收照顾性政策、鼓励性政策进行的节税，是最基本的节税形式。

（2）在企业的组建形式、经营方式、经营环节、投资与筹资过程中进行节税。

（3）在税法允许的前提下，选择不同的会计政策、会计方法进行节税。

11.2.2　避税

1）避税（tax avoidance）的概念

可以说，自从有了税收，就有了避税。我国唐代诗人杜荀鹤的诗中曾有“任是深山更深处，也应无计避征徭”，说明当时避税与反避税已是很普遍的行为，当然它是不能与现代避税同日而语的。关于避税的概念，有代表性的描述如下：

（1）避税是指在法律上利用税制来追求自身利益，运用法律内的手段减轻应当缴纳的税额。避税具有两面性：一方面，避税不道德地逃避了自己对社会的责任；另一方面，尽可能地寻求所有法律途径来减轻自己的税收负担，又是每个公民的权利。①

（2）“避税是指纳税人通过个人或企业事务的安排，利用税法的漏洞、特例或缺陷，规避、减轻或延迟纳税义务的行为。”②

（3）“国际避税是指跨国纳税人利用各国税法规定的差别，采取变更其经营方式或经营地点等种种公开的合法手段以谋求最大限度减轻其国际纳税义务的行为。”③

（4）“国际避税就是指跨国纳税人或征税对象通过合法方式跨越税境，逃避相关国家税收管辖权的管辖而进行的一种减少税收负担的行为。”④

（5）“避税则是对法律企图包括但由于这种或那种理由而未能包括进去的范围加以利用。”“避税可以定义为规避、降低或延迟纳税义务的一种方法。”⑤

由此可见，尽管避税定义各有不同，但或多或少都强调了避税的合法性。

根据笔者的理解，避税应是纳税人在熟知相关税境的税收法规的基础上，在不直接触

① 全国人大常委会预算工作委员会．增值税法律制度比较研究［M］．北京：中国民主法制出版社，2010：210.
② 中国注册会计师协会．税法［M］．北京：中国财政经济出版社，2021.
③ 葛惟熹．国际税收教程［M］．北京：中国财政经济出版社，1987.
④ 李九龙．国际税收［M］．武汉：武汉大学出版社，2002.
⑤ 国家税务局税收科学研究所．偷税与避税［M］．北京：中国财政经济出版社，1992.

犯税法的前提下，通过对筹资活动、投资活动、经营活动等的巧妙安排，达到规避或减轻税负目的的行为。

研究避税最初产生的缘由，不难发现，避税是当初纳税人为抵制政府过重的税收政策，维护自身的利益而进行各种逃税、抗税等受到政府的严厉制裁后，为寻求更为有效的规避办法的结果。纳税人常常会发现：有些逃避纳税义务的纳税人受到了政府的严厉制裁，损失惨重，而有些纳税人则坦然、轻松地面对政府的各项税收检查，顺利过关，不受任何损失或惩罚。究其原因，不外乎这些聪明的纳税人（包括法律顾问）常常能够卓有成效地利用税法本身的纰漏和缺陷，顺利而又轻松地实现了规避纳税或少纳税而又未触犯法律。这就使越来越多的纳税人对避税情有独钟，政府也不得不将其注意力集中到完善、健全税制上。这种对税法的避与堵，大大加快了税收法治建设，使税制不断健全、不断完善，有助于社会经济的进步与发展。

按相关法规规定，避税有合理与不合理之分；在会计领域的经验税务研究中，避税有稳健与激进之别。激进避税行为虽然不等于逃税行为（因为逃税不属于“筹划”范畴），但其风险较大，纳税人应谨慎选择。

2）避税的法律依据

避税实质上就是纳税人在履行应尽法律义务的前提下，运用税法赋予的权利保护既得利益的手段。避税并没有、也不会、也不能不履行法律规定的义务，避税不是对法定义务的抵制和对抗。

避税是纳税人应该享有的权利，即纳税人有权依据法律的“非不允许”进行选择和决策。国家针对避税活动暴露出的税法的不完备、不合理，采取修正、调整举措，也是国家拥有的基本权力，这正是国家对付避税的唯一正确的办法。如果用非法律的形式去矫正法律上的缺陷，只会带来不良的后果。因此，国家不能借助行政命令、政策、纪律、道德、舆论来反对、削弱、责怪避税。退一步说，即使不承认避税是合法的、是受法律保护的经济行为，它也是不违法、不能受法律制裁的经济行为；但对政府认定的不合理避税行为，税务机关有权进行特别纳税调整，也可以进行一般反避税管理①，即采取反避税措施。

3）避税的分类

避税可以从不同角度分类，前述从法律的角度，可以将避税分为顺法意识避税与逆法意识避税，在税务筹划中，前者称为节税，通常所指避税即指后者。此外，还可以有以下分类：

（1）按避税是否涉及不同的税境分类，避税可以分为国内避税和国际避税。

国内避税是纳税人利用国内税法所提供的条件、存在的可能进行的避税。一般情况下，从事国内避税比国际避税要容易些。

国际避税比国内避税更普遍、更复杂。纳税人的避税活动一旦具备了某种涉外因素，从而与两个或两个以上国家的税收管辖权产生联系，就构成了国际避税，即国际避税是在不同税境（国境）下的避税。国际避税产生的原因很多，从纳税人的角度，当然是为了追求企业（公司）利润。从客观条件看，主要是因为各国税制存在的差异（税收管辖权、税

---

① 见国家税务总局令第32号《一般反避税管理办法（试行）》（2014年12月2日）。

率、获利机会等)，税收的国际协调不够，国家之间的政治、经济以及税收方面的合作、协定不同，有的国家为了吸引外资推动本国经济发展，在税收上制定了一些特定的优惠政策，加之各国税收征管的力度不等，这些都为国际避税提供了机会。发达国家往往认为国际避税产生的原因是发展中国家为吸引外资、技术、管理经济等而制定的税收优惠政策，这种看法有失偏颇。因为企业的获利除了税收因素外，还有资金及资源供给、管理基础、技术、公共基础设施等诸因素，实际上发达国家企业的获利能力和机会是发展中国家的40%～83%（据联合国与世界银行的资料）。

（2）按针对税收法规制度分类，避税可分为利用选择性条款避税、利用伸缩性条款避税、利用不明晰条款避税和利用矛盾性条款避税。

利用选择性条款避税是针对税法中某一项目、某一条款并列规定的内容，纳税人从中选择有利于自己的内容和方法，如纳税期、折旧方法、存货计价方法等。

利用伸缩性条款避税是针对税法中有的条款在执行中有弹性，纳税人按有利于自己的理解去执行。

利用不明确条款避税是针对税法中过于抽象、过于简化的条款，纳税人根据自己的理解，从有利于自身利益的角度去进行筹划。

利用矛盾性条款避税是针对税法相互矛盾、相互冲突的内容，纳税人进行有利于自己的决策。

上述几种避税行为，有的可以使纳税人实现永久性避税（只要税法不修改），给企业带来长远利益；有的则仅使纳税人利用了时间差，暂时递延了纳税义务，使纳税人获得了资金营运上的好处（尽管是暂时的），因为这等于企业从政府获得了一笔无息贷款，而且，暂时性的避税利益也可能转化为永久性利益，如国家在这期间修改了税法，并对已实现的暂时性避税利益不再追溯。因此，企业要根据各种条件，注意随时变化的各种情况，运用可能运用的一切避税形式寻求企业利益。

在避税种类上，还有一种税负转移避税。这种避税主要是针对流转税的，因为流转税在一般情况下都具有税负转嫁的特点，纳税人一般不是负税人。这种避税不是对缴税的回避，也不是对税法不完善及其缺陷的利用，而是在纳税人直接缴纳税款后，再将税负转移他人，最终由他人负担。这种通过税负转移的避税要看其价格定得是否适当，当然，价格高低要看其产品在市场上的竞争能力，看供求弹性，价格过低时，税负就不能或不能全部转嫁出去。利用税负转移虽然能够避税，但如果税率高而销售价格又不能随之上扬，那就不能如愿。这种避税并不是纳税人智慧的结晶，而是因为这类税本身就具有这个特点，纳税人倒是应该注意：流转税不是在任何情况下都能全部转移出去的，关键要看其产品的竞争力。

4）避税的发展趋势

避税作为市场经济的特有现象，会随着经济的发展而发展。随着各国法治建设的不断完善，避税将逐渐演变成一种高智商的经济技巧和经营艺术。

（1）国内避税与国际避税相互交织、相互促进，使避税实践、避税理论将有长足发展。当今避税活动已不是社会少数人的偶然经济行为，它已成为有理论依据、有操作方法的社会经济活动。

（2）因各种历史的和现实的原因而产生的避税港、低税区，日渐被纳税人认识和利用，从而使避税具有国际普遍性特征。从这个意义上讲，国际避税既可追求企业利益，又可维护国家利益。

（3）由于避税活动越来越普遍，又因各国政府的反避税措施越来越有力，避税不再只是由纳税人自己来运作，而是要借助社会专业力量，如税务咨询所、会计师事务所、律师事务所都将成为企业避税的主要依靠力量，越来越多的财务会计人员、法律工作者也会加入这一队伍，成为避税专家，把为企业进行避税筹划当作一种职业。

（4）最初的避税都是通过财务会计手段，但随着避税条件的不断变化，税法、税收政策、税收征收管理等方面的避税机会已日益被广泛利用，因此，以财务会计手段的避税已变为财务手段与非财务手段并用，避税日渐成为企业的一种经营行为。

税收法规制度在不断完善、不断实现国际协调，避税也在不断发展和深入，而且既着眼于国内，又着眼于国际。

5）节税与避税的关系

节税与避税都属税务筹划范畴。在实践中，两者往往是紧密联系在一起的，很难分得清楚。因为站在纳税人的角度，只要能够减轻税收负担，而且又不违反税法，企业都是乐意为之的。正是基于两者密不可分，本书在以后的叙述中，不再刻意划分。节税与避税尽管联系密切，但在理论上两者还是有区别的：

（1）在执行税收法规制度方面。避税是一种逆法意识，节税是一种顺法意识；避税不违反税法或不直接触犯税法，而节税是符合税法的。对于节税，在理论和实务中容易界定，也不存在争议。

避税是否合法，学术界和法学界一般认为，避税不会导致滥用税法（法律）。德国的法庭在审判过程中承认这一结论："不能将所有减少纳税义务的行为都视为逃税。只要法律上没有禁止，纳税人就可按自己的意愿从事经营，特别是从缴纳最少的角度来有效地组织经营；但从民法的角度看，如果纳税人为了达到既定的经济目的，而采取不正当的手段，以及在进行了合理的法律解释和考虑法律的一般目的之后，减税行为仍不为法律所承认，这就会出现严重的滥用法律问题。"在德国的一个著名判例中，其结束语是这样写的："纳税义务人基于规避税收负担之目的而选择一项法定的经济形态，是可以被认为符合真实之法律规定要素。此点是与以欺骗方式滥用税法条文有别的。"这说明法律承认，即使是纳税人以避税为目的而选择一项法定的经济形态（关联企业的内部定价除外），法律也认为是正当的，也就是说，从法学角度看，不违反税法就应视为合法。但从另一方面看，各国为了保证会计信息的公允、有效，在会计准则中都对关联方关系及其交易事项的披露作了会计规范；在税法上，对关联企业的内部转移定价，要进行税收上的调整，美国还对不正当的转移定价给予处罚。这就说明，从法律（至少是税法）上要对其纠正或限制，因而也就失去了合法性的依据。从这个角度看，避税可分为合法避税与非法避税（实为不当避税）两种类型。前者如选择不同行业、不同地点进行投资，避免成为常设机构等方法进行避税，后者如企业与关联企业之间的购销业务，不按独立企业之间的业务往来计价而进行的避税。不过日常（包括本书）所说的避税，主要指前者。而政府的反避税措施，其实主要是针对后者的。

（2）在政府的政策导向方面。节税是完全符合政府的政策导向的，国家不但允许，而且鼓励（如前述章节主要税种的优惠政策）。避税是遵循"法无明文不为罪"（法无明文规定不罚）的原则，去寻求纳税人利益，当然不符合政府的政策导向。眼看着纳税人避税成功而不能处罚（因为法律一般没有可追溯性），只能在今后税法修订中弥补。世界上没有哪一个国家在法律上规定避税合法，当然也没有哪一个国家在法律上规定避税非法。

【小思考 11-2】你认为以下哪种说法正确？

（1）节税优于避税　（2）避税是完全合法的

（3）避税不违法　（4）欠税是违法的

【答案】（3）（4）

11.3 税务筹划：原理与方法

11.3.1 知晓税法的适用原则

与其他法律、法规相比，税法有其一定的特殊性。在进行税务筹划时，应该知晓税法在适用性上，在法律效力的判定上，有哪些特有的原则。

1）层次高的法律优于层次低的法律

各国税法的立法权不大一样，但一般应分层次（根据财权、事权划分）立法，我国税法的立法层次一般分为三个层次。在实际执行时，应该遵循层次高的法律优于层次低的法律的原则。

2）特别法优于普通法

同一层次或同一纳税事项，若普通法与特别法均有规范时，应优先使用特别法。一般而言，特别法的规定较普通法对纳税人有利，但也不排除在特殊情况下，可能效果相反。有的国家为此规定，纳税人可以从中选择认为有利的法律规定。

3）国际法优于国内法

当两种法律都适用时，可遵循国际法优于国内法的原则。

4）新法优于旧法

当新法与旧法对同一应税事项有不同规定时，新法的效力优于旧法，旨在避免因法律修订带来新法与旧法对同一事项有不同的规定而给法律适用带来的困惑，为税法的不断更新与完善提供法律适用保障。新法优于旧法原则适用的标志是新法实施（生效），在新法实施（生效）以后适用新法，新法实施以前包括新法公布以后尚未实施这段时间内，仍沿用旧法，新法不具效力。

5）实体从旧、程序从新

实体税法不具备溯及力，程序性税法在特定条件下具备一定的溯及力。即对于一项新税法公布实施前发生的应税行为，在新税法颁布实施后进入税款征收程序的，原则上新税法具有约束力。在一定条件下允许“程序从新”，是因为程序性税法规范的是程序性问题，不应以纳税人的实体性权利义务发生时间来判定新的程序法与旧的程序法之间的效力关系，而且程序性税法主要涉及税款征收方式的改变，其效力发生时间的适当提前，并不会构成对纳税人权利的侵犯。

11.3.2 明确税务筹划的基本步骤

第一步，熟知税法，归纳相关规定。

要进行税务筹划，必须熟知税法及相关法律，全面掌握税法的各项规定，尤其是各项税收优惠、税收鼓励政策，这些往往都是散见于各项文件之中，有的是人大常委会、国务院颁发的，有的是财政部、国家税务总局联合发文，有的是国家税务总局发文，还有的可能是省（市）发文，这些都要收集齐全、进行归类。

第二步，确立税务筹划目标，建立备选方案。

根据税务筹划内容，确立税务筹划的目标，建立多个备选方案，每一方案都包含一些特定的法律安排。

第三步，建立数学模型，进行模拟决策（测算）。

根据有关税法规定和纳税人预计经营情况（中、长期预算等），尽可能建立数学模型，进行演算，模拟决策，定量分析，修改备选方案。

第四步，根据税后净回报，排列选择方案。

分析每一备选方案，所有备选方案的比较都要在成本最低化和利润最大化的分析框架里进行，并以此标准确立能够产生最大税后净回报的方案。另外，还要考虑企业风险、税收风险、政治风险因素。

第五步，选择最佳方案。

最佳方案是在特定环境下选择的，这些环境能保持多长时间的稳定期，事先也应有所考虑，尤其是在国际税务筹划时，更应考虑这个问题。

第六步，付诸实践，信息反馈。

付诸实践后，再运用信息反馈制度，验证实际税务筹划结果是否如当初测算、估算，为今后税务筹划提供参考依据。

11.3.3 掌握税务筹划的基本技术

如果仅从税制构成要素的角度探讨税务筹划的基本技术，可以将其主要归纳为以下八种：

1）免税技术（tax exemption technique）

免税技术是尽量争取免税期最大化的节税技术。比如，对从事国家重点扶持的公共基础项目的投资经营所得，符合环境保护、节能节水项目的所得等，规定自项目取得第一笔生产经营收入所属纳税年度起，有一定时间的免税期。如果企业符合上述条件，就可以在合法的情况下节减税款。

2）减税技术（tax reduction technique）

减税技术是尽量争取减税待遇和使减税最大化、减税期最长化的节税技术。比如，A、B、C三个国家，公司所得税的普通税率基本相同，其他条件基本相似或利弊基本相抵。某企业生产的商品90%以上出口到世界各国，A国对该企业所得按普通税率征税；B国为鼓励外向型企业发展，对此类企业减征30%的所得税，减税期为5年；C国对此类企业减征40%的所得税，而且没有减税期限的规定。打算长期经营此项业务的企业，完全可以考虑把公司或其子公司搬到C国去，从而在合法的情况下，使节减的税款最大化。

3）税率差异技术（tax rates difference technique）

税率差异技术是尽量利用税率的差异使减税最大化的节税技术。在开放经济下，一个企业完全可以利用税率的差异使节减的税款最大化。比如，A国的公司所得税税率是33%，B国为40%，C国为38%，那么在其他条件基本相似或利弊基本相抵的条件下，投资者到A国开办公司就可使减税最大化。

4）分割技术（splitting technique）

分割技术是使所得、财产在两个或更多个纳税人之间进行分割而使节减的税款最大化的节税技术。所得税和财产税的适用税率一般是累进税率，计税基础越大，适用的边际税率也越高。所得、财产在两个或更多个纳税人之间进行分割，可以减少计税基础，降低最高边际适用税率，节减税款。比如，一国应税所得20万元以下的适用税率是10%，20万元到40万元部分的适用税率是20%，该国允许夫妇分别或合并申报，一对某年各有应税所得18万元的夫妇就可以分别申报纳税。一些国家的税务机构向纳税人免费寄发的纳税宣传小册子也指导纳税人如何分割所得和财产，以便节税。

5）扣除技术（deductions technique）

扣除技术是使税收扣除额、宽免额和冲抵额等尽量最大化的节税技术。在同样多收入的情况下，各项扣除额、宽免额和亏损等冲抵额越大，计税基础就越小，应纳税额也越少，所节减的税款就越多。比如国家允许公司按两种方法扣除国内业务招待费：一是按公司销售收入的一定百分比计算扣除；二是按限额规定的实际发生额扣除。公司就完全可以选择可扣除招待费较多的方法计税。

6）抵免税技术（tax credit technique）

抵免税技术是使税收抵免额尽量最大化的节税技术。各个国家往往规定了多种税收抵免。如国外所得已纳税款抵免、研究开发费用等鼓励性抵免。税收抵免额越大，应纳税额越少，所节减的税款就越多。对一个必须不断进行科研开发才能求得生存和发展的企业来说，在其他条件基本相似或利弊基本相抵的条件下，就可以选择缴纳税款更少的方案。

7）延期纳税技术（tax deferral technique）

延期纳税技术是尽量采用延期缴纳税款的节税技术。递延纳税是纳税人根据税法的规定可将应纳税款推迟一定期限缴纳。递延纳税虽不能减少应纳税额，但纳税期的推迟可以使纳税人无偿使用这笔款项而不需支付利息，对纳税人来说等于是降低了税收负担，纳税期的递延有利于资金的周转，节省了利息的支出，还可使纳税人享受通货膨胀带来的好处，因为延期后缴纳的税款由于通货膨胀币值下降，更加降低了实际的税额。纳税人在某一年内收到特别高的所得，有可能被允许将这些所得平均分散到数年之后去计税和纳税，或是对取得高所得年度应纳税款采用分期缴纳的方式，以避免纳税人的税负过重。若允许纳税人对其营业财产采用初期折旧或自由折旧法可以减少高折旧年度的应税所得，从而实现延期纳税，鼓励投资。如国家规定公司国外投资所得只要留在国外不汇回，就可以暂不纳税，那么，把国外投资所得留在国外，就会有更多的资金可供利用，将来可取得更多的收益。税收递延的途径很多，纳税人可充分利用税法给予的优惠，积极创造条件，在遵守法律规范的前提下进行税务筹划，享受应得的税收实惠。

8）退税技术（tax repayment technique）

退税技术是尽量争取退税待遇和使退税额最大化的节税技术。一些国家对某些投资、某些已纳预提税等有退税规定，在已缴纳税款的情况下，退税无疑是节减了税款。比如，A国规定企业用税后所得进行再投资可以退还已纳企业所得税额的40%，公司在其他条件基本相似或利弊基本相抵的条件下，用税后所得而不是用借入资金进行再投资，无疑可以节减税款。

11.3.4 熟悉税务筹划的基本方法

税务筹划的方法很多，这里仅主要就避税的基本方法简述如下：

1）价格转让法

价格转让亦称转让价格、转让定价。它是指两个或两个以上有经济利益联系的经济实体为共同获取更多利润和更多地满足经济利益的需要，以内部价格进行的销售（转让）活动。这是避税实践中最基本的方法。

企业（经济实体）之间的经济往来有两种情况：一是没有经济利益联系的企业之间的经济往来；二是有经济利益联系的企业之间的经济往来。前者在购销活动中不易在价格方面做文章，后者之间会经常发生大量的交易往来，不论是内部定价，还是协商定价，都是非常复杂的问题，局外人很难获得定价的真实资料。为确保双方或集团（公司）的最大利润，其价格会有扭曲现象，可能高于或低于成本，甚至根本不考虑成本，这种价格一般称为“非正常交易价格”、“非竞争价格”或“非独立企业价格”。

由于转让价格的具体运用不同，其作用也是特定的：

（1）避税或者拖延缴纳所得税。价格转让可以使转出方与接受方的实际税负趋缓，甚至消失。它适用于规定起征点的超额累进所得税税率的情况。

（2）减少从价计征的关税。利用有经济联系的企业发生进出口业务，通过拆装、分包、增减批量等方式使纳税额减少。

（3）集团公司（尤其是跨国集团公司）通过转让价格实现税负最小。利用高税区与低税区的税率差别，躲避高税区，使高税区成本提高，利润减少，而使低税区相反，确保公司整体税负最轻。

（4）在一定条件下可以逃避外汇管制。不少国家的外汇管制较严，价格转让如果在施行不同外汇管制办法的国度进行，会使外汇管制失效或减效。因为价格转让可以起到货币转让的效果，如果甲国外汇管制很严，乙国外汇管制松，甚至不管制，那么在甲国的企业向在乙国的企业转让产品或劳务时，就可以起到逃避甲国外汇管制的作用。

（5）有助于减轻、消除风险。转让价格不仅使有利益关系的企业之间受益，而且也使风险随利益的均摊而降低，从而增强其竞争实力。

由此可见，在不同情况下采用价格转让法，可以实现特定目的、发挥特定作用。不论是集团公司，还是非集团公司，只要它们之间有经济利益关系，并且是非单一利润中心，也就是说，它们之间有互补性、合法性，既保持独立，又进行联合，就能以转让定价方式来进行避税。各国为防范避税，对关联企业都有所界定。

经济合作与发展组织（OECD）制定的“国际税收协定范本”认为，凡是符合下述两个条件之一者便是关联企业关系：一是缔约国一方企业直接或间接参与缔约国另一方企业的管理、控制或资本；二是同一人直接或间接参与缔约国一方企业和缔约国另一方企业的管理、控制或资本。其原则也适合于非缔约国的一般跨国企业。

从各国的税收实践看，对关联企业的界定具体有三种方法：第一种，股权测定法。根据企业之间相互控股的比例，达到规定比例者便构成关联企业，各国确定的具体比例不尽相同，一般为25%～50%。第二种，实际控制管理判定法。按“实质重于形式”的原则，根据企业之间相互控制管理的实际情况进行判定，不单纯按股权比例确定。第三种，避税港特殊处理法。有的国家对境内企业与设在避税港（国家税务当局确认）的企业进行的交易按关联企业对待。我国在《企业所得税法》中对关联企业也规定了认定标准（见8.2.3）。

2）成本（费用）调整法

成本（费用）调整法是通过对成本（费用）的合理调整或分配（摊销），抵销收益、减少利润，以达到规避纳税义务的避税方法。应该指出，合理的成本（费用）调整和分摊，应是根据现行税收法规制度、企业会计准则、企业会计制度等，在可允许的范围内，所做的一些“技术处理”，它不违反有关法规制度，不是乱摊成本、乱计费用。企业会计人员、企业领导人员业务素质的高低，决定其财务管理水平的高低，其水平高低的一个重要标志就是如何最大限度地维护企业的经济利益，这是作为真正的独立实体的必然要求。

成本（费用）调整法适用于各类企业、各种经济实体，在具体运用时，有发出材料、库存材料成本计算法，销售商品、库存商品计算法，折旧计算法，费用分配（摊）法以及技术改造运用法等。

企业发出存货成本计算与结转方法有先进先出法、月末一次加权平均法、移动加权平均法、个别计价法、分批实际进价法、毛利率法等，如果平时采用计划成本计价（制造企业）、零售商业企业采用售价法，还可以有不同的成本差异率、进销差价率计算方法，企业库存材料、商品等存货，有成本与市价孰低法、定额（计划）成本法等。企业不论先确定发出存货成本，还是先确定库存存货成本，都有多种方法可供选择。

折旧计算方法有平均折旧模式与递减折旧模式两种类型，每类模式又有不同的折旧方法。企业从避税的角度选择折旧方法时，目的是最大限度地推迟或减缓（不是减少）应纳税款。因此，要考虑折旧时间、预计残值、各折旧方法的特点、所得税规定等因素，综合考虑，不能顾此失彼。

成本（费用）分配（摊）法是指一次（笔）费用如何分配（摊）才能使企业利益最大。费用分配（摊）方法很多，有直接计入法、分期平均分摊法、净值摊销法、五成摊销法等，企业应根据各项费用的特点，合理选择分配（摊）方法。

技术改造运用法是指企业在固定资产（设备）投入使用后，在对其进行技术改造时，要综合考虑设备本身的技术状况、年收入情况、所得税税率等因素，选择税负最轻、税后利润多的年度进行技术改造（在不影响产品质量的前提下）。

3）筹资法

筹资法即利用筹资技术使企业达到最大获利水平和使税负最轻的方法。筹资是关系企业生存和发展的一项重要理财活动。企业的筹资渠道除了靠自我积累外，还可以向银行或金融机构贷款、企业之间拆借、向社会或企业内部发行债券、吸收入股等。

不同筹资方式的税收效果不同。对筹资（站在对方角度是投资）的税务筹划也是一项重要内容。

4）租赁法

租赁可以获得双重好处，对租入方（承租方）来说，它可以避免因长期拥有机器设备而增加负担和承担风险，同时，又可以在经营活动中以支付租金的方式冲减企业的利润，减少应纳税额；对出租方来说，不必为如何使用这些设备及利用效果而操心，获得的租金收入通常比经营利润享受更多的税收优惠待遇，也是一种减轻税负的行为。

5）低税区避税法

低税区包括税率较低、税收优惠政策多、税负较轻的国家和地区。我国国务院批准的经济技术开发区、新技术产业园区等就属于低税区，世界上有些国家或地区，如巴哈马、百慕大、巴拿马、摩纳哥等都属于低税区和自由港（避税港）。

11.3.5 税务筹划模型设计

在我国，税务筹划是一个新的知识领域，内容体系尚不成熟。从学科划分看，可以将税务筹划归入财务学范畴，但也可以作为一门独立的边缘学科。其综合性强，涉及内容广。前者体现在：它既需要税法、会计等知识，又需要统计、数学、管理和其他法律等知识，还需要将相关知识融会贯通、综合运用。后者体现在：税务筹划的主体既可以是法人（企业），也可以是自然人；从酝酿筹建、预测、决策，到经营全过程；从国内税务筹划到国际税务筹划。如前所述，税务筹划还要遵循其基本原理、基本步骤（程序），因此，它还具有较强的逻辑性。由此可见，税务筹划是由知识、时间（阶段）、逻辑构成的一个三维结构（如图11-1所示），以此可以初步设计税务筹划模型。

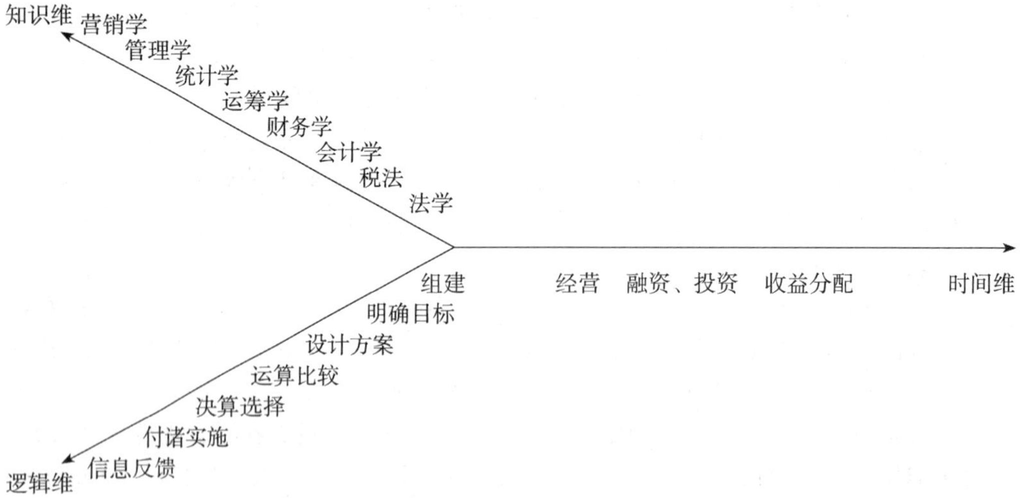

图11-1 税务筹划模型

【小思考11-3】你认为以下哪些说法正确？

（1）实体法从旧，程序法从新

（2）价格转让法是避税的最基本方法

（3）对于采用累进税率的税种采用分割技术有利于降低边际税率

（4）租赁法只对租入方有利

【答案】（1）（3）

本章小结

在国外，税务筹划家喻户晓，区别在于精与不精。在市场经济运行机制下，法律承认纳税人是利益主体，为利益主体谋求费用最低化、税负最优化是再正常不过的事。不论纳税人自己进行税务筹划，还是委托代理人进行税务筹划，可以预言，它都是21世纪的朝阳产业。

税务筹划的含义有狭义、广义之分，本书按广义税务筹划阐述。不论什么含义上的税务筹划，都应在不违反现行税法的前提下进行。

税务筹划有其基本原理、基本步骤、基本技术和方法，这是进行税务筹划要事先掌握的基本知识。

主要概念和观念

□ 主要概念

税务筹划　投资扭曲风险　节税　避税　逃税　欠税　抗税　骗税

□ 主要观念

税务筹划是在守法的前提下进行的，它不会，也不能触犯税收法律、法规。税务筹划是一种经济行为，因此，也会发生相应的费用支出，应遵循成本效益原则；税务筹划也有风险，应尽可能考虑税务筹划的风险，将其降至最低。

基本训练

□ 知识测评

1.单项选择题

(1) 税务筹划的目的是（　　）。

A.避税　　B.享受税收优惠政策

C.逃税　　D.使纳税人税收负担最小

(2) 狭义的税务筹划是指（　　）。

A.节税　　B.节税和避税　　C.避税　　D.逃税

(3) 节税的最基本的形式是（　　）。

A.在税法允许的前提下，选择不同的会计政策进行节税

B.在企业组建形式中进行节税

C.在企业投资与筹资过程中进行节税

D.利用税收照顾、鼓励政策进行节税

(4) 针对税法中对存货计价方法并列规定的内容，纳税人从中选择有利于自己的内容和方法的行为是（　　）。

A.利用选择性条款避税　　B.利用伸缩性条款避税

C.利用不明确条款避税　　D.利用矛盾性条款避税

(5) 在纳税人的纳税义务已经发生并且能够确定的情况下，采取不正当或不合法的手段以逃脱其纳税义务的行为属于（　　）。

A.逃税行为　　B.欠税行为　　C.骗税行为　　D.抗税行为

2.多项选择题

(1) 下列叙述正确的有（　　）。

A.税务筹划所取得的收益属合法收益
B.税务筹划是企业对其资产、收益的正当维护，属于企业应有的经济权利
C.税务筹划是企业对社会赋予其权利的具体运用，属于企业应有的社会权利
D.税务筹划所取得的收益属于不合法收益

（2）纳税给企业带来的风险有（　　）。
A.投资扭曲风险　B.经营损益风险　C.税款支付风险　D.投资损益风险

（3）税务筹划的客观条件有（　　）。
A.税法的完善程度　B.税制的完善程度
C.税收政策导向的合理性　D.税收政策导向的有效性

（4）税务筹划的原则有（　　）。
A.不违法原则　B.保护性原则　C.时效性原则　D.整体综合性原则

（5）税务筹划的特点有（　　）。
A.合法性　B.超前性
C.目的性　D.符合政府的政策导向

（6）节税的特点有（　　）。
A.合法性　B.普遍性
C.多样性　D.符合政府的政策导向

（7）避税可以分为（　　）。
A.国内避税　B.国际避税
C.利用选择性条款避税　D.利用矛盾性条款避税

（8）税法在适用性上，在法律效力的判定上的原则有（　　）。
A.层次高的法律优先于层次低的法律　B.特别法优先于普遍法
C.国际法优先于国内法　D.实体法、程序法一律从新

3.判断题

（1）税务筹划是以不违反国家的现行税法为前提的，旨在减轻税负。（　　）

（2）避税是纳税人应该享有的权利，即纳税人有权依据法律的“非不允许”进行选择和决策。避税不是对法定义务的抵制和对抗。（　　）

（3）节税是一种顺法意识，避税是一种逆法意识。（　　）

4.简答题

（1）什么是税务筹划？什么是广义的税务筹划？什么是狭义的税务筹划？

（2）简述税务筹划的必然性。

（3）税务筹划的前提和目的是什么？

（4）税务筹划有哪些积极意义？

（5）何谓节税？节税的特点和形式有哪些？

（6）何谓避税？避税如何分类？

（7）简述税务筹划的基本步骤。

（8）简述税务筹划的原则与特点。

5.思考题

（1）怎样理解税务筹划是纳税人应有的权益？

（2）简述节税和避税的联系与区别。

（3）简述税务筹划的基本技术、基本方法。

（4）税务筹划与逃、欠、骗、抗税的本质区别是什么？

□ 技能测评

某企业第1年应纳税额800万元，第2年应纳税额650万元；第1年收入总额3 000万元，第2年收入总额2 200万元。计算并比较该企业这两年的税负。

□ 能力测评

1.当一国企业决定对外投资时，是选择建立股份有限公司好，还是选择设立合伙企业好，往往需要反复权衡利弊，然后做出最有利的选择。事实上，股份有限公司与合伙企业往往在享受税收待遇方面差异很大，在跨国纳税方面也有许多差别，可以说各有利弊。

M国一家跨国公司欲在我国投资兴建一家芦笋种植加工企业，该公司派遣了一名经济顾问来我国进行投资政策考察。这位先生在选择中外合作还是中外合资投资形式时，向我国有关部门进行了涉外税收政策方面的咨询，最后他个人认为这个项目应采用中外合作企业的形式，并认为不应由该公司直接投资，而应改由该公司设在H国的子公司投资。

这位经济顾问做出这种选择是出于什么考虑呢？经过分析不难发现，由于芦笋是一种根基植物，在新的种植区域播种，达到初次具有商品价值的收获期大约需4至5年，这样就使企业在开办初期面临着大的亏损。如果采用中外合资企业的投资形式，在M国和H国被视为股份有限公司，其亏损只能在中外合资企业内部弥补。但如果是中外合作企业，在M国和H国则被视为负有无限责任的合伙企业，其亏损可以在M国总公司内弥补。通过总公司弥补亏损的办法，可以减轻企业开办初期的压力。假定M国总公司应纳税所得为1 000万美元，按M国公司所得税的规定应缴纳34%的企业所得税，即为340万美元（1 000×34%），假设其投资的中外合作企业应由其负担部分的亏损额为200万美元，则M国总公司在其1 000万美元所得中弥补这部分亏损后，应纳税所得额由1 000万美元减为800万美元，其应纳的税款也由340万美元降为272万美元（（1 000-200）×34%）。也就是说，当总公司拨付给中外合作企业200万美元用来弥补亏损时，其中有68万美元（200×34%）是从M国税务当局得到的减税金额。该项目改由在H国的子公司投资，是这位顾问先生的又一种节税策略。M国的企业所得税税率为34%，而H国的企业所得税税率则为40%，假设子公司的应纳税所得为500万美元，其应纳税款为200万美元（500×40%），如果为中外合作企业弥补200万美元的亏损，该子公司就可以少缴纳80万美元（200×40%）的税款。与在M国总公司弥补亏损相比，可以多得到12万美元的减税金额，从而更节省了税金。

资料来源 佚名. 企业组织形式的纳税方案选择［N］. 中国税务报，2000-01-19.

分析要求：你是否同意这位经济顾问的分析？你还有什么新建议？

2.该指责谁——苹果公司还是美国税制

2013年5月20日，美国参议院常设调查小组委员会发布报告说，苹果公司利用精心构建的海外分支网络，从2009年至2012年避免向美国政府缴税超过百亿美元。作为全球市值最高的公司，截至2013年4月，苹果持有1 450亿美元现金储备，其中约1 020亿美元（其中的740亿美元在爱尔兰子公司）在海外。在过去4年里，苹果公司几乎没有为这笔现金缴纳税款，因此，每年可少缴所得税约100亿美元。相对于美国2012年2 400亿美元的所得税收入，苹果的100亿美元，对政府来说，也不是一个小数字。

报告称，苹果公司利用一个“成本分担协议”，将其知识产权资产转移到税率较低的国家或地区，以便按照低税率缴纳所得税。调查小组的助手说，此前从未发现任何一家公司像苹果这样，巧妙利用不欠任何国家企业税的分支机构。

苹果公司通过与爱尔兰政府协商，以2%的特别税率纳税，而该国的法定税率是12%，低于美国35%的纳税水平。作为交换，苹果公司把爱尔兰作为建立海外子公司网络的基地。这一交易使苹果公司尝到了甜头。2009年至2012年，该公司将740亿美元全球销售收入的纳税地点从美国转移到爱尔兰。在此之前，苹果就将负责欧洲、中东、印度、非洲、亚洲以及太平洋地区业务子公司的注册地定在爱尔兰科克（Cork），而根据爱尔兰税法，只有在本地管理与控制的企业才被视为爱尔兰企业，这导致苹果在爱尔兰的子公司几乎无须纳税。

苹果公司的一家附属公司净收入达到300亿美元，但5年内没有申报过任何居民税，没有领取过企业所得税申报表，也没有向任何一个国家的政府缴纳过企业所得税。

美参议院常设调查委员会主席卡尔·莱文在一份声明中则说，听证会将“凸显苹果的骗人花招和其他海外避税技巧，让美国老老实实纳税的劳工家庭明白税务漏洞如何加重了他们的纳税负担和联邦赤字”。他认为，这种避税渠道应被彻底堵死。美参议员约翰·麦凯恩则说：“苹果的创造精力应该用在产品和服务创新上，而不是花在税务上。”

苹果公司在提交给美国国会的证词中坚决否认公司采用了“避税伎俩”，如使用开曼群岛银行账户或将知识产权转移到海外，并呼吁美国政府应全面改革公司税制，对企业的海外利润征收合理税收，而不是根据海外的营收来征收所得税。

2013年5月21日，苹果公司首席执行官蒂姆·库克在美国参议院听证会上，回应了外界有关苹果设立爱尔兰子公司以避税数十亿元美元的指责①。库克表示，苹果是美国纳税金额最高的企业。2012年公司在美国的有效税率为30.5%②，公司对美国财政支付了近60亿美元税金，即每天超过1 600万美元，2013年将支付更多。在过去几年里，苹果在美国创造了60多万个就业岗位，其中5万个是直接由苹果公司提供的。库克称，“我们赚的每一块钱都是纳过税的，我们无须依赖税务漏洞”。他说，爱尔兰子公司并未减少苹果在美国的税负。苹果公司只是未把在海外的利润汇回美国，从而避免了联邦政府对海外利润征收的35%税收，这一做法在其他跨国公司中十分常见。

纳税正义联盟（Citizens for Tax Justice，CTJ）的合作伙伴马修·加德纳说：“很多人以为苹果公司的避税是一个特例，其实许多大公司都有可能这么做。”实际上，美国的跨国大公司基本上都在利用类似策略避税，如利用“海外避税港”（offshore tax havens）避税。

分析要求：你如何评价对苹果公司的指责与苹果公司的回应？通过该案例，你对避税有何新的理解与认识？

---

① 美国参议院报告中是“指责”，而不是“指控”苹果公司避税。也就是说，虽然苹果公司确实规避了巨额的税金，但是其行为是不违法的。

② 美国参议院常设委员会发布的调查报告说“苹果公司实际的美国税率只有20.1%，比该公司对外声称的24%～32%低得多”。

第12章 税务筹划实务

学习目标

掌握税务筹划的基本操作实务。其具体目标包括：

□ 知识目标

了解企业组建、经营、投融资税务筹划的基本内容和基本方法。

□ 技能目标

掌握税务筹划实务的基本程序与方法。

□ 能力目标

理解企业组建、经营、投融资税务筹划的基本思路，树立税务筹划整体效应、长远利益的基本理念。

12.1 企业组建的税务筹划

12.1.1 组建形式的税务筹划

1）公司与合伙企业的选择

目前，许多国家对公司和合伙企业实行不同的纳税规定。公司的营业利润在企业环节课征企业所得税，税后利润作为股息分配给投资者，投资者还要缴纳一次个人所得税。而合伙企业则不作为公司看待，营业利润不交企业所得税，只课征各个合伙人分得收益的个人所得税。面对公司税负重于合伙企业税负的情况，纳税人会做出不组织公司，而办合伙企业的决策。

2）子公司与分公司的选择

当一个企业进行国外或外地投资时，它可以在建立常设机构、分公司或子公司之间进行选择。由于一些低税国、低税地区可能对具有独立法人地位的投资者的利润不征税或只征较低的税，并与其他国家、地区签订了税收协定，对分配的税后利润不征或少征预提税。因此，跨国法人常乐于在这些低税国家、地区建立子公司或分公司，用来转移利润，逃避高税国税收。

从法律上讲，子公司是一个独立的法人，而分公司则不是一个独立的法人。从税收的角度讲，不论是子公司，还是分公司，都应在其所在国缴纳所得税。但大多数国家对在该国注册登记的公司法人（子公司）与外国公司设在该国的常设机构（分公司）在税收上是有不同规定的。前者往往承担全面纳税义务，后者往往承担有限纳税义务。此外，在税率、优惠政策等方面，也有差异。在设立公司时，这是必须筹划的一个问题。

分公司的税收待遇往往不同于子公司。许多国家对外国公司的分支机构利润，除征收企业所得税外，还要开征一种“分支机构税”。如分支机构成为外国公司的子公司时，此税相当于对其分配股息所征的所得税额。多数国家征收分支机构税时，是就分支机构扣除应征的企业所得税后的全部利润征收，即使事实上并无汇出利润也要征收此税，即不考虑这笔利润是否汇往总公司作为股息。也有些国家只就分支机构未再投资于固定资产的利润征税。还有些国家只就利润的汇出部分征税，称为“汇出税”。

对跨国公司而言，将其某些附属机构设为子公司，而将另一些设立为分公司，从税务筹划的角度出发，应从以下方面加以考虑：

（1）设立子公司在东道国对债务人只负有限责任，但设立分公司时，总公司则需负连带责任。

（2）东道国适用税率低于居住国时，子公司的累积利润可得到递延纳税的好处。另外，某些国家子公司适用的所得税税率比分公司低。

（3）许多国家允许境内的企业集团内部公司之间盈亏互抵，子公司就可以加入某一集团以实现整体利益的税务筹划。设立分公司时，在经营初期，境外企业往往出现亏损，分公司的亏损可以冲抵总公司的利润，减轻税收负担。

（4）子公司有时可以享有集团内部转移固定资产增值部分免税的税收优惠；而设立分公司时，因其与总公司之间的资本转移，不涉及所有权变动，不必负担税收。

（5）子公司向母公司支付的诸如特许权、利息、其他间接费等，要比分公司向总公司支付，更容易得到税务当局认可。

（6）子公司利润汇回母公司要比分公司灵活得多，资本利得可以保留在子公司，或者可以选择税负较轻的时候汇回，得到额外的税收利益；而分公司交付给总公司的利润通常不必缴纳预提税。

（7）母公司转售境外子公司的股票增值部分，通常可享有免税照顾，而出售分公司资产取得的资本增值要被课税。

（8）境外分公司资本转让给子公司有时要征税，而子公司之间的转让则不征税。

12.1.2 注册地点的税务筹划

各国经济发展不平衡，每个国家的不同地区（区域）的经济发展也可能是不完全平衡的。因此，反映经济发展要求的税法（税制）也会存在差异。正是因为税收待遇的差异性，为纳税人税务筹划提供了机遇。我国企业所得税法规定，根据注册地点和实际管理机构所在地两个标准，将企业所得税的纳税人分为居民企业和非居民企业，两类纳税人承担不同的纳税义务。

1）居民企业及其税收政策

居民企业是指依据中国的法律、行政法规，在中国境内成立，并取得收入的经济组织；或者依照外国（地区）法律在中国境外成立，但实际管理机构在中国境内且取得收入的经济组织。"实际管理机构"是指对企业的生产经营、人员、账务、财产等实施实质性全面管理和控制的机构。

境外注册中资控股企业依据实际管理机构标准认定为居民企业。境外中资企业是指由中国境内的企业或企业集团作为主要控股投资者，在境外依据外国（地区）法律注册成立的企业。对于实际管理机构的判断，应当遵循实质重于形式的原则。境外中资企业同时符合以下条件的，应判定其为实际管理机构在中国境内的居民企业：

（1）企业负责实施日常生产经营管理运作的高层管理人员及其高层管理部门履行职责的场所主要位于中国境内；

（2）企业的财务决策（如融资、投资、风险管理等）和人事决策（如任命、解聘和薪酬等待遇），由位于中国境内的机构或人员决定或需要得到位于中国境内的机构或人员批准；

（3）企业的主要财产、会计账簿、公司印章、董事会和股东会议纪要等位于或存放于中国境内；

（4）企业1/2（含）以上有投票权的董事或高层管理人员经常居住于中国境内。

居民企业包括在中国注册或在外国注册成立但实际管理机构在中国境外的中国企业和外国企业。居民企业在我国承担无限纳税义务，应就其来源于中国境内、境外的全部所得在中国纳税。

非境内注册居民企业直接投资于中国境内其他居民企业取得的股息、红利等权益性投资收益，作为其免税收入。非境内注册居民企业的投资者从该居民企业分得的股息红利等权益性投资收益，属于来源于中国境内的所得，应当征收企业所得税；该权益性投资收益中符合企业所得税法"居民企业直接投资于其他居民企业取得的投资收益"规定的部分，可作为收益人的免税收入。境外中资企业被判定为非境内注册居民企业的，按照企业所得税法和受控外国企业管理的有关规定，不视为受控外国企业。

2）非居民企业及其税收政策

非居民企业是指依照外国（地区）法律成立且实际管理机构不在中国境内，但在中国境内设立机构、场所的，或者在中国境内未设立机构、场所，但有来源于中国境内所得的企业。依照外国（地区）法律成立的企业，包括依照外国（地区）法律成立的企业和其他取得收入的组织。

根据是否在中国境内设立机构场所，非居民企业又分成两类。非居民企业在我国境内设立的机构场所，根据国际惯例视同中国的居民企业，该机构场所来源于中国境内和境外所得也需在中国缴纳企业所得税；而对没有在中国境内设立机构场所的非居民企业，承担有限纳税义务，仅就其来源于中国境内的所得在我国纳税。

3）注册地点的选择

注册地点的选择关系到纳税人居民身份的判定。不同身份的纳税人在我国承担的纳税义务不同。居民和非居民设立在中国境内的机构场所的所得，按25%税率计算缴纳企业所得税，并对其来源于中国境外的所得已经在境外缴纳的所得税进行税额抵免。在中国没有设立机构场所的非居民来源于中国境内的所得则全额减按10%计缴预提所得税。同时，居民企业可以享受我国的相关税收优惠政策，而非居民企业一般不能享受税收优惠政策。

【例12-1】某国居民公司A，在中国投资建立一个生产基地B。某年A公司准备转让一项专利技术给中国的居民企业C，转让价为人民币3 000万元。已知B基地当年在中国获得利润总额3 750万元，其中包括单独核算技术转让所得1 200万元。有以下三个方案：

方案1，B在中国注册成立，为中国居民企业，适用25%的企业所得税税率。由B成立研发部门组织开发该专利技术，发生研发支出1 800万元，再由B将该专利技术转让给C。

根据有关规定，对其发生的研发支出可以加计扣除，且其技术转让所得不超过500万元的部分可以免征企业所得税，超过500万元的部分减半征收企业所得税。

B在中国应纳税额=（3 750−1 800×50%−1 200）×25%+（1 200−500）×25%×50%=412.5+87.5
=500（万元）

方案2，B为A设在中国的生产机构，没有在中国注册，其实际管理机构在英国，不具备中国居民身份。由B成立研发部门组织开发该专利技术，发生研发支出1 800万元，再由B将该专利技术转让给C。

由于B为中国非居民，不能享受上述加计扣除和减免所得税优惠，但对B的所得视同居民按25%的税率征税。

B在中国应纳税额=3 750×25%=937.5（万元）

方案3，B在中国注册成立，为中国居民企业。由A在该国成立研发部门组织开发该专利技术，发生研发支出1 800万元，然后直接转让给C。

该技术转让收入不是通过A在中国境内的B取得的，应全额征收预提所得税。

A在中国应纳预提所得税额=3 000×10%=300（万元）

同时，

B在中国应纳企业所得税额=3 750×25%=937.5（万元）

合计在中国纳税1 237.5万元。

可见，通过中国境内的居民企业转让该专利技术税负最低，由境外居民企业直接转让该专利技术税负最高。在税务筹划时，还应考虑境内的居民企业或机构是否有研发能力，境外居民企业是否在中国境内已经有分支机构，因为新建一个机构场所或注册成立一个新居民企业都要符合一定条件，有一定的成本。

4）注册登记时间的选择

【例12-2】某公司2015年9月30日成立，符合小型微利企业条件，采取查账征收方式，全年应纳税所得额为26万元。企业2015年度应交企业所得税计算如下：

10月1日前应交企业所得税=26×1÷4×20%=1.3（万元）

10月1日后应交企业所得税=26×3÷4×50%×20%=1.95（万元）

年度应交企业所得税=1.3+1.95=3.25（万元）

如果该公司10月1日成立，其他条件不变。该企业2015年度应交企业所得税计算如下：

应交企业所得税=26×50%×20%=2.6（万元）

仅仅晚成立一天，就少缴企业所得税6 500元，对小型微利企业来说，不能不考虑。也可能质疑，如此计算是否正确？根据国家税务总局2015年第61号公告规定，2015年度新成立企业的起始经营月份，按照税务登记日期所在月份计算。

$$\frac{\text{2015年10月1日至12月31日}}{\text{利润额或应纳税所得额}}=\frac{\text{全年累计实际利润或}}{\text{应纳税所得额}}\times\left(\frac{\text{2015年10月1日之后}}{\text{经营月份数}}\div\frac{\text{2015年度}}{\text{经营月份数}}\right)$$

企业所得税本是一个年度性税种，一般情况下，企业在年度当中何时成立对其纳税影响不大，但这次将小型微利企业所得税优惠政策分为两段计算，那么，何时注册登记，其税负就大不相同了。该案例说明，企业要有效进行税务筹划，一定要认真关注税收法规的每一个变化，在仔细研读的基础上，再进行税务规划。

【小思考12-1】你认为以下哪种说法正确？

（1）子公司税负轻于分公司

（2）不同类型企业税负可能不同

【答案】（2）

12.2　企业经营的税务筹划

12.2.1　运用会计方法进行税务筹划

1）存货计价的税务筹划

存货成本的计算，对于产品成本、企业利润及所得税都有较大的影响。现行财务制度规定，购入存货应按照买价加运输费，装卸费，保险费，途中合理损耗，入库前的加工、整理和挑选费用，以及缴纳的税金（不含增值税）等计价。我国现行税制规定，纳税人各项存货的发出和领用，其实际成本的计算方法，可以在先进先出法、加权平均法、个别计价法等方法中任选一种。计价方法一经选用，不得随意改变。

2）折旧计算的税务筹划

在上述分析存货计价对税基影响的过程中，为了分析方便，舍去了固定资产折旧费用的因素。折旧的核算是一个成本分摊过程，其目的在于将固定资产的所有成本按合理而系统的方式，在它的估计有效使用期内进行摊销。而不同折旧方法使每期摊销额不同，从而影响企业的应税所得，影响企业的所得税税负。

资产的计价和折旧是影响企业应纳税所得额的重要项目。但资产的计价几乎不具有弹性。就是说，纳税人很难在这方面做税务筹划的文章，而固定资产折旧就成为经营者必须考虑的问题。

（1）折旧年限的确定

由于使用年限本身就是一个预计的经验值，使得折旧年限容纳了很多人为的成分，为税务筹划提供了可行性。

缩短折旧年限有利于加速成本收回，可以使后期成本费用前移，从而使前期会计利润发生后移。在税率稳定的情况下，所得税的递延缴纳，相当于向国家取得了一笔无息贷款。

【例12-3】某企业有一辆价值500 000元的货车，残值按原价的4%估算，估计使用年限为8年。按直线法每年计提折旧额如下：

500 000×（1-4%）÷8=60 000（元）

假定该企业资金成本为10%，（P/A，10%，8）=5.335，则折旧节约所得税支出折合现值如下：

60 000×25%×5.335=80 025（元）

如果企业将折旧期限缩短为6年，（P/A，10%，6）=4.355，则每年提折旧额如下：

500 000×（1-4%）÷6=80 000（元）

因折旧而节约所得税支出，折合现值如下：

80 000×25%×4.355=87 100（元）

尽管折旧期限的改变并未从数额上影响到企业所得税税负的总和，但考虑到资金的时间价值，后者对企业更为有利。

当税率发生变动时，延长折旧期限也可节税。

【例12-4】假如上述企业享受国家“两免三减”的优惠政策，如果货车为该企业获得经营收入的第一个年度购入，而折旧年限为8年或6年，那么，哪一个折旧年限更有利于企业节税？8年和6年折旧年限的节税情况，见表12-1。

表12-1 8年和6年折旧年限节税表 单位：元

折旧年限	年提取折旧	折旧各年节税额				节税总额
		第1、2年	第3、4、5年	第6年	第7、8年	
8年	60 000	0	7 500	15 000	15 000	37 500
6年	80 000	0	10 000	20 000	—	30 000

（2）折旧方法的确定

最常用的折旧方法有直线法和加速折旧法。税法赋予企业固定资产折旧方法和折旧年限的选择权。财务制度规定，企业固定资产折旧方法一般采用平均年限法。企业专业车队的客、货汽车，大型设备，可以采用工作量法。在国民经济中具有重要地位和技术进步快的电子生产企业、船舶制造企业、生产“母机”的机械企业、飞机制造企业、汽车制造企业、化工生产企业和医药生产企业以及其他经财政部批准的特殊行业的企业，其机器设备可以采用双倍余额递减法或者年数总和法计提折旧。

在上述各种折旧方法中，运用不同的折旧方法计算的折旧额在量上不一致，分摊到各期的固定资产成本也存在差异，进而影响各期营业成本和利润。这一差异为税务筹划提供了可能。

【例12-5】某企业固定资产原值80 000元，预计残值2 000元，使用年限5年。该企业年利润（含折旧）和年产量见表12-2。该企业所得税适用25%的比例税率。

表12-2　**企业年利润（含折旧）和年产量表**

年限	未扣除折旧的利润（元）	产量（件）
第1年	40 000	400
第2年	50 000	500
第3年	48 000	480
第4年	40 000	400
第5年	30 000	300
合计	208 000	2 080

下面分别运用直线法、产量法、双倍余额递减法和年数总和法进行折旧，计算每年的应纳所得税额（见表12-3）。

表12-3　**各种折旧方法下的应纳所得税额**　单位：元

年限	直线法	产量法	双倍余额递减法	年数总和法
第1年	6 100.00	6 250.00	2 000.00	3 500.00
第2年	8 600.00	7 812.50	7 700.00	7 300.00
第3年	8 100.00	7 500.00	9 120.00	8 100.00
第4年	6 100.00	6 250.00	8 090.00	7 400.00
第5年	3 600.00	4 687.50	5 590.00	6 200.00
合计	32 500.00	32 500.00	32 500.00	32 500.00

由表12-3可见，虽然用四种不同方法计算出来的累计应纳所得税额在量上是相等的，均为32 500元（产量法下为约等值）。但是，第1年，运用双倍余额递减法计算折旧时应纳税额最少，年数总和法次之，而运用产量法计算折旧时应纳税额最多。总的来说，运用加速折旧法计算折旧时，开始的年份可以少纳税，把较多的税收延迟到以后的年份缴纳，相当于从政府处依法取得了无息贷款。为了便于比较，将各年的应纳税额都折算成现值，并累计起来。假定银行贷款利率为10%，其结果如下：

运用直线法计算折旧时，应纳税额现值为27 653.83元；运用产量法计算折旧时，应纳税额现值为27 447.53元；运用双倍余额递减法计算折旧时，应纳税额现值为26 432.83元；运用年数总和法计算折旧时，应纳税额现值为26 624.49元。

从应纳税额的现值来看，运用双倍余额递减法计算折旧时，税额最少，年数总和法次之，而运用直线法计算折旧时，税额最多。原因在于：双倍余额递减法、年数总和法在最初的年份内提取了更多的折旧，因而冲减的税基较多，使应纳税额减少。这样，其应纳税额的现值便较低。在运用直线法、产量法计算折旧时，由于直线法将折旧均匀地分摊于各年度，而产量法根据年产量来分摊折旧额，该企业产量在初始的几年内较高，因而所分摊的折旧额较多，从而较多地侵蚀或冲减了初始几年的税基。因此，产量法较直线法的节税效果更显著。

在比例课税的条件下，加速固定资产折旧，有利于企业节税，因为它起到了延期缴纳所得税的作用。但在累进课税的条件下，加速固定资产折旧的节税效果会受到多方面因素的制约，需要根据企业的具体情况，考虑税率累进的急剧程度、银行利率大小等，进一步作具体测算分析。

（3）加速折旧对企业所得税及税后利润的影响

在所得税方面，如果享受“两免三减”的优惠政策，企业应剔除价格、成本中的变动因素，对已知因素采取使前期利润较高、后期利润较低的处理方法，在政策允许的范围内充分享受所得税优惠。加速折旧与延缓折旧对企业利润及所得税的影响是税务筹划要考虑的问题。

【例 12-6】假定某软件生产企业，预计固定资产投资100万元，当年投产当年获利，所得税税率为25%，前两年免交所得税，第3年至第5年减半交所得税，以后年度按规定税率纳税，再假定企业有三种可供选择的折旧方法：在合营期限内采取直线折旧法，或将折旧年限缩短为8年，或采用年数总和法（均不考虑残值）。

以直线折旧法为标准，分析加速折旧对企业利润及所得税带来的影响（见表12-4），A、B、C分别代表不同折旧方法。

表12-4 加速折旧给企业利润及所得税带来的影响 单位：万元

年份	年折旧额			对所得税的影响		对税后利润的影响	
	A	B	C	B-A	C-A	B-A	C-A
1	10	12.5	18.18	0	0	-2.5	-8.18
2	10	12.5	16.36	0	0	-2.5	-6.36
3	10	12.5	14.54	-0.3125	-0.5675	-2.1875	-3.9725
4	10	12.5	12.73	-0.3125	-0.3413	-2.1875	-2.3887
5	10	12.5	10.91	-0.3125	-0.1138	-2.1875	-0.7962
6	10	12.5	9.1	-0.625	+0.2250	-1.875	+0.675
7	10	12.5	7.27	-0.625	+0.6825	-1.875	+2.0475
8	10	12.5	5.45	-0.625	+1.1375	-1.875	+3.4125
9	10	0	3.64	+2.5	+1.5900	+7.5000	+4.7700
10	10	0	1.82	+2.5	+2.0450	+7.5000	+6.1350
合计	100	100	100	+2.1875	+4.6574	-2.1875	-4.6574

注：表中A、B、C代表不同方案（不同折旧方法）；B-A表示B方案相对于A方案所产生的影响；C-A表示C方案相对于A方案所产生的影响。

表12-4假定直线折旧法对所得税及税后利润的影响为“0”，当采用缩短折旧年限方法时，使所得税增加21 875元，税后利润减少21 875元；当采用年数总和法时，所得税增

加49 064元，税后利润减少29 161元。以上分析没有考虑货币时间价值。即使考虑货币时间价值也不能改变由于采用加速折旧方法给企业带来的不利。假定企业资金成本率为10%，按资金成本率将上述对所得税及税后利润的影响值折现（见表12-5）。考虑货币时间价值后，采用缩短折旧年限方法，使所得税增加4 178元，税后利润减少56 538元；采用年数总和法使所得税增加19 286元，税后利润减少90 754元。

表12-5　**加速折旧给企业利润及所得税带来的影响（折现）**　单位：万元

年份	折现系数	对所得税的影响		对税后利润的影响	
		B-A	C-A	B-A	C-A
1	0.909	0	0	-2.2735	-7.4356
2	0.826	0	0	-2.0650	-5.2534
3	0.751	-0.2347	-0.2394	-1.6428	-1.6757
4	0.683	-0.2134	-0.2331	-1.4941	-1.6315
5	0.621	-0.1941	-0.0707	-1.3584	-0.4944
6	0.564	-0.3525	+0.1269	-1.0575	+0.3807
7	0.513	-0.3206	+0.3501	-0.9619	+1.0503
8	0.467	-0.2919	+0.5312	-0.8756	+1.5937
9	0.424	+1.06	+0.6742	+3.18	+2.0224
10	0.386	+0.965	+0.7894	+2.895	+2.3681
合计	—	+0.4178	+1.9286	-5.6538	-9.0754

注：表中A、B、C代表不同方案（不同折旧方法）；B-A表示B方案相对于A方案所产生的影响；C-A表示C方案相对于A方案所产生的影响。

通过上述分析可以看出：将折旧年限从10年缩短到8年比采用年数总和法优越，倘若将折旧年限从10年缩短到5年，这种缩短年限的方法将使企业所得税税负增加的程度大于年数总和法。

由此可见，企业在经营前期享受所得税减免时，固定资产折旧速度快，企业所得税税负重。因为企业在可以享受减免税期间，将可以作为利润的部分作为费用，而没能使这部分利润享受减免税的优惠。

从表面上看，加速折旧使企业少得利润，而实质上，这部分利润保留在固定资产价值中，待到企业清算时，这部分利润才以清算收益的形式反映出来。因此，就企业来说，加速折旧给企业带来的真正损失是增加所得税税负。

（4）加速折旧对企业经营者与所有者的影响

加速折旧使企业增加了所得税的支出，致使经营者可以支配使用的经营资金减少，一部分资金以所得税形式流失。但是，加速折旧向经营者提供了一项秘密资金，即已经提足折旧的固定资产仍然可为企业服务，却没有占用企业的资金，这项秘密资金的存在给企业未来的经营亏损提供了避难所。因此，很多企业乐于采取加速折旧的方法，以给经营者提供一个较为宽松的财务环境。

如果加速折旧对企业经营者有弊也有利的话，而对于企业所有者来说则无利可言：

① 加速折旧给企业及企业经营者带来的损失也是对企业所有者的损失，所得税的增加，无疑减少了所有者应得的利益。

② 加速折旧使企业税后利润递延，对投资者造成实质性的影响。作为企业所有者，应当要求企业经营者在近期内获得较高的利润，以尽快地收回其投资额，虽然折旧是固定资产投资的补偿，但企业却不能将提取的折旧分配给所有者，而要将其留在企业，直至合营期满。倘若企业采用加速折旧的方法将所有者收益递延，势必延长所有者投资回收期，增加投资的不安全成分，使所有者投资处在通货膨胀和企业经营风险之中。

3）坏账准备处理方法的税务筹划

坏账准备的处理主要有直接转销法、备抵法、账龄分析法。采用不同的方法，列支的费用不同，对所得税的影响也不相同。企业既要考虑税务筹划，也要考虑企业的声誉（特别是上市公司），两者权衡取其优。

4）费用分摊的税务筹划

前述折旧方法与坏账准备处理方法均属费用分摊方法，不过是两类比较特殊的费用，因此，单独叙述。

费用分摊方法可以归纳为平均分摊法、实际计入法和不规则分摊法三类。三类方法对企业各期费用水平和产品成本水平都有不同的影响，对企业利润和纳税额的影响也不相同。

费用分摊对企业纳税额的影响程度主要取决于费用摊销额。一般来说，费用摊销额大，则企业费用和成本水平就高，利润总额就会下降，因而企业应计所得税额就会减少；反之，费用摊销额小，费用和成本水平低，利润总额就会上升，企业应计所得税额就会增加。在超额累进税率制度下，不规则费用摊销法会增大企业税负；而平均分摊法可以减轻企业税负，因为不规则分摊法会使企业费用或成本负担过于集中，从而使企业利润额在各会计期间起伏较大，在累进税率下，利润过低少缴的税款很难抵销利润过高多缴的税款，从而增加企业纳税负担。

5）购销活动的税务筹划

企业购销活动中的地点、对象、定价、结算方式，与企业的税负有很大的关系。例如，在企业销售货款难以及时回笼的情况下，采用分期收款结算方式，较之其他结算方式，可以推迟纳税期限。因此，做好企业采购、销售中的税务筹划，具有十分重要的意义。

（1）利用地区性税负差别进行税务筹划

在税负较低的地区设立分公司或子公司等分支机构，将货物调拨到分支机构销售，通过转让定价的方法，达到减轻税负的目的。例如，内地某外商投资企业M公司年销售利润为100万元，所得税税率为30%，应纳所得税额为30万元。现该公司于经济特区设立分支机构N公司，将货物调拨到N公司销售，N公司适用的所得税税率为15%。假定两公司总体销售利润总额仍为100万元，其中M公司40万元，N公司60万元，M公司应纳所得税额为12万元（40×30%），N公司应纳所得税额为9万元（60×15%），较未设立分支机构进行购销活动前减轻税负9万元（30-（12+9））。

（2）利用增值税购进扣税法尽可能延缓纳税

增值税实行购进扣税法，尽管不会降低企业应税产品的总体税负，但却为企业通过各种方式延缓纳税，并利用通货膨胀和时间价值因素，为相对降低税负创造了条件。

【例12-7】某企业1月份购进增值税应税商品1 000件，增值税专用发票记载，购进价款100万元，增值税进项税额13万元，该商品销售单价1 200元（不含增值税），实际月销量100件（增值税税率为13%），则各月增值税销项税额均为1.56万元。但由于进项税额采用购进扣税法，1月至8月份因销项税额（合计12.48万元）不足抵扣进项税额（13万元），实际上在此期间是不纳增值税的。9月、10月两个月分别缴纳1.04万元和1.56万元，共计2.6万元（1.56×10−13）。这样，尽管纳税的账面金额是完全相同的，但如果月资金成本率为2%，通货膨胀率为3%，则2.6万元的税款折合为1月初的金额仅为：

$$1.04\div[(1+2\%)^{9}\times(1+3\%)^{9}]+1.56\div[(1+2\%)^{10}\times(1+3\%)^{10}]=1.6192\text{（万元）}$$

显然比各月均衡纳税的税负要轻。

（3）利用销售结算方式的选择权进行税务筹划

企业产品销售的形式多种多样，但总体上有两种类型：现销方式和赊销方式。现行税制和财务制度对于纳税义务发生时间、销售实现时间的规定是一致的。不同的销售方法结算方式（工具），其纳税义务发生时间是不同的（详见本书2.1节），这就为进行税务筹划提供了可能。

纳税人可以利用结算方式的选择权，采取没有收到货款不开发票的方式，就能达到递延税款的目的。例如，对发货后一时难以回笼的货款，作为委托代销商品处理，待收到货款时才出具发票纳税。避免采用托收承付和委托收款结算方式销售货物，防止垫付税款。尽可能采用支票、银行本票和汇兑结算方式销售货物。在不能及时收到货款的情况下，采用赊销或分期收款结算方式，避免垫付税款。以上是对销货方而言的，若从购货方的角度出发，则应从相反的角度进行税务筹划。

（4）利用记账汇率进行税务筹划

有涉外业务的企业，在进货和销货时往往按照不同的币种进行计价，并将外币计价转换成记账本位币　人民币。如果主要以某一种外币进行结算，经批准，可以某一种外币作为记账本位币，但在申报纳税时，要折合成人民币。因此，记账汇率变动产生的汇兑损益就成为影响企业利润总额和纳税额的一个重要因素。

纳税人所得为外国货币并按外汇牌价折合成人民币缴纳税款的，若发生多缴税款退税时，要将应退人民币按其当初缴税时的外汇牌价折合成外币，再将该种外币税额按退税日外汇牌价折合成人民币退还；若发生少缴税款，补税时应按补税当日外汇牌价折合成人民币补缴税款。

企业采用的记账汇率，可以按固定汇率，也可以按变动汇率，而国家每日公布的外汇牌价是变动的。企业选定恰当的记账汇率，就可能减轻税负。

6）技术改造时机选择的税务筹划

从理论上讲，技术改造可以在固定资产使用一段时间后的任何一段时间内进行。但在实践中，企业选择不同技术改造时间，也会对企业纳税产生影响。若将技术改造的时间选择在不同的年限，那么，从那一年起到折旧年限结束为止的时间内的每年折旧额、销售收入、利润、税负状况都会发生明显的变化。一般来说，技术改造时机选择得好，企业纳税额就相对减少。

技术改造最佳时机的选择可通过以下几个指标进行计算比较：

设折旧年限为N，则在实行技术改造年：

$$\text{企业利润增长率}=\left(\frac{\text{技术改造后实现的}}{\text{N年利润总额}}-\frac{\text{未进行技术改造时}}{\text{N年利润总额}}\right)\div\frac{\text{未进行技术改造时}}{\text{N年利润总额}}\times 100\%$$

$$\text{纳税额增长率}=\left(\frac{\text{技术改造后实现的}}{\text{N年纳税总额}}-\frac{\text{未进行技术改造时}}{\text{N年纳税总额}}\right)\div\frac{\text{未进行技术改造时}}{\text{N年纳税总额}}\times 100\%$$

$$\text{税负增长率}=\left(\frac{\text{技术改造后实现的}}{\text{N年税负总额}}-\frac{\text{未进行技术改造时}}{\text{N年税负总额}}\right)\div\frac{\text{未进行技术改造时}}{\text{N年税负总额}}\times 100\%$$

通过比较不同年限的上述指标，就会发现在哪一年进行技术改造会使企业经济效益最大，利润最高，税负最小。

7）运用转让定价方法的税务筹划

转让定价是适应公司组织形式和管理结构变化应运而生的一种重要的避税方式，其基本做法是：在产品转让中，当卖方处于高税负而买方处于低税负情况下，交易价格就低于市场价格，而当卖方处于低税负而买方处于高税负的情况下，交易价格就高于市场价格。通过转让定价方法，可以使等量利润在不同纳税人身上以适应不同税率而避税，还可以在等量利润适用等量税率的情况下，以企业之间的价格转让和利润转让达到避税的目的。

一般来说，转让定价避税的基本方式有：

（1）“高进低出”方式

在原材料供应上抬高定价，在产品销售上压低定价，将收入转移到低税负国家或地区的关联公司中去，或抬高高税负国家或地区关联公司的成本，以达到避税目的。

假定在A国有一跨国公司准备向B国公司销售设备1 000台，按照当时国际市场行情，该设备每台售价10 000美元，制造设备的成本为8 000美元，若A国公司所得税税率为60%，A国总公司应负担所得税额为：

（10 000-8 000）×1 000×60%=1 200 000（美元）

现假设A国总公司在英属维尔京群岛设有子公司，该子公司适用的所得税税率仅为15%，A国总公司就会利用子公司避税。首先，A国总公司压低售价将设备转让给子公司，设每台售价8 000美元，则：

A国总公司销售收入=8 000×1 000=8 000 000（美元）

其纳税所得额为：

（8 000-8 000）×1 000=0

A国总公司应纳税所得额为0，子公司再按照国际市场行情将设备卖给B国公司，其销售收入为：

10 000×1 000=10 000 000（美元）

假设子公司的销售费用为10 000美元，则其应纳税额为：

10 000 000-8 000 000-10 000=1 990 000（美元）

子公司适用的所得税税率为15%，则其应纳税额为：

1 990 000×15%=298 500（美元）

A国总公司因避税而增加的利润额为：

1 200 000−298 500=901 500（美元）

因此，利用"高进低出"方式可使总公司多获利润901 500美元。

（2）"低进高出"方式

这种方式主要适用于高流转税的企业。例如，有些实行高增值税税率的企业，在向低税负企业购进产品时，压低购进价，或在向低税负企业销售产品时，抬高销售价，将利润转移给关联企业，这就可以降低企业增值税税负，同时，可以从低税负企业中获取利润。

（3）转移利息费用和管理费用

将费用转移到高所得税税负的国家和地区，也是转移定价通常采用的方式。例如，为了使一个处于高税负的盈利子公司既能多汇回利润，又能够逃避税收，母公司可以向子公司多收取管理费用，或将母公司的某些费用摊入子公司的产品成本中，这就可以把子公司的利润转移到母公司。

（4）无形资产的转让定价

由于无形资产大多具有非实体性、专有性以及效益不确定性，所以其计价也具有不可比性。因此，利用无形资产的计价特征，进行转移定价避税，可以巧妙地达到避税目的。例如，将本企业生产工艺技术或特许权无偿或低价提供给关联单位，其报酬不通过技术转让收入核算，而是从对方的留利中获取，这样可以减轻企业税负。

12.2.2　利用税收优惠政策进行税务筹划

税收优惠政策是国家利用税收杠杆，将一部分应收的税款无偿地折让给纳税人，以体现政府的政策导向。税收优惠政策的形式主要有税收减免、加计扣除、减计收入、税收抵免、加速折旧、优惠税率等。纳税人应对税收优惠政策认真加以研究，以用好、用足优惠政策，达到税务筹划的目的。

例如，企业可以利用研究开发费加扣政策进行税务筹划。企业为开发新技术、新产品、新工艺发生的研究开发费用，未形成无形资产计入当期损益的，在按照规定据实扣除的基础上，按照研究开发费用的50%加计扣除；形成无形资产的，按照无形资产成本的150%摊销。

【例12-8】某企业因未单独核算研究人员工资等研究开发费用，未能享受技术开发费的加计扣除。今年该企业不仅单独设立了技术研发部门，而且单独核算研究开发费用，并向税务机关报送了相关资料。如果今年的技术开发费为800万元，所得税税率为25%，则可以享受加计扣除，减少所得税150万元（800×75%×25%）。

除了开发新技术、新产品、新工艺发生的研究开发费用外，安置残疾人员及国家鼓励安置的其他就业人员所支付的工资，也可以在计算应纳税所得额时加计扣除。

又如，企业可以利用广告费和业务宣传费的税收政策进行税务筹划。企业发生的符合条件的广告费和业务宣传费支出，除国务院财政、税务主管部门另有规定外，不超过当年销售（营业）收入15%的部分，准予扣除；超过部分，准予在以后纳税年度结转扣除。广告费和业务宣传费是以销售（营业）收入为基数计算扣除限额的，如果纳税人将企业的销售部门设立成一个独立核算的销售公司，将企业产品销售给独立销售公司，再由独立销售公司对外销售，这样就多核算了一次营业收入，从集团整体来看也就会扩大广告费和业务宣传费的计提基数。

【例12-9】某公司某年度实现产品销售收入10 000万元，“销售费用”中列支广告费和业务宣传费2 500万元，税前会计利润总额为1 000万元。按税法扣除比例，其广告费和业务宣传费超支额为1 000万元。该公司总计应纳税所得额为2 000万元，应纳所得税500万元，税后净利润500万元。

若该公司将自己的销售部门独立出去成立一个销售公司，将产品以8 000万元的价格销售给销售公司，销售公司再以10 000万元的价格对外销售。母公司与销售公司发生的广告费和业务宣传费分别为1 000万元和1 500万元。母公司的税前利润为800万元，销售公司的税前利润为200万元，则两公司分别缴纳公司所得税，各项费用均不超过税法规定的标准，整个集团应纳所得税额为250万元（（200+800）×25%），税后净利润为750万元（1 000−250）。

如果该公司的产品是消费税的应税消费品，设立销售公司还可以获得节省消费税的好处，因为消费税的课税环节在产制环节而不是销售环节，如果该产品的消费税税率是30%，那么该公司可以节省消费税600万元（2 000×30%）。

企业实施不具有合理商业目的的安排而减少其应纳税收入或者所得额的，税务机关有权按照合理方法调整。因此，要在充分考虑商业目的的基础上，运用设立销售公司的税务筹划方案，并进一步在关联公司之间合理分摊广告费用进行税务筹划。

设立销售公司除了可以节税外，对于扩大产品销售市场，加强销售管理均具有重要意义，但也会因此增加一些管理成本。纳税人应根据企业规模的大小以及产品的具体特点，兼顾成本与效益原则，从长远利益考虑，决定是否设立分公司。

12.2.3 财务成果及其分配的税务筹划

（1）延长申报经营期，实现税务筹划。

（2）利用税前利润弥补以前年度亏损。对企业发生的年度亏损，税法允许用下一年度的税前利润弥补。下一年度利润不足弥补的，可以逐年延续弥补。但是，延续弥补期最长不得超过5年。争取用税前利润弥补以前年度亏损的主要方法有：兼并账面上有亏损的企业，以盈补亏，可以达到免缴企业所得税的目的；利用税法允许的资产计价和摊销方法的选择权，以及费用列支范围和标准的选择权，多列税前扣除项目和扣除金额，在用税前利润弥补亏损的5年期限到期前，企业继续亏损，从而延长税前利润补亏这一优惠政策的期限。

（3）保留在低税地区投资的利润不予分配，减轻投资者的税负。税法规定：纳税人从其他企业分回的已缴纳所得税的利润，其已缴纳的税额可以在计算本企业所得税时予以调整。即投资方从联营企业分回的税后利润，如投资方所得税税率低于联营企业，不退还所得税；如投资方企业所得税税率高于联营企业，投资方分回的税后利润应按规定补缴所得税。从上述规定可以看出，凡被投资企业利润不向投资者分配的，则不必补缴所得税。这样，保留低税率地区被投资企业的税后利润不进行分配并转为投资资本，可以减轻投资者的税收负担。

12.2.4 企业产权重组中的税务筹划

在企业合并、分立过程中进行纳税筹划，实现企业整体利益的最大化，也是不容忽视的。

1）企业分立的税务筹划

企业分立并不是原企业的完全消失，它或者以解散原来企业成立新企业的形式出现，或者以原有企业分出一部分成立新的企业、原有企业仍然存在的形式出现。总之，企业从本质上并没有消失，只是同原有企业相比，有了新的变化。也正是这种实质上的企业存续，为税务筹划提供了可能。

企业分立中的税务筹划主要体现在：企业所得税采用累进税率情况下，通过分立使原本适用高税率的一个企业，分化成两个或两个以上适用低税率的企业，使其总体税负得以减轻；将特定产品的生产部门分立为独立的企业，以期获得流转税的税负降低。

2）企业合并的税务筹划

由于税务筹划是以纳税人生产经营过程连续进行为前提的，因此，只讨论吸收合并的税务筹划（新设合并的税务筹划原理则基本相同）。

企业合并的税务筹划主要包括两个方面：一是合并中的支付方式；二是合并后存续公司的税收负担。

（1）合并中产权交换支付方式选择的税务筹划

吸收合并时，合并公司合并被合并公司，既可以用现金支付，也可以用其证券（如普通股股票、公司债券等）支付。在国际税收实践中，如果合并方用现金或其公司债券支付，则被合并公司股东收到现金时就要立即纳税。如果合并公司用其有表决权的股票支付，则被合并公司股东收到合并公司股票时可以免税，待股票出售后才计算损益，作为资本利得课税。国际上，除埃及等少数国家外，大多数国家对资本利得采取轻税政策。因此，支付股票对被兼并公司的股东而言，可以得到推迟纳税和减轻税负的优惠。

同时，依国际惯例，如合并公司以其债券或现金支付，则合并中所取得的资产将按其支付价格作为计提折旧的基础。相反，如果合并公司以其股票支付，则合并中取得的资产将按该资产原来的折旧基础计提折旧。例如，A企业购买B企业，出价为80万元，而B企业资产作为折旧基础的账面价值为50万元。如果A企业用现金或债券支付，则A企业将按其购买成本80万元计提折旧；相反，如果A企业用其股票支付，则A企业将按B企业原先的折旧基础50万元计提折旧。而折旧额越大，应税所得越少，企业就可少纳所得税。

（2）合并后所得税的税务筹划

利润高的企业通过合并有累积亏损的企业，可将企业利润转移到亏损企业账上，表面上是冲抵亏损，实质上是以被兼并企业的亏损额来抵减其应缴纳的所得税，从而使合并后企业的税负降低。

【例12-10】设E企业第1年初合并F企业，而F企业当时有250万元的亏损需递延至以后年度。E企业合并前后的损益，见表12-6、表12-7。

表12-6　**E企业合并前利润表**　单位：元

年度项目	第1年	第2年	第3年	合　计
利润总额	1 000 000	1 000 000	1 000 000	3 000 000
减：所得税费用（25%）	250 000	250 000	250 000	750 000
股东实得利润	750 000	750 000	750 000	2 250 000

表12-7 **E企业合并后利润表** 单位：元

年度项目	第1年	第2年	第3年	合　计
利润总额	1 000 000	1 000 000	1 000 000	3 000 000
减：亏损	1 000 000	1 000 000	500 000	2 500 000
应税利润净额	0	0	500 000	500 000
减：所得税费用（25%）	0	0	125 000	125 000
股东实得利润	1 000 000	1 000 000	375 000	2 375 000

3）资产重组的税务筹划

（1）资产重组对所得税的影响

① 改变经营地点。利用我国税负的地区差异，税负重的地区的企业可以在税负较轻的地区或者税收优惠的地区设立分支机构，把主要盈利的项目交由分支机构经营，或将其利润集中于分支机构核算，达到减轻税负的目的。

② 多种方式投资。资产重组后，集团可以考虑以直接投资方式与外商合资兴办具有市场潜力的企业。如按税法规定，生产性外商投资企业，经营期10年以上的，从开始获利的年度起第1年、第2年免征企业所得税，第3年至第5年减半征收企业所得税。若外商投资企业在经济开发区、经济特区等，采取优惠税率15%。

③ 调整纳税期限。经税务机关批准，企业集团可以利用符合法律规定的计算日期的时间差，在不减少税金支出的前提下，相应地增加利息收入。

（2）资产重组对增值税的影响

① 减少流转环节。“大而全”“小而全”的企业不仅不能提高企业的规模效益，而且使产品质量差、成本高。因此，在企业资产重组中，应将各企业同类产品或类似产品的生产进行适当归并，减少产品生产流转环节，减少重复投资，使企业的合并真正成为企业的“助推器”，推动企业集团的发展。

② 充分利用税收优惠。企业集团一般经营业务广泛，尤其应注意国家的税收优惠政策。如税法规定，对外承包项目的货物，对外承接修理修配业务的企业用于对外修理修配业务的货物，以及企业在国内采购并运往境外作为在国外投资的货物，可享受免税并退税。

（3）内部结算价格的税负因素

国有企业资产重组后，集团内各企业之间实现资源共享。因此，在内部结算价格的制定上应考虑产品的利润及税金，使企业价格的制定因税负区的不同、税负政策的区别而有所差别。内部结算价格的制定方法有市场价、以市场价为基础的协商价、变动成本加固定费转移价及全部成本转移价。一般来说，税负高的地区，主要采用市场价；税负低的地区，以全部成本转移价为主。这样可以使集团的利润在不同的税负区实现合理的分配。

【小思考12-2】你认为以下哪些说法正确？

（1）加速折旧一定可以使税负后移

（2）销售结算方式可以影响企业税负

（3）保留在低税区的利润不分配，可以减轻税负

（4）利用债务重组可以减轻税负

【答案】（2）（3）（4）

12.3 企业投资融资的税务筹划

纳税人可根据国家的法律、法规，借助投资、筹资的合理配置，以期达到税负抑减，税后收益长期、稳定增长的目的。因此，税务筹划不是一个孤立的行为，而是有机地融入企业经营理财活动的全过程，其绩效的大小是企业投资、融资水平的综合反映。

纳税既然是企业投资、筹资活动取得合法收益的必要支出（减项），企业税负能否得以有效的抑减，就应当进行投资、筹资的税务筹划。通过对影响企业税负的各个因素进行分析、测算，最后做出正确的投资、筹资决策。

12.3.1 企业投资的税务筹划

1）固定资产投资中税种、税制的税务筹划

投资于固定资产可以享受折旧抵税的优惠待遇，减轻所得税税负。企业进行固定资产投资，在资产使用期内可以分期计提折旧。折旧可以起到减轻税负的作用，这种作用称为“折旧抵税”或“税收挡板”。

在投资回收期内，如果税制发生变化，也会影响前期投资收益的实现。这就是说，投资者在进行投资时，不仅要考虑现行税制的影响，还要考虑到税制改革趋势对投资的影响。从世界税制改革的实践看，按照对购入固定资产的不同处置原则，可以把增值税分为三种类型：生产型、收入型、消费型。生产型增值税是指对购入固定资产不允许扣除，其折旧额作为增值额的一部分据以课税。由于这种增值额是以国内生产总值的口径计算出来的，因而称为生产型增值税。收入型增值税是指对购入固定资产允许按固定资产的使用年限分期扣减，即从上述增值额中减去当期折旧，据以课税。由于这种增值额是以国民收入的口径计算出来的，因而称为收入型增值税。消费型增值税是指对当期购进的固定资产总额允许从当期增值额中一次扣减，实质是对消耗品课税，因而称之为消费型增值税。三种类型增值税的税基不同。因此，在进行固定资产投资的税务筹划时，必须结合税制改革的趋势，以使固定资产投资额于税基中得以最大限度地扣除。

2）对影响税负水平的内在构成因素的分析评价

影响企业投资税负的内在因素包括税基宽窄、税率高低、纳税成本大小及应税收益构成。

（1）税基宽窄

税基宽窄对企业纳税负担的影响主要表现为名义税率与实际税率的差异。由于某一课税对象的法定税基与实际税基（有效税基）往往存在着一定程度的差异，并且后者通常小于前者，因此，企业的实际税负一般比法定（名义）税负低。其原因主要是政府出于某种经济或社会意图，通过税收杠杆的倾向政策所致。这样，必然在客观上给企业提供了一个有利的机遇：在税前收益增加或者不变的前提下，通过比较不同纳税对象有效税基比重的

大小，而将资金投入较为有利的纳税项目，借以谋求纳税负担相对于应税收益差量金额最大、比重最低的增收节税效应。

【例 12-11】某企业持有的100万元资金，或者投资于产品A，或者投资于产品B（两种产品均适用13%的增值税税率和25%的企业所得税税率）。产品A的购进价税总额与销售价税总额分别为90万元和140万元，各项费用额为10万元，全部用于国内销售；产品B的购进价税总额与销售价税总额分别为92万元和137万元，其中出口比重为90%，各项费用额为8万元。设增值税退税率为13%。通过计算可以得出如下数据：

产品A：

应纳增值税税额=［140÷（1+13%）］×13%-［90÷（1+13%）］×13%=5.75（万元）

税前利润=140÷（1+13%）-90÷（1+13%）-10=34.25（万元）

应纳所得税税额=34.25×25%=8.56（万元）

纳税现金支出合计=5.75+8.56=14.31（万元）

税后利润=34.25-8.56=25.69（万元）

现金流入净增加额=140-90-10-14.31=25.69（万元）

产品B：

销项税额=137×（1-90%）÷（1+13%）×13%=1.58（万元）

进项税额=92÷（1+13%）×13%=10.58（万元）

出口退税额=92×90%÷（1+13%）×13%=9.53（万元）

应纳增值税税额=1.58-（10.58-9.53）=0.53（万元）

税前利润=137÷（1+13%）-92÷（1+13%）-8=31.82（万元）

应纳所得税税额=31.82×25%=7.96（万元）

纳税现金支出合计=0.53+7.96=8.49（万元）

税后利润=31.82-7.96=23.86（万元）

现金流入净增加额=137-92-8-8.49=28.51（万元）

产品B比产品A现金净流入量增加2.82万元（28.51-25.69），纳税减少5.82万元（14.31-8.49）。

可见，尽管产品A的税前利润与税后利润都比产品B大，但后者的现金净流入量却比前者增加了2.82万元，即产品A与产品B各自的再投资规模将由原来的100万元分别增加为125.69万元和128.51万元。因而，从现金净流入量增加优于账面收益的增加原则出发，经营产品B较之产品A对企业是更为有利的。不仅产品B的现金净流入量得以更大幅度的增加，而且其纳税负担也比产品A减少5.82万元，抑减幅度为40.67%（5.82÷14.31×100%），从而极大地降低了企业纳税有效现金需要量的压力。其主要原因就在于对产品B课征增值税的有效税基仅为名义税基的10%，即其增值税负担相对降低了90%。而产品A则不然，其有效税基与法定税基完全相符，因而增值税负担未得到丝毫的抑减。

（2）税率高低

即使在有效税基比例相等、内涵一致的情况下，如果法定税率存在差异，也必然会影响企业实际税负。甚至会出现有效税基比例较低的企业由于承受了较高的法定税率，其实际的纳税负担反而重于有效税基相对高些的企业。从实务看，税率的差异往往比有效税基比例的高低对企业税负的影响更大。

【例12-12】A、B两企业均拥有资金1 500万元，当年实现的税前利润都是300万元，其中A企业尚有75万元的以前年度未弥补亏损。A、B企业由于税收优惠政策的不同，所得税税率分别为25%和15%。由此可知：

A企业有效税基比例为75%（（300-75）÷300×100%），应纳所得税56.25万元（300×75%×25%），税负水平为18.75%（56.25÷300×100%）；B企业虽然有效税基比例为100%，但其应纳所得税额仅有45万元（300×15%），税负水平为15%，反而轻于A企业的税收负担，实际减轻程度为20%。而且若按照A企业的有效税基所承受的25%的纳税负担而言，B企业的税负减轻程度将高达40%。

由此可见，税率的高低是影响企业税负的决定性因素，因而成为企业投资配置过程中进行税务筹划必须考虑的主要问题。

（3）纳税成本大小

一般认为，纳税成本是企业为计税、缴税、退税等所发生的各项成本费用。这只不过是囿于一种外显意义或会计概念下的直接纳税费用，未能从更深层次上对企业的纳税成本进行分析与正确把握。正如前文所述，纳税通常会给企业带来或加重投资扭曲风险、经营损失风险和纳税支付有效现金不足风险，这些方面的纳税成本损失，并非是可以直接通过会计核算资料所能得到的。因为这些方面的成本损失往往表现为潜在的机会成本，是否必然会发生以及程度如何通常也是难以确定的。正因为如此，它对企业的影响也更大。这是企业进行税务筹划、抑减纳税负担过程必须充分考虑的重要内容。

【例12-13】企业有A、B两个备选固定资产（其设备各有专项用途，无法移作他用，自然寿命均为10年）投资方案，需投资额分别为1 200万元和1 800万元，年均直接投资收益率分别为22%、25%，资本市场平均收益率为18%。由于投资产业不同，分别适用25%和15%的所得税税率。根据市场分析，方案A、B的有效期分别为10年和5年，税法规定的折旧率均是10%。投资期满，方案B的设备可变卖300万元。年均直接纳税管理成本大致相同。

方案A：

年均应税收益额=1 200×22%=264（万元）

应纳所得税=264×25%=66（万元）

税后利润=264-66=198（万元）

纳税金额与税后利润比值为33.33%（66÷198×100%），即每取得百元税后利润需承担33.33元的税款。

方案B：

年均应税收益额=1 800×25%=450（万元）

应纳所得税=450×15%=67.5（万元）

税后利润=450-67.5=382.5（万元）

纳税金额与税后利润比值为17.65%（67.5÷382.5×100%），即获得百元税后利润的纳税负担仅为17.65元。

可见，若单纯地从第1～5年账面所反映的各方案情况来看，方案B的投资效果无疑是大大高于方案A的。然而这就忽略了一个极为重要的因素，即方案的机会损益或潜在损益问题。首先，从投资额方面，方案A较方案B实际占用的投资额少600万元，这600万元如果能够合理使用，便意味着每年至少可为方案A带来108万元（600×18%）的税前利润，扣除27万元（108×25%）的所得税，企业年均可增加税后利润81万元，使其年均税后利润总额达到279万元，从而使两方案1～5年年均的税后利润差距缩小为约103.5万元；从后5年来看，方案A各年的纳税金额与税后利润情况依然不变。但方案B则不然，由于有效期已满，因而也就不可能再取得直接的投资收益，其设备净值900万元由于只能收回300万元，直接投资损失为600万元，而变现的300万元每年仅能获利为54万元（300×18%），扣除15%的所得税，年均税后利润只有45.9万元（54×（1−15%）），以致后5年投资的净损失额仍高达370.5万元（600−45.9×5），如果将损失的600万元无法再为企业创造新的价值，其损失为459万元（600×18%×5×（1−15%）），其投资的机会成本将高达829.5万元，最终与方案A相比，税后利润总计减少648万元（279×10−（382.5+45.9）×5），现金流入量减少1 248万元（648+600）。

（4）应税收益构成

应税收益的构成实际上是由投资结构决定的。投资结构对企业税负以及税后利润的影响体现在以上三个因素的变动中：有效税基的综合比例、税率的总体水平和纳税综合成本的高低。这三个因素的变化，必然会对企业税后利润水平产生直接影响，因而由投资结构所形成的应税收益来源的构成及变动是决定企业税务筹划绩效的重要的因素。

【例12-14】企业等量投资额下的A、B两个方案的应税收益结构及税率结构见表12-8。

表12-8 A、B两方案的应税收益结构及税率结构 金额单位：万元

方案A					
应税收益来源结构		应税收益额	适用税率（%）	应纳税额	税后利润额
营业利润	高新企业	220	15	33	187
	一般企业	550	25	137.5	412.5
其他	国库券投资	110	0	0	110
应税收益合计		880	19.38	170.5	709.5
方案B					
应税收益来源结构		应税收益额	适用税率（%）	应纳税额	税后利润额
营业利润	高新企业	550	15	82.5	467.5
	一般企业	110	25	27.5	82.5
其他	国库券投资	220	0	0	220
应税收益合计		880	12.5	110	770

从表12-8中的计算可以看出，仅就应税收益而言，方案A的投资组合优于方案B 49.5万元（187+412.5−467.5−82.5），但因收益结构的不同，致使方案A最终的税后利润反而比方案B减少60.5万元（770−709.5），综合税负水平也由方案A的19.38%下降为12.5%。因此，方案B的投资组合对于企业税负的抑减和税后利润的增长应当是比较有利的。

3）股票长期投资的税务筹划

不论企业会计账务中对投资采取何种方法核算，被投资企业会计账务上实际做利润分配处理（包括以盈余公积和未分配利润转增资本）时，投资方企业应确认投资应税所得的实现。可见，企业对长期股权投资不论采用成本法还是权益法核算，影响的只是会计收益而不是应税收益。

企业的股权投资所得（股息性质的投资收益），凡投资方适用的税率高于被投资企业适用的税率，应依法补缴企业所得税；企业股权投资转让所得应并入企业的应纳税所得，依法缴纳企业所得税。可见，对股权投资所得和股权转让所得，其税务处理是不一样的。对企业的累计未分配利润和累计盈余公积金，如果用于分配股利，则企业需要补税（投资方适用的税率高于被投资企业适用的税率）。如果将该部分收益留存于被投资企业，待投资企业转让股权时得以实现，则作为股权转让所得（全资子公司或持股95%以上时，确认为投资方股息性质的所得），全额缴纳所得税，企业获得的只是相对税务筹划利益。

【例12-15】A公司第1年1月1日购买B公司股票500 000元，取得该公司有表决权股份的30%。这一年B公司报告净收益为160 000元，B公司所在地区的企业所得税税率为15%，A公司所在地区的企业所得税税率为25%。

A公司持股比例为30%，具有重大影响，应采取权益法核算长期股权投资，会计分录如下：

（1）长期股权投资入账：

借：长期股权投资　　500 000

　贷：银行存款　　500 000

（2）B公司第1年底实现净收益160 000元，A公司应确认投资收益48 000元，则相应调整长期股权投资账户：

借：长期股权投资　　48 000

　贷：投资收益　　48 000

（3）若B公司将当年收益160 000元全部派发股利，A公司收到股利48 000元作为投资成本冲减：

借：银行存款　　48 000

　贷：长期股权投资　　48 000

A公司应补缴所得税=48 000÷（1-15%）×（25%-15%）=5 647.06（元）

若A公司第2年3月份将该投资以510 000元转让，则A公司股权转让所得10 000元，应交所得税2 500元。

A公司缴纳所得税总额=5 647.06+2 500=8 147.06（元）

（4）若B公司将当年收益160 000元作为留存收益，则A公司当年未收到股利，也不必补缴所得税；A公司第2年3月将该投资以670 000元转让，则A公司股权转让所得170 000元，应交所得税42 500元（170 000×25%），多缴所得税34 352.94元（42 500-8 147.06）。

可见，被投资企业的股利分配政策直接影响投资企业的所得税，故投资企业应通过自己的表决权影响被投资企业的股利分配政策，及时派发股利。

12.3.2 企业筹资的税务筹划

对任何一家企业来说，筹资是其进行一系列经营活动的先决条件。不能筹集到一定数量的资金，就不能取得预期的经济效益。筹资作为一个相对独立的行为，其对企业经营理财业绩的影响，主要是通过资本结构的变动而发生作用的。因而，筹资中的税务筹划，应着重考虑两个方面：资本结构的变动究竟是怎样对企业业绩和税负产生影响的；企业应当如何组织资本结构的配置，才能在节税的同时实现所有者税后收益最大化的目标。

资本结构是由筹资方式决定的，不同的筹资方式，形成不同的税前、税后资金成本。企业筹资方式主要有：向银行借款、向非金融机构或企业借款、企业内部集资、企业自我积累、向社会发行债券和股票等。

一般来说，企业以自我积累方式筹资所承受的税收负担要重于向金融机构贷款所承受的税收负担，贷款融资所承受的税收负担要重于企业间拆借所承受的税收负担，企业间拆借资金的税收负担要重于企业内部集资的税收负担。这是因为：从资金的实际拥有或对资金风险负责的角度看，自我积累方法最大，企业内部集资入股方法最小。因此，它们承担的税负也就相应地随之变化。从纳税筹划角度看，企业内部集资和企业之间拆借资金方式产生的效果最好，金融机构贷款次之，自我积累方法效果最差。这是因为：通过企业的内部融资和企业之间拆借资金，这两种融资行为涉及的人员和机构较多，容易寻求降低融资成本、提高投资规模效益的途径。金融机构贷款次之，但企业仍可利用与金融机构特殊的业务联系实现一定规模的减轻税负的目的。自我积累方式由于资金的占有和使用融为一体，税收难以分割或抵销，因而难以进行纳税筹划。

企业的资金来源除资本金外，主要就是负债，具体又包括长期负债与短期负债两类。其中长期负债与资本的构成关系通常称为资本结构。资本结构，特别是负债比率合理与否，不仅制约着企业风险、成本大小，而且在相当大的程度上影响着企业纳税的负担以及企业权益资本税后收益实现的水平。

负债融资的财务杠杆效应主要体现在节税及提高权益资本收益率（税前和税后）等方面。其中节税功能反映为负债利息计入财务费用抵扣应税所得额，从而相对减少应纳所得税额。在息税前收益不低于负债成本总额的前提下，负债比率越高，额度越大，其节税效果就越显著。当然，负债最重要的杠杆作用则在于提高权益资本的收益水平及普通股的每股收益额方面，这可从下式得以反映：

权益资本收益率（税前）=息税前投资收益率+负债权益资本×（息税前投资收益率-负债成本率）

从上式可以看出，只要企业息税前投资收益率高于负债成本率，增加负债额度，提高负债比重，就会带来权益资本收益水平提高的效应。应当明确的是，这种分析仅是基于纯理论意义，而未考虑其他的约束条件，尤其是风险因素及风险成本的追加等。因为随着负债比率的提高，企业的财务风险及融资的风险成本必然相应增加，以致负债的成本水平超过了息税前投资收益率，从而使负债融资呈现出负杠杆效应，即权益资本收益率随着负债额度、比例的提高而下降，这也正是上述所提出的实现节税效果必须是建立于“息税前投资收益率不低于负债成本率”前提的立意所在。

【例12-16】N公司拟订资本结构备选方案见表12-9。

表12-9　**资本结构备选方案**　金额单位：万元

项　目	方案A	方案B	方案C	方案D	方案E
负债比率	0	1∶1	2∶1	3∶1	4∶1
负债成本率	—	6%	7%	9%	10.5%
息税前投资收益率	10%	10%	10%	10%	10%
负债额	—	3 000	4 000	4 500	4 800
权益资本额	6 000	3 000	2 000	1 500	1 200
普通股股数（万股）	60	30	20	15	12
年息税前利润额	600	600	600	600	600
减：负债利息成本	—	180	280	405	504
年税前净利	600	420	320	195	96
所得税税率	25%	25%	25%	25%	25%
应纳所得税	150	105	80	48.75	24
权益资本收益率					
其中：税前	10%	14%	16%	13%	8%
税后	7.5%	10.5%	12%	9.75%	6%
普通股每股收益额（元/股）					
其中：税前	10	14	16	13	8
税后	7.5	10.5	12	9.75	6

从表12-9可以看出，方案B、C、D由于利用了负债融资，在财务杠杆作用下，使得权益资本收益率以及普通股每股收益额无论税前还是税后的水平均超出未使用负债的方案A，充分体现出负债杠杆效应。但同时案例中也寓含着这样一种规律：①随着负债比率的提高，利息成本呈现上升的态势；②权益资本收益率及每股普通股收益额也并非总是与负债比率的升降正向相关，而是有一个临界点，过之则表现为反向杠杆效应，方案E便是如此。

分析表明，企业等额数量的息税前利润（均为600万元），之所以实际的纳税负担差异悬殊，完全是由于负债成本挡避应税所得额不相同所致，而且负债比率与成本水平越高，其节税作用越大。比如，未使用负债的方案A与使用50%负债的方案B，相同的息税前利润而实际纳税负担相差59.4万元，原因就在于方案B的负债利息成本180万元挡避了相应的应税所得额，使应纳税额减少45万元（180×25%）。依此类推，由于方案C、D、E负债成本的应税所得挡避额更大，故而节税效果亦更加显著。

但正如前面所指出的，对节税的评价不单纯反映为其自身外显效果如何，而更主要的则在于是否有利于企业所有者权益的增长。因此，尽管方案E其自身的节税效应最大，但由此导致了企业所有者权益资本收益水平的降低，亦即节税的机会成本超过了其节税的收益，因而导致了企业最终利益的损失。

由此可以看出，扩大负债融资的额度、比例，有利于企业税负的抑减和权益资本收益水平的提高。然而负债规模、比率适度与否，却并非单纯地反映为是否有利于企业实施最大限度的节税。因为包括节税在内的所有财务行为，其终极目标只有一个：实现投资所有者财富利益的最大限度增长。因而，企业利用负债融资组织税务筹划，其有效的行为规范必须基于所有者权益的充分维护与不断增长，并在此前提下合理把握负债的规模、比率，控制负债的成本水平，在相对意义上实现理想的节税效果。

12.3.3 企业租赁的税务筹划

为了鼓励租赁业的发展，发达国家曾规定一些办法，使出租方和承租方都得到节税利益。

1）出租方的税务筹划

（1）投资减税

为了促进投资，美国曾规定，企业购置新的、有形的具有8年或更长时间可提取折旧的资产，可以从企业应纳税额中扣除这种资产成本的10%。如某租赁公司购买一台40万美元的资产，在考虑投资减税之前，这家公司填报的纳税所得额为100万美元，税率为40%，如果没有购买这项资产，该公司就须纳税40万美元。但在购买了这项资产后，该公司就只需纳税36万美元（100×40%−40×10%），节税额为4万美元。

（2）加速折旧与利息费用

节税原理前已述及，不再重复。上述投资减税、加速折旧及利息费用的节税利益均为出租方所得，但出租方可以通过降低租金的方式将其所得的节税优惠部分地转移给承租方。

在美、英、德等国将租赁分为节税租赁和非节税租赁两种类型。在美国，节税租赁在税收上能够真正享受优惠待遇，还可以降低租金的方式向承租方转让部分税收优惠，而承租方可将其所付租金从应纳税所得中扣除。由于节税的好处，使得承租方用于筹措设备的租赁成本低于贷款购买成本，按美国税法规定，一项租赁符合以下各项规定才算节税租赁：① 出租方对租赁资产拥有所有权；② 出租方的投资应占租赁资产购置成本的20%以上；③ 租赁不超过30年；④ 租赁期满时，承租方可按公平价续租或留购设备，也可将设备退给出租方；⑤ 签订合同时，预计租赁期末租赁资产的公平市价不低于资产成本的15%至20%；⑥ 租赁期满时，租赁资产的有效寿命至少为该项资产全部有效寿命的20%，或租赁资产至少还有两年的服务能力；⑦ 出租方从租金收入中可获得7%至12%的合理投资报酬。

不符合上述规定的租赁称为非节税租赁，在美国又叫有条件的销售式租赁。一项交易符合下列规定中的任何一条，即被视为有条件的销售式租赁：① 在短期内承租方支付的租金相当于购买这一资产的大部分货款；② 在支付一定次数的租金后，承租方就自动获得资产所有权；③ 租金中有部分金额是承租方为获得资产所有权而支付的；④ 租金中有部分金额实际上是利息或被认可相当于利息；⑤ 租赁期满时，承租方按名义价格留购资产；⑥ 租金和留购价之和接近租赁资产的买价及运费；⑦ 租期实质上等于租赁资产的全部有效寿命；⑧ 出租方在租赁资产方面的投资损失的风险由承租方承担。

销售式租赁在税务方面享受买卖交易待遇，即由承租方作为物主享受折旧税收优惠和期末残值，但其所付租金不能当作费用从应纳税所得中扣除。

我国对企业租入固定资产的租赁费从应纳税所得中扣除，有下列规定：①以经营租赁方式租入固定资产的租赁费，可按实际数扣除。②以融资租赁方式租入固定资产的租赁费，按以下方法处理：A.固定资产租赁期长于法定的折旧年限，承租方每期支付的租赁费不高于按税法规定的折旧年限时，可全额扣除。B.租赁期短于法定折旧年限，承租方每期支付的租赁费高于按税法规定折旧年限计算的折旧额，其超出部分不得作为本期费用扣除，租赁期满后，固定资产转移给承租方时，在法定折旧年限减去已承租使用的年数剩余的期间内分期扣除。③承租方支付的押金和手续费等可以在支付时直接扣除。

2）承租方的税务筹划

对于承租方来说，不论国内、国际租赁，比起购买方式来可能有优点，也可能有缺点。如果没有租赁节税优惠，租金利率通常要高于银行利率。仅从税务筹划的角度看，国际租赁可以减少跨国公司纳税。例如，当设在高税率的子公司需要某一设备时，母公司可以采取租赁的形式将设备租给子公司，以达到降低整个公司税负的目的。

企业从国外引进设备，所需资金的筹集可以有多种方式：用自有外汇资金购买，从银行取得外汇借款购买，通过发行国际债券或股票筹集外汇资金购买，还可以通过国际租赁或补偿贸易方式获得设备。究竟哪一种方式的资金成本较低？本节仅对租赁与自有资金购买设备和与贷款购买设备进行比较，从中可以看出不同方式的节税额度最终对现金流量的影响。

【例12-17】M公司准备增加设备一套，需要200万元，预计使用年限6年，净残值8万元，采用直线法折旧。如果分别有融资租赁、贷款购买及用自有资金购买三套方案可供选择，可以分析各自的节税额以及税后现金流出量现值，然后比较，取现金流出量最少者为最优方案，有关计算表分别见表12-10、表12-11、表12-12。

表12-10　**融资租赁设备现金流出量现值表**　金额单位：万元

年份	租金及留购价				折旧费	节税额	税后现金流出量	折现系数（按10%折现）	税后现金流出量现值*
	租赁设备总成本	租赁手续费（1%）	融资利息（8%）	租金及留购价合计					
①	②	③=②×1%	④	⑤=②+③+④	⑥	⑦=（③+④+⑥）×25%	⑧=⑤-⑦	⑨	⑩=⑧×⑨
1	49.5	0.495	16	65.995	32	12.124	53.871	0.9091	48.974
2	49.5	0.495	12.04	62.035	32	11.134	50.901	0.8264	42.065
3	49.5	0.495	8.08	58.075	32	10.144	47.931	0.7513	36.011
4	51.5**	0.515	4.12	56.135	32	9.159	46.976	0.6830	30.085
5	—	—	—	—	32	8	-8	0.6209	-4.967
6	—	—	—	—	32	8	-8	0.5645	-4.516
	—	—	—	—	—	—	-8	0.5645	-4.516
合计	200	2	40.24	242.24	192	58.561	183.679	—	147.654

注：*如果每期租金额相等，则可按年金方式来计算其税后现金流出量现值。

**51.5为49.5与2之和。

表12-11 **贷款购买设备现金流出量现值表** 金额单位：万元

年份	偿还本金	利息（10%）	本利合计	折旧费	节税额	税后现金流出量	折现系数（10%）	税后现金流出量现值
①	②	③	④=②+③	⑤	⑥=（③+⑤）×25%	⑦=④-⑥	⑧	⑨=⑦×⑧
1	40	20	60	32	13	47	0.9091	42.728
2	40	16	56	32	12	44	0.8264	36.362
3	40	12	52	32	11	41	0.7513	30.803
4	40	8	48	32	10	38	0.6830	25.954
5	40	4	44	32	9	35	0.6209	21.732
6	—	—	—	32	8	-8	0.5645	-4.516
	—	—	—	—	—	-8	0.5645	-4.516
合计	200	60	260	192	63	197	—	153.063

表12-12 **用自有资金购买设备现金流出量现值表** 金额单位：万元

年份	设备购买成本	折旧费	节税额	税后现金流出量	折现系数（按10%折现）	税后现金流出量现值
①	②	③	④=③×25%	⑤=②-④	⑥	⑦=⑤×⑥
第1年年初	200			200		200
1		32	8	-8	0.9091	-7.273
2		32	8	-8	0.8264	-6.611
3		32	8	-8	0.7513	-6.010
4		32	8	-8	0.6830	-5.464
5		32	8	-8	0.6209	-4.967
6		32	8	-8	0.5645	-4.516
	—	—	—	-8	0.5645	-4.516
合计	200	192	48	152	—	165.159

从上述三表计算可以得出：贷款购买设备节税额最大，而用自有资金购买设备节税额最小；从现金流量折现额分析比较，融资租赁方案最优，而用自有资金购买设备现金流出量现值最大，最不可取。贷款购买设备与融资租赁相比，此例融资方式优于贷款购买方式，但若贷款利率再降低，则结论就可能不同。筹资分析是综合分析，影响因素不是单一的，因此，在进行税务筹划时，还要同时考虑其他因素，以防止结论偏颇。

【小思考12-3】你认为以下哪种说法正确？

（1）投资于低税区与投资于高税区对投资者的税负无影响

（2）租赁方式比购买方式税负轻

（3）企业资本结构影响企业税负

【答案】（3）

本章小结

本章是在前一章税务筹划基本理论、基本原理的基础上，对企业组建、经营和投资融资进行阐述。限于本书篇幅，对跨国经营、增值税与所得税等主要税种的税务筹划，未能述及。通过本章学习，可以掌握税务筹划实务的基本思路、基本方法。作为减轻税负的途径，纳税人还可以从税负转嫁上进行筹划。

主要概念和观念

□ 主要观念

企业税务筹划贯穿于企业的整个生命周期，各企业应根据其具体情况、具体目的进行税务筹划，其行为人既可以是企业自己，也可以是聘请的社会中介机构。企业进行税务筹划应综合考虑各种因素，防止顾此失彼。

基本训练

□ 知识测评

1.多项选择题

(1) 在税务筹划时，可利用的会计方法有（　　）。

A.折旧计算方法　　B.存货计价方法

C.费用分摊方法　　D.成本计算方法

(2)（　　）影响企业税负。

A.企业的资本结构　　B.租赁方式

C.销售方式　　D.筹资方式

2.判断题

(1) 子公司与分公司的纳税义务相同。（　　）

(2) 公司注册地点不同，其税收负担也不相同。（　　）

(3) 企业负债比例越高，其节税效果越显著，因此，企业的负债比例越高越好。（　　）

3.简答题

(1) 企业组建的税务筹划包括哪几方面?

(2) 在购销活动中可以从哪几个角度进行税务筹划?

(3) 资产重组对所得税和增值税各有何影响?

(4) 我国企业所得税中对固定资产的租赁费有哪些规定?

(5) 如何运用费用分摊进行税务筹划?

(6) 转让定价避税的基本方式有哪些?

4.思考题

(1) 在组建股份公司与合伙企业的选择上，纳税人如何筹划?

(2) 利用税收优惠政策进行税务筹划时可以从哪几个角度考虑?

(3) 对财务成果及其分配进行税务筹划时可以从哪几个角度考虑?

(4) 企业将购入的防疫物资分发给职工，是作为职工福利，还是作为劳保物资进行会计处理，基于税负的考虑，应做何种选择?

(5) 如何对影响企业投资税负水平的内在构成因素进行分析评价?

(6) 从税务筹划的角度出发点，跨国公司在选择将其国外附属机构设立为分公司或子公司时，应考虑哪些问题？

（7）企业在筹资时，不同的筹资方式对税收负担有何不同的影响？

□ **技能测评**

某企业有A和B两个项目可投资，假设这两个项目的企业所得税税率没有差别，且预计两个项目投资以后，年含税销售收入均为100万元，外购各种非增值项目含税支出为90万元。已知A项目产品缴纳13%的增值税，B项目缴纳5%的消费税，假定所得税税率均为20%。

要求：分别计算A、B项目的税后利润。

□ **能力测评**

假设存在C、D两个投资项目可供投资者选择，经测算，其投资情况和各年投资收益（包括利润和折旧额）情况见表12-13。

表12-13 **项目C、D投资收益比较表** 单位：万元

时　间	项　目　C	项　目　D
第一年年初	投资1 000	投资1 000
第二年年初	投资1 000	投资1 000
第三年年初	建成投产	建成投产
第三年年末	投资收益1 600	投资收益1 400
第四年年末	投资收益1 400	投资收益1 300
第五年年末	投资收益1 200	投资收益1 100
第六年年末	投资收益800	投资收益700

假设各项目的报废残值、年折旧额、投资回收期大体一致。银行贷款利率为5%。C项目的企业所得税税率为25%，D项目的企业所得税税率为15%。现对两个项目做出投资决策。

由于其他情况基本一致，只要比较二者的税后收益净现值即可。

项目C投资现值=1 000+1 000÷（1+5%）=1 952（万元）

项目C投资收益现值=［1 600÷（1+5%）+1 400÷（1+5%）^{2}+1 200÷（1+5%）^{3}+800÷（1+5%）^{4}］×（1−25%）÷（1+5%）^{2}

=3 053（万元）

项目C投资净现值=3 053−1 952=1 101（万元）

项目C投资净回报率=1 101÷1 952×100%=56%

项目D投资现值=1 000+1 000÷（1+5%）=1 952（万元）

项目D投资收益现值=［1 400÷（1+5%）+1 300÷（1+5%）^{2}+1 100÷（1+5%）^{3}+700÷（1+5%）^{4}］×（1−15%）÷（1+5%）^{2}

=3 114（万元）

项目D投资净现值=3 114−1 952=1 162（万元）

项目D投资净回报率=1 162÷1 952×100%=60%

通过计算，从表面上看项目C的投资收益要高于项目D，但因两者的企业所得税税率

存在差异，实际上后者的投资净现值和投资净回报率都高于前者。

企业的间接投资相对说来要简单一些。由于我国国债利息免缴企业所得税，故企业在间接投资时要充分考虑税后收益。比如有两种长期债券，其一是国家重点建设债券，利率为4.2%；另一种为国债，利率为3.3%。企业应该投资于哪一种债券呢？表面看起来国家重点建设债券的利率要高于国债利率，但因前者要被缴纳25%的企业所得税，而后者不用缴纳企业所得税，税后收益可以通过计算进行评价和比较：

4.2%×（1-25%）=3.15%<3.3%

说明国家重点建设债券要低于国债的税后利率，故购买国债更合算些。只有当其他债券的利率大于4.4%（3.3%÷75%）时，其税后收益才大于利率为3.3%的国债。

分析要求：上述案例，你选择哪种投资方案呢？你认为还可以从其他角度分析吗？为什么？

综合案例

【案情简介】

ABC公司准备对所属企业进行重组，A公司和B公司同为ABC公司的全资子公司。A公司所购置的作为经营场所的两栋房产，因公司业务调整拟处置给B公司。A公司的两栋房产是3年前购置的，原值2 500万元。不动产处置当月，该房产市价3 550万元，评估价格2 650万元，净值2 000万元。A公司和B公司均为从事货物销售的增值税一般纳税人，所销货物适用增值税税率13%，城市维护建设税税率7%，教育费附加征收率3%，地方教育附加征收率2%；A公司所在地转让房产契税税率3%。A公司和B公司均未享受企业所得税政策优惠，适用企业所得税税率25%（不考虑印花税等其他税费）。

方案1　按市价转让

A公司从资产收益角度提出以市价转让给B公司。

（1）增值税及附加税费。根据《国家税务总局关于发布〈纳税人转让不动产增值税征收管理暂行办法〉的公告》（国家税务总局公告2016年第14号）第三条第一款的规定，一般纳税人转让其营改增前取得（不含自建）的不动产，可以选择适用简易计税方法计税，以取得的全部价款和价外费用扣除不动产购置原价或者取得不动产时作价后的余额为销售额，按照5%的征收率计算应纳税额。纳税人应按照上述计税方法向不动产所在地主管税务机关预交税款，向机构所在地主管税务机关申报纳税。

A公司主营业务为货物销售，对该项房产转让可选择适用简易计税方法计税，按市价转让该房产，其计税销售额=（3 550−2 500）÷（1+5%）=1 000（万元），应交增值税=1 000×5%=50（万元），应交城建税及教育费附加=50×（7%+3%+2%）=6（万元），增值税及附加税费合计为56万元。

（2）土地增值税。根据《土地增值税暂行条例实施细则》第七条的规定，旧房及建筑物的评估价格，指在转让已使用的房屋及建筑物时，由政府批准设立的房地产评估机构评定的重置成本价乘以成新度折扣率后的价格，评估价格须经当地税务机关确认。与转让房地产有关的税金，包括在转让房地产时缴纳的城市维护建设税和印花税。因转让房地产缴纳的教育费附加，也可视同税金予以扣除。财政部、国家税务总局《关于营改增后契税、房产税、土地增值税、个人所得税计税依据问题的通知》（财税〔2016〕43号）第三条规定，土地增值税纳税人转让房地产取得的收入为不含增值税收入。《土地增值税暂行条例》等规定的土地增值税扣除项目，涉及的增值税进项税额允许在销项税额中计算抵扣的，不计入扣除项目，不允许在销项税额中计算抵扣的，可以计入扣除项目。

综上所述，该房产转让收入=3 550-50=3 500（万元），评估价为2 650万元，允许扣除的税金是56万元，扣除项目合计=2 650+56=2 706（万元），增值额=3 500-2 706=794（万元），增值率=794÷2 706×100%=29.34%，则应交土地增值税=794×30%=238.2（万元）。

（3）企业所得税。A公司转让该房产收益=3 500-2 000-6-238.2=1 255.8（万元），应交企业所得税=1 255.8×25%=313.95（万元）。

方案2　按净值无偿划转

ABC公司认为A公司和B公司均为其全资子公司，应作为一个整体来分析，提出以资产净值无偿划转的方案。即A公司和B公司签订资产无偿划转协议，在不动产处置当月，按资产账面净值无偿划转，并按内部程序报ABC公司审核。

（1）增值税及附加税费。A公司因该房产无偿划转转让价格（2 000万元）低于其购置成本，应交增值税为0。

（2）土地增值税。根据《土地增值税暂行条例实施细则》第十四条的规定，条例第九条第三款所称的转让房地产的成交价格低于房地产评估价格，又无正当理由的，指纳税人申报的转让房地产的实际成交价低于房地产评估机构评定的交易价，纳税人又不能提供凭据或无正当理由的行为。虽然按净值无偿划转的价格低于房地产评估价格，但A公司系因企业重组，并有划转协议及内部审批文件作支撑，故应交土地增值税为0。

（3）契税。根据财政部、国家税务总局《关于进一步支持企业事业单位改制重组有关契税政策的通知》（财税〔2015〕37号）的规定，同一投资主体内部所属企业之间土地、房屋权属的划转，包括母公司与其全资子公司之间，同一公司所属全资子公司之间，同一自然人与其设立的个人独资企业、一人有限公司之间土地、房屋权属的划转，免交契税。A公司和B公司之间的房产权属划转符合免征契税条件。

（4）企业所得税。根据财政部、国家税务总局《关于促进企业重组有关企业所得税处理问题的通知》（财税〔2014〕109号）第三条的规定，关于股权、资产划转，对100%直接控制的居民企业之间，以及受同一或相同多家居民企业100%直接控制的居民企业之间，按账面净值划转股权或资产，凡具有合理商业目的，不以减少、免除或者推迟缴纳税款为主要目的，股权或资产划转后连续12个月内不改变被划转股权或资产原来实质性经营活动，且划出方企业和划入方企业均未在会计上确认损益的，可以选择按以下规定进行特殊性税务处理：①划出方企业和划入方企业均不确认所得；②划入方企业取得被划转股权或资产的计税基础，以被划转股权或资产的原账面净值确定；③划入方企业取得的被划转资产，应按其原账面净值计算折旧扣除。

在ABC公司的主导下，A公司和B公司的资产净值无偿划转，划出方与划入方均不确认收益，采取一致性原则，统一进行特殊性税务处理，A公司该项业务不确认所得、不计缴企业所得税。

【分析要求】

在分析两个筹划方案各自优缺点的基础上，经过综合分析比较，选择其中最优方案。除上述两个方案外，是否还有更优的筹划方案？

【综合案例分析提示】

两个筹划方案各有其优点和缺点：

方案1按市价转让，简便易行，可以直接增加A公司的净收益，其缺点是仅从A公司个体分析。

方案2从集团公司整体考虑，与方案1相比，增值税及附加税费、企业所得税因相互之间可以抵扣，税负不增加（土地增值税、契税不能抵扣或转嫁）。其缺点是程序相对复杂，需要在ABC公司的主导下，A公司和B公司协同配合，依法获取政策支持。

方案2提供了一个解决问题的思路，就是将资产划转解释为按照账面净值转移资产，增值额为0（增值税是差额计税，土地增值税是计算增值额计税），不会产生实际税负。但在计算增值税和土地增值税时，当地主管税务机关会不会认可“以账面价值作为划转价格”，即承认是无偿转让，这就要事先与主管税务机关进行沟通。

企业资产重组，应该实现集团公司整体利益最大化，但也要考虑或兼顾作为独立法人的子公司利益以及子公司各自的利益。

主要参考文献

［1］财政部．企业会计准则应用指南（2018年版）［M］．上海：立信会计出版社，2018.

［2］盖地．税务筹划学［M］．8版．北京：中国人民大学出版社，2022.

［3］盖地．税收与会计——依存与共生［M］．北京：中国财政经济出版社，2018.

［4］盖地，等．税务筹划理论研究——多角度透视［M］．北京：中国人民大学出版社，2013.

［5］盖地．避税的法理分析［J］．会计之友，2013（9）．

［6］盖地．全面推出“营改增”及其对会计与税务筹划影响探析［J］．会计之友，2016（14）．

［7］熊晴海．税务筹划学［M］．上海：上海财经大学出版社，2013.

［8］中国注册会计师协会.税法［M］．北京：中国财政经济出版社，2024.

中级注册安全工程师职业资格考试辅导教材

安全生产专业实务

其他安全技术
（不包括消防安全）

全国安全工程师考试研究组　编

黄河水利出版社

图书在版编目(CIP)数据

安全生产专业实务. 其他安全技术：不包括消防安全／全国安全工程师考试研究组编. —郑州：黄河水利出版社，2019.3(2023.1 修订重印)

中级注册安全工程师职业资格考试辅导教材

ISBN 978-7-5509-2308-9

Ⅰ. ①安… Ⅱ. ①全… Ⅲ. ①安全生产-资格考试-教材 Ⅳ. ①X93

中国版本图书馆 CIP 数据核字(2019)第 048262 号

出 版 社:黄河水利出版社
地　　址:郑州市金水区顺河路黄委会综合楼 14 层
邮　　编:450003
发行单位:黄河水利出版社
发行电话:0371-56623217　66026940
承印单位:河南承创印务有限公司
开　　本:16K
印　　张:17
字　　数:361 千字
版　　次:2019 年 3 月第 1 版
印　　次:2023 年 1 月第 5 次印刷

定　　价:68.00 元

前 言

为贯彻落实习近平新时代中国特色社会主义思想，适应我国经济社会安全发展需要，提高安全生产专业技术人员素质，客观评价中级安全生产专业技术人员的知识水平和业务能力，同时根据《注册安全工程师分类管理办法》规定，要求相关企业必须配备相应数量和级别的安全工程师。为满足国家对安全工程师的需求，国务院人力资源社会保障和应急管理部门共同组织实施中级注册安全工程师职业资格考试，考试合格者，可取得中华人民共和国注册安全工程师职业资格证书（中级）。由此可知，注册安全工程师的地位进一步得到提升，重视安全生产已成为政府和社会各领域的基本共识。

全国注册安全工程师职业资格考试实行全国统一大纲、统一命题的考试制度，原则上每年举行一次。

为了帮助考生顺利通过全国注册安全工程师职业资格考试，安全工程师考试研究组在深入研究考试大纲的基础上，剖析大纲要求，紧抓考试重点、难点，精心编写了本套教材。教材包括三门公共课《安全生产法律法规》《安全生产管理》《安全生产技术基础》和七门专业课《煤矿安全技术》《金属非金属矿山安全技术》《化工安全技术》《金属冶炼安全技术》《建筑施工安全技术》《道路运输安全技术》《其他安全技术（不包括消防安全）》。

本书具有以下特点：

一、紧贴大纲，内容全面，有利于考生掌握考点

本书包含了考试大纲要求的重难知识点和考点，内容翔实，层次分明。本书分为两部分，第一部分共五章，每章由知识框架、考点精讲、案例分析和参考答案及解析四部分组成，第二部分共七章，第一至第六章由知识框架、考点精讲两部

分组成，第七章由案例分析题组成。有利于考生掌握考试内容，把握重点，全面复习。

二、考点明确，语言简洁，具有很强的实用性

本书对大纲要求的重要知识点进行精简汇编，考点以表格形式呈现，有利于考生理清学习重点，高效掌握知识的重难点，从而提高学习效率，备考更得力，达到最佳的学习效果。

三、添加知识框架，章节思维脉络清晰，方便考生理清思路

本书每一章前面都添加有知识框架。知识框架是对章节考试要点的提炼，能帮助考生快速掌握考试要点，理清自己的学习思路，从而达到快速备考、科学备考的目的。

四、添加案例分析，方便考生检验学习成果

本书添加了案例分析练习题，并且题后有详细的参考答案及解析，方便考生快速检验对知识点的掌握程度和学习效果。

由于时间和编者水平有限，本书难臻完善，不足之处，敬请广大考生予以指正。同时希望本书能够帮助各位考生顺利通过考试！

编　者

目 录

第一部分 专业安全技术

第一章 烟花爆竹安全技术……(3)

◇ 知识框架……(3)

◇ 考点精讲……(4)

第一节 烟花爆竹与安全质量……(4)

第二节 烟花爆竹生产安全知识……(6)

第三节 烟花爆竹经营安全知识……(14)

第四节 烟花爆竹安全事故应急救援……(22)

◇ 案例分析……(24)

◇ 参考答案及解析……(25)

第二章 民用爆炸物品安全技术……(27)

◇ 知识框架……(27)

◇ 考点精讲……(27)

第一节 民用爆炸物品定义及分类……(27)

第二节 民用爆炸物品基础知识……(29)

第三节 民用爆破工程安全措施……(42)

◇ 案例分析……(47)

◇ 参考答案及解析……(47)

第三章 石油天然气开采安全技术……(49)

◇ 知识框架……(49)

◇ 考点精讲……(50)

第一节 油气田事故的主要类型……(50)

第二节　钻井安全技术 …………………………………… (52)
第三节　作业安全技术 …………………………………… (57)
第四节　采油(气)安全技术 ……………………………… (67)
第五节　石油天然气生产安全管理规定 ………………… (94)
◇ 案例分析 ………………………………………………… (100)
◇ 参考答案及解析 ………………………………………… (102)
第四章　电力安全技术 …………………………………… (104)
◇ 知识框架 ………………………………………………… (104)
◇ 考点精讲 ………………………………………………… (105)
第一节　电力生产安全目标 ……………………………… (105)
第二节　电气保护设备和电气安全事故及防护 ………… (110)
第三节　电气设备的安全要求及安全标志 ……………… (114)
第四节　电气设备的安全储运 …………………………… (120)
第五节　电力建设施工安全 ……………………………… (125)
第六节　电气设备维修操作安全 ………………………… (132)
第七节　电气设备的防火防爆 …………………………… (137)
第八节　电力生产安全管理 ……………………………… (142)
第九节　电网安全管理 …………………………………… (148)
第十节　电力安全生产危险点及预控 …………………… (150)
◇ 案例分析 ………………………………………………… (155)
◇ 参考答案及解析 ………………………………………… (157)
第五章　特种设备安全技术 ……………………………… (160)
◇ 知识框架 ………………………………………………… (160)
◇ 考点精讲 ………………………………………………… (160)
第一节　特种设备安全基础知识概述 …………………… (160)
第二节　特种设备的生产、使用及事故预控 …………… (164)
◇ 案例分析 ………………………………………………… (167)
◇ 参考答案及解析 ………………………………………… (168)

第二部分 安全生产案例分析

第一章 安全生产管理制度与职责 …………………………… (171)
◇ 知识框架 …………………………………………………… (171)
◇ 考点精讲 …………………………………………………… (171)
第一节 国家安全生产法律、法规、规章、标准和政策…………… (171)
第二节 企业安全生产规章制度 ……………………………… (172)
第三节 安全生产责任制 ……………………………………… (175)
第四节 安全生产管理机构设置和人员配备 ………………… (176)
第二章 危险因素辨识、隐患排查与安全评价 ………………… (177)
◇ 知识框架 …………………………………………………… (177)
◇ 考点精讲 …………………………………………………… (178)
第一节 危险、有害因素辨识 ………………………………… (178)
第二节 危险化学品重大危险源管理 ………………………… (179)
第三节 安全生产检查 ………………………………………… (181)
第四节 事故隐患排查 ………………………………………… (185)
第五节 安全评价 ……………………………………………… (188)
第六节 安全技术措施 ………………………………………… (192)
第三章 安全生产相关规定……………………………………… (194)
◇ 知识框架 …………………………………………………… (194)
◇ 考点精讲 …………………………………………………… (195)
第一节 安全生产许可 ………………………………………… (195)
第二节 建设项目安全设施 …………………………………… (197)
第三节 安全生产教育培训 …………………………………… (200)
第四节 安全文化 ……………………………………………… (204)
第五节 安全生产标准化 ……………………………………… (213)

第六节　安全风险分级管控和隐患排查治理双重预防机制 ……… (216)
第四章　安全生产与劳动防护 ……… (219)
◇知识框架 ……… (219)
◇考点精讲 ……… (219)
第一节　劳动防护用品选用与配备 ……… (219)
第二节　特种设备安全管理 ……… (225)
第三节　特种作业安全管理 ……… (227)
第四节　工伤保险 ……… (234)
第五节　安全生产投入 ……… (238)
第五章　应急管理 ……… (244)
◇知识框架 ……… (244)
◇考点精讲 ……… (244)
第一节　应急管理体系建设 ……… (244)
第二节　应急预案制定和演练 ……… (247)
第三节　应急准备与响应 ……… (250)
第六章　生产安全事故与安全生产统计分析 ……… (252)
◇知识框架 ……… (252)
◇考点精讲 ……… (252)
第一节　生产安全事故报告、调查、处理 ……… (252)
第二节　安全生产统计分析 ……… (254)
第七章　经典案例 ……… (257)
参考文献 ……… (263)

第一部分

专业安全技术

第一章 烟花爆竹安全技术

知识框架

- 烟花爆竹安全技术
  - 烟花爆竹与安全质量
    - 烟花爆竹演变历史
    - 烟花爆竹相关术语及定义
    - 烟花爆竹基本安全知识
  - 烟花爆竹生产安全知识
    - 概念及术语
    - 烟花爆竹生产安全管理要求
    - 烟花爆竹作业安全技术
    - 危险品储存和运输
    - 生产区建筑结构要求
    - 烟花爆竹生产消防安全
    - 废水处理
  - 烟花爆竹经营安全知识
    - 烟花爆竹经营相关法律规定
    - 烟花爆竹许可制度
    - 安全培训与教育、事故管理、安全评价
    - 烟花爆竹进、销、存的安全管理
    - 防火基本理论和措施
    - 爆炸与防爆
  - 烟花爆竹安全事故应急救援
    - 烟花爆竹火灾扑救
    - 烟花爆竹事故应急处置

考点精讲

第一节　烟花爆竹与安全质量

考点1　烟花爆竹演变历史

项目	具体内容
烟花爆竹演变历史	火药是中国的四大发明之一，火药的用途包括制作武器和鞭炮。燃放鞭炮已成为中国人的传统习俗，除了过年过节要放鞭炮外，无论喜庆的事还是悲伤的事，只要是重大的事情都是需要放鞭炮的。同时，烟火是以火药为基础发展起来的。 中国烟花爆竹的发源地，有一说法为江西的上栗，也有说法为湖南醴陵，以上两地燃放鞭炮的历史悠久，至今已有1 300多年的历史。最初，人们燃放鞭炮是为了驱鬼避邪，后来，燃放烟花爆竹渐渐地成为一项娱乐活动，在古代已经变得非常流行了，逢年过节时，不管达官贵人还是平民百姓，都喜欢放爆竹、燃焰火，增添节日的喜庆气氛。宋代著名文学家、政治家王安石曾在他的诗《元日》中这样描绘过年时燃放鞭炮的情景："爆竹声中一岁除，春风送暖入屠苏。千门万户曈曈日，总把新桃换旧符。"清代潘荣陛在《帝京岁时纪胜》中也对当时除夕爆竹做了如下记载："除夕之次，子夜相交，门外宝炬争辉，玉河竞响。而爆竹如击浪轰雪，遍乎朝野，彻夜不停。"从这里便可以看到旧时新春燃放烟花的盛况。可以说，在1 300多年的发展中，烟花爆竹已不仅是一种风俗，而且成为一种文化，这种文化一直延续至今，并随着中世纪中西方文化的交流一起走出了国门、传遍了全世界。烟花爆竹的整个演变过程，大致可分为烧竹期、硝磺期和烟火期三个过程

考点2　烟花爆竹相关术语及定义

项目	具体内容
定义	(1)烟花爆竹：以烟火药为主要原料制成，引燃后通过燃烧或爆炸，产生光、声、色、型、烟雾等效果，用于观赏、具有易燃易爆危险的物品。 (2)效果药：用于产生光、声、色、型、烟雾等效果的烟火药。 (3)开爆药：用于炸开效果件并引燃效果药的烟火药或用于炸开效果件(含爆竹筒体)的烟火药。 (4)发射药：用于发射和推进作用的烟火药，有粒状、粉状两种。 (5)雷弹：外壳封闭，内装药全部为爆炸药，以声响效果为主的效果件。 (6)运输包装：用于运输的烟花爆竹包装单元。 (7)零售包装：用于零售的烟花爆竹包装单元。 (8)计数类产品：由一定数量的单一产品组成，通过烧成率进行评价的产品。 (9)稳定杆：用于稳定产品在空中运动方向或轨迹的部件

续表

项目	具体内容
定义	(10)引燃装置:用于点火、传火、控制引燃时间以及保护引火线的装置,含引火线、点火头、擦火头、护引套(纸)、引线接驳器等。 (11)护引套:用于防止引火线被意外点燃,保护引火线的部件。 (12)熄引:引火线被点燃后,中途熄火或没有点燃主体内烟火药的现象。 (13)引燃时间:从点燃引火线至引燃主体的时间
烟花爆竹组成及性质	烟花爆竹的组成:氧化剂、可燃剂、黏结剂、功能添加剂。 烟花爆竹的性质:烟花爆竹的组成决定了它具有燃烧和爆炸的特性。 燃烧是可燃物质(包括可燃固体、可燃液体和可燃气体)发生强烈的氧化还原反应,同时发出热和光的现象。其主要特性有能量特征、燃烧特性、力学特性、安定性和安全性
烟花爆竹的产品结构	烟花爆竹产品主要由筒体、药剂、引燃装置(引火线)、筒标和部件(底座、底塞、其他附件)等构成

考点 3　烟花爆竹基本安全知识

项目	具体内容
烟花爆竹行业存在的问题及事故频发的主要原因	1. 烟花爆竹行业存在的问题 (1)重大、特大伤亡事故频繁地发生。 (2)产品安全质量差,对安全生产和安全燃放构成严重威胁。烟花爆竹产品安全质量方面存在的问题主要表现在以下几个方面:烟火药配料中使用国家明令禁用的氯酸盐;烟花爆竹的引火线长度长短不一;爆竹越做越大,药量严重超标;空中礼花类产品。 2. 烟花爆竹行业事故频发原因 烟花爆竹行业生产安全事故频发的主要原因,大致有以下几类:非法生产现象严重;不具备基本的安全条件;安全管理制度不健全;从业人员素质差;烟火药配方中使用禁、限用原料;缺乏质量安全保障能力
烟花爆竹、原材料和半成品的感度及影响因素	(1)热感度。烟花爆竹药剂在热(直接加热、高温、热辐射、电火花、火焰等)能作用下,发生爆炸变化的能力称为炸药的热感度。在使用上,常以炸药的爆发点和火焰感度来表示,静电火花感度则常用引燃能量(焦耳)来表示。 (2)机械感度。烟花爆竹药剂在机械力作用下(冲击、摩擦、针刺等)发生爆炸的能力,称为机械感度。 (3)冲击感度、摩擦感度。一般用落锤实验结果来表示炸药的冲击感度,用摩擦感度仪或其他形式的摩擦仪的试验结果来表示炸药的摩擦感度。 烟花爆竹药剂感度的影响因素如下:温度、物理状态、结晶粒子的大小、密度等

第二节 烟花爆竹生产安全知识

考点1 概念及术语

项目	具体内容
概念及术语	(1)烟花爆竹生产建设工程:指生产烟花、爆竹及生产用于烟花、爆竹产品的黑火药、烟火药、引火线等的厂房、库房、场所,以及配套设施。 (2)危险品:指能够危及人体安全和财产安全的物品,烟火药、黑火药、引火线、氧化剂、单基火药、还原剂(燃物)等,以及用以上物品制成的烟花、爆竹半成品、成品。 (3)半成品:指在某些生产阶段上已完工,尚需进一步加工的产品。 (4)危险品生产厂房:生产、加工危险品的建(构)筑物。 (5)危险品中转库:在生产过程中,在厂区内用于暂存药物、半成品、成品、引火线及有药部件的建(构)筑物。 (6)危险品总仓库区:指集中设置储存烟花爆竹成品、黑火药、烟火药(效果件)、引火线等危险品的仓库区的区域

考点2 烟花爆竹生产安全管理要求

项目	具体内容
烟花爆竹、烟火药安全生产的安全措施	烟火药制造过程中的防火防爆措施主要有: (1)烟火药原材料应符合质量标准。 (2)粉碎应在单独工房进行,粉碎前后应筛掉机械杂质,筛选时不得采用铁质、塑料等产生火花和静电的工具。 (3)黑火药原料的粉碎,应将硫黄和木炭两种原料混合粉碎。 (4)铝粉、镁铝合金粉、氯酸盐、赤磷等高感度原料的粉碎,必须在专用工房中,使用专用设备和专用工具,并有专人操作。 (5)粉碎和筛选原料时应坚持做到: ①三固定:固定工房、固定设备、固定最大粉碎药量。 ②四不准:不准混用工房、不准混用设备和工具、不准超量投料、不准在工房内存放粉碎好的药物。 ③所有粉碎和筛选设备应接地,电气设备必须是防爆型的,要做到远距离操作,进出料时必须停机停电,工房应注意通风。 (6)烟火药的配制与混合时要严把领药、称药、混药三道关口。 (7)压药与造粒工房要做到定机定员,药物升温不得超过20 ℃,机械造粒时应有防爆墙隔离和联锁装置等。 (8)药物干燥时要控制药量、温度,严禁明火

续表

项目	具体内容
烟花爆竹工厂电气安全要求	1. 电气设备的选用和装设的防爆 (1)对于Ⅰ类场所,即炸药、起爆药、击发药、火工品的储存和黑火药制造加工、储存的场所,不应安装电气设备;当生产设备采用电力传动时,电动机应隔墙传动,照明采用安装在建筑物外墙壁龛灯或装在室外的投影灯。 (2)对于Ⅱ类场所,即起爆药、击发药、火工品制造的场所,电气设备表面温度不得超过允许表面温度(有 140 ℃、100 ℃等),且符合防爆电气设备的有关规定,应优先采用防粉尘点火型,或尘密结构型、Ⅱ类 B 级隔爆型、本质安全型、增安型(仅限于灯类及控制按钮)。当生产设备采用电力传动时,电动机应安装在无危险场所,采取隔墙传动。 (3)对Ⅲ类场所,即理化分析成品试验站,选用密封型、防水防尘型设备。 2. 防雷电措施 对于危险品的生产和储存的爆炸危险性建筑物,应按相应的防雷类别(第一类、第二类),采取防直击雷、防雷电感应、防雷电波侵入和防雷击电磁脉冲的措施,实施总等电位连接,以减少和预防雷电危害。 3. 防静电措施 为防止静电火花引起危险品燃烧爆炸事故的发生,应按照静电危险环境的级别(EA、EB、EC)控制静电危害,并采取直接和间接静电接地措施,部分危险场所应采用防静电措施
烟花爆竹生产安全管理要求	(1)烟花爆竹生产企业必须依照有关规定取得安全生产许可证。未取得安全生产许可证的,不得从事生产活动。 (2)烟花爆竹生产企业应当建立、健全主要负责人、分管负责人、安全生产管理人员、职能部门、岗位安全生产责任制,制定安全管理制度和操作规程。 (3)烟花爆竹生产企业的安全投入应符合安全生产要求。 (4)烟花爆竹生产企业应当设置安全生产管理机构,配备专职安全生产管理人员,并符合下列要求:确定安全生产主管人员;烟花爆竹生产企业配备占本企业从业人员总数 1% 以上且至少有 1 名专职安全生产管理人员;配备相当数量的兼职安全生产管理人员。 (5)烟花爆竹生产企业主要负责人、安全生产管理人员的安全生产知识和管理能力应当经考核合格。烟花爆竹药物混合、造粒、筛选、装药、筑药、压药、切引等工序的特种作业人员应当接受烟花爆竹专业知识培训,并经考核合格取得操作资格证书。其他岗位从业人员须经本岗位安全生产知识教育和培训并考核合格

考点 3　烟花爆竹作业安全技术

项目	具体内容
一般规定	(1)应建立健全安全生产管理规章制度和岗位操作规程,并有效实施。 (2)在许可的专用场所内,应按许可的产品类别、级别范围进行安全生产和储存

续表

项目	具体内容
一般规定	(3)按设计用途使用工(库)房,并按规定设置安全标志或标识,不应擅自改变生产作业流程、工(库)房用途和危险等级。 (4)操作者不应擅自改变药物配方和操作规程;确需改变时,应按相应程序和规定经审查批准后方可操作。 (5)手工直接接触烟火药的工序应使用铜、铝、木、竹等材质的工具,不应使用铁器、瓷器和不导静电的塑料、化纤材料等工具盛装、掏挖、装筑(压)烟火药;盛装烟火药时药面应不超过容器边缘。 (6)操作工作台应稳定牢固,直接接触烟火药工序的工作台宜靠近窗口,应设置橡胶、纸质、木质工作台面,且应高于窗口,不应使用塑料、化纤等不导静电材质的工作台面。 (7)直接接触烟火药的工序应按规定设置防静电装置,并采取增加湿度等措施,以减少静电积累。 (8)烟火药、黑火药、引火线、效果件、含药半成品及成品生产、制作、装卸、搬运过程中应轻拿、轻放、轻操作,不应有拖拉、碰撞、抛摔、用力过猛等行为。 (9)生产作业场所应保证疏散通道畅通,不应闩门、闩窗生产。 (10)在生产、储存区不应吸烟、生火取暖、不应携带火柴、打火机等火源火种进入生产、储存区;不应在有可燃性气体、药物、可燃物粉尘环境的工(库)房使用无线通信设备。 (11)有药工序使用新设备和新工艺前,应按有关规定对其安全性能、安全技术要求进行论证。 (12)储存乙醇、丙酮等易燃液体的库房应保持通风良好。 (13)工(库)房面积应满足《烟花爆竹工程设计安全规范》(GB 50161—2009)中规定的人均使用面积要求。按照《烟花爆竹工程设计安全规范》(GB 50161—2009)规定,采用抗爆间室、隔离操作的联建1.1级工房,其定员、定机可为单人单机单间。 (14)应在工作台操作,不应把地面当作工作台
生产工程规划	(1)烟花爆竹生产建设工程和批发经营仓库的选址应符合国土空间规划以及相关规划的要求,并避开居民点、学校、工业区、旅游区、铁路和公路运输线、高压输电线等。 (2)烟花爆竹生产建设工程应根据所生产的产品种类、工艺特性、生产能力、危险程度进行分区规划,分别设置非危险品生产区、危险品生产区、危险品总仓库区、燃放试验场区和销毁场、行政区并应符合下列规定: ①应根据生产运输、管理和生活等因素确定各区的相互位置。 ②非危险品生产区可靠近行政区、住宅区布置,危险品生产区、危险品总仓库区宜设在有自然屏障或有利于安全的地带,燃放试验场和销毁场宜单独设在偏僻地带。 ③危险品生产区和危险品总库区之间应设置烟火药运输的厂内道路或厂外专用道路。 ④运输危险品的道路不宜通过住宅区,无关人流和货流不应通过危险品生产区和危险品总仓库区。

续表

项目	具体内容
生产工程规划	(3)当烟花爆竹生产项目建在山区时,应将危险品生产区、危险品总仓库区、燃放试验场或销毁场区布置在有自然屏障的偏僻地带。不应将危险品生产区布置在山坡陡峭的狭窄沟谷中
危险品生产区外部最小允许距离	危险品生产区内的危险品生产厂房、危险品中转库房、临时存药洞、晒场与其周围零散住户、居民点、企业、公共交通线路、高压输电线路、城镇规划边缘等的外部距离,应根据建(构)筑物的危险等级和计算药量计算确定。危险品生产厂房、危险品中转库房的外部距离应自危险性建筑物的外墙面算起,临时存药洞应自洞口外壁算起,晒场应自晒场边缘算起。
工艺与布置	(1)烟花爆竹的生产工艺宜采用机械化、自动化、自动监控等先进技术。对有燃烧、爆炸危险的作业宜采取隔离操作,并应坚持减少厂房内存药量和作业人员。 (2)烟花爆竹生产应按产品类型设置生产线,生产工序的设置应符合产品生产工艺流程要求,危险性厂(库)房、设备设施的生产能力应相互匹配。 (3)有燃烧、爆炸危险的作业场所使用的设备、仪器、工器具应满足使用环境的安全要求。 (4)有易燃易爆粉尘散落的工作场所应设置清洗设施,并应有充足的清洗用水。 (5)在危险品生产区内,危险品生产厂房各工序及临时存药洞允许最大存药量应符合现行国家标准《烟花爆竹作业安全技术规程》(GB 11652)的有关规定;危险品中转库最大存药量不应超过2天生产需要量。 (6)除采用自动化、连续化生产工艺的烟花爆竹生产厂房外,1.1级、1.3级厂房和库房(仓库)应为单层建筑,其平面宜为矩形。 (7)1.1级厂房设置应符合下列规定: ①采用手工作业的1.1级厂房,除采取抗爆间室、装甲防护装置或工艺有特殊要求外,应单机单栋或单人单栋独立设置。 ②机械混药、机械筛药的1.1级厂房应单独布置,且应进行远距离隔离控制。 ③干法生产引火线厂房的工作间不应超过4间,有机溶剂法生产引火线厂房的工作间不应超过2间。 (8)1.3级厂房设置应符合下列规定: ①厂房内各工作间应采用密实砌体墙隔开,且工作间数不应超过6间,当厂房建筑耐火等级为三级或以下时,工作间数不应超过4间。 ②氧化剂的粉碎筛选、可燃物的粉碎筛选应独立设置厂房。 (9)采用连续化、自动化生产工艺的烟花爆竹厂房的设置应符合下列规定: ①采用连续化、自动化生产的厂房,生产线应按工艺流程布置,不宜交叉、倒流作业。 ②厂房内的各危险工序之间宜采取防护隔离措施,也可布置在单独的工作间内。生产中易发生事故的工序应根据情况分别布置在抗爆间室内,也可采用设备装甲防护、防护板、抑爆结构等防护措施。

续表

项目	具体内容
工艺与布置	③厂房内的设备、管道、运输（传输）装置和操作岗位的布置，应方便操作人员迅速疏散。当管道和运输（传输）装置通过出入口、通道时，应布置在局部地下、架空或设置使人能方便通行的过桥。 ④连续化、自动化生产设备之间应采取防传燃、传爆、殉爆（燃）的技术措施，全线可实现安全连锁、联动。采取防传燃、传爆、殉爆（燃）技术措施后各工序的危险等级、定员、定量可分别确定。 ⑤厂房应为单层建筑，当工艺有特殊要求且在安全允许的条件下，局部可为二层。 ⑥厂房的辅助用室应布置在建（构）筑物较安全的一端，并应采用厚度不小于 370 mm 的实心砖墙与危险性工作间隔开。 （10）有固定作业人员的非危险品生产厂房，不应和危险品生产厂（库）房联建。 （11）危险品中转库的设置应符合下列规定： ①不同危险等级的中转库应独立设置，且不得和生产厂房联建。 ②1.1 级生产工序宜就近设置半成品临时中转库。 （12）1.1 级厂房内不应设置除更衣室、工器具室外的辅助用室；1.3 级厂房内可设置辅助用室，但应布置在厂房较安全的一端，并应采用防火墙与生产工作间隔开。 （13）危险品生产厂房内设置临时存药间或在厂房附近设置临时存药洞时，临时存药间（暂存间）与操作间应采用钢筋混凝土墙或不小于 370 mm 的密实砌体墙隔开。 （14）对危险品进行直接加工的岗位宜设置隔离防护措施。对有升空迸射危险的生产岗位宜采取防迸射措施。 （15）1.1 级厂房的人均使用面积不宜小于 9.0 m^2，1.3 级厂房的人均使用面积不宜少于 4.5 m^2
产品制作	（1）基本要求：各工序应分别在单独专用工房进行；烟火药、黑火药、引火线、效果件及有药半成品应设专人管理，各工序应按定量领取并登记。使用含氯酸盐、黄磷、赤磷、雷酸银、笛音剂等高感度烟火药的工房，不应改做其他产品制作工房。每次限量药物、半成品用完后，应及时将半成品送入中转库或指定地点。 （2）装、筑（压）药（裸药效果件）：装药前应筛除效果件中的药尘（灰），除药尘（灰）应在单独工房操作，定员、定量按下道工序执行。1.1 级工房每栋工房定员 1 人；当隔离操作时，每栋工房定员 2 人，单人单间。筑（压）药的过程中，当模具与药物难以分离时，不应强行分离，采用酒精清洗。 （3）蘸（点）药：摩擦类产品手工蘸药每栋工房定员 4 人，每人定量 25 g；机械蘸药每栋工房定机 2 台，单人单间，每人定量 50 g。 （4）钻孔：裸药效果件或单个药量大于 20 g 的半成品，不应钻孔；单个含药量大于 5 g 或不含黑火药、光色药的半成品不应手工钻孔。 （5）插引、安（串）引：手工插引，每间定员 4 人，每栋工房定员 16 人；当单间只有 1 个疏散出口时，每间定员 2 人；每人定量 0.5 kg。机械插引每栋工房定员 4 人，单人单间，每人定量 3 kg。无药部件插、串、安引每栋工房定员 24 人，每人定量 0.5 kg。

续表

项目	具体内容
产品制作	(6)封口(底):每栋工房定员2人。爆音药半成品封口(底)每人定量3 kg,其余每人定量5 kg。半成品的封口应密实,防止药物外泄、受潮。 (7)结鞭:手工(人力机械)结鞭,每人定量3 kg。每栋工房定员24人,每间定员4人;当单间只有1个疏散出口时,每间定员2人。动力机械结鞭,每栋工房定机6台,单机单间,每机定量6 kg,每间定员2人,带包装的机械结鞭每间定员3人。 (8)成品、有药半成品的干燥:成品、有药半成品的干燥应在专用场所(晒场、烘房)进行。产品干燥不应与药物干燥在同一晒场(烘房)进行,摩擦类产品不应与其他类产品在同一晒场(烘房)干燥。蒸汽干燥的烘房温度小于或等于75 ℃,升温速度小于或等于30 ℃/h,不宜采用肋形散热器。热风干燥成品,有药半成品室温小于或等于60 ℃,风速小于或等于1 m/s;循环风干燥应有除尘设备,除尘设备要定期清扫。 (9)燃放试验:燃放试验时,应设专人警戒;现场操作人员不应超过2人,其余人员应在安全区域观看;操作时应戴头盔,点火时身体应偏离产品燃放轨迹,并及时撤离至安全区域内。 燃放试验时,产品及导向筒应牢固固定,严防倒筒、散筒。待燃放产品应妥善存放,并采取防火隔离措施。燃放试验时应注意风向风速,对熄引的试验物应妥善处理。燃放试验后的残留物应进行清扫和妥善处理

考点4 危险品储存和运输

项目	具体内容
危险品储存	(1)危险品的储存应符合现行国家标准《烟花爆竹作业安全技术规程》(GB 11652)中有关储存的规定,电点火头成品应单库存放。 (2)仓库危险品的存药量和建设规模应符合下列规定: ①危险品生产区内,1.1级中转库单库存药量不应超过500 kg,爆炸药(白药)中转库单库存药量不应超过200 kg,1.3级中转库单库存药量不应超过1 000 kg。 ②危险品总仓库区内、各级仓库的单库存药量不应超过现行国家标准《烟花爆竹作业安全技术规程》GB 1652的规定量。 ③危险品总仓库、中转库的规模应与生产能力相匹配。危险品总仓库区内,1.1级成品仓库单栋建筑面积不应超过500 m^2,1.3级成品仓库单栋建筑面积不应超过1 000 m^2,每个防火分区面积不宜超过500 m^2,烟火药、黑火药、引火线仓库单栋建筑面积不宜超过100 m^2。
危险品运输	(1)危险品生产区运输危险品的主干道中心线与各级危险性建(构)筑物的距离应符合下列规定: ①距1.1级建(构)筑物不宜小于15 m,有防护屏障时可不小于10 m。 ②距1.3级建(构)筑物不宜小于10 m,与道路相对的墙面为密实墙体时可不小于6 m。

续表

项目	具体内容
危险品运输	③运输裸露危险品的道路中心线距有明火或散发火星的建筑物不应小于 30 m。 (2)危险品总仓库区运输危险品的主干道中心线与各级危险性建筑物的距离不应小于 10 m。 (3)危险品生产区和危险品总仓库区内的道路纵向坡度应符合下列规定： ①汽车运输危险品，道路纵坡不宜大于 6%；山区受限区域，不应大于 8%。 ②电瓶车运输危险品，道路纵坡不宜大于 4%；山区受限区域，不应大于 6%。 ③手推车运输危险品，道路纵坡不宜大于 2%；山区受限区域，不应大于 4%。 (4)机动车不应直接进入 1.1 级和 1.3 级建(构)筑物内，装卸作业点宜位于各级危险性建(构)筑物门前 2.5 m 以外。 (5)人工提送危险品时，宜设专用人行道，道路纵坡不宜大于 8%，路面应平整，且不应设有台阶

考点 5　生产区建筑结构要求

项目	具体内容
一般规定	(1)各级危险性建(构)筑物的耐火等级和化学原料仓库的耐火等级除建筑面积小于 20 m^2 的 1.1 级建(构)筑物和建筑面积不超过 300 m^2 的 1.3 级建(构)筑物外，均不应低于现行国家标准《建筑设计防火规范》(GB 50016)中二级耐火等级。 (2)建筑面积小于 20 m^2 的 1.1 级建筑物和建筑面积不超过 300 m^2 的 1.3 级建筑物的耐火等级不应低于三级。屋顶承重构件不宜低于三级。 (3)危险性建筑物室内梁或板中的最低净空高度不宜小于 2.8 m，并应满足正常的采光和通风要求。 (4)危险品生产区内宜设有供 1.1 级、1.3 级建筑物内操作人员使用的洗涤、淋浴、更衣、卫生间等生活辅助用室和办公用室。危险品总仓库区内应设置门卫值班室，不宜设置其他辅助用室。 (5)在危险品生产区内，当工艺要求在两个危险性建筑物之间设置临时存药洞时，应符合下列规定： ①临时存药洞应镶嵌在天然山体内。存药洞门与山体前坡脚的距离不应小于 800 mm。 ②临时存药洞的净空尺寸宽不大于 800 mm，高不大于 1 000 mm，存药洞净深不大于 600 mm，存药洞底宜高出存药洞外人行地面 600 mm。 ③临时存药洞前面宜设置平开木门。 ④临时存药洞墙体可采用不小于 240 mm 的密实砌体或钢筋混凝土墙体。 ⑤临时存药洞上部覆土厚度不应小于 500 mm，两侧墙顶覆土宽度不应小于 1 500 mm。 ⑥临时存药洞内应用水泥砂浆抹面，四周有土处应采取防水及隔潮措施。存药洞上部应有良好的排水措施。

续表

项目	具体内容
一般规定	(7)距离本厂围墙小于 12 m 的危险性建筑(构)物,危险性建筑物面向围墙方向的外墙宜为实体墙;如设有门、窗或洞口,应采取防火措施
危险品生产区危险性建筑物的结构选型和构造	(1)1.1 级建(构)筑物应采用现浇钢筋混凝土框架结构或整体现浇钢筋混凝土结构,也可采用钢筋混凝土柱、梁承重结构或砌体承重结构。框架结构的填充墙应采用实心砖或多孔砖密砌。当采用钢筋混凝土柱、梁承重结构或砌体承重结构时,应符合下列规定之一: ①厂房的建筑面积应小于 20 m^2,且操作人员不应超过 1 人。 ②生产过程采用远距离控制且室内无人操作。 (2)1.3 级建(构)筑物应采用现浇钢筋混凝土框架结构,也可采用钢筋混凝土柱、梁承重结构或砌体承重结构。填充墙应采用实心砖或多孔砖密砌。当采用钢筋混凝土柱、梁承重结构或砌体承重结构时,应符合下列规定之一: ①厂房的跨度不应大于 7.5 m,长度不应大于 30 m,室内净高不应大手 4 m,且横隔墙间距不应大于 15 m。 ②厂房内的横隔墙较密且间距不应大于 6 m。 (3)采用钢筋混凝土柱、梁承重结构的 1.1 级、1.3 级建(构)筑物的填充墙应为密砌实体墙,不应采用空斗墙或毛石墙;采用砌体承重结构的 1.1 级、1.3 级建(构)筑物不应采用独立砖柱承重,并不应采用空斗墙和毛石墙。危险性建(构)筑物的砌体厚度不应小于 240 mm。 (4)危险品生产厂房屋盖应符合下列规定: ①宜采用现浇钢筋混凝土屋盖并与框架连成整体,也可采用轻型泄压屋盖,轻质泄压部分的单位面积重量不应大于 0.8 kN/m^2。 ②当厂房采用钢筋混凝土柱、梁或砌体承重结构时,宜采用轻型泄压屋盖。当厂房采用轻型泄压屋盖时,宜采取防止成片或整块屋盖飞出伤人的措施。 ③$1.1^{-2}$级黑火药生产厂房宜采用轻质易碎屋盖或轻型泄压屋盖。轻质易碎部分的单位面积重量不应大于 1.5 kN/m^2。 ④1.3 级厂房采用现浇钢筋混凝土屋盖时,宜设置能泄压的门窗。 (5)有易燃易爆粉尘的建(构)筑物,应采用外形平整、不易积尘的结构构件和构造。 (6)危险性建(构)筑物结构应加强联结。1.1 级、1.3 级厂房结构构造应符合下列规定: ①装配式钢筋混凝土屋盖、轻质易碎屋盖或轻质泄压屋盖,宜在梁底或板底标高处沿外墙和内纵、横墙设置现浇钢筋混凝土闭合圈梁。 ②梁与墙或柱应锚固可靠,梁与圈梁应联成整体。 ③围护砌体和钢筋混凝土柱之间应加强联结,纵、横砌体之间也应加强联结。 ④门窗洞口应采用钢筋混凝土过梁,过梁的支承长度不应小于 250 mm。当门洞口大于 2 700 mm 时,宜设置钢筋混凝土门框架或门樘。 ⑤砌体承重结构的外墙四角及单元内、外墙交接处应设构造柱。

考点6 烟花爆竹生产消防安全

项目	具体内容
消防给水和灭火设施	(1)烟花爆竹生产建设项目和批发经营仓库应设置消防给水系统。建筑的室外消防供水可采用室外消火栓、手抬机动消防泵等方式。 (2)对于产品或原料与水接触能引起燃烧、爆炸或助长火势蔓延的场所,应根据产品和原料的特性选择相应的灭火剂和消防设施,不应设置以水为灭火剂的消防设施。 (3)消防给水利用天然水源时,应采取安全可靠的取水措施;采用自备水源井时,应设置消防水蓄水设施。当水源来自市政给水且市政给水管网能够同时满足室内外消防给水设计流量和生产、生活最大用水量时,可不设置消防蓄水设施。 (4)供消防车或手抬机动消防泵取水的消防水池和室外消火栓的保护半径,不应大于150 m。 (5)危险品生产厂房和仓库的室外消防用水量应符合现行国家标准《消防给水及消火栓系统技术规范》GB 50974 中甲类厂房和仓库的规定。当单个建(构)筑物的体积均不超过300 m^3 时,室外消防用水量可按10L/s 计算。 (6)室外消防给水管网宜布置成环状。若受地形限制不能设计为环状管网时,可设计为枝状消防给水管网,但生产应无不间断给水要求,且厂区两端应分别设置高位水池。 (7)易发生燃爆事故的工作间宜设置雨淋灭火系统。

考点7 废水处理

项目	具体内容
废水处理	(1)烟花爆竹生产建设项目的废水排放设计,应遵循清污分流、少排或不排出废水的原则。有害废水应采取必要的治理措施,达到国家现行有关排放标准的规定后排放。 (2)集中收集的含药废水宜先经污水池沉淀或过滤,再集中处理排放,沉淀及过滤的沉渣应定期处置

第三节 烟花爆竹经营安全知识

考点1 烟花爆竹经营相关法律规定

项目	具体内容
刑法	(1)违反爆炸性、易燃性、放射性、毒害性、腐蚀性物品的管理规定,在生产、储存、运输、使用中发生重大事故,造成严重后果的,处三年以下有期徒刑或者拘役;后果特别严重的,处三年以上七年以下有期徒刑

续表

项目	具体内容
刑法	(2)在生产、作业中违反有关安全管理的规定,因而发生重大伤亡事故或者造成其他严重后果的,处三年以下有期徒刑或者拘役;情节特别恶劣时,处三年以上七年以下有期徒刑
治安管理处罚法	(1)违反国家规定,制造、买卖、储存、运输、邮寄、携带、使用、提供、处置爆炸性、毒害性、放射性、腐蚀性物质或者传染病病原体等危险物质的,处十日以上十五日以下拘留;情节较轻的,处五日以上十日以下拘留。 (2)爆炸性、毒害性、放射性、腐蚀性物质或者传染病病原体等危险物质被盗、被抢或者丢失,未按规定报告的,处五日以下拘留;故意隐瞒不报的,处五日以上十日以下拘留
消防法	(1)生产、储存、经营易燃易爆危险品的场所不得与居住场所设置在同一建筑物内,并应当与居住场所保持安全距离。生产、储存、经营其他物品的场所与居住场所设置在同一建筑物内的,应当符合国家工程建设消防技术标准。 (2)禁止在具有火灾、爆炸危险的场所吸烟、使用明火。因施工等特殊情况需要使用明火作业的,应当按照规定事先办理审批手续,采取相应的消防安全措施。作业人员应当遵守消防安全规定。进行电焊、气焊等具有火灾危险作业的人员和自动消防系统的操作人员,必须持证上岗,并遵守消防安全操作规程。 (3)人员密集场所发生火灾,该场所的现场工作人员不履行组织、引导在场人员疏散的义务,情节严重,尚不构成犯罪的,处五日以上十日以下拘留
产品质量法	(1)可能危及人体健康和人身、财产安全的工业产品,必须符合保障人体健康和人身、财产安全的国家标准、行业标准。未制定国家标准、行业标准的,必须符合保障人体健康和人身、财产安全的要求。 (2)销售者不得销售国家明令淘汰并停止销售的产品和失效、变质的产品。 (3)由于销售者的过错使产品存在缺陷,造成人身、他人财产损害的,销售者应当承担赔偿责任。销售者不能指明缺陷产品的生产者,也不能指明缺陷产品的供货者的,销售者应当承担赔偿责任

考点 2　烟花爆竹许可制度

项目	具体内容
烟花爆竹安全生产许可证	按照《安全生产法》《行政许可法》《安全生产许可证条例》《烟花爆竹安全管理条例》,国家对烟花爆竹的生产、经营、运输和举办焰火晚会以及其他大型焰火燃放活动,实行许可证制度。未经许可,任何单位或者个人不得生产、经营、运输烟花爆竹,不得举办焰火晚会以及其他大型焰火燃放活动

续表

项目	具体内容
烟花爆竹经营许可证	烟花爆竹生产属于劳动密集型的高危行业，具有生产企业规模小，风险高等特点。为保证经营秩序的稳定和安全，保障广大消费者的生命和财产安全，无论是批发还是零售，都要经过安全审查，获得许可后方可经营
烟花爆竹运输许可证	取得《烟花爆竹道路运输许可证》应遵守的规定：按照《烟花爆竹安全管理条例》，对烟花爆竹的道路运输安全管理作出了规定，对铁路、水路、航空运输烟花爆竹的安全管理，依照铁路、水路、航空运输安全管理的有关法律、法规、规章的规定执行。 《烟花爆竹道路运输许可证》将标明一次性运输有效期限。同时，还要标明托运人、承运人、起始地点、行驶线路、经停地点、烟花爆竹的种类、规格和数量等。烟花爆竹运抵目的地后，收货人应当在3天内将此证交回发证机关核销
燃放烟花爆竹的许可	1. 燃放的禁止性规定 国家对烟花爆竹的生产、经营、运输和举办焰火晚会以及其他大型焰火活动，实行许可证制度。针对近几年来烟花爆竹燃放安全事故时有发生的情况，《烟花爆竹安全管理条例》规定，燃放烟花爆竹，应当遵守有关法律、法规和规章的规定。 禁止在下列地点燃放烟花爆竹： (1)文物保护单位。 (2)车站、码头、飞机场等交通枢纽以及铁路线路安全保护区内。 (3)易燃易爆物品生产、储存单位。 (4)输变电设施安全保护区内。 (5)医疗机构、幼儿园、中小学校、敬老院。 (6)山林、草原等重点防火区。 (7)县级以上地方人民政府规定的禁止燃放烟花爆竹的其他地点。 2. 焰火燃放许可 为了维护焰火晚会以及其他大型焰火燃放活动的公共安全，《烟花爆竹安全管理条例》规定，举办焰火晚会以及其他大型焰火燃放活动，应当按照举办的时间、地点、环境、活动性质、规模以及燃放烟花爆竹的种类、规格和数量，确定危险等级，经过有关公安部门许可，并按照焰火燃放安全规程和经许可的燃放作业方案进行燃放作业。公安部门应当加强对危险等级较高的焰火晚会以及其他大型焰火燃放活动的监督检查
监督管理	(1)安全生产监督管理部门负责烟花爆竹的安全生产监督管理。具体包括：监督烟花爆竹生产经营单位贯彻执行安全生产法律法规情况，审查烟花爆竹生产经营单位安全生产条件和发放《烟花爆竹安全生产许可证》《烟花爆竹经营许可证》，组织查处不具备安全生产基本条件的烟花爆竹生产经营单位，组织查处烟花爆竹安全生产事故。 (2)公安部门负责烟花爆竹的公共安全管理。具体包括：许可烟花爆竹运输和确定运输路线，许可焰火晚会燃放和管理烟花爆竹禁放工作，组织销毁处置废旧和罚没的非法烟花爆竹，侦查非法生产、买卖、储存、运输、邮寄烟花爆竹的刑事案件

续表

项目	具体内容
监督管理	(3)省、市、县(区)人民政府确定的烟花爆竹行业主管部门负责烟花爆竹生产经营单位的行业管理,督促、指导生产经营单位建立健全各项安全管理制度、安全生产责任制和岗位责任制。 (4)县以上供销社负责对本系统企业烟花爆竹经营活动的管理,并进行经常性安全检查和监督。 (5)质量技术监督部门负责烟花爆竹的质量监督管理,监督抽查烟花爆竹质量,查处伪劣烟花爆竹产品。 (6)工商行政管理部门依据有关部门核发的许可证件,核发烟花爆竹生产经营单位营业执照,并监督管理烟花爆竹市场经营活动,查处伪劣烟花爆竹商品。 (7)公安、安全生产监督管理、质量监督检验、工商行政管理等部门按照职责分工,有责任组织查处非法生产、经营、储存、运输、邮寄、燃放烟花爆竹的违法行为
安全管理机构、人员和责任制	(1)烟花爆竹批发企业应按照《安全生产法》的规定建立适用于企业安全管理需要的组织机构,并配备安全管理人员。批发企业一般都需建立安全生产领导小组,由企业主要负责人(总经理或董事长)任领导小组组长,企业有关部门负责人为成员,领导小组负责统一协调企业安全生产工作。同时设立安全管理科(办公室)或配备专职安全管理员,承担企业安全日常管理。 (2)烟花爆竹经营单位的各类人员必须经过专门的安全生产知识培训,并取得相应的资格证书。 (3)烟花爆竹经营单位应该严格制定各类人员的安全生产责任制。一般包括以下人员的责任制: ①烟花爆竹批发单位主要负责人安全生产责任制。 ②安全生产管理人员安全生产责任制。 ③烟花爆竹储存仓库负责人安全生产责任制。 ④保管人员安全生产责任制。 ⑤警卫人员安全生产责任制。 ⑥装卸搬运人员安全生产责任制。 ⑦特种作业人员安全生产责任制。 ⑧驾驶员、押运员安全生产责任制

考点3 安全培训与教育、事故管理、安全评价

项目	具体内容
概述	企业应按照《安全生产法》《生产经营单位安全培训规定》《烟花爆竹生产经营单位安全管理人员考核标准》《烟花爆竹生产经营单位主要负责人考核标准》等法律法规标准的规定和要求组织开展安全生产培训教育

续表

项目	具体内容
安全思想意识教育	主要是通过各种教育形式，把“安全第一、预防为主、综合治理”“遵章守纪、保障安全”等理念固化到职工的思想中，提高对安全重要性的认识和对安全的重视程度。通常从加强思想教育和法纪教育两个方面入手。思想教育主要是提高广大职工对安全生产重要意义的认识，使他们明白实现安全生产对促进经济发展和构建和谐社会的重要性和必要性，在日常生产经营工作中正确处理好安全与经营的关系，自觉地履行好岗位安全职责，做好各项安全工作。法纪教育主要是使广大职工懂得执行安全生产法律法规和劳动纪律对实现安全生产的重要性。很多安全方面的法律法规和标准规范都是从血的教训中总结出来的，对指导安全生产有着十分重要的作用，对以往事故原因的分析表明，60% ~70% 的事故发生与“三违”有关，所以为了能有效实现安全生产，加强法纪教育非常必要
安全技术教育	安全技术教育包括一般安全技术教育和专业安全技术知识教育，一般安全技术教育主要是指常规安全知识的教育，如烟花爆竹产品知识、用电知识、防火防爆知识、消防灭火知识、劳动防护用品知识以及基本的受伤救护知识等。专业安全技术知识教育，主要指不同岗位安全要求所必须掌握的专业安全技术和技能的安全教育，如押运、汽车司机、电工、仓库保管等岗位的人员必须经过专门的安全技术培训教育，考核合格后方可持证上岗
事故案例和经验教训的教育	事故案例和经验教训的教育。经验教训是指从多次实践中得到的知识或技能和从错误或挫折中得到的经验。企业要对照成功的、典型的经验排找差距，订立计划，并有目的、有要求地组织职工学习，使之受到教育和启发，自觉地将这些好的经验和做法运用到工作实践中去，达到安全教育的目的。事故案例是血的教训，可以从以往的事故中吸取有益的东西，防止同类事故的发生
事故管理	事故管理主要包括事故报告、事中应急救援和事后善后处理。一旦发生事故后，企业要立即启动事故应急救援预案，全力抢救受害人员，并立即报警，并且将事故情况报告公安部门、安监部门和主管部门，争取外援，同时要注意保护好事故现场。事故后企业要全力做好善后工作，配合有关部门做好事故调查工作，严格执行国家有关规定和企业事故管理制度
安全评价	企业对安全评价报告的运用： （1）企业在拿到安全评价报告后，应尽快组织人员，特别是企业负责人和安全管理人员要认真阅读，及时了解企业安全状况，对评价报告中指出的问题要举一反三，全面查找存在的安全问题。 （2）把评价报告作为事故隐患整改的重要参考，对提出的和查找出的问题，要根据危险有害程度分轻重缓急尽快加以整改。 （3）企业负责人和安全管理人员应经常阅读安全评价报告，通过阅读安全评价报告来增加自身的安全知识，提高安全管理的水平。 （4）企业可以将安全评价报告作为安全培训教育的重要材料。 （5）做好安全评价报告的归档工作，以便于查阅

考点4　烟花爆竹进、销、存的安全管理

项目	具体内容
进货安全管理	烟花爆竹的进货要遵守国家和当地政府的有关规定，不得从无资质的批发企业或不法商贩进货，不得购进伪劣烟花爆竹，不得购进超过许可核定级别的烟花爆竹品种，不得超量进货，不得购进使用违规药剂的烟花爆竹
销售安全管理	烟花爆竹必须设立专柜或专店，由专人销售；销售人员要熟悉销售的烟花爆竹安全特性和安全燃放知识，会正确使用灭火器，穿戴防静电劳动防护用品；销售场所要严禁烟火；销售要严格遵守操作规程；不得摆摊设点销售烟花爆竹；不得走街串巷销售烟花爆竹；不得销售礼花弹等超过许可核定范围的烟花爆竹；不得销售伪劣、破损烟花爆竹
存放和保管	烟花爆竹的存放和保管的关键，一是隔绝火源，二是严防冲击、摩擦、敲打，三是防潮、防水，四是防老鼠害虫咬坏。 (1)存放场所要符合安全要求。凡使用储存、运输易燃爆化学物品的部分，应办理有关证件，做到手续、证件齐全有效。 (2)严禁在经营场所超量存放烟花爆竹。存放的烟花爆竹数量不能超过许可证核定的数量。 (3)不能混放和散乱存放。 (4)存放场所的用电要符合安全要求：①不能有产生电火花和电发热的电器；②电气线路要穿管布设，防止电路过热和产生电火花；③严格控制临时线和插座。 (5)存放地点要防潮、防湿。在适当位置设置温、湿度计，温、湿度计要悬空挂在烟花爆竹存放点，避免靠墙，悬挂高度为1.5 m左右。 (6)堆放要整齐。 (7)存放地点要远离火源、热源，严禁烟火。 (8)存放场所要配备合适、足够的灭火器。 (9)存放地点要有“严禁烟火”等安全警示标志牌。 (10)每天要做到“三查”(上班查，班中查，下班查)。 (11)烟花爆竹存放期限不得超过3年。 (12)存放场所散落的烟花爆竹要小心、及时清理，集中后妥善销毁。 (13)存放场所要有防止鼠虫等小动物咬坏烟花爆竹的措施。 (14)烟花爆竹不得露天存放，避免阳光直射。 (15)存放烟花爆竹的总药量不得超过300 kg

考点5　防火基本理论和措施

项目	具体内容
基本理论	在时间和空间上失去控制的燃烧所造成的灾害称为火灾。根据燃烧必须有可燃物、助燃物和火源这三个基本条件存在并互相作用才能发生的理论，采取措施，防止燃烧三个基本条件的同时存在或者避免它们的相互作用，则是防火技术的基本理论。所有防

续表

项目	具体内容
基本理论	火的技术措施都是在这个基本理论的指导下采取的，或者可这样说，全部防火技术措施的实质是防止燃烧基本条件的同时存在或避免它们的相互作用
技术措施	（1）消除着火源。火源分为直接火源和间接火源。直接火源包括明火、电火花、雷电火。间接火源包括加热自燃起火、本身自燃起火。 （2）控制可燃物。控制可燃物的措施主要有：在生活和生产的可能条件下，以难燃和不燃材料代替可燃材料，如用水泥代替木材建筑房屋；降低可燃物质（可燃气体、蒸气和粉尘）在空气中的浓度；防止可燃物质的跑、冒、滴、漏；对于那些相互作用能产生可燃气体或蒸气的物品应加以隔离，分开存放。 （3）隔绝空气。可将可燃物隔绝空气储存，阻止助燃物与可燃物接触，如钠存于煤油中，磷存于水中，二硫化碳用水封存放等。 （4）防止形成新的燃烧条件。设置阻火装置，如在汽车上设置火星熄灭器；在仓库里筑防火墙，或在建筑物之间留防火间距，一旦发生火灾，使之不能形成新的燃烧条件，从而防止扩大火灾范围
火灾预防	（1）正确选择烟花爆竹的燃放地点，严禁在繁华街道、剧院等公共场所和山林、有电的设施下以及靠近易燃易炸物品的地方进行燃放。燃放烟花爆竹要遵守与当地政府有关的安全规定。 （2）烟花的燃放不可倒置。吐珠类烟花的燃放最好能用物体或器械固定在地面上进行，若确需手持燃放时，只能用手指掐住筒体尾端，底部不要朝掌心，点火后，将手臂伸直，烟花火口朝上，尾部朝地，对空发射。禁止在楼群和阳台上燃放。 （3）喷花类、小礼花类、组合类烟花燃放时，平放地面固牢，燃放中不得出现倒筒现象，点燃引线人即离开。 （4）燃放旋转升空及地面旋转烟花，必须注意周围环境，放置平整地面，点燃引线后，离开观赏，燃放手持或线吊类旋转烟花时，手提线头或用小竹竿吊住棉线，点燃后向前伸，身体勿近烟花。燃放钉挂旋转类烟花时，一定要将烟花钉牢在壁或木板上，用手转动烟花，能旋转的好，才能点燃引线离开观赏。 （5）手持烟花不应朝地面方向燃放。 （6）爆竹应在屋外空处吊挂燃放，点燃后切忌将爆竹放在手中，双响炮应直竖地面，不得横放。 （7）燃放烟花爆竹产品要保持警觉、清醒的头脑，思想意识不正常或喝酒后，请不要燃放烟花爆竹产品。未成年的小孩慎用烟花爆竹产品。 （8）燃放时万一出现异常情况，如熄火现象，千万不要再点火，更不许伸头、用眼睛靠近观看，也不要马上靠拢产品，应停止燃放其他产品，等明确原因，再行处理，一般为15分钟后再去处理

考点6　爆炸与防爆

项目	具体内容
爆炸分类	(1)按照爆炸能量的来源分类,爆炸可分为物理性爆炸、化学性爆炸和核爆炸。 (2)化学性爆炸按照爆炸反应的相,可分为气相爆炸、液相爆炸和固相爆炸
化学爆炸反应条件	通常将爆炸现象划分为两个阶段:先是某种形式的能量以一定的方式转变为原物质或产物的压缩能,随后物质由压缩态膨胀,在膨胀过程中做机械功。从爆炸反应的过程分析,爆炸性物质或混合物发生爆炸有热反应和链式反应两种不同的历程。 (1)热反应爆炸。当燃烧在某一空间内进行时,如果散热不良会使反应温度不断提高,温度的提高又促使反应速度加快,如此循环发展而导致发生爆炸。 (2)链式反应爆炸。爆炸性混合物与火源接触,就会有活性分子生成,构成连锁反应的活性中心,当链增长速度大于链销毁速度时,游离基的数目就会增加,反应速度也随之加快,如此循环发展,使反应速度加快到爆炸的等级
防爆技术基本理论	防止产生化学性爆炸的三个基本条件的同时存在,是预防可燃物质化学性爆炸的基本理论。也可以说,防止可燃物质化学性爆炸全部技术措施的实质,就是制止化学性爆炸三个基本条件的同时存在。从总体来说,预防爆炸的技术措施是在防爆技术基本理论指导下采取的。例如,为了消除可燃物形成爆炸性混合物而采取的惰化措施,即利用惰性介质氮气、二氧化碳和水等,排除容器设备或管道内的可燃物,使其浓度保持人人小于爆炸下限。防止泄漏也是防爆的重要措施,除了预防可燃物质从旋转轴滑动面、接缝、腐蚀孔和小裂纹等处的跑、冒、滴、漏之外,特别需要注意预防从阀门、盖子或管子脱节等处的大量泄漏。又如为预防形成爆炸性混合物,可采取措施严格控制系统的氧含量,使其降至某一临界值(氧限值或极限含氧量)以下。目的是保证上述防爆条件采取的监测措施和报警装置,以及消除着火源的各种措施等都是在防爆技术基本理论指导下采取的措施
爆炸的发展过程与预防原则	可燃物的爆炸虽然发生于顷刻之间,但它还是有个发展过程。首先是可燃物与氧化剂的混合而形成爆炸性混合物,并且由于混合物遇着火源,使爆炸开始;其次是由于连锁反应过程的发展,爆炸范围的扩大和爆炸威力的升级;最后是完成化学反应,爆炸力造成灾害性破坏。 防爆的基本原则是根据对爆炸过程特点的分析后,采取的相应措施。阻止第一过程的出现,限制第二过程的发展,防护第三过程的危害。 防爆基本原则有以下几点:防止爆炸混合物的形成;严格控制着火源;燃爆开始就及时泄出压力;切断爆炸传播途径;减少爆炸压力和冲击波对人员、设备和建筑物的损坏;检测报警

第四节　烟花爆竹安全事故应急救援

考点1　烟花爆竹火灾扑救

项目	具体内容
消防法相关规定	任何人发现火灾都应当立即报警。任何单位、个人都应当无偿为报警提供便利，不得阻拦报警。严禁谎报火警。人员密集场所发生火灾，该场所的现场工作人员应当立即组织、引导在场人员疏散。任何单位发生火灾，必须立即组织力量扑救。邻近单位应当给予支援。消防队接到火警，必须立即赶赴火灾现场，救助遇险人员，排除险情，扑灭火灾
灭火原理和方法	按照燃烧原理，一切灭火方法的原理都是将灭火剂直接喷射到燃烧的物体上，或者将灭火剂喷洒在火源附近的物质上，使其不因火焰热辐射作用而形成新的火点。主要的灭火方法有冷却灭火法、隔离灭火法和窒息灭火法。 （1）冷却灭火法。冷却灭火法是将灭火剂直接喷射到燃烧的物体上，以降低燃烧的温度于燃点之下，使燃烧停止。 （2）隔离灭火法。隔离灭火法是将正在燃烧的物质和周围未燃烧的可燃物质隔离或移开，中断可燃物质的供给，使燃烧因缺少可燃物而停止。 （3）窒息灭火法。窒息灭火法是阻止空气流入燃烧区或用不燃烧物质冲淡空气，使燃烧物得不到足够的氧气而熄灭的灭火方法
烟花爆竹火灾扑救	1. 制订好灭火预案 一是应加强烟花爆竹从业人员和相关人员的烟花爆竹火灾知识的教育和培训，使其了解烟花爆竹火灾发生发展的条件和特点。二是制订好相应的灭火预案，定期开展灭火演练，熟练掌握生产和销售烟花爆竹火灾地点的情况，根据不同情况，正确使用灭火方法。三是灭火设施要完备。根据生产经营规模大小、建筑物布置分散密集程度、耐火等级以及市镇消防车到达时间长短等合理布置消火栓系统，配备固定式灭火装置、消防泵、灭火器、沙箱、覆盖物等消防器材。四是消防水源充足可靠，消防用水量和消防供水延续时间应符合《烟花爆竹工程设计安全标准》和《建筑设计防火规范》的规定。 2. 防止爆炸伤人 燃烧中易发生爆炸。如果燃烧而尚未爆炸，要首先设法防止爆炸发生。要把药库、成品库作为重点灭火部位，当火势威胁到这些部位时，需集中一定力量，阻止火势向这些部位蔓延，并对这些部位进行冷却。扑救火灾时要及时划定警戒线，禁止一切无关人员越过警戒线。在有发生爆炸危险的情况下，一线灭火的人员应尽量减少。对有爆炸危险的厂房、仓库着火，应采用大口径水枪远程扑救，要充分利用就近地形、地物作掩体，以防发生爆炸时伤人

续表

项目	具体内容
烟花爆竹火灾扑救	3. 正确选用灭火剂 一是对纸张、木炭、材料库等一般可燃物发生火灾，或装有药的成品、半成品纸筒燃烧，均可用水扑救。二是对镁粉、铝粉、锌粉、钛粉等金属粉末火灾不可用水施救，也禁止使用二氧化碳灭火剂灭火。三是对三硫化四磷、五硫化二磷等硫的磷化物遇水或潮湿空气，可分解产生易燃有毒的硫化氢气体，所以也不可用水施救。四是对大部分氧化剂引起的火灾都能用水扑救，最好用雾状水。一般也可用砂土进行扑救。由于氧化剂自身可以释放出氧气，所以窒息法灭火是无效的，应避免使用二氧化碳及其他惰性气体扑救氧化剂火灾。 4. 正确采用灭火的方法 一是避免水枪直接冲击。在使用大口径水枪射水灭火时，要防止直接冲击花炮和原料堆垛，以免因撞击导致堆垛倒塌而发生爆炸。大口径射流，也不可直射简易厂房结构的承重墙，防止可能倒塌伤人。对粉末原材料的燃烧，不可用直流水枪冲击，以防在水流冲击作用下造成粉尘扬起，形成粉尘的空气混合物。二是对烟火剂、火药及其产品禁止用窒息法灭火。烟火药的燃烧在表面现象上与一般燃料在空气中燃烧很类似，但它们有本质的区别：一般燃料的燃烧需要外界供氧或其他助燃气体，烟火药的燃烧是依靠自身所含的氧进行反应的。烟火剂、火药及其产品一旦着火，一般只要不堆积过高，不装在密封的容器内，散装不一定会形成爆炸。如用砂土等覆盖层压盖会造成爆炸。因为覆盖层根本隔绝不了其自身的供氧，反而造成燃烧产生的大量气体的扩散和大量热量的损失。如果烟火药类物质在房间内着火，要迅速将门、窗打开，向内射水冷却，不可用窒息法灭火。 5. 及时疏散物质 火灾时如果条件许可，应将火药、成品疏散到安全地点。选择疏散路线应根据最短、充分利用掩体的原则，迅速安全脱离危险区；对疏散路线要部署一定力量进行掩护，使之畅通无阻。在疏散危险化学品及花炮半成品、成品时，应轻拿轻放，防止因撞击、拖曳、抛掷、倒垛而发生二次灾害

考点2 烟花爆竹事故应急处置

项目	具体内容
逃生方法	一旦在火场上发现或意识到自己可能被烟火围困，生命安全受到威胁时，要立即放弃手中的工作，争分夺秒，设法脱险。要先迅速做好必要的防护准备（如穿上防护服或质地较厚的衣物，用水将身上浇湿，或披上湿棉被等），尽快离开危险区域，切不可延误逃生良机。当自身受到火灾威胁时，千万不要惊慌失措，要冷静地确定自己所处的位置，根据周围的烟、火光、温度等分析判断

续表

项目	具体内容
人身上着火的处理方法	(1)发生火灾时,如果身上着火,千万不能奔跑。着火的人乱跑,不但助长火势,还会把火种带到其他场所,引起新的燃烧点。 (2)身上着火,一般总是先烧衣服、帽子,这时最重要的是先设法把衣、帽脱掉,如果一时来不及,可把衣服撕碎扔掉。脱去了衣、帽,身上的火也就灭了。如果来不及脱衣,也可卧倒在地上打滚,把身上的火苗压熄,若有其他人在场,可用麻袋、毯子等把身上着火的人包裹起来,就能使火扑灭,或者向着火人身上浇水,或者帮助将烧着的衣服撕下,但是,切不可用灭火器直接向着火人身上喷射。 (3)如果身上火势较大,来不及脱衣服,旁边又没有其他人协助灭火,则可以跳入附近池塘、小河等水中去,把身上的火熄灭。虽然这样做可能对后来的烧伤治疗不利,但是,至少可以减少烧伤程度和面积
应急救援预案	1. 事故应急救援的任务 事故应急救援的基本任务包括3个方面:①立即组织抢救人员,组织撤离或者采取其他措施保护危险区域内的其他人员。抢救受害人员是应急救援的首要任务。②迅速控制事态,并对事故造成的危害进行检测、监测,确定事故的危害区域及危害程度。③消除危害后果,做好现场恢复。 2. 应急救援基本要求 要很好地实现事故应急救援的基本任务就必须在应急救援中做到:①反应迅速。发生事故,能够迅速传递信息,按照既定方案有序实施救援。②动作准确。应急行动都是事先有备、熟练演习过的,从程序到具体的操作都是规范准确的。③高效控制。通过科学、有序的迅速控制,以最快的速度将事故消除、控制,把事故损失降到最低程度

案例分析

某花炮厂属私营企业,主要产品有鞭炮和烟花。在全省烟花爆竹企业专项整治期间,该厂从2019年12月开始停产整顿,至2020年4月整顿完毕,经当地公安部门批复同意该厂恢复生产,并与当地政府签订了安全生产责任书。

2021年4月,该厂修建用来搬运原料的卷扬机提升系统,卷扬机提升斜长约60 m,垂直高度30多米。上工区在半山腰,下工区在卸货停车场,操作平台设在上工区。卷扬机于2021年10月初建成投入使用。该厂委托安全评价机构进行了安全评价,安全评价机构明确指出自制的卷扬机不能使用,如要使用须经有关部门检验鉴定合格。当地公安部门在2021年11月1日对该厂核查中,特别指出卷扬机不得用于运输药料,并提出书面整改意见。法人代表A当场表示,不采用机械方式搬运黑火药,卷扬机只是用来搬运辅助材料,绝不运载带药原料和人,厂里也制定了制度并告知全厂职工,违者罚款。A还以书面形式向公安部门做出保证,绝不会用卷扬机来搬运黑火药和人。但事实上,自2021年10月以来,该厂曾多次利用卷扬机搬运过黑火药,A 却对此视而不见。

2022 年 2 月 22 日,该厂安全负责人 B 前往某市购买黑火药和烟花材料,当日在该市租用了两辆 5 t 解放牌货车。23 日上午,一辆车装载 4 t 黑火药、1 t 高氯酸钾,另一辆车装载约 7 t 的烟花材料,B 负责押运。车抵达厂后,根据副厂长 C 的指示,B 指挥司机将第一辆车先行开至卷扬机下工区。副厂长 C 指派 3 名工人去卸货,将车上的高氯酸钾和黑火药卸下,装入卷扬机的吊篮提升到上工区,为加快搬运速度,C 又去找几辆手推车来运送,当天值班管理人员 D 也听命指派 9 名工人到卷扬机上工区去搬运。未经专业培训的 D 操作卷扬机,2 名工人在旁负责卸货,其余 7 名工人用两辆手推车将货物搬运入库。卷扬机前两次提升上来的是高氯酸钾,在提升期间,卷扬机曾发生吊篮下滑的故障。第三次提升黑火药时,因提升过卷、钢丝绳突然崩断,吊篮坠落至下工区地面,发生爆炸事故,造成 8 人死亡、2 人重伤、20 人轻伤。

根据以上情景,回答下列问题:

1. 请确定这起事故的性质,并说明理由。

2. 请分析这起事故的原因。

3. 写出有关责任人的错误事实。

4. 请根据这起事故的特点,提出整改(防范)措施。

参考答案及解析

1. 这是一起责任事故。理由是:(1) 违规使用卷扬机和手推车运送黑火药。(2) 在发现卷扬机发生故障后,未采取果断措施,停止违规操作。(3) 操作人员无证操作卷扬机。

2. 直接原因:(1) 卷扬机在操作过程中钢丝索断裂,造成装载黑火药的货柜坠地产生碰撞,导致柜内黑火药爆炸。(2) 违章指挥、违章操作,采用卷扬机运送黑火药。

间接原因:(1) 有令不行、有禁不止,不落实整改措施,不重视安全工作,忽视安全管理。(2) 企业的安全生产责任制不落实,作业现场管理混乱。(3) 用于货物运输的卷扬机未经具有专业资质的单位设计和施工安装,未经检验鉴定,并曾多次违规使用卷扬机搬运黑火药。(4) 卷扬机操作人员未经专业培训、无证上岗操作,从事药料搬运工作的作业人员安全意识淡薄。(5) 政府有关部门,对企业存在严重事故隐患的情况查处后,没有采取有效措施予以整改。

3. (1) D,当天值班人员,无证上岗操作卷扬机,造成卷扬机过卷扬,对本起事故负有直接责任,建议司法机关依法追究其法律责任。(2) C,副厂长,无序组织指挥药料搬运工作,违规采用卷扬机和手拉车搬运黑火药的作业方式,对本起事故负有领导责任。建议司法机关依法追究其法律责任。(3) 安全负责人 B 的行为虽然是听命于副厂长 C 的命令,但作为厂安全负责人未制止用卷扬机与手推车运送黑火药。(4) A,企业法定代表人,企业安全生产第一负责人,没有认真履行安全责任制,对发现的事故隐患没有认真整改,对本起事故负有主要领导责任。建议司法机关依法追究其法律责任。(5) 政府有关部门,对企业的安全生产责任制督促落实不够，对企业存在严重事故隐患的情况没有及时查处，对本起事故负有一定责任。建议按干部管理权限对有关责任人进行处理。

4.(1)加强安全生产管理，落实安全生产责任。(2)杜绝违章指挥、违章操作。(3)加强从业人员的培训教育。(4)有关部门加强安全生产监管。(5)采取有针对性的安全技术措施。(6)加大安全投入。

第二章　民用爆炸物品安全技术

知识框架

- 民用爆炸物品安全技术
  - 民用爆炸物品定义及分类
    - 民用爆炸物品分类及危险因素
    - 民用爆破器材生产安全管理要求
  - 民用爆炸物品基础知识
    - 炸药的一般概念及爆炸三要素
    - 爆破作业单位民用爆炸物品储存库安全评价
    - 民用爆炸物品工程设计安全基础
    - 药量计算
    - 危险品生产区总平面布置和内外部距离
    - 工艺和布置
  - 民用爆破工程安全措施
    - 爆破工程施工一般规定
    - 施工前准备
    - 材料质量控制
    - 施工操作工艺
    - 爆破工程安全保护措施

考点精讲

第一节　民用爆炸物品定义及分类

考点1　民用爆炸物品分类及危险因素

项目	具体内容
定义	民用爆炸物品是指用于非军事目的、列入民用爆炸物品品名表的各类火药、炸药及其制品和雷管、导火索等点火、起爆器材。属于危险物品，但不属于危险化学品。 对所有爆炸物品而言，它最基本的特征是一种含能材料，当它接收一定形式的能量激发后，即可发生燃烧或爆炸，迅速释放出特种效果的能量，并作用于周围介质和目标

续表

项目	具体内容
民用爆破器材分类	(1)工业炸药:如硝化甘油炸药、铵梯炸药、铵油炸药、乳化炸药、水胶炸药及其他工业炸药等。 (2)起爆器材:起爆器材可分为起爆材料和传爆材料两大类。火雷管、电雷管、磁电雷管、导爆管雷管、继爆管及其他雷管属起爆材料;导火索、导爆索、导爆管等属传爆材料。 (3)专用民爆器材:如油气井用起爆器、射孔弹、复合射孔器、修井爆破器材、点火药盒,地震勘探用震源药柱、震源弹,特种爆破用矿岩破碎器材、中继起爆具、平炉出钢口穿孔弹、果林增效爆破具等
民用爆破器材的火灾爆炸危险因素	粉状乳化炸药生产的火灾爆炸危险因素主要来自物质危险性,如生产过程中的高温、撞击摩擦、电气和静电火花、雷电引起的危险性

考点2　民用爆破器材生产安全管理要求

项目	具体内容
民用爆破器材生产安全管理要求	民用爆破器材企业安全生产应满足下列安全生产要求: (1)民用爆破器材生产企业必须依照有关规定取得安全生产许可证。未取得安全生产许可证的,不得从事生产活动。 (2)民用爆破器材生产企业应当建立健全主要负责人、分管负责人、安全生产管理人员、职能部门、岗位安全生产责任制,制定安全管理制度和操作规程。 (3)民用爆破器材生产企业的安全投入应符合安全生产要求。 (4)民用爆破器材生产企业应当设置安全生产管理机构,配备专职安全生产管理人员,并符合下列要求:①确定安全生产主管人员。②民用爆破器材按有关规定配备专职安全生产管理人员。③配备相当数量的兼职安全生产管理人员。 (5)民用爆破器材生产企业主要负责人、安全生产管理人员的安全生产知识和管理能力应当经考核合格。 (6)民用爆破器材生产企业生产设施应当符合安全生产条件。 (7)民用爆破器材工厂设计和厂址、厂房、储存仓库等设施的设计与测绘应当符合下列条件:①由具有相应资质的专业机构承担设计和测绘工作。②专业机构提供的文件、图样、技术资料等应符合国家有关法律、法规和国家标准、行业标准的要求。③设计图样和测绘图样应有设计单位、测绘单位及其设计人员、技术人员和审核单位及审核人的签章。 (8)民用爆破器材生产企业工厂周边安全防护距离应符合国家有关规定。 (9)民用爆破器材生产企业应当采取下列职业危害预防措施:①为从业人员配备符合国家标准或行业标准的劳动防护用品。②对重大危险源进行检测、评估,采取监控措施。③为从业人员定期进行健康检查。④在安全区内设立独立的操作人员更衣室

续表

项目	具体内容
民用爆破器材生产安全管理要求	(10)民用爆破器材生产企业应当依法进行安全评价。 (11)民用爆破器材生产企业应当建立生产安全事故应急救援组织，制订事故应急预案，配备应急救援人员和必要的应急救援器材和设备。 (12)民用爆破器材生产企业在建设、生产和经营中，应当符合相应的标准和规范，如《民用爆破器材工厂设计安全规范》《建筑设计防火规范》《建筑物防雷设计规范》等国家标准、行业标准规定的其他条件

第二节　民用爆炸物品基础知识

考点1　炸药的一般概念及爆炸三要素

项目	具体内容
概念	(1)炸药是指在一定的外界能量作用下，能发生快速化学反应，生成大量的热和气体产物，对周围介质做功的化学物质。 (2)炸药爆炸三要素：反应过程为放热性、反应的快速性、反应过程中生成气体产物。 (3)炸药爆炸变化的基本形式：炸药在外界能量作用下，可能会发生三种爆炸变化的形式，即热分解、燃烧和爆轰
炸药的起爆	多种形式的外能都可以激起炸药爆炸，但从工程爆破技术、作业安全和有效使用炸药的角度看，热能、电能、爆炸能和机械能较有实际意义。 炸药在工程上的起爆方式：雷管起爆、导爆索起爆、起爆具起爆、中继药包起爆
炸药的主要性能参数	炸药的主要性能参数有氧平衡、爆热、爆温、爆容、爆速、威力、猛度、感度、安定性、殉爆和炸药当量

考点2　爆破作业单位民用爆炸物品储存库安全评价

项目	具体内容
概念	(1)符合性检查：指依据国家有关法律法规、标准、规章、规范的要求，根据被评价项目的情况编制安全检查表，由评价人员进行逐项定性或定量考核检查，汇总检查结果，得出符合程度的结论。 (2)否决项：指对系统安全有显著影响的要素，它的缺陷可能导致本单元或更大范围的安全失控。在符合性检查的评价中，否决项不合格将否决整个单元或整个项目的合格

续表

项目	具体内容
概念	（3）非否决项：指对系统安全有一定影响的要素，它的缺陷一般不会导致本单元或更大范围的安全失控。在符合性检查的评价中，非否决项不合格不影响整个单元或整个项目的合格
评价机构及人员	（1）爆破作业单位民用爆炸物品储存库安全评价机构，应当经国家安全评价机构管理部门批准，取得业务范围为烟花爆竹、民用爆破器材制造业的甲级资质证书，方可从事安全评价活动。 （2）从事爆破作业单位民用爆炸物品储存库安全评价的专业人员，应取得安全评价师职业资格。项目负责人应具有火炸药、爆破工程、安全工程类专业背景和从业经历
评价分类	（1）安全预评价：根据建设单位拟新建、改建、扩建民用爆炸物品储存库相关基础资料，分析和预测项目可能存在的主要危险、有害因素；采用符合性检查法评价项目是否符合国家有关法律法规、标准、规章、规范的要求；采用定性、定量评价方法分析预测项目建成投入使用后的危险程度；在采取安全对策措施及建议后，给出项目建成投入使用的危险有害因素能否得到控制以及受控程度的结论。安全预评价应符合《安全预评价导则》要求，由建设单位根据储存库环境、危险有害因素的复杂程度按国家有关规定办理。 （2）安全验收评价：民用爆炸物品储存库的建设项目竣工投入使用前，依据安全预评价报告或设计方案中提出的安全对策措施，通过对项目实地勘察和对建设单位安全管理状况的调查分析，采用符合性检查法评价项目是否符合国家有关法律法规、标准、规章、规范的要求，在采取安全对策措施及建议后，给出项目投入使用后的危险有害因素能否得到控制以及受控程度的结论。安全验收评价应符合《安全验收评价导则》要求，是爆破作业单位新建、改建、扩建民用爆炸物品储存库的验收依据。 （3）安全现状评价：通过对民用爆炸物品储存库的实地勘察和安全管理现状的调查分析，确定存在的危险、有害因素；采用符合性检查法评价项目是否符合国家有关法律法规、标准、规章、规范的要求；采用定性、定量评价方法评价其危险程度；在采取安全对策措施及建议后，给出项目投入使用后的危险有害因素能否得到控制以及受控程度的结论。安全现状评价作为评价爆破作业单位在用民用爆炸物品储存库安全现状的依据
符合性检查	1. 符合性检查内容严重程度分类 符合性检查内容按严重程度分为“否决项”和“非否决项”。法律法规、标准、规章、规范中属于“严禁”“必须”“应该”等强制性条款或评价机构认为存在重大事故隐患，风险极大的检查内容为“否决项”；法律法规、标准、规章、规范中属于“宜”“不宜”“可”的条款为“非否决项”。 2. 符合性检查结果表述结果为合格、不合格。 有以下情况之一的符合性检查结果为合格：全部检查项目合格的；检查项目中的不合格项经过整改后被确认符合基本要求的。 有以下情况之一的符合性检查结果为不合格：检查项目有否决项不合格，且整改后仍不符合要求的；检查项目有非否决项不合格，整改后仍不符合要求，且风险不能接受的

续表

项目	具体内容
评价方法	爆破作业单位民用爆炸物品储存库的安全评价方法包括爆炸冲击波伤害模型法、预先危险性评价法、作业条件危险性评价法、类比工程法、安全检查表法以及其他合适的方法
评价程序和内容	1. 前期准备 由被评价单位自主选择评价机构并出具委托书。评价机构核实被评价单位的有关许可证明或相关批准文件，明确被评价的项目和范围，与被评价单位签订安全评价合同。组建安全评价组，了解被评价项目的情况，收集相关法律法规、技术标准及与评价项目相关的安全数据资料。按照评价机构提出的要求，被评价单位提供真实有效的评价所需的技术资料。根据被评价单位提供的项目资料进行专业审核和分析，确立符合性安全检查内容，确定风险评价方法。 2. 符合性检查评价 按照评价机构制定的安全评价作业文件程序进行符合性检查考评。考评时，评价机构应派评价人员进行现场勘察检查。 由现场考评人员汇总发现的问题，书面列出对策措施要求。对策措施分为应采纳措施和宜采纳措施。其中，应采纳措施为否决项不合格或评价机构认为风险不可接受的问题；宜采纳措施为非否决项不合格或其他问题。 对应采纳的措施，由被评价单位按要求组织整改后，向评价机构出具整改报告，由评价机构对整改效果予以确认。对宜采纳措施，可列计划逐步整改。 3. 风险评价 选择合适的定性、定量评价方法，对项目进行整体风险评价，明确评价项目潜在的危险、有害因素是否得到控制以及受控的程度如何，预测事故后果。 4. 安全评价结论的表述 安全预评价结论应概括评价结果，给出评价项目在评价时的条件下与国家有关法律法规、标准、规章、规范的符合性结论，给出危险、有害因素引发各类事故的可能性及其严重程度的预测性结论，明确评价项目建成或实施后能否安全运行的结论。 安全验收评价结论应列出评价项目投入使用后存在的主要危险、有害因素及危险、危害程度；符合性检查综合评价结论；明确是否具备安全验收的条件；对不具备安全验收的项目明确提出应整改的措施建议。 安全现状评价结论应列出评价项目存在的主要危险、有害因素及危险、危害程度；符合性检查综合评价结论；明确是否具备继续使用的条件；对不具备安全使用条件的项目明确提出应整改的措施建议
安全评价报告	(1)安全评价报告主要内容：安全评价依据；评价项目基本情况；主要危险、有害因素辨识与分析；评价单元的划分与评价方法的选择；定性、定量评价；安全对策措施及建议；评价结论。 (2)安全评价报告要求：安全评价报告应依据充分，内容完整，条理清楚，数据可靠，结论准确，提出的对策措施合理可行，评价结论客观公正。评价报告中叙述评价结论的部分用黑体字表示

续表

项目	具体内容
安全评价报告	(3)安全评价报告格式:安全评价报告的格式按照《安全评价通则》要求编排。安全评价报告封面、封底颜色要求,即安全预评价报告为橘黄色,安全验收评价报告为绿色,安全现状评价为蓝色

考点3　民用爆炸物品工程设计安全基础

项目	具体内容
概念和定义	危险品是指民用爆炸物品行业研究、生产和销售过程中的具有燃烧、爆炸危险的原材料、半成品、在制品、成品等。 TNT当量是指在距爆源相同的径向距离上,产生相同爆炸参数时的TNT装药质量与被测试装药质量之比
危险品的危险等级	1.1级,危险品具有整体爆炸危险性。 1.2级,危险品具有迸射破片的危险性,但无整体爆炸危险性。 1.3级,危险品具有燃烧危险和较小爆炸或较小迸射危险,或两者兼有,但无整体爆炸危险性。 1.4级,危险品不敏感,但不排除某些危险品在外界强力引燃、引爆条件下的燃烧爆炸危险作用
建筑物的危险等级	生产、研制危险品的建筑物危险等级应符合"生产、研制危险品的建筑物危险等级"系列表的规定,储存危险品的建筑物危险等级应符合"储存危险品的建筑危险等级"表的规定

表1-2-1　生产、研制危险品的建筑物危险等级——工业炸药及其制品

危险品名称	危险等级	生产工序	技术要求或说明
铵梯(油)类炸药	1.1	TNT粉碎、TNT称量、TNT熔化、混药、筛药、凉药、装药、包装	—
	1.4	硝酸铵粉碎、干燥	—
	1.4	废水处理	—
粉状铵油类炸药(含膨化硝铵炸药、改性铵油炸药、粉状铵油炸药、铵松蜡炸药、铵沥蜡炸药)	1.1	膨化(改化)、混药、筛药、凉药、装药、包装	—
	1.4	硝酸铵粉碎、干燥、溶解、硝酸铵水溶液储存	—
多孔粒状铵油炸药	1.1	混药、包装	—

续表

危险品名称	危险等级	生产加工工序	技术要求或说明
黏性粒状炸药	1.1	混药、包装	—
	1.4	硝酸铵粉碎、干燥	—
水胶炸药	1.1	硝酸甲胺制造、浓缩、储存、混药(含添加火药)、凉药、装药、包装	—
	1.4	硝酸铵粉碎、溶解,硝酸铵水溶液储存	—
浆状炸药	1.1	TNT 粉碎、炸药熔药、混药、凉药、包装	—
	1.4	硝酸铵粉碎	—
胶状、粉状乳化炸药	1.1	乳化、乳胶基质冷却、敏化(制粉)(含添加火药)、敏化后的保温(凉药)、装药、药卷冷却、包装	—
	1.4	硝酸铵粉碎、溶解,硝酸钠粉碎、溶解,硝酸铵水溶液储存	—
药柱(注装)、起爆具	1.1	熔药、混药、装药、凉药、退模、检验、包装、暂存	—
药柱(压制)	1.2	压制、退模、炸药和药柱暂存	应在抗爆间室内进行
		检验、包装	—
震源药性	1.1	炸药准备、熔混药、装药、压药、凉药、钻孔、装配、检验、装箱	—

表 1－2－2　生产、研制危险品的建筑物危险等级——工业雷管

危险品名称	危险等级	生产工序	技术要求或说明
工业雷管(含电雷管、数码电子雷管、磁电雷管、导爆管雷管、地震勘探电雷管等)、基础雷管、继爆管	1.1	黑索今或太安的造粒、干燥、筛选、包装	—
	1.2	黑索今或太安的造粒、干燥、筛选、暂存	应在抗爆间室内进行
		继爆管的装配、包装	应在钢板等防护装置内进行
		二硝基重氮酚制造(中和、还原、重氮、过滤)、暂存、存盘	二硝基重氮酚应为含水量不低于 15% 的湿药
		二硝基重氮酚的干燥、凉药、筛选、暂存	应在抗爆间室内进行
		其他起爆药的化合、分盘、干燥、凉药、筛选、暂存	应在抗爆间室内进行
		基础雷管装药、压药、暂存	应在抗爆间室或钢板等防护装置内进行

续表

危险品名称	危险等级	生产工序	技术要求或说明
工业雷管（含电雷管、数码电子雷管、磁电雷管、导爆管雷管、地震勘探电雷管等）、基础雷管、继爆管	1.2	雷管装配、编码	应在钢板等防护装置内进行
		雷管检验、包装	检验应在钢板等防护装置内进行
		雷管装箱	应在单独工作间内进行
		雷管暂存	应设在抗爆间室内
		雷管试验站	—
		引火药头用和延期药用的引火药剂制造	应在抗爆间室内或钢板等防护装置内进行
	1.4	引火元件制造	—
		延期药混合、造粒、干燥、凉药、筛选、暂存、装药	按工艺要求，采取有效防护
		延期元件制造	—
		起爆药废水处理	—

注：雷管制造中所用药剂（单组分或多组分药剂），其作用和起爆药类似者，此类药剂的危险等级应按表内起爆药类确定。

表 1－2－3　生产、研制危险品的建筑物危险等级——工业索类火工品

危险品名称	危险等级	生产工序	技术要求或说明
导爆索	1.1	炸药的筛选、混合、干燥	—
		导爆索烘索、盘索、普检、组批、包装	当烘索、盘索等在抗爆间室内进行，应按 1.2 级处理
	1.2	炸药的筛选、混合、干燥、暂存	应在抗爆间室内进行
		导爆索制索	应在抗爆间室内进行
		导爆索涂塑	应在抗爆间室内进行
		导爆索性能测试	—
塑料导爆管	1.2	炸药的粉碎、干燥、凉药、筛选、混合	应在抗爆间室内或钢板等防护装置内进行
		导爆药暂存	应在抗爆间室内或装甲防护内
	1.4	塑料导爆管制造、检验、组批、包装	药斗处应设有效防护
爆裂管	1.1	爆裂管的切索、包装	—
	1.2	爆裂管装药	应在抗爆间室内进行

表 1-2-4 生产、研制危险品的建筑物危险等级——油气井用爆破器材

危险品名称	危险等级	生产工序	技术要求或说明
射孔弹、穿孔弹	1.1	炸药准备（筛选、烘干等）	—
	1.2	炸药暂存、称量、保温、压药	应在抗爆间室内进行
		装配	—
		包装	—
		成品试验	应采用试验塔等防护设施

表 1-2-5 生产、研制危险品的建筑物危险等级——安全气囊用点火具

危险品名称	危险等级	生产工序	技术要求或说明
点火具	1.2	原材料和半成品中含有 1.1 级危险品的混药	应在抗爆间室内进行
	1.4	原材料和半成品中不含 1.1 级危险品的混药	—
		装药、压药	应在防护装置内进行
		装配（含焊封，注塑等）、检验、包装	
		点火药、引火药及其制品的理化试验	—

表 1-2-6 生产、研制危险品的建筑物危险等级——海上救生烟火信号

危险品名称	危险等级	生产工序	技术要求或说明
海上救生烟火信号	1.1	含有黑火药、硝化纤维素的烟火药的配药、混药、压药	应在抗爆间室内进行
	1.3	不含黑火药、硝化纤维素的烟火药的配药、混药、压药	—
		氧化剂和树脂复合固化型推进剂的混药、装药	—
		各类海上救生烟火信号装配、包装	—
	1.4	发烟剂的配药、混药、压药	—
		产品试验、成品检验	—

表1-2-7　生产、研制危险品的建筑物危险等级——增雨防雹火箭弹

危险品名称	危险等级	生产工序	技术要求或说明
增雨防雹火箭弹	1.2	引火药配制和引火药头制造、点火药制造、点火器装药装配	应在抗爆间室或防护装置内进行
		功能药剂的混药，功能药剂播撒装置的装药、装配	应在抗爆间室或防护装置内进行
	1.3	推进剂药柱包覆、整形、固化	—
		成品装配、喷漆	—

表1-2-8　生产、研制危险品的建筑物危险等级——火药、炸药及其制品

危险品名称	危险等级	生产工序	技术要求或说明
危险品	1.4	理化分析	单间计算药量不应超过600 g
	—	理化分析	总药量不大于300 g，单间计算药量不超过20 g时，应按防火甲类设防

表1-2-9　储存危险品的建筑物危险等级

危险品名称	危险等级	
	库房（中转站台）	仓库
黑索今、太安、奥克托今、TNT、苦味酸、药柱（注装、压制）、起爆具、震源药柱 工业炸药[铵梯（油）类炸药、粉状铵油类炸药（含膨化硝铵炸药、改性铵油炸药、铵油炸药、铵松蜡炸药、铵沥蜡炸药）、多孔粒状铵油炸药、黏性粒状炸药、水胶炸药、浆状炸药、胶状和粉状乳化炸药等]、含火药含水工业炸药	1.1	1.1
起爆药、点火药、引火药	1.1	—
工业雷管（含电雷管、导爆管雷管、数码电子雷管、磁电雷管、地震勘探电雷管等）、基础雷管、继爆管	1.1	1.1
爆裂管	1.1	1.1
导爆药	1.1	—
导爆索、射孔弹、穿孔弹	1.1	1.1
黑火药	1.1	1.1

续表

危险品名称	危险等级	
	库房（中转站台）	仓库
小粒发射药（2/1 樟等、水含量不小于 12%）	1.1	1.1
单基发射药（水含量不小于 12%）、双基发射药（水含量不小于 12%）	1.3	1.3
中能复合固体推进剂、增雨防雹火箭弹	1.3	1.3
火箭降落伞火焰信号类和抛绳器类海上救生烟火信号、拉火帽	1.3	1.3
除火箭降落伞火焰信号类和抛绳器类产品外的其他类海上救生烟火信号	1.4	1.4
硝化纤维素（水及醇类含量不小于 25%）	1.4	1.4
延期药、延期元件	1.4	—
点火具	1.4	1.4
硝酸铵（含硝酸铵水溶液）、硝酸钠	1.4	1.4

注：同一建筑物内存在不同危险等级的危险品或生产工序时，该建筑物危险等级应按危险品或生产工序中最高的危险等级确定。

考点 4　药量计算

项目	具体内容
药量计算	装车时，车辆中的危险品与建筑物内的危险品有同时爆炸危险时，其药量应计入该建筑物的计算药量。 当 1.1 级危险品与 1.2 级危险品同时存在时，应将 1.1 级危险品的计算药量与 1.2 级危险品中属于 1.1 级危险品的计算药量合并计算。 建筑物内抗爆间室、防爆装置内危险品的药量不计入该建筑物的计算药量，但该建筑物的计算药量不应小于其中一个抗爆间室或防爆装置内的最大药量。 危险品厂房内改性硝酸铵、膨化硝酸铵及其他具有整体爆炸危险性的危险品应计入该厂房的计算药量。 当危险品厂房内的硝酸铵与炸药在同一工作间内存放时，应将硝酸铵存量的一半计入该厂房的计算药量。当危险品厂房内的硝酸铵与炸药不在同一工作间内存放，且有符合下表间隔距离和隔墙厚度的要求时，硝酸铵存量可不计入该厂房的计算药量。当危险品厂房内硝酸铵水溶液储罐与炸药在同一工作间内存放时，应将硝酸铵水溶液中硝酸铵溶质质量的一半计入该厂房的计算药量。当危险品厂房内硝酸铵水溶液储罐与其他工序有实心砌体隔墙或钢板相隔时，硝酸铵水溶液存量可不计入该厂房的计算药量。 危险品厂房外废水沉淀池中的危险品药量，可不计入该厂房的计算药量

表 1-2-10　危险品厂房内硝酸铵存放间与炸药的间隔距离及隔墙厚度

厂房内炸药的计算药量(kg)	硝酸铵存放间与炸药的间隔距离(m)	硝酸铵存放间与炸药工作间的隔墙厚度(m)
≤500	≥2	≥0.37
>500 ≤1 000	≥2.5	≥0.37
>1 000 ≤2 000	≥3	≥0.37
>2 000 ≤2 500	≥3.5	≥0.37

注:1. 表中硝酸铵存放间与炸药的间隔距离为硝酸铵存放间的隔墙至炸药工作间内最近的炸药存放点的距离。

2. 表中隔墙为实心砌体墙。

3. 硝酸铵存放间与炸药工作间之间不宜有门相通。当生产必须有门相通时,不应在门相通处存放硝酸铵或炸药。

考点 5　危险品生产区总平面布置和内外部距离

项目	具体内容
危险品生产区外部距离	危险品生产区内的危险性建(构)筑物与其周围居住建筑物、企业、公共交通线路、高压输电线路、城镇规划边缘等的外部距离,应根据建(构)筑物的危险等级和计算药量计算确定。外部距离应自危险性建筑物的外墙面或储罐的外壁算起。中转站台的外部距离应自站台雨棚柱子轴线和装车位的边缘算起。 危险品生产区内,1.1、1.2、1.3 级建(构)筑物的外部距离不应小于《民用爆炸物品工程设计安全标准》(GB 50089)的规定。 危险品生产区内,1.4 级建筑物的外部距离不应小于 50 m;总储量小于或等于 80 m^3 的硝酸铵水溶液储罐(区)的外部距离不应小于 50 m;总储量大于 80 m^3 的硝酸铵水溶液储罐(区)的外部距离不应小于 100 m;建在室外的水相制备罐和水相储罐亦应按硝酸铵水溶液储罐考虑外部距离;硝酸铵仓库的外部距离不应小于 200 m。 1.3 级建筑物与县级及以上公路用地外缘的外部距离不应小于 100 m,与风力发电机组外部距离不应小于 600 m。 危险品生产区危险性建(构)筑物外部距离适用于平坦地形,遇有利地形可减少。地形条件与外部距离减少值应符合《民用爆炸物品工程设计安全标准》(GB 50089)的规定。 海上救生烟火信号生产区的外部距离应符合现行国家标准《烟花爆竹工程设计安全标准》的规定
危险品总仓库区外部距离	危险品总仓库区内仓库与其周围居住建筑物、企业、公共交通线路、高压输电线路、城镇规划边缘等的外部距离,应根据仓库的危险等级和计算药量计算确定。外部距离应自危险性仓库的外墙面算起

续表

项目	具体内容
危险品总仓库区外部距离	危险品总仓库区内，1.1、1.3 级仓库的外部距离不应小于《民用爆炸物品工程设计安全标准》(GB 50089)的规定。 危险品总仓库区内，1.4 级仓库的外部距离不应小于 100 m；硝酸铵仓库的外部距离不应小于 200 m。 1.1 级仓库与县级以上公路用地外缘的外部距离不应小于 100 m，与风力发电机组外部距离不应小于 600 m。 危险品总仓库区内，储存火炸药及其制品的覆土库的外部距离不应小于《民用爆炸物品工程设计安全标准》(GB 50089)的规定。 危险品总仓库区内危险性仓库的外部距离适用于平坦地形，遇有利地形可减少。地形条件与外部距离减少值应符合《民用爆炸物品工程设计安全标准》(GB 50089)的规定。海上救生烟火信号总仓库区的外部距离应符合现行国家标准《烟花爆竹工程设计安全标准》的规定
总平面布置	危险性建(构)筑物与本区内其他建(构)筑物之间的距离应符合内部距离的要求。危险性建筑物抗爆间室的泄爆面，不宜面向主干道和主要建筑物
危险品生产区内部距离	危险品生产区内，除无雷管感度炸药的厂房外，1.1 级建(构)筑物应设置防护屏障，1.1级建(构)筑物的内部距离应符合下列规定： (1) 1.1 级建(构)筑物的内部距离，不应小于下表和《民用爆炸物品工程设计安全标准》(GB 50089)中“计算药量与 $R_{1.1}$ 值表”的规定，且不应小于 30 m；当相邻建筑物采用轻钢刚架结构时，其内部距离应按下表和《民用爆炸物品工程设计安全标准》(GB 50089)中“计算药量与 $R_{1.1}$ 值表”的规定数值再增加 50%，且不应小于 30 m。 (2) 当包装材料库仅为单个 1.1 级装药包装厂房服务时，其与该厂房的距离，不应小于现行国家标准《建筑设计防火规范》(GB 50016)中甲类厂房防火间距的规定。 (3) 当仅为单个 1.1 级制药厂房服务的总储量不大于 80 m^3 的硝酸铵水溶液储罐(区)与 1.1 级制药厂房的 1.1 级生产工序之间有厚度不小于 370 mm 的实心砌体隔墙，且墙上无门窗时，其与该厂房的内部距离不应小于 4 m，储罐(区)与周围其他建(构)筑物的距离不应小于 25 m。 (4) 嵌入在 1.1 级厂房防护土堤外侧的非危险性建筑物与该 1.1 级厂房无内部距离规定；其与相邻其他危险性建(构)筑物的内部距离，应分别按其邻近各危险性建(构)筑物的内部距离要求确定。 (5) 当 1.1 级建筑物采用抑爆间室等特殊结构时，其与邻近建(构)筑物的内部距离，应由抗爆计算确定。 (6) 当无雷管感度炸药厂房不设置防护屏障时，其内部距离不应小于 50 m。当设置防护屏障时，其内部距离应符合下表和《民用爆炸物品工程设计安全标准》(GB 50089)中“计算药量与 $R_{1.1}$ 值表”的规定，且不应小于 30 m。 (7) 1.1 级建(构)筑物与公用建(构)筑物的内部距离应符合《民用爆炸物品工程设计安全标准》(GB 50089)的规定

表 1-2-11 1.1 级建(构)筑物的内部距离

建(构)筑物危险等级	两个建(构)筑物均无防护屏障	两个建(构)筑物中仅有一方有防护屏障	两个建(构)筑物均有防护屏障
1.1	$1.8R_{1.1}$	$1.0R_{1.1}$	$0.6R_{1.1}$

注:1. $R_{1.1}$指单方有防护屏障不同计算药量的 1.1 级建(构)筑物内部距离。

2. $R_{1.1}$按 TNT 当量值等于 1 时确定。当 1.1 级建(构)筑物内危险品 TNT 当量值大于 1 时,应按本表计算距离再增加 20%;当 1.1 级建(构)筑物内危险品 TNT 当量值小于 1 时,应按本表计算距离再减少 10%。

3. 当厂房的防护屏障高出爆炸物顶面 1 m,低于屋檐高度时,在计算该厂房与邻近建(构)筑物的距离时,该厂房应按有防护屏障计算;在计算邻近建(构)筑物与该厂房的距离时,该厂房应按无防护屏障计算。

4. 抗(抑)爆间室的抗爆墙(外墙)应视为防护屏障。

考点 6　工艺和布置

项目	具体内容
危险品厂房、库房和仓库平面布置要求	危险品生产厂房和库房在平面宜布置成矩形。 危险品厂房、库房和仓库平面布置应符合下列规定: (1)危险品厂房建筑平面宜为单层矩形;当工艺有特殊要求时,宜采用钢平台。 (2)危险品厂房不应建地下室、半地下室。 (3)库房、仓库应为矩形单层建筑。 (4)危险品厂房内设备、管道、运输装置和操作岗位的布置应方便操作人员的迅速疏散。 (5)危险品厂房内的人员疏散路线,不应布置成需要通过其他危险工作间疏散的形式;当该厂房外设有防护屏障时,应在防护屏障就近处设置安全疏散隧道。 (6)起爆器材厂房,宜设计成单面走廊形式;当中间布置走道、两边设工作间时,危险工作间宜布置在一侧,且应布置有直通室外的安全疏散口或安全窗;对两边工作间通向中间走道的门或门洞不应相对布置。 (7)危险品厂房内危险品暂存间,应采取措施使危险品存量不致危及其他房间,且宜布置在建筑物的端部,并不宜靠近出入口和生活间;起爆器材厂房中暂存的起爆药、炸药和火工品应储存在抗爆间室或可靠的防护装置内;当生产工艺需要时,也可储存在沿厂房外墙布置成凸出的暂存间内,该暂存间不应靠近厂房的出入口。 (8)允许设辅助用室的危险品厂房,辅助用室宜设在厂房的端头。 (9)危险品厂房内与生产无直接联系的辅助间应和危险工作间隔开,并应设直接通向室外的出入口
抗爆间室的设置要求	危险品厂房中,设置抗爆间室应符合下列规定: (1)抗爆间室与相邻工作间之间不应设地沟相通。 (2)输送有燃烧爆炸危险物料的管道,在未设隔火隔爆措施的条件下,不应通过或进出抗爆间室

续表

项目	具体内容
抗爆间室的设置要求	(3)输送没有燃烧爆炸危险物料的管道通过或进出抗爆间室时,应在穿墙处采取密封措施。 (4)抗爆间室的门、操作口、传递窗,其结构应能满足抗爆及不殉爆的要求。 (5)抗爆间室门的开启应与室内设备动力系统的启停进行联锁。 (6)抗爆间室(轻型泄爆窗外)应设置抗爆屏院
危险品厂房及各工序的联建要求	危险品厂房及各工序的联建应符合下列规定: (1)有固定操作人员的非危险性厂房不应和1.1级危险品厂房联建。 (2)炸药生产的机制制管工序无固定操作人员,具有自动输送且能与自动装药机对接的可与装药工序联建。 (3)炸药生产的硝酸铵水溶液储罐区宜独立设置,仅为单个制药厂房服务总储量不大于80 m^3 的硝酸铵水溶液储罐,可与该厂房联建,之间应设置不小于370 mm厚度的实心砌体隔墙;硝酸铵水溶液储罐应设置防止液体流散的设施;容积大于30 m^3 的硝酸铵水溶液储罐应设置应急排放等安全设施。 (4)炸药及其制品的制药工序、装药工序与包装工序联建时,工艺技术与生产设备及自动控制系统应匹配,制药工序至包装工序应实现自动化、连续化生产,应具有可靠的防止传爆和殉爆的安全防范措施,计算药量不应超过2.5 t,装药工序至包装工序的输药通道不应与包装间的人工操作位置直接相对。 (5)炸药及其制品的制药工序与装药包装工序分别独立设置厂房时,制药厂房计算药量不应超过1.5 t;装药包装厂房计算药量不应超过2.5 t,装药工序至包装工序的输药通道不应与包装间的人工操作位置直接相对。 (6)炸药及其制品的制药装药工序与包装工序分别独立设置厂房时,制药装药厂房计算药量不应超过1.5 t,包装厂房计算药量不应超过2.5 t。 (7)炸药及其制品的制药工序与装药工序联建、装药工序与包装工序联建时,联建的工序之间应设置隔墙,新建工程应设有不小于250 mm的钢筋混凝土隔墙,改建、扩建、技术改造工程应设不小于370 mm的实心砌体隔墙。 (8)粉状铵梯炸药(含铵梯油炸药)生产中的梯恩梯粉碎、混药工序应独立设置厂房;其装药、包装工序可与筛药、凉药工序联建。 (9)水胶炸药的硝酸甲胺制造工序应无人操作,且硝酸甲胺制造工序与浓缩工序应单独设置厂房,计算药量不应大于2.5 t。 (10)危险品生产区与危险品总仓库区相距10 km以上,且危险品生产区内年产量超过8 000 t以上时,应设中转站台或库房。 (11)炸药生产中的不合格品处理厂房应独立设置。 (12)基础雷管装填应做到人机隔离、自动生产,且具有全过程安全监控和联锁措施。 (13)有人工操作的雷管装配工序宜做到各工(位)序隔离防护、各工(位)序之间有可靠的防止殉爆措施;无人工操作的雷管装配工序宜做到其与雷管装填、包装工序之间有可靠的防止殉爆措施。 (14)雷管等起爆器材生产线的传输设备采取可靠的防止传爆和殉爆措施后,可贯穿各抗爆间室或钢板防护装置

续表

项目	具体内容
危险品生产或输送用的设备、管道和装置的要求	危险品生产或输送用的设备、管道和装置,应符合下列规定: (1)工业炸药生产线在满足产品质量要求的前提下,应选择低功率、低转速、低压力、低噪声的设备;当温度、压力、流量等工艺参数超限能引起燃烧爆炸的设备应设自动控制、超限报警和安全联锁装置。 (2)与物料接触的设备零部件应光滑,有摩擦碰撞时不应产生火花,其材质应与危险品的原材料、半成品、在制品、成品不发生化学反应。 (3)设备的结构选型,不应有积存物料的死角,应有防止异物进入物料和防止物料进入夹套、空心轴或其他转动部分的措施。 (4)有搅拌、碾压等装置的设备,应设有当检修人员进行机内作业时,能防止他人启动设备的安全保障措施。 (5)在采用连续或半连续工艺的生产中,对具有发生燃烧、爆炸事故可能性的设备应采取防止传爆的技术措施。 (6)生产线两个厂房之间、厂房内工序之间,当采用管道或装置输送危险品时,应采取防止传爆和殉爆的措施。 (7)输送危险品的管道或装置不应埋地敷设。 (8)生产或输送危险品的设备、装置和管道应设有导出静电的措施。 (9)包装工序与成品转运车位置之间的危险品输送,应采取防止殉爆的措施
危险品厂房的定员要求	危险品厂房的定员应符合下列规定: (1)工业炸药生产线危险等级为1.1级的危险品厂房现场操作人员人数不应大于6人;工业炸药生产线新建、改建、扩建、技术改造工程,所有危险等级为1.1级的危险品厂房现场操作人员总人数不应大于5人。 (2)工业炸药制品生产线危险等级为1.1级的危险品厂房现场操作人员人数不应大于9人。 (3)新建或整体改建的基础雷管装填生产线与雷管近距离接触的作业人员数量(含原材料和半成品作业人员,不含成品运送人员)不应大于5人

第三节　民用爆破工程安全措施

考点1　爆破工程施工一般规定

项目	具体内容
一般规定	(1)承接爆破工程的施工企业必须具有行政主管部门审批核发的爆破施工企业资质证书、安全生产许可证书及爆破作业许可证书,爆破作业人员应按核定的作业级别、作业范围持证上岗

续表

项目	具体内容
一般规定	(2)爆破工程应由施工单位编制专项施工方案,编写负责人所持爆破工程技术人员安全作业证的等级和作业范围应与施工工程相符合。方案应依据有关规定进行安全评估,并报经所在地公安部门批准后,再进行爆破作业。 (3)爆破作业人员应按爆破设计进行装药,当需调整时,应征得现场技术负责人同意并做好变更记录。在装药和填塞过程中,应保护好起爆网线;当发生装药阻塞,严禁用金属杆(管)捣捅药包。爆前应进行网路检查,在确认无误的情况下再起爆。 (4)导爆管与雷管连接,应按出厂说明书的要求进行。用于同一起爆网路的导爆管应选用同厂、同型号、同批次产品。 (5)同一电爆网路应使用同厂、同型号、同批次的电雷管,各雷管间电阻差值不得大于产品说明书的规定

考点 2　施工前准备

项目	具体内容
技术准备	(1)爆破前应对爆区周围的自然条件和环境状况进行调查,了解危及安全的不利环境因素,编写调查报告,并制定必要的安全防范措施。 (2)编制爆破设计方案,并通过安全评估;编制爆破施工方案,并通过相关部门的审批。 (3)对爆破作业人员进行技术安全交底
材料准备	炸药、无声破碎剂、电雷管、导爆管雷管、导爆管、导爆索、电线、炮泥等符合设计要求,备用数量满足工程需要
主要机具准备	(1)机械:电动钻机、液压钻机、潜孔钻机、风动凿岩机、空压机、装药车、收尘及土方设备等。 (2)工具:起爆器、炮棍、量测仪表等
作业条件	(1)爆破工程施工前,已根据方案要求和场地条件,完成施工场地规划、施工现场清理与准备工作。 (2)爆破火工材料购买、运输、贮存、使用等各种证件办理完成。 (3)施工前已按下列规定发布爆破施工公告: ①爆破作业单位应于施工前 3 d 发布公告,并在作业地点张贴,施工公告内容应包括工程名称、建设单位、设计施工单位、安全评估单位、安全监理单位、工程负责人及联系方式、爆破作业时限等。 ②装药前 1 ~ 3 d 应发布爆破公告并在现场张贴,内容包括爆破地点、每次爆破时间、安全警戒范围、警戒标志、起爆信号等。 ③邻近交通要道的爆破需进行临时交通管制时,应预先申请并至少提前 3 d 由交管部门会同公安部门发布爆破施工交通管制通知

续表

项目	具体内容
作业条件	④在邻近通航水域进行爆破施工时，应在 3 d 前通知港航监督部门。 ⑤爆破可能危及供水、排水、供电、供气、通信等线路以及运输交通隧道时，爆破前都应向有关单位发出通知，并采取相应的应急措施。 ⑥在同一地区同时进行露天、地下、水下爆破作业或几个爆破作业单位平行作业时，应由建设单位组织协商后共同发布施工公告和爆破公告 (4)采用电爆网路时，已对高压电、射频电等进行调查，对杂散电进行测试，并已采取预防或排除措施。 (5)爆破指挥部、爆破施工现场、起爆站、主要警戒哨通信建立并保持畅通

考点 3　材料质量控制

项目	具体内容
材料质量控制	(1)爆破工程所用的爆破器材，应根据方案选用，并符合国家规范或行业标准。 (2)有水环境使用的爆破器材应满足抗水要求。 (3)爆破器材外观检查合格，电雷管表面不得有压痕、锈蚀、裂缝，脚线绝缘不得损坏、锈蚀，封口塞不得松动和脱出；导爆索表面要均匀且无折伤、压痕、变形、霉斑、油污；导爆管管内无断药，无异物或堵塞，无折伤、油污和穿孔，端头封口良好；粉状硝铵类炸药不应吸湿结块，乳化炸药不应破乳或变质。 (4)电雷管电阻值符合规范要求，电线绝缘性能、线芯截面面积应符合爆破设计要求

考点 4　施工操作工艺

项目	具体内容
工艺流程	(1)露天及控制爆破工艺流程：测量定位→钻孔→装药、堵塞→起爆网络连接→覆盖→警戒→起爆→爆后检查。 (2)拆除(静态)爆破工艺流程：测量定位→钻孔→充填灌注→养生、检查
施工操作要点	(1)测量定位：施工前应精确放样出设计开挖边坡线及炮孔位置；在每个孔位处做标记牌，上面写明炮孔编号、孔底标高、倾斜角度和孔径大小；填写放样记录交司钻人员。 (2)钻孔：钻孔前应检查布孔区有无盲炮，确认安全后方可作业，严禁钻入爆破后的残孔；钻孔时应将孔口周围的碎石、杂物清除干净，保持孔口稳定；钻孔结束后应将岩粉吹除干净，并将孔口封盖好，防止杂物掉入，保证炮孔设计深度；钻孔完毕应进行验孔，检查炮孔的位置、角度和深度是否符合设计要求，并做好记录和孔口保护，不合格的炮孔应在设计人员指导下重新钻孔。 (3)装药、堵塞：当炮孔有水时，应采取吹孔等措施除水；装药前应清除炮孔中的泥浆或岩粉；炮孔采用人工装药时，不应过度挤压或分散装药；使用机械装填炸药时，应防止

续表

项目	具体内容
施工操作要点	静电引起早爆。药卷安放后应立即进行堵塞，孔口填塞的材料、填塞位置和长度应按设计要求执行；当采用水袋填塞时，孔口应用不小于 0.15 m 的炮泥将炮孔填满堵严；水平孔和上向孔填塞时，不应紧靠起爆药包或起爆药柱楔入木楔；发现有填塞物卡孔应及时进行处理（可用非金属杆或高压风处理）；填塞作业不得夹扁、挤压和拉扯导爆管、导爆索，并应保护雷管引出线 （4）充填灌注：将孔内清理干净，不得有水或杂物；对于垂直孔，可直接倾倒进去，并用木棍捣实；对于水平孔或斜孔，可用挤压或灌浆泵压入孔内，并用快凝砂浆或泡沫塑料塞子迅速堵口，或用干稠的胶体搓成条塞入孔中用木棍捣实，或将胶体装入塑料袋（筒）中，用木棍送入炮孔内；药面高度应比孔口低 2 cm；如采用分层（分次）破碎，当外排孔装药 12 h 后，再装填里排孔；搅拌后的浆体须尽可能地在浆体发烫前灌入钻孔内。 （5）起爆网络连接：将多药包连接成起爆网络，起爆网络连接工作应严格按设计要求，在预警信号发出前，采取双人作业制，由工作面向起爆站依次进行；在可能对起爆网络造成损害的部位，采取保护措施。 电爆网路的所有导线接头，均应按电工接线法连接，相邻两线的接点应错开100 mm以上，并确保其对外绝缘；在潮湿有水的地区，应避免导线接头接触地面或浸泡在水中。 流经每个普通电雷管的电流应满足：一般爆破，交流电不小于 2.5 A，直流电不小于 2 A；电爆网路电阻检测应使用专用导通器和爆破电桥，每月检查一次，且工作电流应小于30 mA；单个电雷管起爆时，电阻值应在规定范围内，成组电雷管起爆时，每个电雷管的电阻差值不应大于产品说明书的要求；大规模成组起爆时，宜把电阻值相近的电雷管编在一起，并使各组电阻值取得平衡。 导爆管网路应严格按设计要求进行连接，导爆管网路中不应有死结，炮孔内不应有接头，孔外相邻传爆雷管之间应留有足够的距离；用雷管起爆导爆管网路时，起爆导爆管的雷管与导爆管捆扎端端头的距离应不小于 15 cm，将导爆管均匀地分布在雷管周围并用胶布等捆扎牢固；使用导爆管连通器时，应夹紧或绑牢。 导爆索网路应采用搭接、水手结等方法连接；搭接时两根导爆索搭接长度不应小于 15 cm，中间不得夹有异物或炸药，捆扎应牢固，支线与主线传爆方向的夹角应小于 90°。连接导爆索中间不应出现打结或打圈；交叉敷设时，应在两根交叉导爆索之间设置厚度不小于 10 cm 的木质垫块或土袋。 电子雷管网路应根据说明书要求连接子网路，雷管数量应小于子起爆器规定数量；根据说明书要求，将全部子网路连接，形成主网路。 混合网路用导爆索引爆导爆管时，应使用单股导爆索与导爆管垂直连接，或使用专用联结块连接。 （6）覆盖：爆破施工时应按设计进行覆盖，覆盖时保护好起爆网络。 （7）警戒：火工品运到现场时开始安全警戒，爆破警戒范围由方案确定；警戒信号应使爆破警戒区域及附近人员清楚地听到或看到，并按下列步骤进行

续表

项目	具体内容
施工操作要点	①预警信号：该信号发出后爆破警戒范围内开始清场工作。 ②起爆信号：起爆信号应在确认人员、设备等全部撤离爆破警戒区，所有警戒人员到位，具备安全起爆条件时发出；起爆信号发出并经指挥长确认下令后方准起爆，一般为预警信号后 15 min。 ③解除信号：安全等待时间（至少 15 min）过后，检查人员进入爆破警戒范围内检查、确认安全后，报请指挥长同意，方可发出解除警戒信号。 （8）起爆：指挥长击发起爆，并做好起爆记录。 （9）爆后检查：爆破后，爆破员必须等待至少 15 min 后进入爆破地点检查，如果发现冒顶、危石、支护破坏和盲炮等现象，应及时处理，处理前应在现场设立危险警戒标志；只有确认爆破地点安全后，经当班爆破班长同意，方准人员进入爆破地点。 （10）养生、检查：观察到裂缝出现后，应用水浇缝，促使裂缝扩大；气温较低时，炮孔装填后要覆盖保温，以加速浆体的水化作用和裂缝产生；检查断面爆破效果

考点 5　爆破工程安全保护措施

项目	具体内容
安全保护措施	（1）A、B 级爆破工程均应成立爆破指挥部，全面指挥和统筹安排各项工作；其他爆破应设指挥组或指挥人，指挥组应适应爆破类别、爆破工程等级、周围环境的复杂程度和爆破作业程序的要求，并严格按爆破设计与施工方案实施，确保工程安全。 （2）爆破作业和爆破器材的采购、运输、储存等应按照《民用爆炸物品安全管理条例》和现行国家标准《爆破安全规程》（GB 6722）执行；爆破器材临时储存必须得到当地相关行政主管部门的许可。 （3）爆破器材的现场检测、加工必须在符合安全要求的场所进行。 （4）爆破区域的杂散电流大于 30 mA 时，宜采用非电起爆系统。 （5）在饱和砂（土）地基附近进行爆破作业时，应采取土层受爆破振动压密、孔隙水压力骤升造成地质灾害的预防措施。 （6）电力起爆发生盲炮时应立即切断电源，爆破网络应置于短路状态。 （7）爆炸源与人员、其他保护对象的安全距离应按地震波、冲击波和飞散物三种爆破效应分别计算，取最大值。 （8）爆破作业场所有下列情形之一时，不应进行爆破作业： ①距工作面 20 m 以内的风流中瓦斯含量达到 1% 或有瓦斯突出征兆的。 ②爆破会造成巷道涌水、堤坝漏水、河床严重阻塞、泉水变迁的。 ③岩体有冒顶或边坡滑落危险的。 ④地下爆破作业区的有害气体浓度超过规定的。 ⑤爆破可能危及建（构）筑物、公共设施或人员的安全而无有效防护措施的

续表

项目	具体内容
安全保护措施	⑥作业通道不安全或堵塞的。 ⑦支护规格与支护说明书的规定不符或工作面支护损坏的。 ⑧危险区边界未设警戒的。 ⑨光线不足、无照明或照明不符合规定的。 ⑩未按本标准的要求做好准备工作的。 (9)与当地气象部门联系,及时掌握气象资料,遇以下恶劣气候情况时,应停止爆破作业,所有人员应立即撤到安全地点: ①热带风暴或台风即将来临时。 ②雷电、暴雨雪来临时。 ③大雾天或沙尘暴,能见度不超过 100 m 时。 ④现场风力超过 8 级时

案例分析

某年 9 月 10 日 17 时 23 分,西安某电器厂一辆载有 140 箱共计 105 万发雷管的解放牌卡车沿 309 国道由西向东行驶至山东省平度市洪山乡乡政府所在地附近时,突然发生爆炸,造成 5 人死亡、95 人受伤,其中 6 人重伤。爆点处地面形成一个直径约 6 m、深约 1.9 m 的爆坑。爆炸冲击波对周围 13 个村庄造成不同程度的破坏。爆点附近公共建筑、民用住宅遭到严重破坏。距爆点以西 240 m 的邮电局程控电话交换机因高压电线被炸断而烧毁。当地交通、通信、供电中断,直接经济损失 826 万元。

根据以上场景,回答下列问题:

1. 民用爆破器材包括哪些?

2. 爆炸冲击波的破坏作用有哪些?

3. 预防民用爆破器材燃烧爆炸事故应采取的主要措施有哪些?

4. 申请从事民用爆炸物品生产的企业应当具备的条件有哪些?

参考答案及解析

1. 民用爆破器材包括:

(1)工业炸药,如硝化甘油炸药、铵梯炸药、铵油炸药、乳化炸药、水胶炸药及其他工业炸药。

(2)起爆器材,可分为起爆材料和传爆材料两大类。火雷管、电雷管、磁电雷管、导爆管雷管、继爆管及其他雷管属起爆材料;导火索、导爆索、导爆管等属传爆材料。

(3)专用民爆器材,如油气井用起爆器、射孔弹、复合射孔器、修井爆破器材、点火药盒,地震勘探用震源药柱、震源弹，特种爆破用矿岩破碎器材、中继起爆具、平炉出钢口穿孔弹、果林增效爆破具。

2. 爆炸冲击波的破坏作用：爆炸所产生的空气冲击波的初始压力（波面压力）可达100 MPa以上。其峰值超压达到一定值时，对建（构）筑物、人身及其他各种有生力量（动物等）构成一定程度的破坏或损伤。

3. 预防民用爆破器材燃烧爆炸事故应采取的主要措施包括：

（1）民用爆破器材的生产工艺技术应是成熟、可靠或经过技术鉴定的。

（2）凡从事民用爆破器材生产、储存的企业，应制定能指导正常生产作业的工艺技术规程和安全操作规程。

（3）可能引起燃烧事故的机械化作业，应根据危险程度设置自动报警、自动停机、自动卸爆、应急等安全措施。

（4）所有与危险品接触的设备、器具、仪表应相容。

（5）有危及生产安全的专用设备应按有关规定进行安全鉴定。

（6）预防火药、炸药生产中混入杂质。

（7）在生产、储存、运输时，不允许使用明火，不得接触明火或表面高温物。特殊情况需要使用时，在工艺资料中应做出明确说明，并应限制在规定的安全范围内，遵守用火细则。

（8）在生产、储存、运输等过程中，要防止摩擦和撞击。

（9）要有防止静电产生和积累的措施。

（10）火炸药生产厂房内的所有电气设备都应采用防爆电气设备，所有设施都应满足防爆要求。

（11）生产、储存厂房均应设置避雷设施，所有建筑物都必须在避雷针的保护范围内。

（12）在火炸药的生产中，避免空气受到绝热压缩。

（13）要及时预防机械和设备故障。

（14）生产用设备在停工检修时，要彻底清理残存的火药、炸药。需要电焊时，除采用相应的安全措施外，还要采取消除杂散电流的措施。

4. 依据《民用爆炸物品安全管理条例》规定，申请从事民用爆炸物品生产的企业，应当具备下列条件：

（1）符合国家产业结构规划和产业技术标准。

（2）厂房和专用仓库的设计、结构、建筑材料、安全距离以及防火、防爆、防雷、防静电等安全设备、设施符合国家有关标准和规范。

（3）生产设备、工艺符合有关安全生产的技术标准和规程。

（4）有具备相应资格的专业技术人员、安全生产管理人员和生产岗位人员。

（5）有健全的安全管理制度、岗位安全责任制度。

（6）法律、行政法规规定的其他条件。

第三章　石油天然气开采安全技术

知识框架

- 石油天然气开采安全技术
  - 油气田事故的主要类型
    - 石油天然气的危险性
    - 火灾
    - 爆炸
    - 井喷
  - 钻井安全技术
    - 井控装置
    - 井控装置的安全要求
    - 钻开油气层的防喷
    - 井漏后的防喷
  - 作业安全技术
    - 射开油气层的防喷
    - 压裂酸化作业安全技术
    - 井下作业过程中发生井喷的处理技术
  - 采油(气)安全技术
    - 注蒸汽热力采油安全技术
    - 气举采油的安全技术
    - 陆上石油天然气开采
    - 海上石油天然气开采
    - 储运安全技术
  - 石油天然气生产安全管理规定
    - 一般规定
    - 安全保障
    - 风险和应急管理

考点精讲

第一节 油气田事故的主要类型

考点1 石油天然气的危险性

项目	具体内容
石油天然气的危险性	1. 石油 石油是地质勘探的主要对象之一，是一种黏稠的、深褐色液体，被称为工业的血液。石油闪点范围较宽，凝固点较高，其蒸气与空气形成爆炸混合物，遇明火、高热能引起燃烧爆炸，与氧化剂能发生强烈反应，遇高热可分解出有毒的烟雾。 石油的危险性主要表现在以下几个方面：易燃性、易爆性、易蒸发性、静电荷积聚性、扩散、流淌性、热膨胀性、易沸溢性。 2. 天然气 天然气是从油气藏中开采出的可燃气体，其主要成分为气体烷烃；非烷烃气体有氮气、硫化氢、一氧化碳、二氧化碳、水、氧、氢和微量的惰性气体，这些气体与烷烃组成互相不起化学反应的混合物。 天然气中含量最多的成分是甲烷，它是比空气稍轻的无色可燃气体，在20 ℃标准大气压下甲烷的净热值是32 926 kJ/m^3。 天然气属易燃、易爆物质，极易引起燃烧和爆炸。逸散的天然气和空气混合，当浓度达到爆炸下限时，如遇明火就会发生爆炸；如果未达到爆炸下限，遇明火则会发生燃烧

考点2 火灾

项目	具体内容
火灾	火灾（燃烧）是可燃物与氧化剂结合，并释放出能量的化学反应，释放出能量中的一部分用来维持其反应。 1. 燃烧的形式 燃烧是可燃物质与氧或氧化剂化合时发生的一种伴有放热和发光的激烈氧化反应。可燃性气体的燃烧有混合燃烧和扩散燃烧两种形式；可燃性液体和固体的燃烧分别属于蒸发燃烧、分解燃烧或表面燃烧等三种形式。 2. 燃烧条件 燃烧必须同时具备三个条件，即：①有可燃物质存在；②有助燃物质存在，常见者为空气、氧气等；③有能导致燃烧的能源，即点火源，如撞击、摩擦、明火、静电火花、雷电等

续表

项目	具体内容
火灾	3. 闪点 可燃液体的表面都有一定量的蒸气存在，蒸气的浓度取决于液体的温度。可燃液体的蒸气与空气所组成的混合物遇明火时产生闪燃，引起闪燃的最低温度称为闪点。闪点是衡量石油及油品火灾危险性的主要标志

考点3　爆炸

项目	具体内容
爆炸	爆炸是指在极短时间内，释放出大量能量，产生高温，并放出大量气体，在周围介质中造成高压的化学反应或状态变化，同时破坏性极强。可燃气体或液体蒸气与空气的混合物，在一定的浓度范围内，遇有火源才能发生爆炸。这个遇有火源能发生爆炸的浓度范围，称为爆炸浓度极限，通常用体积百分数来表示。其中遇火源能发生爆炸的最低浓度称为爆炸浓度下限，而能够发生爆炸的最高浓度称为爆炸浓度上限。 爆炸极限不是一个固定值，它随着各种因素而变化，主要的影响因素有以下几点： (1)爆炸性混合物的原始温度越高，则爆炸极限范围越大。 (2)爆炸性混合物的原始压力越大，则爆炸极限范围越大。 (3)容器的直径越小，爆炸极限范围缩小，发生爆炸的危险性降低。 (4)混合物中所含惰性气体(氮、二氧化碳、水蒸气等)的百分数增加，则爆炸极限范围缩小。 (5)火源性质，如电源强度、热表面的面积，火源与混合物的接触时间等也有影响。 石油天然气爆炸可分为物理性爆炸和化学性爆炸。爆炸虽然发生于瞬间，但它还是存在一个发生过程。其发生过程大体分为：爆炸性混合物的形成阶段、连锁反应阶段、完成爆炸阶段

考点4　井喷

项目	具体内容
井喷	1. 溢流阶段 地层中的油气等高压流体侵入井内引起井口返出的钻井液量比泵入量大，或停泵后井口钻井液自动外溢的阶段。 2. 井涌阶段 溢流进一步发展到钻井液涌出防溢管口的阶段。在溢流阶段，若井控的装置发生故障或操作程序失误，则未受控制的油气释放将会发生，即井涌阶段。 3. 井喷阶段 钻井井筒中的流体向大气环境释放的流动完全失去控制的阶段。在井涌阶段，若备用的井控装置故障或操作程序失误，则失去控制的油气释放将会发生，即进入井喷阶段

第二节　钻井安全技术

考点1　井控装置

项目	具体内容
作用	井控装置是为了实施平衡钻井工艺而装设的。即在钻井中当井内液柱压力与地层压力之间的平衡被破坏时，利用井控装置去及时发现、正确控制和处理溢流，尽快重建井底压力平衡
井控设备	井控装置是指实施油气井压力控制技术的所有设备、专用工具和管汇。按井控设备的功能可分为： 1. 监测设备 监测设备对溢流显示能及时、准确地监测和预报，这是实现平衡钻井和实施井控作业的前提。它包括泥浆池液面监测仪、报警仪等。 2. 控制设备 控制设备对溢流能迅速准确地控制。控制设备配套工作压力应与地层压力基本一致。控制方式应尽可能自动或半自动化，并辅以手动，做到安全可靠。控制设备包括各种类型的防喷器，防喷器远程控制台，司钻控制台，各种闸阀，钻具内专用工具（方钻杆上、下旋塞，钻具止回阀）和旁通阀。 3. 处理设备 溢流处理设备应配套，适应性要强。处理设备包括节流管汇及控制系统、压井管汇、放喷管汇、泥浆气体分离器、真空除气器、泥浆罐、自动灌泥浆装置等。处理设备也包括特殊作业设备，如灭火设备、加压装置、旋转头、自封头等
闸板防喷器	闸板防喷器按壳体内闸板室的数量，可分为单闸板防喷器、双闸板防喷器、三闸板防喷器。在国内使用最多的是双闸板防喷器。 1. 功能 （1）当井内有钻具（或其他管柱时），能封闭套管与钻具之间的环形空间。 （2）当井内无钻具时，能全封闭井口。 （3）在封闭情况下，可通过壳体旁侧出口所连接的管汇，进行泥浆循环、节流放喷、压井作业。 （4）在特殊情况下，可切断钻具，并达到关井的目的。 （5）可悬挂钻具。 2. 工作原理 闸板防喷器由壳体、侧门、油缸、活塞、活塞杆、锁紧轴、闸板总成等主要零部件组成。当高压油进入左右油缸关闭腔时，推动活塞、活塞杆，使左右闸板沿着闸板室内导向筋限定的轨道，分别向井口中心移动，达到关井的目的。当高压油进入左右油缸开启腔时，左右两个闸板总成分别向离开井口中心的方向移动，达到开井的目的。闸板开和关的方向是由换向阀控制的。一般在3秒至8秒内即能关闭，满足钻井工艺的需要

续表

项目	具体内容
环形防喷器	环形防喷器具有承压高、密封可靠、操作方便、开关迅速等优点，特别适用于密封各种形状和不同尺寸的管柱，也可全封闭井口。 1. 功能 (1)当井内有钻具、油管或套管时，能用一种胶芯封闭各种不同尺寸的环形空间。 (2)当井内无钻具时，能全封闭井口。 (3)在进行钻井、取芯、测井等作业过程中发生溢流时，能封闭方钻杆、取芯工具、电缆及钢丝绳等与井筒所形成的环形空间。 (4)在使用减压溢流阀或缓冲储能器控制的情况下，能通过18°无细扣对焊钻杆接头，强行起下钻具。 2. 工作原理 环形防喷器形式各不相同，但主要由壳体、顶盖、胶芯及活塞四大部分组成。环形防喷器关闭时，高压油从壳体下部油口进入活塞下部关闭腔，推动活塞上行。活塞锥面挤压胶芯，由于顶盖的限制，胶芯不能上行，只能被挤向中心，储备在胶芯支承筋之间的橡胶因支承筋相互靠拢被挤向井口中心，直至抱紧钻具或全封闭井口，实现其封井的目的。 当需要打开井口时，操纵液压系统换向阀，使高压油从壳体上油口进入活塞上部的开启腔，推动活塞下行，消除了在胶芯锥面上的挤压力，胶芯在本身弹性力的作用下逐渐复位，打开井口
节流压井装置	1. 用途和适用范围 节流压井装置作为液压防喷器的配套装置是排除溢流、实施油气井压力控制技术的必要设备。在油气钻井中，井筒里的泥浆一旦被地层流体所浸污，就会造成泥浆静液柱压力低于地层压力，导致溢流发生。这时需要关闭防喷器，调节节流阀的开启程度，控制一定的回压，以维持稳定的井底压力，加重泥浆或泵入重泥浆压井。除此之外，节流压井装置还可以用于洗井等作业。 2. 分类 (1)手动节流压井装置。由压井管汇和只能手动操作的节流管汇组成。 (2)遥控节流压井装置。由压井管汇、可以遥控操作的节流阀组成的节流管汇和节流管汇控制箱组成

考点2　井控装置的安全要求

项目	具体内容
总体要求 井控装置	(1)油气井应装套管头，含硫化氢的天然气井应使用抗硫套管头，其压力等级要等于或大于最高地层压力。选择时应以地层流体中硫化氢含量为依据，并考虑能满足进一步采取增产措施压力增高的需要

续表

项目	具体内容
总体要求 井控装置	（2）根据所钻地层最高地层压力，选用高于该压力等级的液压防喷器和与之相匹配的防喷装置及控制管汇。含硫化氢的井要选同压力级别的抗硫井口装置及控制管汇。 （3）井控装置配套应符合有关标准的规定。高压天然气井、新区预探井、含硫化氢天然气井应安装剪切闸板防喷器。 （4）防喷器组合应根据压力及地层特点进行选择，节流管汇及压井管汇的压力等级和组合形式要与全井防喷器相匹配。 （5）应制定和落实井口装置、井控管汇、钻具内防喷工具、监测仪器、净化设备、井控装置的安装、试压、使用和管理的规定。井底静止温度为 120 ℃以上，地层压力为 45 MPa 以上的高温高压含硫天然气井应使用双四通。高压天然气井地放喷管线应不少于两条，出口距井口大于 75 m；含硫天然气井放喷管线出口应接至距井口 100 m 以上的安全地带，固定牢靠，排放口处应安装自动点火装置。对高压含硫天然气井井口装置宜进行等压气密检验。 （6）防喷、放喷管线应使用专用标准管线，高产高压天然气井采用标准法兰连接，不准使用软管线，且不应现场焊接。 （7）井控状态下应至少保证两种有效点火方式。应有专人维护、管理点火装置和实施点火操作。 （8）寒冷季节应对井控装备、防喷管线、节流管汇及压力表采取防冻保温加热措施。放喷时放喷管及节流管汇应进行保温
防喷器	防喷器安装完毕后，必须校正井口。转盘、天车中心偏差不大于 10 mm。应用 16 mm 的钢丝绳在井架底座的对角线上绷紧防喷器。 1. 闸板防喷器 （1）必须装齐闸板手动操纵杆，靠手轮端应支撑牢固，操作杆与锁紧轴中心线的偏斜不大于 30°。 （2）井喷时可用闸板防喷器封闭空井或与闸板尺寸相同的钻具，需长时间关闭时，应手动锁紧闸板。锁紧或解锁手轮均不得强行扳紧，扳到位后回转 1/4～1/2 圈。 （3）现场应配备备用闸板，一旦闸板损坏，能及时更换。 （4）严禁用打开闸板来泄掉井内压力。每次打开闸板前，应检查手动锁紧装置是否解锁（到底）；打开后，要检查闸板是否全开（后退到体内），不得停留在中间位置，以防钻具损坏闸板。 （5）打开和关闭侧门时应先泄掉控制管汇压力，以防损坏铰链的“O”形圈。侧门螺栓未上好时，不得开关闸板形，以免憋坏闸板、闸板轴或铰链。用旋转式侧门时，不许同时打开两个侧门。 （6）装有二次密封装置的闸板防喷器，只有在活塞杆密封处严重漏失时，才能注入二次密封膏。注入量不宜过多，止漏即可，以免损坏活塞杆。一有可能就立即更换活塞杆密封，不可长久依赖二次密封装置

续表

项目	具体内容
防喷器	(7)当井内有钻具时，严禁关闭全封闭闸板。 (8)进入油气层后，每天应开启闸板1次，检查开关是否灵活，并检查手动锁紧装置是否开关灵活。 (9)用完后，闸板应处于打开位置。 2. 环形防喷器 (1)如井内有钻具发生井喷，可先用环形防喷器控制井口。但尽量不要长时间封闭，避免胶芯过早损坏，或因无锁紧装置在控制压力下降时易封闭失效。非特殊情况不用来封闭空井。 (2)用环形防喷器进行井下作业，必须使用带18°接头的钻具；过接头的时候，起、下钻速度不得大于1 m/s；所有钻具上的胶皮护箍应全部卸掉。 (3)环形防喷器处于关闭状态时，允许有限制地上、下活动钻具，不许旋转钻具和悬挂钻具。 (4)严禁用打开环形防喷器的办法来泄井内压力，以防刺坏胶芯。 (5)每次开启后，必须检查是否全开，以防挂坏胶芯。 (6)进入油气层后，每起下钻2次，要试开关环形防喷器1次，检查封闭效果，发现胶芯失效立即更换
节流、压井装置和放喷管线	(1)平行闸板阀在阀板处于浮动状态时才能密封，因此开或关到底后必须再回转1/4～1/2圈，严禁开关扳死。 (2)液动放喷阀作打开放喷管线用，此阀在1～3 s时间内即可开关。 (3)平板阀只能作截止阀用，而不能作节流阀用。 (4)节流阀只能作节流用，不能作截止阀用。 (5)节流、压井管汇的承压能力应与防喷器工作压力相匹配，应能满足反循环、回收钻井液、消防作业和节流压井等要求。 (6)压力变送器应垂直安装，在测试压力的管路上应装一截止阀，以便在无气源时，截断压力信号。返回压力表是气液比为1:200的压力表，不能用普通压力表代替

考点3　钻开油气层的防喷

项目	具体内容
钻开油气层的防喷	井喷最根本的原因是井内液柱压力低于地层孔隙压力，使井底压力不平衡。 1. 准确预报地层压力 钻进中要加强地层对比，及时提出地质预告，尤其对异常高压层的盖层预报一定要准确。根据地质资料掌握准确的地层压力，确定合理的钻井液密度

续表

<table>
<tr><th>项目</th><th>具体内容</th></tr>
<tr><td>钻开油气层的防喷</td><td>2. 及时发现溢流
溢流显示,往往有下列表现:憋跳钻、钻时加快或放空;钻井液循环出口流量增大、减少或断流,池液面上升或降低;泵压上升或下降;钻井液中出现油、气、水显示。当溢流物是石油时,钻井液中有油花或油流,钻井液密度降低、黏度上升。当溢流是气体时,钻井液密度降低、黏度上升,气泡多,取气样能点燃,出口管返出不均匀,有井涌情况;悬重变化。
溢流、井喷有多种早期显示,其中循环出口流量和池液面变化是发现溢流、井喷的主要依据。因此,必须采用可靠的仪器对循环出口和池液面高度进行自动监测。同时应当固定岗位,定点、定时观察对比,及时发现溢流。
短起下钻是及时发现起钻中溢流的可靠方法。在以下情况下应进行短起下钻:
(1)钻进中发现溢流经循环排除后。
(2)钻进中其他录井(如砂样、钻时录井等)发现有可能钻遇油气层时。
(3)由于各种原因造成钻井液密度下降而未加重时。
(4)正常起钻中发现灌不进钻井液或灌量偏少时。
短起下钻的具体做法是以正常的速度起钻至钻头高于检验的油气层 10 柱钻杆,再下钻过油气层循环一周以上,观察有无溢流发生。
3. 溢流控制
发现溢流后,应尽快关井,将溢流量控制到尽可能小的程度。在条件相同的情况下,溢流量越大,排除溢流过程中的套压越高,压井的困难程度越大。因此,对溢流量应作明确的规定。
不同的溢流速度会发生不同的地面反应。少量的溢流会发生后效反应,使钻井液气侵、井涌。成段的气柱上升至井口附近时,将其上部钻井液举出地面而形成间隙井喷。大量的溢流能将钻井液呈柱状推出。即使溢流为气体,其产量达 10^6 m^3/d 时,初期也只能看到钻井液循环出口流量突然增大而看不到喷势。只有当井筒液体将要喷空,气体接近井口时,钻井液才能形成冲出转盘面的直立液柱。为了保护防喷器胶芯,在控制溢流时,应先关环封,再关半封</td></tr>
</table>

考点 4　井漏后的防喷

<table>
<tr><th>项目</th><th>具体内容</th></tr>
<tr><td>井漏后的防喷</td><td>井漏和井喷是井下压力失去平衡的两种极端状况。
井漏后,井内钻井液将降至一个与地层压力相当的静液面。当井内液柱压力与地层压力平衡后,地层流体将以置换、扩散等形式进入井内,气体不断滑脱上窜膨胀,使钻井液气侵,密度降低,体积增加,直至液面上升至井口后外溢。一旦发生外溢,井内钻井液</td></tr>
</table>

续表

项目	具体内容
井漏后的防喷	减少，平衡破坏而加剧溢流速度，直至井喷。在井漏以后再进行起下钻作业，会因抽吸、掏空而诱发井喷。因此，发生井漏后，为了防止井喷，应向井内补充液体，使井内始终处于低压头的漏失状态。当反灌补充钻井液的速度使液面保持的高度足以补偿抽吸掏空时，就可以在井漏条件下进行起下钻作业。如起钻后下堵漏管串进行堵漏作业或起钻下油管进行完井作业

第三节　作业安全技术

考点1　射开油气层的防喷

项目	具体内容
一般要求	(1)钻井队所有人员应按规定做法，掌握开泵、停泵、起下钻、发生溢流、抢险作业等各种报警系统的信号。 (2)钻井过程中的井控作业、溢流的处理和压井作业、防火防爆和防硫化氢安全措施、井喷失控的处理应符合有关规定。放喷时放出的天然气要及时烧掉，防止天然气浓度(5%～15%)、硫化氢浓度(4%～45%)达到爆炸极限及有毒、有害气体蔓延。人员撤离时应向上风高点转移。天然气井井喷着火应立即启动应急预案并组织抢险。 (3)各岗位应熟练掌握井控操作技能，定期进行井控装备的检查。在一个月内每个钻井班按不同钻井工况至少进行一次防喷演习，并记录存档，做到溢流发生时能及时发现并按规定程序关井。 (4)各次开钻前，应由钻井工程部门牵头组织安全、设备等部门人员进行现场验收，经验收合格后方可开钻。 (5)射孔前应按设计要求压井。 (6)在钻井平台上(现场)存放爆炸物品时，应放在专用释放架上或指定区域。 (7)射孔时平台上(现场)不应使用电、气焊。平台上或停靠在平台(作业现场)周围的船舶(车辆、人员)不应使用无线电通信设备。 (8)装炮时应选择离开井口3 m以外的工作区，设置警戒区域，安放警示标识。 (9)联炮前，操作工程师应拔掉点火开关钥匙和接线排上的短路插头，开关钥匙交射孔队长保管。 (10)电缆输送射孔、油管输送射孔应按射孔操作规程及有关规定作业，并安装好控制闸门或井口装置和防喷装置。 (11)射孔时应有专人观察井口，有外溢现象时应立即采取措施。 (12)检测雷管时应使用爆破欧姆表测量

续表

项目	具体内容
一般要求	(13)下深未超过 70 m 时，作业队不应给仪器供电，不应检测井内的枪身或爆炸筒。 (14)不应在夜间开始射孔和爆炸作业
一般射孔井的防喷	射孔井的一般施工方式是利用射孔车动力，将电缆连接的射孔枪（含枪身、炮弹）及下井仪器下人套管井内，使射孔枪对准目的层通电引爆射孔弹，射穿套管、水泥环，形成油流孔道。此种射孔工艺一般采用泥浆和清水压井，同时井口装有防喷装置。防喷施工经济、简单、操作方便，是一种正压井的射孔作业。射孔时不具备短时控制高压油气的防喷能力，只适用于一般井液压力与产层压力相近的油井。在防喷工作中要注意以下几个问题： 1. 合理地选择压井液 根据产层压力数据，合理选择压井液，使井液压力大于产层压力（正压），同时又要保证压井液不对产层孔道周围形成二次污染。具体有以下两个要求：一是控制压井液化学与机械杂质成分，保证在射后压井液进入射孔孔道时不造成堵塞；二是合理确定压井液密度，使其既能保证射后压住产层，又不将产层压死，二者必须兼顾，做到既控制井喷又保护油层产能。 2. 强化井口防喷措施 根据产层压力，相应选好井口防喷装置。施工前，详细检查各部位性能是否可靠，还必须进行井口装置试压，保证其无泄漏。如在射开油层后发生井喷也能及时关井控制住井喷
过油管负压射孔井的防喷	过油管负压射孔是指在射孔时保持压井液柱形成的压力小于产层压力，当射开油气层后，如果负压差控制得当，油气能较快地从射孔孔道流向井筒内。该射孔工艺有诱喷作用。在油气流向井筒内时可将射孔弹的残留碎屑及其他杂质从油管带出井筒，清洗油流通道，消除射后对产层的污染，是普遍采用的射孔新工艺。 过油管负压射孔是负压射孔中的一种施工方法。其施工工艺流程是射孔前井内泥浆以清水或泡沫液替代并进行掏空，使井筒内压力与产层压力形成合理的负压差，然后将油管下入井内距离产层上部 50 m 处（预置套管短节位置），同时地面安装采油树与井口密封防喷装置。井口还需接一根通向放喷池的硬管线。管线口要固定牢固。射孔施工时，作业队配备一部与防喷装置连接的注脂泵车。当电缆接上仪器下连过油管射孔枪（枪身内装好须射层厚的射孔弹）通过油管下入套管内目的层，引爆射孔后，在负压差的作用下，高压油气流通过射孔孔道流向井筒内，井口采油树上安装的油、套压力表可以显示井内压力情况。此时可根据压力情况并通过注脂泵车打压注入密封脂，以使井口密封防喷装置的密封压力与井内压力达到平衡状态。由于以上施工是在密封情况下进行的，因此可以在井喷时提出电缆、仪器和射孔枪

续表

项目	具体内容
过油管负压射孔井的防喷	过油管负压射孔的地面全套防喷控制系统包括井口防喷密封装置、油脂打压泵装置、放喷管线。 1. 井口防喷密封装置 由控制头、防喷管、井口采油树三部分自上而下连接组成。 (1)控制头。电缆从其上部控制头橡皮盘根通过，其下部接防喷管、采油树。当射孔后井内压力有升高显示时，油脂泵车通过注脂管线向控制头内流管短节与电缆的间隙加压密封，以确保井液不喷出地面。 (2)防喷管。上部与控制头连接，下部连接井口采油树。其作用是射孔后射孔枪身和下井仪器起出井口后进入防喷管内，井口才能关闭以保障工作正常进行。防喷管的长度根据射孔枪身和下井仪器的长度确定，其耐压指标为35 MPa。 (3)井口采油树。上部接防喷管、下部与井口四通相连。它直接控制井口油管、套管的各种闸门，并装有油、套压力表。采油树的耐压应与防喷管、控制头的耐压指标相匹配。 2. 油脂打压泵装置 由注脂泵车、手压泵、高压管线三部分组成。 (1)注脂泵车。车内设有储脂罐、空压机、高压泵、操作控制装置及连接各部的管线。当空压机工作后，带压气体进入控制台，经调压后再进入高压油泵，高压油泵通过注脂管线对控制头进行打压注脂。一般油脂泵车的工作压力为35 MPa。 (2)手压泵。为手动操作的小型液压油泵。当井液发生喷溅时，可用手压泵通过管线对控制头打压进行控制。另外在井口起吊枪身、仪器时，也可用它对控制头加压将电缆抱死，以便进行射孔枪的换接工作，手压泵的工作压力为0.15 MPa。 (3)高压管线。系指控制头与注脂泵连接的胶质管线和控制头上的泄流管线。高压管线的耐压性能应与相连接的各部分压力匹配。 3. 放喷管线 放喷管线是与井口采油树套管闸门相连接的一条硬管线，用来放喷调压
油管输送负压射孔井的防喷	油管输送负压射孔是最近几年发展完善的一种射孔新工艺。其工作过程是在套管井内呈负压的状态下，油管柱与射孔枪连接并下到应射孔层位，其深度由放射性测井曲线及磁定位曲线确定。井口装有采油树及油、套压力表。当油管输送的射孔枪到达目的层位后，打开井口采油树闸门向油管柱内投棒，撞击枪身头部的起爆器起爆射孔(或在油管、套管间的环空内加压引爆枪身头部的压力起爆器引爆射孔)。该工艺与其他射孔工艺相比，甩掉了电缆，比较彻底地解决了高压油气层射孔的井喷问题。与过油管负压射孔比较，其施工工艺可靠，是解决射孔防喷的理想工艺，现已在我国各油田推广应用。缺点是射孔后弹渣及枪身留在井中。 该工艺在施工中，产层与井液的负压差的合理选择是防喷工作的关键。选择压差时，要考虑到防喷施工的安全性和可靠性，还要防止产层受到损害。所以，要求设计施工人员掌握齐全准确的各项资料，科学合理地选择负压差值

考点2 压裂酸化作业安全技术

项目	具体内容
施工设计的安全要求	压裂酸化施工是多工种联合工业，其特点是动用机动设备多、马力大、压力高，施工人员多，时间短。 1. 压裂施工井场布置原则 （1）井场道路及电力线路的要求。压裂酸化施工井场，要根据施工规模统一规划。施工车辆停放位置距井口要保持一定距离，最少不要小于10 m。施工区内应填平夯实，保持一定坡度，不存积水，不窝车辆。规划时应考虑到在施工过程中拉运支撑剂（或拉运液体）的车辆能顺利出入。进出井场道路的转弯处，应根据施工车辆的转弯半径适当加宽路面，做到不打倒车，进出方便。所有施工车辆和液罐的摆放位置应远离已架高的各种电力线路，更不要摆在其线路下面。横穿道路的电线要在过车前检查，高度不够者应提前加高。 （2）液罐、施工车辆、放喷管线和排污池的规划布局。为了施工安全，所有液罐、施工车辆应摆在井口的上风方向。与施工无直接关系的车辆（如交通车、餐车、救护车等）应停放在井场以外的安全处。排污池应设在井口的下风方向20 m以外。放喷管线用硬管线，并分段固定牢固，两固定点之间距离不能大于10 m。出口端不能接90°弯头。 （3）气井施工过程中对放喷流程的安装布局要求。为了在压裂酸化前后对气井进行试气而在井场安装临时测气流程时，应结合施工进行统一布局。全部流程应避开车辆通过区和压裂设备摆放区。放喷管线和井口出气流程管线应分开，需进哪条管线应可随时用闸门控制。天然气出口点火位置应处于距井口100 m以外的下风方向。 2. 井口装置的安全要求 （1）井口装置的选择与试压。井口装置应根据压裂酸化设计的最高施工压力来确定，也就是说所选井口装置的公称压力必须大于或等于施工设计的最高压力。井口装置在安装前必须整体试压，合格后才能上井。属油井的按水密封试压标准试压，属气井者按气密封试压标准试压。 （2）套管短节的检验与安装。压裂井所用套管短节的材质应与井内所连接套管相符，凡退火部分应切除不用，以保证套管短节的强度。所车新扣应光洁无毛刺，经试压合格（试压标准为原厂家试压压力值的80%），在井口用手上紧，应余3～3.5扣（指8扣/英寸的套管），余扣过多或过少都不合格，不能使用。上扣前涂丝扣油，用链钳上紧后应无余扣。套管短节如漏失，应卸掉更换，不要焊死，因为焊后焊缝两侧的管壁被退火，强度被降低。 （3）井口装置的安装。套管短节、底法兰、套管四通应分段安装，以保护套管丝扣和保证上扣质量。套管四通以上部分的安装可根据施工要求而定。 井口装置的钢圈由低碳钢材料制成，较软，应防止碰坏。注意检查钢圈和钢圈槽，应无损伤、无锈蚀、无泥土，擦洗干净。上紧法兰盘螺栓时应对角上紧，将法兰紧平。安装完后用钢丝绳将井口装置四角平衡崩紧

续表

<table>
<tr><th>项目</th><th>具体内容</th></tr>
<tr><td>施工设计的安全要求</td><td>3. 油基压裂液施工的安全要求
油基压裂液罐应摆放在距井口较远(最好 50 m 以外)的地势低洼处。罐与混砂车应保持 5 m 以上的距离,中间应设高度不低于 0.5 m 的防护堤,将罐区与设备区隔开。最好用带有呼吸器的密封液罐。不要在高温天气(尤其是 30 ℃以上天气)施工。进井场车辆排气管要装阻火器,防止火花排出。
4. 压裂酸化施工区内的安全要求
现场应禁绝明火。施工一开始各岗位人员应严守岗位,注意力集中,高压区内人员全部撤离。非施工人员应远离施工现场。大型施工应划出警戒区,派专人负责警戒。在警戒区内禁止闲人停留或穿越。
5. 确定施工压力时应注意的问题
在有关的各种手册中所列出的套管(或油管)各项强度值,是指在单一应力作用下的最小破坏强度。但在井内的套管(或油管)在施工中是受多种应力综合作用的,所以其单项实际强度低于表列数值,这一点要特别注意</td></tr>
<tr><td>施工设备的安全保障</td><td>1. 高压管汇系统的定期监测
高压管汇系统在压裂酸化中是直接承压、受腐蚀的部位,也是最容易出问题的部位,应当引起足够重视。在新投用前就应逐根逐件探伤、测壁厚,将测得结果作为基础资料存档。自投用之日起,应当每年定期探伤、测壁厚 1 次。如发现异常应增加探伤、测壁厚次数。在探伤中如发现有裂纹管件,该管件应立即报废。同期投用的成套管汇,如发现其中 20% 以上管件有裂纹者,建议全套管汇报废。
在测壁厚过程中,如发现管件壁厚变薄,应按最薄处核算管汇内抗压强度。现场施工最高压力应低于核算后的管汇抗压强度。如满足不了现场施工要求,应换掉抗压强度不够的管件。
2. 压裂泵液力端(泵头)的检查与监测
合理使用、精心维护泵头,是延长泵头使用寿命、防止泵头突发事故的重要措施。每次施工完后应认真清洗泵头内腔,以防止酸、碱、盐的腐蚀造成应力集中点,使泵头过早损坏。装有缓冲器的泵头,应每月核对一次缓冲器压力,低于额定压力者应及时充气,如漏气要及时修理。缓冲器是防止高压系统产生水击的主要手段,应当引起足够重视。另外,在换凡尔时要认真观察泵头腔内有无裂纹,如发现裂纹应立即更换新的泵头。有些泵头上装有放空闸门,在泵运转时或承压时不要打开此闸门放空,以防止发生事故。
3. 施工压力显示系统的校对与检查
随着压裂酸化设备自动化程度的提高,显示施工压力的部位也在增多,如仪表车自动记录压力、数字显示压力、各压裂车泵压表指示压力等。如各部位压力显示不同,施工时就无所适从。所以,整个压力显示系统应当每季度标定一次,与标准压力的误差应不超过 ±2%</td></tr>
</table>

续表

项目	具体内容
施工设备的安全保障	4. 超压保护装置的检查与部件更换 安装超压保护装置的目的主要是防止泵压过高，超过承压系统的额定压力，引起机械和人身事故。所以，不论原车组配备何种型式的超压保护装置，都必须使用，而且要定期检查，使其性能可靠。 5. 紧急熄火装置的保养与检查 安装紧急熄火装置的主要目的是在特殊情况下，采用正常方法熄火停机无效时，用机械的办法将发动机进气管关死，强制发动机熄火。关闭进气管的动作是通过在进气管中装一可控制的活门来实现的。 这种装置要经常检查维修，电路部分要保持完好、正常；电磁阀要能正常动作；连杆机构要清理注油，防止锈死；操作手柄要能拉到规定位置。建议每半年试用一次，使之经常处于完好状态。这种装置是在紧急情况下使用的，非紧急情况不要使用。一旦使用紧急熄火装置将发动机熄火后，注意要将熄火活门恢复到原来位置，以便下次启动发动机。 6. 对酸化施工设备的配套要求 酸化用的酸液属于强酸类型液体，稍有漏失就直接威胁人身安全、造成环境污染。所以总的要求应当是人不见酸、酸不见天、密闭施工。 推荐按下述要求配套：所用酸液在酸站配好，用酸罐车拉至现场。 注酸的流程：酸罐车、密闭供酸泵车、酸化压裂泵车、注入井内。防漏与清理管线施工前高低压管汇用无酸液体试压。注酸完后用无酸液体清洗高低压管汇，此清洗液应作为替置液注入井内。 7. 其他安全配套要求 在压裂（酸化）地面管汇中，对应的每台泵车，混砂车、酸泵车的每条进出口管线都应配有单向阀，以备施工中发生问题时便于处理。 8. 施工时消防设备的配备 （1）常规施工按正常规定配备消防设施，并保证性能可靠。 （2）大型施工、高产油气井和在施工中认为应重点防护的井，除常规消防设施外，应加配消防车，至少应有2台在现场值班
施工作业的安全技术	鉴于压裂酸化作业的特殊性，施工时必须有专人统一指挥。 1. 施工前施工车组不带压试运转的方法及要求 施工流程连接好后，首先要进行不带压试运转，即走泵。其目的是检查高低压管汇是否畅通，仪表是否工作。同时将流程内的空气用液体全部替出，以免空气与天然气接触而引起爆炸，或因泵内有气体影响泵的正常工作。其方法是将泵注液体通过井口装置的总闸上部生产四通（或三通）进入放喷管线放空。走泵时间的长短以仪表显示正常、各压裂泵的空气排完、上水正常为限

续表

<table>
<tr><th>项目</th><th>具体内容</th></tr>
<tr><td>施工作业的安全技术</td><td>2. 管汇试压
为防止在施工过程中管汇漏失，致使施工中断，甚至造成不良后果，高低压管汇在正式施工前都应试压。配备有试压泵的车组，应当用试压泵试压。没有配备试压泵的车组，用压裂泵试压时，必须由操作熟练的人员操作。将带泵的发动机油门降到最低位置，挂 1 挡，单泵试压。在泵压未达到所规定压力前提前摘挡，靠惯性最后达到所试压力。不论何种情况，试压时操作人员都要注意力集中，所有人员全部撤离高压区。
低压管汇所试压力应不低于 1 MPa，高压管汇所试压力应高于所施工井的最高施工压力。
3. 循环洗井和试挤的安全技术要求
此处所说的循环洗井，目的不是清理井筒。其目的主要是从安全出发，检查井内管柱是否畅通，核对井筒是否已充满液体。所以，开始洗井应慢速注入，以返出正常为限。对井内下有封隔器不能洗井的井，应通过试挤查清井下情况。特别是酸化施工井，在洗井后进行注酸之前必须试挤。观察井口是否漏失，地层是否吸收，计算出吸水指数后才能向井内注酸。不论上述哪种不正常情况存在，如果注酸过早，都会导致施工失败，使已泵注的酸液无法回收，最后流到地面，造成污染，威胁人身安全。
4. 平稳施工的安全技术要求
平稳施工的核心就是要求排量稳、压力稳，压裂泵车工作时不晃动(不走空泵)且工作平稳。为此，首先供液压力要平稳，加支撑剂速度要平稳，这是确保安全施工的关键。在实际操作中，开泵时应先开一台，待运转正常排量稳定、压力稳定在允许值以内后，才能开启第二台泵。再加泵也是如此。加挡也是一样，应由低到高逐步加挡，使压力和排量缓慢平稳上升，一次达到设计值，做到加泵加挡一次成功。尽量避免加上去又减下来，使压力和排量忽高忽低，大起大落。在压力和排量调整平稳、各泵工作正常后，重要的是防止走空泵(泵不上水)。因为在高压条件下，严重的走空泵可能拉断井口、折断高压管汇、打坏压裂泵，造成重大事故。所以，此时要密切注意压力和排量是否稳定，同时供液泵车(混砂车或供酸泵车)要保持足够和稳定的供液压力，以防止压裂泵走空。一旦发现压裂泵车晃动严重(走空泵)，要立即采取措施，若措施无效，应马上停泵。如有半数以上走空泵者，应停止施工，查出原因进行处理后才能继续施工。
5. 带酸施工的安全技术
酸液和酸液的各种添加剂，大多数都具有不同程度的毒性，与皮肤接触会发生烧伤。酸液与硫化物的积垢作用可以产生有毒气体硫化氢。所以，在对含硫的油气水井进行酸化作业时，施工人员应戴防毒面具。砷化物有毒，不易分解，而且与铝或镁接触会产生三氢化砷有毒气体，故应避免用砷化物作酸液添加剂。施工时应做到：
(1)严格按照工序进行工作，即走泵—试压—循环洗井—试挤求吸水指数—挤(替)酸。
(2)自井内返出液体应放入坑内。
(3)被酸液污染的衣服应洗净再穿</td></tr>
</table>

续表

项目	具体内容
施工作业的安全技术	(4)施工人员应穿戴劳动保护用品，劳动保护用品如何配备应根据各油田的特点而定。 6. 人身安全的急救措施 (1)含酸液体和其他对皮肤有烧伤作用或有毒性液体接触到人身时的处理措施：用淡水冲洗，必要时加肥皂清洗，尽快洗去有害物质，以缩短对人身的伤害时间，减轻伤害程度。 (2)如发现有烧伤时，用含量0.85%～0.9%的盐水浸泡或滴到伤面处。用以止痛和防止组织液析出，避免脱皮。但要注意盐水浓度要掌握准确，过高或过低都不能达到理想效果。 (3)经上述处理后，视轻重程度确定是否送医院治疗
施工过程中复杂情况的安全处理	1. 高低压管汇或井口漏失的处理 在施工中管汇刺漏，属总管汇者，应停泵放压后处理，属单泵管线应停单泵。不要在停单泵时换单泵管线，因为在高压区工作是危险的。更不要在管汇承高压的情况下砸紧，这种徒劳的做法太危险。 如果是混砂车（或酸泵车）排出管线刺漏，可关闭两端闸门，动用备用管线。如果是吸入管线刺漏可抢换管线，但要动作迅速。有酸者要注意防护，所换管线注意排出空气后才能使用。井口装置刺漏应停泵放压后处理。 2. 压不开地层的处理 在开始施工时，如一开泵泵压就直线上升，要立即停泵，检查闸门是否倒错。如确认闸门没问题，井筒和井下管柱都是畅通的，泵压达到允许值后，地层仍不吸收液体者，应停止施工。待查清井下原因，采取具体措施后再进行施工。如泵压达到允许值后，地层吸收量太小，达不到设计要求者，不要用提高泵压的办法提高排量，这样做是不安全的。正确的办法是在工艺措施上找出路。 3. 施工过程中泵压升高的处理方法 压裂（酸化）施工是一项短时紧张的工作，对指挥员尤其是这样。施工时要密切注意泵压、排量、砂比的显示值，它们是相互影响和可相互调整的。 施工中正常的压力缓慢上升不一定都是坏事。这里要讨论的是在排量和砂比都保持稳定时，泵压突然上升或上升太快。此时如处理稍慢就有可能发生事故。具体如何处理主要靠指挥员的经验，一般采取如下处理方法： (1)准确掌握支撑剂到达地层的时间，密切注意压力变化。支撑剂进入地层后如泵压很快上升，应酌情停止加支撑剂，打替置液，观察情况，再确定能否继续加支撑剂。 (2)如泵压突然升高，接近最高允许压力，要立即停泵、放喷、反循环洗井，将井内未进地层的支撑剂洗出，防止沉在井内。 (3)在正常施工中，特别是在压力接近最高允许压力的情况下，泵压突然降低之后又升高，应停泵、反循环洗井，注意验证井下管柱或套管是否断、脱、压破或发生其他情况

续表

项目	具体内容
施工过程中复杂情况的安全处理	4. 井口放喷的安全技术要求 井口放喷是在压裂施工中,由于各种原因,已无法继续施工的情况下进行的。一般来说这时井口压力较高,所以只有控制压力放喷才能保证地面和井下的安全。 放喷前应查看放喷管线出口处下游,要求杜绝火种,人员离开。放喷管线固定牢靠,出口端不带90°弯头。井口装置要装油管压力表和套管压力表。油套管不能同时放喷。放喷时闸门慢慢打开,注意控制放喷压力。要求装油管压力表和套管压力表的最大压力差不能大于油管与套管最小抗压强度的50%,以保护油管和套管。同时控制一定压差对防止地层内支撑剂吐出也是有益处的。如条件许可,应采取循环洗井放喷的方法,尽快将井筒洗通,将砂冲出,防止砂卡压裂管柱。 5. 防止砂卡压裂管柱的措施 由于各油田的情况不同,防止砂卡的措施也各有不同,但如下几点要认真做好: (1)顶替液量要合适,尽量减少井内沉砂,以杜绝砂卡的可能性。 (2)循环洗井要彻底(特别是在施工中砂堵的井,能洗井者一定要尽快洗井,防止沉砂),要求洗井液量达到井筒容积后,返出液体不含砂(洗井合格)。 (3)对预计可能砂卡的井,要立即起油管。 (4)起油管时如发现遇卡,不要硬拔,应立即加深油管,再上提下放活动解卡。 在下压裂管柱时,要求油管和油管挂之间必须加短节连接,以防止遇卡时提不起来,又放不下去的现象发生

考点3 井下作业过程中发生井喷的处理技术

项目	具体内容
井下作业过程中发生井喷的处理技术	1. 对各种异常情况的处理方法 施工中当出现各种井喷异常情况(如地层严重漏失,井口外溢量增大,气体增强或油管自动上顶等)时,当班人员的主要处理方法是: (1)坚守工作岗位,服从现场指挥,沉着果断地采取各种有效措施,防止井喷的继续发展和扩大。 (2)迅速查明井喷的原因,及时准确地向有关部门汇报,并做好记录。 (3)当井下钻具出现自动上顶时,要尽快坐上悬挂器,对角上紧全部顶丝,快速装上井口或防喷装置,做好下步措施的准备工作,泵入适当密度的压井液,提高井筒内液柱压力,待压力平衡稳定后再继续施工。 (4)当射(补)孔中途发现井口有油、气显示快速外溢时,要停止射孔,在允许的条件下,立即提出电缆,注意观察井口变化,如来不及提出,要迅速截断电缆,抢关防喷装置。 (5)射孔后出现严重漏失的井,要及时向井内灌注压井液,并适当提高其黏度,防止压井液进一步漏失

续表

项目	具体内容
井下作业过程中发生井喷的处理技术	（6）当发现井筒内压井液被气侵，密度降低时，要及时替入适当密度的压井液，将原井筒液体全部替净，或用清水循环脱气。 2. 发生井喷后的安全措施 （1）在发生井喷初始，应停止一切施工，抢装井口或关闭防喷井控装置。 （2）一旦井喷失控，应立即切断危险区电源、火源、动力熄火。不准用铁器敲击，以防引起火花。同时布置警戒，严禁一切火种带入危险区。 （3）立即向有关部门报警，消防部门要迅速到井喷现场值班，准备好各种消防器材，严阵以待。 （4）在人烟稠密区或生活区要迅速通知，并且熄灭火种。必要时一切非抢险人员应尽快疏散，撤离危险区域。由公安保卫部门组织好警卫、警戒，交通安全部门组织好一切抢险车辆，保证抢险道路车辆畅通，维护好治安秩序和交通秩序。 当井喷失控，短时间内又无有效的抢救措施时，要迅速关闭附近同层位的注水、注蒸汽井。在注入井有控制地放压、降低地层压力。或采取钻救援井的方法控制事故井，以达到尽快制服井喷的目的。 3. 抢救工作的组织及准备 （1）增强抢险抢救意识，定期对各有关人员进行防喷抢救知识的培训，以防麻痹大意和临战时乱。施工大队和小队平时要成立以主要负责人为主的抢救预备队，做到“招之能来，来之能战，战之能胜”。 （2）以预防为主，认真做好抢救器材、工具的准备。施工大队应备有一台抢险工程车。各种抢救用器材、工具要有专人负责保管，定期检查保养，确保灵活好用，不准随便挪用。 （3）当接到井喷事故报警后，要迅速集合队伍、调集器材到现场。同时，立即成立由工程、地质、交通安全、保卫等人员组成的抢险领导小组并开始工作。 （4）制订抢救方案要从最坏处着眼，向最好处努力。制订多套方案，并向参加抢救的全体人员交底，让每个参战人员都清楚实施步骤和有关注意事项。在实施抢救方案的过程中，指挥人员要在现场指挥并随时掌握进展情况，随时采取应急措施，直至制止住井喷。 4. 井喷后抢救过程中人身安全防护措施 （1）全体抢救人员要穿戴好各种劳动防护用品，必要时戴上防毒面具、口罩、防震安全帽，系好安全带、安全绳。 （2）消防车及消防设施要严阵以待，随时应付突发事故。 （3）医务抢救人员到现场守候，做好急救工作的一切准备。 （4）全体抢救人员要服从现场的统一指挥。随时准备好应对井喷。一旦发生爆炸、火灾、塌陷等意外事故时，人员、设备能迅速撤离现场。 （5）在高含油、气区域抢险时间不宜太长，组织救护队随时观察中毒等受伤人员，及时转移到安全区域进行救护

续表

项目	具体内容
井下作业过程中发生井喷的处理技术	5. 井喷制止后的善后工作 (1)井喷制止后要进一步加固井口和防喷装置，泵入适当密度的压井液，重新恢复井筒液柱压力，平衡地层压力。继续按照原施工设计要求施工，达到作业修井目的。 (2)有关部门和施工单位要分析事故原因，总结经验，从中吸取教训，并将事故经过详细记载，以备今后引以为戒。 (3)调查因井喷事故造成的地面污染情况，如农田、房屋、树木等的污染面积及数量，设备工具损失情况以及经济损失等。环保部门要积极组织清除地面环境污染，恢复地貌。 (4)地质部门要认真分析地下油、气层因井喷带来的新变化，估算喷吐出井外的流体数量(石油、天然气、水、砂量等)，作为以后油田开发的参考资料

第四节　采油(气)安全技术

考点1　注蒸汽热力采油安全技术

项目	具体内容
注蒸汽热力采油安全技术	热力采油就是将热量有计划地注入油层，或在油层内产生热量，从井里采出原油。它适应于用常规采油方法不能正常开采的稠油油田的开采。主要方法包括火烧、注蒸汽、注热水和注热气等。在我国目前较普遍采用的办法是注蒸汽热力采油

考点2　气举采油的安全技术

项目	具体内容
高压气源的安全要求	油田一般采用增压气举采油，举升介质工艺气要使用天然气，不能采用空气。通过压缩机多级压缩将低压天然气变为高压天然气作为举升动力。由于天然气是易燃易爆气体，以及压缩机(组)自身的结构和设计要求，安全问题就显得十分重要。在气举采油工程设计时，必须满足以下安全技术要求。 1. 天然气气质 (1)组分要符合干气标准，即在0.101 MPa和20 ℃时的1 m^3 天然气中，C_5 以上的烃液含量低于13.5 cm^2。 (2)硫和水蒸气的含量均要符合商品天然气的标准。 (3)如果原动机为天然气发动机，则要保证燃料气中甲烷的含量和气体的热值，并有一个合理的空燃比

续表

项目	具体内容
高压气源的安全要求	2. 压缩机(组) (1)进气压力和排气压力均要易于调节,并保证机组在额定功率下正常运行。进入机组的低压气和经机组压缩输出的高压气,既能以单机供气又能并联供气,以便于计量、操作、维修和管理,也有助于控制压力波动,保证安全生产。 (2)排气量不应低于实际用气量的1.1~1.2倍,并能在要求的范围内自动调节。当超压或超流量而需外排时,外排气要能自动返流进入低压供气管线中。 (3)各级缸的进、排气温度不能超过其额定值。 (4)润滑油量和牌号要与压缩机(组)的要求一致,要有润滑油量显示和调节装置。 (5)每级缸前分离器内的液位要能自控或手控。 (6)压缩机不能超振。 (7)整个机组要有自动补偿和报警系统。 3. 发动机 (1)发动机的功率必须与压缩机匹配,并依转速与功率之间的关系,找出安全满负荷时的最佳工作转速。 (2)各缸温度及缸间温差不能超过设计值。 (3)发动机不能超振。 (4)工作不正常时,要能自动停机和报警。 4. 高压容器 (1)要根据工艺要求选择工作压力等级,并装安全阀。 (2)要有油和污水排放系统,分离器要能自动排液,并有液位显示和超液位报警装置。 5. 地面流程 (1)整个系统的运行状况要能自动联锁控制和报警。 (2)天然气增压系统必须是一个全密闭系统。既要严防空气进入天然气供气管线中,又要严防管线中的天然气外漏。 (3)油气分离器要适应气举井采油时气油比较大和回压较高的特点,使油、气有效分离。 (4)油、气计量系统要准确。 (5)压气站、配气站和计量仪表间要保持空气流通,并安装可燃性气体检测报警装置;高压注气分配阀组不得漏气;安全阀要灵敏可靠。 (6)对气举管线要防腐和保温,易冻部位要有加热措施。 (7)要有吹扫、清洗和解堵管线的措施。 (8)要有防火、防爆、防毒、报警和紧急放空等设施
气举井作业的安全技术	1. 起管柱 (1)仔细检查各级气举阀,观察有无损伤或堵塞,尤其对不正常井更要注意。 (2)起出的气举阀要送回室内检验和维修,并作好记录,妥善保存,以备再用

续表

项目	具体内容
气举井作业的安全技术	2. 下管柱 (1)如果已压井,管柱下井后应首先采用清水洗井,以免油层污染和气举阀堵塞。 (2)若为投捞式气举阀,下井前要在室内投入工作筒内,经密封性试验合格。 (3)用油管规通油管,变形或弯曲油管不要下井。油管本体和丝扣要干净。 (4)按照施工设计书丈量油管,配好管柱。 (5)撕去气举阀注气孔处的胶布,并注意阀的下入方向、级数和深度。方向不要颠倒,级数不能弄错,阀深误差不得超过 ±10 m。 (6)油管要用管钳而非拉毛绳上紧,以确保作业安全和油管密封

考点3　陆上石油天然气开采

项目	具体内容
地球物理勘探	1. 施工设计原则及依据 (1)满足地质任务书要求。 (2)编写施工设计前,应调查了解施工现场地形、气候和水文等情况,进行危险源辨识和风险评估,编制调查报告。 (3)根据任务书、调查报告,编写施工设计,并应对工区内易发事故提出相应的安全预防措施,同时应针对重大风险编制应急预案。 (4)施工设计应按程序审批。施工作业中因情况变化或遇特殊情况需变更设计时,应通过设计部门,并征得主管部门和领导批准后方可实施。 2. 地震队营地设置与管理 (1)营地是地震队临时性的生产、生活基地。营地应选择在地势平坦、干燥、道路畅通、取水便利、水源无污染和背风的地方,并应避开易燃、易爆或有毒、有害物品的工厂或场所及易受自然灾害侵袭的地方,同时应避开传染病、地方病的高发区。 (2)营房车摆放应合理、平稳、整齐,有足够的照明装置和良好的接地装置,营区应干净整洁,无易燃、易爆物品堆放。 (3)沙漠营地中心应设置明显的标志旗、标志灯。 (4)临时加油站设置的防火距离应符合《建筑设计防火规范》的规定,并应建立加油站的安全管理及进、出油料的检查、验收、登记制度。 (5)在荒漠、沼泽等无人烟地区施工时,施工人员应至少2人以上同行,并确保通讯联络畅通;若遇险情,应采取求生措施,发出求救信号,及时组织营救;穿越陡坡、江河、急流、湖泊、沼泽、险沟、陡崖等地段,应提前实地察看,并采取防止淹溺、摔跌等安全监护措施。 3. 野外作业基本安全要求 (1)下达施工任务时,对测线危险地段或附近的重要设施,应向有关施工班组提出安全要求,并传达给全体施工人员

续表

项目	具体内容
地球物理勘探	(2)施工所用设备设施应完好,安全装置和监测仪表齐全有效。 (3)施工期间,应经常进行安全检查。 (4)在荒漠、沼泽等无人烟地区施工时,施工人员应至少2人以上同行,并确保通信联络畅通;若遇险情,应采取求生措施,发出求救信号,及时组织营救。 (5)穿越陡坡、江河、急流、湖泊、沼泽、险沟、陡崖等地段,应提前实地察看,并采取防止淹溺、摔跌等安全监护措施。 (6)采集资料的送交,应由施工员专车押运,车内严禁吸烟和动用明火,严禁携带易燃、易爆物品。 (7)暴风雪、雷雨、大雾天气应停止作业。 (8)在草原、林区、湿地等地区施工应遵守当地的防火规定。 4. 测量作业 (1)测量井位时,遇有高压线、重要设施或危险地形,应在测量草图上标注其位置、距离。 (2)需上高标架观测时,应检查标架的牢靠情况,确认无误,并有保护措施方可上标架观测,5级以上大风天气,不应上标架观测。 (3)远离中心观测站的独立岗位,应有明确的指挥联络信号,并随时观察、联系。 (4)沙漠地区测量时,应在已确定的营地中心至测线工区道路两旁设置明显、牢靠的路标,路标间隔一般为300~500 m,高差起伏大的地段应加密路标。 (5)测点作业时,测站范围5 m内无闲杂人员,观测员不得离开仪器。 5. 地震钻井作业 (1)钻机车施工就位时,应注意观察井位上空及附近有无危险设施,发现情况应提前偏移避让,无法偏移的应空点。 (2)钻机的接地链条、绝缘刹把和自动报警等防护装置齐全、有效,安全标志牌应醒目。施工场地平整,在高压线两侧30 m内不应钻井。 (3)起放井架前应检查钻机各部位是否符合安全要求,钻机周围5 m内及平台上不应有闲杂人员,钻机上空有无障碍物,确认无物后方可起放井架。 6. 爆炸作业 (1)在不具备安全作业的条件下,爆炸作业人员有权拒绝施工。 (2)沿江河堤坝进行爆炸作业时,应遵守当地堤防部门有关规定。 (3)进行爆炸作业时,在接近危险区的边界处应设警戒岗哨和安全标志,禁止人、畜、车(船)进入危险区域内。 (4)对盲炮应采取引爆方式处理,不应采用捅、挖的办法。 7. 可控震源作业 (1)震源车安全防护装置应齐全、可靠;开机前,操作人员应对震源车进行检查,保证性能良好,各部件紧固、灵活,仪表指示及开关阀挡位正常。 (2)振动平板未提升到规定位置,震源车不应起步行驶

续表

项目	具体内容
地球物理勘探	(3)震源车移点时，应服从带点人员的指挥。 (4)震源升压时，距震源车 10 m 范围内不应进入；需检查和排除故障，应在降压后进行。 (5)操作人员必须经过汽车驾驶和可控震源技术培训后，熟练掌握其操作和一般的维修保养技能，方可上岗操作。 8. 收、放线作业 (1)作业人员不得擅自离开岗位和布线区，闲杂人员不应进入施工现场。做好警戒工作，发现爆炸危险区有异常情况，应立即报告爆炸员或仪器操作员停止放炮。 (2)大线穿越公路时，要采取保护措施，并设专人看守，施工完毕后应及时清障。 (3)施工间歇时不应在车下、庄稼地、草丛中或其他不易发现的地方躺卧，应随时注意沿测线过往的车辆。 (4)在行驶的车上不应进行收、放线作业。 9. 地震仪器作业 (1)放炮前爆炸员应了解炮点警戒情况，经爆炸员确认无误并同意后，方可发出爆炸信号。 (2)仪器车搬站或行驶前，应检查仪器及其他设备的固定情况。 (3)仪器车应专车专用，不应装运其他物资或搭乘无关人员。 10. 长途搬迁与野外交通运输 (1)物探队长途搬迁应成立搬迁领导小组，制订搬迁计划，落实安全措施，并应做好搬迁前的安全教育和搬迁车辆的检查保养工作。 (2)物探队长途搬迁和野外交通运输应严格遵守国家有关道路、水上交通安全法规，离开公路的复杂地形、路面及复杂气候环境的行车，应根据现场实际采取有效的防范措施。 (3)如需外雇车、船承担运输任务，承包方应有相应资质
钻井设计原则和依据	(1)科学有效地发现和保护油气层。 (2)避免恶性放空、井漏、地层坍塌、发生井场周围小型地震、井口坍塌、井架下沉倾斜等复杂情况产生，为全井各类工程施工和油气生产创造条件。 (3)钻井工程设计应依据钻井地质设计和邻井钻井有关资料制定。 (4)钻井设计应按程序审批。钻井作业中，因情况变化，需要变更设计时，应通过设计部门，并征得主管部门和领导批准后方可实施，若遇危及人身和井控安全的紧急情况，施工单位可先进行处理，并及时向上级汇报
钻井地质设计	(1)应提供区域地质资料、本井地层压力、破裂压力、坍塌及漏失压力、地层应力及岩性剖面及其确定依据。 (2)应提供邻井的油、气、水显示和复杂情况资料，并特别注明含硫化氢、二氧化碳地层深度和预计含量

续表

项目	具体内容
钻井地质设计	(3)应对拟定井位探井周围 3 km、生产井 2 km(高压天然气井、新区预探井及含硫化氢气井为 5 km)范围内的居民住宅、学校、公路、铁路和厂矿等进行勘测，在设计书中标明其位置，并调查 500 m 以内的人口分布及其他情况。 (4)应根据产层压力和预期产量，提出生产套管的合理尺寸和完井方法。 (5)对不遵循压实规律的碳酸盐岩及裂缝性油气藏，应利用各种作业所获得的直接或间接地层压力数据进行数理统计分析，划分出不同地层压力区带，并应与邻井可比地层压力进行分析对比，提供地层压力预测或监测曲线(值)
井身结构设计	(1)技术套管应封住上部易塌、易漏复杂层位及浅层气。 (2)钻下部地层采用的钻井液，产生的井内压力应不致压破上层套管鞋处地层以及裸露的破裂压力系数最低的地层。 (3)下套管过程中，井内钻井液柱压力与地层压力之差值，不致产生压差卡套管事故。 (4)考虑地层压力设计误差，限定一定的误差增值，井涌压井时在上层套管鞋处所产生的压力不大于该处地层破裂压力。 (5)对生产井和探井，考虑到地层资料的不确定性，设计时参考本地区钻井所采用的井身结构并留有余地。根据井深的实际情况具体确定各层套管的下入深度。 (6)含硫化氢地层、严重坍塌地层、塑性泥岩层、严重漏失层、盐膏层和暂不能建立压力曲线图的裂缝性地层均应根据实际情况确定各层套管的必封点深度
随钻地层压力监测与预测	(1)钻井设计应有随钻地层压力监测与预测的内容。 (2)工程、地质紧密配合，利用钻井、录井、测井、地震等资料随钻监测和预测地层压力。 (3)应根据岩性特点选用不同的随钻监测地层压力方法
钻井液	(1)探井、异常压力井现场应储备加重材料。 (2)钻井液设计以钻井地质设计、钻井工程设计及其他相关资料为基础，依据有关技术规范、规定和标准进行钻井液设计。 (3)选用钻井液要有利于井下安全、排油除气、保护和发现油气层。硫化氢含量高的井宜使用油基钻井液。 (4)气层应添加相应的除硫剂、缓蚀剂并控制钻井液 pH 在 9.5 以上，采用铝制钻杆 pH 不得超过 10.5，使钻井液中硫化氢含量小于 50 mg/m^3。 对易漏失井应储备同性能的钻井液及堵漏材料，堵漏材料应储备一次用量以上。储备钻井液应经常循环、维护。 (5)施工前应根据本井预测地层压力梯度当量密度曲线绘制设计钻井液密度曲线、施工中随钻监测地层压力梯度当量密度曲线和实际钻井液密度曲线，并依据监测结果和井下实际情况及时调整钻井液密度。 (6)钻井液测试仪器应按要求配备并按规定定期校正

续表

项目	具体内容
中途测试	(1)中途测试应有测试设计,并按程序审批。 (2)中途测试前应按设计调整好钻井液性能,保证井壁稳定和井控安全,测双井径曲线,确定座封位置。 (3)中途裸眼井段座封测试应在规定时间内完成,累计测试时间应控制在8 h以内,防止卡钻。 (4)高温高压含硫化氢气层应采用抗硫油管测试。严格限制在含硫地层中用非抗硫化氢的测试工具、管柱进行测试工作。 (5)测试井段井身质量差,含有大段页岩、石膏,易垮塌及缩径的泥岩、盐岩层以及用桥架钻井液堵漏的井和井身条件不能满足测试设计要求的井不应进行裸眼井段座封测试。 (6)对高压、高产天然气井和区域探井测试时,应接好高压水泥车。 (7)下钻中若发现测试阀打开,出现环空液面下降,应立即上提管柱,同时反灌钻井液。 (8)测试阀打开后如有天然气喷出,应在放喷出口处立即点火燃烧。 (9)测试完毕后,起封隔器前如钻具内液柱已排空,应打开反循环阀,进行反循环压井,待井压稳后才能起钻
井场布置及设备安装	(1)井场周围应以黄色带隔离作为警示标志,并在井场和井架醒目位置悬挂安全警示牌。风向标安放在井场四周及井场出入口处。井队生活区距井口300 m以上。江、河、干堤附近钻井井位应符合有关安全、环保规定。 (2)井口距高压线及其他永久性设施不少于75 m;距民宅不少于100 m;距铁路、高速公路不少于200 m;距学校、医院和大型油库等人口密集性、高危性场所不少于500 m。 (3)井场施工用的锅炉房、发电房、值班房与井口、油池和储油罐的距离宜大于30 m,锅炉房处于盛行风向的上风侧。 (4)井架底座高度应满足井控装置安装的要求。井架底座内及钻井液暴露位置处应保持通风良好,含硫高温高压井井架底座内应采用机械通风系统,防止有毒可燃气体聚集。 (5)井架、钻台、机泵房、值班房的照明线路应各接一组电源,探照灯电路应单独安装,井场电线不得横跨主体设备,井架、钻台、机泵房、净化系统所有电器设备、线路、接头、灯具、开关、插头等应达到防爆要求。 (6)制定和落实井场灭火器材和安全要求,井场内严禁烟火。 (7)钻台和二层平台应按规定安装二层平台逃生器和钻台与地面专用逃生滑道及逃生通道,逃生通道应至少两条。 (8)井口操作应避免金属撞击产生火花,设备的摩擦部位应设冷却装置。柴油机排气管道应安装火星熄灭器,对特殊井应将排气管道引出井场以外,并加以固定。进入井场车辆的排气管应安装阻火器

续表

项目	具体内容
井口与套管保护	（1）各层次套管要居中。保持天车、井口与转盘在一条垂直线上，其偏差不大于10 mm，防止井口装置磨损。对于钻井周期较长的井、大位移井、水平井在表层套管、技术套管内的钻井作业应采取有效措施，防止磨损套管。 重点高温、高压、高含硫气井及套管长期受磨损井在打开目的层前应对上层套管进行磨损检查，并根据磨损情况决定打开目的层前是否采取补救措施。对于下完尾管继续钻进的井，根据显示情况，若决定测试，应先回接套管至井口，并正规固井。 （2）大直径表层套管应采用插入法固井，水泥返至地面，保证圆井周围不窜漏。复杂地区坚硬地层的表层套管下套管时应采取防倒扣的措施。 （3）防喷器应在井架底座上绷紧固定。 （4）钻水泥塞钻出套管，应采取有效措施保证形成的新井眼与套管同心，防止下部套管倒扣及磨损。 （5）在施工中，套管环空应安装压力表，接出引流放喷管线，并定期检查环空压力变化，需要时及时泄压，将环空压力控制在允许安全范围之内，防止套管损坏。 （6）套管头内保护套应根据磨损情况及时调换位置或更换。 （7）应进行井口套管的装定计算，确定井口合理受力状态
录井准备	1. 设施、仪器的搬迁 （1）搬迁设施、仪器时，房内禁放易燃易爆物品、所有物品应固定牢靠。 （2）吊装、吊放仪器房、值班房，野营房及其他设施时，应有专人指挥，注意安全。 （3）仪器房运输时，应有专人押运，平稳行驶，以防损坏仪器。 （4）地质值班房、仪器房宜摆放在距离振动筛 10 ~ 25 m 处，符合钻井井场布局要求。 （5）仪器房接地电阻应小于 10 Ω。 2. 设施、仪器安装调校 （1）录井仪器设备安装应符合行业标准要求。 （2）仪器房中应配置可燃气体报警器和硫化氢监测仪。 （3）仪器房应配 2 只 8 kg 1211 灭火器，放置在便于取用的醒目之处。 （4）高压油气井、含硫化氢气井的气测录井仪器房应具有防爆功能，安全门应定期检查，保持灵活方便。 （5）仪器房内宜设置防火、防爆、防触电警示牌。 （6）电热器、烘样烤箱应距墙壁不小于 0.2 m，周围禁放易燃物品，烘样烤箱电源线应单独连接。 （7）安装在固控系统上的信号铃、电话应具有防爆功能。 3. 简易钻时装置的安装 （1）简易钻时装置定滑轮应拴牢在井架上。 （2）简易钻时装置测绳两端应卡牢，上下活动测绳不得与井架相摩擦。 （3）简易钻时装置引绳应拉直，与电源线间距不小于 0.5 m，地面应设防护装置

续表

项目	具体内容
录井准备	(4)上井架工作时,应事先与当班司钻联系好,且符合有关规定。 4. 电气系统的安装 (1)所有室外电缆线均用密封接线盒及防水接头连接,并用绝缘材料包扎。 (2)仪器房与发电房之间的供电线路中应装有安全短路(漏电保护、过流过压保护)开关,外引电缆线不得有短路、断路和漏电之处,录井房内的附加电器设备应绝缘良好,合乎额定要求。 (3)室外报警器和警报灯的架设高度必须超出仪器房顶 0.3 m 以上
录井作业	1. 钻时录井 (1)钻具、管具应先排放整齐,再进行编号和丈量,丈量时应注意防碰撞、防碾压、防跌倒。 (2)录井人员上钻台应戴好安全帽。 (3)收集泵压、排量数据时,录井人员不应接近钻井泵皮带轮和站在钻井泵安全阀泄流方向。 (4)井涌、钻井液漏失时应及时向钻井队提供报警。 2. 岩屑录井 (1)应设置取样工作台,安装好护栏、梯子、扶手、照明设施,上下工作台应有防滑设施。 (2)捞、洗、晒砂样的场地应平整和方便操作。 (3)使用烘样烤箱烘干岩屑时,应先检查烘样烤箱外壳接地是否可靠,按操作程序的规定烘样。 3. 岩心录井 (1)岩心出筒时,应用岩心夹持器接心,禁止用手掌直接接心。 (2)用榔头敲击岩心筒辅助出心时,应防止榔头伤人。 (3)选样劈心时,挥斧人员正前方不应站人。 4. 气测录井 (1)仪器开机前,应检查各部分电、气路元件,确认安装正确可靠、无断电、无损坏时方可通电。 (2)氢气发生器应排气通畅,不堵不漏。 (3)启动空气压缩机时,应注意转动方向,当发现旋转方向错误时,应立即停机整改。 (4)当检测发现高含量硫化氢时,应及时通知有关人员按行业的规定做好防护准备。 (5)现场做点火试验时,点火地点应在下风方向,远离井口 30 m 以外。 5. 工程录井 (1)地质录井队负责人应在录井前向现场施工单位提出防喷、防卡、防漏、防斜井段的地质预告。 (2)上循环罐或去泥浆槽、池边时,应防滑、防跌

续表

项目	具体内容
录井作业	（3）检查、维护、更换各类传感器时，应符合有关规定。 （4）发现钻井液性能和工程监测参数异常时，应及时通知有关人员采取措施。 （5）在仪器房内设置硫化氢声光报警装置。 6. 特殊作业 （1）当发生井喷时，应按钻井施工单位的统一指挥，及时关闭所有录井用电，灭绝火种，并妥善保管资料。 （2）遇中途测试、泡油解卡、爆炸切割、打捞套铣等特殊作业，应严格遵守钻井施工单位的有关安全规定和应急措施。 （3）在新探区、新层系及已知含硫化氢地区录井时，应进行硫化氢监测，并配备相应的正压式空气呼吸器。 （4）吊套管上钻台作业时，核对入井套管编号的录井人员，应远离钻台大门坡 15 m 以外。 （5）固井时，录井人员不应进入高压警戒区。 （6）带电检修仪器应有可靠的安全措施，操作时应至少有 2 人在场实施监护。 7. 化学试剂的使用和管理 （1）使用酒精灯前应检查灯体，灯芯有无损坏。给酒精灯内添加酒精时，液面不得超过灯体 2/3，加完后擦干灯体外酒精。用完酒精灯后应盖好灯盖。 （2）地质值班房内不应存放非试验用易燃易爆物品
测井作业准备	（1）仪器、车辆等设备应定期保养，按照十字作业（清洁、润滑、扭紧、调整、防腐）进行定期检查维修并记录。 （2）天、地滑轮应及时清洗保养，达到万向头灵活好用，零部件无松动，滑轮不摆动。 （3）地滑轮固定尾链应完好无损，承受拉力不低于 120 kN。 （4）井口马达齿轮啮合良好，销子及齿轮轴不松不旷。深度丈量系统、张力传感系统工作性能良好，应按周期进行校准，并记录。 （5）定期检查绞车系统受力部位；电缆深度、张力传感系统、电缆连接器（马笼头和鱼雷）应定期检查保养，并记录。 （6）电缆和拉力棒的使用与维护，按《石油测井电缆和连接器的使用与维护》有关的规定执行，并应有电缆使用记录。 （7）仪器及专用器具固定牢靠，并应有相应的减震措施
测井现场施工安全要求	（1）作业前，测井队长应与相关方就施工方案进行交流，详细了解井下情况和井场安全要求，交代测井等健康安全与环境风险。对每台设备和应急配合等提出要求。 （2）测井队长应向各岗位提出落实施工方案和执行标准操作程序要求。 （3）测井作业时，测井人员应穿戴劳动防护用品，上钻台、井口应戴安全帽。 （4）测井施工前，车辆摆放应充分考虑方向，应放好绞车掩木，复杂井施工时应对绞车采取加固措施

续表

<table>
<tr><th>项目</th><th>具体内容</th></tr>
<tr><td>测井现场施工安全要求</td><td>(5)气井施工时,测井车发动机的排气管应配备阻火器。
(6)接外引电源应有人监护,应站在绝缘物上,戴绝缘手套接线。
(7)绞车和井口应保持通信良好。夜间施工,井场应保障照明。
(8)测井作业时,钻井队(作业队、采油队)应指定专人配合,测井人员不应动用钻井(作业)设备。严格遵守井场防火制度。
(9)生产测井开启和关闭各种阀门,应站在阀门侧面。开启时应缓慢进行,待阀门上下压力平衡后,方可将阀门完全打开。
(10)下井电极、仪器应正确连接,牢固可靠,出入井口时,应有专人在井口指挥。
(11)起下电缆时,绞车后不应站人,不应触摸和跨越电缆。
(12)在上起电缆时,绞车工应注意观察张力变化,如遇张力突然增大并接近最大压力时,应及时下放电缆上下活动,待张力正常后方可继续上提电缆。
(13)冬季测井施工,应用蒸汽或热水及时清除滑轮和电缆上的结冰。除此以外,在绞车和滑轮运转时,不应进行其他作业。
(14)在测井作业时,应及时清除转盘及钻台作业面上的钻井液。
(15)遇有七级以上大风、暴雨、大雾等恶劣天气,应暂停测井作业,若正在测井作业,应将仪器起入套管内。
(16)仪器车使用电取暖器,负荷不得超过3 kW。不应使用电炉丝直接散热的电炉;绞车使用电取暖器时,应单拉电源线,远离易燃物;车上无人时,应切断电源,将电取暖器放在安全位置。
(17)在井口装卸放射源,应先将井口盖好,不应将工具放在转盘上。
(18)进行生产井测井作业,打开井口阀门前应检查井口防喷装置、仪器防掉器等各部分的连接及密封状况。
(19)仪器下井后,井下情况正常时,裸眼井段电缆静止不应超过3 min。仪器起下速度要均匀,不应超过4 km/h,距井底200 m应减速慢下;下井仪器经过井口、套管鞋、油管鞋、开窗位置、造斜段、落物点、井底等复杂井段,应将电缆速度降低到600 m/h以下;仪器上起离井口约300 m时,应有专人在井口指挥,减速慢起。
(20)抽油机井的测井作业在安装拆卸井口时,抽油机应停止工作。
(21)生产测井作业,仪器上提距井口300 m减速,距井口50 m时人拽电缆上提仪器,经确认仪器全部进入防喷管后,关闭防掉器;拆卸井口装置前各阀门应关严,将防喷装置内余压放净。
(22)在进行环空测井作业时,应检查偏心井口转盘是否灵活,可在油管管柱尾部加防缠器,仪器起下速度不应超过900 m/h。若发现电缆缠绕油管,应首先采用转动偏心井口的方法解缠。
(23)在复杂井测井作业,应事先编制施工方案,报请主管部门批准后方可施工。每次下井仪器遇阻,都应记录遇阻曲线,若在同一井段遇阻三次,应由钻井队下钻通井后再进行测井作业</td></tr>
</table>

续表

项目	具体内容
测井现场施工安全要求	(24)仪器遇卡时,应立即通告井队上报主管部门,制定解卡措施并组织解卡。 (25)在处理遇卡事故上提电缆时,除担任指挥的人员外,钻井和测井人员应撤离到值班房和车内,其他人员一律撤出井场。 (26)在测井过程中,若有井涌迹象,应按井控要求处理。 (27)遇有硫化氢气体等特殊测井作业时,应制订出测井方案,待批准后方可进行测井作业
试油(气)和井下作业	1. 设计安全原则 (1)防止中毒、井喷、着火、爆炸等事故及复杂情况的发生。 (2)压井液、试油(气)和井下作业应避免油气层伤害。 2. 地质设计 (1)提供本井的地质、钻井及完井基本数据,包括井身结构、钻开油气层的钻井液性能、漏失、井涌,钻井显示和取芯等情况,以及完井液性能、固井质量、套管头规格、井身质量、测井、录井、中途测试等资料。 (2)提供试油(气)和井下作业目的、目的层的基本数据及录取资料要求。 (3)提供区域地质资料、邻井的试油(气)作业情况,对应本井目的层已试层压力、产量及流体特性的资料,并特别注明硫化氢、二氧化碳的含量。 (4)提供井场周围500 m以内的居民住宅、学校、厂矿等分布资料;对高压、高产及含硫化氢天然气井应提供1 km以内的资料。 (5)按设计审批程序审批。 3. 工程设计 (1)应根据地质设计编制工程设计,并应按设计审批程序审批。 (2)所选井口装置的额定工作压力应高于或等于最高地层压力,其性能应满足试油(气)工作的要求。高压、高产及含硫化氢天然气井应采用配有液压控制阀门的采气树及地面控制管汇。对重点高压含硫天然气井井口装置应进行等压气密检验。其性能应满足抗高温、抗硫、防腐的要求。 (3)井筒、套管头和井口控制装置应试压,井筒(套管)试压压力为套管抗内压强度的80%,套管头和井口控制装置试压压力应达到额定工作压力,试压合格后方可使用。 (4)试油(气)和井下作业各工序的实施要求应符合有关规定。 (5)含硫化氢、二氧化碳的井,应有抗硫、防腐蚀措施。下井管柱应具有抗硫化氢、二氧化碳腐蚀的能力。 (6)井温大于120 ℃、地层压力大于45 MPa的油气井,下井工具性能应满足耐高温、高压的要求,并应有试验报告。 (7)施工设计应有防火、防爆、防中毒等措施,井场应按规定配备消防器材。 (8)试油(气)和井下作业中,因情况变化,需变更设计时,应通过设计部门变更设计,征得主管部门批准后方可实施。若遇危及人身和井控安全的紧急情况,施工单位可先

续表

项目	具体内容
试油(气)和井下作业	进行处理,并及时向上级汇报。 4. 试油(气)和井下作业地面设备 (1)根据井深、井斜及管柱重量,选择修井机械、井架和游动系统等配套设备。 (2)钻台或修井操作台应满足井控装置安装、起下钻和井控操作要求。 (3)根据设计选择地面测试流程。高压天然气井的地面测试流程应包括紧急关闭系统。 (4)分离器及闸门、流程管线按分离器的工作压力试压。分离器通畅,闸门灵活可靠,扫线干净。分离器停用时应放掉其内和流程的液体,清水扫线干净后,再用空气把水排出干净。 (5)井口产出的流体,经过分离,将分离出的天然气点火烧掉,分离器距井口 30 m 以上,火炬出口应距离井口、建筑物及森林 50 m 以外,含硫天然气井火炬出口距离井口 100 m 以外,且位于主导风向的下风侧,火炬口向上,高度 3 m 以上,并将火炬出口管线固定牢靠。 (6)含硫化氢、二氧化碳的井,从井口到分离器出口的设备、流程,应抗硫化氢、抗二氧化碳腐蚀。 5. 试油(气)和井下作业管柱 (1)管柱设计的安全系数应满足有关规定。 (2)高温高压井及含硫化氢、二氧化碳的井,应采用气密封油管,下井管柱丝扣应涂耐高温高压丝扣密封脂,管柱下部应接高温高压伸缩补偿器、压力控制式循环阀和封隔器。 (3)含硫化氢、二氧化碳的井,下井管柱、仪器、工具应具有抗硫化氢、抗二氧化碳腐蚀的性能,压井液中应含有缓蚀剂。 (4)试油(气)后转入采油(气)的井,管柱另行设计。 6. 压井 (1)压井液体系的选择应与储层岩性相配伍,有效地保护油气层。 (2)根据钻开目的层压力监测和试气过程中的资料确定测试压井液密度,其附加值为 0.15~0.20。高温高压井、含硫化氢井的附加值取高限值,特殊情况下可根据实际情况进行调整,确定合理的压井液密度。 (3)压井结束时,压井液进出口性能应达到一致,油压、套压为零,并观察一定时间,出口无溢流。 (4)对于地层漏失量大的油气层,应在射孔井段以上 20~100 m 正替入暂堵剂后,采用前置清水大排量反循环除气,出口用油嘴或针形阀控制回压,然后用压井液反循环压井。 (5)对于产气量较高的天然气井,压井液易气侵,应采用前置清水大排量反循环除气,出口用油嘴或针形阀控制回压,然后用压井液反循环 1.5~2 周压井。 (6)现场应储备高于设计密度 0.2 g/cm^3 的压井液,储备压井液量是井筒容积的 1.5~2 倍;对易漏失层,应储备一定量的暂堵剂

续表

项目	具体内容
试油（气）和井下作业	7. 测试与诱喷 （1）测试时，应严格执行试气设计中的压力控制和测试工作制度。 （2）气举或混气水诱喷应采用氮气或天然气，不应使用空气气举。如使用天然气进行诱喷，出口分离出的天然气应烧掉。 （3）抽汲诱喷应落实防止抽汲工具被喷出撞击井架和钢丝绳打扭伤人的措施。 8. 封层上返方式 （1）封层前，应循环压井液 1.5～2 倍井筒容积，彻底循环除气，并达到进出口性能一致。 （2）采用桥塞或封隔器封层，其密封压力应大于封隔压差，耐温应高于封闭层温度。含硫化氢、二氧化碳的井，桥塞或封隔器应具有抗硫化氢、抗二氧化碳的能力。采用桥塞封层，应在下入桥塞后，注水泥塞。 （3）水泥塞封层，应根据封闭层温度、压力及含硫化氢、二氧化碳情况，优化水泥浆体系，并做到：①对低压漏失井，应采用先填砂或垫胶质泥浆，然后打水泥塞。②对高压井，若需打水泥塞，应采用先坐桥塞封闭油气层，然后打水泥塞。 9. 完井 （1）对有工业油（气）流的井，若具备条件投产，应采取下生产管柱完井方式。 （2）高压、高产及含硫化氢油气井，应采用适当的完井方式。 （3）完井管柱下完后，装好采油（气）树并进行紧固试压。 （4）含硫化氢及二氧化碳等酸性油气井应采用抗硫化氢、二氧化碳的采油（气）树。 （5）高温、高压、高产及含硫化氢井还应安装液压控制抗硫的井下安全阀，液压控制抗硫的地面安全控制系统，井口测温装置。 10. 弃井及封井 （1）对无工业开采价值的井应作弃井处理，对暂时无条件投产的有工业油气流的井应予封井，并上报主管部门批准。 （2）对无工业开采价值及暂时无条件投产的井试油（气）结束后，按封井设计要求封井
采油、采气	1. 油气井、站设计 （1）高温、高压、高含硫及二氧化碳的油气井应有自动关井装置。 （2）井场、计量站、集输站、集气站及其工艺管道设计应由有资质的单位编制完成，场站设计应符合相关技术要求并按程序审批。 （3）工艺流程应安全、先进、合理，工艺管道的设计应有防腐、防冻、防堵、防爆裂内容。 （4）井场、计量站、集输站的平面布置与周围建（构）筑物、设施的防火间距及内部埋地集输管道与周围建筑（构）物的防火间距，符合《石油天然气工程设计防火规范》的规定。 （5）天然气集输站宜设非实体围墙，若设实体围墙，集输设施周围 30 m 内应按爆炸危险区布置，站内及其与外部区域的防火间距应符合《石油天然气工程设计防火规范》和《油气集输设计规范》的规定

续表

项目	具体内容
采油、采气	(6)计量站、集输站避雷设施、电气装置及设备的接地,执行《电气装置安装工程接地装置施工及验收规范》的规定。 (7)进出集输站(包括天然气净化厂)两端管道防爆区外的安全位置,应设置紧急关断阀和水封井。 2. 油气井站生产 (1)油气井井场、计量站、集气站应有醒目的安全警示标志,建立严格的防火防爆制度。 (2)运行的压力设备、管道等设施设置的安全阀、压力表、液位计等安全附件齐全、灵敏、准确,按时校验。 3. 井场 (1)井口装置及其他设备应完好不漏,油气井口阀门应开关灵活,油、气井进行热洗清蜡、解堵等作业用的热洗清蜡车的施工管线应安装单流阀。施工作业的热洗清蜡车应距井口 20 m 以上。污油(水)罐离井口不应小于 20 m。 (2)计量站压力容器及安全附件应符合《固定式压力容器安全技术监察规程》的有关要求。 4. 集气站 (1)集气站站内排污管道出口应与污油或污水回收池(罐)相连。 (2)集气站内的凝析油储罐应符合《固定式压力容器安全技术监察规程》的要求。 5. 油气井生产作业 (1)油气井生产过程中的防火防爆要符合相关标准。 (2)采油(气)树应符合工作压力等级等于或大于生产和施工最高压力的要求,高压油气井井下宜安装井下安全阀。 (3)自喷井开关井、更换油嘴、清蜡等操作时,操作人员应避开油气出口方向。 (4)非自喷井安全防护设施齐全并定期检查地面设备的运行情况,发现问题及时整改

考点 4 海上石油天然气开采

项目	具体内容
一般要求	1. 出海人员 (1)出海人员应持有海洋石油作业安全救生培训证书或相应的安全培训证明。人员出海应实施批准制度,并对出海人员的动态进行跟踪。 (2)出海人员乘坐船舶或直升机等交通工具,应遵守规定,听从指挥。 (3)出海人员应了解出海作业安全规定,遵守平台或船舶的规章制度。 (4)出海人员不应携带易燃、易爆、有毒有害物品。 (5)出海人员应熟悉所在平台或船舶的应急集合地点、所负的职责以及救生衣等存放处,并参加应急演习

续表

项目	具体内容
一般要求	(6)外来人员登临平台或船舶,应接受安全检查和安全教育,并取得出海教育证明。 2. 救生与逃生 (1)石油设施应有救生、逃生措施。所配备救生、逃生的设备应符合以下原则: ①在可能发生火灾、爆炸或有毒有害气体泄漏有人值守的设施上应配备封闭式耐火救生艇。 ②固定设施和钻井平台救生艇数量应能容纳设施上作业的全部人员,浮式生产储油装置救生艇的配置应是作业人数的两倍,在海洋设施的建造、安装阶段,及生产设施在停产检修阶段,通过风险分析评估,在有安全措施的基础上,可用救生筏代替救生艇。 ③除配备救生艇外,固定设施、移动设施和浮式装置上还应配备作业人数 100% 的救生筏。 ④设施上应配备可供全部作业人数 210% 的救生衣;在寒冷地带作业的设施应为定员配备 100% 的防寒救生服。 ⑤救生艇和救生筏应配有无线电通信设备和救生物品。 ⑥在设施上应配备救生圈、抛绳设备和遇险信号,其数量、种类应根据设施结构特点配备。 ⑦救生和逃生设备应有检查和检验制度。 ⑧生活区应能容纳所有作业人员住宿,并提供急救处理设备。 ⑨在有人驻守的设施上应设置专门医务室并配备医护人员及相应的医疗急救设备、设施。 (2)设施上的逃生通道应符合以下原则: ①至少应设有两个尽可能远离并便于到达露天甲板和登艇甲板的逃生通道。 ②逃生通道应保持畅通。 ③通道上应有逃生标识。 ④通道上应有足够的应急照明系统。 (3)石油设施应定期进行救生、逃生的演习。 3. 防冰与防台风 (1)防冰。 石油设施防冰按以下要求执行: ①在冰期作业的设施和船舶应具有相适应的抗冰能力。 ②在冰期前,海洋石油设施应制订防冰应急预案,明确防冰应急机构与相关人员职责,掌握周边施救应急资源。 ③石油设施应有专人负责接收海况、气象预报机构发布的海冰预报,监测现场海冰情况,收集冰情资料,并对资料进行分析,制定防冰措施,做好相应的准备。 ④根据冰情发展,海洋石油设施应安排破冰船在设施周围破冰或值班。 ⑤石油设施应保持与守护船、陆地应急值班室的通信畅通。 ⑥应对石油设施上设备和管线进行巡回检查,并对设施桩腿周围的冰情做重点监测

续表

<table>
<tr><th>项目</th><th>具体内容</th></tr>
<tr><td>一般要求</td><td>⑦对设施的井口设备应有防冻和保温措施，未使用的管线应排空液体，保证设备正常运转。
（2）防台风。
一旦台风将影响某作业海域，其海上石油设施将利用现场及岸基支持的气象信息，评估其可能的影响并密切监视台风的动向。将使用一个由3个同心圆圈组成的防台风警戒区，由外向内分别是绿色警戒区、黄色警戒区和红色警戒区。当8级大风半径前沿进入这些区域时，必须进行特定的撤离准备工作，直至完全从海上石油设施撤离</td></tr>
<tr><td>测井与测试</td><td>1. 测井
（1）在进行测井作业时，钻台及井场应有符合要求的作业场地，停止进行其他作业。平台上必要的准备工作应在远离测井电缆、指重计线和喇叭线的地方进行，电焊作业应得到批准。
（2）测井作业期间，平台应有专人值班，夜间作业时，应保障测井作业区的照明。
（3）遇七级（含七级）以上大风或其他恶劣天气，不应进行测井作业；若正在进行测井作业，应暂停作业，并采取有效措施。
（4）在测井过程中，若有井涌迹象，应立即通知钻井总监，并采取有效措施。
（5）射孔枪下井过程中要做到平稳，严禁快放、急停。在处理遇卡事故上提电缆或拉断弱点时，不应使用测井绞车，而应使用钻机大钩。除必要的指挥和工作人员，钻台不应有其他人员。
2. 测试
（1）应按设计要求对测试设备和仪器仪表进行分段试压。
（2）燃烧放喷时应根据风向及时切换燃烧器，确保顺风燃烧。平台两侧的消防、喷淋设备应保持正常工作。
（3）流动测试期应定时检查测试流程有无刺漏发生。
（4）当平台风力超过七级时，应暂停作业。
（5）酸化作业时，严禁非工作人员穿越高压管汇，若发现有刺漏现象应立即停泵。
（6）地面测试树及阻流管汇在每层测试前应重新试压</td></tr>
<tr><td>海上油气工程</td><td>1. 设计要求
（1）海上油气田工程设计单位应具备相应资质。
（2）海上油气田工程设计应按国家相关要求和标准进行，也可选择高于国家要求的标准。
（3）海上油气田工程设计单位应建立设计过程的安全、质量管理制度，保障设计质量。
（4）设计阶段应落实安全预评价的要求，不断优化设计方案。
（5）设计应采用成熟、可靠的工艺及方案，选择和采用新技术和新工艺需经过安全分析和评价</td></tr>
</table>

续表

项目	具体内容
海上油气工程	(6)海上油气生产设施应按规范划分危险区，危险区内的设备应满足所在区域内的安全要求。 (7)控制系统的功能至少应具备监控、报警、保证井口作业安全和应急关断等，海上的仪表和控制装置应适用于含盐雾及高湿度的海洋环境。 (8)火灾与可燃气体探测器设置的地点、数量、探测器的规格种类应能保证对所有可能发生火灾和泄漏可燃气体的地方进行连续监测。 (9)消防系统应根据消防防护处所的火灾性质和危险程度选择。 2. 海上安装 (1)海上安装单位应具备相应资质。 (2)海上安装单位应建立安全管理体系和相关管理制度。 (3)钢结构物装船、固定、拖航应制订方案，明确关键控制数据和控制措施，并进行技术交底。 (4)海上安装施工船舶应具备相应资质，并经过相应机构定期检验。 (5)施工船舶应有安全管理制度和应急计划。 (6)海上安装作业应建立危机管理预案或应急计划，明确应急职责，并进行演练。 (7)多船舶联合施工作业时，应指定专人负责联合作业的指挥。 (8)海上安装的开工、装船、运输、起吊、就位、打桩、打隔水套管、完工等关键过程前应进行技术条件检查，作业过程应有记录。 (9)结构物装船作业时，拖拉作业码头水深、驳船调载能力、滑道位置和固定方式应与设计相符，并根据海况气象预报确定拖拉作业时间。 (10)结构物吊装应对浮吊能力、驳船上垫墩位置和方向、吊装位置水深、吊索具、结构物的重量和重心进行复核，确认满足施工要求。 (11)导管架、单点入水，应通过定位设备引导，将结构物移至设计就位位置上方，缓慢下放结构物。根据定位设备指示随时调整结构物的位置。当结构物距离海底泥面 3 m 时精确调整位置，确保在技术规格书误差允许范围内，迅速下放结构
海上油气田生产	1. 采油作业 (1)油(气)田各系统调试完成后，符合要求才能进行试生产。 (2)进行采油作业前，应制定专门的安全措施，并进行消防、弃平台、救生和有毒气体防护等演习，落实安全应急岗位职责。 (3)油(气)田上的所有消防、安全、救生等设施、设备、器材，应保持齐全和性能良好。 (4)油(气)田应配备足够数量的正压式呼吸器。 (5)进入生产区应穿戴合格的劳动防护用品。 (6)开关井期间，应保持各方联系，平稳控制各生产参数。 (7)根据作业区不同的海洋环境，应配备守护船值班。 (8)应定期检查测试各开关、仪表，保证其性能良好

续表

项目	具体内容
海上油气田生产	(9)应定期检查测试安全系统和应急关断系统。 2. 钢丝作业 (1)作业前,应召开作业技术交底会,交代作业程序、技术要求和安全注意事项。 (2)作业人员应熟悉作业的管柱结构及技术要求,严格执行安全作业程序。 (3)下井作业前,所有的下井工具(包括钢丝)应严格检查,确保符合相关技术要求后,方可进行作业。 (4)下井工具前,应对防喷管进行压力试验,使其符合相关技术标准。防喷管应安装牢固,钢丝导向轮要对准防喷管入口。 (5)防喷管内充有高压时,应有高压危险标识。 (6)作业结束,应确认防喷管放空无压后,才能卸防喷管,取出工具。放空时,应把软管接到安全处并加以固定。 (7)正常作业时,钢丝的最大拉力不允许超过钢丝弹性的极限规定。 (8)钢丝绳在下井时要防止打结。 3. 修井作业 (1)移井架作业:①清除(拆开)所有妨碍井架移动的障碍(管线);固定钻台及井架上活动的物件。②保持液压动力源、液压千斤顶等液压系统处于正常工作状态。③保持轨道润滑。④防止落物下落甲板井口。⑤移井架时应有专人指挥。 (2)立井架应按操作规程及技术要求进行,井架大钩应与井口中心对正。 (3)起下钻作业参照钻井作业起下钻技术安全要求进行。 4. 压、洗井作业 (1)应保持压井液性能稳定、调配均匀、计量准确、密度合适。压井前对管线进行试压,试压压力为工作压力的1.5倍。 (2)按规程循环压井,进出口相对密度误差不超过2%,不喷不漏;停泵后按设计技术标准观察30 min,井口无溢流无气泡为压井合格。 (3)应做到无死油、蜡块等其他杂物。 5. 下电泵作业 (1)对下泵井实施压井作业。 (2)按照电泵机组的技术质量要求进行安装,并对机泵进行运转试验。 (3)应通井深达预下电机以下30~50 m,无卡阻现象。 (4)吊放连接机组各部件时,应保持操作平稳,禁止二节机组(电机或泵)同时起吊和下放,严防单机变形或损伤部件和电缆。 (5)每根油管中间应打一个电缆卡子,接箍处要有专用保护,并将其卡紧。 (6)坐井口时,钢圈和密封胶皮应放平。 (7)安装电缆时,应按照相关的技术要求进行,如垫板要打倒角,以防切坏电缆;螺丝要对角上紧,防止偏斜

续表

项目	具体内容
油气装卸作业	海上提油终端的防爆要求应按以下规定执行： (1)应对提油终端进行危险区的识别和分类，以便有区别地、合理地选择防爆电气设备、电缆及其他认可型的设备以避免爆炸的发生。 (2)围蔽的危险处所应设有效的通风装置。围蔽的危险处所与围蔽的非危险处所相邻时，危险处所内的气压应低于非危险处所。 (3)危险区内禁止一切与装油无关施工作业，如热工作业、除锈等；与装油无关人员不应进入装油作业区。 (4)在危险区内不应装设具有引爆能力(如明火、表面高温、火花、电弧等)的设备及电缆；对危险区内所有设施的维修应避免使用明火，所使用的工具应避免由于撞击等而产生火花。 (5)在危险区内所有的设施及管路都应采用导电连接和接地以避免静电火花引爆。在危险区的围蔽处所及其排风口处及相邻的围蔽的非危险处所的出入口及通风进口处应装设可燃气体报警器。 (6)遇雷雨天气等危及安全生产时，应立即停止作业，关阀封舱。 海上提油终端惰性气体系统和透气系统应按以下规定执行： (1)制定详细的惰性气体系统和透气系统操作程序。 (2)惰性气体系统和透气系统应有专人进行检查和维护，若终端现场人员不能处理惰性气体系统和透气系统出现的问题，应及时报告。 (3)在提油作业期间，终端的所有货油舱、污油舱、含油的污水舱、非分隔的压载以及任何特定的应有惰性气体保护的舱室，应保持含氧量不超过5%的惰化状态并保持适当的正压。 (4)在惰性气体总管上应安装一个自动控制惰性气体的调节阀，当出现下列情况之一时能自动关闭：①洗涤塔冷却水压或流量降低到预定极限值；②洗涤塔内水位升高至预定极限值；③惰性气体温度升高至预定极限值；④惰性气体风机发生故障；⑤惰性气体发生器装置应设有声、光报警装置；⑥量舱、取样等作业，未经终端负责人批准，不应在非闭式操作系统条件下进行。终端在生产期间，未经终端负责人批准，任何人不应使任何应处于惰化条件的舱室除气，或进入上述舱室；⑦进入泵房、充惰舱室及其他指定的封闭区域执行油(气)田和浮式生产储泊装置的有关规定。 提油作业应按以下规定执行： (1)对提油轮的安全要求和对提油轮系泊设备和接货设施的要求。 (2)系泊离泊作业程序及限制条件、连接解脱输油软管及装载作业程序。 (3)安全环保要求和应急程序。 (4)系泊、装载作业前安全检查的内容。 提油轮，应符合国际海事组织、石油公司国际海事论坛规范，遵守中国政府的规定，并应遵守终端安全规则

续表

项目	具体内容
油气装卸作业	提油终端应对提油轮进行检查，有权拒绝系泊不符合要求的提油轮或中断不遵守终端规则的提油轮的装载作业并令其驶离终端区域。 系泊和提油作业应由提油终端指定的代表作为整个作业的指挥者，负责指挥和协调终端、提油轮、拖轮、守护船的行动。并应对现场环境条件保持警觉，随时检查作业状态，保持与现场有关各方船长或负责人的密切联系，以便及时调整作业行动。 系泊和提油作业应按以下规定执行： （1）提油轮的系泊和装载作业应在白天及气象海况允许情况下进行。 （2）系泊和装载作业开始之前，终端的代表应按作业者制定的安全检查程序对提油轮进行检查，确认该提油轮符合在终端进行提油作业的各项要求，还应确认与终端、提油轮、拖轮、守护船的通信已经建立。 （3）在提油作业期间，应有足够数量和马力的拖轮协助提油作业。 提油作业期间，无论何种原因引致提油轮或终端发出紧急警报，提油作业均应暂停，直至警报解除；若为火灾警报，应立即启动火灾应急响应
船舶安全	1. 船舶靠离海上设施 （1）靠离作业前的准备应按以下规定执行： ①海洋设施管理操作人员负责靠离作业的组织安排和协调管理，并向船舶提供靠离作业所需的相关情况和资料，明确向船舶下达靠离作业指令，作业指令应考虑在当时环境条件下对船舶安全操纵的影响。 ②船舶应确定靠离作业方式，并及时与海上设施人员有效沟通。 ③参加靠离作业的人员应清楚作业任务和安全要求。 ④海洋设施和船舶应配备胜任的作业指挥和操作人员，确认双方通信保持畅通，统一作业中各种指挥信号并制订特殊情况的应急预案。 ⑤海洋设施和船舶的靠离作业所需的设备和用具处于正常、安全状态，并落实靠离作业的安全措施。 （2）靠离作业应按以下规定执行： ①靠离作业开始时，船舶应对靠离作业的安全进行评价，确定合理的靠离作业方式，如船舶经评价认为此时靠离作业对船舶或海上设施构成安全风险和隐患，可向海上设施人员提出变更船舶靠离作业方式和时间。 ②船舶由船长或具有船长资格的人员操纵。 ③非靠离作业的人员不应进入系泊作业区域。 ④船舶停靠期间，驾驶台、海上设施作业现场应有值班人员，以保证靠离作业期间通信联系和应急准备。 ⑤靠离作业过程中，如船舶或海上设施认为作业人员、船舶和海上设施、环境等影响条件变化对靠离作业可能造成安全威胁时，应及时中止靠离作业

续表

项目	具体内容
船舶安全	⑥如船舶或海上设施在靠离作业中发生应急情况时，海上设施和船舶应按应急计划实施和处理。 2. 守护作业 (1)守护船的要求按以下规定执行： ①守护船应经有关部门登记备案。 ②守护船应具备所在守护海区的适航能力和救护能力。 ③守护船应有符合要求的营救区，营救区应尽可能远离推进器，并应有明显的标志；甲板上应有一个露天空间，能满足营救作业及直升机提升绞车或平台吊篮的操作；营救区和露天甲板应处于守护船船长视野之内，以便于指挥营救和操作。 ④应配备应急救助、撤离人员，所必需的器具。 (2)守护船船员应符合以下要求： ①守护船应配备满足有关主管部门要求资格的船员。 ②至少有3名指定的船员具备营救落水人员的能力。 ③至少有3名指定的船员具备操纵救助艇的技能。 ④至少有2名船员经过医疗急救培训，具有急救处置、包扎及人工呼吸的知识和能力。 (3)守护作业应按以下规定执行： ①守护船在海上设施附近执行守护任务时，应保持在能迅速有效履行其守护职责的守护距离范围内。 ②守护船应保持通信畅通，并有值班人员随时收听指令。 ③守护船驾驶台应有人值守，并负责注意瞭望，发现异常情况立即向船长报告。船长接到报告后应立即采取相应措施，并通知海上设施人员报告，听从守护指令。 ④直升机在海上设施起飞或降落时，守护船应按指令巡航，并做好消防、救生准备工作。 ⑤当海上设施需守护船近距离守护时，须由船长操纵船舶，并做好救生准备工作。 ⑥海上装置进行提油、试油等作业时，守护船应做好消防、救生准备。 ⑦守护船锚泊守护时，如船舶动力需维修、保养，应事先向海上设施人员报告。 3. 拖航作业 (1)拖航前准备工作按以下规定执行： ①应编制《拖航计划》。拖航计划应至少包括被拖物及拖航船资料、拖航组人员、拖航安排、应急计划。 ②召开拖航会议，对拖航安全风险进行评估；《拖航计划》应在拖航会议上审议并获得通过。 ③应确认一名拖航组长，拖航组长应具备船长适任资格。 ④船舶和被拖物应做好拖航和锚泊工具、材料以及生活物资的配备

续表

项目	具体内容
船舶安全	⑤拖航船舶和被拖物应做好拖航的检查工作，保持适航状态。 ⑥拖航船舶和被拖物应各自制订拖航应急预案。 (2)拖航作业过程中应按以下规定执行： ①风速和浪高等海况气象条件应不超过被拖物设计要求。 ②拖航的随船人数不应超过主管机关核准的额定人数。 ③拖航过程中，每天至少应接收两次天气预报，根据天气预报的状况采取相应的拖航安全措施。 ④拖航船舶应经常观察被拖物的情况，拖航船舶、被拖物、岸基之间应建立报告制度。 ⑤拖航船舶和被拖物应做好定期巡回检查工作，保障拖航设备和用具的安全状态

考点 5　储运安全技术

项目	具体内容
储运安全技术	埋地输油气管道与通信电缆平行敷设时，其安全间距不宜小于 10 m；特殊地带达不到要求的，应采取相应的保护措施；交叉时，二者净空间距应不小于 0.5 m，且后建工程应从先建工程下方穿过。 输油气管道沿线应设置里程桩、转角桩、标志桩。里程桩宜设置在管道的整数里程处，每公里一个，且与阴极保护测试桩合用。输油气管道采用地上敷设时，应在人员活动较多和易遭车辆、外来物撞击的地段，采取保护措施并设置明显的警示标志。 根据现场实际情况实施管道水工保护。管道水工保护形式应因地制宜、合理选用；定期对管道水工保护设施进行检查，发现问题应及时采取相应措施。 输油、气管道应设置线路截断阀，天然气管道截断阀附设的放空管接地应定期检测。定期对截断阀进行巡检。有条件的管道宜设数据远传、控制及报警功能。天然气管道线路截断阀的取样引压管应装根部截断阀。 输油气管道通过河流时，应根据河流的水文、地质、水势、地形、地貌、地震等自然条件，以及两岸的村镇、交通等现状，并考虑到管道的总体走向、日后管道管理维护的方便，选择合理的穿跨越位置。考虑到输油气管道的安全性，管道通过河流、公路、铁路时宜采用穿越方式。 管道穿越公路、铁路的位置，应避开公路或铁路站场、有职守道口、隧道，并应在管道穿公路、铁路的位置设立警示标志。输油气管道穿越公路、铁路应尽量垂直交叉，因条件限制无法垂直交叉时，最小夹角不小于 30°，并避开岩石和低洼地带。 输油气管道穿跨越河流上游如有水库，管道管理企业应与水利、水库单位取得联系，了解洪水情况，采取防洪措施。水利、水库单位应将泄洪计划至少提前两天告知管道管理企业，且应避免大量泄洪冲毁管道

续表

项目	具体内容
管道干线	（1）输油气管道路由的选择，应结合沿线城市、村镇、工矿企业、交通、电力、水利等建设的现状与规划，以及沿线地区的地形、地貌、地质、水文、气象、地震等自然条件，并考虑到施工和日后管道管理维护的方便，确定线路合理走向。 （2）输油气管道不得通过城市水源地、飞机场、军事设施、车站、码头。因条件限制无法避开时，应采取必要的保护措施并经国家有关部门批准。 （3）埋地输油气管道与地面建（构）筑物的最小间距应符合GB 50251和GB 50253规定。 （4）埋地输油气管道与高压输电线平行或交叉敷设时，其安全间距应符合GB 50061、GB 50253规定。 （5）埋地输油气管道与高压输电线铁塔避雷接地体安全距离不应小于20 m。因条件限制无法满足要求时，应对管道采取相应的防雷保护措施，且防雷保护措施不应影响管道的阴极保护效果和管道的维修。 （6）埋地输油气管道与高压输电线交叉敷设时，距输电线20 m范围内不应设置阀室及可能发生油气泄漏的装置。 （7）埋地输油气管道与通信电缆平行敷设时，其安全间距不宜小于10 m。特殊地带达不到要求的，应采取相应的保护措施。交叉时，二者净空间距应不小于0.5 m，且后建工程应从先建工程下方穿过。 （8）埋地输油气管道与其他管道平行敷设时，其安全间距不宜小于10 m。特殊地带达不到要求的，应采取相应的保护措施，且应保持两管道间有足够的维修、抢修间距。交叉时，二者净空间距应不小于0.5 m，且后建工程应从先建工程下方穿过。 （9）输油气管道沿线应设置里程桩、转角桩、标志桩。里程桩宜设置在管道的整数里程处，每公里一个，且与阴极保护测试桩合用。 （10）输油气管道采用地上敷设时，应在人员活动较多和易遭车辆、外来物撞击的地段，采取保护措施并设置明显的警示标志。 （11）输油气管道管理单位应设专人定期对管道进行巡线检查，及时处理输油气管道沿线的异常情况
输油气站场一般规定	（1）输油气站的进口处，应设置明显的安全警示牌及进站须知。对进入输油气站的外来人员应进行安全注意事项及逃生路线等应急知识的教育培训。 （2）石油天然气站场总平面布置，应根据其生产工艺特点、火灾危险性等级功能要求，结合地形、风向等条件，经技术经济比较确定。 （3）石油天然气站场总平面布置应符合下列规定： ①可能散发可燃气体的场所和设施，宜布置在人员集中场所及明火或散发火花地点的全年最小频率风向的上风侧。 ②甲、乙类液体储罐，宜布置在站场地势较低处。当受条件限制或有特殊工艺要求时，可布置在地势较高处，但应采取有效的防止液体流散的措施

续表

<table>
<tr><th>项目</th><th>具体内容</th></tr>
<tr><td>输油气站场一般规定</td><td>③当站场采用阶梯式竖向设计时,阶梯间应有防止泄漏可燃液体漫流的措施。
④天然气凝液,甲、乙类油品储罐组,不宜紧靠排洪沟布置。
(4)石油天然气站场内的锅炉房、35 kV及以上的变(配)电所、加热炉、水套炉等有明火或散发火花的地点,宜布置在站场或油气生产区边缘</td></tr>
<tr><td>输油站</td><td>1. 站场选址
(1)应满足管道工程线路走向的需要,满足工艺设计的要求;应符合国家现行的安全防火、环境保护、工业卫生等法律法规的规定;应满足居民点、工矿企业、铁路、公路等的相关要求。
(2)应贯彻节约用地的基本国策,合理利用土地,不占或少占良田、耕地,努力扩大土地利用率,贯彻保护环境和水土保持等相关法律法规。
(3)站场址应选定在地势平缓、开阔、避开人工填土、地震断裂带,具有良好的地形、地貌、工程和水文地质条件并且交通连接便捷、供电、供水、排水及职工生活社会依托均较方便的地方。
(4)站场址选定应避开下列场所:①避开低洼易积水和江河的干涸滞洪区以及有内涝威胁的地段;②在山区,应避开山洪及泥石流对站场造成威胁的地段,应避开窝风地段;③在山地、丘陵地区采用开山填沟营造人工场地时,应避开山洪流经的沟谷,防止回填土石方塌方、流失,确保站场地基的稳定;④应避开洪水、潮水或浪涌威胁的地带。
2. 站场消防
(1)石油天然气站场消防设施的设置,应根据其规模、油品性质、存储方式、储存温度及所在区域消防站布局及外部协作条件等综合因素确定。
(2)油罐区应有完备的消防系统或消防设备;罐区场地夜间应进行照明,照明应符合安全技术标准和消防标准。
(3)应按要求配备可燃气体检测仪和消防器材。
(4)站场消防设施应定期进行试运行和维护。
3. 站场防雷、防静电
(1)站场内建筑物、构筑物的防雷分类及防雷措施,应按GB 50057的有关规定执行。
(2)装置内露天布置的塔、容器等,当顶板厚度等于或大于4 mm时,可不设避雷针保护,但应设防雷接地。
(3)设备应按规定进行接地,接地电阻应符合要求并定期检测。
(4)工艺管网、设备、自动控制仪表系统应按标准安装防雷、防静电接地设施,并定期进行检查和检测。
4. 站场工艺设备
(1)工艺管道与设备投用前应进行强度试压和严密性试验,管线设备、阀件应严密无泄漏。
(2)设备运行不应超温、超压、超速、超负荷运行,主要设备应有安全保护装置</td></tr>
</table>

续表

项目	具体内容
输油站	(3)输油泵机组应有安全自动保护装置,并明确操作控制参数。 (4)应定期对原油加热炉炉体、炉管进行检测。间接加热炉还应定期检测热媒性能。加热炉应有相应措施,减少对环境造成污染的装置与措施。 (5)储油罐的安装、位置和间距应该符合设计标准。 (6)对调节阀、减压阀、安全阀、高(低)压泄压阀等主要阀门应按相应运行和维护规程进行操作和维护,并按规定定期校验。 (7)管道的自动化运行应满足工艺控制和管道设备的保护要求。 (8)应定时记录设备的运转状况,定期分析输油泵机组、加热设备、储油罐等主要设备的运行状态,并进行评价。 (9)管网和钢质设备应采取防腐保护措施。 (10)根据运行压力对管道和设备配置安全泄放装置,并定期进行校验。 (11)定期测试压力调节器、限压安全切断阀、线路减压阀和安全泄放阀设定参数。 (12)定期对自动化仪表进行检测和校验
输气站	1. 输气站的设置、区域及平面布置 (1)站应选择在地势平缓、开阔,且避开山洪、滑坡、地震断裂带等不良工程地质地段。 (2)站的区域布置、总平面布置应符合《石油天然气工程设计防火规范》GB 50183 和《输气管道工程设计规范》GB 50251 的规定,并满足输送工艺的要求。 2. 站场设备 (1)进、出站端应设置截断阀,且压气站的截断阀应有自动切断功能,进站端的截断阀前应设泄压放空阀。 (2)压缩机房的每一操作层及其高出地面 3 m 以上的操作平台(不包括单独的发动机平台),应至少有两个安全出口及通向地面的梯子。操作平台的任意点沿通道中心线与安全出口之间的最大距离不得大于 25 m。安全出口和通往安全地带的通道,应畅通无阻。 (3)工艺管道投用前应进行强度试压和严密性试验。 (4)输气站宜设置清管设施,并采用不停输密闭清管流程。 (5)含硫天然气管道,清管器收筒应设水喷淋装置,收清管器作业时应先减压后向收筒注水。 (6)站内管道应采用地上或地下敷设,不宜采用管沟敷设。 (7)清管作业清除的液体和污物应进行收集处理,不应随意排放。 3. 站场消防 (1)天然气压缩机厂房的设置应符合 GB 50183 和 GB 50251 的规定。 (2)气体压缩机厂房和其他建筑面积大于等于 150 m^2 的可能产生可燃气体的火灾危险性厂房内,应设可燃气体检测报警装置。 (3)站场内建(构)筑物应配置灭火器,其配置类型和数量符合 GB 50140 的规定

续表

项目	具体内容
输气站	（4）站内不应使用明火作业和取暖，确须明火作业应制定相应事故预案并按规定办理动火审批手续。 4. 站场防雷、防静电 （1）输气站场内建（构）筑物的防雷分类及防雷措施符合 GB 50057 的规定。 （2）工艺装置内露天布置的塔、容器等，当顶板厚度等于或大于 4 mm 时，可不设避雷针保护，但应设防雷接地。 （3）可燃气体、天然气凝液的钢罐应设防雷接地。 （4）防雷接地装置冲击接地电阻不应大于 10 Ω，仅做防感应雷接地时，冲击接地电阻不应大于 30 Ω。 （5）对爆炸、火灾危险场所内可能产生静电的设备和管道，均应采取防静电措施。 （6）每组专设的防静电接地装置的接地电阻不宜大于 100 Ω。 5. 泄压保护设施 （1）对存在超压可能的承压设备和容器，应设置安全阀。 （2）安全阀、调压阀、ESD 系统等安全保护设施及报警装置应完好使用，并应定期进行检测和调试。 （3）安全阀的定压应小于或等于承压管道、设备、容器的设计压力。 （4）压缩机组的安全保护应符合 GB 50251 的有关规定
储层型储气库	（1）地下储气库选址及其各项设施的设计、运行维护以及各项应急反应措施的制定，应综合考虑地质条件、地形条件、自然条件的影响和周围的地下设施和居民区。 （2）储气库所属的井场包括注采井、井下设备、采气树及地面安全控制系统。 （3）储气库所采用的管道、油管、套管、泵、电子及安全设备、仪表以及其他组件的材料性能，应符合 GB/T 17745 和 GB/T 9253.2 的有关规定。 （4）所有的钢制接头、法兰和阀门应符合 GB/T 19190 的有关规定。 （5）井口设备压力等级不应低于设计的井口最高工作压力。 （6）所有井口设备应采用法兰连接，与表层套管的连接除外，丝扣连接可用于非腐蚀性的环境
套管的相关要求	（1）与套管头相连并通过与生产套管相隔离密封的表层套管，应进行套管强度设计，以满足储库设施最大工作压力要求。 （2）套管所承受的应力不应超过该套管屈服强度。 （3）套管（包括表层套管）下深超过 450 m 时，应进行抗挤强度设计。若不施加内挤力，则应该按照 12 kPa/m 的压力梯度进行抗挤强度设计。 （4）套管所承受的挤压应力不应超过该套管抗挤强度的 90%。 （5）设计中应考虑由轴向力引起的抗挤强度下降。 （6）套管所承受的拉伸应力不超过该套管抗挤强度的 90%

续表

项目	具体内容
套管的相关要求	（7）在含有 H_2S、CO_2 条件下工作的套管应对酸性气体的影响做安全评估。 （8）生产套管的试压值应达到井口最大工作压力的1.1倍，但不大于井下任一点的套管最小屈服强度
管道抢修	（1）应根据管道分布，合理配备专职维抢修队伍，并定期进行技术培训。对管道沿线依托条件可行的，宜通过协议方式委托相应的管道维抢修专业队伍负责管道的维抢修工作。 （2）应合理储备管道抢修物资。管材储备数量不应少于同规格管道中最大一个穿、跨越段长度；对管道的阀门、法兰、弯头、堵漏工（卡）具等物资应视具体情况进行相应的储备。 （3）应合理配备管道抢修车辆、设备、机具等装备，并定期进行维护保养。 （4）管道维抢修现场应采取保护措施，划分安全界线，设置警戒线、警示牌。进入作业场地的人员应穿戴劳动防护用品。与作业无关的人员不应进入警戒区内。 （5）在管道上实施焊接前，应对焊点周围可燃气体的浓度进行测定，并制定防护措施。焊接操作期间，应对焊接点周围和可能出现的泄漏进行跟踪检查和监测。 （6）用于管道带压封堵、开孔的机具和设备在使用前应认真检查，确保灵活好用。必要时，应提前进行模拟试验。 （7）进行管道封堵作业时，管道内的介质压力应在封堵设备的允许压力之内。采用囊式封堵器进行封堵时，应避免产生负压封堵。 （8）管道维抢修作业坑应保证施工人员的操作和施工机具的安装及使用。作业坑与地面之间应有安全逃生通道，安全逃生通道应设置在动火点的上风向。 （9）管道维抢修结束后，应及时对施工现场进行清理，使之符合环境保护要求。及时整理竣工资料并归档。 （10）有计划地维修顺序输送成品油的管道时，宜安排在安全性较高的油品段进行

第五节　石油天然气生产安全管理规定

考点1　一般规定

项目	具体内容
一般管理要求	（1）贯彻"安全第一、预防为主"的安全生产方针，建立、实施和保持安全生产管理体系，并持续改进。 （2）落实安全生产责任制，各级主要负责人对本单位安全生产全面负责；其他管理者按照"谁主管，谁负责"的原则，对其分管工作的安全生产负分管责任；各级职能管理机构对其各自的业务范围内的安全生产负责；员工对本岗位的安全生产负直接责任

续表

项目	具体内容
一般管理要求	识别岗位、工艺、设施、设备的危险因素，针对危险因素控制建立健全操作规程；建立健全以安全生产责任制为主要内容的各项安全生产规章制度，并严格执行。 (3)建立健全安全生产管理机构，设置专、兼职安全生产管理人员；主要负责人和安全生产管理人员应具备与本单位所从事的生产经营活动相应的安全生产知识和管理能力。 (4)对员工进行全员安全生产教育和培训，普及安全生产法规和安全生产知识，进行专业技术和技能培训。负责人和安全生产管理人员应经过安全生产资格培训，并每年进行再培训。新员工或转岗员工经培训考试合格后方准上岗；调整工作岗位或离岗一年以上的重新上岗人员应进行相应的安全教育和培训。采用新工艺、新技术、新设备或从事高危险作业时，应对员工进行专门培训。 (5)特种作业人员、高危险岗位、重要设备和设施的作业人员应经过专门安全生产教育和技能培训，经考核合格后，方准上岗。人员培训、考核、发证、复审工作应符合国家有关规定。 (6)高危险岗位、重要设备和设施及危险区域应重点监督与管理，执行相应安全规程，落实安全措施，及时整改隐患。 (7)按国家有关规定执行建设项目“三同时”(新建、改建、扩建工程的劳动安全卫生设施企业应与主体工程同时设计、同时施工、同时投产)制度，并严格执行安全评价、初步设计审查和竣工验收规定。 (8)在编制年度生产建设计划和长远发展规划时应同时编制安全生产计划，并按国家规定提取安全技术措施专项费用。石油企业应安排专项资金，作为改善安全生产条件的安全投入。 (9)建立健全基层组织安全生产活动制度；建立安全生产监督体制，执行安全检查制度。 (10)按规定向员工发放合格的劳动防护用品，员工上岗时应按规定穿戴和使用劳动防护用品。 (11)对设备、物资的采购建立市场准入制度，对特种设备应按国家规定进行检测、检验和标定。 (12)工程建设项目应由具有资质的工程设计、建设和监理单位承担，建设单位应对其安全生产监督管理。 (13)发生事故后，应按规定如实、及时报告，并采取有效措施组织救援，防止事故扩大，减少人员伤亡和财产损失，同时积极配合事故调查，严肃事故处理。 (14)生产、经营、储存、运输和使用危险化学品的石油企业应执行国家危险化学品管理有关规定，办理有关许可手续

考点2　安全保障

项目	具体内容
职业健康	（1）制定保护员工健康的制度和措施，并对员工进行职业健康与劳动保护的安全培训教育。 （2）对有害作业场所进行分级和监测，定期开展职业病危害因素监测。 （3）对接触职业病危害因素的员工定期组织职业病体检，建立职业健康监护档案。 （4）对于年龄和健康条件不适合特定岗位能力要求的人员，不应安排从事特定岗位工作
劳动保护	（1）建立劳动防护用品的配发标准，根据作业现场职业危害情况为员工配发符合国家及行业标准的个人防护用品。 （2）建立个人防护用品和防护用具的管理使用制度。 （3）员工应根据作业场所不同，按规定正确穿戴和使用个人防护用品和防护用具。 （4）员工的防护用品有破损或因其他原因而影响其防护性能的，应进行更换。 （5）建设项目应按国家规定进行职业卫生评价
作业许可	凡从事包括但不限于易燃易爆、有毒有害、危险场所作业、高处作业应执行作业许可制度，按相关标准确定作业许可内容并实施分级控制。 作业许可制度内容包括但不限于： （1）工作时间段。 （2）工作地点和环境。 （3）工作内容。 （4）作业风险分析。 （5）安全措施、监护措施和应急措施。 （6）作业负责人、监督人签名。 （7）批准者、签发者签名。 作业许可只限所批准的时间段和地点有效，未持有效作业许可不应进行作业。作业许可应妥善保存至少一年
防火防爆	（1）应建立易燃易爆物品的管理制度，易燃易爆物品的生产、使用、储存及运输应遵守国家相关规定。 （2）企业应遵守以下预防火灾、爆炸措施： ①油气生产场所严格烟火管理，应配备防火防爆工具。 ②易燃易爆场所的电气设施、设备应具有防爆功能；易燃易爆场所的生产设备不得超负荷运行；作业人员应使用防爆工具，穿戴防静电防护用品。 ③不应用空气进行气举采油和以空气作注蒸汽井油套管间隔热介质，采油混气水排液时应有防爆措施，不应在油气产层用空气作为循环介质进行气相欠平衡钻井

续表

项目	具体内容
防火防爆	④未进入油气集输流程的单井采油井口水套加热炉和储油罐的布置应符合安全要求,不应用明火直接加热储油罐。 ⑤油气生产场所的平面布置及工艺设施的间距应符合 GB 50183 要求。 (3)油气田的油气集输、油气初步加工处理、油气储运、天然气置换和注水注汽(气)系统应设置预防火灾、爆炸的安全设施,并符合下列基本要求: ①油气厂、站、库内应装设安全排泄放空装置,放空气体要进行凝液分离处理,放空火炬和点火装置安全可靠,油气进出的总管汇应装设紧急关断阀。 ②石油储罐应装设阻火器、机械呼吸阀和液压安全阀;当罐顶采用集气收气装置时,应安装防抽空、防憋压安全设施;陆地储油罐四周应设防火堤,进出口管软地基处应设金属软连接;储罐区雨水管线的集水口日常应封闭,并专人管理。 ③天然气压缩机吸入管应装设阻止空气进入的指示仪表和自动报警、自动停车的联锁装置。 ④储存和输送石油、天然气、成品油、液化石油气和液化天然气的容器、管道及装卸设施,应按照规定设置静电接地。 ⑤集输、加工介质为[illegible]类的厂房,应按照国家安全标准和行业技术规范设置防火墙、防爆墙、轻质泄压屋顶、安全门、安全窗、通风装置、安全通道及紧急疏散口等设施。 ⑥第一、二、三类工业建筑物和油气储罐应按国家有关规定设置防雷装置。 ⑦易燃易爆场所应安装与油气场所防爆等级相适应的防爆电气设备。 ⑧液化石油气储罐应当配备温度、压力、液位安全指示仪表、安全阀、自动关闭阀、过流阀、进口管线单向阀、罐底充水阀,并设置防晒或者冷却喷淋设施。 ⑨在油气易泄漏、聚集、扩散场所,应按规定装设可燃气体浓度检测报警装置。 (4)防火、防爆措施的采用及消防设备配备应根据合理的消防原则、作业性质和危险分析结果确定。 (5)设施的消防设施、火灾探测系统、紧急关断系统的设计和建造应符合国家的规定及相应的规范标准。 (6)企业应合理配置消防站,油气厂、站、库的消防道路,消防水源、消防设施和器材的设置应当符合国家有关规定。 (7)在封闭场所内设置固定灭火系统应考虑在场所内的人员安全,设有灭火介质释放报警系统,有延时释放装置;有人值守场所内的气体灭火系统应为手动释放。 (8)在施工、维修作业阶段,不能按规范标准设置固定灭火系统的,应根据作业火灾风险特点设置可移动灭火器材。 (9)海洋石油设施应合理划分危险区域,危险区域与安全区域之间应有明显标记。危险区域内电气设备、照明设施应符合国家的规定和相应的规范标准。 (10)海洋石油设施应按国家的规定及相关规范标准设置紧急关断阀、安全阀及火灾、可燃气体泄漏探测与报警系统

续表

项目	具体内容
硫化氢防护	（1）在含硫化氢的油气田进行施工作业和油气生产时，所有生产作业人员都应该接受硫化氢防护的培训。 （2）来访者和其他非定期派遣人员在进入硫化氢危险区之前，应接受临时安全教育，并在受过培训的人员随同下，才允许进入危险区。 硫化氢作业现场应安装硫化氢报警系统，该系统应能声、光报警，并能确保整个作业区域的人员都能看见和听到。 （1）第一级报警值应设置在阈值［硫化氢含量 15 mg/m^3（10 ppm）］，达到此浓度时启动报警，提示现场作业人员硫化氢的浓度超过阈值，应采取相应措施。 （2）第二级报警值应设置在安全临界浓度［硫化氢含量 30 mg/m^3（20 ppm）］，达到此浓度时，现场作业人员应佩戴正压式空气呼吸器，并采取相应措施。 （3）第三级报警值应设置在危险临界浓度［硫化氢含量 150 mg/m^3（100 ppm）］，报警信号应与二级报警信号有明显区别，应立即组织现场人员撤离作业现场。 应在作业现场有可能出现硫化氢气体的部位安装固定式硫化氢探测仪，此外还应配备便携式硫化氢探测器；在作业人员易于看到的地方应安装风向标、风速仪等标志信号。 钻入油气层时，应依据现场情况加密对钻井液中硫化氢的测定。在新构造上钻预探井时，应采取相应的硫化氢监测和预防措施。 钻进中发现硫化氢时，浓度达到 30 mg/m^3（20 ppm），应暂时停止钻进，循环泥浆，采取相关的措施。 在钻探含硫化氢地层时应使用适合于含硫化氢地层的钻井液，钻井液的 pH 保持在 9.5 以上。钻遇含硫化氢地层后，起钻时应使用钻杆刮泥浆器。 钻穿含硫化氢地层后，应增加对工作区的监测。在钻井工程设计中，各层套管固井应尽量提高水泥上返高度或采取其他措施，防止套管腐蚀损坏。 从岩心筒取出岩心时，操作人员要戴好正压式空气呼吸器。运送含硫化氢岩心时应密封好，并写明岩心含硫化氢字样。 在预计含硫化氢的地层进行中途测试时，应落实防硫化氢措施，并将测试工作安排在白天进行，测试器具附近尽量减少操作人员。严格限制在含硫化氢地层中用常规的中途测试工具进行测试。 在含硫化氢地层试油时应制定专门的防硫化氢措施，落实人员防护器具、人员急救等应急措施。在试油设备附近，人员减少到最低限度，保证人员安全。 含硫化氢井作业，应严格按照井控要求控制井喷。防喷器组及其管线闸门和附件应适于在硫化氢条件下使用，并能满足预期的井口压力。 在作业现场，应根据现场作业人员情况配备相应数量的正压式空气呼吸器和空气补充装置。正压式空气呼吸器应存放在人员能迅速取用的安全位置，并应配备备用的正压式空气呼吸器

续表

项目	具体内容
硫化氢防护	危险区通风设备的动力应符合防爆要求。在有可能形成硫化氢和二氧化硫聚集的地方应有良好的通风。 钻井设备以及其他硫化氢环境下使用的材料应具备抗硫应力开裂的性能,符合相关技术要求。非金属密封件,应能承受指定的压力、温度和硫化氢环境,同时应考虑其他因素的影响。在含硫化氢或二氧化碳的油气井投产前,应做具体分析,并采取防硫化氢措施,防止井下管材和器具、地面处理设施以及输送管道腐蚀。 从事含硫化氢油气田开采的石油企业应建立气防站,配置必要的气防人员和气防设施;具备处理硫化氢中毒救护的医疗条件。 在含硫化氢地区进行钻井、完井、试油、井下作业和油气生产作业,作业前相关单位应制订防硫化氢应急预案。 (1)作业有关人员都应掌握应急预案的相关内容,掌握硫化氢防护知识。 (2)应急预案中应包括作业各相关方的应急组织机构和负责人,并应明确应急现场总负责人及各方人员在应急中的职责。 (3)在作业前或作业中,应选择时机进行硫化氢防护演习,并做好记录

考点3 风险和应急管理

项目	具体内容
风险管理	(1)鼓励建立、实施、保持和持续改进与生产经营单位相适应的安全生产管理体系。应对作业活动和设施运行实施风险管理,并对承包商的活动、产品和服务所带来的风险和影响进行管理。 (2)风险管理应满足以下要求: ①全员参与风险管理; ②对生产作业活动全过程进行危险因素辨识,对识别出来的危险因素依据法律法规和标准进行评估,划分风险等级; ③按照风险等级采取相应的风险控制措施,风险控制的原则应符合"合理实际并尽可能低"; ④危险因素及风险控制措施应告知参与作业相关方及作业所有人员; ⑤风险管理活动的过程应形成文件。 (3)风险管理过程应包括危险因素辨识、风险评估、制定风险控制措施,其基本步骤包括:①划分作业活动;②辨识与作业活动有关的所有危险因素;③评价风险;④依据准则,确定出不可容许的风险;⑤制定和实施风险控制措施,将风险降至可容许程度;⑥评审。 (4)设定风险管理目标和指标,制定风险管理的方案、计划或控制措施。 (5)对关键作业活动,建立风险控制程序或制度。 (6)石油天然气开采作业中的关键设施的设计、建造、采购、运行、维护和检查应达到规定的要求,并充分考虑设施完整性的要求

续表

项目	具体内容
应急管理	（1）应系统地识别和确定潜在突发事件，并充分考虑作业内容、环境条件、设施类型、应急救援资源等因素，编制应急预案。 （2）应急预案的编制应符合国家现行标准关于生产安全事故应急预案编制的要求。在制定应急预案时，应征求相关方的意见，并对应急响应和处置提出要求；当涉及多个单位联合作业时，应急预案应协调一致，做到资源共享、应急联动；应急预案应按规定上报。 （3）建立应急组织，配备专职或兼职应急人员或与专业应急组织签订应急救援协议，配备相应的应急救援设施和物资等资源。 （4）当发生事故或出现可能引发事故的险情时，应按应急预案的规定实施应急处置和响应，防止事态扩大，控制衍生的事故，避免人员伤亡和减少财产损失。 （5）当发生应急预案中未涉及的事件时，现场人员应及时向在场主要负责人报告，主要负责人应确定并采取相应的措施，并及时上报。 （6）进行应急培训，员工应熟悉相应岗位应急要求和措施，定期组织应急演习，并根据实际情况对应急预案进行修订

案例分析

（一）

B印刷企业为重点防火单位，厂区占地面积23 000 m^2，员工1 200人，设有安全生产管理科并配备了2名专职安全生产管理人员，各车间有兼职安全生产管理人员。

B印刷企业厂区主要设施和设备有：胶版印刷、凹版印刷、凸版印刷、彩印、油墨调配、维修等车间；原料库、油墨库、化工库、废料库；变配电站、柴油发电机房、空压机房、燃气锅炉房、消防监控室；5 t桥式起重机8台、叉车15辆、电瓶车20辆及电瓶车充电室。企业内10 kV变配电站配置2台变压器；柴油发电机房有柴油发电机1台；在厂区西南角有柴油罐区1个，罐区内有供发电机使用的10 t柴油储罐1座；空压机房有供气量为20 m^3/min的空气压缩机3台；锅炉房有蒸发量20 t/h的燃气锅炉1台。

油墨调配车间用水性油墨、乙酸乙酯、丙酮、酒精等原料，为其他车间调配、提供不同的油墨。

维修车间有车床5台、钻床8台、铣床3台、电焊机6台、砂轮机3台及氧气瓶、乙炔气瓶等。

原料库储存纸500 t；油墨库储存各类油墨30 t；化工库储存稀料20 t、丙酮5 t、乙酸乙酯10 t、酒精8 t；废料库存放压坨打包后的废纸25 t。

2018年7月的隐患排查治理活动中，发现废料库房存在坍塌危险。为确保安全，采取了设置警示标志、加强监测检查、控制人员进入等临时性措施，并制定了拆除重建方案，计划在年底前完成整改。

根据以上场景，回答下列问题：

1. 指出B印刷企业的特种设备和特种作业。

2. 根据相关法律法规，指出B印刷企业应取得的安全检测报告的类别。

3. 指出B印刷企业内必须使用防爆电器的场所。

4. 根据《安全生产事故隐患排查治理暂行规定》，编制B印刷企业废料库房坍塌隐患治理的简要方案。

（二）

2017年6月6日，B炼油厂油罐区的2号汽油罐发生火灾爆炸事故，造成1人死亡、3人轻伤，直接经济损失420万元。该油罐为拱顶罐，容量200 m^3。油罐进油管从罐顶接入罐内，但未伸到罐底。罐内原有液位计，因失灵已拆除。

2017年5月20日，油罐完成了清罐检修。6月6日8时，开始给油罐输油，汽油从罐顶输油时进油管内流速为2.3～2.5 m/s，导致汽油在罐内发生了剧烈喷溅，随即着火爆炸。爆炸把整个罐顶抛离油罐。现场人员灭火时发现泡沫发生器不出泡沫，匆忙中用水枪灭火，导致火势扩大。消防队到达后，用泡沫扑灭了火灾。

事故发生后，在事故调查分析时发现，泡沫灭火系统正常，泡沫发生器不出泡沫的原因是现场人员操作不当，开错了阀门。该厂针对此次事故暴露出的问题，加强了员工安全培训，在现场增设了自动监控系统，完善了现场设备、设施的标志和标识，制订了安全生产应急救援预案。

根据以上场景，回答问题（1～3题为单选题，4～8题为多选题）：

1. 根据《生产安全事故报告和调查处理条例》，该起事故属于（　　）。

A. 一般事故　　B. 较大事故

C. 重大事故　　D. 特大事故

E. 特别重大事故

2. 根据《生产安全事故报告和调查处理条例》，B炼油厂主要负责人在接到此次事故报告后，应在（　　）内向其所在地县级人民政府安全生产监管部门报告。

A. 1 h　　B. 2 h

C. 24 h　　D. 7 d

E. 30 d

3. 该起火灾爆炸事故的点火源是（　　）。

A. 明火　　B. 静电放电

C. 高温烘烤　　D. 油品含有的杂质

E. 接地不良的罐体

4. 该起事故调查组的组成人员应包括（　　）的人员。

A. 安全生产监督管理部门　　B. 监察机关

C. 劳动保障部门　　D. 新闻媒体

E. 公安机关

5. 上述案例中，火灾爆炸事故发生后应立即采取的应急救援措施包括(　　)。

A. 报警　　B. 疏散人员

C. 灭火　　D. 追究事故责任

E. 抚恤伤亡人员

6. 事故发生后，该企业支出的下列费用中，属于安全投入的包括(　　)。

A. 事故善后处理费用　　B. 安全技术培训费用

C. 自动监控系统建设费用　　D. 完善现场设备、设施的标志和标识费用

E. 安全生产应急救援预案编制费用

参考答案及解析

(一)

1. 特种设备包括：(1) 厂内专用机动车辆：叉车、电瓶车；(2) 锅炉：燃气锅炉；(3) 压力容器：空气压缩机；(4) 起重机械：桥式起重机；(5) 压力管道：空压机房的相关管道。

特种作业包括：(1) 电工作业；(2) 焊接与热切割作业。

2. B 印刷企业应取得的安全检测报告的类别：(1) 消防检测报告；(2) 防雷检测报告；(3) 特种设备检测报告；(4) 职业危害检测报告。

3. B 印刷企业内必须使用防爆电器的场所：(1) 油墨调配车间；(2) 油墨库；(3) 化工库；(4) 电瓶车充电室；(5) 柴油储罐区；(6) 乙炔气瓶存放区。

4. 简要方案：(1) 治理的目标和任务；(2) 采取的安全方法和安全措施；(3) 经费和物资的落实；(4) 负责治理的机构和人员；(5) 治理的时限和要求；(6) 安全措施和应急预案。

(二)

1. A 【解析】《生产安全事故报告和调查处理条例》规定，一般事故，是指造成 3 人以下死亡，或者 10 人以下重伤，或者 1 000 万元以下直接经济损失的事故。

2. A 【解析】《生产安全事故报告和调查处理条例》规定，事故发生后，事故现场有关人员应当立即向本单位负责人报告；单位负责人接到报告后，应当于 1 h 内向事故发生地县级以上人民政府安全生产监督管理部门和负有安全生产监督管理职责的有关部门报告。

3. B 【解析】该起爆炸事故是由于汽油从罐顶输油时流速过大，导致汽油在罐内发生剧烈喷溅，产生静电积聚，放电引起火灾爆炸。因此，该起火灾爆炸事故的点火源是静电放电。

4. ABE 【解析】一般事故由事故发生地县级人民政府负责调查。县级人民政府可以直接组织事故调查组进行调查，也可以授权或者委托有关部门组织事故调查组进行调查。根据事故的具体情况，事故调查组由有关人民政府、安全生产监督管理部门、负有安全生产监

督管理职责的有关部门、监察机关、公安机关以及工会派人组成，并应当邀请人民检察院派人参加。事故调查组可以聘请有关专家参与调查。

5. ABC 【解析】火灾爆炸事故发生后应立即报警，疏散火灾附近人员，并且及时组织灭火。

6. BCDE 【解析】安全投入是安全活动的一切人力、物力和财力的总和。人员、技术、设施等的投入，安全教育及培训，劳动防护及保健费用，事故援救及预防，事故伤亡人员的救治花费等，均视为安全投入。

第四章　电力安全技术

知识框架

- 电力安全技术
  - 电力生产安全目标
    - 电力系统额定电压及电能质量
    - 电气安全体系
    - 电力安全生产目标
    - 电力安全生产管理原则及方法
  - 电气保护设备和电气安全事故及预防
    - 电气保护设备
    - 电气安全技术的基本内容
    - 电气安全事故及防护
  - 电气设备的安全要求及安全标志
    - 电气产品的安全设计原则
    - 高压电气设备的安全要求
    - 低压电器的安全要求
    - 电气安全标志
  - 电气设备的安全储运
    - 电气设备安全储存的一般技术
    - 电力设备材料的安全运输
  - 电力建设施工安全
    - 变电设备施工安全
    - 架空线路施工安全
    - 电缆施工的安全
  - 电气设备维修操作安全
    - 在电气设备上工作安全要求
    - 电气设备维修操作的安全要求
    - 电力线路维修安全要求
  - 电气设备的防火防爆
    - 电气火灾原因
    - 电气防火
    - 电气设备火灾的灭火方法
  - 电力生产安全管理
    - 安全生产的规律及管理体系
    - 电力安全生产的监督管理
    - 电力安全事故应急处置和调查处理

- 电力安全技术
  - 电网安全管理
    - 电力生产的特点及电网事故
    - 电力系统调度管理
  - 电力安全生产危险点及预控
    - 电力安全生产危险点综合预控
    - 电气设备安全预控
    - 电力生产作业中危险点的定义、分类和特征
    - 电力生产作业中危险点的查找

考点精讲

第一节 电力生产安全目标

考点1 电力系统额定电压及电能质量

项目	具体内容
额定电压	额定电压是电器长时间工作时所适用的最佳电压。因此，电力线路的正常工作电压应与所接电力设备的额定电压相等
我国规定的标准电压等级	我国规定的标准电压等级(单位:kV)有3、6、10、35、110、220、330、500。我国电力系统的输电电压等级，除西北电网为330、220、110 kV系列外，其他都采用500、220、110系列。超高压500 kV系统主要用于大电力长距离输送和跨省联络线，并正在逐步形成跨省互联的骨干网络；超高压220 kV主要形成大输电网的主干网架；110 kV既用于中、小系统的主干线，也用于大电力系统的二次网络；城市配电网目前主要采用10kV电压，但随着城市电力需求的增长，配电网的电压升高，形成110 kV配电网。这种划分不是绝对的，要根据具体情况，经过论证分析后决定
电力系统供电质量标准	由于电能和其他能量之间转换方便，宜于大量生产、集中管理和远距离输送，电能在国民经济各部门和人民生活中用得越来越广泛，人们对电的需求和依赖程度越来越高，电力部门已成为社会正常生产活动和人们生活必需的最基础的部门之一。因此，电能质量将直接影响到国民经济各部门和人们的生活。 电力系统向用户供电的质量好坏，一般可以由以下三个指标表示，即电力连续不断供应的程度、电压维持在规定值的程度和频率维持在规定值的程度。电力连续不断的供应是电力用户的一个最基本的要求。供电的突然中断将使生产停顿，生活混乱，甚至危及设备及人身安全。它给国民经济带来的损失大于电力系统本身的损失。因此，在电力系统运行中应采取必需的措施，保持持续供电

考点2 电气安全体系

项目	具体内容
安全系统工程	系统是指由相互作用和相互依赖的若干组成部分结合而成的具有特定功能的有机整体。系统工程是指以系统为研究对象，以达到总体最佳效果为目标，为达到这一目标而采取组织、管理、技术等多方面的最新科学成就和知识的一门综合性的科学技术。安全系统工程是指采用系统工程的基本原理和方法，预先识别、分析系统中的危险因素，评价并控制系统风险，使系统安全性达到预期目标的工程技术。 安全系统工程是系统工程的一个重要分支，它是将系统工程的原理和方法运用于安全管理的一门学科。它以系统安全为目标，以专业知识为基础，按现行法规标准、技术规范等限定的安全准则，运用系统工程的原理和方法，对系统中或生产中的安全问题进行定性和定量的分析、评价及预测，并采取综合安全措施予以控制，使系统发生事故的可能性减少到最低限度，从而使系统达到最佳安全状态
安全系统工程的特点	安全系统工程是一门包含新技术领域的科学，是一门跨学科的综合性的工程技术。 安全系统工程是以人为中心的人机匹配、具有反馈过程的系统。在这个系统中，生产作业者根据测量工具、目测所得的系统信息操纵控制装置，调整工作参数，对系统进行反馈，以保证系统稳定生产和不断进行优化生产。在人机接口中还有保护作业者人身安全的安全措施。 安全系统工程是工程系统与社会系统的结合。它不同于其他学科，因为有人直接掺杂在系统中，而每个人的政治、经济、技术水平、安全素质、家庭和社会环境各不相同，所以他们对发生的情况的判断也会不相同，一个作业安全系统活动的操作者，其操作水平和教育素养是社会水平的综合体现。 安全系统工程具有偶然性。系统中的生产设备、工具可能因设计、制造、运输、安装、验收、材料等缺陷，使设备、工具处于不安全状态；或初时符合要求，而工作中由于零部件磨损、老化等因素，也可使设备、工具处于不安全状态；操作者的生理、心理状态和体力的不稳定，具有失误的偶然性。这些不利因素何时、何地非正常组合在一起发生事故，对人伤害如何也存在着偶然性。因此，安全工作必须常抓不懈
安全系统工程的优点	（1）通过分析可以了解系统的薄弱环节所在及危险性可能导致事故的条件。 （2）通过评价和优化技术，可以找出最适当的方法使各分析系统之间达到最佳配合，用最少的投资达到最佳的安全效果，大幅度地减少伤亡事故。 （3）安全系统工程的方法，不仅适用于工程，而且适用于管理，现已形成安全系统工程和安全系统管理两个分支。 （4）可以促进各项标准的制定和有关可靠性数据的收集。 （5）可以迅速提高劳动保护安全工作人员的水平
电气安全	电气安全指电气设备在正常运行时以及在预期的非正常状态下不会危害人体健康和周围的设备，当电气设备发生非预期的故障时，应能切断电源，将事故限制在允许的范围之内

续表

项目	具体内容
电气安全	为了电气产品的安全,电气产品都应具有安全标准。目前,有些电气产品有单独制订的安全标准,如家用电器,有些电气产品还未制定单独的安全标准,而是在产品标准中包含了安全要求及测试方法,如电机。电气安全标准是强制执行的,目前已逐渐形成了体系
电气安全技术	电气安全技术是在发电、输电、配电等用电的电力生产过程中保护人身安全和设备安全的电气技术。人身安全是指在从事工作和电气设备操作使用过程中人员的安全。设备安全是指电气设备及有关其他设备、建筑的安全。 从电厂发电升压,通过高压或超高压输电线路远距离送到另一个地区,再进行降压,经过配电变压器降压至380 V、220 V,供给工矿企业或家庭使用。这个过程就是电力生产的过程。其电力的发、供、用是在同一时间完成的,如果使用不当、管理不当或者违章用电,往往会发生人身触电、电气火灾或突然停电等事故,就会使国家和人民的财产遭受损失,生命受到威胁,所以必须对人身安全和设备安全采取技术措施来保障。所以,我们说电气安全技术就是在电力生产过程中保护人身安全和设备安全的电气技术

考点3 电力安全生产目标

项目	具体内容
总体安全生产目标	安全生产目标管理的基本思想是:一切安全工作的开始是确定目标,以此为指针开展安全活动,并以完成目标的程序来评价其结果。 全国电力生产安全的总体目标是防止发生对社会构成重大影响、对生产力发展构成重大损失以及对国有资产保值、增值构成重大损失的六种事故:①人身死亡;②重大火灾;③大面积停电;④电网瓦解;⑤电厂垮坝;⑥主设备严重损坏
省级电力公司的安全目标	国家电力公司分公司、集团公司、省电力公司安全生产目标:①不发生人身死亡事故;②不发生重大电网事故;③不发生有人员责任的重大设备事故;④不发生特别重大设备事故;⑤不发生重大火灾事故和不发生重大施工机械设备损坏事故。 电力生产企业、车间(工区)、班组的安全目标是:①企业控制重伤和事故,不发生人身死亡和重大设备事故;②发、输、变、配电事故率、机组非计划停运次数、可用系数及供电可靠率均符合上级要求;③分场、车间(工地)控制障碍和轻伤,不允许发生重伤和一般事故;④班组控制异常和未遂,不许发生障碍和轻伤。 这个安全目标,包括对车间(工区)和班组的安全目标,是在多次全国电力安全生产会议上提出来的,体现了"分级负责、分级控制"的要求,目的是通过分级控制和把关的分级责任制来达到杜绝重大、特大事故发生的总体目标

续表

项目	具体内容
长周期安全无事故记录	容量800 MW及以上的火电厂，主变压器容量1 000 MVA及以上的供电局，每年实现1个及1个以上百日无事故记录。 容量500 MW及以上的水电厂，每年实现2个及2个以上百日无事故记录。 其他火电厂、供电局及县供电局，每年实现2个及2个以上百日无事故记录；其他水电厂，每年实现3个及3个以上百日无事故记录
电力安全生产的目标管理	企业安全目标管理从属于企业目标管理。企业目标管理是指企业内部各个部门以至每个人从上到下围绕企业的总目标，制定各自的目标，确定行动管理方案，安排工作进度，有效地组织实施，并对成果进行严格考核的一种管理制度。企业目标是参与管理的一种形式，是根据工作目标来控制企业生产经营的一种民主的科学有效的管理方法，是我国工业企业实行现代管理的一项重要内容。将企业目标管理的内涵运用到电力安全生产管理上来，就产生了电力安全生产目标管理

考点4　电力安全生产管理原则及方法

项目	具体内容
电力安全生产管理原则	“安全第一、预防为主”是电力生产和建设的基本方针，是电力安全生产必须遵循的根本原则。为使这一根本原则落到实处，电力安全生产还须遵循以下原则： （1）“管生产必须管安全”的原则。 （2）“保人身、保电网、保设备”的原则。 （3）“四不放过”的原则。 （4）“全过程管理”的原则。 （5）“齐抓共管”的原则。 （6）“综合治理”的原则。 （7）“以人为本和技术进步”的原则。 （8）“宏观与微观控制相结合”的原则
电力安全生产的基本原理	现代化电器安全管理的基本原理，就是正确有效地处理人、财、物、信息、时间等要素之间的相互联系，以达到安全生产的最优目标。 1. 系统原理 安全生产是由许多复杂关系组成的一个整体。安全管理系统要求我们把安全生产的各个方面和各种联系进行全面的综合分析和研究，注重系统的整体和综合效应的研究分析。电力安全生产的整体综合效应，就是电力的安全、保质、保量、不间断地向用户供电。要求电网内的发、供、用电各部门，都从电力系统的安全生产的整体综合效应出发，做到安全生产工作

续表

项目	具体内容
电力安全生产的基本原理	2. 整分合原理 整分合原理是指管理中把集中统一管理与分级管理有机地结合起来，有整体规划，明确职责分工，密切配合，寻求最佳综合安全效果。电力安全管理是个系统管理，必须形成有序多级管理体系，各层次各司其职、各负其责。一个层次的问题，由上一层次来协调，下一层次服从上一层次调控，才能保证整体稳定和有序运作，提高效益。整分合的原理要求层次结构形成上尖下宽的宝塔形，以谋求最佳管理效益。 3. 反馈原理 反馈原理是指安全管理决策信息输送出去之后，把作用结果返送回来，与原预定的目标进行比较，然后做出调整，重新输出信息，使安全管理达到预定目标。反馈实际起到输出与结果之间的桥梁作用，使系统不断对输出进行偏差调整。反馈是控制的重要特点，是达到预定目标的有效运作。安全管理中，应把各项法规、制度和管理办法的执行情况随时反馈到安全管理有关部门，以便有关部门针对新情况、新问题，做出新判断，下达新措施。电力系统安全管理的有效、灵敏、正确，有力地反馈起着重要作用。 4. 封闭原理 封闭原理是指一个系统内的执行机构要与监督机构组成封闭的回路。对上级的指令、法规和决策执行是否正确有效，对执行中的错误处理情况等必须实施监督、检查、管理，把监督检查得来的情况，通过信息返回给决策立法机构，对决策进行修正，再去执行，才能确保安全目标的实现。倘若只下达法规、制度、指令，不实施监督，就是开放式管理，其结果是徒有形式，安全管理目标也只能是无力的口号。 5. 动力原理 人的行为强度和持久性，在明确目标之后是受激励因素驱动的，称之为动力原理。在安全生产管理中，应该运用信息、精神、物质激励三种动力。企业领导有目的地介绍国内外电业安全技术信息，使电力职工了解安全动向和差距，有利于学习先进，有利于做好安全生产管理。在实现安全目标后给予精神嘉奖的同时，给予物质激励也是十分必要的。应该正确运用安全生产管理的动力原理，为安全生产服务。 6. 弹性原理 弹性原理是指安全生产过程客观环境可能发生变化，制订管理工作计划时要考虑一切不利因素的出现，也应考虑执行过程会有各种变化信息的反馈，故安全管理计划应留有余地，称弹性原理。弹性原理避免情况变化时僵化执行，对安全管理失去适应性而失败。 7. 法治原理 电力是特殊的商品，发生事故后果严重。安全管理法规和制度，是科学的总结，是血的教训的总结，必须依法执行。企业对违反法规和制度的行为要坚决制止，对造成严重后果的应依法追究刑事责任，以确保人身、设备的安全

第二节 电气保护设备和电气安全事故及防护

考点1 电气保护设备

项目	具体内容
继电保护	保护电器主要包括各种熔断器、磁力起动器的热继电器、过电流继电器和失压(欠压)脱扣器、自动空气开关的热脱扣器、电磁式过电流脱扣器和失压(欠压)脱扣器、漏电保护器、避雷器、接地装置等。 按继电保护构成原理,继电保护可分为: (1)电流保护。电流保护包括无限时电流速断保护、限时电流速断保护、方向过电流保护、电压闭锁过电流保护、零序电流保护。 (2)阻抗保护。阻抗保护包括相间距离保护、接地距离保护、失磁保护。 (3)差动保护。差动保护包括纵联差动保护、横联差动保护、高频保护。 按继电器的构成原理可分如下几类: (1)机电型保护(包括感应型和电磁型)、整流型保护、晶体管型保护。 (2)行波保护、微波保护、电子计算机保护等
常用保护电器	1. 熔断器 熔断器有管式熔断器、插式熔断器、螺塞式熔断器、盒式熔断器、羊角熔断器等多种形式。管式熔断器有两种,一种是纤维材料管,由纤维材料分解大量气体灭弧;一种是陶瓷管,管内填充石英砂,由石英砂冷却和熄灭电弧。管式熔断器和螺塞式熔断器都是封闭式结构,电弧不易与外界接触,适用范围较广。管式熔断器多用于大容量的线路。螺塞式熔断器多用于中、小容量的线路。插式熔断器和盒式熔断器都是防护式结构,有瓷壳保护,常用于中、小容量的线路,后者主要用于照明线路。羊角熔断器是开启式结构,主要用于小容量线路的进户线上。熔断器溶体的热容量很小,动作很快,宜于用作短路保护元件,在照明线路和其他设备没有冲击载荷的线路中,熔断器也可用作过载保护元件。 2. 热继电器 热继电器和热脱扣器也是利用电流的热效应制成的。热继电器主要由热元件、双金属片、扣板、拉力弹簧、绝缘拉板、触头等元件组成。负荷电流通过热元件,并使其发热。位于热元件近旁的双金属片被加热而变形。双金属片由两层热胀系数不一样的金属片冷压黏合而成,上层热胀系数小,下层热胀系数大,受热后向上弯曲;当双金属片向上弯曲到一定程度时,扣板失去约束,在拉力弹簧作用下迅速绕扣板轴逆时针转动,并带动绝缘拉板向右方移动而断开触头。 3. 电磁式继电器 电磁式过电流继电器(或脱扣器)是依靠电磁力的作用进行工作的,主要由线圈和铁

续表

项目	具体内容
常用保护电器	芯组成。线圈串联在主线路上,当线路电流达到继电器(或脱扣器)的整定电流时,在电磁吸力的作用下,衔铁很快被吸合。衔铁运行或者带动触头实现控制(继电器),或者驱动脱扣器轴实现控制(脱扣器)
电气设备防误操作闭锁装置	防误闭锁装置是保证倒闸操作正确实施的重要措施之一。在倒闸操作装置出现异常时,可立即解锁操作。在电力系统中广泛应用防误闭锁装置,对防止电气误操作事故起到了很大的作用。防误闭锁装置应具备以下五防功能: (1)防止误拉、合断路器。 (2)防止带负荷拉、合隔离开关。 (3)防止带电挂接地线或合接地刀闸。 (4)防止带地线(接地刀)合断路器(隔离开关)。 (5)防止误入带电间隔。 防误闭锁装置应保持良好的运行状态,发现问题应计入设备缺陷记录并及时上报。防误闭锁装置的维护、管理、检修要有明确的分工,并落实到班组和负责人

考点 2 电气安全技术的基本内容

项目	具体内容
电气安全技术的基本内容	电气安全工程是一项综合性学科,既有电气安全工程技术的一面,又有组织管理的一面,彼此相辅相成,关系十分密切。我们不仅从安全技术的角度出发,研究各种电气事故及其预防措施;同时也研究如何用电气作为手段,创造安全的工作环境和劳动保护条件。电气事故不仅指触电事故,也包括电压(工频过电压、操作过电压和雷击)、有关电气火灾和爆炸等危及人身安全的电路故障。电气安全的技术措施是随着科学技术和生产技术的发展而发展的。当前,基本的安全通用技术主要指绝缘防护、屏障防护、安全间距防护、接地接零保护、漏电保护、电气闭锁和自动控制等内容。为了防止直接电击或间接电击,常常采取绝缘防护、屏障防护和安全间距防护;为了防止意外触及带电的导体,常常采取保护接地、保护接零和对地等电位等措施。随着自动控制技术和电子计算机在电气方面的广泛应用,为防止触电和其他电气事故提供了新的防护技术措施。这些措施,不论是什么行业,不论周围环境如何,不论是什么电气设备,都应当充分考虑到;同时也必须满足采用这些技术措施的要求

考点 3 电气安全事故及防护

项目	具体内容
采用安全电压	安全电压是为防止触电事故而采用的由特定电源供电的电压系列。这个电压系列的上限值是指在任何情况下,两导体间或任意导体之间均不得超过交流有效值 50 伏

续表

项目	具体内容
采用安全电压	国家标准规定：安全电压额定值的等级为42伏、36伏（手提照明灯、危险环境和特别危险环境的局部照明灯、高度不足2.5米的一般照明灯、危险环境和特别环境中使用的携带式电动工具等）、24伏、12伏（工作地点狭窄、行动不便、以及周围有大面积接地导体的环境、手提照明灯等）、6伏，当电气设备采用了超过24伏电压时，必须采取防止人接触带电体的防护措施。 安全电压能限制人员触电通过人体的电流在安全电流范围内，从而在一定程度上保障了人身安全
绝缘	绝缘是指用绝缘物将带电导体封闭起来，使之不能被人身触及导体，从而保证安全。各种线路和设备都是由导电部分和绝缘部分组成的。良好的绝缘是保证设备和线路正常运行的必要条件，也是防止触电事故的主要措施。设备或线路的绝缘必须与所采用的电压相符合，必须与周围环境和运行条件相适应。 绝缘材料又称为电介质，其导电能力很小，但并非绝对不导电。主要作用是用于带电的或不带电的导体进行隔离，使电流按照确定的线路流动。 一般使用的绝缘物有瓷、云母、橡胶、胶木、塑、布、纸、矿物油等。但绝缘不是万无一失的，因为绝缘也会遭到破坏，有的是机械损伤，有的是电压过高或绝缘老化产生电击穿。绝缘损坏会使电气设备外壳带电的机会增加，虽然我们对电气设备外壳偶然带电采取了防护措施，但也增加了触电的机会。因此，必须使电气设备的绝缘程度保持在规定范围内。 用绝缘电阻衡量电气设备的绝缘性能，是一个最基本的指标。足够的绝缘电阻能把电气设备的泄漏电流限制在很小的范围，可以防止漏电引起的事故。不同电压等级的设备，有不同的绝缘电阻要求，并要定期进行检测。此外，电工作业人员还应正确使用绝缘工具，穿绝缘鞋、戴绝缘手套等
屏护	屏护是采用屏护装置控制不安全因素，即采用遮拦、护罩、护盖、箱闸等把危险的带电体同外界隔离开来，以防止由人体触及或接近带电体所引起的触电事故。屏护还起到防止电弧伤人、防止弧光短路和便利检修工作的作用。 屏护分为屏蔽和障碍，屏蔽可防止无意或有意触及带电体，障碍只能防止人体无意识触及或接近带电体，而不能防止有意识移开、绕过或翻越该障碍触及或接近带电体。 屏护装置的种类有永久性屏护装置和临时性屏护装置之分，另外还有固定屏护装置和移动屏护装置之分。屏护装置主要用于电气设备不便于绝缘或绝缘不足以保证安全的场合
保证安全间距	间距是指带电体与地面之间、带电体与其他设备和设施之间、带电体与带电体之间必要的安全距离。 间距的作用是防止人体触及或接近带电体造成触电事故；避免车辆或其他器具碰撞

续表

项目	具体内容
保证安全间距	或过分接近带电体造成触电事故；防止火灾、过电压放电及各种短路事故。间距是将可能触及的带电体置于可能触及的范围之外。不同电压等级、不同设备类型、不同安装方式和不同的周围环境所要求的间距不同。 间距分为线路间距（架空线路、接户线和进户线等间距）、用电设备间距、检修间距。 1. 架空线路 在未经相关管理部门许可的情况下，架空线路应不得跨越建筑物。架空线路与有爆炸、火灾危险的厂房之间应保证必要的防火间距，且不应跨越具有可燃材料屋顶的建筑物。 同杆架设不同种类、不同电压的电气线路时，电力线路应该位于弱电线路的上方，高压电路应该位于低压线路的上方。 2. 接户线和进户线 从配电线到用户进线处第一个支持点之间的一段导线称为接户线。10 kV 接户线对地距离不应小于 4.5 m；低压接户线对地距离不应小于 2.75 m。低压接户线跨越通车街道时，对地距离不应小于 6 m；跨越通车困难的街道或人行道，对地距离不应小于 3.5 m。接户线离建筑物突出部位的距离不得小于 0.15 m，离下方阳台的垂直距离不得小于 2.5 m，离下方窗户的垂直距离不得小于 0.3 m，离上方窗户或阳台的垂直距离不得小于 0.8 m，离窗户或阳台的水平距离也不得小于 0.8 m。 从接户线引入室内的一段导线称为进户线。进户线的进口管口与接户线端头之间的垂直距离不应大于 0.5 m，进户线对地距离不应小于 2.7 m。 3. 用电设备间距 车间低压配电箱底口距地面的高度，暗装时可取 1.4 m，明装时可取 1.2 m；明装电度表底板口距地面高度可取 1.8 m。常用开关电器的安装高度为 1.3～1.5 m；户内灯具高度应大于 2.5 m，受实际条件限制时，可减为 2.2 m。户外灯具高度应大于 3 m，安装在墙上时可减为 2.5 m。起重机器至线路导线间的最小距离：1 kV 及 1 kV 以下者不应小于 1.5 m；10 kV 者不应小于 2 m；35 kV 及以上者不应小于 4 m。 4. 检修距离 为防止检修工作中，人员及所携带的工具接近带电体，必须保证足够的检修距离。在低压操作时，人体及所携带工具与带电体之间的距离不得小于 0.1 m；在高压操作时要求更高。 为了防止人体触电和接近导电体，为了避免车辆或其他工具碰撞或过分接近带电体，为了防止火灾、过电压放电和各种短路事故，在带电体与地面之间、带电体与带电体之间、带电体与人体之间、带电体与其他设备和设备之间，均应保证安全距离
合理选用电气装置	合理选用电气装置是减少触电危害和火灾爆炸事故的重要措施。选择电气设备，主要根据周围环境需要来选择。在干燥少尘的环境中可采用开启式和封闭式电气设备，在潮湿多尘的环境中，应采用封闭式电气设备，在有腐蚀性的气体环境中，必须采用封闭式电气设备，在易燃易爆危险环境中，必须采用防爆式电气设备

续表

项目	具体内容
装设漏电保护装置	漏电电流动作保护器，是一种在设备及线路漏电时，保证人身和设备安全的装置。其作用主要是防止由于漏电引起的人身事故，其次是防止由于漏电引起设备火灾
保护接地与接零	保护接地是把用电设备的金属与接地体连接起来。使用电设备与大地紧密连通。在电源为三相三线制中性点不直接接地或单相制电力系统中，应设保护接地线。保护接零是把电气设备在正常情况下不带电的金属部分与电网的零线紧密地连接起来，在电源为三相四线制变压器中性点直接接地的电力系统中，应采用保护接零

第三节　电气设备的安全要求及安全标志

考点1　电气产品的安全设计原则

项目	具体内容
电气产品安全设计基本要求	在设备的安全设计中，会出现安全技术和经济利益之间的矛盾，这时应优先考虑安全技术上的要求，并按以下顺序考虑安全技术措施： (1)直接安全技术措施。直接安全技术措施是指在结构等方面采取安全措施，将设备设计得无任何危险和隐患。 (2)间接安全技术措施。间接安全技术措施是指如果不可能或不完全可能实现直接安全技术措施时，所采用的特殊安全技术措施。这种措施只具有改进和保证安全使用设备的目的而不带有其他功能。 (3)提示性安全技术措施。若上述两种措施都达不到，或不能完全充分达到目的，可以采取这种以说明书、标记、符号等形式简要地说明在什么条件下采取何种措施，才能安全地使用设备。例如，设备必须进行某种定位、安装、维护；必须按某种程序操作；必须采取某种运输、储存方式；使用维修中必须注意何种规则才能预防某种危险等
电气产品安全设计规则	1. 电能防护 电能可能以直接和间接两种作用形式造成危险，应当予以相应防护。一些特殊电气设备或器具会将电能以导电、照射、电场和类似形式有意施加到人体，这类设备的例子有某些医疗设备、单相验电笔、电子感应开关等。这类设备的安全设计应当经过特殊考虑，应将通过人体的能量限制在绝对安全的程度。 (1)过负载。设备必须有一定的承受过载的能力而又不危及安全。 (2)包括雷电过电压在内的各种过电压。 电气接线和连接与安全性直接相关，为此提出如下要求：设备必须装设能与电源可靠

续表

项目	具体内容
电气产品安全设计规则	连接的装置；所需要的连接手段，如接插件、连接线、接线端子等，必须能承受所规定的电（电压、电流和功率）、热（内部或外部受热）和机械（拉、压、弯、扭等）负载，特别容易造成危害的部位必须通过位置排列、结构设计或附加装置来保护；母线和导线或带电的连接件，按规定使用时，不应发生过热、松动或造成其他危险的变动。 标志和标牌是保证设备安全安装、操作和维护的措施之一，为此，现行国标规定，设备上必须有能保持长久、容易辨认且清晰的标志或标牌，这些标志或标牌应给出安全使用设备所必需的主要特征，如额定参数、接线方式、接地标记、危险标记、可能有的特殊操作类型和运行条件的说明等；对于能根据使用人员的选择置于不同运行或功能（如当有几个额定电压可供选择时）状态的设备，必须具有能够清楚表明所选择状态的装置或标记。为此目的设置的装置（如测量仪器、功能选择开关）其定量或定性的指示值要有足够的精度；由于设备本身的条件所限，不能在其上注明时，则必须以其他方式清楚、可靠和有效地将应注意的事项告诉使用人员，如用操作说明书或安装说明书的形式，在此情况下，这种文件应被视为设备的组成部分。 2. 运行中危险因素的防护 电气设备在运行时，如果工件、工具、部件和所产生的金属屑有可能飞甩出去，则应该使用诸如防护罩等特殊安全技术措施。设备的设计必须使其发出的噪声和振动保持在尽可能低的水平上。 如果在工作过程中产生有害的粉尘、蒸气和气体，必须将其密闭起来或者使其变为无害后排出。如果采用这些措施有困难或者这些措施还不能保证安全，则必须在使用说明书中指出应采取的其他措施。 在发生故障和事故时，不致使液体流到工作间或喷溅到工作人员身上。如果采取措施有困难或者采取了措施还不能保证安全，则必须在使用说明书中指出应采取的其他措施。如果在运行中出现有害的液体，则必须将其密闭起来，或者使其变为无害后排出
开关、控制和调节装置的设计	控制和调节装置。电能的接通、分断和控制，必须保证可靠和安全。调节部分的设计要防止误接通和误分断。手动控制的操作件运行方向和最终效应应符合安全要求，必要时应辅以容易理解的图形符号和文字说明。自动或部分自动开关和控制过程，必须排除由于过程重叠或交叉可能造成的危险，为此要有相应的联锁或限位装置。控制系统的设计，要保证即使在导线损坏的情况下也不造成危险。复杂的安全技术系统要装设监控装置
结构设计	（1）外壳防护等级的确定。应根据设备的应用条件确定设备外壳的防异物、防触电和防水的等级，以保证安全。设备的旋转、摆动和传动部件应设计得使人不能接近或触及。采用外壳防护是安全技术措施之一。 （2）设备的稳定性。立式设备不允许由于振动、大风或其他外界作用力而翻倒。如果通过结构设备和元器件重量分布不能或不完全能满足这一要求，则必须采取特殊安全

续表

项目	具体内容
结构设计	措施，如采用平衡砝码，使其有较合理的重心位置。对于有驾驶位置的活动式设备，要考虑采用防倾覆措施。如果设备的稳定性只有通过在安装和使用现场采取一定的方式或特殊措施才能实现，则应在设备上或使用说明书中加以说明。固定式设备可留固定孔，在固定点埋设地脚螺钉或其他限位部件，以保证稳定性。 （3）设备的运输。设备的外形结构应便于移动和搬运。标明重量，注明拆卸部分位置及重量。 （4）部件的更换和可接近性。需要常更换的部件应配置在易于更换处。部件和元器件的分布应便于装配、安装、操作、测试、检查、维修
其他要求	（1）共存性。设备的一些特性可能通过电网对其他电气设备造成有害影响，也可能恶化供电电源质量，所以必须在设备的安全设计中降低这些特性，必要时对这些特性作估计，这些特性有：①瞬时过电压；②快速波动负载；③起动电流；④谐波电流；⑤直流反馈；⑥高频振荡；⑦对地泄漏电流；⑧附加接地的必要性。 （2）额定运行状态。设备在额定参数下按规定使用时，不得对人体造成危害。只要安全上有要求，设计额定参数应有适当容差。 （3）静电集聚。静电集聚是指由于某种起电因素使物体上静电起电的速率超过静电消散的速率而在其上呈现静电荷的积累过程。必须防止危险的静电集聚。 （4）工作介质。设备运行中所需的工作介质不得对人和周围环境产生有害影响。如果不能避免危险的工作介质，如淬火设备、喷漆设备、电镀设备等所用工作介质，则必须采取特殊安全技术措施或者操作说明

考点2　高压电气设备的安全要求

项目	具体内容
高压输变电设备的绝缘要求	国标规定的高压输变电设备的绝缘配合适用于额定电压3～220 kV三相交流电力系统中使用的下列户外及户内输变电设备，且仅包括相对地绝缘：电力变压器、并联电抗器、消弧线圈和电磁式电压互感器等变压器类；断路器、隔离开关、负荷开关、接地短路器、熔断器、限流电抗器、电流互感器、全封闭组合电器和组合电器等高压电器类；耦合电容器（包括电容式电压互感器）和并联电容器类；高压电力电缆；电气瓷绝缘、穿墙套管；避雷器瓷套。 该标准规定的绝缘水平，仅用于下列使用条件下运行的设备：最高空气温度不超过40 ℃；安装地点的海拔不超过1 000 m。对于拟用于环境空气温度高于40 ℃的设备，其外绝缘在干燥状态下的试验电压应取该标准的额定耐受电压值乘以温度校正系数K_t，即： $$K_t=1+0.003T$$

续表

项目	具体内容
高压输变电设备的绝缘要求	式中,T 表示高于 40 ℃的温度值,℃。 对于拟用于海拔高于 1 000 m,但不超过 4 000 m 处的设备的外绝缘及干式变压器的绝缘,其试验电压应按该标准规定耐受电压乘以海拔校正系数 K_a,即: $K_a=\frac{1}{1.1-H\times10^{-4}}$ 式中,H 表示安装地点的海拔,m。 高压输变电设备不适用的范围: (1)安装在严重污秽或带有对绝缘有害的气体、蒸汽、化学沉积物场合下的设备。 (2)相对湿度较高且易出现凝露场合的户内设备
过压保护装置	绝缘配合应考虑过电压保护装置的特性。可以根据设备的电压等级、重要性、供电中断的后果等因素选用不同型式的保护装置,以限制作用于设备的过电压,降低对设备绝缘水平的要求。通常选用避雷器、放电间隙等做过电压保护装置

考点 3 低压电器的安全要求

项目	具体内容
低压电器的分类	1. 按污染等级分类 (1)等级 1:无污染或仅有干燥的非导电性的污染。 (2)等级 2:一般情况仅有非导电性污染,但是必须考虑到偶然由于凝露造成短暂的导电性。 (3)等级 3:有导电性污染或由于预期的凝露使干燥的非导电性污染变为导电性的。 (4)等级 4:造成持久性的导电污染,如由于导电尘埃或雨雪所造成的污染。 2. 按安装类别(过电压类别)分类 (1)安装类别Ⅰ(信号水平级):安装在系统线路末端的特殊设备或部件,如低压电子逻辑系统、遥控、小功率信号电路的电器。 (2)安装类别Ⅱ(负载水平级):安装在安装类别Ⅰ前面和安装类别Ⅲ后面的电气设备或部件,如控制和通断电动机的电器,螺线管电磁阀耗能电器(电灯、电热器),通过变压器的主令和控制电路电器。 (3)安装类别Ⅲ(配电及控制水平级):安装在安装类别Ⅱ前面和安装类别Ⅳ后面的电器设备或部件,如直接连接至配电干线装入配电箱中的电器。 (4)安装类别Ⅳ(电源水平级)。安装在安装类别Ⅲ前面的电器,如安装在电源进线处的电器。 3. 按防触电等级分类 (1)0 级电器设备。在这种电器设备中,防触电保护主要是靠主绝缘来保证的,也就是

续表

项目	具体内容
低压电器的分类	在设备固定引线情况下，在靠近导体部件和保护导体之间不设置导电连接部件，在主绝缘损坏的情况下便依赖于周围环境。 （2）Ⅰ级电器设备。在这种电器设备中，防触电保护不只是依靠主绝缘来实现，在设备固定引线情况下，还包括把易近导体部件和保护接地导体连接起来的安全措施在内，当主绝缘损坏的情况下，易近导体部件不会带电。 （3）Ⅱ级电器设备。在这种电器设备中，防触电保护不仅依赖主绝缘，而且还增加了诸如双重绝缘或加强绝缘的安全措施
接地端子	（1）对于具有容易触及的金属部件或外裸导体的电器来说，除非它们并不构成危险，否则都应接至保护接地端子或外部保护导体上去。这一要求既适用于单独使用的电器，也适用于成套组装的电器。 （2）外裸导体可能触及的部分，如果：①面积不大；②不会被握住；③尺寸很小（约 500 mm × 500 mm）；④外露导体本身不可能触及带电部件，只要符合其中的一条，都可认为不构成危险。 （3）保护接地端子应安置在容易接近的地方，而且当罩壳或其他可移去的部件移去时仍应保证保护接地端子与接地极或保护导体有良好的电气连接。 当可移去的部件仍处在原来位置上时，外壳上可移去的金属部件决不应与承载接地端子的部件绝缘

考点 4　电气安全标志

项目	具体内容
安全色	安全色是表达安全信息含义的颜色，用来表示禁止、警告、指令、提示等。红色的含义表示禁止、停止，也表示防火。蓝色表示指令、必须遵守的规定。黄色表示警告、注意。绿色表示提供信息、安全、通行。 对比色是使安全色更加醒目的反衬色，有黑、白两种。安全色需使用对比色时，应按如下方法使用，即红与白、蓝与白、绿与白、黄与黑。也可以使用红白相间、蓝白相间、黄黑相间条纹表示强化含义
安全标志	安全标志是由安全色、几何图形和图形符号构成，用以表达特定的安全信息。安全标志可以和文字说明的补充标志同时使用
安全标志的分类	安全标志分为禁止标志、警告标志、指令标志、提示标志 4 类。此外，还有补充标志。 1. 禁止标志 禁止标志的含义是不准或制止人们的某些行动

续表

<table>
<tr><th>项目</th><th>具体内容</th></tr>
<tr><td>安全标志的分类</td><td>禁止标志的几何图形是带斜杠的圆环，其中圆环与斜杠相连，用红色；图形符号用黑色，背景用白色。
我国规定的禁止标志包括禁放易燃物、禁止吸烟、禁止通行、禁止烟火、禁止用水灭火、禁带火种、禁止起动、修理时禁止转动，运转时禁止加油、禁止跨越，禁止乘车、禁止攀登等。
2. 警告标志
警告标志的含义是警告人们可能发生的危险。
警告标志的几何图形是黑色的正三角形、黑色符号和黄色背景。
我国规定的警告标志包括注意安全、当心触电、当心爆炸、当心火灾、当心腐蚀、当心中毒、当心机械伤人、当心伤手、当心吊物、当心扎脚、当心落物、当心坠落、当心车辆、当心弧光、当心冒顶、当心瓦斯、当心塌方、当心坑洞、当心电离辐射、当心裂变物质、当心激光、当心微波、当心滑跌等。
3. 命令标志
命令标志的含义是必须遵守。
命令标志包括必须戴安全帽、必须穿防护鞋、必须系安全带、必须戴防护眼镜、必须戴防毒面具、必须戴护耳器、必须戴防护手套、必须穿防护服等。
4. 提示标志
提示标志的含义是示意目标的方向。
提示标志的几何图形是方形，绿、红色背景，白色图形符号及文字。
提示标志包括一般提示标志和消防设备提示标志。其中，一般提示标志（绿色背景）有6个，包括安全通道、太平门等；消防设备提示标志（绿色背景）有7个，包括消防警铃、火警电话、地下消火栓、地上消火栓、消防水带、灭火器、消防水泵结合器。
5. 补充标志
补充标志是对前述标志的补充说明，以防误解</td></tr>
<tr><td>安全标志的其他规定</td><td>（1）安全标志都应自带衬底色，采用与安全标志相应的对比色。安全标志衬底的边宽，最小为2 mm，最大为10 mm。
（2）安全标志牌应用坚固耐用的材料制作，如金属板、塑料板、木板等，标志牌应无毛刺和洞孔，也可以直接画在墙壁上或机具上。
（3）有触电危险的场所，其标志牌应使用绝缘材料来制作。
（4）标志杆的条纹颜色应和安全标志相一致。
（5）安全标志应放在醒目，与安全有关的地方，并使人们看到后有足够的时间来注意它表示的内容。安全标志不宜设在门、窗、架等可移动的物体上，以免这些物体移动后看不见标志。
（6）安全标志牌每年至少应检查一次，如发现有变形、破损或图形符号脱落以及变色不符合安全色的范围，应及时修整或更换</td></tr>
</table>

第四节　电气设备的安全储运

考点1　电气设备安全储存的一般技术

项目	具体要求
自然因素对电气设备的影响	1. 气温 过高的气温(40 ℃以上)对电工产品来说,会使大部分有机绝缘材料和橡胶制品加速老化,或受压变形。 过低的气温(一般在低于 -10 ℃),又会使电工产品里的润滑油黏性变大,可动部件的灵敏度减退;有些橡胶或塑料及其混合物制品,在极端温度(低于 -40 ℃)条件下,也会出现失去弹性或黏性,变得硬脆,遇到强烈震动、撞击或扭曲时,则极易断裂。 2. 湿度 湿度的大小,对电工器材的影响很大,尤其是在温度和湿度都很高的情况下,影响就更为严重,如湿度过大(相对湿度大于85%,气温在25 ℃以上)时,就会使通风机件、电器及纤维绝缘制品受潮,使绝缘性能迅速下降,甚至引起漏电,发生触电事故;一些电工产品,会因零件受潮而影响其精确度或发生故障;金属零部件则易氧化锈蚀;一些无防霉剂的胶木制品及外壳或易吸潮的纤维材料(包括包装材料),在一定温度条件下,表面容易长霉。但如果温度太低,空气过分干燥,也会影响其他电工产品的质量,其中以木制品的干裂现象最为显著。 3. 大气 大气中经常存在着多种气体,其中大量的是氧气。氧与金属表面接触后,就易发生氧化,这对钢铁制品的影响最为明显。在一些化工厂附近,大气中又常常存在着酸、碱、盐类等有害气体,这会使一些金属制品的表面发生腐蚀。此外,在一些电气控制设备或发电设备附近,经常产生出电火花,与空气中的氧接触后,即变成臭氧。而臭氧对橡胶或某些塑料及其制品也会起加速老化的作用。 4. 日照 强烈的日光照射,会使某些材料产生化学分解,如聚氯乙烯塑料制品,经强烈日光照射会加速其增塑剂的挥发而促进老化,同时由于日光中紫外线的作用会使橡胶、塑料、漆膜及有颜色的材料褪色或发生龟裂现象;电器的绝缘材料则易产生老化。因此,电工产品受潮后,一般不宜在日光下暴晒驱潮。 5. 盐雾 盐雾是指含有盐分的潮湿空气。这种情况常存在于南方潮湿炎热的沿海地区。盐雾对电工产品影响很大,如果在产品表面凝结成露后其危害性更大。这主要因为它会破坏电器的绝缘性能及金属的保护层,甚至使底金属发生腐蚀。 6. 霉菌 霉菌是一种低级生物、寄生于能供给它养料的有机材料,如木材、棉、麻纤维等上面

续表

项目	具体内容
自然因素对电气设备的影响	最有利于霉菌生长条件是温度 20～35 ℃，相对湿度大于 80%，特别在不通风条件下，霉菌生长发展最快。当温度低于 0 ℃或高于 40 ℃，相对湿度低于 75%，一般霉菌即停止生长。霉菌抵抗日光的能力很低，在日光较强的地方，它就难以生存。对电工产品来说，霉菌会腐蚀有机绝缘材料，使电绝缘显著下降。通常以长霉的形状上可以表明长霉的程度。一般来说，呈点状的是微霉，网状的是中霉，块状的是重霉。微霉经过阴凉和揩试，一般在产品外表即不留有痕迹；中霉会留有轻度的痕迹；而重霉则不易揩试干净，并会影响产品质量。 7. 尘沙 灰尘和沙土，对电工产品也有影响，如空气开关、磁力起动器、接触器等因封装不严密会有尘沙侵入，就会影响可动部件的工作性能，在使用时增加机械磨损，甚至发生严重故障。当有灰尘附着于金属镀层或油漆层表面时，也会因灰尘的吸湿作用，使防止层遭受破坏，引起金属锈蚀，如灰尘聚积在绝缘材料上面，则会因灰尘的吸湿作用，而引起电绝缘性能下降，甚至长霉。 8. 虫害 虫、鼠的危害，对电工产品影响很大，如白蚁对包装材料、通风机件、电器绕组以及有机绝缘材料等的危害性都很大。白蚁分泌出来的酸液，对金属镀层也有腐蚀作用。又如竹蠹虫、蟑螂、衣蛾等对一部分电工产品也都有相当大的危害。此外，库房中的老鼠，对各种包装材料、有机绝缘材料及其制品等，也都有很大的破坏作用
电气设备的入库验收	电器产品入库验收，是确保产品的数量完整、质量完好的一个重要环节，管理人员除了查对产品名称、型号规格、数量外，还应着重检查产品的外观、镀锌件、胶木件、机械传动部分和电气强度（目前只能检查绝缘电阻）等方面，其具体验收方法如下： （1）产品包装是否完好，包装材料是否受潮或虫蛀，产品是否有损坏或异变迹象，如发现可疑情况，应拆开包装进行检查，以便发现问题，及时处理。 （2）产品一般仅作外观检查。产品外观应光洁美观；所有黑色金属制成的零部件除摩擦部件外，均应有防腐镀层（镀锌、电镀或涂防锈漆；触头的表面不准有毛刺；胶木件不准有麻点和缺陷）。若发现内在质量问题，则应按产品标准规定做必要的技术性能试验。 （3）观察或用手拧动所有紧固螺钉，以及引出引入导线等，不得有自动松开或松动现象。 （4）对操作机械和指示器应检查在闭合与打开过程中，能否顺利地自由脱扣，操作手柄能否作出正确指示。如检查自动开关时，用手操作手柄，使开关闭合，用脱扣器操作数次脱扣，观察能否自由脱扣；再用手将开关搬到合的位置上，并用脱扣器脱扣，观察操作手柄能否停在“通”“断”和自由脱扣位置。 （5）用摇表（兆欧表）测量绝缘电阻：绝缘电阻是象征电器绝缘性能好坏的重要指标，抽查有怀疑的产品是非常有必要的，绝缘电阻值应符合要求

续表

项目	具体内容
电气设备的储存条件和码垛方法	（1）存放电器的库房应干燥通风，有条件的单位应将库温保持在5～35 ℃，相对湿度在80%以下。如在露天货场存放时，应有妥善苫垫、密封、栅架等保管措施，避免雨淋、地潮及恶劣气候的影响。不要将电器产品放置在靠近厨房、锅炉房或厕所等地方，以防蒸汽及有害气体对产品的损坏。 （2）电器产品应存放在没有导电性尘埃，没有腐蚀性、爆炸性气体的库房或货场中，特别注意防止将有腐蚀性气体或带粉尘的化工产品、油类熔剂以及受潮的农副产品与电气产品同一个库房内储存。要保持清洁，防止有剧烈震动。 （3）库房内向阳一侧窗上的玻璃，应涂上白漆，防止日光直射。露天货场也必须有防日晒措施。 （4）电器产品不宜长期保存，时间过长绝缘材料就要老化，为此，一般产品出厂时限定的保险期作为仓库储存期限，最好在1年左右对产品进行老化检查，保管人员应经常注意到期时间。 （5）合理堆垛，可以避免产品受压损坏或倒垛，同时有利于产品出入库操作，减少差错，节省仓位，提高库房的使用效率。 ①码垛时，产品与墙壁应保持一定的距离，以利于通风和防止墙潮影响，并便于检查操作和清洁打扫。此外，货垛与顶房也应有一定的距离，以防止房顶传热对商品的影响。 ②碰撞会使胶木件及零件破裂、外壳凹损，尤其是灭弧罩更易破损。同时，在搬运过程中，剧烈震动会使组合件松散或脱落。因此，在装卸、码垛时必须轻拿轻放，严禁扔、撞、甩等。 ③小型零星产品，可以上货架保管，但不宜在货架上叠码过高，以免发生倒垛的危险。采取轻的在上、重的在下，标志朝外，这样既稳妥方便，又利于检点养护。 ④成批装箱的可以重叠码垛，垛高不应超过3 m。垛形应端正平稳，防止倾斜倒塌，垛底应根据地面防潮情况，适当垫高，使垛底通风不受地潮，防止场地积水浸湿产品
电器设备的保管保养	（1）电器产品大都怕潮湿、怕高温、怕日照、怕重压、怕撞击，并且易霉、易锈、易碎。在保管期间应勤检查，及时发现问题，及时解决问题。 （2）电器产品的手柄及操作机构、金属部件表面可涂一层防锈用工业凡士林。如有氧化锈蚀，应及时采取防锈措施。 （3）如纸制熔管受潮发霉，可用变压器油擦去霉点，并烘干再做耐压试验（每分钟2 000 V的电压）未击穿者，可以使用

考点2　电力设备材料的安全运输

项目	具体内容
机动车运输	机动车辆运输应依照道路交通安全法律、法规的规定执行。严禁无证驾驶。车上应配备灭火器。运输前应事先对道路进行调查，需要加固整修的道路应及时处理。对路

续表

项目	具体内容
机动车运输	经的险桥、沟桥和坑洼路面等，应在出车前向押运人员交底。路面水深超过汽车排气管时，不得强行通过；在泥泞的坡道或冰雪路面上应缓行，车轮应装防滑链；冬季车辆过冰河时，必须根据当地气候情况和河水冰冻程度决定是否行车，不得盲目过河。车辆过渡时，应遵守轮渡安全规定，听从渡口工作人员的指挥。 载货机动车除押运和装卸人员外，不得搭乘其他人员；押运和装卸人员必须乘坐在安全位置上。载物高度超过车厢栏板时，货物上不得坐人
运输规定	装运超长、超高或重大物件时规定： (1)物件重心与车厢承重中心基本一致。 (2)易滚动的物件顺其滚动方向用木楔掩牢并捆绑牢固。 (3)用超长架装载超长物件时，在其尾部设标志；超长架与车厢固定，物件与超长架及车厢捆绑牢固。 (4)押运人员应加强途中检查，防止捆绑松动；通过山区或弯道时，防止超长部位与山坡或行道树碰刮。 汽车运输爆破器材时的规定： (1)应遵守公安局的有关规定。 (2)车况必须良好，司机应有安全驾驶经验。 (3)车辆不得带挂车或由其他车辆拖拽行驶。 (4)车辆按指定路线限速行驶，遇有火源应绕道行驶。 (5)运输途中，车辆不得在人多的地方、交叉路口、桥上或建筑物附近停留。 (6)押运人员必须乘坐在驾驶室内；车上装载的物品应用帆布遮盖，并设标志。 (7)炸药和雷管应分别运输，并严禁与其他易燃物品同车运输。 氧气瓶、乙炔气瓶的运输规定： (1)瓶帽必须旋紧，轻装轻卸，严禁抛摔和滚碰撞击。 (2)汽车装运时，一般应横向卧放，头部朝向一侧；装载高度不得超过车厢高度；直立排放时，车厢高度不得低于瓶高的2/3。 (3)严禁与易燃易爆物品同车运输。 (4)严禁将氧气瓶与油脂或带有油污的物品同车运输。 (5)氧气瓶与乙炔气瓶不得同车运输。 (6)车辆应挂有“危险器”标志。 用载重汽车接送施工人员的规定： (1)取得交通管理部门的载客许可证。 (2)车厢栏板牢固，拦板高度不低于1 m。 (3)车上指定安全监护人。 (4)不得超员；乘车人员的头、手不得伸出车厢栏板；车厢栏板上严禁坐人。 (5)乘车人员应随时躲避路边树木及道路上的障碍物

续表

项目	具体内容
非机动车运输	非机动车运输应遵守当地交通管理部门的规定。除指定驾车人外，其他人员不得驾车。重车在险路、弯路、陡坡或泥泞、冰雪、坑洼道路上行走时，车上人员应下车步行。重车下坡时应控制车速，不得任其滑行。数车同时运输，应保持一定的距离，不得并行和抢道。停车时必须把车刹住
水上运输	船舶运输应遵守航运部门的有关规定。严禁无证驾驶机动船。船工及押运人员应熟悉水上运输知识和载物的特性。船只严禁超载。装卸笨重物件或大型施工机械应有上级批准的装卸方案。装载时应将其落至舱底；如需装在舱面上，必须有重物压舱。入舱的物件应放置平稳；易滚、易滑和易倒的物件应绑扎牢固。装载爆破器材的船舱内不得有电源；与机舱相邻时，应有隔热措施；船上应配备消防器材。 用船只接送施工人员的规定： (1)参加水上运输的人员应熟悉水上运输知识。 (2)应根据船只载重量及平稳程度装载，严禁超重、超高、超宽、超长。 (3)器材在运输船上应分类码放整齐并系牢。油类物质应隔离并妥善放置。 (4)船只靠岸停稳前不得上下，上下船只的跳板应搭设稳固。 (5)遇六级及以上大风、大雾、暴雨等恶劣天气，严禁水上运输。 (6)乘船人数不得超员。 (7)在深水航道上行船时，船上必须配备救生设备。 (8)乘船人员不得将手脚伸出船体，并不得任意在舱外走动。 (9)乘船人员不得在途中下水。 (10)上下船的跳板应搭设稳固，并有防滑措施
人力运输和装卸	人力运输的道路应事先清除障碍物。山区抬运笨重物件或钢筋混凝土电杆的道路，其宽度不宜小于1.2 m，坡度不宜大于1:4。重大物件不得直接用肩扛运。抬运时应设一人指挥，步调一致、同起同落。运输用的工器具应牢固可靠，每次使用前应进行认真检查。雨雪后抬运物件时，应有防滑措施。 装卸笨重物件使用的跳板，其厚度应根据材质经计算确定。腐朽、扭纹、破裂和大横透节的木材不得作为跳板。跳板搭设坡度不得大于1:3。用跳板或圆木装卸滚动物件时，应用绳索控制物件，物件滚落前方严禁有人。钢筋混凝土电杆卸车时，车辆不得停在有坡度的路面上。每卸一根，其余电杆应掩牢。每卸完一处，剩余电杆绑扎牢固后方可继续运输。用滚杠拖运笨重物件时，添放滚杠的人员应站在物件的侧面，并不得戴手套。遇有松软土质应铺设走道。拖拉钢丝绳的转角内侧严禁有人
机械装卸	起重机工作中应遵守下列规定： (1)吊件和起重臂下方严禁有人。 (2)吊件吊起10 cm时应暂停，检查制动装置，确认完好后方可继续起吊

续表

项目	具体内容
机械装卸	(3)吊件严禁从人身或驾驶室上空越过。 (4)起重臂及吊件上严禁有人或有浮置物。 (5)起吊速度均匀、平稳,不得突然起落。 (6)吊挂钢丝绳间的夹角不得大于120°。 (7)吊件不得长时间悬空停留,短时间停留时,操作人员、指挥人员不得离开工作岗位。 (8)起重机运转时,不得进行检修。 (9)工作结束后,起重机的各部应恢复原状。 凡属下列情况之一者,必须办理安全施工作业票,并应有负责技术人员在场指导: (1)吊件重量达到起重机额定负荷的95%。 (2)两台起重机抬吊同一个物件。 (3)起重机在电力线下方或其邻近处作业。 起重场地应平整,并避开沟、洞或松软土质。汽车起重机作业前,应将支腿支在坚实地面上。埋入地下且深度不明、荷重不明的物件或黏结在一起的物件均不得起吊。起吊物应绑牢,吊钩悬挂点应与吊物重心在同一垂线上,吊钩钢丝绳应垂直,严禁偏拉斜吊;落钩时应防止吊物局部着地引起吊绳偏斜;吊物未固定好严禁松钩

第五节 电力建设施工安全

考点1 变电设备施工安全

项目	具体内容
施工现场安全一般规定	(1)施工总平面布置应符合国家防火、工业卫生等有关规定。临时建筑工程应有设计,并经审核批准后方可施工;竣工后应经验收合格方可使用。使用中应定期进行检查维护。 (2)施工现场的排水设施应全面规划。排水沟的截面及坡度应经计算确定,其设置位置不得妨碍交通。凡有可能承载的排水沟都应设盖板或敷设涵管,盖板的厚度或涵管的大小和埋设深度应经计算确定。排水沟及涵管应保持畅通。施工现场敷设的力能管线不得任意切割或移动。如需切割或移动,必须事先办理审批手续。 (3)施工现场及其周围的悬崖、陡坎、深坑、高压带电区及危险场所等均应设防护设施及警告标志;坑、沟、孔洞等均应铺设与地面平齐的盖板或设可靠的围栏、挡板及警告标志。危险处所夜间应设红灯示警。 (4)凡在有粉尘或有害气体的室内或容器内工作均应设通风装置,并设置其他安全设施。施工现场设置的各种安全设施严禁拆、挪或移作他用。生活区与施工现场宜隔开,与施工无关的人员不得进入施工现场。进入施工现场的人员必须正确佩戴安全帽,穿好工作服,严禁穿拖鞋、凉鞋、高跟鞋。严禁酒后进入施工现场

续表

项目	具体内容
施工现场安全一般规定	(5)从事高处、粉尘或有毒等工作的人员必须经体格检查,合格者方可上岗。下坑井、隧道或深沟内工作前,必须先检查其内是否积聚有可燃或有毒等气体,如有异常,应认真排除,在确认可靠后,方可进入工作。施工场所应保持整洁,垃圾或废料应及时清除,做到"工完、料尽、场地清",坚持文明施工。在高处清扫的垃圾或废料,不得向下抛掷
道路要求	(1)施工现场的道路应坚实、平坦,主车道的宽度不得小于 5 m,单车道的宽度不得小于 3.5 m。现场道路跨越沟槽时应搭设牢固的便桥并经验收合格方可使用。人行便桥的宽度不得小于 1 m,手推车便桥的宽度不得小于 1.5 m,马车、汽车便桥应经设计,其宽度不得小于 3.5 m。便桥的两侧应设有可靠的栏杆。 (2)现场道路不得任意挖掘或截断。如必须开挖,应事先征得施工管理部门的同意并限期修复;开挖期间必须采取铺设过道板或架设便桥等保证安全通行的措施。现场的机动车辆应限速行驶,时速一般不得超过 15 km/h。机动车辆行驶沿途的路旁应设交通指示标志,危险地区应设"危险"或"禁止通行"等警告标志,夜间应设红灯示警
电气设备堆放及保管	(1)瓷质材料拆箱后,应单层排列整齐,不得堆放,并采取防碰措施。 (2)绝缘材料应存放在有防火、防潮措施的库房内。 (3)电气设备应分类存放稳固、整齐,不得堆放。重心较高的电气设备在存放时应有防止倾倒的措施
施工现场防火	(1)在仓库、宿舍、加工场地及重要机械设备旁,应有相应的灭火器材,一般按建筑面积每 120 m^2 设置标准灭火器 1 个。 (2)消防设施应有防雨、防冻措施,并定期进行检查、试验,保持灭火器有效;砂桶(箱、袋)、斧、锹、钩子等消防器材应放置在明显、易取处,不得任意移动或遮盖,严禁挪作他用。 (3)在油库、木工门及其他易燃、易爆物品仓库等场所严禁吸烟,并设"严禁烟火"的明显标志。 (4)严禁在办公室、工具房、休息室、宿舍等房屋内存放易燃、易爆物品。 (5)在易燃、易爆区周围工作明火,必须办理动火工作票,经有关部门批准后,采取相应措施后方可进行。 (6)挥发性易燃材料不得装在敞口容器内和存放在普通仓库内。装过挥发性油剂及其他易燃物质的容器,应及时退库,并保存在距构筑物不小于 25 m 的单独隔离场所;装过挥发性油剂及其他易燃物质的容器未经采取措施,严禁用电焊或火焊进行焊接或切割。 (7)闪点在 45 ℃以下的桶装易燃液体不得露天存放。必须少量存放时,在炎热季节应严禁曝晒并采取降温措施。化学易燃品操作人员必须严格遵守操作规程和各项制度,落实防燃措施

续表

项目	具体内容
施工现场防火	(8)运输易燃、易爆等危险物品,应按当地公安部门的有关规定申请,经批准后方可进行。施工单位存放炸药、雷管,必须得到当地公安部门的许可,并分别存放在专用仓库内,指派专人负责保管,严格领、退料制度。采用易燃材料包装或设备本身必须防火的设备箱,严禁用火焊切割的方法开箱。 (9)烘燥间或烘箱的使用及管理应有专人负责。 (10)熬制沥青或调制冷底子油时,应在建筑物的下风方向进行,距易燃物不得小于10 m,严禁在室内进行。进行沥青或冷底子油作业时必须通风良好,作业时及施工完毕后的24 h内,其作业区周围30 m内严禁明火。在室内施工时,照明必须符合防爆要求。 (11)冬季采用火炉暖棚法施工,应征得有关部门同意,制定相应的防火和防止一氧化碳中毒措施并设有不少于2人的值班
夏季及雨汛期施工	(1)雨季前应做好防风、防雨、防洪等准备工作。现场排水系统应整修畅通,必要时应筑防汛堤。各种高大建筑及高架施工机具的避雷装置均应在雷雨季前进行全面检查,并进行接地电阻测定。 (2)台风和汛期到来之前,施工现场和生活区的临建设施以及高架机械均应进行修缮和加固,防汛器材应及时准备。 (3)暴雨、台风、汛期后,应对临建设施、脚手架、机电设备、电源线路等进行检查并及时修理加固。险情严重者应立即排除。 (4)机电设备及配电系统应按有关规定进行绝缘检查和接地电阻测定。 (5)夏季应做好防暑降温工作
冬季施工	(1)入冬之前,对消防器具应进行全面检查,对消防设施及施工用水外露管道,应做好保温防冻措施。对取暖设施应进行全面检查。用火炉取暖时,严防一氧化碳中毒;加强用火管理,及时消除火源周围的易燃物。 (2)现场道路及脚手架、跳板和走道等,应及时清除积水、积霜、积雪并采取防滑措施。 (3)施工机械及汽车的水箱应予保温。停用后,无防冻液的水箱应将存水放尽。油箱或容器内的油料冻结时,应采用热水或蒸汽化冻,严禁用火烤化。 (4)汽车及轮胎式机械在冰雪路面上行驶时应装防滑链
对施工人员的基本要求	(1)电气安装及调试工作人员必须熟悉规程,并每年考试一次,合格后方可参加工作。学徒工、实习人员、临时工、合同工及参加劳动的干部,必须经过安全教育后,方可在师傅指导下参加指定的工作。 (2)对外单位派来支援的电气安装及调试工作人员,工作前应介绍现场情况和进行有关安全技术措施的交底

续表

项目	具体内容
对施工人员的基本要求	（3）工作人员至少每两年进行一次体格检查，不适宜电气安装及调试工作的病症者不得参加工作。独立进行安装及调试的工作人员应具备必要的电气技术理论知识，掌握有关工具、仪表的正确操作、使用和保管方法。电气安装及调试工作人员应学会触电急救法和人工呼吸法等紧急救护法
电气设备全部或部分停电作业	（1）在已投入运行的变电所和配电所中，以及正在试运的已带电的电气设备上进行工作或停电作业时，其安全施工措施应按有关规定执行。在生产单位管理的电气设备上进行工作或停电作业时还应遵守生产单位的有关规定。 （2）在330 kV、500 kV电压等级的正在运行的变电所构架上作业，必须采取防静电感应措施，如穿着静电感应防护服等。 （3）吊车、升降车在带电区内工作时，本体应良好接地，并有专人监护。 （4）需停电进行工作的电气设备，必须把各方面的电源完全断开，其中： ①运行中的星形接线设备的中性点必须视为带电设备。 ②严禁在只经开关断开电源的设备上工作，必须拉开刀闸，使各方面至少有一个明显的断开点。 ③与停电设备有关的变压器和电压互感器，必须将高、低压两侧断开，防止向停电设备倒送电。 ④断开电源后，必须将电源回路的动力和操作熔断器下就地操作把手拆除或加锁，并挂警告牌。 （5）悬挂标示牌和装设遮拦。 ①在一经合闸即可送电到工作地点的开关和刀闸的操作把手上均应悬挂“禁止合闸，有人工作”的标示牌。 ②在室内高压设备上或配电装置中的某一间隔内工作时，在工作地点两旁及对面的间隔上均应设遮拦并挂“止步，高压危险！”的标示牌。 ③在室外高压设备上工作时，应在工作地点的四周设遮拦，并挂“止步，高压危险！”的标示牌，标示牌必须朝向围栏里面。 （6）验电及接地。 ①在停电的设备或停电的线路上工作前，必须经检验确无电压后方可装设接地线装好接地线后方可进行工作。验电与接地应由两人或两人以上进行，其中一人应为监护人。进行高压验电必须戴绝缘手套，穿绝缘鞋。 ②验电时，必须使用同样电压等级而且合格的验电器，严禁用低压验电器检验高压。验电前，应先在确知的带电体上试验，在确证验电器良好后方可使用。验电应在已停电设备的进出线两侧各相分别进行。 ③表示设备断开和允许进入间隔的信号及电压表的指示等，均不得作为设备有无电压的根据，必须验电。如果指示有电，严禁在该设备上工作

续表

项目	具体内容
电气设备全部或部分停电作业	④对停电设备验明确无电压后，应立即进行三相短路接地。凡可能送电至停电设备的各部位均应装设接地线。在停电母线上工作时，应将接地线尽量装在靠近电源进线处的母线上，必要时可装设两组接地线。接地线应明显，并与带电设备保持安全距离。 ⑤接地应用可携型软裸铜接地线，截面积应符合短路电流的要求，但不得小于25 mm^2。 ⑥接地线在每次装设前应做详细检查。严禁使用不符合规定的导线做接地线或短路线用，严禁用缠绕的方法进行接地或短路。装拆接地线应使用绝缘棒，戴绝缘手套。挂接地线时应先接接地端，再接设备端，拆接地线时顺序相反。 (7)恢复送电。 ①停电设备恢复送电前，必须将工器具、材料清理干净，拆除全部地线，收回全部工作票，撤离全部工作人员，向运行值班人员交办工作票等手续。接地线一经拆除，设备即应视为有电，严禁再去接触或进行工作。 ②严禁采用预约停送电时间的方式在线路或设备上进行任何工作

考点2　架空线路施工安全

项目	具体内容
高处作业	(1)凡参加高处作业的人员，应每年进行一次体格检查。经县级及以上医院鉴定，患有不宜从事高处作业病症的人员不得参加高处作业。高处作业人员应衣着灵便，穿软底鞋，并正确佩戴个人防护用具。必须系好安全带(绳)。安全带(绳)必须拴在牢固的构件上，并不得低挂高用。施工过程中，应随时检查安全带(绳)是否拴牢。 (2)高处作业所用的工具和材料应放在工具袋内或用绳索绑牢。上下传递物件应用绳索吊送，严禁抛掷。高处作业人员在转移作业位置时不得失去保护，手扶的构件必须牢固。作业人员上下铁塔应沿脚钉或爬梯攀登。在间隔大的部位转移作业位置时，应增设临时扶手，不得沿单根构件上爬或下滑。攀登无爬梯或无脚钉的钢筋混凝土电杆必须使用登杆工具。多人上下同一杆塔时应逐个进行。严禁利用绳索或拉线上下杆塔或顺杆下滑。杆塔上应避免上下交叉作业。上下交叉作业或多人在一处作业时，应相互照应、密切配合。 (3)交叉作业时，作业现场应设置专责监护人，上层物件未固定前，下层应暂停作业。工具、材料、边角余料等不得上下抛掷。不得在吊物下方接料或停留
架线工程	(1)越线架的型式应根据被跨越物的大小和重要性确定。重要的越线架及高度超过15 m的越线架应由施工技术部门提出搭设方案，经审批后实施。 (2)搭设或拆除越线架应设安全监护人。搭设跨越重要设施的越线架，应事先与被跨越设施的单位取得联系，必要时应请其派员监督检查

续表

项目	具体内容
架线工程	(3)越线架的中心应在线路中心线上，宽度应超出新建线路两边线各 1.5 m，且架顶两侧应装设外伸羊角。 (4)跨越多排轨铁路、宽面公路时，越线架如不能封顶，应增加架顶高度。 (5)越线架的立杆应垂直，埋深不应小于 50 cm，杆坑底部应夯实；遇松土或无法挖坑时应绑扫地杆。越线架的横杆应与立杆成直角搭设。越线架两端及每隔 6～7 根立杆应设剪刀撑、支杆或拉线。剪刀撑、支杆或拉线与地面的夹角不得大于 60°。支杆埋入地下的深度不得小于 30 cm。 (6)木质越线架立杆有效部分的小头直径不得小于 7 cm。横杆有效部分的小头直径不得小于 8 cm。6～8 cm 的可双杆合并或单杆加密使用。 (7)毛竹越线架立杆、大横杆、剪刀撑和支杆有效部分的小头直径不得小于 7.5 cm。小横杆有效部分的小头直径不得小于 9 cm。6～9 cm 的可双杆合并或单杆加密使用。 (8)钢管越线架宜用外径 48～51 mm 的钢管。立杆和大横杆应错开搭接，搭接长度不得小于 50 cm。 (9)竹、木越线架的立杆、大横杆应错开搭接，搭接长度不得小于 1.5 m；绑扎时小头应压在大头上，绑扎不得少于 3 道。立杆、大横杆、小横杆相交时，应先绑 2 根、再绑第三根，不得一扣绑三根
人力及牵引放线	(1)放、换导线等重大施工项目应制订安全技术措施，设专人统一指挥、统一信号。 (2)放线时的通信必须迅速、清晰、畅通；若采用旗语时，打旗人应站在前后通视的位置上，且旗语必须统一。严禁在无通信联络及视野不清的情况下放线。 (3)放线滑车使用前应进行外观检查；带有开门装置的放线滑车，必须有关门保险。 (4)线盘架应稳固、转动灵活、制动可靠。 (5)线盘或线圈展放处，应设专人传递信号。 (6)作业人员不得站在线圈内操作。线盘或线圈接近放完时，应减慢牵引速度。 (7)低压线路或弱电线路需要开断时，应事先征得有关单位的同意。开断低压线路必须遵守停电作业的有关规定；开断时应有防止杆子倾倒的措施。 (8)架线时，除应在杆塔处设监护人外，对被跨越的房屋、路口、河塘、裸露岩石及越线架和人畜较多处均应派专人监护。 (9)导线、地线被障碍物卡住时，作业人员必须站在线弯的外侧，并应用工具处理，不得直接用手推拉。 (10)穿越滑车的引绳应根据导线、地线规格选用；引绳与线头的连接应牢固。穿越时，施工人员不得站在导线、地线的垂直下方
导线、地线升空	升空作业必须使用压线装置，严禁直接用人力压线。导线、地线升空作业应与紧线作业密切配合并逐根进行；在转角杆塔档内升空作业时，导线、地线的线弯内角侧不得有人。压线滑车应设控制绳。压线钢丝绳回松应缓慢。升空场地在山沟时，升空的钢丝绳应有足够长度

续表

项目	具体内容
紧线	(1)紧线的准备工作规定: ①按施工技术措施的规定进行现场布置及选择工器具。 ②杆塔的部件应齐全,螺栓应紧固。 ③紧线杆塔的临时拉线和补强措施以及导线、地线的临锚准备应设置完毕。 (2)牵引锚桩距紧线杆塔的水平距离应满足安全施工技术的规定;锚桩布置与受力方向一致,并埋设可靠。 (3)紧线应使用卡线器、卡线器的规格必须与线材规格相匹配,不得代用。 (4)紧线前应由专人检查下列工作: ①通信畅通。 ②埋入地下或临时绑扎的导线、地线必须挖出或解开,导线、地线应压接、升空完毕。 ③障碍物以及导线、地线跳槽应处理完毕。 ④分裂导线不得相互绞扭。 ⑤各交叉跨越处的安全措施可靠。 ⑥冬季施工时,导线、地线被冻结处处理完毕。 (5)紧线过程中,监护人员应遵守下列规定: ①不得站在悬空导线、地线的垂直下方。 ②展放余线的人员不得站在线圈内或线弯的内角侧。 ③不得跨越将离地面的导线或地线。 ④监视行人不得靠近牵引中的导线或地线。 ⑤传递信号必须及时、清晰,不得擅自离岗。 (6)耐张线夹安装规定: ①高处安装螺栓式线夹时,必须将螺栓装齐拧紧后方可回松牵引绳。 ②高处安装导线、地线的耐张线夹时,必须采取防止跑线的可靠措施。 ③在杆塔上割断的线头应用绳索放下。 ④地面安装时,导线、地线的锚固应可靠,锚固工作应由技工担任。 (7)挂线时,当连接金具接近挂线点时应停止牵引,然后作业人员方可从安全位置到挂线点操作。导线划印前必须采取防止跑线的可靠措施。 (8)挂线后应缓慢回松牵引绳,在调整拉线的同时应观察耐张金具串和杆塔的受力变形情况。 (9)分裂导线的锚线作业规定: ①导线在完成地面临锚后应及时在操作塔设置过轮临锚。 ②导线地面临锚和过轮临锚的设置应相互独立,工器具必须按各自能承受全部紧线张力选用

考点3 电缆施工的安全

项目	具体内容
电缆敷设	装卸、运输电缆盘时，应有防止电缆盘在车船上滚动的措施，电缆头应固定好。严禁从车上直接推下。滚动电缆的地面应平整。破损电缆盘不得滚运。在开挖直埋电缆沟时，应取得有关地下管线等资料，否则在施工时应采用措施，加强监护。只有在确知地下无其他管线时，才允许用机械开挖。敷设电缆时，电缆沟及夹层内应清理干净，无杂物，无积水，并应有足够的安全照明。在高空部位敷设电缆时，应有高空作业措施；直接站在梯式电缆架上时，应考虑强度是否足够，否则应采取加固措施，并应防止蹬虚踩滑。敷设电缆必须有明确的指挥信号，统一行动，不得在无指挥信号时随意拉引。在带电运行的电缆沟内敷设新电缆时，应采取安全措施，防止磨破运行电缆，造成漏电伤人。用机械敷设电缆时，应遵守操作规程，加强巡视，并有可靠的联络信号；应特别注意多台机械运行中的衔接配合与拐弯处的情况，防止拉坏电缆或伤人。电缆通过孔洞、管子和楼板时，两侧必须设监护人。入口侧要防止电缆被卡及手被带入孔内。出口侧人员应避开正面，以防挤伤或刺伤。电缆拐弯处，施工人员应站在外侧。敷设电缆时，临时打开的隧道孔盖，应设遮拦或标志，完工后立即封闭。施工人员进入隧道及电缆夹层必须戴安全帽。非直埋电缆均不应有麻包，以防着火。人体不得攀吊在电缆上，或在电缆上行车。电缆穿入带电的盘内时，盘上要有专人接引，严防电缆触及带电部位。电缆敷设完毕，端头应妥善处理，以免妨碍通行和绊倒行人
电缆头的制作	制作电缆头时，熬胶、化铅使用的各种炉子都应有防火措施。熬胶、化铅应在通风良好处进行，加热应缓慢，不得过急。熔化焊锡、铅块及绝缘胶的容器、工具应干燥，严防水滴带入熔锅，引起爆溅伤人。加热和搬运电缆胶时，应放在带盖有嘴的盛具内，不得使用密封容器，传递时不得以手传手，应放在地上换手，以免因传接不稳而翻倒烫人。熔化或浇制焊锡、封铅及电缆胶时，操作人员应戴防护镜、手套，并应穿长袖工作服和使用其他必要的劳保用品。制作环氧树脂电缆头，应在通风良好的地方进行，操作人员应戴口罩和手套。做完电缆头，应及时灭火，清除麻包、油纸等易燃物

第六节 电气设备维修操作安全

考点1 在电气设备上工作安全要求

项目	具体内容
电气工作人员的条件	（1）经医师鉴定，无妨碍工作的病症（体格检查约两年一次）。 （2）具备必要的电气知识，且按其职务和工作性质，熟悉《电业安全工作规程》的有关部分，并经考试合格。 （3）学会紧急救护法，特别要学会触电急救

续表

项目	具体内容
带电作业人员的条件	(1)作业人员应身体健康,无妨碍工作的病症,能适应高空作业(体格检查应每年一次)。 (2)应具有一定的电气和带电作业基本知识,具有带电作业基础理论和实际操作水平。 (3)能掌握触电解救法和紧急救护法。 (4)应有较强的组织纪律性和工作责任心。 (5)作业班长应具有丰富的带电作业经验和一定的组织能力。 (6)参加带电作业人员,应经专门培训,具有带电作业基础理论和实际操作水平,并经考试取得合格证书,方能参加带电作业。 (7)应熟悉作业工具的名称、原理、结构和性能,并能掌握使用方法及电气、机械试验方法、标准和周期。 (8)应熟悉作业项目的操作方法、程序、工艺要求和注意事项。 (9)作业时应熟悉规程中有关规定,并能严格执行。 (10)作业班长应了解现场设备的作业方法、操作程序和人员素质,正确分工,并能进行监护
在电气设备上工作的一般安全要求	(1)电气值班人员必须熟悉电气设备,单独值班人员或值班负责人还应有实际工作经验。 (2)室内高压设备的隔离室设有遮拦,遮拦的高度在 1.7 m 以上,安装牢固并有加锁者。室内高压开关的操作机构用墙或金属板与该开关隔离,或装有远方操作机构者;单人值班不得单独从事修理工作。 (3)不论高压设备带电与否,值班人员不得单独移开或越过遮拦进行工作;若有必要移开遮拦,必须有监护人在场。 (4)经企业领导批准允许单独巡视高压设备的值班员和非值班员。巡视高压设备时,不得进行其他工作,不得移开或越过遮拦。 (5)雷雨天气,需要巡视室外高压设备时,应穿绝缘靴,并不得靠近避雷器和避雷针。 (6)巡视配电装置,进入高压室,必须随手将门锁好。高压室的钥匙至少应有 3 把,由值班人员负责保管,按值移交。一把专供紧急时使用,一把专供值班员使用,其他可以借给许可单独巡视高压设备的人员和工作负责人使用,但必须登记签名,当日交回
倒闸操作	电气倒闸操作是值班运行工作中一项重要的工作。它关系着电气设备的安全运行及工作人员的生命安全。倒闸操作是一项复杂的工作。它不仅包括高压一次回路上的断路器、隔离开关等设备的操作,而且还包括与高压回路有关的直流控制回路、继电保护与自动装置回路上的操作。当设备进行停电检修时,还包括装设各种安全措施,如挂接地短路线。尤其是在电气接线比较复杂的变电所中,一个操作任务往往有几十项,其中任意一项错误都可能造成严重后果。为此倒闸操作应遵守以下要求: (1)倒闸操作必须根据值班调度员或值班负责人命令,受令人复诵无误后执行。发布命令应准确、清晰,使用正规操作术语和设备双重名称,即设备名称和编号。发令人使用电话发布命令前,应先和受令人互报姓名。值班调度员发布命令的全过程和听取命

续表

项目	具体内容
倒闸操作	令的报告时，都要录音并做好记录。倒闸操作由操作人填写操作票，操作票由发令人用电话向值班员传达，值班员应根据传达，填写操作票，复诵无误，并在“监护人”签名处填入发令人的姓名。 （2）停电拉闸操作必须按照断路器（开关）→负荷侧隔离开关（刀闸）→母线侧隔离开关（刀闸）的顺序依次操作，送电合闸操作应按与上述相反的顺序进行。严防带负荷拉合刀闸。 （3）下列项目应填入操作票内：应拉合的断路器和隔离开关，检查断路器和隔离开关的位置，检查接地线是否拆除，检查负荷分配、装拆接地线、安装或拆除控制回路或电压互感器回路的保险器、切换保护回路等检验是否确无电压。 （4）开始操作前，应先在模拟图板上进行核对性模拟预演，无误后，再进行设备操作。操作前应核对设备名称、编号和位置，操作中应认真执行监护复诵制。发布操作命令和复诵操作命令都应严肃认真，声音洪亮清晰。必须按操作票填写的顺序逐项操作。每操作完一项，应检查无误后做一个“√”记号，全部操作完毕后进行复查。 （5）倒闸操作必须由两人执行，其中一人对设备较为熟悉者作监护。单人值班的变电站倒闸操作可由一人执行。特别重要和复杂的倒闸操作，由熟练的值班员操作，值班负责人或值长监护。 （6）操作中产生疑问时，应立即停止操作并向值班调度员或值班负责人报告，弄清问题后，再进行操作。不准擅自更改操作票，不准随意解除闭锁装置。 （7）用绝缘棒拉合隔离开关或经传动机构拉合隔离开关和断路器，均应戴绝缘手套。雨天操作室外高压设备时，绝缘棒应有防雨罩，还应穿绝缘靴。接地网电阻不符合要求的，晴天也应穿绝缘靴。雷电时，禁止进行倒闸操作。 （8）装卸高压熔断器（保险），应戴护目眼镜和绝缘手套，必要时使用绝缘夹钳，并站在绝缘垫或绝缘台上。 （9）断路器（开关）遮断容量应满足电网要求。如遮断容量不够，必须将操作机构用墙或金属板与该断路器（开关）隔开，并设远方控制，重合闸装置必须停用。 （10）电气设备停电后，即使是事故停电，在未拉开有关隔离开关和做好安全措施以前，也不得触及设备或进入遮拦，以防突然来电。 （11）雷电时，严禁进行倒闸操作和更换保险丝工作

考点2　电气设备维修操作的安全要求

项目	具体内容
高压电动机检修安全措施	（1）断开发电机、同期调相机的断路器和隔离开关。 （2）待电动机完全停止后，在操作把手、按钮、机组的启动装置，并车装置插座和盘车装置的操作把手上悬挂“禁止合闸！有人工作！”标示牌

续表

项目	具体内容
高压电动机检修安全措施	(3)若本机尚可从其他电源获得励磁电流，则此项电源必须断开，并悬挂“禁止合闸！有人工作！”的标示牌。 (4)断开断路器、隔离开关的操作能源。如调相机有启动用的电动机，还应断开此电动机的断路器和隔离开关，并悬挂“禁止合闸！有人工作！”的标示牌。 (5)将电压互感器从高、低压两侧断开。 (6)验明无电压后，在发电机和断路器间装设接地线。 (7)检修机组中性点与其他发电机的中性点连在一起的，则在工作前必须将检修发电机的中性点分开。 (8)禁止在转动着的电动机的回路上工作，或用手触摸高压绕组，必须不停机进行紧急修理时，应先将励磁回路切断，投入自动灭磁装置，然后将定子引出线与中性点短路接地。在拆装短路接地线时，应戴绝缘手套，穿绝缘靴或站在绝缘垫上，并戴护目眼镜
处理紧急事故时的安全防护	(1)当防爆膜破裂及其他原因造成大量气体泄漏时，需采取紧急防护措施，并立即报告有关上级主管部门。 (2)室内紧急事故发生后，应立即开启全部通风系统，工作人员根据事故情况，佩戴防毒面具或氧气呼吸器，进入现场进行处理。 (3)发生防爆膜破裂事故时应停电处理。 (4)防爆膜破裂喷出的粉末，应用吸尘器或毛刷清理干净。 (5)事故处理后，应将所有防护用品清洗干净，工作人员要洗澡。 (6)六氟化硫气体中存在的有毒气体和设备内产生的粉尘，对人体呼吸系统及黏膜等有一定的危害，一般中毒后会出现不同程度的流泪、打喷嚏、流鼻涕，鼻腔咽喉有热辣感，发音嘶哑、咳嗽、头晕、恶心、胸闷、颈部不适等症状。发生上述中毒现象时，应迅速将中毒者移至空气新鲜处，并及时进行治疗。 (7)要与有关医疗单位联系，制订可能发生的中毒事故的处理方案和配备必要的药品，以便发生中毒事故时，中毒者能够得到及时的治疗
安全防护用品的管理与使用	(1)设备运行、试验及检修人员使用的安全防护用品，应有专用防护服、防毒面具、氧气呼吸器、手套、防护眼镜及防护脂等。安全防护用品必须符合《个体防护装备配备规范第1部分：总则》规定并经国家相应的质检部门检测，具有生产许可证及编号标志、产品合格证者，方可使用。 (2)安全防护用品应存放在清洁、干燥、阴凉的专用柜中，设专人保管并定期检查，保证其随时处于备用状态。 (3)凡使用防毒面具和氧气呼吸器的人员要先进行体格检查，尤其是要检查心脏和肺功能，功能不正常者不能使用上述用品。 (4)对设备运行、试验及检修人员要进行专业安全防护教育及安全防护用品的使用训练。 (5)工作人员佩戴防毒面具或氧气呼吸器进行工作时，要有专门监护人员在现场进行监护，以防出现意外事故

续表

项目	具体内容
组织管理与劳动保健	(1)各级机构应在安全部门设立六氟化硫安全防护专责岗,负责有关六氟化硫气体安全防护工作。运行、检修、试验部门应有专职人员负责安全防护。六氟化硫安全防护应列入化学技术监督范畴。 (2)各类安全监测仪表要定期标定、校准,随时处于完好状态。 (3)对设备运行、检修及气体试验人员应给予营养保健补助。 (4)从事有关六氟化硫气体试验、运行、检修和监督的工作人员,每年应体检1~2次,体检项目应有特殊要求,如血象、呼吸系统、皮肤、骨质密度等,并建立健康档案

考点3 电力线路维修安全要求

项目	具体内容
线路巡视	巡线工作应由有电力线路工作经验的人员担任。单独巡线人员应考试合格并经工区(公司、所)主管生产领导批准。电缆隧道、偏僻山区和夜间巡线应由两人进行。暑天、大雪天等恶劣天气,必要时由两人进行。单人巡线时,禁止攀登电杆和铁塔。遇有火灾、地震、台风、冰雪、洪水、泥石流、沙尘暴等灾害发生时,如需对线路进行巡视,应制定必要的安全措施,并得到设备运行管理单位分管领导批准。巡视应至少两人一组。并与派出部门之间保持通信联络。 雷雨、大风天气或事故巡线,巡视人员应穿绝缘鞋或绝缘靴、汛期、暑天、雪天等恶劣天气和山区巡线应配备必要的防护用具、自救器具和药品。夜间巡线应携带足够的照明工具。 夜间巡线应沿线路外侧进行。大风时,巡线应沿线路上风侧前进,以免万一触及断落的导线。特殊巡视应注意选择路线,防止洪水、塌方、恶劣天气等对人的伤害。巡线时禁止泅渡。 进行配电设备巡视的人员,应熟悉设备的内部结构和接线情况。巡视检查配电设备时,不准越过遮拦或围墙。进出配电设备室(箱)应随手关门,巡视完毕应上锁。单人巡视时,禁止打开配电设备柜门、箱盖
测量工作	电气测量工作,至少应由两人进行,一人操作,一人监护。夜间进行测量工作,应有足够的照明。杆塔、配电变压器和避雷器的接地电阻测量工作,可以在线路带电的情况下进行。解开或恢复电杆、配电变压器和避雷器的接地引线时,应戴绝缘手套。严禁接触与地断开的接地线。测量低压线路和配电变压器低压侧的电流时,可使用钳形电流表,应注意不触及其他带电部分,防止相间短路。 带电线路导线的垂直距离(导线弛度、交叉跨越距离)可用测高仪或地面用抛挂绝缘绳的方法测量。严禁使用皮尺,线尺(夹金属丝者)等测量带电线路导线的垂直距离
砍伐树木	在线路带电情况下,砍伐靠近线路的树木时,工作负责人必须在工作开始前,向全体人员说明电力线路有电,不得攀登杆塔;树木、绳索不得接触导线。 上树砍剪树木时,不应攀抓脆弱和枯死的树枝。人和绳索应与导线保持安全距离

续表

项目	具体内容
砍伐树木	应注意马蜂,并使用安全带。不应攀登已经锯过的或砍过的未断树木。为了防止树木(树枝)倒落在导线上,应设法用绳索将其拉向与导线相反的方向。绳索应有足够的长度,以免拉绳的人员被倒落的树木砸伤。树枝接触高压带电导线时,严禁用手直接去取。砍剪的树木下面和倒树范围内应有专人监护,不得有人逗留,防止砸伤行人
临时接线的安全要求	(1)凡厂区内部所接用之临时电力、照明、试验线路(指电压在380 V以下者)均按要求执行。 (2)车间内部需要架设临时线,需要部门事先通知有关管电部门检查,认为架设符合安全规程时,填写“临时接线申请单”。经批准后,方可由电工进行架设。 (3)临时线最长使用期限为7天。如超过此期限,使用单位应按照电气安装规程正式安装,并拆除临时线,则不再作临时线处理。电气工作人员校验电气设备,使用临时线不超过1个工作日者,可不填写“临时接线申请单”,校验完毕后需本人负责拆除。 (4)临时线使用期满需要继续使用者,必须在期满前一天,续办延长使用手续,报有关部门批准,但最多不得超过一个月,否则必须拆除。 (5)装设临时线的一般安全要求: ①装设临时线须用绝缘良好的橡皮线,要采取悬空架设和沿墙敷设。架设时户内离地高度不得低于2.5 m,户外不得低于3.5 m。架设时需用专用电杆和专用瓷瓶固定。禁止在树上或脚手架上挂线。 ②全部临时线装置必须有一总开关控制,每一分路需装熔断器。 ③所有电气设备,金属外壳需有良好接地线(或接零线)。 ④分路线不得在灯头内并头,使用丁字接法并用胶布包好。 ⑤临时线与设备、水管、热水管、门窗等距离应在0.3 m以外,与道路交叉处不低于6 m

第七节 电气设备的防火防爆

考点1 电气火灾原因

项目	具体内容
危险温度引燃源	危险温度是电气设备过热造成的,而电气设备过热主要是由电流的热量造成的。电气设备正常的发热是允许的。例如,裸导线和塑料绝缘线的最高温度一般不得超过70 ℃,橡皮绝缘线的最高温度一般不得超过65 ℃。电动机定子绕组的最高温度,对应于所采用的A级、E级或B级绝缘材料分别为95 ℃、105 ℃或110 ℃,定子铁芯分别为100 ℃、115 ℃或120 ℃等。但当电气设备的正常运行遭到破坏时,发热量增加,温度升高,在一定条件下可以引起火灾。引起电气设备过度发热的不正常运行大体包括短路、过载、接触不良、铁芯发热、散热不良和漏电

续表

项目	具体内容
电热器具和照明灯具引燃源	(1)电热器是将电能转换成热能的用电设备。常用的电热器具有电炉、电烘箱、电熨斗、电烙铁、电褥子等。 (2)电炉电阻丝的工作温度高达800 ℃,可引燃与之接触的或附近的易燃物。电炉连续工作时间过长,将使温度过高(恒温炉除外)烧毁绝缘材料,引燃起火;电炉电源线容量不够,可导致发热起火;电炉丝使用时间过长,截短后继续使用,将增加发热,乃至引燃成灾。 (3)电烤箱内物品烘烤时间过长,温度过高可能引起火灾。使用红外线加热装置时,如误将红外光束照射到可燃物上,可能引起燃烧。 (4)电熨斗和电烙铁的工作温度高达500~600 ℃能直接引燃可燃物。电褥子通电时间过长,将使电褥子温度过高而引起火灾,电褥子铺在床上,经常受到挤压、揉搓、折叠、致使电热元件受到损坏,如电热丝发生短路,将因过热而引起火灾;将电褥子折叠使用,破坏其散热条件,可导致起火燃烧。 (5)灯泡和灯具工作温度较高,如安装、使用不当,均可能引起火灾。 (6)电火花是电极间的击穿放电,电弧是大量的火花汇集成的。 (7)一般电火花的温度很高,特别是电弧,温度可高达3 000~6 000 ℃。因此,电火花和电弧不仅能引起可燃物燃烧,还能使金属熔化、飞溅,构成危险的火源。在有爆炸危险的场所,电火花和电弧更是一个十分危险的因素

考点2　电气防火

项目	具体内容
从系统或结构设计上防止电气火灾	(1)正常运行的电气设备产生的热和热辐射应采取隔热、散热、强迫冷却等措施,材料选择方面防止设备过热或自燃。 (2)对于短路、过载、故障电流,过电压等原因而造成的火灾隐患,应采取过电流防护等措施。 (3)电气设备运行时必须考虑外部条件可能引发火灾,采取相应的防护措施。 (4)电气设备设计时必须考虑其应用环境条件,如在易燃易爆场所使用的电气设备,必须采取特殊的结构设计,以防止电火花、电弧等引发火灾和爆炸
防止安装不当造成电气火灾	安装不当有两层含意:一指有章不循,违章安装;二指设备的安装规定不符合防火要求。电气设备其安装应符合下列要求。 (1)固定式设备的表面温度能够引燃邻近的物料时: ①将其安装在能够承受这种温度,且具有低热导的物料之上或之中。 ②用低热导的物料将该设备或装置与邻近易燃物料隔开。 ③安装位置与邻近易燃物料之间保持足够的安全距离,以利于热量的安全扩散

续表

项目	具体内容
防止安装不当造成电气火灾	(2)在正常工作中可以产生电弧或火花的电气设备或装置: ①用耐弧物料将其全部围隔起来。 ②在这种电气设备或装置与可能引起有害热效应的邻近建筑物或物料之间,用耐弧材料隔开。 ③设备或装置的安装位置与可能引起有害热效应的邻近建筑物或物料之间,保持足够的距离,以便安全消弧。 ④用于隔离或围栏的耐弧材料必须是不燃的、低热导的,而且为了保持机械稳定性,还必须具有足够的厚度。 (3)具有局部热聚集或热集中的电气设备,在安装和使用时必须保持足够的距离,以防止在正常工作中引燃可燃性物料。 (4)对于内含足够数量的可燃性液体的电气设备,如变压器,应防止这些液体或可燃烧产物(如火焰、烟尘、有毒气体等)的有害扩散,可采取如下措施: ①设置排放坑以收集可能溢出的液体或故障情况下有意排放的液体,并应配置有效的灭火设施。 ②将此类设备安装在单独封闭的小室内,小室设置较高的门槛或采取其他能防止燃烧液体蔓延到小室以外的措施,这种小室要设置单独的通风管路通往室外。 ③最好在火灾开始时切断供电。 ④当设备内含可燃性液体较少时,可在结构上采取防漏措施。 ⑤电气设备周围的外护物的材料必须能够承受电气设备可能出现的最高温度。 ⑥将防火涂料喷涂或贴敷在可燃性基材表面,可以降低材料表面的燃烧特性,阻滞火灾迅速蔓延,施加在建筑物上可以提高构件的耐火极限
防止使用不当造成电气火灾	按设备使用说明书中规定的操作程序进行操作。某些典型电气设备应符合如下要求: (1)强迫鼓风加热系统及其他空调系统的操作程序为:开机时先鼓风后加热;停机时先停止加热再停止鼓风。 (2)所有电热设备(包括工业与民用电熨斗、电烙铁、电炉、电烘干箱等电热器具)用后要拉闸断电。 (3)大容量熔断器、隔离开关,在装换前应先拉闸断电,不得带负载拉断,以防止电弧引发火灾。 在安装有一般电气设备,特别是需要经常开断的低压电器的场所,严禁可能产生可燃性气体或粉尘的操作,如严禁用汽油清洗零件或地板,以避免电火花、电弧引发火灾或爆炸。在易燃易爆场所应采用防爆电器。 一般电气设备不得带故障或超载运行

续表

项目	具体内容
防止使用不当造成电气火灾	在使用电热烘干箱的工序应做到： (1)控制温度使其不得随意提高，以防止被烘干物料的自燃。 (2)烘干过程中易产生可燃性液滴，气体的物料不得放入一般的电热烘干设备内烘干
根据使用的外部条件防止电气火灾	电气装置的防护措施除应考虑上述通用的因素外，还应考虑与设备应用条件直接相关的因素。例如，装在建筑物内的电气设备和户外设备，在确定防火措施时所考虑的因素是有差异的，在固定场所使用与移动场所使用，其考虑因素也是不一致的

考点3　电气设备火灾的灭火方法

项目	具体内容
灭火的基本原理	一切灭火措施，都是为了破坏已经产生的燃烧条件或使燃烧反应消失，将已燃烧的物体与助燃剂（氧气）隔绝和将已燃烧的物体与附近可燃物隔离，实践证明灭火可采用以下四种基本方法。 1. 隔离法 使已燃物与未燃物隔离，从而限制火灾的范围。常用的隔离灭火措施有：拆除毗连燃烧处的建筑、线路、设备等；断绝燃烧的气体、液体的来源和切断电源等；堵截流散的燃烧液体，如采用变压器油、开关油挡拦，使其流向蓄油坑。 2. 窒息法 减少燃烧区域的氧气量，隔绝新鲜空气流入燃烧区，从而使燃烧熄灭。常用的窒息法灭火措施有：往燃烧物上喷射氮气、二氧化碳、四氯化碳；往着火的空间灌输惰性气体、水蒸气，喷洒雾状水、泡沫；用砂、土埋没燃烧物；用石棉被、湿麻袋、湿棉被等捂盖燃烧物；封闭已着火的设备孔洞等。 3. 冷却法 降低燃烧物的温度，使温度低于燃点，促使燃烧过程停止。常用的冷却法灭火措施有：用水直接喷射燃烧物；往火源附近的未燃烧物体浇水；喷射二氧化碳、泡沫。 4. 抑制法 中断燃烧的连锁反应的方法，往燃烧物上喷射干粉灭火剂覆盖火焰，从而中断燃烧。 在扑灭电气火灾中，要根据电气设备的特点和周围环境情况，采用适当的方法进行灭火
对灭火人员的安全技术要求	在灭火时，要求灭火人员既要发扬勇敢精神，又要沉着、镇静，掌握好灭火安全技术要求，服从统一指挥，要紧张而有秩序地进行灭火。其具体应注意以下几点： (1)当灭火人员身上着火时，可就地打滚或撕脱衣服，不能用灭火器直接向灭火人员身上喷射。应该用湿麻袋、石棉被、湿棉被等将灭火人员覆盖。 (2)灭火人员应尽可能站在上风位置进行灭火，当发现有毒烟气（如有电缆燃烧）威胁人的生命时，应戴上防毒面具

续表

项目	具体内容
对灭火人员的安全技术要求	(3)发现有灭火人员受伤要立即送往医院进行抢救。如果有人触电,应立即进行现场触电急救。 (4)在灭火过程中,要防止中断电源,以免给灭火工作带来困难。当火灾发生在夜间时,应备足够的照明和消防用电。 (5)当火焰蹿上屋顶时,在场人员要特别注意防止屋顶上的可燃物(如沥青、油毡等)着火后落下而烧着设备和人。灭火人员要注意所站的屋梁,要防止木梁烧断,人跌火海。 (6)电气设备发生火灾时,首先要立即切断电源,然后进行灭火;无法切断电源时,要采取带电灭火保护措施,以保证灭火人员的安全和防止火势蔓延扩大。 (7)发电厂的转动设备和电气元件着火时,不准使用泡沫灭火器和砂土灭火。 (8)室内着火时,千万注意不要急于打开门窗。防止空气流通而加助火势,只有在做好充足灭火准备之后,才能有选择地打开门或窗
电气设备着火灭火的安全措施	1. 电气火灾的特点 (1)着火后电气装置可能仍然带电且因电气绝缘损坏或带电导线断落等发生接地短路事故,在一定范围内存在着危险的接触电压和跨步电压,灭火时如不注意或未采取适当的安全措施,会引起触电伤亡事故。 (2)有些电器设备本身充有大量的油,如变压器、油开关,电容器等,受热后有可能喷油,甚至爆炸,造成火灾蔓延并危及救火人员的安全。所以,扑灭电气火灾,应根据起火的场所和电气装置的具体情况,做一些特殊规定。 2. 扑灭电气火灾的安全措施 发生电气火灾时,应尽可能先切断电源,而后再扑救,以防人身触电。切断电源时应注意以下几点: (1)停电时,应按规程所规定的程序进行操作,严防带负荷拉刀闸。在火场内的开关和刀闸,由于烟熏火烤,其绝缘可能降低或破坏,因此操作时应戴绝缘手套,穿绝缘靴并使用相应电压等级的绝缘工具。 (2)切断带电线路导线时,切断点应选择在电源侧的支持物附近,以防导线断落后触及人体或短路。切断低压多股绞合线时,应分相剪断且应使用有绝缘手柄的电工钳。 (3)在剪断电源线时,火线和地线应在不同部位剪断,防止发生线路短路。 (4)如果线路上带有负荷,应先切除负荷后再切断现场电源。 (5)夜间发生电气火灾、切断电源时,应考虑临时照明问题,以利于扑救。 (6)需要电力部门切断电源时,应迅速用电话联系,说清情况。切断电源后的电气火灾,多数情况下可按一般性火灾扑救。 3. 不切断电源灭火的保安措施 发生电气火灾,如果由于情况危急,为争取灭火时机,或因其他原因不允许和无法及时切断电源时,就要带电灭火。为防止人身触电,应注意以下几点: (1)扑救人员及所使用的导电消防器材与带电部分应保持安全距离

续表

项目	具体内容
电气设备着火灭火的安全措施	(2)高压电气设备或线路发生接地时，室内扑救人员不得进入距故障点 4 m 以内；室外，扑救人员不得接近距故障点 8 m 以内的范围。进入上述范围内的扑救人员必须穿绝缘靴，接触设备的外壳和架构时，应戴绝缘手套。 (3)扑救架空线路的火灾时，人体与带电线之间的仰角不应大于 45°并应站在线路外侧，以防导线断落后触及人体。 (4)应使用不导电的灭火剂灭火，如二氧化碳、四氯化碳和化学干粉等灭火剂。因泡沫灭火剂导电，在带电灭火时禁止使用。 (5)使用水枪带电灭火时，扑救人员应穿绝缘靴，戴绝缘手套并应将水枪金属喷嘴接地。接地线可采用截面为 2.5～6 mm^2、长 20～30 m 的编织软导线，接地极采用暂时打入地下的长 1 m 左右的角钢、钢管或铁棒。接地线和接地极之间应连接可靠。有条件时带电灭火应穿均压服
变压器着火的灭火	变压器着火的主要原因是由于变压器套管的破损或闪络，油在油枕的压力下流出，并在顶盖上燃烧；或者变压器内部发生故障，使油燃烧并且使外壳破裂等。 变压器着火后，其处理方法如下：变压器着火后，值班人员应监视变压器是否已跳闸，若未跳闸应立即拉开各侧断路器，切断电源进行灭火，并迅速投入备用电源，恢复供电。 如果油在变压器顶盖上燃烧，应从故障变压器的一个油门把油面放低一些，并向变压器外壳浇水，使油冷却而不易燃烧。如果变压器外壳炸裂着火，必须使变压器所有的油都放到储油坑或储油槽中去。 变压器灭火时，最好在切断电源后用泡沫灭火器或特种喷水器来扑救，不得已时也可用砂子灭火

第八节　电力生产安全管理

考点 1　安全生产的规律及管理体系

项目	具体内容
安全生产的规律	安全生产的规律表现在以下四个方面： (1)长期性：安全生产要发动群众，持之以恒，不能一阵风，群众活动要与专业工作相结合。抓好组织建设，建立局(厂)、车间、班组三级安全员网，工厂、农村护线员网，用电监察网等，做到制度化、经常化。 (2)复杂性：安全生产涉及面广、量大，情况又在不断地变化，要抓典型、深入实际调查研究，总结经验，以点带面。 (3)艰巨性：安全生产要经过艰苦奋斗，做极大的努力才能达到，一定要防止骄傲自满克服事故难免论，从工作中找不安全因素，从事故中吸取教训，做好矛盾转化，把坏事变

续表

项目	具体内容
安全生产的规律	为好事,掌握安全生产的主动权。 (4)科学性:安全生产是事故发生的客观规律,要正确处理“人与物”的关系,健全必要的规章制度,掌握电气安全技术知识,搞好安全生产
安全生产管理体系	1. 思想保证系统 思想保证系统是整个保证体系的基础。该系统的主要任务是正确处理安全与生产、安全与效益、安全与业务的关系,统一思想,协调各项工作。它的主要内容是贯彻落实“安全第一、预防为主”的方针。 2. 组织保证系统 组织保证系统在整个体系中起保证作用。主要在于明确各级人员的安全责任制、安全监察系统办事细则和群众性安全监察网的组织和管理办法。整个体系的安全管理工作按生产管理系统和生产流程,组成一个分工明确、上下左右连贯、信息畅通、指挥灵活的整体。 3. 人员保证系统 人员保证系统的主要任务是确保各个岗位和环节上的人员都是合格的,对各类人员实施教育的主要内容和方法都有明确的规定,对乡电管站人员、村(屯)电工、电机手的教育培训纳入人员保证系统之内。 4. 物质保证系统 物质保证系统的主要任务是确保设备从新建投入运行直到退役始终处在监控之中。新工程的安全质量管理,运行设备的安全管理以及“两措”(安全技术劳动保护措施计划,简称安措;反事故措施计划,简称反措,两者合称“两措”)的管理和落实都是该系统的工作内容。 5. 监督保证系统 监督保证系统的主要任务是确保信息畅通,监督各个子系统的运行状态,加强各个子系统的管理。主要内容有信息反馈流程、会议汇报制度等。 6. 促进系统 促进系统的主要任务是加强安全生产的目标管理,通过竞赛,奖惩调动职工安全生产的积极性
安全生产管理全过程要求	安全生产的全过程管理应达到如下要求: (1)电网结构合理,发供电设备能够长期安全稳定运行,达到预期的经济效益。 (2)从规划、设计、制造、施工安装、调试到生产运行、检修等各阶段都有健全的安全与质量的规程、标准,并认真贯彻执行。 (3)各部门的人员在数量和素质上均能满足安全生产的要求。 (4)各单位都有健全的安全、质量保证体系和监督体系,确保“安全第一、预防为主”方针的贯彻。 (5)能及时、全面地把生产运行阶段反馈的有关安全和质量方面的信息,作为全过程改进和提高安全、质量水平的主要依据,并及时改进

续表

<table>
<tr><th>项目</th><th>具体内容</th></tr>
<tr><td>安全生产的全过程管理阶段</td><td>1. 规划设计制造阶段
（1）规划设计工作应严格按国家和部颁规程中的有关规定进行，充分听取生产部门的意见，满足生产部门提出的合理要求，如生产部门与设计部门有不同意见，应报上级主管部门协调。
（2）设计部门应按规定编制《安全和劳动卫生》专篇，对人身安全、消防、防爆、防暑降温、防腐蚀、工业卫生等都应有完善的措施，符合国家的有关规定。
（3）在审核设计文件和图纸时，各级审查人员应对设计负有安全责任。
（4）设计部门要及时吸取生产中反馈的威胁安全生产的问题和事故教训改进设计，必要时修改设计标准。
（5）设备购置合同签订后，必要时生产单位应会同施工单位分别派熟悉业务、责任心强的人员到制造厂对订购的设备生产全过程的质量进行现场监造。
2. 施工安装调试阶段
（1）一切设备和建筑设施的施工安装均应严格按设计图纸资料和制造厂说明书进行。
（2）工程中的有关安全和劳动卫生的项目不得任意削减。
（3）在施工安装工程中，施工单位应会同生产单位加强质量监督，严格执行验收制度，质量不合格的不验收，没有经验收合格的设备不能试运行，工程项目未全部完成的机组设备不能投产。
（4）新建、扩建工程必须贯彻执行安全技术、劳动保护、环境保护措施与主体工程同时设计、同时施工、同时投产的“三同时”原则。
（5）改建、扩建工程施工影响生产设备系统安全运行时，施工单位应在生产单位的配合下，按规定采取完善的安全技术措施，确保人身和设备安全。
3. 生产准备阶段
（1）新建、扩建工程项目初步设计经过审批后，生产单位应按规定提前配备生产人员并组织培训。
（2）生产单位在新设备投产前，应组织专业人员结合实际，编制各种现场规程制度和技术管理基础资料，经审批后，组织有关人员学习并通过考试合格后上岗。
（3）生产单位在新设备投产前应指派有关人员参加新设备的安装调试工作。
（4）生产单位在新设备试运行前应完善各种安全措施，编制新设备启动投运操作方案。
4. 生产运行阶段
（1）新建、扩建火力发电设备移交生产后实行半年试生产制度，试运行的好坏，作为对设计、制造、施工安装等安全质量评价的主要依据之一。
（2）在新设备移交生产时，施工单位应按规定向生产单位移交各种图纸资料、安装记录、备品备件、专用试验设备等。
（3）不断通过对设备的运行维护、检修、定期试验和故障分析，及时掌握设备部件的磨损和老化规律，搞好更新改造工作，使设备保持完好的技术状态。要根据现场情况的变化和技术进步，不断修订充实现场规程，保证其准确无误</td></tr>
</table>

续表

项目	具体内容
安全生产的全过程管理阶段	(4)设备检修应坚持“应修必修、修必修好”的原则，开展全面质量管理。 (5)要开展现场培训，定期轮训，不断提高运行人员的素质和技术水平。 (6)改善各项劳动条件，保证安全设施应同生产设施一样，及时进行维护、检修和管理。 (7)对事故、障碍、异常要认真对待，按“四不放过”的原则，及时总结经验改进工作

考点 2　电力安全生产的监督管理

项目	具体内容
电力安全生产的监督管理	国家能源局及其派出机构依照《电力安全生产监督管理办法》，对电力企业的电力运行安全(不包括核安全)、电力建设施工安全、电力工程质量安全、电力应急、水电站大坝运行安全和电力可靠性工作等方面实施监督管理。国家能源局依法负责全国电力安全生产监督管理工作。国家能源局派出机构(以下简称“派出机构”)按照属地化管理的原则，负责辖区内电力安全生产监督管理工作。 涉及跨区域的电力安全生产监督管理工作，由国家能源局负责或者协调确定具体负责的区域派出机构；同一区域内涉及跨省的电力安全生产监督管理工作，由当地区域派出机构负责或者协调确定具体负责的省级派出机构。 50 兆瓦以下小水电站的安全生产监督管理工作，按照相关规定执行。50 兆瓦以下小水电站的涉网安全由派出机构负责监督管理。 国家能源局及其派出机构应当采取多种形式，加强有关安全生产的法律法规、制度和标准的宣传，向电力企业传达国家有关安全生产工作各项要求，提高从业人员的安全生产意识。 国家能源局及其派出机构应当建立健全电力行业安全生产工作协调机制，及时协调、解决安全生产监督管理中存在的重大问题。 国家能源局及其派出机构应当依法对电力企业执行有关安全生产法规、标准和规范情况进行监督检查。 国家能源局组织开展全国范围的电力安全生产大检查，制定检查工作方案，并对重点地区、重要电力企业、关键环节开展重点督查。派出机构组织开展辖区内的电力安全生产大检查，对部分电力企业进行抽查。 国家能源局及其派出机构对现场检查中发现的安全生产违法、违规行为，应当责令电力企业当场予以纠正或者限期整改。对现场检查中发现的重大安全隐患，应当责令其立即整改；安全隐患危及人身安全时，应当责令其立即从危险区域内撤离人员。 国家能源局及其派出机构应当监督指导电力企业隐患排查治理工作，按照有关规定对重大安全隐患挂牌督办

续表

项目	具体内容
电力安全生产的监督管理	国家能源局及其派出机构应当统计分析电力安全生产信息，并定期向社会公布。根据工作需要，可以要求电力企业报送与电力安全生产相关的文件、资料、图纸、音频或视频记录和有关数据。 国家能源局及其派出机构发现电力企业在报送资料中存在弄虚作假及其他违规行为的，应当及时纠正和处理。 国家能源局及其派出机构应当依法组织或参与电力事故调查处理。 国家能源局组织或参与重大和特别重大电力事故调查处理；督办有重大社会影响的电力安全事件。派出机构组织或参与较大和一般电力事故调查处理，对电力系统安全稳定运行或对社会造成较大影响的电力安全事件组织专项督查。 国家能源局及其派出机构应当依法组织开展电力应急管理工作。 国家能源局负责制定电力应急体系发展规划和国家大面积停电事件专项应急预案，开展重大电力突发安全事件应急处置和分析评估工作。派出机构应当按照规定权限和程序，组织、协调、指导电力突发安全事件应急处置工作。 国家能源局及其派出机构应当组织开展电力安全培训和宣传教育工作。 国家能源局及其派出机构配合地方政府有关部门、相关行业管理部门，对重要电力用户安全用电、供电电源配置、自备应急电源配置和使用实施监督管理。 国家能源局及其派出机构应当建立安全生产举报制度，公开举报电话、信箱和电子邮件地址，受理有关电力安全生产的举报；受理的举报事项经核实后，对违法行为严重的电力企业，应当向社会公告

考点3　电力安全事故应急处置和调查处理

项目	具体内容
事故分类	电力安全事故是指电力生产或者电网运行过程中发生的影响电力系统安全稳定运行或者影响电力正常供应的事故（包括热电厂发生的影响热力正常供应的事故）。 根据电力安全事故（以下简称事故）影响电力系统安全稳定运行或者影响电力（热力）正常供应的程度，事故分为特别重大事故、重大事故、较大事故和一般事故。事故等级划分标准的部分项目需要调整的，由国务院电力监管机构提出方案，报国务院批准
事故应急处置	国务院电力监管机构依照《中华人民共和国突发事件应对法》和《国家突发公共事件总体应急预案》，组织编制国家处置电网大面积停电事件应急预案，报国务院批准。有关地方人民政府应当依照法律、行政法规和国家处置电网大面积停电事件应急预案，组织制定本行政区域处置电网大面积停电事件应急预案。处置电网大面积停电事件应急预案应当对应急组织指挥体系及职责、应急处置的各项措施、以及人员、资金、物资、技术等应急保障作出具体规定。 电力企业应当按照国家有关规定，制定本企业事故应急预案

续表

项目	具体内容
事故应急处置	电力监管机构应当指导电力企业加强电力应急救援队伍建设，完善应急物资储备制度。 事故发生后，有关电力企业应当立即采取相应的紧急处置措施，控制事故范围，防止发生电网系统性崩溃和瓦解；事故危及人身和设备安全的，发电厂、变电站运行值班人员可以按照有关规定，立即采取停运发电机组和输变电设备等紧急处置措施。 事故造成电力设备、设施损坏的，有关电力企业应当立即组织抢修。 根据事故的具体情况，电力调度机构可以发布开启或者关停发电机组、调整发电机组有功和无功负荷、调整电网运行方式、调整供电调度计划等电力调度命令，发电企业、电力用户应当执行。 事故可能导致破坏电力系统稳定和电网大面积停电的，电力调度机构有权决定采取拉限负荷、解列电网、解列发电机组等必要措施。 事故造成重要电力用户供电中断的，重要电力用户应当按照有关技术要求迅速启动自备应急电源；启动自备应急电源无效的，电网企业应当提供必要的支援。 事故造成电网大面积停电的，有关地方人民政府及有关部门应当立即组织开展下列应急处置工作： （1）加强对停电地区关系国计民生、国家安全和公共安全的重点单位的安全保卫，防范破坏社会秩序的行为，维护社会稳定。 （2）及时排除因停电发生的各种险情。 （3）事故造成重大人员伤亡或者需要紧急转移、安置受困人员的，及时组织实施救治、转移、安置工作。 （4）加强停电地区道路交通指挥和疏导，做好铁路、民航运输以及通信保障工作。 （5）组织应急物资的紧急生产和调用，保证电网恢复运行所需物资和居民基本生活资料的供给
事故调查处理	特别重大事故由国务院或者国务院授权的部门组织事故调查组进行调查。重大事故由国务院电力监管机构组织事故调查组进行调查。较大事故、一般事故由事故发生地电力监管机构组织事故调查组进行调查。国务院电力监管机构认为必要的，可以组织事故调查组对较大事故进行调查。未造成供电用户停电的一般事故，事故发生地电力监管机构也可以委托事故发生单位调查处理。 根据事故的具体情况，事故调查组由电力监管机构、有关地方人民政府、安全生产监督管理部门、负有安全生产监督管理职责的有关部门派人组成；有关人员涉嫌失职、渎职或者涉嫌犯罪的，应当邀请监察机关、公安机关、人民检察院派人参加。根据事故调查工作的需要，事故调查组可以聘请有关专家协助调查。事故调查组组长由组织事故调查组的机关指定。 事故调查组应当按照国家有关规定开展事故调查，并在下列期限内向组织事故调查组的机关提交事故调查报告

续表

项目	具体内容
事故调查处理	（1）特别重大事故和重大事故的调查期限为60日；特殊情况下，经组织事故调查组的机关批准，可以适当延长，但延长的期限不得超过60日。 （2）较大事故和一般事故的调查期限为45日；特殊情况下，经组织事故调查组的机关批准，可以适当延长，但延长的期限不得超过45日。 事故调查期限自事故发生之日起计算。 事故调查报告报经组织事故调查组的机关同意，事故调查工作即告结束；委托事故发生单位调查的一般事故，事故调查报告应当报经事故发生地电力监管机构同意。有关机关应当依法对事故发生单位和有关人员进行处罚，对负有事故责任的国家工作人员给予处分。事故发生单位应当对本单位负有事故责任的人员进行处理

第九节　电网安全管理

考点1　电力生产的特点及电网事故

项目	具体内容
电网事故	电网安全是指运行中所有电力设备，必须在不超过它们所允许的电流、电压和频率的幅值及时间限额内运行，不安全的后果可能导致电力设备的损坏。电网稳定，是电网可经连续地向负荷正常供电的状态，稳定的破坏，将导致电网的瓦解和大面积停电事故。电网的安全稳定运行具有特别重要的意义，这是由电力生产特点和电网事故的严重后果所决定的。 1. 大电网瓦解事故 大电网瓦解事故是指联网运行的电力系统，由于事故而分裂成两块及以上的孤立电网。引起电网瓦解的原因是多种多样的，如线路大面积污闪事故，稳定破坏事故，单一事故引发连锁反应等。由于分裂后的孤立电网往往做不到区域内的发电、用电平衡，因此电网瓦解常带来大面积停电的严重后果。 2. 稳定破坏事故 稳定破坏事故是指并网运行的发电机组之间失去同步运行。失去同步运行稳定性的后果是系统发生振荡，引起电网中枢点电压、发输电设备的电流大幅度地周期振荡。电网因不能连续向负荷正常供电而不能持续运行，如果处理不当，将引起系统的大面积停电。同步稳定性一般分为三种，即静态、动态和暂态稳定。 3. 电压崩溃事故 电压崩溃事故是指受端电网因为严重缺乏无功功率而失去电压稳定性的情况。电网失去电压稳定性的后果，则是系统的电压崩溃，使受影响的地区全部停电。电压崩溃有两种形式：一是由于受端负荷持续增长，电网电压逐渐下降，最后发生不可逆转的崩溃

续表

项目	具体内容
电网事故	现象，这种形式称为静态电压稳定性破坏；二是由于主设备故障，如一台大机组或主联络线跳闸，使受端出现较大无功缺额，电压突然严重下降且不能恢复，导致电压崩溃，这种形式称为动态电压稳定性破坏。 4. 频率崩溃事故 频率崩溃事故是指电网由于有功功率缺乏而导致系统频率下降，最后失去频率稳定性的现象。失去频率稳定性的后果，是发生频率崩溃，引起整个系统全部停电。引起频率崩溃的原因多是大机组跳闸（或全厂停电），重要送、受电联络线跳闸，使电网突然出现大量的有功功率缺额
电网安全运行的条件	在电网的运行中，经常可能出现各种干扰和事故，发生事故的原因是多方面的，如自然灾害、设备缺陷、人为错误等。其中，很多因素是不可能预测和控制的，所以在电网的实际运行中绝对不发生事故是不可能的。重要的问题是应该尽量减小出现事故的概率；在出现事故后，应依靠电网本身的能力、继电保护和自动装置的作用、运行人员的控制和操作，使事故得到及时处理，尽量减小事故的范围及其所带来的影响和损失。 保证电网安全稳定运行的三项基本条件为： （1）有一个合理的电网结构。 （2）采取了各种可行的保证电网安全稳定运行的措施。 （3）建立了保证电网安全稳定运行的最后一道防线

考点 2　电力系统调度管理

项目	具体内容
电力调度管理任务	电网调度负责电力系统的生产运行工作，因此调度管理的任务是电力工业的基本任务。对调度专业的要求，主要有以下几方面： （1）尽设备最大能力满足用电负荷的要求。 （2）保证安全用电。 （3）保证电能质量。 （4）经济合理利用能源
电网调度的基本工作	（1）预测负荷：要求预测月、日最大最小负荷，日负荷预测应分 24 h 编制，作出负荷曲线。 （2）平衡电源：根据负荷大小，编制发电任务，并确定机组的检修和备用方式。 （3）倒闸操作：电力系统中送电线路，涉及两个以上单位的，由调度指挥送电和倒闸操作。 （4）事故处理：电网事故也是灾害、严重事故，可能危及人们的生命财产，造成国民经济的损失，所以必须正确地迅速处理事故，尽快恢复正常供电

续表

项目	具体内容
电网调度的基本工作	(5)经济调度:调整有功和无功负荷,使之最经济运行。这里最重要的是水电的充分利用。水电站溢流时应让水电满发,这个效益是最显著的。 (6)计划用电:这是一项很重要的工作,特别是在缺电情况下,必须按照供电能力实行严格的计划用电

第十节　电力安全生产危险点及预控

考点 1　电力安全生产危险点综合预控

项目	具体内容
以状态评估设备安全预控法	设备安全全过程预控包括规划、设计、选型、监造、安装调试、运行、检修、评估、改造直至报废的整个过程。作为每一设备单元,其全过程预控又可分为前期预控、后期预控及报废三个阶段。运行设备的状态评估是整个设备安全预控的中心环节。设备状态评估要以运行信息(包括缺陷、可靠性、在线监测量、运行量等)和检试信息(包括检修质量、历史试验数据、总结等)为依据。状态评估后的信息不仅要反馈到该类设备设计和选型阶段,为改进设备的设计、选型提供依据,也要反馈到设备的检修、运行管理,以此来指导和改进该设备的检修工艺,提高质量,调整试验周期,同时还要从技术、经济、安全的角度进行综合评估,考虑该设备是否要改造或更新,从而形成闭环并循环的运行系统
以危险点预控事故	危险点预控技术是指对有可能引起人为失误事故的人的不安全行为和物的不安全状态进行提前预测和预防的方法。它的侧重面在于控制作业过程中的不安全因素。 危险点预控技术的基础工作是危险点的识别、预测和分析,要求各级领导和全体职工对每项工作、每个单元设备和环境情况进行全面仔细的预测和查找,并实施危险点动态管理。 危险点预控的最终目的是实现安全生产。危险点预控就是要运用现有技术和管理手段,达到最优的安全水平。危险点预控技术有宏观控制技术和微观控制技术两大类。宏观控制技术以整个研究系统为控制对象,对危险点进行控制。微观控制技术以具体的危险点为控制对象,对危险点进行控制,所采取的手段主要是整改措施、组织措施、安全技术措施、预警提醒和监护等。在实施过程中,重点在于开展标准化、规范化作业,这也是实现人为失误事故预控的关键所在
以安全性评价预控	安全性评价也称危险性评价或风险评价,它是综合运用安全系统工程的方法对系统的安全性进行预测和度量的一种科学方法。就是对系统存在的危险性进行定性和定量分析,得出系统发生危险的可能性及其程度的评价,以寻求最低事故率、最少的损失和最优的安全投资效益。企业进行安全性评价,可使宏观管理抓住重点、分类指导,也可

续表

项目	具体内容
以安全性评价预控	为微观管理提供可靠的基础数据，是实现现代化科学管理的重要环节，是实现“创造一个良好的工作环境，保证职工安全和健康”的有力措施。安全性评价一般可分为三种情况： (1) 对过去状态的安全评价。通过对以往事故资料的分析评价，使人们了解该系统的危险源和危险程度，以寻求有效的对策。 (2) 对系统设计阶段的安全评价。预测系统的危险性，以便尽可能在设计制造阶段减少或消除系统的危险性。 (3) 对正在运行的系统的安全评价。在事故发生前对已存在的工艺过程，设备情况，环境条件，人员素质和管理水平等综合情况作安全方面的概括。这对消除危险，防止灾害和更好地保证系统安全是十分重要的

考点 2 电气设备安全预控

项目	具体内容
电网规划安全预控	合理的电网结构是电网安全稳定运行的物质基础。电网规划，总体要求是经济合理，安全可靠，调度灵活，具有一定的应变能力，并符合潮流要求，网络结构简明。供电企业在规划工作中应遵循的原则： (1)“适度超前”的原则，即电网建设相对于地方经济的发展应有一定的前瞻性、超前度。 (2)贯彻“分层分区”的原则。电网规划应重点研究目标网架，对目标网架选择最高电压，确定输电方式和供电规模，优化电网结构，并进行稳定性评价。 (3)坚持建设与改造相结合的原则。电网的建设与改造，应首先解决电网的薄弱环节，改善装备性能，逐步加强电网结构
设备的设计和选型安全预控	设计是“龙头”，设计单位应具有相应设计资质，拥有一批高素质、敬业的设计人员至关重要。设计人员应具有多年实践经验，对工程有全面的了解，设计过程中要有全局观，能借鉴企业和系统中设计的成功典范，并能深入检修、运行等部门及用户，听取各方向的意见。设计出图后，应进一步征求企业安全生产负责人、总工程师及有关职能部门专业技术人员的意见后，上报审查
设备的监造安全预控	设备使用单位，可派人去制造厂对所订购设备的生产全过程进行现场监造。后期，应组织继电保护、检修、变压器、高压试验等各专业技术人员对设备进行初步验收，并及时反馈验收情况，以利于厂方改进
设备的安装、验收安全预控	安装单位应具有按设计要求进行施工的能力，具有健全的质量监督体系，并经过资格审查。安装单位的选择应逐步推行招标制。安装单位应贯彻用户至上、质量第一的方针，对施工质量负全责。所有的设备在安装过程中，应严格按安装规范和技术要求进行，如设备接地均应可靠和符合规范等

续表

项目	具体内容
设备的技术监督	电力工业技术监督是通过技术手段，对设备在设计、制造、安装、调试、运行等全过程的内部过程和微观变化进行监督，掌握设备、材料和介质状况的变化趋势并判断其安全程度，从而采取预控措施，防患于未然。技术监督工作以质量为中心、以标准为依据，以计量为手段，建立质量、标准、计量三位一体的技术监督体系。依靠科技进步，采用和推广成熟、行之有效的新技术、新方法，不断提高技术监督的专业水平。技术监督的主要内容有：电能质量监督、金属监督、化学监督、绝缘监督、节能监督和继电保护监督等
设备状态评估	状态检修工作是一个滚动积累不断发展的过程，根据状态检修优化流程，规范设备状态评估方法和要求，将有效地指导设备检修，优化检修方案。 设备状态评估的依据，可以参照国家和行业的有关技术规程或标准、厂家的技术标准，以及上级单位和企业颁发的其他相关技术文件、标准等。评估时要求对设备的历次检修、试验、缺陷记录、运行信息及在线信息等进行全面的综合分析，并与同类设备的相关数据进行比较。通过设备评估，实现各类设备的状态分档，如变电一、二次设备的状态可分为“良好”“一般”“注意”“不良”四档，从而得出设备的评估结论

考点 3　电力生产作业中危险点的定义、分类和特征

项目	具体内容
危险点的定义和分类	危险点就是指引发人为失误事故的潜伏点。电气作业中的危险点包括以下三方面： （1）有可能造成人身伤害的作业环境中的危险点，如施工中特殊的地理环境、道路、交通、天气等。 （2）有可能造成人身伤害的设备（线路）等物体，包括作业中使用的生产工器具。 （3）作业人员在作业中因违反安全规程或习惯性违章等原因构成的危险点。 从危险点性质可将上面一、二方面的危险点称为设备的固有危险点或静态危险点，第三方面的危险点称为行为危险点或动态危险点。 危险点从危险程度讲有大有小，有重有轻，控制危险点也应有所侧重。根据危险程度可将危险点分为两类： （1）直接类危险点是指直接可能导致误操作、误调度、误碰、误动设备事故及人身事故的危险点。 （2）间接类危险点是指通过第一类危险点起作用而可能构成事故的危险点。对第一类危险点应重点实施预控
危险点的特征	1. 客观实在性 危险点存在于人们的意识之外，不以人的主观意识为转移。不论你是否愿意承认它，它都实实在在存在。而一旦主观条件具备，如习惯性违章，它就会由潜在的危险转变为现实，从而引发事故。因此，在查找、分析危险点时，一定要从客观实际出发，确认危险

续表

项目	具体内容
危险点的特征	点，进而研究和采取行之有效的安全措施加以防范。 2. 潜在性 危险点存在于即将开展的作业过程中，不容易被人们意识到或及时发觉，如感应电。存在于作业过程中的危险点虽然明确地暴露出来，但没有转变为现实的危害，如高空落物。作业过程中违反安全规程制度的人的行为习惯隐蔽性强，可控性差。 3. 复杂多变性 危险点的复杂多变性是由于作业实际情况的复杂性决定的。如参加作业人员、作业的场合地点、使用的工具以至所采取的作业方式各异，可能存在的危险点也不同；即使是相同的作业，所存在的危险点也不是固定不变，旧的可能会消除，新的又会重新出现，因此消除、控制危险点工作不是一劳永逸的。 4. 可预知性 既然危险点是一种客观存在的事物，人们就有能力认识它，防范它。电力系统有一整套严密的安全生产规程、规定、制度，这是制定危险点预控措施的基础。同时，危险点预控法在国内一些电力企业中，已经摸索和积累了一定的经验。只要人们重视，措施得力，危险点是完全可以控制的

考点 4　电力生产作业中危险点的查找

项目	具体内容
现场检查	此方法主要用于设备固有危险点的查找，要求发动职工实地查看每条线路、每一设备的危险点，进行记录和汇总
归纳分析预测	从已知的具体的事实中，分析推断出将开始的作业中也会存在同类危险点的一种方法。这些已知的具体事实既可以是本单位、本班组过去作业过程中的经验总结，也可以是外单位在同类作业中曾经发生的事故教训。 通过分析发现，导致事故的原因均属作业人员作业时，自觉或不自觉地诱发了已经潜在的危险点，使作业人员受到伤害
习惯性违章排摸	习惯性违章是指职工作业中固守旧有的不良作业传统和工作习惯，违反安全工作规程的行为。据资料统计，电力系统 82% 以上的事故是由于习惯性违章造成的，所以要想有效地控制危险点，就必须预控习惯性违章。消除习惯性违章首先要摸清职工中存在的习惯性违章行为
事故致因分析	事故致因分析法就是通过分析找出对事故发生起决定作用的因素，进行重点预防的方法。事故致因分析的步骤为： （1）在作业前，根据每次作业情况，列出可能导致事故发生的所有危险点

续表

项目	具体内容
事故致因分析	(2)分析危险点与事故的联系，分析它们在导致事故时起的作用，画出因果关系图。 (3)进一步分析，找出可能导致事故发生的危险点中，哪些是起决定作用的主要危险点，哪些是起一般作用的危险点。 (4)根据分析结果，研究制定安全技术措施，抓好主要危险点的消除和控制工作
危险点预控的原则	1. 闭环控制原则 危险点的预控必须从源头抓起，行为危险点要从安全教育培训抓起，实施过程控制，设备固有危险点应反馈给设计或制造单位，在制造、设计、基建阶段不断改进消除，防止危险点重复产生，形成闭环管理。 2. 动态控制原则 由于危险点具有复杂多变性，旧的危险点会消除，新的危险点会不断出现，并且随着条件的变化，危险点的危害程度也在变化，所以危险点的控制应是动态的。要充分认识危险点的运行变化规律，适时调整预控思路和方法，才能收到预期的效果。 3. 多层次分级控制原则 多层次分级控制可以增加预控系统的可靠度。危险点预控工作应根据危险点分类规律，采取分级控制的原则，对单位、部门、班组、个人应分别明确预控重点和责任，落实作业现场各类人员的安全生产责任制，达到各有侧重，层层把关，形成立体安全防护网络
固有危险点的控制	1. 消除危险点 设备固有危险点要通过设备检修、改造及时消除，无法整改的要反馈给制造、设计、基建及安装单位，在设计、选型、安装中采用各种技术手段，达到人、机、环境本质安全，从本质上根除潜在危险。 2. 防护危险点 从设备防护和人体防护两方面考虑，如增设防误闭锁装置、加强“五防”管理等；为保护人身安全，可采用必需的安全用具防护，如安全带、安全帽、绝缘器具等。 3. 隔离防护 一些危险点无法消除的场合，可采用设置警告牌标志、固定隔离措施或设安全防护围栏，设定安全距离等具体办法，从空间上与危险点隔离开来。 4. 保留危险点 对一些危险点从技术上及经济上都不利于防护时，可保留其存在，但要制定其预控措施或应急措施，如在作业时采用停电等
危险点预控措施卡的编制和审批	(1)一般性检修作业项目，由工作负责人或班组长组织全体作业人员，作业前分析查找作业全过程中可能出现的威胁人身安全的危险因素，然后，对照规程和该作业项目的危险点数据库中的危险点及其控制措施，由工作负责人编制“危险点预控措施卡”，经工作票签发人审核批准并签名后执行

续表

项目	具体内容
危险点预控措施卡的编制和审批	(2)复杂的检修、施工作业项目,大(小)修,技术改造工程及多班组作业等,应事先编制检修文件包,其文件包中的危险点预控措施,由工区(车间)专业组长针对本项工程全过程各个环节按专业制定。各作业班组根据制订的安全、组织、技术措施方案,对本作业班组承担的作业项目进行具体的危险因素分析,然后对照规程和该作业项目的危险点数据库中的危险点及其控制措施,编制"危险点预控措施卡",交专业组长审核,经工区领导批准并分别签名后执行。如果作业现场有跨部门的多专业班组同时交叉作业,还应经企业生技部门批准。 (3)复杂的电气倒闸操作、重大特殊的操作,在操作前应分别由班长和工区技术员组织进行危险点分析和制定危险点预控措施,由运行值长编制"危险点措施预控卡",经工区运行技术负责人批准后执行
危险点预控措施卡的执行	(1)一般性检修作业项目,"危险点预控措施卡"作业工作票附页,与工作票一并执行。 (2)复杂的检修、施工作业项目,大(小)修,技术改造工程及班组作业等,"危险点预控措施卡"纳入检修文件包,与检修文件包一并执行。 (3)复杂的电气倒闸操作、重大特殊的操作,在操作中严格执行"危险点预控措施卡"。 (4)班长在安全工作召开班前会时,应结合当天作业点、工作内容、人员精神状态等宣讲作业中危险点及其预控措施和安全注意事项。作业开工前,工作负责人在向全体作业人员交代工作票安全措施和安全注意事项的同时,应宣讲危险点预控措施卡的措施要求。全体工作人员确认无误后,方可宣布开工。 (5)作业过程中,全体工作人员应严格遵守《电业安全工作规程》的规定,认真执行危险点预控措施卡各项措施要求,并逐项打钩。工作负责人在工作监护中,随时监督检查每个工作人员执行安全措施的情况,及时纠正不安全行为,执行完后,工作负责人签名。 (6)要抓好现场安全管理,各级安监人员应经常深入现场监督检查危险点预控措施卡是否正确执行,及时纠正违章现象。 (7)每次作业结束后,要及时总结危险点分析、措施制定及执行中存在的问题,不断完善,为下一次进行同类作业提供经验

案例分析

(一)

F公司是风力发电企业,拥有单机容量1.5 MW的风电机组325台,布置在长约27 km、宽2~6 km的戈壁地带,并配套有一座220 kV升压变电站,F公司风电机组主要由风轮(包括叶片和轮毂)、主轴、发电机、塔架(塔筒)、机舱以及液压系统、偏航系统、齿轮箱、制动系统、电气系统、变桨系统、控制系统等组成。

F公司有员工117人,未设置安全生产管理机构,该公司与当地一家安全咨询公司G签订了安全服务协议,规定G公司对F公司安全生产状况负有管理责任,G公司委派1名安全管理顾问（注册安全工程师）实际负责F公司安全管理体系建设和日常管理，每周在F公司工作不少于3天，2名F公司的兼职安全管理人员协助其工作。

2015年3月20日4时50分，F公司风力发电场19号风机机舱发生故障，6时29分，F公司值班员甲签出《生产区域外包工作联系单》，通知风机供应商H公司进行检修，8时15分，H公司维修部经理乙指派维修工丙、丁进行故障排查，排查发现19号风机机舱内的变流柜690 V电源处350 A熔断器熔断，电容柜内一处电容损坏，需更换，2人回到维修部向经理乙做了汇报。

13时20分，经理乙安排维修工程师戊、维修工丁进行维修。14时35分，司机己驾车将戊、丁送到19号风机下，2人进入塔筒顶部的机舱开始维修作业。19号风机塔筒从地面向上共有三层平台，第三层平台上部为风机机舱。

15时2分，己发现机舱与塔筒连接处冒烟，随之起火，立即向乙报告，乙分别给丁、戊打电话，无法接通，立即联系F公司风力发电场升压站控制室，切断19号风机所有电源，并拨打119和120，随后赶赴现场。16时20分，消防车、救护车到达现场，抢险救护人员在第一层平台，发现维修工丁已经死亡，因三层平台以上火势过大无法施救。次日凌晨1时，在大火熄灭2小时后，抢险救护人员在19号风机塔筒第三层平台发现一具烧焦遗体，经认定为维修工程师戊。

事故调查发现，变流柜下半部690 V电源进线处烧损最为严重，被电弧烧熔出直径约0.5 m的不规则孔洞。变流柜所有对地导线外绝缘完全烧损，并出现大电流发热造成的变形拉尖熔断现象，地面箱式变压器内接地保护断路器未正常工作。丁、戊维修时站立位置为机舱内绝缘地板。戊为H公司合同工，丁为H公司雇佣的当地劳务派遣工。

调查组发现，F公司对承包商安全生产管理基本没有涉及；G公司派驻F公司的安全管理顾问由于经常参加其他单位的安全标准化评审和安全评价，在F公司实际工作每周平均不足1天；2名F公司兼职安全生产管理人员日常主要忙于其他事务。

事故调查组在事故调查报告中，要求F公司设置安全生产管理机构，建立健全安全生产责任体系，加强安全生产管理工作。

根据以上场景，回答下列问题：

1. 根据《企业职工伤亡事故分类标准》（GB 6441），指出该起事故的事故类别并说明理由，辨识F公司风力发电场风机机舱的危险因素。

2. 分析该起事故的直接原因。

3. 分析F、G、H公司在该起事故中应承担的主要与次要责任并说明原因。

4. 为避免此类事故再次发生，简述F公司在相关安全管理方面应采取的措施。

5. 简述F公司安全生产管理机构以及安全生产管理人员的主要职责。

（二）

某热力发电厂主要生产工艺单元有储煤场、煤粉制备和输煤系统、燃烧系统、冷凝水系统、循环水系统、除渣及除尘系统、脱硫系统、汽水系统、配电与送电系统。锅炉主要设备有锅炉、汽轮机、发电机、磨煤机械装置、水处理装置、疏水装置。发电厂用燃煤由主煤场滚轴筛将煤送入燃煤锅炉。

脱硫系统包括制氢装置和氢气储罐，制氢装置为 2 套电离制氢设备和 6 个氢气储罐，2 套电离制氢设备存有氢气数量分别为 50 kg 和 30 kg；6 个卧式氢气储罐体积为 20 m^3、额定压力为 3.2 MPa、额定温度为 20 ℃。作为生产过程整体装置，这些装置与储罐管道连接（氢气密度：0 ℃，0.1 MPa 状态下密度 0.09 kg/m^3）。

锅炉点火主燃油使用柴油，厂区有 2 个 500 m^3 的固定柴油储罐，距离制氢系统 500 m。在同一院内有 2 个 20 m^3 的汽油储罐，距离制氢系统 550 m（汽油的密度为 750 kg/m^3，汽油、柴油储罐充装系数为 0.85）。

氢气的临界量为 5 t，汽油的临界量为 200 t。

根据以上场景，回答下列问题：

1. 根据《企业职工伤亡事故分类标准》（GB 6441），分析存在的事故类型及所在的工艺单元。

2. 存在的化学性危险、有害因素及对应的物质是什么？

3. 指出该热力发电厂存在的危险源并计算其储量。

4. 会发生爆炸的主要设备、装置是哪些？应采取哪些安全装置或设备？

参考答案及解析

（一）

1. 根据《企业职工伤亡事故分类标准》（GB 6441），该起事故的事故类别是火灾，理由如下：

（1）出现大电流发热造成的变形拉尖熔断现象。

（2）丁、戊维修时站立位置为机舱内绝缘地板，丁、戊分别在逃离过程中死亡，可排除触电死亡。

危险因素如下：

（1）触电：变流柜发生故障带电。

（2）物体打击：风机塔筒多层平台。

（3）火灾：机舱与塔筒连接处发生火灾。

（4）高处坠落：作业人员易从风机塔筒多层平台坠落。

（5）中毒和窒息：发生火灾时出现浓烟使作业人员中毒窒息；

（6）机械伤害：变流柜。

2. 该起事故的直接原因有：

（1）H 公司维修部经理乙指派维修工丙、丁进行故障排查时未切断电源。

（2）检修人员没有按照电工作业规程执行验电程序，在检修过程中，意外引起 690 V 电线对地拉弧放电。

（3）地面箱式变压器内接地保护断路器未正常工作。

3. F公司承担此次事故的主要责任;H、G公司承担次要责任。F公司有员工117人,未设置安全生产管理机构,对承包商安全生产管理基本没有涉及,没有建立健全安全生产责任体系,应承担此次事故的主要责任。戊为H公司合同工,丁为H公司雇佣的当地劳务派遣工。两人缺乏安全操作技能;G公司派驻F公司的安全管理顾问由于经常参加其他单位的安全标准化评审和安全评价,在F公司实际工作每周平均不足1天,故H、G公司应该承担次要责任。

4. 为避免此类事故再次发生,F公司在相关安全管理方面应采取的措施有:

(1)签订安全管理协议。

(2)审查施工方资质。

(3)施工现场统一协调管理。

(4)将工程发包给有资质的施工方。

(5)明确各方对事故隐患排查、治理和防控的管理职责。

(6)对本单位事故隐患排查治理情况进行统计分析,并报送。

(7)应当建立事故隐患报告和举报奖励制度。

5. F公司安全生产管理机构以及安全生产管理人员的主要职责有:

(1)组织或者参与拟订本单位安全生产规章制度、操作规程和生产安全事故应急救援预案。

(2)组织或者参与拟订本单位安全生产教育和培训,如实记录安全生产教育和培训情况。

(3)督促落实本单位重大危险源的安全管理措施。

(4)组织或者参与本单位应急救援演练。

(5)检查本单位的安全生产状况,及时排查生产安全事故隐患,提出改进安全生产管理的建议。

(6)制止和纠正违章指挥、强令冒险作业、违反操作规程的行为。

(7)督促落实本单位安全生产整改措施。

(二)

1. 根据《企业职工伤亡事故分类标准》(GB 6441),分析热力发电厂存在的事故类型及所在的工艺单元分别是:

(1)机械伤害:煤粉制备和输煤系统。

(2)火灾:储煤场、燃烧系统、脱硫系统。

(3)其他爆炸:煤粉制备和输煤系统、除渣及除尘系统。

(4)高处坠落:柴油和汽油储罐。

(5)触电:配电与送电系统。

(6)灼烫:燃烧系统。

(7)锅炉爆炸:燃烧系统。

(8)容器爆炸:制氢系统。

(9)中毒和窒息:脱硫系统。

(10)车辆伤害:储煤场。

(11)淹溺:汽水系统。

2. 存在的化学性危险、有害因素及对应的物质分别是:

(1)易燃、易爆物质,如储煤场、煤粉制备和输煤系统存在的煤炭和煤粉,制氢装置和氢气储罐里的氢气,储罐区里的柴油、汽油,锅炉和汽轮机里的高压蒸汽等。

(2)有毒物质,脱硫系统存在的二氧化硫等气体。

(3)腐蚀性物质,二氧化硫可以氧化生成三氧化硫,它们遇水可生成亚硫酸、硫酸等腐蚀性物质。

3. (1)汽油储罐(2 个 20 m^3)是危险源,其储量计算如下:

$2\times20\ m^3\times750\ kg/m^3\times0.85=25\ 500\ kg$

汽油的临界量为 200 t,这 2 个汽油储罐在一个单元内,所以其不构成重大危险源。

(2)制氢设备(包括氢气罐)是危险源,其储量计算如下:

先把高压氢气储罐换算为标准状态下的氢气体积:$20\ m^3\times3.2\ MPa/(273\ m^3+20\ m^3)=$ 标准状态下氢气的体积 $\times(0.1\ MPa/273\ m^3)$,标准状态下氢气的体积 $=20\ m^3\times3.2\ MPa/(273\ m^3+20\ m^3)/(0.1\ MPa/273\ m^3)=596.3\ m^3$。

氢气在 0 ℃、0.1 MPa 状态下密度为 0.09 kg/m^3,6 个氢气储罐的储量是 $6\times596.3\ m^3\times0.09\ kg/m^3=322.0\ kg$。

再加上 2 套电离制氢设备存有氢气数量分别为 50 kg 和 30 kg,生产单元氢气储量是:$50\ kg+30\ kg+322\ kg=402\ kg$。

氢气在生产场所临界量为 5 t,所以其不构成重大危险源。

4. 会发生爆炸的主要设备、装置是锅炉、制氢设备、氢气罐、柴油储罐、汽油储罐。

应采取的安全装置或设备主要有安全阀、爆破片、防爆帽、防爆门、呼吸阀、阻火器、火灾探测器、可燃可爆气体检测报警仪、储罐的压力计、液位计及计算机安全监控系统。

第五章　特种设备安全技术

知识框架

特种设备安全技术
- 特种设备安全基础知识概述
  - 特种设备的概念及分类
  - 特种设备基础知识
- 特种设备的生产、使用及事故预控
  - 特种设备的生产和使用
  - 特种设备的监督检查及事故预防和调查处理

考点精讲

第一节　特种设备安全基础知识概述

考点 1　特种设备的概念及分类

项目	具体内容
承压类特种设备	1. 锅炉 锅炉，是指利用各种燃料、电能或者其他能源，将所盛装的液体加热到一定的参数，并对外输出热能的设备，其范围规定为容积大于或者等于 30 L 的承压蒸汽锅炉；出口水压大于或者等于 0.1 MPa（表压），且额定功率大于或者等于 0.1 MW 的承压热水锅炉；有机热载体锅炉。 2. 压力容器 压力容器，是指盛装气体或者液体，承载一定压力的密闭设备，其范围规定为最高工作压力大于或者等于 0.1 MPa（表压），且压力与容积的乘积大于或者等于 2.5 MPa · L 的气体、液化气体和最高工作温度高于或者等于标准沸点的液体的固定式容器和移动式容器；盛装公称工作压力大于或者等于 0.2 MPa（表压），且压力与容积的乘积大于或者等于 1.0 MPa · L 的气体、液化气体和标准沸点等于或者低于 60 ℃液体的气瓶；氧舱等。 3. 压力管道 压力管道，是指利用一定的压力，用于输送气体或者液体的管状设备，其范围规定为最高工作压力大于或者等于 0.1 MPa（表压）的气体、液化气体、蒸汽介质或者可燃、易爆、有毒、有腐蚀性、最高工作温度高于或者等于标准沸点的液体介质，且公称直径大于 25 mm 的管道

续表

项目	具体内容
机电类特种设备	1. 电梯 电梯，是指动力驱动，利用沿刚性导轨运行的箱体或者沿固定线路运行的梯级（踏步），进行升降或者平行运送人、货物的机电设备，包括载人（货）电梯、自动扶梯、自动人行道等。 2. 起重机械 起重机械，是指用于垂直升降或者垂直升降并水平移动重物的机电设备，其范围规定为额定起重量大于或者等于0.5 t的升降机；额定起重量大于或者等于1 t，且提升高度大于或者等于2 m的起重机和承重形式固定的电动葫芦等。 3. 客运索道 客运索道是指动力驱动，利用柔性绳索牵引箱体等运载工具运送人员的机电设备，包括客运架空索道、客运缆车、客运拖牵索道等。 4. 大型游乐设施 大型游乐设施，是指用于经营目的，承载乘客游乐的设施，其范围规定为设计最大运行线速度大于或者等于2 m/s，或者运行高度距地面高于或者等于2 m的载人大型游乐设施。 5. 场（厂）内专用机动车辆 场（厂）内专用机动车辆，是指除道路交通、农用车辆以外仅在工厂厂区、旅游景区、游乐场所等特定区域使用的专用机动车辆。 特种设备包括其所用的材料、附属的安全附件、安全保护装置和与安全保护装置相关的设施

考点2 特种设备基础知识

项目	具体内容
锅炉基础知识	1. 工作原理 锅炉由“锅”和“炉”以及相配套的附件、自控装置、附属设备组成。“锅”是指锅炉接受热量，并将热量传给水、汽、导热油等工质的受热面系统，是锅炉中储存或输送水或蒸汽的密闭受压部分。“锅”主要包括锅筒（或锅壳）、水冷壁、过热器、再热器、省煤器、对流管束及集箱等。“炉”是指燃料燃烧产生高温烟气，将化学能转化为热能的空间和烟气流通的通道——炉膛和烟道。“炉”主要包括燃烧设备和炉墙等。 2. 工作特性 （1）爆炸危险性。锅炉具有爆炸性，锅炉在使用中发生破裂，使内部压力瞬时降至等于外界大气压的现象叫爆炸。 （2）易于损坏性。锅炉由于长期运行在高温高压的恶劣工况下，因而经常受到局部损坏，如不能及时发现处理，会进一步导致重要部件和整个系统的全面受损

续表

项目	具体内容
锅炉基础知识	(3)使用的广泛性。由于锅炉为整个社会生产提供了能源和动力,因而其应用范围极其广泛。 (4)连续运行性。锅炉一旦投用,一般要求连续运行,而不能任意停车,否则会影响一条生产线、一个厂甚至一个地区的生活和生产,其间接经济损失巨大,有时还会造成恶劣的后果。 3. 锅炉的分类 (1)按用途分为电站锅炉、工业锅炉。用锅炉产生的蒸汽带动汽轮机发电用的锅炉称为电站锅炉。产生的蒸汽或热水主要用于工业生产和/或民用的锅炉称为工业锅炉。 (2)按锅炉产生的蒸汽压力分为超临界压力锅炉、亚临界压力锅炉、超高压锅炉、高压锅炉、中压锅炉、低压锅炉。 ①出口蒸汽压力超过水蒸气的临界压力(22.1 MPa)的锅炉为超临界压力锅炉。 ②出口蒸汽压力低于但接近于临界压力,一般为 15.7～19.6 MPa 的锅炉为亚临界压力锅炉。 ③出口蒸汽压力一般为 11.8～14.7 MPa 的锅炉为超高压锅炉。 ④出口蒸汽压力一般为 7.84～10.8 MPa 的锅炉为高压锅炉。 ⑤出口蒸汽压力一般为 2.45～4.90 MPa 的锅炉为中压锅炉。 ⑥出口蒸汽压力一般不大于 2.45 MPa 的锅炉为低压锅炉。 (3)按锅炉的蒸发量分为大型、中型、小型锅炉。 ①蒸发量大于 75 t/h 的锅炉称为大型锅炉。 ②蒸发量为 20～75 t/h 的锅炉称为中型锅炉。 ③蒸发量小于 20 t/h 的锅炉称为小型锅炉。 (4)按载热介质分为蒸汽锅炉、热水锅炉和有机热载体锅炉。 ①锅炉出口介质为饱和蒸汽或者过热蒸汽的锅炉称为蒸汽锅炉。 ②锅炉出口介质为高温水(120 ℃以上)或者低温水(120 ℃以下)的锅炉称为热水锅炉。 ③以有机质液体作为热载体工质的锅炉称为有机热载体锅炉。 (5)按热能来源分为燃煤锅炉、燃油锅炉、燃气锅炉、废热锅炉、电热锅炉。 (6)按锅炉结构分为锅壳锅炉、水管锅炉
压力容器基础知识	1. 压力容器 压力容器,一般泛指在工业生产中盛装用于完成反应、传质、传热、分离和储存等生产工艺过程的气体或液体,并能承载一定压力的密闭设备。它被广泛用于石油、化工、能源、冶金、机械、轻纺、医药、国防等工业领域。 2. 压力容器工作特性 (1)结构特点。 压力容器一般由筒体(又称壳体)、封头(又称端盖)、法兰、密封元件、开孔与接管(人

续表

项目	具体内容
压力容器基础知识	孔、手孔、视镜孔、物料进出口接管)、附件(液位计、流量计、测温管、安全阀等)和支座等所组成。 (2)压力。 压力容器的压力可以来自两个方面,一是在容器外产生(增大)的,二是在容器内产生(增大)的。 ①最高工作压力,多指在正常操作情况下,容器顶部可能出现的最高压力。 ②设计压力,系指在相应设计温度下用以确定容器壳体厚度及其元件尺寸的压力,即标注在容器铭牌上的设计压力。压力容器的设计压力值不得低于最高工作压力。 (3)温度。 ①工作温度,系指容器内部工作介质在正常操作过程中的温度,即介质温度。 ②金属温度,系指容器受压元件沿截面厚度的平均温度。任何情况下,元件金属的表面温度不得超过钢材的允许使用温度。 ③设计温度,系指容器在正常操作时,在相应设计压力下,壳壁或元件金属可能达到的最高或最低温度。当壳壁或元件金属的温度低于 -20 ℃,按最低温度确定设计温度;除此之外,设计温度一律按最高温度选取。 (4)介质。 生产过程所涉及的介质品种繁多,分类方法也有多种。按物质状态分类,有气体、液体、液化气体、单质和混合物等;按化学特性分类,则有可燃、易燃、惰性和助燃四种。按它们对人类毒害程度,又可分为极度危害(Ⅰ)、高度危害(Ⅱ)、中度危害(Ⅲ)、轻度危害(Ⅳ)四级;按它们对容器材料的腐蚀性可分为强腐蚀性、弱腐蚀性和非腐蚀性
压力管道基础知识	1. 工作原理 对单条压力管道而言,其工作原理就是依靠外界的动力或者是介质本身的驱动力将该条压力管道源头的介质输送到该条压力管道的终点。 2. 工作特点 (1)压力管道是一个系统,相互关联、相互影响。 (2)压力管道长径比很大,极易失稳,受力情况比压力容器更复杂。 (3)压力管道内流体流动状态复杂,缓冲余地小,工作条件变化频率比压力容器高(如高温、高压、低温、低压、位移变形、风、雪、地震等都有可能影响压力管道受力情况)。 (4)管道组成件和管道支承件的种类繁多,各种材料各有特点和具体技术要求,材料选用复杂。 (5)管道上的可能泄漏点多于压力容器。 (6)压力管道种类多,数量大,设计,制造,安装,检验,应用管理环节多,与压力容器大不相同。 3. 压力管道分类 (1)根据管道的用途和地域特性不同,压力管道可分为工业管道、公用管道和长输管道。 (2)根据管道的操作温度不同,压力管道可分为高温管道、常温管道、低温管道等

续表

项目	具体内容
压力管道基础知识	(3)根据管道的材料不同,压力管道可分为不锈钢管道、有色金属管道、非金属管道和特种材料管道等。 (4)根据管道的承受内压情况的不同,压力管道可分为真空管道、低压管道、中压管道、高压管道和超高压管道
起重机械基础知识	1. 工作特点 (1)起重机械通常具有庞大的和比较复杂的结构,作业过程中常常是几个不同方向的运动操作,操作技术难度较大。 (2)起重吊装能吊运的重物多种多样,载荷是变化的。有的重物重达上百吨,体积大且不规则,还有散粒、热融和易燃易爆危险品等,使吊运过程复杂而危险。 (3)需要在较大的范围内运行,活动空间较大,一旦造成事故,影响的面积也较大。 (4)有些起重机械(仅指施工升降机等),需要直接载运人员做升降运动,其可靠性直接影响人身安全。 (5)暴露的、活动的各部件较多,且常与吊运作业人员直接接触,潜在许多偶发的危险因素。 (6)作业环境复杂,如涉及企业、港口、工地等场所,涉及高温、高压、易燃易爆等环境危险因素,对设备和作业人员形成威胁。 (7)作业中常常需要多人协同配合,对指挥者、操作者和起重工等要求较高。 2. 分类 起重机械分为:桥式起重机、门式起重机、塔式起重机、流动式起重机、门座式起重机、升降机、缆索起重机、桅杆式起重机和机械停车设备

第二节　特种设备的生产、使用及事故预控

考点1　特种设备的生产和使用

项目	具体内容
特种设备的生产	(1)锅炉、压力容器中的气瓶(以下简称气瓶)、氧舱和客运索道、大型游乐设施以及高耗能特种设备的设计文件,应当经国务院特种设备安全监督管理部门核准的检验检测机构鉴定,方可用于制造。 (2)锅炉、压力容器、电梯、起重机械、客运索道、大型游乐设施及其安全附件、安全保护装置的制造、安装、改造单位,以及压力管道用管子、管件、阀门、法兰、补偿器、安全保护装置等(以下简称压力管道元件)的制造单位和场(厂)内专用机动车辆的制造、改造单位,应当经国务院特种设备安全监督管理部门许可,方可从事相应的活动。前款特种设备的制造、安装、改造单位应当具备下列条件:①有与特种设备制造、安装、改造相适应的专业技术人员和技术工人;②有与特种设备制造、安装、改造相适应的生产条件和

续表

项目	具体内容
特种设备的生产	检测手段;③有健全的质量管理制度和责任制度。 (3)锅炉、压力容器、起重机械、客运索道、大型游乐设施的安装、改造、维修以及场(厂)内专用机动车辆的改造、维修,必须由依照《特种设备安全监察条例》取得许可的单位进行。 (4)电梯的安装、改造、维修,必须由电梯制造单位或者其通过合同委托、同意的依照本条例取得许可的单位进行。电梯制造单位对电梯质量以及安全运行涉及的质量问题负责。 (5)特种设备安装、改造、维修的施工单位应当在施工前将拟进行的特种设备安装、改造、维修情况书面告知直辖市或者设区的市的特种设备安全监督管理部门,告知后即可施工
特种设备的使用	(1)特种设备在投入使用前或者投入使用后30日内,特种设备使用单位应当向直辖市或者设区的市的特种设备安全监督管理部门登记。登记标志应当置于或者附着于该特种设备的显著位置。 (2)特种设备使用单位应当按照安全技术规范的定期检验要求,在安全检验合格有效期届满前1个月向特种设备检验检测机构提出定期检验要求。 检验检测机构接到定期检验要求后,应当按照安全技术规范的要求及时进行安全性能检验和能效测试。未经定期检验或者检验不合格的特种设备,不得继续使用。 (3)特种设备出现故障或者发生异常情况,使用单位应当对其进行全面检查,消除事故隐患后,方可重新投入使用。特种设备不符合能效指标的,特种设备使用单位应当采取相应措施进行整改。 (4)电梯、客运索道、大型游乐设施等为公众提供服务的特种设备运营使用单位,应当设置特种设备安全管理机构或者配备专职的安全管理人员;其他特种设备使用单位,应当根据情况设置特种设备安全管理机构或者配备专职、兼职的安全管理人员。 (5)特种设备的安全管理人员应当对特种设备使用状况进行经常性检查,发现问题的应当立即处理;情况紧急时,可以决定停止使用特种设备并及时报告本单位有关负责人。 (6)客运索道、大型游乐设施的运营使用单位在客运索道、大型游乐设施每日投入使用前,应当进行试运行和例行安全检查,并对安全装置进行检查确认。电梯、客运索道、大型游乐设施的运营使用单位应当将电梯、客运索道、大型游乐设施的安全注意事项和警示标志置于易于为乘客注意的显著位置。 (7)客运索道、大型游乐设施的运营使用单位的主要负责人应当熟悉客运索道、大型游乐设施的相关安全知识,并全面负责客运索道、大型游乐设施的安全使用。客运索道、大型游乐设施的运营使用单位的主要负责人至少应当每月召开一次会议,督促、检查客运索道、大型游乐设施的安全使用工作。 客运索道、大型游乐设施的运营使用单位,应当结合本单位的实际情况,配备相应数量的营救装备和急救物品

续表

项目	具体内容
特种设备的使用	(8)特种设备使用单位应当对特种设备作业人员进行特种设备安全、节能教育和培训,保证特种设备作业人员具备必要的特种设备安全、节能知识。 特种设备作业人员在作业中应当严格执行特种设备的操作规程和有关的安全规章制度。 (9)特种设备作业人员在作业过程中发现事故隐患或者其他不安全因素,应当立即向现场安全管理人员和单位有关负责人报告

考点2　特种设备的监督检查及事故预防和调查处理

项目	具体内容
特种设备的监督检查	(1)特种设备安全监督管理部门对特种设备生产、使用单位和检验检测机构进行安全监察时,发现有违反《特种设备安全监察条例》规定和安全技术规范要求的行为或者在用的特种设备存在事故隐患、不符合能效指标的,应当以书面形式发出特种设备安全监察指令,责令有关单位及时采取措施,予以改正或者消除事故隐患。紧急情况下需要采取紧急处置措施的,应当随后补发书面通知。 (2)特种设备安全监督管理部门对特种设备生产、使用单位和检验检测机构进行安全监察,发现重大违法行为或者严重事故隐患时,应当在采取必要措施的同时,及时向上级特种设备安全监督管理部门报告。接到报告的特种设备安全监督管理部门应当采取必要措施,及时予以处理。 对违法行为、严重事故隐患或者不符合能效指标的处理需要当地人民政府和有关部门的支持、配合时,特种设备安全监督管理部门应当报告当地人民政府,并通知其他有关部门。当地人民政府和其他有关部门应当采取必要措施,及时予以处理。 (3)国务院特种设备安全监督管理部门和省、自治区、直辖市特种设备安全监督管理部门应当定期向社会公布特种设备安全以及能效状况。 公布特种设备安全以及能效状况,应当包括下列内容:①特种设备质量安全状况;②特种设备事故的情况、特点、原因分析、防范对策;③特种设备能效状况;④其他需要公布的情况
特种设备的事故预防和调查处理	(1)特种设备安全监督管理部门应当制定特种设备应急预案。特种设备使用单位应当制定事故应急专项预案,并定期进行事故应急演练。压力容器、压力管道发生爆炸或者泄漏,在抢险救援时应当区分介质特性,严格按照相关预案规定程序处理,防止二次爆炸。 (2)特种设备事故发生后,事故发生单位应当立即启动事故应急预案,组织抢救,防止事故扩大,减少人员伤亡和财产损失,并及时向事故发生地县以上特种设备安全监督管理部门和有关部门报告。县以上特种设备安全监督管理部门接到事故报告,应当尽快核实有关情况,立即向所在地人民政府报告,并逐级上报事故情况。必要时,特种设备

续表

项目	具体内容
特种设备的事故预防和调查处理	安全监督管理部门可以越级上报事故情况。对特别重大事故、重大事故,国务院特种设备安全监督管理部门应当立即报告国务院并通报国务院安全生产监督管理部门(现改为国务院应急管理部门)等有关部门。 (3)特别重大事故由国务院或者国务院授权有关部门组织事故调查组进行调查。重大事故由国务院特种设备安全监督管理部门会同有关部门组织事故调查组进行调查。较大事故由省、自治区、直辖市特种设备安全监督管理部门会同有关部门组织事故调查组进行调查。一般事故由设区的市的特种设备安全监督管理部门会同有关部门组织事故调查组进行调查。 (4)事故调查报告应当由负责组织事故调查的特种设备安全监督管理部门的所在地人民政府批复,并报上一级特种设备安全监督管理部门备案。有关机关应当按照批复,依照法律、行政法规规定的权限和程序,对事故责任单位和有关人员进行行政处罚,对负有事故责任的国家工作人员进行处分

案例分析

(一)

某百货商店仓库有1台手开门2 t货梯,基站为前后对穿门。仓库工作人员习惯将电梯停在基站,前后门同时打开作为通道,因此经常有推车通行,门框被撞击,致使门电锁接触不良而影响运行。一个下雨天,电梯驾驶员利用应急按钮操作电梯运行,使电梯离开基站,而基站前后门仍敞开。仓库一位职工在电梯停在基站时经过轿厢通道上厕所,上完厕所急匆匆低头冒雨返回经轿厢通道,而此时电梯已离开基站,于是一脚踏空坠落底坑,造成2根肋骨骨折。

根据以上情景,回答问题:

请分析造成该起安全事故发生的主要原因。

(二)

某市级医院1台手开门电梯,门电锁经常接触不良。一天,电梯驾驶员发觉5楼层门电锁损坏,他认为反正过几天电梯维修工就要来保养,因而没有去联系报修。为了不影响电梯的运行,他擅自用导线将层门电锁短接暂时使用。当早班即将下班时,驾驶员把电梯开到5楼,并将层门虚掩留下一门缝,离开轿厢去办私事。此时,5楼一勤杂工擅自启动电梯将一车垃圾用该电梯运往1楼,而5楼层门仍没关严。驾驶员返回时,随手拉开层门一脚跨进,坠落到1楼轿顶当场死亡。

根据以上情景,回答问题:

请分析造成该起安全事故发生的主要原因。

参考答案及解析

（一）

（1）该库领导对电梯管理不严，层门电锁损坏不及时报修而带病运行，驾驶员利用应急按钮在层门开启的情况下违章操作。

（2）违反了电梯的安全规定，把电梯轿厢作为通道。

（3）对损坏电梯设备的人员没有追究责任，及时处理。

（二）

（1）电梯驾驶员发觉5楼层门电锁损坏，没有及时与电梯维修工联系修复，而是私自处理，使层门电锁失去安全作用。

（2）电梯驾驶员严重违反安全操作规程，离开轿厢时没有采取相应的安全措施，进入电梯时又不看清楚就匆忙进入。

（3）非驾驶员擅自操纵电梯。

第二部分

安全生产案例分析

第一章　安全生产管理制度与职责

知识框架

- 安全生产管理制度与职责
  - 国家安全生产法律、法规、规章、标准和政策
  - 企业安全生产规章制度
    - 安全生产规章制度建设的目的和意义
    - 安全规章制度建设的依据和原则
    - 安全规章制度的编制和管理
  - 安全生产责任制
  - 安全生产管理机构设置和人员配备
    - 安全生产管理机构设置和人员配备相关内容
    - 安全生产管理机构以及安全生产管理人员应履行的职责

考点精讲

第一节　国家安全生产法律、法规、规章、标准和政策

考点　国家安全生产法律、法规、规章、标准和政策

项目	具体内容
法律	(1)国家现行的有关安全生产的专门法律有： 《安全生产法》《消防法》《道路交通安全法》《海上交通安全法》《矿山安全法》等。 (2)与安全生产相关的法律主要有： 《劳动法》《职业病防治法》《工会法》《矿产资源法》《铁路法》《公路法》《民用航空法》《港口法》《建筑法》《煤炭法》《电力法》等
法规	安全生产法规分为： (1)行政法规。 (2)地方性法规

续表

项目	具体内容
规章	安全生产行政规章分为： (1)部门规章。 (2)地方政府规章
标准	法定安全生产标准分为： (1)国家标准。安全生产国家标准是指国家标准化行政主管部门依照《标准化法》制定的在全国范围内适用的安全生产技术规范。 (2)行业标准。安全生产行业标准是指国务院有关部门和直属机构依照《标准化法》制定的在安全生产领域内适用的安全生产技术规范。 行业安全生产标准对同一安全生产事项的技术要求，可以高于国家安全生产标准但不得与其相抵触

第二节 企业安全生产规章制度

考点1 安全生产规章制度建设的目的和意义

项目	具体内容
安全生产规章制度建设的目的和意义	安全生产规章制度建设的目的和意义： 安全规章制度是生产经营单位贯彻国家有关安全生产法律法规、国家和行业标准，贯彻国家安全生产方针政策的行动指南，是生产经营单位有效防范生产、经营过程安全生产风险，保障从业人员安全和健康，加强安全生产管理的重要措施。具体表现在： (1)建立、健全安全规章制度是生产经营单位的法定责任。 (2)建立、健全安全生产规章制度是生产经营单位落实主体责任的具体体现。 (3)建立、健全安全规章制度是生产经营单位安全生产的重要保障。 (4)建立、健全安全规章制度是生产经营单位保护从业人员安全与健康的重要手段

考点2 安全规章制度建设的依据和原则

项目	具体内容
依据	(1)以安全生产法律法规、国家和行业标准、地方政府的法规、标准为依据。 生产经营单位安全规章制度首先必须符合国家法律法规，国家和行业标准，以及生产经营单位所在地地方政府的相关法规、标准的要求。生产经营单位安全规章制度是一系列法律法规在生产经营单位生产、经营过程具体贯彻落实的体现。 (2)以生产、经营过程的危险有害因素辨识和事故教训为依据。 安全规章制度的建设，其核心就是危险有害因素的辨识和控制。通过危险有害因素的辨识，有效提高规章制度建设的目的性和针对性，保障生产安全。同时，生产经营单

续表

项目	具体内容
依据	位要积极借鉴相关事故教训，及时修订和完善规章制度，防范同类事故的重复发生。 (3)以国际、国内先进的安全管理方法为依据。 随着安全科学技术的迅猛发展，安全生产风险防范和控制的理论、方法不断完善。尤其是安全系统工程理论研究的不断深化，为生产经营单位的安全管理提供了丰富的工具，如职业安全健康管理体系、风险评估、安全性评价体系的建立等，都为生产经营单位安全规章制度的建设提供了宝贵的参考资料
原则	1. 主要负责人负责的原则 安全规章制度建设，涉及生产经营单位的各个环节和所有人员，只有生产经营单位主要负责人亲自组织，才能有效调动生产经营单位的所有资源，才能协调各个方面的关系。 2. "安全第一、预防为主、综合治理"的原则 "安全第一、预防为主、综合治理"是我国的安全生产方针，是我国经济社会发展现阶段安全生产客观规律的具体要求。安全第一，就是要求必须把安全生产放在各项工作的首位，正确处理好安全生产与工程进度、经济效益的关系。预防为主，就是要求生产经营单位的安全生产管理工作，要以危险、有害因素的辨识、评价和控制为基础，建立安全生产规章制度。通过制度的实施达到规范人员行为，消除物的不安全状态，实现安全生产的目标。综合治理，就是要求在管理上综合采取组织措施、技术措施，落实生产经营单位的各级主要负责人、专业技术人员、管理人员、从业人员等各级人员，以及党政工团有关管理部门的责任，各负其责，齐抓共管。 3. 系统性原则 风险来自生产、经营过程之中，只要生产、经营活动在进行，风险就客观存在。因而，要按照安全系统工程的原理，建立涵盖全员、全过程、全方位的安全规章制度。即涵盖生产经营单位每个环节、每个岗位、每个人；涵盖生产经营单位的规划设计、建设安装、生产调试、生产运行、技术改造的全过程；涵盖生产经营全过程的事故预防、应急处置、调查处理等全方位的安全规章制度。 4. 规范化和标准化原则 生产经营单位安全规章制度的建设应实现规范化和标准化管理，以确保安全规章制度建设的严密、完整、有序。建立安全规章制度起草、审核、发布、教育培训、修订的严密的组织管理程序，安全规章制度编制要做到目的明确，流程清晰，标准明确，具有可操作性，按照系统性原则的要求，建立完整的安全规章制度体系

考点3　安全规章制度的编制和管理

项目	具体内容
制定、修订的工作计划	生产经营单位应每年编制安全规章制度制定、修订的工作计划，确保生产经营单位安全规章制度建设和管理的有序进行

续表

项目	具体内容
制定、修订的工作计划	计划的主要内容包括： (1)规章制度的名称。 (2)编制目的。 (3)主要内容。 (4)责任部门。 (5)进度安排等
制定的流程	安全生产规章制度制定的流程包括： (1)起草。 安全规章制度在起草前，应首先收集国家有关安全生产法律法规、国家行业标准、生产经营单位所在地地方政府的有关法规、标准等，作为制度起草的依据，同时结合生产经营单位安全生产的实际情况，进行起草。 (2)会签。 责任部门起草的规章制度草案，应在送交相关领导签发前征求有关部门的意见，意见不一致时，一般由生产经营单位主要负责人或分管安全的负责人主持会议，取得一致意见。 (3)审核。 安全规章制度在签发前，应进行审核。一是由生产经营单位负责法律事务的部门，对规章制度与相关法律法规的符合性及与生产经营单位现行规章制度一致性进行审查；二是提交生产经营单位的职工代表大会或安全生产委员会会议进行讨论，对各方面工作的协调性、各方利益的统筹性进行审查。 (4)签发。 技术规程规范、安全操作规程等一般技术性安全规章制度由生产经营单位分管安全生产的负责人签发，涉及全局性的综合管理类安全规章制度应由生产经营单位主要负责人签发。 签发后要进行编号，注明生效时间，以“自发布之日起执行”或“现予发布，自某年某月某日起施行”。 (5)发布。 生产经营单位的安全规章制度，应采用固定的发布方式，如通过红头文件形式、在生产经营单位内部办公网络发布等。发布的范围应覆盖与制度相关的部门及人员。 (6)培训和考试。 新颁布的安全规章制度应组织相关人员进行培训，对安全操作规程类制度，还应组织进行考试。 (7)修订。 生产经营单位应每年对安全规章制度进行一次修订，并公布现行有效的安全规章制度清单。对安全操作规程类安全规章制度，除每年进行一次修订外，3 至 5 年应组织进行一次全面修订，并重新印刷

第三节　安全生产责任制

考点　安全生产责任制

项目	具体内容
定义	安全生产责任制是经长期的安全生产、劳动保护管理实践证明的成功制度与措施
对企业实行安全生产责任制的要求	(1)企业单位的各级领导人员在管理生产的同时,必须负责管理安全工作,认真贯彻执行国家有关劳动保护的法令和制度,在计划、布置、检查、总结、评比生产的时候,同时计划、布置、检查、总结、评比安全工作。 (2)企业单位中的生产、技术、设计、供销、运输、财务等各有关专职机构,都应该在各自业务范围内,对实现安全生产的要求负责。 (3)企业单位都应该根据实际情况加强劳动保护工作机构或专职人员的工作。劳动保护工作机构或专职人员的职责是:协助领导组织推动生产中的安全工作,贯彻执行劳动保护的法令、制度;汇总和审查安全技术措施计划,并且督促有关部门切实按期执行;组织和协助有关部门制订或修订安全生产制度和安全技术操作规程,对这些制度、规程的贯彻执行进行监督检查;经常进行现场检查,协助解决问题,遇有特别紧急的不安全情况时,有权指令先行停止生产,并且立即报告领导上研究处理;总结和推广安全生产的先进经验;对职工进行安全生产的宣传教育;指导生产小组安全员工作;督促有关部门按规定及时分发和合理使用个人防护用品、保健食品和清凉饮料;参加审查新建、改建、大修工程的设计计划,并且参加工程验收和试运转工作;参加伤亡事故的调查和处理,进行伤亡事故的统计、分析和报告,协助有关部门提出防止事故的措施,并且督促他们按期实现;组织有关部门研究执行防止职业中毒和职业病的措施;督促有关部门做好劳逸结合和女工保护工作。 (4)企业单位各生产小组都应该设有不脱产的安全员。小组安全员在生产小组长的领导和劳动保护干部的指导下,首先应当在安全生产方面以身作则,起模范带头作用,并协助小组长做好下列工作:经常对本组工人进行安全生产教育;督促他们遵守安全操作规程和各种安全生产制度;正确地使用个人防护用品;检查和维护本组的安全设备;发现生产中有不安全情况的时候,及时报告;参加事故的分析和研究,协助领导上实现防止事故的措施。 (5)企业单位的职工应该自觉地遵守安全生产规章制度,不进行违章作业,并且要随时制止他人违章作业,积极参加安全生产的各种活动,主动提出改进安全工作的意见,爱护和正确使用机器设备、工具及个人防护用品

第四节 安全生产管理机构设置和人员配备

考点1 安全生产管理机构设置和人员配备相关内容

项目	具体内容
概念	(1)安全生产管理机构:是指对安全生产工作进行的管理和控制的部门。 (2)专职安全管理人员:是指经有关部门安全生产考核合格,并取得安全生产考核合格证书,在企业从事安全生产管理工作的专职人员
设置安全生产管理机构或配备专职安全管理人员的企业	(1)矿山、金属冶炼、建筑施工、运输单位和危险物品的生产、经营、储存、装卸单位,应当设置安全生产管理机构或配备专职安全生产管理人员。 (2)前款以外的其他生产经营单位,从业人员超过100人的,应当设置安全生产管理机构或者配置专职安全生产管理人员;从业人员在100人以下的,应当配备专职或者兼职的安全生产管理人员

考点2 生产经营单位安全生产管理机构以及安全生产管理人员应履行的职责

项目	具体内容
职责	生产经营单位安全生产管理机构以及安全生产管理人员应履行下列职责: (1)组织或者参与拟订本单位安全生产规章制度、操作规程和生产安全事故应急救援预案。 (2)组织或者参与本单位安全生产教育和培训,如实记录安全生产教育和培训情况。 (3)组织并开展危险源辨识和评估,督促落实本单位重大危险源的安全管理措施。 (4)组织或者参与本单位应急救援演练。 (5)检查本单位的安全生产状况,及时排查生产安全事故隐患,提出改进安全生产管理的建议。 (6)制止和纠正违章指挥、强令冒险作业、违反操作规程的行为。 (7)督促落实本单位安全生产整改措施

第二章 危险因素辨识、隐患排查与安全评价

知识框架

- 危险因素辨识、隐患排查与安全评价
  - 危险、有害因素辨识
    - 人的因素
    - 物的因素
    - 环境因素
    - 管理因素
  - 危险化学品重大危险源管理
    - 危险化学品重大危险源管理相关内容
    - 危险化学品重大危险源安全管理
  - 安全生产检查
    - 安全生产检查工作重点
    - 安全生产检查的类型
    - 安全生产检查的内容
    - 安全生产检查的方法
    - 安全生产检查的工作程序
  - 事故隐患排查
    - 安全生产事故隐患定义及分类
    - 对企业事故隐患排查的要求
    - 监督管理
  - 安全评价
    - 安全评价的内容
    - 安全评价方法分类
    - 常用的安全评价方法
  - 安全技术措施
    - 安全技术措施的分类及编制原则
    - 安全技术措施的编制方法

考点精讲

第一节　危险、有害因素辨识

考点1　人的因素

项目	具体内容
心理、生理性危险和有害因素	心理、生理性危险和有害因素主要包括：(1)负荷超限。(2)健康状况异常。(3)从事禁忌作业。(4)心理异常。(5)辨识功能缺陷。(6)其他心理、生理性危险和有害因素
行为性危险和有害因素	行为性危险和有害因素主要包括： (1)指挥错误。(2)操作错误。(3)监护失误。(4)其他行为性危险和有害因素

考点2　物的因素

项目	具体内容
物理性危险和有害因素	物理性危险和有害因素主要包括：(1)设备、设施、工具、附件缺陷。(2)防护缺陷。(3)电伤害。(4)噪声。(5)振动危害。(6)电离辐射。(7)非电离辐射。(8)运动物危害。(9)明火。(10)高温物体。(11)低温物体。(12)信号缺陷。(13)标志标识缺陷。(14)有害光照。(15)信息系统缺陷。(16)其他物理性危险和危害因素
化学性危险和有害因素	化学性危险和有害因素主要包括：(1)理化危险。(2)健康危险。(3)其他化学性危险和有害因素
生物性危险和有害因素	生物性危险和有害因素主要包括： (1)致病微生物。(2)传染病媒介物。(3)致害动物。(4)致害植物。(5)其他生物性危险和有害因素

考点3　环境因素

项目	具体内容
室内作业场所环境不良	室内作业环境不良因素主要包括：(1)室内地面滑。(2)室内作业场所狭窄。(3)室内作业场所杂乱。(4)室内地面不平。(5)室内梯架缺陷。(6)地面、墙和天花板上的开口缺陷。(7)房屋地基下沉。(8)室内安全通道缺陷。(9)房屋安全出口缺陷。(10)采光照明不良。(11)作业场所空气不良。(12)室内温度、湿度、气压不适。(13)室内给排水不良。(14)室内涌水。(15)其他室内作业场所环境不良

续表

项目	具体内容
室外作业场所环境不良	室外作业环境不良因素主要包括:(1)恶劣气候与环境。(2)作业场所和交通设施湿滑。(3)作业场所狭窄。(4)作业场所杂乱。(5)作业场所不平。(6)交通环境不良。(7)脚手架、阶梯和活动梯架缺陷。(8)场面及地面开口缺陷。(9)建(构)筑物和其他结构缺陷。(10)门和周界设施缺陷。(11)作业场地基础下沉。(12)作业场地安全通道缺陷。(13)作业场地安全出口缺陷。(14)作业场地光照不良。(15)作业场地空气不良。(16)作业场地温度、湿度、气压不适。(17)作业场地涌水。(18)排水系统故障。(19)其他室外作业场所环境不良
地下(含水下)作业环境不良	地下(含水下)作业环境不良因素主要包括:(1)隧道/矿井顶板或巷帮缺陷。(2)隧道/矿井作业面缺陷。(3)隧道/矿井底板缺陷。(4)地下作业面空气不良。(5)地下火。(6)冲击地压。(7)地下水。(8)水下作业供氧不当。(9)其他地下(含水下)作业环境不良
其他作业环境不良	其他作业环境不良因素主要包括:(1)强迫体位。(2)综合性作业环境不良。(3)以上未包括的其他作业环境不良

考点4　管理因素

项目	具体内容
管理因素	管理因素主要包括: (1)职业安全卫生组织机构和人员配备不健全。 (2)职业安全卫生责任制不完善或未落实。 (3)职业安全卫生管理规章制度不完善或未落实。 (4)职业安全卫生投入不足。 (5)应急管理缺陷。 (6)其他管理因素缺陷

第二节　危险化学品重大危险源管理

考点1　危险化学品重大危险源管理相关内容

项目	具体内容
责任主体	危险化学品单位是本单位重大危险源安全管理的责任主体,其主要负责人对本单位的重大危险源安全管理工作负责,并保证重大危险源安全生产所必需的安全投入

续表

项目	具体内容
实行原则	重大危险源的安全监督管理实行属地监管与分级管理相结合的原则。 县级以上地方人民政府安全生产监督管理部门按照有关法律、法规、标准和本规定,对本辖区内的重大危险源实施安全监督管理
重大危险源安全监管的信息化建设	国家鼓励危险化学品单位采用有利于提高重大危险源安全保障水平的先进适用的工艺、技术、设备以及自动控制系统,推进安全生产监督管理部门重大危险源安全监管的信息化建设

考点2 危险化学品重大危险源安全管理

项目	具体内容
对危险化学品单位的要求	(1)危险化学品单位应当建立完善重大危险源安全管理规章制度和安全操作规程,并采取有效措施保证其得到执行。 (2)危险化学品单位应当根据构成重大危险源的危险化学品种类、数量、生产、使用工艺(方式)或者相关设备、设施等实际情况,按照下列要求建立健全安全监测监控体系,完善控制措施:①重大危险源配备温度、压力、液位、流量、组份等信息的不间断采集和监测系统以及可燃气体和有毒有害气体泄漏检测报警装置,并具备信息远传、连续记录、事故预警、信息存储等功能;一级或者二级重大危险源,具备紧急停车功能。记录的电子数据的保存时间不少于30天;②重大危险源的化工生产装置装备满足安全生产要求的自动化控制系统;一级或者二级重大危险源,装备紧急停车系统;③对重大危险源中的毒性气体、剧毒液体和易燃气体等重点设施,设置紧急切断装置;毒性气体的设施,设置泄漏物紧急处置装置。涉及毒性气体、液化气体、剧毒液体的一级或者二级重大危险源,配备独立的安全仪表系统(SIS);④重大危险源中储存剧毒物质的场所或者设施,设置视频监控系统;⑤安全监测监控系统符合国家标准或者行业标准的规定。 (3)危险化学品单位应当按照国家有关规定,定期对重大危险源的安全设施和安全监测监控系统进行检测、检验,并进行经常性维护、保养,保证重大危险源的安全设施和安全监测监控系统有效、可靠运行。维护、保养、检测应当作好记录,并由有关人员签字。 (4)危险化学品单位应当明确重大危险源中关键装置、重点部位的责任人或者责任机构,并对重大危险源的安全生产状况进行定期检查,及时采取措施消除事故隐患。事故隐患难以立即排除的,应当及时制定治理方案,落实整改措施、责任、资金、时限和预案。 (5)危险化学品单位应当对重大危险源的管理和操作岗位人员进行安全操作技能培训,使其了解重大危险源的危险特性,熟悉重大危险源安全管理规章制度和安全操作规程,掌握本岗位的安全操作技能和应急措施。 (6)危险化学品单位应当在重大危险源所在场所设置明显的安全警示标志,写明紧急情况下的应急处置办法。 (7)危险化学品单位应当将重大危险源可能发生的事故后果和应急措施等信息,以适当方式告知可能受影响的单位、区域及人员

续表

项目	具体内容
对危险化学品单位的要求	(8)危险化学品单位应当依法制定重大危险源事故应急预案,建立应急救援组织或者配备应急救援人员,配备必要的防护装备及应急救援器材、设备、物资,并保障其完好和方便使用;配合地方人民政府安全生产监督管理部门制定所在地区涉及本单位的危险化学品事故应急预案。 (9)危险化学品单位应当制定重大危险源事故应急预案演练计划,并按照下列要求进行事故应急预案演练:①对重大危险源专项应急预案,每年至少进行一次;②对重大危险源现场处置方案,每半年至少进行一次。 应急预案演练结束后,危险化学品单位应当对应急预案演练效果进行评估,撰写应急预案演练评估报告,分析存在的问题,对应急预案提出修订意见,并及时修订完善。 (10)危险化学品单位应当对辨识确认的重大危险源及时、逐项进行登记建档。 重大危险源档案应当包括下列文件、资料:①辨识、分级记录;②重大危险源基本特征表;③涉及的所有化学品安全技术说明书;④区域位置图、平面布置图、工艺流程图和主要设备一览表;⑤重大危险源安全管理规章制度及安全操作规程;⑥安全监测监控系统、措施说明、检测、检验结果;⑦重大危险源事故应急预案、评审意见、演练计划和评估报告;⑧安全评估报告或者安全评价报告;⑨重大危险源关键装置、重点部位的责任人、责任机构名称;⑩重大危险源场所安全警示标志的设置情况;⑪其他文件、资料。 (11)危险化学品单位在完成重大危险源安全评估报告或者安全评价报告后15日内,应当填写重大危险源备案申请表,连同重大危险源档案材料,报送所在地县级人民政府安全生产监督管理部门备案。 县级人民政府安全生产监督管理部门应当每季度将辖区内的一级、二级重大危险源备案材料报送至设区的市级人民政府安全生产监督管理部门。设区的市级人民政府安全生产监督管理部门应当每半年将辖区内的一级重大危险源备案材料报送至省级人民政府安全生产监督管理部门。 (12)危险化学品单位新建、改建和扩建危险化学品建设项目,应当在建设项目竣工验收前完成重大危险源的辨识、安全评估和分级、登记建档工作,并向所在地县级人民政府安全生产监督管理部门备案

第三节 安全生产检查

考点1 安全生产检查工作重点

项目	具体内容
工作重点	(1)安全生产检查是生产经营单位安全生产管理的重要内容。 (2)工作重点:①辨识安全生产管理工作存在的漏洞和死角;②检查生产现场安全防护设施、作业环境是否存在不安全状态;③现场作业人员的行为是否符合安全规范;④设

续表

项目	具体内容
工作重点	备、系统运行状况是否符合现场规程的要求等。 (3)通过安全检查,不断堵塞管理漏洞,改善劳动作业环境,规范作业人员的行为,保证设备系统的安全、可靠运行,实现安全生产的目的

考点2 安全生产检查的类型

项目	具体内容
定期安全生产检查	定期安全生产检查一般是通过有计划、有组织、有目的的形式来实现,一般由生产经营单位统一组织实施。检查周期的确定,应根据生产经营单位的规模、性质以及地区气候、地理环境等确定。定期安全检查一般具有组织规模大、检查范围广、有深度,能及时发现并解决问题等特点。定期安全检查一般和重大危险源评估、现状安全评价等工作结合开展
经常性安全生产检查	(1)经常性安全生产检查是由生产经营单位的安全生产管理部门、车间、班组或岗位组织进行的日常检查。一般来讲,包括交接班检查、班中检查、特殊检查等几种形式。 (2)交接班检查是指在交接班前,岗位人员对岗位作业环境、管辖的设备及系统安全运行状况进行检查,交班人员要向接班人员说清楚,接班人员根据自己检查的情况和交班人员的交代,做好工作中可能发生问题及应急处置措施的预想。 班中检查包括岗位作业人员在工作过程中的安全检查,以及生产经营单位领导、安全生产管理部门和车间班组的领导或安全监督人员对作业情况的巡视或抽查等。 (3)特殊检查是针对设备、系统存在的异常情况,所采取的加强监视运行的措施。一般来讲,措施由工程技术人员制定,岗位作业人员执行。 交接班检查和班中岗位的自行检查,一般应制定检查路线、检查项目、检查标准,并设置专用的检查记录本。 (4)岗位经常性检查发现的问题记录在记录本上,并及时通过信息系统和电话逐级上报。 (5)一般来讲,对危及人身和设备安全的情况,岗位作业人员应根据操作规程、应急处置措施的规定,及时采取紧急处置措施,不需请示,处置后则立即汇报。有些生产经营单位如化工单位等习惯做法是,岗位作业人员发现危及人身、设备安全的情况,只需紧急报告,而不要求就地处置
季节性及节假日前后安全生产检查	(1)由生产经营单位统一组织,检查内容和范围则根据季节变化,按事故发生的规律对易发的潜在危险,突出重点进行检查。如冬季防冻保温、防火、防煤气中毒,夏季防暑降温、防汛、防雷电等检查。 (2)由于节假日(特别是重大节日,如元旦、春节、劳动节、国庆节)前后容易发生事故。因而应在节假日前后进行有针对性的安全检查

续表

项目	具体内容
专业(项)安全生产检查	(1)专业(项)安全生产检查是对某个专业(项)问题或在施工(生产)中存在的普遍性安全问题进行的单项定性或定量检查。 (2)如对危险性较大的在用设备、设施,作业场所环境条件的管理性或监督性定量检测检验则属专业(项)安全检查。专业(项)检查具有较强的针对性和专业要求,用于检查难度较大的项目
综合性安全生产检查	综合性安全生产检查一般是由上级主管部门或地方政府负有安全生产监督管理职责的部门,组织对生产单位进行的安全检查
职工代表不定期对安全生产的巡查	根据《工会法》及《安全生产法》的有关规定,生产经营单位的工会应定期或不定期组织职工代表进行安全检查。重点查国家安全生产方针、法规的贯彻执行情况,各级人员安全生产责任制和规章制度的落实情况,从业人员安全生产权利的保障情况,生产现场的安全状况等

考点3 安全生产检查的内容

项目	具体内容
内容	安全生产检查的内容包括:软件系统和硬件系统。 (1)软件系统主要是查思想、查意识、查制度、查管理、查事故处理、查隐患、查整改。 (2)硬件系统主要是查生产设备、查辅助设施、查安全设施、查作业环境
原则	安全生产检查具体内容应本着突出重点的原则进行确定。 (1)对于危险性大、易发事故、事故危害大的生产系统、部位、装置、设备等应加强检查。一般应重点检查:①易造成重大损失的易燃易爆危险物品、剧毒品、锅炉、压力容器、起重设备、运输设备、冶炼设备、电气设备、冲压机械、高处作业和本企业易发生工伤、火灾、爆炸等事故的设备、工种、场所及其作业人员;②易造成职业中毒或职业病的尘毒产生点及其岗位作业人员;③直接管理的重要危险点和有害点的部门及其负责人。 (2)对非矿山企业,目前国家有关规定要求强制性检查的项目有:①锅炉、压力容器、压力管道、高压医用氧舱、起重机、电梯、自动扶梯、施工升降机、简易升降机、防爆电器、厂内机动车辆、客运索道、游艺机及游乐设施等;②作业场所的粉尘、噪声、振动、辐射、高温低温和有毒物质的浓度等。 (3)对矿山企业,目前国家有关规定要求强制性检查的项目有:①矿井风量、风质、风速及井下温度、湿度、噪声;②瓦斯、粉尘;③矿山放射性物质及其他有毒有害物质;④露天矿山边坡;⑤尾矿坝;⑥提升、运输、装载、通风、排水、瓦斯抽放、压缩空气和起重设备;⑦各种防爆电器、电器安全保护装置;⑧矿灯;⑨钢丝绳等;⑩瓦斯、粉尘及其他有毒有害物质检测仪器、仪表;自救器;⑪救护设备;⑫安全帽;⑬防尘口罩或面罩;⑭防护服、防护鞋;⑮防噪声耳塞、耳罩

考点4 安全生产检查的方法

项目	具体内容
常规检查	(1)常规检查是常见的一种检查方法。 (2)通常是由安全管理人员作为检查工作的主体，到作业场所现场，通过感观或辅助一定的简单工具、仪表等，对作业人员的行为、作业场所的环境条件、生产设备设施等进行的定性检查。 (3)安全检查人员通过这一手段，及时发现现场存在的安全隐患并采取措施予以消除，纠正施工人员的不安全行为。 (4)常规检查主要依靠安全检查人员的经验和能力，检查的结果直接受安全检查人员个人素质的影响
安全检查表法	(1)为使安全检查工作更加规范，将个人的行为对检查结果的影响减少到最小，常采用安全检查表法。 (2)安全检查表一般由工作小组讨论制定。 (3)安全检查表一般包括检查项目、检查内容、检查标准、检查结果及评价、检查发现问题等内容。 (4)编制安全检查表应依据国家有关法律法规，生产经营单位现行有效的有关标准、规程、管理制度，有关事故教训，生产经营单位安全管理文化、理念，反事故技术措施和安全措施计划，季节性、地理、气候特点等
仪器检查及数据分析法	(1)有些生产经营单位的设备、系统运行数据具有在线监视和记录的系统设计，对设备、系统的运行状况可通过对数据的变化趋势进行分析得出结论。 (2)对没有在线数据检测系统的机器、设备、系统，只能通过仪器检查法来进行定量化的检验与测量

考点5 安全生产检查的工作程序

项目	具体内容
安全检查准备	(1)确定检查对象、目的、任务。 (2)查阅、掌握有关法规、标准、规程的要求。 (3)了解检查对象的工艺流程、生产情况、可能出现危险和危害的情况。 (4)制定检查计划，安排检查内容、方法、步骤。 (5)编写安全检查表或检查提纲。 (6)准备必要的检测工具、仪器、书写表格或记录本。 (7)挑选和训练检查人员并进行必要的分工等
实施安全检查	实施安全检查就是通过访谈、查阅文件和记录、现场观察、仪器测量的方式获取信息。 (1)访谈。通过与有关人员谈话来检查安全意识和规章制度执行情况等。 (2)查阅文件和记录。检查设计文件、作业规程、安全措施、责任制度、操作规程等是

续表

项目	具体内容
实施安全检查	否齐全，是否有效；查阅相应记录，判断上述文件是否被执行。 (3)现场观察。对作业现场的生产设备、安全防护设施、作业环境、人员操作等进行观察。寻找不安全因素、事故隐患、事故征兆等。 (4)仪器测量。利用一定的检测检验仪器设备，对在用的设施、设备、器材状况及作业环境条件等进行测量，以发现隐患
综合分析	经现场检查和数据分析后，检查人员应对检查情况进行综合分析，提出检查的结论和意见。一般来讲，生产经营单位自行组织的各类安全检查，应有安全管理部门会同有关部门对检查结果进行综合分析；上级主管部门或地方政府负有安全生产监督管理职责的部门组织的安全检查，统一研究得出检查意见或结论
结果反馈	现场检查和综合分析完成后，应将检查的结论和意见反馈至被检查对象。结果反馈形式可以是现场反馈，也可以是书面反馈
提出整改要求	检查结束后，针对检查发现的问题，应根据问题性质的不同，提出相应的整改措施和要求
整改落实	对安全检查发现的问题和隐患，生产经营单位应制定整改计划，建立安全生产问题隐患台账，定期跟踪隐患的整改落实情况，确保隐患按要求整改完成，形成隐患整改的闭环管理
信息反馈及持续改进	生产经营单位自行组织的安全检查，在整改措施计划完成后，安全管理部门应组织有关人员进行验收。对于上级主管部门或地方政府负有安全生产监督管理职责的部门组织的安全检查，在整改措施完成后，应及时上报整改完成情况，申请复查或验收。 对安全检查中经常发现的问题或反复发现的问题，生产经营单位应从规章制度的健全和完善、从业人员的安全教育培训、设备系统的更新改造、加强现场检查和监督等环节入手，做到持续改进，不断提高安全生产管理水平，防范生产安全事故的发生

第四节　事故隐患排查

考点 1　安全生产事故隐患定义及分类

项目	具体内容
定义	安全生产事故隐患是指生产经营单位违反安全生产法律、法规、规章、标准、规程和安全生产管理制度的规定，或者因其他因素在生产经营活动中存在可能导致事故发生的物的危险状态、人的不安全行为和管理上的缺陷

续表

项目	具体内容
分类	事故隐患分为一般事故隐患和重大事故隐患。 (1)一般事故隐患，是指危害和整改难度较小，发现后能够立即整改排除的隐患。 (2)重大事故隐患，是指危害和整改难度较大，应当全部或者局部停产停业，并经过一定时间整改治理方能排除的隐患。或者因外部因素影响致使生产经营单位自身难以排除的隐患

考点2　对企业事故隐患排查的要求

项目	具体内容
要求	(1)生产经营单位应当依照法律、法规、规章、标准和规程的要求从事生产经营活动。严禁非法从事生产经营活动。 (2)生产经营单位是事故隐患排查、治理和防控的责任主体。 (3)生产经营单位应当建立健全事故隐患排查治理和建档监控等制度，逐级建立并落实从主要负责人到每个从业人员的隐患排查治理和监控责任制 (4)生产经营单位应当保证事故隐患排查治理所需的资金，建立资金使用专项制度。 (5)生产经营单位应当定期组织安全生产管理人员、工程技术人员和其他相关人员排查本单位的事故隐患。对排查出的事故隐患，应当按照事故隐患的等级进行登记，建立事故隐患信息档案，并按照职责分工实施监控治理。 (6)生产经营单位应当建立事故隐患报告和举报奖励制度，鼓励、发动职工发现和排除事故隐患，鼓励社会公众举报。对发现、排除和举报事故隐患的有功人员，应当给予物质奖励和表彰。 (7)生产经营单位将生产经营项目、场所、设备发包、出租的，应当与承包、承租单位签订安全生产管理协议，并在协议中明确各方对事故隐患排查、治理和防控的管理职责。生产经营单位对承包、承租单位的事故隐患排查治理负有统一协调和监督管理的职责。 (8)安全监管监察部门和有关部门的监督检查人员依法履行事故隐患监督检查职责时，生产经营单位应当积极配合，不得拒绝和阻挠。 (9)生产经营单位应当每季、每年对本单位事故隐患排查治理情况进行统计分析，并分别于下一季度15日前和下一年1月31日前向安全监管监察部门和有关部门报送书面统计分析表。统计分析表应当由生产经营单位主要负责人签字。 对于重大事故隐患，生产经营单位除依照上述要求报送外，还应当及时向安全监管监察部门和有关部门报告。重大事故隐患报告内容应当包括：①隐患的现状及其产生原因；②隐患的危害程度和整改难易程度分析；③隐患的治理方案。 (10)对于一般事故隐患，由生产经营单位（车间、分厂、区队等）负责人或者有关人员立即组织整改。 对于重大事故隐患，由生产经营单位主要负责人组织制定并实施事故隐患治理方案。重大事故隐患治理方案应当包括以下内容：①治理的目标和任务；②采取的方法和措施；③经费和物资的落实；④负责治理的机构和人员；⑤治理的时限和要求；⑥安全措施和应急预案。

续表

项目	具体内容
要求	(11)生产经营单位在事故隐患治理过程中，应当采取相应的安全防范措施，防止事故发生。事故隐患排除前或者排除过程中无法保证安全的，应当从危险区域内撤出作业人员。并疏散可能危及的其他人员，设置警戒标志，暂时停产停业或者停止使用；对暂时难以停产或者停止使用的相关生产储存装置、设施、设备，应当加强维护和保养，防止事故发生。 (12)生产经营单位应当加强对自然灾害的预防。对于因自然灾害可能导致事故灾难的隐患，应当按照有关法律、法规、标准和《安全生产事故隐患排查治理暂行规定》的要求排查治理，采取可靠的预防措施，制定应急预案。在接到有关自然灾害预报时，应当及时向下属单位发出预警通知；发生自然灾害可能危及生产经营单位和人员安全的情况时，应当采取撤离人员、停止作业、加强监测等安全措施，并及时向当地人民政府及其有关部门报告。 (13)地方人民政府或者安全监管监察部门及有关部门挂牌督办并责令全部或者局部停产停业治理的重大事故隐患，治理工作结束后，有条件的生产经营单位应当组织本单位的技术人员和专家对重大事故隐患的治理情况进行评估；其他生产经营单位应当委托具备相应资质的安全评价机构对重大事故隐患的治理情况进行评估。 经治理后符合安全生产条件的，生产经营单位应当向安全监管监察部门和有关部门提出恢复生产的书面申请，经安全监管监察部门和有关部门审查同意后，方可恢复生产经营。申请报告应包括治理方案的内容、项目和安全评价机构出具的评价报告等

考点3　监督管理

项目	具体内容
监督管理	(1)各级安全监管监察部门按照职责对所辖区域内生产经营单位排查治理事故隐患工作依法实施综合监督管理；各级人民政府有关部门在各自职责范围内对生产经营单位排查治理事故隐患工作依法实施监督管理。任何单位和个人发现事故隐患，均有权向安全监管监察部门和有关部门报告。安全监管监察部门接到事故隐患报告后，应当按照职责分工立即组织核实并予以查处；发现所报告事故隐患应当由其他有关部门处理的，应当立即移送有关部门并记录备查。 (2)安全监管监察部门应当指导、监督生产经营单位按照有关法律、法规、规章、标准和规程的要求，建立健全事故隐患排查治理等各项制度，定期组织对生产经营单位事故隐患排查治理情况开展监督检查。对检查过程中发现的重大事故隐患，应当下达整改指令书，并建立信息管理台账。必要时，报告同级人民政府并对重大事故隐患实行挂牌督办。 (3)安全监管监察部门应当配合有关部门做好对生产经营单位事故隐患排查治理情况开展的监督检查，依法查处事故隐患排查治理的非法和违法行为及其责任者。 (4)安全监管监察部门发现属于其他有关部门职责范围内的重大事故隐患的，应该及时将有关资料移送有管辖权的有关部门，并记录备案。

续表

项目	具体内容
监督管理	(5)已经取得安全生产许可证的生产经营单位,在其被挂牌督办的重大事故隐患治理结束前,安全监管监察部门应当加强监督检查。必要时,可以提请原许可证颁发机关依法暂扣其安全生产许可证。 (6)对挂牌督办并采取全部或者局部停产停业治理的重大事故隐患,国家监察委员会收到生产经营单位恢复生产的申请报告后,应当在10日内进行现场审查。审查合格的,对事故隐患进行核销,同意恢复生产经营;审查不合格的,依法责令改正或者下达停产整改指令。对整改无望或者生产经营单位拒不执行整改指令的,依法实施行政处罚;不具备安全生产条件的,依法提请县级以上人民政府按照国务院规定的权限予以关闭

第五节　安全评价

考点1　安全评价的内容

项目	具体内容
安全评价	安全评价是指以实现安全为目的,应用安全系统工程原理和方法,辨识与分析工程、系统、生产经营活动中的危险和有害因素,预测发生事故或造成职业危害的可能性及其严重程度,提出科学、合理、可行的安全对策措施建议,作出评价结论的活动
安全预评价	安全预评价是指在项目建设前,根据建设项目可行性研究报告的内容,分析和预测该建设项目可能存在的危险和有害因素的种类和程度,提出合理、可行的安全对策措施和建议,用以指导建设项目的初步设计。 安全预评价内容: (1)前期准备工作:①明确评价对象和评价范围;②组建评价组;③收集法律、法规;④分析基础资料等。 (2)辨识和分析评价对象存在的各种危险和有害因素。 (3)评价单元划分,以自然条件、基本工艺条件、危险和有害因素分布及状况、便于实施评价为原则进行。 (4)定性、定量评价,对危险和有害因素导致事故发生的可能性及其严重程度进行评价。 (5)提出安全技术对策措施,提出安全管理对策措施及其他安全对策措施。 (6)评价结论,给出评价对象的符合性结论,给出危险和有害因素引发各类事故的可能性及其严重程度的预测性结论,明确评价对象建成或实施后能否安全运行的结论

续表

项目	具体内容
安全验收评价	(1)在建设项目竣工后正式生产运行前或工业园区建设完成后，通过检查建设项目安全设施与主体工程同时设计、同时施工、同时投入生产和使用的情况或工业园区内的安全设施、设备、装置投入生产和使用的情况。 (2)安全验收评价程序：①前期准备；②辨识与分析危险和有害因素；③划分评价单元；④定性、定量评价；⑤提出安全对策措施建议；⑥作出安全评价结论；⑦编制安全评价报告。 (3)安全验收评价包括：①危险、有害因素的辨识与分析；②符合性评价和危险危害程度的评价；③安全对策措施建议；④安全验收评价结论等内容
安全现状评价	(1)针对生产经营活动、工业园区的事故风险、安全管理等情况，辨识与分析其存在的危险和有害因素，审查确定其与安全生产法律、法规、规章、标准、规范要求的符合性，预测发生事故或造成职业危害的可能性及其严重程度，提出科学、合理、可行的安全对策措施建议，作出安全现状评价结论的活动。 (2)安全现状评价既适用于对一个生产经营单位或一个工业园区的评价，也适用于某一特定的生产方式、生产工艺、生产装置或作业场所的评价

考点2　安全评价方法分类

项目	具体内容
按照评价结果的量化程度分类	1. 定性安全评价方法 属于定性安全评价方法的有安全检查表、专家现场询问观察法、因素图分析法、事故引发和发展分析、作业条件危险性评价法、故障类型和影响分析、危险可操作性研究等。 2. 定量安全评价方法 (1)概率风险评价法。 故障类型及影响分析、事故树分析、逻辑树分析、概率理论分析、马尔可夫模型分析、模糊矩阵法、统计图表分析法等都可以由基本致因因素的事故发生概率计算整个评价系统的事故发生概率。 (2)伤害(或破坏)范围评价法。 液体泄漏模型、气体泄漏模型、气体绝热扩散模型、池火火焰与辐射强度评价模型、火球爆炸伤害模型、爆炸冲击波超压伤害模型、蒸气云爆炸超压破坏模型、毒物泄漏扩散模型和锅炉爆炸伤害 TNT 当量法。 (3)危险指数评价法。 道化学公司火灾、爆炸危险指数评价法；蒙德火灾爆炸毒性指数评价法；易燃、易爆、有毒重大危险源评价法
按照安全评价的逻辑推理过程分类	(1)归纳推理评价法。 (2)演绎推理评价法

续表

项目	具体内容
按照安全评价要达到的目的分类	(1)事故致因因素安全评价方法。 (2)危险性分级安全评价方法。 (3)事故后果安全评价方法
按照评价对象的不同分类	(1)设备(设施或工艺)故障率评价法。 (2)人员失误率评价法。 (3)物质系数评价法。 (4)系统危险性评价法等

考点3 常用的安全评价方法

项目	具体内容
安全检查表方法	为了查找工程、系统中各种设备设施、物料、工件、操作、管理和组织措施中的危险、有害因素，事先把检查对象加以分解，将大系统分割若干小的子系统，以提问或打分的形式，将检查项目列表逐项检查，避免遗漏
危险指数方法	(1)危险指数方法是通过评价人员对几种工艺现状及运行的固有属性(是以作业现场危险度、事故概率和事故严重度为基础，对不同作业现场的危险性进行鉴别)进行比较计算，确定工艺危险特性、重要性大小及是否需要进一步研究的安全评价方法。 (2)危险指数评价可以运用在工程项目的各个阶段(可行性研究、设计、运行等)，可以在详细的设计方案完成之前运用，也可以在现有装置危险分析计划制定之前运用。 (3)也可用于在役装置，作为确定工艺操作危险的依据
预先危险分析法	预先危险分析法是一项实现系统安全危害分析的初步或初始工作，在设计、施工和生产前，首先对系统中存在的危险性类别、出现条件、导致事故的后果进行分析，目的是识别系统中的潜在危险，确定危险等级，防止危险发展成事故。 预先危险分析方法的步骤如下： (1)通过经验判断、技术诊断或其他方法确定危险源，对所需分析系统的生产目的、物料、装置及设备、工艺过程、操作条件以及周围环境等，进行充分详细的了解。 (2)根据以往的经验及同类行业生产中的事故情况，对系统的影响、损坏程度，类比判断所要分析的系统中可能出现的情况，查找能够造成系统故障、物质损失和人员伤害的危险性，分析事故的可能类型。 (3)对确定的危险源分类，制成预先危险性分析表。 (4)转化条件，即研究危险因素转变为危险状态的触发条件和危险状态转变为事故的必要条件，并进一步寻求对策措施，检验对策措施的有效性。 (5)进行危险性分级，排列出重点和轻、重、缓、急次序，以便处理。 (6)制定事故的预防性对策措施

续表

项目	具体内容
故障假设分析方法	(1)故障假设分析方法是一种对系统工艺过程或操作过程的创造性分析方法。 (2)它一般要求评价人员用“what…if”作为开头对有关问题进行考虑,任何与工艺安全有关或与之不太相关的问题都可提出并加以讨论。 (3)通常,将所有的问题都记录下来,然后分门别类进行讨论。 (4)所提出的问题要考虑到任何与装置有关的不正常的生产条件,而不仅是设备故障或工艺参数。 (5)评价结果一般以表格形式表示,主要内容有:①提出的问题;②回答可能的后果;③降低或消除危险性的安全措施 (6)故障假设分析方法可按分析准备、完成分析和编制分析结果报告 3 个步骤来完成。
危险和可操作性研究	(1)危险和可操作性研究是一种定性的安全评价方法。 (2)它的基本过程是以关键词为引导,找出过程中工艺状态的变化(即偏差),然后分析找出偏差的原因、后果及可采取的对策。 (3)其侧重点是工艺部分或操作步骤各种具体值。 (4)危险和可操作性研究分析是对危险和可操作性问题进行详细识别的过程,由一个小组完成。
故障类型和影响分析	(1)故障类型和影响分析是系统安全工程的一种方法。 (2)根据系统可以划分为子系统、设备和元件的特点,按实际需要将系统进行分割,然后分析各自可能发生的故障类型及其产生的影响,以便采取相应的对策,提高系统的安全可靠性。 (3)故障类型和影响分析步骤:①明确系统本身情况;②确定分析程度和水平;③绘制系统图和可靠性框图;④列出所有的故障类型并选出对系统有影响的故障类型;⑤理出造成故障的原因
故障树分析	(1)故障树分析是一种描述事故因果关系的有方向的“树”,是系统安全工程中的重要的分析方法之一。 (2)它能对各种系统的危险性进行识别评价,既适用于定性分析,又能进行定量分析,具有简明、形象化的特点,体现了以系统工程方法研究安全问题的系统性、准确性和预测性。 (3)故障树分析的基本程序:①熟悉系统;②调查事故;③确定顶上事件;④确定目标值;⑤调查原因事件;⑥画出故障树;⑦定性分析;⑧确定事故发生概率;⑨比较;⑩分析
事件树分析	(1)事件树分析是用来分析普通设备故障或过程波动(称为初始事件)导致事故发生的可能性。 (2)在事件树分析中,事故是典型设备故障或工艺异常(称为初始事件)引发的结果。 (3)与故障树分析不同,事件树分析是使用归纳法(不是演绎法),可提供记录事故后果的系统性的方法,并能确定导致事件后果与初始事件的关系。

续表

项目	具体内容
事件树分析	（4）事件树分析步骤：①确定初始事件；②判定安全功能；③发展事件树和简化事件树；④分析事件树；（5）事件树的定量分析
作业条件危险性评价法	（1）美国的K. J.格雷厄姆和G. F.金尼研究了人们在具有潜在危险环境中作业的危险性，提出了以所评价的环境与某些作为参考环境的对比为基础，将作业条件的危险性作为因变量（D），事故或危险事件发生的可能性（L）、暴露于危险环境的频率（E）及危险严重程度（C）作为自变量，确定了它们之间的函数式。 （2）根据实际经验，他们给出了3个自变量的各种不同情况的分数值，采取对所评价的对象根据情况进行"打分"的办法，然后根据公式计算出其危险性分数值，再在按经验将危险性分数值划分的危险程度等级表或图上，查出其危险程度的一种评价方法。 （3）这是一种简单易行的评价作业条件危险性的方法
定量风险评价方法	（1）识别危险分析方面，定性和半定量的评估是非常有价值的，但是这些方法仅是定性分析，不能提供足够的定量分析，特别是不能对复杂的并存在危险的工艺流程等提供决策的依据和足够的信息。 （2）在这种情况下，必须能够提供完全的定量的计算和评价 （3）风险可以表征为事故发生的频率和事故的后果的乘积。 （4）定量风险评价对这两方面均进行评价，可以将风险的大小完全量化，并提供足够的信息，为业主、投资者、政府管理者提供定量化的决策依据

第六节　安全技术措施

考点1　安全技术措施的分类及编制原则

项目	具体内容
分类	防止事故发生的安全技术措施： （1）消除危险源。 （2）限制能量或危险物质。 （3）隔离。 （4）故障—安全设计。 （5）减少故障和失误。 减少事故损失的安全技术措施： （1）隔离。 （2）设置薄弱环节。 （3）个体防护。 （4）避难与救援

续表

项目	具体内容
编制原则	1. 必要性和可行性 要考虑安全生产的实际需要和技术可行性与经济承受能力。 2. 自力更生与勤俭节约 编制计划时，应注意充分利用现有的设备和设施，挖掘潜力，讲求实效。 3. 轻重缓急与统筹安排 对影响最大、危险性最大的项目应优先考虑，逐步有计划地解决。 4. 领导和群众相结合 加强领导，依靠群众，使计划切实可行，以便顺利实施

考点 2　安全技术措施的编制方法

项目	具体内容
确定编制时间	年度安全技术措施计划一般应与同年度的生产、技术、财务、物资采购等计划同时编制
布置编制工作	企业领导应根据本单位的具体情况向下属单位或职能部门提出编制措施计划的具体要求，并就有关工作进行布置
确定项目和内容	(1)下属单位在认真调查和分析本单位存在的问题，并征求群众意见的基础上，确定本单位的安全技术措施计划项目和主体内容，报上级安全生产管理部门。 (2)安全生产管理部门对上报的措施计划进行审查、平衡、汇总后，确定措施计划项目，并报有关领导审批
编制措施计划	安全技术措施计划项目经审批后，由安全生产管理部门和下属单位组织相关人员，编制具体的措施计划和方案，经讨论后，送上级安全生产管理部门和有关部门审查
审批措施计划	(1)上级安全、技术、计划部门对上报的安全技术措施计划进行联合会审后，报单位有关领导审批。 (2)安全技术措施计划一般由总工程师审批
下达措施计划	(1)单位主要负责人根据总工程师的审批意见，召集有关部门和下属单位负责人审查、核定措施计划。 (2)审查、核定通过后，与生产计划同时下达到有关部门贯彻执行
实施	(1)安全技术措施计划落实到各执行部门后，安全管理部门应定期对计划的完成情况进行监督检查，对已经完成的项目，应由验收部门负责组织验收。 (2)安全技术措施验收后，应及时补充、修订相关管理制度、操作规程，开展对相关人员的培训工作，建立相关的档案和记录

第三章 安全生产相关规定

知识框架

- 安全生产相关规定
  - 安全生产许可
    - 安全生产许可制度的适用范围
    - 取得安全生产许可证的条件
    - 取得安全生产许可证的程序
    - 违法行为应负的法律责任
  - 建设项目安全设施
    - 建设项目安全设施的相关内容
    - 建设项目安全设施“三同时”
    - 建设项目安全设施设计审查
    - 建设项目安全设施施工和竣工验收
  - 安全生产教育培训
    - 对安全生产教育培训的基本要求
    - 对单位主要负责人、安全生产管理人员及其他从业人员的培训、考核及认证
  - 安全文化
    - 安全文化的定义与内涵
    - 安全文化建设的基本内容
    - 安全文化建设的操作步骤
    - 企业安全文化建设评价
  - 安全生产标准化
    - 安全标准化建设的意义
    - 开展安全生产标准化建设的重点内容
  - 安全风险分级管控和隐患排查治理双重预防机制
    - 总体思路和工作目标
    - 着力构建企业双重预防机制
    - 健全完善双重预防机制的政府监管体系
    - 强化政策引导和技术支撑
    - 有关工作要求
    - 风险分级及管控原则

考点精讲

第一节　安全生产许可

考点 1　安全生产许可制度的适用范围

项目	具体内容
设定范围	直接涉及国家安全、公共安全，有限自然资源开发利用、提供公共服务等
设定种类	行政许可包括 5 类：普通许可、特许、认可、核准、登记。 (1)空间：涵盖了在我国国家主权所及范围内从事矿产资源开发、建筑施工和危险化学品、烟花爆竹和民用爆炸物品生产等活动。 (2)主体及其行为：凡是在中华人民共和国领域内从事矿产资源开发、建筑施工和危险化学品、烟花爆竹、民用爆炸物品生产等活动的所有企业法人、非企业法人单位和中国人、外籍人、无国籍人

考点 2　取得安全生产许可证的条件

项目	具体内容
三类企业	(1)矿山企业：①煤矿企业；②非煤矿企业。 (2)危险物品生产企业：①危险化学品生产企业；②烟花爆竹生产企业；③民用爆炸物品生产企业。 (3)建筑施工企业

考点 3　取得安全生产许可证的程序

项目	具体内容
程序	1. 公开申请事项和要求 安全生产许可证颁发管理机关制定的安全生产许可证颁发管理的规章制度等具体规定应当公布。否则不能作为实施行政许可的具体依据。 2. 企业应当依法提出申请 企业依法向安全生产许可证颁发管理机关提出申请： (1)新设立生产企业的申请。 (2)已经进行生产企业的申请。 (3)申请人应当提交相关文件、资料

续表

项目	具体内容
程序	3. 受理申请及审查 (1)形式审查。 所谓形式审查,是指安全生产许可证颁发管理机关依法对申请人提交的申请文件、资料是否齐全、真实、合法,进行检查核实的工作。这时申请人提交的证明其具备法定安全生产条件的都是书面的文件、资料。 (2)实质性审查。 申请人提交的文件、资料通过形式审查以后,安全生产许可证颁发管理机关认为有必要的,应当对申请文件、资料和企业的实际安全生产条件进行实地审查或者核实。 安全生产许可证颁发管理机关进行实质性审查的主要方式:①委派本机关的工作人员直接进行审查或者核实;②委托其他行政机关代为进行审查或者核实;③委托安全中介机构对一些专业技术性很强的设施、设备和工艺进行专门检验。 4. 决定 (1)经审查或核实后,安全生产许可证颁发管理机关可以依法作出两种决定:①企业具备法定安全生产条件的,决定颁发安全生产许可证;②企业不具备法定安全生产条件的,决定不予颁发安全生产许可证,书面通知企业并说明理由。 (2)安全生产许可证颁发管理机关应当对有关人员提出的审查意见进行讨论,并在受理申请之日起 45 个工作日内作出颁发或者不予颁发安全生产许可证的决定。对决定颁发的,安全生产许可证颁发管理机关应当自决定之日起 10 个工作日内送达或者通知申请人领取安全生产许可证;对不予颁发的,应当在 10 个工作日内书面通知申请人并说明理由。 5. 期限与延续 (1)安全生产许可证的有效期为 3 年。 (2)延续有以下两种情形:①有效期满的例行延续。安全生产许可证的有效期为 3 年,企业应当于期满前 3 个月内向原安全生产许可证颁发管理机关办理延期手续。②有效期满的免审延续。安全生产状况良好、没有发生死亡生产安全事故的企业,不需经过审查即可延续 3 年,但不是自动延期,应当在有效期满前提出延期的申请,经原安全生产许可证颁发管理机关同意后方可免审延续 3 年。 6. 补办与变更 (1)安全生产许可证如遇损毁、丢失等情况,就需要向原安全生产许可证颁发管理机关申请补办。 (2)企业的有关事项发生变化,也需要及时办理安全生产许可证。 7. 公告 (1)安全生产许可证颁发管理机关定期向社会公布企业取得安全生产许可证情况。 (2)公布的具体形式可以多样但须规范,公布时间由安全生产许可证颁发管理机关决定

考点 4　违法行为应负的法律责任

项目	具体内容
法律责任追究的原则	“谁持证谁负责”和“谁发证谁处罚”
违法行为的界定	1. 许可证颁发管理机关工作人员的安全生产许可违法行为 (1)向不符合安全生产条件的企业颁发安全生产许可证的。 (2)发现企业未依法取得安全生产许可证擅自从事生产活动,不依法处理的。 (3)发现取得安全生产许可证的企业不再具备本条例规定的安全生产条件,不依法处理的。 (4)接到对违反本条例规定行为的举报后,不及时处理的。 (5)在安全生产许可证颁发、管理和监督检查工作中,索取或者接受企业的财物,或者谋取其他利益的。 2. 企业的安全生产许可违法行为 (1)未取得安全生产许可证擅自进行生产的。 (2)取得安全生产许可证后不再具备安全生产条件的。这是一种持证违法行为。 (3)安全生产有效期满未办理延期手续,继续进行生产的。 (4)转让、冒用或者使用伪造安全生产许可证的。 (5)在《安全生产许可证条例》规定期限内逾期不办理安全生产许可证,或者经审查不具备本条例规定的安全生产条件,未取得安全生产许可证,继续进行生产的
行政处理的种类	(1)责令停止生产。 (2)没收违法所得。 (3)罚款。 (4)暂扣或吊销安全生产许可证

第二节　建设项目安全设施

考点 1　建设项目安全设施的相关内容

项目	具体内容
定义	建设项目是指生产经营单位进行新建、改建、扩建工程项目的总称。 建设项目安全设施,是指生产经营单位在生产经营活动中用于预防生产安全事故的设备、设施、装置、构(建)筑物和其他技术措施的总称
责任主体	生产经营单位是建设项目安全设施建设的责任主体

考点 2　建设项目安全设施“三同时”

项目	具体内容
概念	建设项目安全设施必须与主体工程同时设计、同时施工、同时投入生产和使用
相关规定	《建设项目安全设施“三同时”监督管理办法》规定： (1)国家安全生产监督管理总局(现改为应急管理部)对全国建设项目安全设施“三同时”实施综合监督管理,并在国务院规定的职责范围内承担有关建设项目安全设施“三同时”的监督管理。 (2)县级以上地方各级安全生产监督管理部门对本行政区域内的建设项目安全设施“三同时”实施综合监督管理,并在本级人民政府规定的职责范围内承担本级人民政府及其有关主管部门审批、核准或者备案的建设项目安全设施“三同时”的监督管理。 (3)跨两个及两个以上行政区域的建设项目安全设施“三同时”由其共同的上一级人民政府安全生产监督管理部门实施监督管理。 (4)上一级人民政府安全生产监督管理部门根据工作需要,可以将其负责监督管理的建设项目安全设施“三同时”工作委托下一级人民政府安全生产监督管理部门实施监督管理。 安全生产监督管理部门应当加强建设项目安全设施建设的日常安全监管,落实有关行政许可及其监管责任,督促生产经营单位落实安全设施建设责任

考点 3　建设项目安全设施设计审查

项目	具体内容
建设项目安全设施设计的内容	建设项目安全设施设计应当包括下列内容： (1)设计依据。 (2)建设项目概述。 (3)建设项目潜在的危险、有害因素和危险、有害程度及周边环境安全分析。 (4)建筑及场地布置。 (5)重大危险源分析及检测监控。 (6)安全设施设计采取的防范措施。 (7)安全生产管理机构设置或者安全生产管理人员配备要求。 (8)从业人员教育培训要求。 (9)工艺、技术和设备、设施的先进性和可靠性分析。 (10)安全设施专项投资概算。 (11)安全预评价报告中的安全对策及建议采纳情况。 (12)预期效果以及存在的问题与建议。 (13)可能出现的事故预防及应急救援措施。 (14)法律、法规、规章、标准规定需要说明的其他事项

续表

项目	具体内容
申请审查需提供的资料	建设项目安全设施设计完成后，生产经营单位应当向安全生产监督管理部门提出审查申请，并提交下列文件资料： （1）建设项目审批、核准或者备案的文件。 （2）建设项目安全设施设计审查申请。 （3）设计单位的设计资质证明文件。 （4）建设项目安全设施设计。 （5）建设项目安全预评价报告及相关文件资料。 （6）法律、行政法规、规章规定的其他文件资料
相关规定	（1）安全生产监督管理部门收到申请后，对属于本部门职责范围内的，应当及时进行审查，并在收到申请后5个工作日内作出受理或者不予受理的决定，书面告知申请人；对不属于本部门职责范围内的，应当将有关文件资料转送有审查权的管理部门，并书面告知申请人。 （2）对已经受理的建设项目安全设施设计审查申请，安全生产监督管理部门应当自受理之日起20个工作日内作出是否批准的决定，并书面告知申请人20个工作日内不能作出决定的，经本部门负责人批准，可以延长10个工作日，并将延长期限的理由书面告知申请人
不得开工的情形	建设项目安全设施设计有下列情形之一的，不予批准，并不得开工建设： （1）无建设项目审批、核准或者备案文件的。 （2）未委托具有相应资质的设计单位进行设计的。 （3）安全预评价报告由未取得相应资质的安全评价机构编制的。 （4）设计内容不符合有关安全生产的法律、法规、规章和国家标准或者行业标准、技术规范的规定的。 （5）未采纳安全预评价报告中的安全对策和建议，且未作充分论证说明的。 （6）不符合法律、行政法规规定的其他条件的。 建设项目安全设施设计审查未予批准的，生产经营单位经过整改后可以向原审查部门申请再审。 已经批准的建设项目及其安全设施设计有下列情形之一的，生产经营单位应当报原批准部门审查同意；未经审查同意的，不得开工建设： （1）建设项目的规模、生产工艺、原料、设备发生重大变更的。 （2）改变安全设施设计且可能降低安全性能的。 （3）在施工期间重新设计的

考点4　建设项目安全设施施工和竣工验收

项目	具体内容
各单位的职责	1. 施工单位 （1）施工单位应当在施工组织设计中编制安全技术措施和施工现场临时用电方案，同

续表

项目	具体内容
各单位的职责	时对危险性较大的分部分项工程依法编制专项施工方案，并附具安全验算结果，经施工单位技术负责人、总监理工程师签字后实施。 （2）施工单位应当严格按照安全设施设计和相关施工技术标准、规范施工，并对安全设施的工程质量负责。 （3）施工单位发现安全设施设计文件有错漏的，应当及时向生产经营单位、设计单位提出。生产经营单位、设计单位应当及时处理。 （4）施工单位发现安全设施存在重大事故隐患时，应当立即停止施工并报告生产经营单位进行整改。整改合格后，方可恢复施工。 2. 监理单位 （1）工程监理单位应当审查施工组织设计中的安全技术措施或者专项施工方案是否符合工程建设强制性标准。 （2）工程监理单位在实施监理过程中，发现存在事故隐患的，应当要求施工单位整改；情况严重的，应当要求施工单位暂时停止施工，并及时报告生产经营单位。施工单位拒不整改或者不停止施工的，工程监理单位应当及时向有关主管部门报告。 （3）工程监理单位、监理人员应当按照法律、法规和工程建设强制性标准实施监理，并对安全设施工程的工程质量承担监理责任。 3. 建设单位 （1）建设项目安全设施建成后，生产经营单位应当对安全设施进行检查，对发现的问题及时整改。 （2）建设项目竣工投入生产或者使用前，生产经营单位应当组织对安全设施进行竣工验收，并形成书面报告备查。安全设施竣工验收合格后，方可投入生产和使用

第三节　安全生产教育培训

考点1　对安全生产教育培训的基本要求

项目	具体内容
基本要求	（1）生产经营单位的主要负责人和安全生产管理人员必须具备与本单位所从事的生产经营活动相应的安全生产知识和管理能力。 （2）危险物品的生产、经营、储存、装卸单位以及矿山、金属冶炼、建筑施工、运输单位的主要负责人和安全生产管理人员，应当由有关主管部门对其安全生产知识和管理能力考核合格后方可任职。 （3）生产经营单位应当对从业人员进行安全生产教育和培训，保证从业人员具备必要的安全生产知识，熟悉有关的安全生产规章制度和安全操作规程，掌握本岗位的安全操作技能。未经安全生产教育和培训合格的从业人员，不得上岗作业

续表

项目	具体内容
基本要求	(4)生产经营单位采用新工艺、新技术、新材料或者使用新设备,必须了解、掌握其安全技术特性,采取有效的安全防护措施,并对从业人员进行专门的安全教育和培训。 (5)生产经营单位的特种作业人员必须按照国家有关规定经专门的安全作业培训,取得相应资格,方可上岗作业,特种作业人员的范围由国务院应急管理部门会同国务院有关部门确定。 (6)生产经营单位应当教育和督促从业人员严格执行本单位的安全生产规章制度和安全操作规程;并向从业人员如实告知作业场所和工作岗位存在的危险因素、防范措施以及事故应急措施。 (7)从业人员应当接受安全生产教育和培训,掌握本职工作所需的安全生产知识,提高安全生产技能,增强事故预防和应急处理能力

考点2 对单位主要负责人、安全生产管理人员及其他从业人员的培训、考核及认证

项目	具体内容
对单位主要负责人的培训要求	1. 初次培训的主要内容 (1)国家安全生产方针、政策和有关安全生产的法律、法规、规章及标准。 (2)安全生产管理基本知识、安全生产技术、安全生产专业知识。 (3)重大危险源管理、重大事故防范、应急管理和救援组织以及事故调查处理的有关规定。 (4)职业危害及其预防措施。 (5)国内外先进的安全生产管理经验。 (6)典型事故和应急救援案例分析。 (7)其他需要培训的内容。 2. 再培训内容 对已经取得上岗资格证书的有关领导,应定期进行再培训,再培训的主要内容: (1)新知识、新技术和新颁布的政策、法规。 (2)有关安全生产的法律、法规、规章、规程、标准和政策。 (3)安全生产的新技术、新知识。 (4)安全生产管理经验。 (5)典型事故案例。 3. 培训时间 (1)危险物品的生产经营、储存单位以及矿山、烟花爆竹、建筑施工单位主要负责人安全资格培训时间不得少于48学时,每年再培训时间不得少于16学时。 (2)其他单位主要负责人安全生产管理培训时间不得少于32学时,每年再培训时间不得少于12学时

续表

项目	具体内容
对安全生产管理人员的培训要求	1. 安全培训的主要内容 (1)国家安全生产方针、政策和有关安全生产的法律、法规、规章及标准。 (2)安全生产管理、安全生产技术、职业卫生等知识。 (3)伤亡事故统计、报告及职业危害的调查处理方法。 (4)应急管理、应急预案编制以及应急处置的内容和要求。 (5)国内外先进的安全生产管理经验。 (6)典型事故和应急救援案例分析。 (7)其他需要培训的内容。 2. 培训时间 (1)危险物品的生产、经营、储存单位以及矿山、烟花爆竹、建筑施工单位安全生产管理人员安全资格培训时间不得少于48学时；每年再培训时间不得少于16学时。 (2)其他单位安全生产管理人员安全生产管理培训时间不得少于32学时；每年再培训时间不得少于12学时
特种作业人员的培训	(1)特种作业的范围：电工作业、焊接与热切割作业、高处作业、制冷与空调作业、煤矿安全作业、金属非金属矿山安全作业、石油天然气安全作业、冶金(有色)生产安全作业、危险化学品安全作业、烟花爆竹安全作业、安全监管总局(现改为应急管理部)认定的其他作业。 (2)特种作业人员的安全技术培训、考核、发证、复审工作实行统一监管、分级实施、教考分离的原则。 (3)特种作业人员应当接受与其所从事的特种作业相应的安全技术理论培训和实际操作培训。 (4)跨省、自治区、直辖市从业的特种作业人员，可以在户籍所在地或者从业所在地参加培训。 (5)特种作业操作证有效期为6年，在全国范围内有效。 (6)特种作业操作证由安全监管总局(现改为应急管理部)统一式样、标准及编号。 (7)特种作业操作证每3年复审1次。 (8)特种作业人员在特种作业操作证有效期内，连续从事本工种10年以上，严格遵守有关安全生产法律法规的，经原考核发证机关或者从业所在地考核发证机关同意，特种作业操作证的复审时间可以延长至每6年1次。 (9)特种作业操作证申请复审或者延期复审前，特种作业人员应当参加必要的安全培训并考试合格。 (10)安全培训时间不少于8个学时
其他从业人员的培训	(1)生产单位其他从业人员(简称从业人员)是指除主要负责人和安全生产管理人员以外，该单位从事生产经营活动的所有人员，包括其他负责人、管理人员、技术人员和各岗

续表

<table>
<tr><th>项目</th><th>具体内容</th></tr>
<tr><td>其他从业人员的培训</td><td>位的工人，以及临时聘用的人员。
(2)单位对新从业人员，应进行厂(矿)、车间(工段、区、队)、班组三级安全生产教育培训。
厂(矿)级岗前安全培训内容：
①本单位安全生产情况及安全生产基本知识；
②本单位安全生产规章制度和劳动纪律；
③从业人员安全生产权利和义务；
④有关事故案例等；
⑤煤矿、非煤矿山、危险化学品、烟花爆竹、金属冶炼等生产经营单位厂(矿)级安全培训除包括上述内容外，应当增加事故应急救援、事故应急预案演练及防范措施等内容。
车间级安全生产教育培训是在从业人员工作岗位、工作内容基本确定后进行，由车间一级组织。
车间(工段、区、队)级岗前安全培训内容：
①工作环境及危险因素；
②所从事工种可能遭受的职业伤害和伤亡事故；
③所从事工种的安全职责、操作技能及强制性标准；
④自救互救、急救方法、疏散和现场紧急情况的处理；
⑤安全设备设施、个人防护用品的使用和维护；
⑥本车间(工段、区、队)安全生产状况及规章制度；
⑦预防事故和职业危害的措施及应注意的安全事项；
⑧有关事故案例；
⑨其他需要培训的内容。
班组安全教育培训的重点是岗位安全操作规程、岗位之间工作衔接配合、作业过程的安全风险分析方法和控制对策、事故案例等等。
班组级岗前安全培训内容：
①岗位安全操作规程；
②岗位之间工作衔接配合的安全与职业卫生事项；
③有关事故案例；
④其他需要培训的内容。
(3)生产经营单位新上岗的从业人员，岗前安全培训时间不得少于24学时。
(4)煤矿、非煤矿山、危险化学品、烟花爆竹、金属冶炼等生产经营单位新上岗的从业人员安全培训时间不得少于72学时，每年再培训的时间不得少于20学时。
(5)从业人员在本生产经营单位内调整工作岗位或离岗一年以上重新上岗时，应当重新接受车间(工段、区、队)和班组级的安全培训。
(6)调整工作岗位或离岗后重新上岗安全教育培训：培训工作原则上应由车间级组织。
(7)岗位安全教育培训是指连续在岗位工作的安全教育培训工作，主要包括</td></tr>
</table>

续表

项目	具体内容
其他从业人员的培训	①日常安全教育培训； ②定期安全考试； ③专题安全教育培训。 (8)生产经营单位实施新工艺、新技术、新设备(新材料)时，组织相关岗位对从业人员进行有针对性的安全生产教育培训。 法律法规及规章制度培训是指国家颁布的有关安全生产法律法规，或生产经营单位制定新的有关安全生产规章制度后，组织开展的培训活动。 事故案例培训是指在生产经营单位发生生产安全事故或获得与本单位生产经营活动相关的事故案例信息后，开展的安全教育培训活动

第四节　安全文化

考点1　安全文化的定义与内涵

项目	具体内容
现状	杜邦企业安全文化建设过程可以使用员工安全行为模型描述四个不同阶段：自然本能、严格监督、独立自主管理、团队互助管理
定义	(1)安全文化有广义和狭义之分。狭义的安全文化是指企业安全文化，一个单位的安全文化是个人和集体的价值观、态度、能力和行为方式的综合产物。 (2)安全文化分为三个层次：直观的表层文化，如企业的安全文明生产环境与秩序；企业安全管理体制的中层文化，包括企业内部的组织机构、管理网络、部门分工和安全生产法规与制度建设；安全意识形态的深层文化。 (3)企业安全文化是企业安全物质因素和安全精神因素的总和。 (4)《企业安全文化建设导则》给出了企业安全文化的定义：被企业组织的员工群体所共享的安全价值观、态度、道德和行为规范的统一体
内涵	(1)一个单位的安全文化是企业在长期安全生产和经营活动中逐步培育形成的、具有本企业特点、为全体员工认可遵循并不断创新的观念、行为、环境、物态条件的总和。 (2)企业安全文化包括保护员工在从事生产经营活动中的身心安全与健康，既包括无损、无害、不伤、不亡的物质条件和作业环境，也包括员工对安全的意识、信念、价值观、经营思想、道德规范、企业安全激励进取精神等安全的精神因素。 (3)企业安全文化是"以人为本"多层次的复合体，由安全物质文化、安全行为文化、安全制度文化、安全精神文化组成。企业文化是"以人为本"，提倡对人的"爱"与"护"，以"灵性管理"为中心，以员工安全文化素质为基础所形成的

续表

项目	具体内容
内涵	(4)安全文化教育,从法制、制度上保障员工受教育的权利,不断创造和保证提高员工安全技能和安全文化素质的机会
基本特征	(1)安全文化是指企业生产经营过程中,为保障企业安全生产,保护员工身心安全与健康所涉及的各种文化实践及活动。 (2)企业安全文化与企业文化目标是基本一致的,即"以人为本",以人的"灵性管理"为基础。 (3)企业安全文化更强调企业的安全形象、安全奋斗目标、安全激励精神、安全价值观和安全生产及产品安全质量、企业安全风貌及"商誉"效应等,是企业凝聚力的体现,对员工有很强的吸引力和无形的约束作用,能激发员工产生强烈的责任感。 (4)企业安全文化对员工有很强的潜移默化的作用,能影响人的思维,改善人们的心智模式,改变人的行为
主要功能	(1)导向功能。企业安全文化所提出的价值观为企业的安全管理决策活动提供了为企业大多数职工所认同的价值取向,它们能将价值观内化为个人的价值观,将企业目标"内化"为自己的行为目标,使个体的目标、价值观、理想与企业的目标、价值观、理想有了高度一致性和同一性。 (2)凝聚功能。当企业安全文化所提出的价值观被企业职工内化为个体的价值观和目标后就会产生一种积极而强大的群体意识,将每个职工紧密地联系在一起。这样就形成了一种强大的凝聚力和向心力。 (3)激励功能。①用企业的宏观理想和目标激励职工奋发向上。②为职工个体指明了成功的标准与标志,使其有了具体的奋斗目标。 (4)辐射和同化功能。企业安全文化一旦在一定的群体中形成,便会对周围群体产生强大的影响作用,迅速向周边辐射。而且,企业安全文化还会保持一个企业稳定的、独特的风格和活力,同化一批又一批新来者,使他们接受这种文化并继续保持与传播,使企业安全文化的生命力得以持久

考点2 安全文化建设的基本内容

项目	具体内容
总体要求	企业在安全文化建设过程中,应充分考虑自身内部和外部的文化特征,引导全体员工的安全态度和安全行为,实现在法律和政府监管要求基础上的安全自我约束,通过全员参与实现企业安全生产水平持续提高
基本要素	(1)安全承诺:企业应建立包括安全价值观、安全愿景、安全使命和安全目标等在内的安全承诺

续表

项目	具体内容
基本要素	企业安全承诺应做到： ①切合企业特点和实际，反映共同安全志向； ②明确安全问题在组织内部具有最高优先权； ③声明所有与企业安全有关的重要活动都追求卓越； ④含义清晰明了，并被全体员工及相关方所知晓和理解。 领导者应做到： ①提供安全工作的领导力，坚持保守决策，以有形的方式表达对安全的关注； ②在安全生产上真正投入时间和资源； ③制定安全发展的战略规划，以推动安全承诺的实施； ④接受培训，在与企业相关的安全事务上具有必要的能力； ⑤授权组织的各级管理者和员工参与安全生产工作，积极质疑安全问题； ⑥安排对安全实践或实施过程的定期审查； ⑦与相关方进行沟通和合作。 各级管理者应做到： ①清晰界定全体员工的岗位安全责任； ②确保所有与安全相关的活动均采用了安全的工作方法； ③确保全体员工充分理解并胜任所承担的工作； ④鼓励和肯定在安全方面的良好态度，注重从差错中学习和获益； ⑤在追求卓越的安全绩效、质疑安全问题方面以身作则； ⑥接受培训，在推进和辅导员工改进安全绩效上具有必要的能力； ⑦保持与相关方的交流合作，促进组织部门之间的沟通与协作。 每个员工应做到： ①在本职工作上始终采取安全的方法； ②对任何与安全相关的工作保持质疑的态度； ③对任何安全异常和事件保持警觉并主动报告； ④接受培训，在岗位工作中具有改进安全绩效的能力； ⑤与管理者和其他员工进行必要的沟通。 （2）行为规范与程序。 企业内部的行为规范是企业安全承诺的具体体现和安全文化建设的基础要求。行为规范的建立和执行应做到： ①体现企业的安全承诺； ②明确各级各岗位人员在安全生产工作中的职责与权限； ③细化有关安全生产的各项规章制度和操作程序； ④行为规范的执行者参与规范系统的建立，熟知自己在组织中的安全角色和责任； ⑤由正式文件予以发布

续表

项目	具体内容
基本要素	⑥引导员工理解和接受建立行为规范的必要性，知晓由于不遵守规范所引发的潜在不利后果； ⑦通过各级管理者或被授权者观测员工行为，实施有效监控和缺陷纠正； ⑧广泛听取员工意见，建立持续改进机制。 程序是行为规范的重要组成部分。程序的建立和执行应做到：①识别并说明主要的风险，简单易懂，便于操作；②程序的使用者（必要时包括承包商）参与程序的制定和改进过程，并应清楚理解不遵守程序可导致的潜在不利后果；③由正式文件予以发布；④通过强化培训，向员工阐明在程序中给出特殊要求的原因；⑤对程序的有效执行保持警觉，即使在生产经营压力很大时，也不能容忍走捷径和违反程序；⑥鼓励员工对程序的执行保持质疑的安全态度，必要时采取更加保守的行动并寻求帮助。 （3）安全行为激励。 （4）安全信息传播与沟通。 沟通应满足： ①确认有关安全事项的信息已经发送，并被接收方所接收和理解。 ②涉及安全事件的沟通信息应真实、开放。 ③每个员工都应认识到沟通对安全的重要性，从他人处获取信息和向他人传递信息。 （5）自主学习与改进。 （6）安全事务参与。 （7）审核与评估。 企业应对自身安全文化建设情况进行定期的全面审核，审核内容包括： ①领导者应定期组织各级管理者评审企业安全文化建设过程的有效性和安全绩效结果。 ②领导者应根据审核结果确定并落实整改不符合、不安全实践和安全缺陷的优先次序，并识别新的改进机会。 ③必要时，应鼓励相关方实施这些优先次序和改进机会，以确保其安全绩效与企业协调一致
推进与保障	（1）规划与计划：由企业最高领导人组织制定推动本企业安全文化建设的长期规划和阶段性计划。 （2）保障条件：①明确安全文化建设的领导职能，建立领导机制；②确定负责推动安全文化建设的组织机构与人员，落实其职能；③保证必需的建设资金投入；④配置适用的安全文化信息传播系统。 （3）推动骨干的选拔和培养

考点3　安全文化建设的操作步骤

项目	具体内容
建立机构	（1）领导机构可以定为“安全文化建设委员会”，必须由生产经营单位主要负责人亲自担任委员会主任，同时要确定一名生产经营单位高层领导人担任委员会的常务副主任。 （2）其他高层领导可以任副主任，有关管理部门负责人任委员。其下还必须建立一个安全文化办公室，办公室可以由生产（经营）、宣传、党群、团委、安全管理等部门的人员组成，负责日常工作
制定规划	（1）对本单位的安全生产观念、状态进行初始评估。 （2）对本单位的安全文化理念进行定格设计。 （3）制定出科学的时间表及推进计划
培训骨干	（1）培养骨干是推动企业安全文化建设不断更新、发展，非做不可的事情。 （2）训练内容可包括理论、事例、经验和本企业应该如何实施的方法等
宣传教育	宣传、教育、激励、感化是传播安全文化、促进精神文明的重要手段
努力实践	（1）安全文化建设是安全管理中高层次的工作，是实现零事故目标的必由之路，是超越传统安全管理来解决安全生产问题的根本途径。 （2）在安全文化建设过程中，紧紧围绕“安全—健康—文明—环保”的理念，通过采取管理控制、精神激励、环境感召、心理调适、习惯培养等一系列方法，既推进安全文化建设的深入发展，又丰富安全文化的内涵

考点4　企业安全文化建设评价

项目	具体内容
评价指标	1. 基础特征 （1）企业状态特征。 企业自身的成长、发展、经营、市场状态，主要从企业历史、企业规模、市场地位、盈利状况等方面进行评价。 （2）企业文化特征。 企业文化层面的突出特征，主要评估企业文化的开放程度、员工凝聚力的强弱、学习型组织的构建情况、员工执行力状况等。 （3）企业形象特征。 员工、社会公众对企业整体形象的认识和评价。 （4）企业员工特征。 充分明确员工的整体状况，总体教育水平、工作经验和操作技能、道德水平等

续表

项目	具体内容
评价指标	(5)企业技术特征。 企业在工程技术方面的使用、改造情况,比如技术设备的先进程度、技术改造状况、工艺流程的先进性以及人机工程建设情况。 (6)监管环境。 企业所在地政府安监及相关部门的职能履行情况,包括监管人员的业务素质、监管力度、法律法规的公布及执行情况。 (7)经营环境。 主要反映企业所在地的经济发展、市场经营状况等商业环境,诸如人力资源供给程度、信息交流情况、地区整体经济实力等。 (8)文化环境。 反映企业所在地域的社会文化环境,主要包括民族传统、地域文化特征等。 2. 企业安全承诺 (1)安全承诺内容。 综合考量承诺内容的涉及范围,表述理念的先进性、时代性,与企业实际的契合程度。 (2)安全承诺表述。 企业安全承诺在阐述和表达上应完整准确,具有较强的普适性、独特性和感召力。 (3)安全承诺传播。 企业的安全承诺需要在内部及外部进行全面、及时、有效的传播,涉及不同的传播方式,选择适当的传播频度,达到良好的认知效果。 (4)安全承诺认同。 考察企业内部对企业安全承诺的共鸣程度,主要包括:安全承诺能否得到全体员工特别是基层员工的深刻理解和广泛认同,企业领导能否做到身体力行、率先垂范,全体员工能否切实把承诺内容应用于安全管理和安全生产的实践当中。 3. 企业安全管理 (1)安全权责。 企业的安全管理权责分配依据的原则、权责对应或背离程度以及在实际工作当中的执行效果。 (2)管理机构。 企业应设置专人专职专责的安全管理机构,并配备充足的、符合要求的人力、物力资源,保障其独立履职的管理效果。企业安全管理部门及人员应当具有明确的管理权力与责任,在权责的分配上应充分考虑企业安全工作实际,有效保证管理权责的匹配性、一致性和平衡性。 (3)制度执行。 企业安全管理的制度执行力度与障碍情况。 (4)管理效果。 结合企业实际,从安全绩效改善程度、应急机制完善程度、事故与事件管理水平等方

续表

项目	具体内容
评价指标	面，客观评估企业安全管理工作在一定时期内的实施效果。 4. 企业安全环境 （1）安全指引。 企业应综合运用各种途径和方法，有效引导员工安全生产。主要从安全标识运用、安全操作指示、安全绩效引导、应激调适机制等方面进行评估。 （2）安全防护。 企业应依据生产作业环境特点，做好安全防护工作，安装有效的防护设施和设备，提供充足的个体防护用品。 （3）环境感受。 环境感受是员工对一般作业环境和特殊作业环境的综合感观和评价，是对作业环境的安全保障效果的主观性评估。主要从作业现场的清洁、安全、人性化等方面，考察员工的安全感、舒适感和满意度。 5. 企业安全培训与学习 （1）重要性体现。 企业各级人员对安全培训工作重要性的认识程度，直接体现在培训资源投入力度、培训工作的优先保证程度及企业用人制度等方面。 （2）充分性体现。 企业应向员工提供充足的培训机会，根据实际需要和长远目标规范培训内容，科学设置培训课时，竭力开发、运用员工喜闻乐见的有效培训方式。 （3）有效性体现。 科学判断企业安全培训的实施效果，主要从员工安全态度的端正程度、安全技能的提升幅度、安全行为和安全绩效的改善程度等方面进行评估。 6. 企业安全信息传播 （1）信息资源。 根据安全文化传播需要，企业应分别建立和完善安全管理信息库、安全技术信息库、安全事故信息库和安全知识信息库等各种安全信息库，储备大量的安全信息资源。 （2）信息系统。 企业围绕安全信息传播工作，设置专职操作机构，建立完备的管理机制，搭建稳定的信息传播与管理平台，创造完善齐全的信息传播载体。 （3）效能体现。 根据员工获取和交流企业安全信息的便捷程度，企业安全信息传播的有效到达率、知晓率和开放程度，综合衡量企业安全信息传播的实际效果。 7. 安全行为激励 （1）激励机制。 围绕安全发展这一激励目标，企业应建立一套理性化的管理制度以规范安全激励工作，实现安全激励制度化，保证安全绩效的优先权

续表

项目	具体内容
评价指标	(2)激励方式。 根据企业实际兼顾精神和物质两个层面,采取最可靠、最有效的安全激励方式。 (3)激励效果。 员工对企业安全激励机制、激励方式的响应体现为绩效改善与行为改善的正负效应。 8. 安全事务参与 (1)安全会议与活动。 企业应根据实际需要,定期举办以安全为主题的各种会议和活动,鼓励并邀请相关员工积极参与。 (2)安全报告。 企业应建立渠道通畅的各级安全报告制度,确保报告反馈的及时、高效,注重各种报告、处理等信息的公开、共享。 (3)安全建议。 企业应建立科学有效的安全建议制度,疏通各种安全建议渠道,以及时反馈、择优采纳等实际行动鼓励员工积极参与安全建议。 (4)沟通交流。 在企业内部和外部创造良好的安全信息沟通氛围,实现企业各层级员工有效的纵向沟通和横向交流,同时及时与企业不同层面的合作伙伴互通安全信息。 9. 决策层行为 (1)公开承诺。 企业决策层应适时亲自公布企业相关安全承诺与政策,参与安全责任体系的建立,做出重大安全决策。 (2)责任履行。 在企业人事政策、安全投入、员工培训等方面,企业决策层应充分履行自己的安全职责,确保安全在各工作环节的重要地位。 (3)自我完善。 企业决策层应接受充分的安全培训,加强与外部进行安全信息沟通交流,全面提高自身安全素质,做好遵章守制、安全生产的表率。 10. 管理层行为 (1)责任履行。 企业管理层应明确所担负的建立并完善制度、加强监督管理、改善安全绩效等重要安全责任,并严格履行职责。 (2)指导下属。 企业管理层应对员工进行资格审定,有效组织安全培训和现场指导。 (3)自我完善。 企业管理层应注重安全知识和技能的更新,积极完善自我,加强沟通交流

续表

项目	具体内容
评价指标	11. 员工层行为 (1)安全态度。 主要从安全责任意识、安全法律意识和安全行为意向等方面，判断员工对待安全的态度。 (2)知识技能。 除熟练掌握岗位安全技能外，员工还应具备充分的辨识风险、应急处置等各种安全知识和操作能力。 (3)行为习惯。 员工应养成良好的安全行为习惯，积极交流安全信息，主动参与各种安全培训和活动，严格遵守规章制度。 (4)团队合作。 在安全生产过程中，同事之间要增进了解，彼此信任，加强互助合作，主动关心、保护同伴，共同促进团队安全绩效的提升
减分指标	1. 死亡事故 在进行安全评价的前 1 年内，如发生死亡事故，则视情况（事故性质、伤亡人数）扣减安全文化评价得分 5 ~ 15 分。 2. 重伤事故 在进行安全评价的前 1 年内，如发生重伤事故，则视情况扣减安全文化评价得分 3 ~ 10 分。 3. 违章记录 在进行安全评价的前 1 年内，根据企业的"违章指挥、违章操作、违反劳动纪律"记录情况，视程度扣减安全文化评价得分 1 ~ 8 分
评价程序	1. 建立评价组织机构与评价实施机构 (1)企业开展安全文化评价工作时，首先应成立评价组织机构，并由其确定评价工作的实施机构。 (2)企业实施评价时，由评价组织机构负责确定评价工作人员并成立评价工作组。必要时可选聘有关咨询专家或咨询专家组。咨询专家（组）的工作任务和工作要求由评价组织机构明确。 评价工作人员应具备以下基本条件： ①熟悉企业安全文化评价相关业务，有较强的综合分析判断能力与沟通能力。 ②具有较丰富的企业安全文化建设与实施专业知识。 ③坚持原则、秉公办事。 (3)评价项目负责人应有丰富的企业安全文化建设经验，熟悉评价指标及评价模型

续表

项目	具体内容
评价程序	2. 制定评价工作实施方案 评价实施机构应参照本标准制定《评价工作实施方案》。方案中应包括所用评价方法、评价样本、访谈提纲、测评问卷、实施计划等内容，并应报送评价组织机构批准。 3. 下达《评价通知书》 在实施评价前，由评价组织机构向选定的样本单位下达《评价通知书》。《评价通知书》中应当明确评价的目的、用途、要求、应提供的资料及对所提供资料应负的责任、其他需在《评价通知书》中明确的事项。 4. 调研、收集与核实基础资料 根据本标准设计评价的调研问卷，根据《评价工作方案》收集整理评价基础数据和基础资料。资料收集可以采取访谈、问卷调查、召开座谈会、专家现场观测、查阅有关资料和档案等形式进行。评价人员要对评价基础数据和基础资料进行认真检查、整理，确保评价基础资料的系统性和完整性。评价工作人员应对接触的资料内容履行保密义务。 5. 数据统计分析 对调研结果和基础数据核实无误后，可借助 EXCEL、SPSS、SAS 等统计软件进行数据统计，然后根据本标准建立的数学模型和实际选用的调研分析方法，对统计数据进行分析。 6. 撰写评价报告 统计分析完成后，评价工作组应按照规范的格式，撰写《企业安全文化建设评价报告》报告评价结果。 7. 反馈企业征求意见 评价报告提出后，应反馈企业征求意见并作必要修改。 8. 提交评价报告 评价工作组修改完成评价报告后，经评价项目负责人签字，报送评价组织机构审核确认。 9. 进行评价工作总结 评价项目完成后，评价工作组要进行评价工作总结，将工作背景、实施过程、存在的问题和建议等形成书面报告，报送评价组织机构。同时建立好评价工作档案

第五节　安全生产标准化

考点 1　安全标准化建设的意义

项目	具体内容
意义	(1)安全生产标准化是指通过建立安全生产责任制，制订安全管理制度和操作规程，排查治理隐患和监控重大危险源，建立预防机制，规范生产行为，使各生产环节符合有

续表

项目	具体内容
意义	关安全生产法律法规和标准规范的要求，人、机、物、环境处于良好的生产状态，并持续改进，不断加强企业安全生产规范化建设。 （2）安全生产标准化建设就是用科学的方法和手段，提高人的安全意识，创造人的安全环境，规范人的安全行为，使人—机—环境达到最佳统一，从而实现最大限度地防止和减少伤亡事故的目的。 （3）安全生产标准化工作实行自主评定和外部评审的方式
等级评审	（1）生产经营单位根据有关评分准则，进行自主评定；自主评定后，申请外部评审定级。 （2）安全生产标准化评审分为：一级、二级、三级，一级为最高

考点 2　开展安全生产标准化建设的重点内容

项目	具体内容
确定目标	（1）生产经营单位根据自身安全生产实际，制定总体和年度安全生产目标。 （2）按照所辖部门在生产经营中的职能，制定安全生产指标和考核办法
作业安全	1. 生产现场管理和生产过程控制 （1）对生产过程及物料、设备设施、器材、通道、作业环境等存在的隐患，应进行分析和控制。 （2）对动火作业、起重作业、受限空间作业、临时用电作业、高处作业等危险性较高的作业活动实施作业许可管理，严格履行审批手续。作业许可证应包含危害因素分析和安全措施等内容。 （3）对于吊装、爆破等危险作业，应当安排专人进行现场安全管理，确保安全规程的遵守和安全措施的落实。 2. 作业行为管理 3. 安全警示标志 （1）在有较大危险因素的作业场所和设备设施上，设置明显的安全警示标志，进行危险提示、警示，告知危险的种类、后果及应急措施等。 （2）在进行设备设施检维修、施工、吊装等作业现场设置警戒区和警示标志；在检维修现场的坑、井、洼、沟、陡坡等场所设置围栏和警示标志。 （3）安全色： ①传递安全信息含义的颜色，包括红、蓝、黄、绿四种颜色。 ②安全色适用于工矿企业、交通运输、建筑业以及仓库、医院、剧场等公共场所。但不包括灯光、荧光颜色和航空、航海、内河航运所用的颜色。 ③统一使用安全色，能使人们在紧急情况下，借助所熟悉的安全色含义，识别危险部

续表

<table>
<tr><th>项目</th><th>具体内容</th></tr>
<tr><td>作业安全</td><td>位,尽快采取措施,提高自控能力,有助于防止发生事故。
④安全色用途广泛,如用于安全标志牌、交通标志牌、防护栏杆及机器上不准乱动的部位等。安全色的应用必须是以表示安全为目的和有规定的颜色范围。
⑤红色表示禁止、停止、消防和危险的意思。禁止、停止和有危险的器件设备或环境涂以红色的标记。如禁止标志、交通禁令标志、消防设备、停止按钮和停车、刹车装置的操纵把手、仪表刻度盘上的极限位置刻度、机器转动部件的裸露部分、液化石油气槽车的条带及文字,危险信号旗等。
⑥黄色表示注意、警告的意思。需警告人们注意的器件、设备或环境涂以黄色标记。如警告标志、交通警告标志、道路交通路面标志、皮带轮及其防护罩的内壁、砂轮机罩的内壁、楼梯的第一级和最后一级的踏步前沿、防护栏杆及警告信号旗等。
⑦蓝色表示指令、必须遵守的规定。如指令标志、交通指示标志等。
⑧绿色表示通行、安全和提供信息的意思。可以通行或安全情况涂以绿色标记。如表示通行、机器启动按钮、安全信号旗等。
(4)对比色:
①是安全色更加醒目的反衬色。包括黑、白两种颜色。
②主要用作上述各种安全色的背景色。例如安全标志牌上的底色一般采用白色或黑色。
4. 相关方管理
(1)应执行承包商、供应商等相关方管理制度,对其资格预审、选择、服务前准备、作业过程、提供的产品、技术服务、表现评估、续用等进行管理。
(2)不得将项目委托给不具备相应资质或条件的相关方。
(3)生产经营单位和相关方的项目协议应明确规定双方的安全生产责任和义务,或签订专门的安全协议,明确双方的安全责任。
5. 变更管理
生产经营单位应执行变更管理制度,履行审批及验收程序,并对变更过程及变更所产生的隐患进行分析和控制</td></tr>
<tr><td>隐患排查和治理</td><td>(1)法律法规、标准规范发生变更或有新的公布,以及操作条件或工艺改变,新建、改建、扩建项目建设,相关方进入、撤出或改变,对事故、事件或其他信息有新的认识,组织机构发生大的调整的,应及时组织隐患排查。
(2)隐患排查的范围应包括所有与生产经营相关的场所、环境、人员、设备设施和活动。
(3)根据隐患排查结果,制订隐患治理方案,对隐患及时进行治理。治理完成后,应对治理情况进行验证和效果评估。
(4)生产经营单位应根据生产经营状况及隐患排查治理情况,运用定量的安全生产预测预警技术,建立体现本单位安全生产状况及发展趋势的预警指数系统</td></tr>
</table>

续表

项目	具体内容
应急救援	1. 应急机构和队伍 (1)生产经营单位应建立安全生产应急管理机构，或指定专人负责安全生产应急管理工作。 (2)建立与本单位生产特点相适应的专兼职应急救援队伍，或指定专兼职应急救援人员，并组织训练。 (3)无须建立应急救援队伍的，可与附近具备专业资质的应急救援队伍签订服务协议。 2. 应急预案 生产经营单位应按规定制订生产安全事故应急预案，并针对重点作业岗位制订应急处置方案或措施，形成安全生产应急预案体系。 3. 应急设施、装备、物资 生产经营单位应按规定建立应急设施，配备应急装备，储备应急物资，并进行经常性的检查、维护、保养，确保其完好、可靠。 4. 应急演练 (1)生产经营单位应组织生产安全事故应急演练，并对演练效果进行评估。 (2)根据评估结果，修订、完善应急预案，改进应急管理工作。 5. 事故救援 发生事故后，应立即启动相关应急预案，积极开展事故救援

第六节　安全风险分级管控和隐患排查治理双重预防机制

考点 1　总体思路和工作目标

项目	具体内容
总体思路	准确把握安全生产的特点和规律，坚持风险预控、关口前移，全面推行安全风险分级管控，进一步强化隐患排查治理，推进事故预防工作科学化、信息化、标准化，实现把风险控制在隐患形成之前、把隐患消灭在事故前面
工作目标	尽快建立健全安全风险分级管控和隐患排查治理的工作制度和规范，完善技术工程支撑、智能化管控、第三方专业化服务的保障措施，实现企业安全风险自辨自控、隐患自查自治，形成政府领导有力、部门监管有效、企业责任落实、社会参与有序的工作格局，提升安全生产整体预控能力，夯实遏制重特大事故的坚强基础

考点2　着力构建企业双重预防机制

项目	具体内容
着力构建企业双重预防机制	(1)全面开展安全风险辨识。 (2)科学评定安全风险等级。 (3)有效管控安全风险。 (4)实施安全风险公告警示。 (5)建立完善隐患排查治理体系

考点3　健全完善双重预防机制的政府监管体系

项目	具体内容
健全完善双重预防机制的政府监管体系	(1)健全完善标准规范。 (2)实施分级分类安全监管。 (3)有效管控区域安全风险。 (4)加强安全风险源头管控

考点4　强化政策引导和技术支撑

项目	具体内容
强化政策引导和技术支撑	(1)完善相关政策措施。 (2)深入推进企业安全生产标准化建设。 (3)充分发挥第三方服务机构作用。 (4)强化智能化、信息化技术的应用

考点5　有关工作要求

项目	具体内容
有关工作要求	(1)强化组织领导。 (2)强化示范带动。 (3)强化舆论引导。 (4)强化督促检查

考点6　风险分级及管控原则

项目	具体内容
基本原则	安全风险等级从高到低划分为4级： A级：重大风险/红色风险，评估属不可容许的危险；必须建立管控档案，明确不可容许的危险内容及可能触发事故的因素，采取安全措施，并制定应急措施；当风险涉及正

续表

项目	具体内容
基本原则	在进行中的作业时，应暂停作业。 B级：较大风险/橙色风险，评估属高度危险：必须建立管控档案，明确高度危险内容及可能触发事故的因素，采取安全措施；当风险涉及正在进行中的作业时，应采取应急措施。 C级：一般风险/黄色风险，评估属中度危险；必须明确中度危险内容及可能触发事故的因素，综合考虑伤害的可能性并采取安全措施，完成控制管理。 D级：低风险/蓝色风险，评估属轻度危险和可容许的危险；需要跟踪监控，综合考虑伤害的可能性并采取安全措施，完成控制管理
升级管控	涉及下列情形的B级、C级风险，应直接确定为A级： (1)构成危险化学品一级、二级重大危险源的场所和设施。 (2)涉及重点监管化工工艺的主要装置。 (3)危险化学品长输管道。 (4)同一作业单元内现场作业人员10人以上的。 涉及下列情形的C级风险，应直接确定为B级： (1)构成危险化学品三级、四级重大危险源的场所和设施。 (2)涉及剧毒化学品的场所和设施。 (3)化工企业开停车作业或者非正常工况操作。 (4)同一作业单元内现场作业人员3人以上的

第四章　安全生产与劳动防护

知识框架

- 安全生产与劳动防护
  - 劳动防护用品选用与配备
    - 按防护性能分类
    - 按劳动防护用品防护部位分类
    - 按劳动防护用品用途分类
    - 劳动防护用品的配置
    - 劳动防护用品的使用管理
    - 特种劳动防护用品安全标志管理
  - 特种设备安全管理
  - 特种作业安全管理
    - 特种作业的定义和种类
    - 特种作业人员的安全技术培训、考核、发证、复审
    - 监督管理
  - 工伤保险
    - 工伤保险的相关内容
    - 工伤认定及相关规定
    - 劳动能力鉴定及相关规定
    - 工伤保险待遇
  - 安全生产投入
    - 安全生产投入的基本要求
    - 安全生产费用的使用和管理
    - 安全生产责任保险

考点精讲

第一节　劳动防护用品选用与配备

考点1　按防护性能分类

项目	具体内容
特种劳动防护用品	头部护具类、呼吸护具类、眼(面)护具类、防护服类、防护鞋类、防坠落护具类

续表

项目	具体内容
一般劳动防护用品	未列入特种劳动防护用品目录的劳动防护用品为一般劳动防护用品

考点2　按劳动防护用品防护部位分类

项目	具体内容
头部防护用品	头部防护用品指为防御头部不受外来物体打击、挤压伤害和其他因素危害配备的个体防护装备，如安全帽、防静电工作帽等。
呼吸器官防护用品	呼吸器官防护用品指为防御有害气体、蒸气、粉尘、烟、雾由呼吸道吸入，或向使用者供氧或新鲜空气，保证尘、毒污染或缺氧环境中作业人员正常呼吸的个体防护装备，是预防尘肺病和职业中毒的重要护具，如长管呼吸器、动力送风过滤式呼吸器、自给闭路式压缩氧气呼吸器、自给闭路式氧气逃生呼吸器、自给开路式压缩空气呼吸器、自给开路式压缩空气逃生呼吸器、自吸过滤式防毒面具、自吸过滤式防颗粒物呼吸器（又称防尘口罩）等。
眼面部防护用品	眼面部防护用品指用于防护作业人员的眼睛及面部免受粉尘、颗粒物、金属火花、飞屑、烟气、电磁辐射、化学飞溅物等外界有害因素的个体防护装备，如焊接眼护具、激光防护镜、强光源防护镜、职业眼面部防护具等。
听力防护用品	听力防护用品指能够防止过量的声能侵入外耳道，使人耳避免噪声的过度刺激，减少听力损失，预防由噪声对人身引起的不良影响的个体防护装备，如耳塞、耳罩等。
手部防护用品	手部防护用品指保护手和手臂，供作业者劳动时戴用的个体防护装备，如带电作业用绝缘手套、防寒手套、防化学品手套、防静电手套、防热伤害手套、焊工防护手套、机械危害防护手套、电离辐射及放射性污染物防护手套等。
足部防护用品	足部防护用品指防止生产过程中有害物质和能量损伤劳动者足部的护具，通常人们称劳动防护鞋，如安全鞋、防化学品鞋等。
躯干防护用品	躯干防护用品即通常讲的防护服，如防电弧服、防静电服、职业用防雨服、高可视性警示服、隔热服、焊接服、化学防护服、抗油易去污防静电防护服、冷环境防护服、熔融金属飞溅防护服、微波辐射防护服、阻燃服等。
坠落防护用品	坠落防护用品指防止高处作业坠落或高处落物伤害的个体防护装备，如安全带、安全绳、缓冲器、缓降装置、连接器、水平生命线装置、速差自控器、自锁器、安全网、登杆脚扣、挂点装置等。
劳动护肤用品	劳动护肤用品指用于防止皮肤（主要是面、手等外露部分）免受化学、物理、生物等有害因素危害的个体防护用品，如防油型护肤剂、防水型护肤剂、遮光护肤剂、洗涤剂等。
其他个体防护装备	（略）

考点 3　按劳动防护用品用途分类

项目	具体内容
防止伤亡事故	防坠落用品、防冲击用品、防触电用品、防机械外伤用品、防酸碱用品、耐油用品、防水用品、防寒用品
预防职业病	防尘用品、防毒用品、防噪声用品、防振动用品、防辐射用品、防高低温用品等

考点 4　劳动防护用品的配置

项目	具体内容
劳动防护用品的配置要求	(1)生产经营单位应根据本单位安全生产和防止职业性危害的需要，按照工种、环境和作业者身体条件等，为作业人员配备相应的防护装备。个体防护装备的分类、分级及使用范围见《个体防护装备配备规范第 1 部分：总则》(GB39800.1—2020)。 (2)存在物体打击、机械伤害、高处坠落等可能对作业者头部产生碰撞伤害的作业场所，应为作业人员配备安全帽等头部防护装备。 (3)存在飞溅物体、化学性物质、非电离辐射等可能对作业者眼、面部产生伤害的作业场所，应配备眼、面部防护装备，如：安全眼镜，化学飞溅防护镜、面罩，焊接护目镜、面罩或防护面具等。 (4)在有噪声(暴露级 $L_{EX,8h}\geq 85$ dB)的作业场所，作业人员应佩戴护听器进行听力防护，如：耳塞、耳罩、防噪音头盔等。 (5)接触粉尘的作业人员应配备防尘口罩、防颗粒物呼吸器、防尘眼镜等面部防护装备。 (6)接触有毒、有害物质的作业人员应根据可能接触毒物的种类选择配备相应的防毒面具、空气呼吸器等呼吸防护装备。 (7)从事有可能被传动机械绞碾、夹卷伤害的作业人员应穿戴紧口式防护服，长发应佩戴防护帽，不能戴防护手套。 (8)从事接触腐蚀性化学品的作业人员应穿戴耐化学品防护服、耐化学品防护鞋、耐化学品防护手套等防护装备。 (9)水上作业人员应穿浸水服、救生衣等水上作业防护装备。 (10)在易燃、易爆场所的作业人员应穿戴具有防静电性能的防静电服、防静电鞋、防静电手套等防护装备。 (11)从事电气作业的作业人员应穿戴绝缘防护装备，从事高压带电作业应穿屏蔽服等防护装备。 (12)从事高温、低温作业的作业人员应穿戴耐高温或防寒防护装备。 (13)作业场所存在极端温度、电伤害、腐蚀性化学物质、机械砸伤等可能对作业者足部产生伤害，应选配足部防护装备，如：保护足趾安全鞋、防刺穿鞋、电绝缘鞋、防静电鞋、耐油防护鞋、矿工安全鞋等。 (14)在距坠落高度基准面 2 m 及 2 m 以上，有发生坠落危险的作业场所应为作业人员配备安全带，并加装安全网等防护装备。

续表

项目	具体内容
劳动防护用品的配置要求	(15)同一工作地点存在不同种类的危险、有害因素的，应当为劳动者同时提供防御各类危害的劳动防护用品。需要同时配备的劳动防护用品，还应考虑其可兼容性。 (16)劳动者在不同地点工作，并接触不同的危险、有害因素，或接触不同的危害程度的有害因素的，为其选配的劳动防护用品应满足不同工作地点的防护需求。劳动防护用品的选择还应当考虑其佩戴的合适性和基本舒适性，根据个人特点和需求选择适合号型、式样

续表

项目	具体内容
劳动防护用品的配置要求	(17)用人单位应当在可能发生急性职业损伤的有毒、有害工作场所配备应急劳动防护用品，放置于现场临近位置并有醒目标识。应当为巡检等流动性作业的劳动者配备随身携带的个人应急防护用品
生产经营单位发放劳动防护用品的责任	(1)用人单位应根据工作场所中的职业危害因素及其危害程度，按照法律、法规、标准的规定，为从业人员免费提供符合国家规定的劳动防护用品。不得以货币或其他物品替代应当配备的护品。 (2)用人单位应到定点经营单位或生产企业购买特种劳动防护用品。特种劳动防护用品必须具有“三证”和“一标志”，即生产许可证、产品合格证、安全鉴定证和安全标志。 (3)用人单位应教育从业人员，按照劳动防护用品的使用规则和防护要求正确使用劳动防护用品。使从业人员做到“三会”：会检查护品的可靠性，会正确使用劳动防护用品，会正确维护保养劳动防护用品。用人单位应定期进行监督检查。 (4)用人单位应按照产品说明书的要求，及时更换、报废过期和失效的劳动防护用品。 (5)用人单位应建立健全劳动防护用品的购买、验收、保管、发放、使用、更换、报废等管理制度和使用档案，并进行必要的监督检查

考点5　劳动防护用品的使用管理

项目	具体内容
生产经营单位的管理	(1)采购验收：生产经营单位应统一进行劳动防护用品的采购，到货后应由安全管理部门组织相关人员按标准进行验收，一是验收“三证一标志”是否齐全有效；二是对相关劳动防护用品作外观检查，必要时应进行试验验收。 (2)使用前检查：从业人员每次使用劳动防护用品前应对其进行检查，生产经营单位可制定相应检查表，供从业人员检查使用，防止使用功能损坏的劳动防护用品。 (3)使用中检查：安全生产管理部门在组织开展安全检查时，应将劳动防护用品的检查列入检查表，进行经常性的检查。重点是必须在其性能范围内使用，不超极限使用等。 (4)正确使用：从业人员应严格按照使用说明书正确使用劳动防护用品。生产经营单位的领导及安全生产管理人员应经常深入现场，检查指导从业人员正确使用劳动防护用品

续表

项目	具体内容
政府有关部门的管理	(1)安全生产监督管理部门、煤矿安全监察机构对配发无安全标志的特种劳动防护用品的生产经营单位,有权依法进行查处。 (2)生产经营单位未按国家有关规定为从业人员提供符合国家标准或者行业标准的劳动防护用品,配发无安全标志的特种劳动防护用品的,安全生产监督管理部门或者煤矿安全监察机构有权责令限期改正;逾期未改正的,可责令停产停业整顿,可以并处5万元以下的罚款;对于造成严重后果,构成犯罪的,有权依法追究刑事责任。 (3)生产或者经营劳动防护用品的企业生产或经营假冒伪劣劳动防护用品和无安全标志的特种劳动防护用品的,安全生产监督管理部门或者煤矿安全监察机构责令停止违法行为,可以并处3万元以下的罚款。 (4)进口的一般劳动防护用品的安全防护性能不得低于我国相关标准,并向国家安全生产监督管理总局(现已并入应急管理部)指定的特种劳动防护用品安全标志管理机构申请办理准用手续;进口的特种劳动防护用品应当按照规定取得安全标志

考点6　特种劳动防护用品安全标志管理

项目	具体内容
特种劳动防护用品安全标志管理	(1)对特种劳动防护用品实行安全标志管理。特种劳动防护用品安全标志管理工作由国家安全生产监督管理总局(现已并入应急管理部)指定的特种劳动防护用品安全标志管理机构实施,受指定的特种劳动防护用品安全标志管理机构对其核发的安全标志负责。 (2)对生产经营单位的要求。①生产劳动防护用品的企业生产的特种劳动防护用品,必须取得特种劳动防护用品安全标志。②经营劳动防护用品的单位应有工商行政管理部门(现为市场监督管理部门)核发的营业执照、有满足需要的固定场所和了解相关防护用品知识的人员。经营劳动防护用品的单位不得经营假冒伪劣劳动防护用品和无安全标志的特种劳动防护用品。③生产经营单位不得采购和使用无安全标志的特种劳动防护用品;购买的特种劳动防护用品须经本单位的安全生产技术部门或者管理人员检查验收。 (3)监督检查:安全生产监督管理部门、煤矿安全监察机构依法对劳动防护用品使用情况和特种劳动防护用品安全标志进行监督检查,督促生产经营单位按照国家有关规定为从业人员配备符合国家标准或者行业标准的劳动防护用品
特种劳动防护用品目录	(1)头部护具类:安全帽。 (2)呼吸护具类:防尘口罩、过滤式防毒面具、自给式空气呼吸器、长管面具。 (3)眼(面)护具类:焊接眼面防护具、防冲击眼护具。 (4)防护服类:阻燃防护服、防酸工作服、防静电工作服。 (5)防护鞋类:保护足趾安全鞋、防静电鞋、导电鞋、防刺穿鞋、胶面防砸安全靴、电绝缘鞋、耐酸碱皮鞋、耐酸碱胶靴、耐酸碱塑料模压靴。 (6)防坠落护具类:安全带、安全网、密目式安全立网

续表

项目	具体内容
特种劳动防护用品安全标志标识	1. 特种劳动防护用品安全标志标识 (1)劳动防护用品生产企业所生产的特种劳动防护用品，必须取得特种劳动防护用品安全标志，否则不得生产和销售。使用特种劳动防护用品的生产经营单位也不得购买、配发和使用无安全标志的特种劳动防护用品。 (2)特种劳动防护用品安全标志是确认特种劳动防护用品安全防护性能符合国家标准、行业标准，准许生产经营单位配发和使用该劳动防护用品的凭证 (3)特种劳动防护用品安全标志由特种劳动防护用品安全标志证书和特种劳动防护用品安全标志标识两部分组成。 (4)特种劳动防护用品安全标志证书由国家安全生产监督管理总局（现已并入应急管理部）监制，加盖特种劳动防护用品安全标志管理中心印章。 (5)取得特种劳动防护用品安全标志的产品应在产品的明显位置加施特种劳动防护用品安全标志标识，标识加施应牢固耐用。 (6)特种劳动防护用品安全标志标识由盾牌图形和特种劳动防护用品安全标志的编号组成。不同尺寸的图形用于不同类型的特种劳动防护用品。 2. 特种劳动防护用品安全标志标识的说明 (1)本标识采用古代盾牌之形状，取“防护”之意。 (2)盾牌中间采用字母“LA”表示“劳动安全”之意。 (3)“××－××－××××××”是标识的编号。编号采用3层数字和字母组合编号方法编制。第一层的两位数字代表获得标识使用授权的年份；第二层的两位数字代表获得标识使用授权的生产企业所属的省级行政地区的区划代码（进口产品，第二层的代码则以两位英文字母缩写表示该进口产品产地的国家代码）；第三层代码的前三位数字代表产品的名称代码，后三位数字代表获得标识使用授权的顺序。 (4)参照《安全色》的规定，标识边框、盾牌及“安全防护”为绿色，“LA”及背景为白色，标识编号为黑色。 (5)标识规格与适用范围。①焊接护目镜、焊接面罩、防冲击护眼具：18 mm（包括编号）×12 mm。②安全帽、防尘口罩、过滤式防毒面具面罩、过滤式防毒面具滤毒罐（盒）、自给式空气呼吸器、长管面具：27 mm（包括编号）×18 mm。③阻燃防护服、防酸工作服、防静电工作服、防静电鞋、导电鞋、保护足趾安全鞋、胶面防砸安全鞋、耐酸碱皮鞋、耐酸碱胶靴、耐酸碱塑料膜压靴、防穿刺鞋、电绝缘鞋：39 mm（包括编号）×26 mm。④安全带、安全网、密目式安全立网：69 mm（包括编号）×46 mm。 3. 特种劳动防护用品安全标志的申请、受理、核发和日常管理 申请特种劳动防护用品安全标志的生产单位（以下简称申请单位）应具备下列条件： (1)具有工商行政管理部门（现为市场监督管理部门）核发的营业执照。 (2)具有能满足生产需要的生产场所和技术力量。 (3)具有能保证产品安全防护性能的生产设备。 (4)具有能满足产品安全防护性能要求的检测检验设备。 (5)具有完善的质量保证体系。 (6)具有产品标准和相关技术文件。 (7)其产品符合国家标准或行业标准要求。 (8)法律、法规规定的其他条件

第二节　特种设备安全管理

考点　特种设备安全管理

项目	具体内容
锅炉压力容器使用安全管理	锅炉压力容器使用安全管理措施包括： (1)使用许可厂家合格产品。 (2)登记建档。 (3)专责管理。 (4)建立制度。 (5)持证上岗。 (6)照章运行。 (7)定期检验。在设备的设计使用期限内，每隔一定的时间对其承压部件和安全装置进行检测检查或做必要的试验是及早发现缺陷、消除隐患、保证设备安全运行的一项行之有效的措施。 (8)监控水质。 (9)报告事故
锅炉正常运行中的监督调节	1. 锅炉水位的监督调节 (1)锅炉水位保持在正常水位线处，允许在正常水位线上下 50 mm 内波动。 (2)水位的调节通常与气压、蒸发量的调节联系在一起。 (3)锅炉低负荷运行，水位稍高于正常水位。 (4)高负荷运行，则稍低于正常水位。 2. 锅炉气压的监督调节 (1)锅炉运行中，蒸汽压力应基本上保持稳定。 (2)负荷小于蒸发量，气压就上升。 (3)负荷大于蒸发量，气压就下降。 (4)根据负荷的变化，相应增减锅炉的燃料量、风量、给水量。 (5)间断上水的锅炉，上水应均匀。 (6)上水间隔时间不宜过长，一次上水不宜过多。 (7)燃烧减弱时不宜上水，人工烧炉在投煤、扒渣时不宜上水。 3. 燃烧的监督调节 (1)使燃料燃烧供热适应负荷的要求，维持气压稳定。 (2)使燃烧完好正常，减少未完全燃烧损失，减轻金属腐蚀和大气污染。 (3)对负压燃烧锅炉，维持引风和鼓风的均衡，保持炉膛一定的负压，以保证操作安全和减少排烟损失。 4. 气温的调节 (1)锅炉负荷、燃料及给水温度的改变会造成过热气温的改变

续表

项目	具体内容
锅炉正常运行中的监督调节	(2)过热器本身的传热特性不同,上述因素改变时气温变化规律不同。 5. 排污和吹灰 (1)排污:保持受热面内部清洁,避免锅水发生汽水共腾及蒸汽品质恶化。 (2)吹灰:避免积灰影响锅炉传热,降低锅炉效率,产生安全隐患
停炉	1. 正常停炉次序 (1)先停燃料供应,随之停止送风,减少引风。 (2)与此同时,逐渐降低锅炉负荷,相应地减少锅炉上水,但应维护锅炉水位稍高于正常水位,对燃气、燃油锅炉,炉膛停火后引风机至少要继续引风 5 min 以上。 (3)锅炉停止供汽后,应隔断与蒸汽母管的连接,排气降压,为保护过热器,防止其金属超温,可打开过热器出口集箱疏水阀适当放气。 2. 紧急停炉次序 (1)立即停止添加燃料和送风,减弱引风。 (2)与此同时,设法熄灭炉膛内的燃料,对于一般层燃炉可以用沙土或湿灰灭火,链条炉可以开快挡使炉排快速运转,把红火送入灰坑。 (3)灭火后即把炉门、灰门及烟道挡板打开,以加强通风冷却。 (4)锅内可以较快降压并更换锅水,锅水冷却至 70 ℃左右允许排水,因缺水紧急停炉时,严禁给锅炉上水,并不得开启空气阀及安全阀快速降压。 3. 紧急停炉情况 锅炉水位低于水位表的下部可见边缘,不断加大向锅炉进水及采取其他措施,但水位仍继续下降,锅炉水位超过最高可见水位(满水),经放水仍不能见到水位,给水泵全部失效或给水系统故障,不能向锅炉进水,水位表或安全阀全部失效,设置在汽空间的压力表全部失效,锅炉元件损坏,危及操作人员安全,燃烧设备损坏、炉墙倒塌或锅炉构件被烧红等,其他异常情况危及锅炉安全运行。 4. 停炉保养 (1)主要指锅内保养,即汽水系统内部为避免或减轻腐蚀而进行的防护保养。 (2)常用的保养方式:①压力保养。②湿法保养。③干法保养。④充气保养
锅炉定期检验	(1)类别。外部检验;内部检验;水压试验。 (2)检验周期。①外部检验一般每年进行一次。②内部检验一般每两年进行一次。③水压试验一般每六年进行一次。 (3)检验内容。①锅炉管理检查、本体检验、安全附件、自控调节及保护装置检验、辅机和附件检验、水质管理和水处理设备检验等。②以宏观检验为主,配合对一些安全装置、设备的功能;确认水压试验:试验压力至少保持 20 min。 (4)检验结论。①内部:允许运行、整改后运行、限制条件下运行、停止运行。②外部:允许运行、监督运行、停止运行。③水压试验:合格、不合格
压力容器定期检验	(1)压力容器一般于投用后 3 年内进行首次定期检验。以后的检验周期由检验机构根据压力容器的安全状况等级,按照以下要求确定:①安全状况等级为 1、2 级的,一般

续表

项目	具体内容
压力容器定期检验	每6年检验一次。②安全状况等级为3级的，一般每3年至6年检验一次。③安全状况等级为4级的，监控使用，其检验周期由检验机构确定，累计监控使用时间不得超过3年，在监控使用期间，使用单位应当采取有效的监控措施。④安全状况等级为5级的，应当对缺陷进行处理，否则不得继续使用。 （2）有下列情况之一的压力容器，定期检验周期可以适当缩短：①介质对压力容器材料的腐蚀情况不明或者腐蚀情况异常的。②具有环境开裂倾向或者产生机械损伤现象，并且已经发现开裂的。③改变使用介质并且可能造成腐蚀现象恶化的。④材质劣化现象比较明显的。⑤使用单位没有按照规定进行年度检查的；⑥检验中对其他影响安全的因素有怀疑的。 （3）安全状况等级为1、2级的压力容器，符合下列条件之一的，定期检验周期可以适当延长：①介质腐蚀速率每年低于0.1 mm、有可靠的耐腐蚀金属衬里或者热喷质涂金属涂层的压力容器，通过1次至2次定期检验，确认腐蚀轻微或者衬里完好的，其检验周期最长可以延长至12年。②装有催化剂的反应容器以及装有充填物的压力密器，其检验周期根据设计图样和实际使用情况，自使用单位和检验机构协商确定（必要时征求设计单位的意见），报办理《特种设备使用登记证》的质量技术监督部门备案

第三节　特种作业安全管理

考点1　特种作业的定义和种类

项目	具体内容
定义	特种作业，是指容易发生事故，对操作者本人、他人的安全健康及设备、设施的安全可能造成重大危害的作业
种类	1. 电工作业 电工作业指对电气设备进行运行、维护、安装、检修、改造、施工、调试等作业（不含电力系统进网作业）。 （1）高压电工作业，指对1千伏（kV）及以上的高压电气设备进行运行、维护、安装、检修、改造、施工、调试、试验及绝缘工、器具进行试验的作业。 （2）低压电工作业，指对1千伏（kV）以下的低压电器设备进行安装、调试、运行操作、维护、检修、改造施工和试验的作业。 （3）防爆电气作业，指对各种防爆电气设备进行安装、检修、维护的作业。 适用于除煤矿井下以外的防爆电气作业。 2. 焊接与热切割作业 焊接与热切割作业指运用焊接或者热切割方法对材料进行加工的作业（不含《特种设

续表

项目	具体内容
种类	备安全监察条例》规定的有关作业）。 （1）熔化焊接与热切割作业，指使用局部加热的方法将连接处的金属或其他材料加热至熔化状态而完成焊接与切割的作业。适用于气焊与气割、焊条电弧焊与碳弧气刨、埋弧焊、气体保护焊、等离子弧焊、电渣焊、电子束焊、激光焊、氧熔剂切割、激光切割、等离子切割等作业。 （2）压力焊作业，指利用焊接时施加一定压力而完成的焊接作业。适用于电阻焊、气压焊、爆炸焊、摩擦焊、冷压焊、超声波焊、锻焊等作业。 （3）钎焊作业，指使用比母材熔点低的材料作钎料，将焊件和钎料加热到高于钎料熔点，但低于母材熔点的温度，利用液态钎料润湿母材，填充接头间隙并与母材相互扩散而实现连接焊件的作业。适用于火焰钎焊作业、电阻钎焊作业、感应钎焊作业、浸渍钎焊作业、炉中钎焊作业，不包括烙铁钎焊作业。 3. 高处作业 高处作业指专门或经常在坠落高度基准面2米及以上有可能坠落的高处进行的作业。 （1）登高架设作业，指在高处从事脚手架、跨越架架设或拆除的作业。 （2）高处安装、维护、拆除作业，指在高处从事安装、维护、拆除的作业。适用于利用专用设备进行建筑物内外装饰、清洁、装修，电力、电信等线路架设，高处管道架设，小型空调高处安装、维修，各种设备设施与户外广告设施的安装、检修、维护以及在高处从事建筑物、设备设施拆除作业。 4. 制冷与空调作业 制冷与空调作业指对大中型制冷与空调设备运行操作、安装与修理的作业。 （1）制冷与空调设备运行操作作业。指对各类生产经营企业和事业等单位的大中型制冷与空调设备运行操作的作业。适用于化工类（石化、化工、天然气液化、工艺性空调）生产企业，机械类（冷加工、冷处理、工艺性空调）生产企业，食品类（酿造、饮料、速冻或冷冻调理食品、工艺性空调）生产企业，农副产品加工类（屠宰及肉食品加工、水产加工、果蔬加工）生产企业，仓储类（冷库、速冻加工、制冰）生产经营企业，运输类（冷藏运输）经营企业，服务类（电信机房、体育场馆、建筑的集中空调）经营企业和事业等单位的大中型制冷与空调设备运行操作作业。 （2）制冷与空调设备安装修理作业，指对4.（1）所指制冷与空调设备整机、部件及相关系统进行安装、调试与维修的作业。 5. 煤矿安全作业 （1）煤矿井下电气作业，指从事煤矿井下机电设备的安装、调试、巡检、维修和故障处理，保证本班机电设备安全运行的作业。适用于与煤共生、伴生的坑探、矿井建设、开采过程中的井下电钳等作业。 （2）煤矿井下爆破作业，指在煤矿井下进行爆破的作业。 （3）煤矿安全监测监控作业，指从事煤矿井下安全监测监控系统的安装、调试、巡检、维修，保证其安全运行的作业。适用于与煤共生、伴生的坑探、矿井建设、开采过程中的

续表

<table>
<tr><th>项目</th><th>具体内容</th></tr>
<tr><td>种类</td><td>安全监测监控作业。
(4)煤矿瓦斯检查作业，指从事煤矿井下瓦斯巡检工作，负责管辖范围内通风设施的完好及通风、瓦斯情况检查，按规定填写各种记录，及时处理或汇报发现的问题的作业。适用于与煤共生、伴生的矿井建设、开采过程中的煤矿井下瓦斯检查作业。
(5)煤矿安全检查作业，指从事煤矿安全监督检查，巡检生产作业场所的安全设施和安全生产状况，检查并督促处理相应事故隐患的作业。
(6)煤矿提升机操作作业，指操作煤矿的提升设备运送人员、矿石、矸石和物料，并负责巡检和运行记录的作业。适用于操作煤矿提升机，包括立井、暗立井提升机，斜井、暗斜井提升机以及露天矿山斜坡卷扬提升的提升机作业。
(7)煤矿采煤机(掘进机)操作作业，指在采煤工作面、掘进工作面操作采煤机、掘进机，从事落煤、装煤、掘进工作，负责采煤机、掘进机巡检和运行记录，保证采煤机、掘进机安全运行的作业。适用于煤矿开采、掘进过程中的采煤机、掘进机作业。
(8)煤矿瓦斯抽采作业，指从事煤矿井下瓦斯抽采钻孔施工、封孔、瓦斯流量测定及瓦斯抽采设备操作等，保证瓦斯抽采工作安全进行的作业。适用于煤矿、与煤共生和伴生的矿井建设、开采过程中的煤矿地面和井下瓦斯抽采作业。
(9)煤矿防突作业，指从事煤与瓦斯突出的预测预报、相关参数的收集与分析、防治突出措施的实施与检查、防突效果检验等，保证防突工作安全进行的作业。适用于煤矿、与煤共生和伴生的矿井建设、开采过程中的煤矿井下煤与瓦斯防突作业。
(10)煤矿探放水作业，指从事煤矿探放水的预测预报、相关参数的收集与分析、探放水措施的实施与检查、效果检验等，保证探放水工作安全进行的作业。适用于煤矿、与煤共生和伴生的矿井建设、开采过程中的煤矿井下探放水作业。
6. 金属非金属矿山安全作业
(1)金属非金属矿井通风作业，指安装井下局部通风机，操作地面主要扇风机、井下局部通风机和辅助通风机，操作、维护矿井通风构筑物，进行井下防尘，使矿井通风系统正常运行，保证局部通风，以预防中毒窒息和除尘等的作业。
(2)尾矿作业，指从事尾矿库放矿、筑坝、巡坝、抽洪和排渗设施的作业。适用于金属非金属矿山的尾矿作业。
(3)金属非金属矿山安全检查作业，指从事金属非金属矿山安全监督检查，巡检生产作业场所的安全设施和安全生产状况，检查并督促处理相应事故隐患的作业。
(4)金属非金属矿山提升机操作作业，指操作金属非金属矿山的提升设备运送人员、矿石、矸石和物料，及负责巡检和运行记录的作业。适用于金属非金属矿山的提升机，包括竖井、盲竖井提升机，斜井、盲斜井提升机以及露天矿山斜坡卷扬提升的提升机作业。
(5)金属非金属矿山支柱作业，指在井下检查井巷和采场顶、帮的稳定性，撬浮石，进行支护的作业。
(6)金属非金属矿山井下电气作业，指从事金属非金属矿山井下机电设备的安装、调试、巡检、维修和故障处理，保证机电设备安全运行的作业</td></tr>
</table>

续表

项目	具体内容
种类	(7)金属非金属矿山排水作业,指从事金属非金属矿山排水设备日常使用、维护、巡检的作业。 (8)金属非金属矿山爆破作业,指在露天和井下进行爆破的作业。 7. 石油天然气安全作业 司钻作业,指石油、天然气开采过程中操作钻机起升钻具的作业。适用于陆上石油、天然气司钻(含钻井司钻、作业司钻及勘探司钻)作业。 8. 冶金(有色)生产安全作业 煤气作业,指冶金、有色企业内从事煤气生产、储存、输送、使用、维护检修的作业。 9. 危险化学品安全作业 危险化学品安全作业指从事危险化工工艺过程操作及化工自动化控制仪表安装、维修、维护的作业。 (1)光气及光气化工艺作业,指光气合成以及厂内光气储存、输送和使用岗位的作业。 (2)氯碱电解工艺作业,指氯化钠和氯化钾电解、液氯储存和充装岗位的作业。适用于氯化钠(食盐)水溶液电解生产氯气、氢氧化钠、氢气,氯化钾水溶液电解生产氯气、氢氧化钾、氢气等工艺过程的操作作业。 (3)氯化工艺作业,指液氯储存、气化和氯化反应岗位的作业。适用于取代氯化,加成氯化,氧氯化等工艺过程的操作作业。 (4)硝化工艺作业,指硝化反应、精馏分离岗位的作业。适用于直接硝化法,间接硝化法,亚硝化法等工艺过程的操作作业。 (5)合成氨工艺作业,指压缩、氨合成反应、液氨储存岗位的作业。适用于节能氨五工艺法(AMV),德士古水煤浆加压气化法、凯洛格法,甲醇与合成氨联合生产的联醇法,纯碱与合成氨联合生产的联碱法,采用变换催化剂、氧化锌脱硫剂和甲烷催化剂的“三催化”气体净化法工艺过程的操作作业。 (6)裂解(裂化)工艺作业,指石油系的烃类原料裂解(裂化)岗位的作业。 (7)氟化工艺作业,指氟化反应岗位的作业。适用于直接氟化,金属氟化物或氟化氢气体氟化,置换氟化以及其他氟化物的制备等工艺过程的操作作业。 (8)加氢工艺作业,指加氢反应岗位的作业。 (9)重氮化工艺作业,指重氮化反应、重氮盐后处理岗位的作业。适用于顺法、反加法、亚硝酰硫酸法、硫酸铜触媒法以及盐析法等工艺过程的操作作业。 (10)氧化工艺作业,指氧化反应岗位的作业。 (11)过氧化工艺作业,指过氧化反应、过氧化物储存岗位的作业。 (12)胺基化工艺作业,指胺基化反应岗位的作业。 (13)磺化工艺作业,指磺化反应岗位的作业。 (14)聚合工艺作业,指聚合反应岗位的作业。 (15)烷基化工艺作业,指烷基化反应岗位的作业。 (16)化工自动化控制仪表作业,指化工自动化控制仪表系统安装、维修、维护的作业

续表

项目	具体内容
种类	10. 烟花爆竹安全作业 烟花爆竹安全作业指从事烟花爆竹生产、储存中的药物混合、造粒、筛选、装药、筑药、压药、搬运等危险工序的作业。 (1)烟火药制造作业,指从事烟火药的粉碎、配药、混合、造粒、筛选、干燥、包装等作业。 (2)黑火药制造作业,指从事黑火药的潮药、浆硝、包片、碎片、油压、抛光和包浆等作业。 (3)引火线制造作业,指从事引火线的制引、浆引、漆引、切引等作业。 (4)烟花爆竹产品涉药作业,指从事烟花爆竹产品加工中的压药、装药、筑药、褙药剂、已装药的钻孔等作业。 (5)烟花爆竹储存作业,指从事烟花爆竹仓库保管、守护、搬运等作业。 除此之外,还包括安全监管总局认定的其他作业

考点2　特种作业人员的安全技术培训、考核、发证、复审

项目	具体内容
原则	特种作业人员的安全技术培训、考核、发证、复审工作实行统一监管、分级实施、教考分离的原则
培训	(1)特种作业人员应当接受与其所从事的特种作业相应的安全技术理论培训和实际操作培训。 ①已经取得职业高中、技工学校及中专以上学历的毕业生从事与其所学专业相应的特种作业,持学历证明经考核发证机关同意,可以免予相关专业的培训。 ②跨省、自治区、直辖市从业的特种作业人员,可以在户籍所在地或者从业所在地参加培训。 (2)对特种作业人员的安全技术培训,具备安全培训条件的生产经营单位应当以自主培训为主,也可以委托具备安全培训条件的机构进行培训。 ①不具备安全培训条件的生产经营单位,应当委托具备安全培训条件的机构进行培训。 ②生产经营单位委托其他机构进行特种作业人员安全技术培训的,保证安全技术培训的责任仍由本单位负责。 ③从事特种作业人员安全技术培训的机构(以下统称培训机构),应当制定相应的培训计划、教学安排,并按照安全监管总局、煤矿安监局制定的特种作业人员培训大纲和煤矿特种作业人员培训大纲进行特种作业人员的安全技术培训
考核发证	(1)特种作业人员的考核包括考试和审核两部分。考试由考核发证机关或其委托的单位负责;审核由考核发证机关负责。①安全监管总局、煤矿安监局分别制定特种作业

续表

项目	具体内容
考核发证	人员、煤矿特种作业人员的考核标准，并建立相应的考试题库。②考核发证机关或其委托的单位应当按照安全监管总局、煤矿安监局统一制定的考核标准进行考核。 (2)参加特种作业操作资格考试的人员，应当填写考试申请表，由申请人或者申请人的用人单位持学历证明或者培训机构出具的培训证明向申请人户籍所在地或者从业所在地的考核发证机关或其委托的单位提出申请。①考核发证机关或其委托的单位收到申请后，应当在60日内组织考试。②特种作业操作资格考试包括安全技术理论考试和实际操作考试两部分。考试不及格的，允许补考1次。经补考仍不及格的，重新参加相应的安全技术培训。 (3)考核发证机关委托承担特种作业操作资格考试的单位应当具备相应的场所、设施、设备等条件，建立相应的管理制度，并公布收费标准等信息。 (4)考核发证机关或其委托承担特种作业操作资格考试的单位，应当在考试结束后10个工作日内公布考试成绩。 (5)符合本规定第四条规定并经考试合格的特种作业人员，应当向其户籍所在地或者从业所在地的考核发证机关申请办理特种作业操作证，并提交身份证复印件、学历证书复印件、体检证明、考试合格证明等材料。 (6)收到申请的考核发证机关应当在5个工作日内完成对特种作业人员所提交申请材料的审查，作出受理或者不予受理的决定。能够当场作出受理决定的，应当当场作出受理决定；申请材料不齐全或者不符合要求的，应当当场或者在5个工作日内一次告知申请人需要补正的全部内容，逾期不告知的，视为自收到申请材料之日起即已被受理。 (7)对已经受理的申请，考核发证机关应当在20个工作日内完成审核工作。符合条件的，颁发特种作业操作证；不符合条件的，应当说明理由。 (8)特种作业操作证有效期为6年，在全国范围内有效。 特种作业操作证由安全监管总局统一式样、标准及编号。 (9)特种作业操作证遗失的，应当向原考核发证机关提出书面申请，经原考核发证机关审查同意后，予以补发。 特种作业操作证所记载的信息发生变化或者损毁的，应当向原考核发证机关提出书面申请，经原考核发证机关审查确认后，予以更换或者更新
复审	(1)特种作业操作证每3年复审1次。特种作业人员在特种作业操作证有效期内，连续从事本工种10年以上，严格遵守有关安全生产法律法规的，经原考核发证机关或者从业所在地考核发证机关同意，特种作业操作证的复审时间可以延长至每6年1次。 (2)特种作业操作证需要复审的，应当在期满前60日内，由申请人或者申请人的用人单位向原考核发证机关或者从业所在地考核发证机关提出申请，并提交下列材料：①社区或者县级以上医疗机构出具的健康证明；②从事特种作业的情况；③安全培训考试合格记录。特种作业操作证有效期届满需要延期换证的，应当按照前款的规定申请延期复审

续表

项目	具体内容
复审	(3)特种作业操作证申请复审或者延期复审前,特种作业人员应当参加必要的安全培训并考试合格。安全培训时间不少于8个学时,主要培训法律、法规、标准、事故案例和有关新工艺、新技术、新装备等知识。 (4)申请复审的,考核发证机关应当在收到申请之日起20个工作日内完成复审工作。复审合格的,由考核发证机关签章、登记,予以确认;不合格的,说明理由。 申请延期复审的,经复审合格后,由考核发证机关重新颁发特种作业操作证。 (5)特种作业人员有下列情形之一的,复审或者延期复审不予通过:①健康体检不合格的。②违章操作造成严重后果或者有2次以上违章行为,并经查证确实的。③有安全生产违法行为,并给予行政处罚的。④拒绝、阻碍安全生产监管监察部门监督检查的。⑤未按规定参加安全培训,或者考试不合格的。 (6)申请人对复审或者延期复审有异议的,可以依法申请行政复议或者提起行政诉讼

考点3 监督管理

项目	具体内容
监督管理	(1)考核发证机关或其委托的单位及其工作人员应当忠于职守、坚持原则、廉洁自律,按照法律、法规、规章的规定进行特种作业人员的考核、发证、复审工作,接受社会的监督。 (2)考核发证机关应当加强对特种作业人员的监督检查,发现其具有下述第(3)规定情形的,及时撤销特种作业操作证,对依法应当给予行政处罚的安全生产违法行为,按照有关规定依法对生产经营单位及其特种作业人员实施行政处罚。 考核发证机关应当建立特种作业人员管理信息系统,方便用人单位和社会公众查询;对于注销特种作业操作证的特种作业人员,应当及时向社会公告。 (3)有下列情形之一的,考核发证机关应当撤销特种作业操作证:①超过特种作业操作证有效期未延期复审的。②特种作业人员的身体条件已不适合继续从事特种作业的。③对发生生产安全事故负有责任的。④特种作业操作证记载虚假信息的。⑤以欺骗、贿赂等不正当手段取得特种作业操作证的。 特种作业人员违反上述第④项、第⑤项规定的,3年内不得再次申请特种作业操作证。 (4)有下列情形之一的,考核发证机关应当注销特种作业操作证:①特种作业人员死亡的。②特种作业人员提出注销申请的。③特种作业操作证被依法撤销的。 (5)离开特种作业岗位6个月以上的特种作业人员,应当重新进行实际操作考试,经确认合格后方可上岗作业。 (6)省、自治区、直辖市人民政府安全生产监督管理部门和负责煤矿特种作业人员考核发证工作的部门或者指定的机构应当每年分别向安全监管总局、煤矿安监局报告特种作业人员的考核发证情况。 (7)生产经营单位应当加强对本单位特种作业人员的管理,建立健全特种作业人员培

续表

项目	具体内容
监督管理	训、复审档案，做好申报、培训、考核、复审的组织工作和日常的检查工作。 （8）特种作业人员在劳动合同期满后变动工作单位的，原工作单位不得以任何理由扣押其特种作业操作证。 跨省、自治区、直辖市从业的特种作业人员应当接受从业所在地考核发证机关的监督管理。 （9）生产经营单位不得印制、伪造、倒卖特种作业操作证，或者使用非法印制、伪造、倒卖的特种作业操作证。 特种作业人员不得伪造、涂改、转借、转让、冒用特种作业操作证或者使用伪造的特种作业操作证

第四节　工伤保险

考点 1　工伤保险的相关内容

项目	具体内容
工伤保险的定义	（1）工伤保险，是指劳动者在工作中或在规定的特殊情况下，遭受意外伤害或患职业病导致暂时或永久丧失劳动能力以及死亡时，劳动者或其遗属从国家和社会获得物质帮助的一种社会保险制度。 （2）工伤保险，又称职业伤害保险。 （3）工伤保险是通过社会统筹的办法，集中用人单位缴纳的工伤保险费，建立工伤保险基金，对劳动者在生产经营活动中遭受意外伤害或职业病，并由此造成死亡、暂时或永久丧失劳动能力时，给予劳动者及其实用性法定的医疗救治以及必要的经济补偿的一种社会保障制度。这种补偿既包括医疗、康复所需费用，也包括保障基本生活的费用
工伤保险的特点	（1）工伤保险对象的范围是在生产劳动过程中的劳动者。由于职业危害无所不在，无时不在，任何人都不能完全避免职业伤害。因此工伤保险作为抗御职业危害的保险制度适用于所有职工，任何职工发生工伤事故或遭受职业疾病，都应毫无例外地获得工伤保险待遇。 （2）工伤保险的责任具有赔偿性。也就是说劳动者的生命健康权、生存权和劳动权受到影响、损害甚至被剥夺了。因此工伤保险是基于对工伤职工的赔偿责任而设立的一种社会保险制度，其他社会保险是基于对职工生活困难的帮助和补偿责任而设立的。统一专属工伤保险方案与社保完全对接，补充了一次性伤残就业补助金的赔偿。 （3）工伤保险实行无过错责任原则。无论工伤事故的责任归于用人单位还是职工个人或第三者，用人单位均应承担保险责任

续表

项目	具体内容
工伤保险的特点	(4)工伤保险不同于养老保险等险种,劳动者不缴纳保险费,全部费用由用人单位负担。即工伤保险的投保人为用人单位。 (5)工伤保险待遇相对优厚,标准较高,但因工伤事故的不同而有所差别。 (6)工伤保险作为社会福利,其保障内容比商业意外保险要丰富。除了在工作时的意外伤害,也包括职业病的报销、急性病猝死保险金、丧葬补助(工伤身故)
工伤保险的原则	工伤保险遵循以下十个原则: (1)无责任补偿(无过失补偿)原则。 (2)国家立法、强制实施原则。 (3)风险分担、互助互济原则。 (4)个人不缴费原则。 (5)区别因工与非因工原则。 (6)经济赔偿与事故预防、职业病防治相结合原则。 (7)一次性补偿与长期补偿相结合原则。 (8)确定伤残和职业病等级原则。 (9)区别直接经济损失与间接经济损失原则。 (10)集中管理原则

考点2　工伤认定及相关规定

项目	具体内容
工伤认定	根据《工伤保险条例》第十四条规定,职工有下列情形之一的,应当认定为工伤: (1)在工作时间和工作场所内,因工作原因受到事故伤害的。 (2)工作时间前后在工作场所内,从事与工作有关的预备性或者收尾性工作受到事故伤害的。 (3)在工作时间和工作场所内,因履行工作职责受到暴力等意外伤害的。 (4)患职业病的。 (5)因工外出期间,由于工作原因受到伤害或者发生事故下落不明的。 (6)在上下班途中,受到非本人主要责任的交通事故或者城市轨道交通、客运轮渡、火车事故伤害的。 (7)法律、行政法规规定应当认定为工伤的其他情形。 同时,根据《工伤保险条例》第十五条的规定,职工有下列情形之一的,视同工伤: (1)在工作时间和工作岗位,突发疾病死亡或者在48小时之内经抢救无效死亡的。 (2)在抢险救灾等维护国家利益、公共利益活动中受到伤害的。 (3)职工原在军队服役,因战、因公负伤致残,已取得革命伤残军人证,到用人单位后旧伤复发的。 职工有前款第(1)项、第(2)项情形的,按照本条例的有关规定享受工伤保险待遇;职

续表

项目	具体内容
工伤认定	工有前款第(3)项情形的,按照本条例的有关规定享受除一次性伤残补助金以外的工伤保险待遇。 职工符合《工伤保险条例》第十四条、第十五条的规定,但是有下列情形之一的,不得认定为工伤或者视同工伤: (1)故意犯罪的。 (2)醉酒或者吸毒的。 (3)自残或者自杀的
工伤认定申请	提出工伤认定申请应当提交下列材料: (1)工伤认定申请表。 (2)与用人单位存在劳动关系(包括事实劳动关系)的证明材料。 (3)医疗诊断证明或者职业病诊断证明书(或者职业病诊断鉴定书)。 工伤认定申请表应当包括事故发生的时间、地点、原因以及职工伤害程度等基本情况。 工伤认定申请人提供材料不完整的,社会保险行政部门应当一次性书面告知工伤认定申请人需要补正的全部材料。申请人按照书面告知要求补正材料后,社会保险行政部门应当受理
相关规定	(1)社会保险行政部门受理工伤认定申请后,根据审核需要可以对事故伤害进行调查核实,用人单位、职工、工会组织、医疗机构以及有关部门应当予以协助。职业病诊断和诊断争议的鉴定,依照职业病防治法的有关规定执行。对依法取得职业病诊断证明书或者职业病诊断鉴定书的,社会保险行政部门不再进行调查核实。 职工或者其近亲属认为是工伤,用人单位不认为是工伤的,由用人单位承担举证责任。 (2)社会保险行政部门应当自受理工伤认定申请之日起60日内作出工伤认定的决定,并书面通知申请工伤认定的职工或者其近亲属和该职工所在单位。 (3)社会保险行政部门对受理的事实清楚、权利义务明确的工伤认定申请,应当在15日内作出工伤认定的决定。 (4)作出工伤认定决定需要以司法机关或者有关行政主管部门的结论为依据的,在司法机关或者有关行政主管部门尚未作出结论期间,作出工伤认定决定的时限中止。 (5)社会保险行政部门工作人员与工伤认定申请人有利害关系的,应当回避

考点3 劳动能力鉴定及相关规定

项目	具体内容
定义	劳动能力鉴定是指劳动功能障碍程度和生活自理障碍程度的等级鉴定。 (1)劳动功能障碍分为十个伤残等级,最重的为一级,最轻的为十级。 (2)生活自理障碍分为三个等级:生活完全不能自理、生活大部分不能自理和生活部分不能自理

续表

项目	具体内容
相关规定	(1)劳动能力鉴定标准由国务院社会保险行政部门会同国务院卫生行政部门等部门制定。 (2)劳动能力鉴定由用人单位、工伤职工或者其近亲属向设区的市级劳动能力鉴定委员会提出申请,并提供工伤认定决定和职工工伤医疗的有关资料。 (3)省、自治区、直辖市劳动能力鉴定委员会和设区的市级劳动能力鉴定委员会分别由省、自治区、直辖市和设区的市级社会保险行政部门、卫生行政部门、工会组织、经办机构代表以及用人单位代表组成。 (4)设区的市级劳动能力鉴定委员会收到劳动能力鉴定申请后,应当从其建立的医疗卫生专家库中随机抽取3名或者5名相关专家组成专家组,由专家组提出鉴定意见。设区的市级劳动能力鉴定委员会根据专家组的鉴定意见作出工伤职工劳动能力鉴定结论;必要时,可以委托具备资格的医疗机构协助进行有关的诊断。 (5)设区的市级劳动能力鉴定委员会应当自收到劳动能力鉴定申请之日起60日内作出劳动能力鉴定结论,必要时,作出劳动能力鉴定结论的期限可以延长30日。劳动能力鉴定结论应当及时送达申请鉴定的单位和个人。 (6)申请鉴定的单位或者个人对设区的市级劳动能力鉴定委员会作出的鉴定结论不服的,可以在收到该鉴定结论之日起15日内向省、自治区、直辖市劳动能力鉴定委员会提出再次鉴定申请。省、自治区、直辖市劳动能力鉴定委员会作出的劳动能力鉴定结论为最终结论。 (7)劳动能力鉴定工作应当客观、公正。劳动能力鉴定委员会组成人员或者参加鉴定的专家与当事人有利害关系的,应当回避。 (8)自劳动能力鉴定结论作出之日起1年后,工伤职工或者其近亲属、所在单位或者经办机构认为伤残情况发生变化的,可以申请劳动能力复查鉴定

考点4 工伤保险待遇

项目	具体内容
工伤保险待遇	职工因工致残被鉴定为一级至四级伤残的,保留劳动关系,退出工作岗位,享受以下待遇: (1)从工伤保险基金按伤残等级支付一次性伤残补助金,标准为:一级伤残为27个月的本人工资,二级伤残为25个月的本人工资,三级伤残为23个月的本人工资,四级伤残为21个月的本人工资。 (2)从工伤保险基金按月支付伤残津贴,标准为:一级伤残为本人工资的90%,二级伤残为本人工资的85%,三级伤残为本人工资的80%,四级伤残为本人工资的75%。伤残津贴实际金额低于当地最低工资标准的,由工伤保险基金补足差额。 (3)工伤职工达到退休年龄并办理退休手续后,停发伤残津贴,按照国家规定享受基本养老保险待遇,基本养老保险待遇低于伤残津贴的由工伤保险基金补足差额

续表

项目	具体内容
工伤保险待遇	职工因工致残被鉴定为一级至四级伤残的，由用人单位和职工个人以伤残津贴为基数，缴纳基本医疗保险费。 职工因工致残被鉴定为五级、六级伤残的，享受以下待遇： （1）从工伤保险基金按伤残等级支付一次性伤残补助金，标准为：五级伤残为18个月的本人工资，六级伤残为16个月的本人工资。 （2）保留与用人单位的劳动关系，由用人单位安排适当工作。难以安排工作的，由用人单位按月发给伤残津贴，标准为：五级伤残为本人工资的70%，六级伤残为本人工资的60%，并由用人单位按照规定为其缴纳应缴纳的各项社会保险费。伤残津贴实际金额低于当地最低工资标准的，由用人单位补足差额。 经工伤职工本人提出，该职工可以与用人单位解除或者终止劳动关系，由工伤保险基金支付一次性工伤医疗补助金，由用人单位支付一次性伤残就业补助金。一次性工伤医疗补助金和一次性伤残就业补助金的具体标准由省、自治区、直辖市人民政府规定。 职工因工致残被鉴定为七级至十级伤残的，享受以下待遇： （1）从工伤保险基金按伤残等级支付一次性伤残补助金，标准为：七级伤残为13个月的本人工资，八级伤残为11个月的本人工资，九级伤残为9个月的本人工资，十级伤残为7个月的本人工资。 （2）劳动、聘用合同期满终止，或者职工本人提出解除劳动、聘用合同的，由工伤保险基金支付一次性工伤医疗补助金，由用人单位支付一次性伤残就业补助金。一次性工伤医疗补助金和一次性伤残就业补助金的具体标准由省、自治区、直辖市人民政府规定

第五节　安全生产投入

考点1　安全生产投入的基本要求

项目	具体内容
基本要求	（1）《安全生产法》规定：生产经营单位应当具备的安全生产条件所必需的资金投入，由生产经营单位的决策机构、主要负责人或者个人经营的投资人予以保证，并对由于安全生产所必需的资金投入不足导致的后果承担责任。 （2）《国务院关于进一步加强安全生产工作的决定》规定：建立企业提取安全费用制度。为保证安全生产所需资金投入，形成企业安全生产投入的长效机制，借鉴煤矿提取安全费用的经验，在条件成熟后，逐步建立对高危行业生产企业提取安全费用制度。企业安全费用的提取，要根据地区和行业的特点，分别确定提取标准，由企业自行提取，专户储存，专项用于安全生产。 （3）生产经营单位是安全生产的责任主体，也是安全生产费用提取、使用和管理的主体

考点 2　安全生产费用的使用和管理

项目	具体内容
责任主体	(1)保证必要的安全生产投入是实现安全生产的重要基础。 (2)安全生产投入资金具体由谁来保证,应根据企业的性质而定。一般说来,股份制企业、合资企业等安全生产投入资金由董事会予以保证;一般国有企业由厂长或者经理予以保证;个体工商户等个体经济组织由投资人予以保证。 (3)上述保证人承担由于安全生产所必需的资金投入不足而导致事故后果的法律责任
安全生产费用的使用	(1)完善、改造和维护安全防护设备、设施的支出。其中:①矿山企业安全设备设施是指矿山综合防尘、地质监控、防灭火、防治水、危险气体监测、通风系统,支护及防治片帮滑坡设备、机电设备、供配电系统、运输(提升)系统以及尾矿库(坝)等。②危险品生产企业安全设备设施是指车间、库房等作业场所的监控、监测、通风、防晒、调温、防火、灭火、防爆、泄压、防毒、消毒、中和、防潮、防雷、防静电、防腐、防渗漏、防护围堤或者隔离操作等设施设备。③道路交通运输企业安全设备设施是指运输工具安全状况检测及维护系统、运输工具附属安全设备等。 (2)配备必要的应急救援器材、设备和现场作业人员安全防护物品支出。 (3)安全生产检查与评价支出。 (4)重大危险源、重大事故隐患的评估、整改、监控支出。 (5)安全技能培训及进行应急救援演练支出。 (6)其他与安全生产直接相关的支出
安全生产费用的管理	(1)生产经营单位应制定安全生产投入的管理制度,明确具体的使用范围、管理程序、监督程序,每年完成后应及时总结项目和费用的完成情况。 (2)在年度财务会计报告中,生产经营单位应当披露安全费用提取和使用的具体情况,接受安全生产监督管理部门和财政部门的监督。 (3)生产经营单位违规提取和使用安全费用的,政府安全生产监督管理部门应当会同财政部门责令其限期改正,予以警告。 (4)逾期不改正的,由安全生产监督管理部门按照相关法规进行处理

考点 3　安全生产责任保险

项目	具体内容
安全生产责任保险概述	安全生产责任保险是生产经营单位在发生生产安全事故以后对死亡、伤残者履行赔偿责任的保险,对维护社会安定和谐具有重要作用。对于高危行业分布广泛、伤亡事故时有发生的地区,发展安全生产责任保险,用责任保险等经济手段加强和改善安全生产管理,是强化安全事故风险管控的重要措施。安全生产责任保险有利于增强安全生产意识,防范事故发生,促进地区安全生产形势稳定好转;有利于预防和化解社会矛盾,减

续表

项目	具体内容
安全生产责任保险概述	轻各级政府在事故发生后的救助负担；有利于维护人民群众根本利益，促进经济健康运行，保持社会稳定。 针对高危行业开办的险别，不仅可承保因企业在生产经营过程中，发生生产安全事故所造成的伤亡或者下落不明，还可对应附加医疗费用、第三者责任及事故应急救援和善后处理费用。 保险费根据被保险人营业性质及参保人数对应选择不同的赔偿限额计收。 1. 主险责任 在保险期间，被保险人的工作人员在中华人民共和国境内因下列情形导致伤残或死亡依法应由被保险人承担的经济赔偿责任，保险人应按照保险合同的约定负责赔偿： （1）在工作时间和工作场所内，因工作原因受到安全生产事故伤害。 （2）工作时间前后在工作场所内，从事与履行其工作职责有关的预备性或者收尾性工作受到安全生产事故伤害。 （3）在工作时间和工作场所内，因履行工作职责受到暴力等意外伤害。 （4）因工外出期间，由于工作原因受到伤害或者发生事故下落不明。 （5）在上下班途中，受到交通及意外事故伤害。 （6）在工作时间和工作岗位，突发疾病死亡或者在 48 h 之内经抢救无效死亡。 （7）根据法律、行政法规规定应当认定为安全生产事故的其他情形。 2. 附加第三者责任 在保险期间，被保险人合法聘用的工作人员在被保险人的工作场所内，受雇从事保险单明细表所载明的被保险人的业务过程中，发生安全生产事故，造成第三者死亡，依法应由被保险人承担的经济赔偿责任，保险人按照附加险合同和主险合同的约定负责赔偿。 3. 附加施救及事故善后处理费用保险责任 在保险期间，被保险人的工作人员因主险条款所列情形导致的伤残或死亡，被保险人因采取必要、合理的施救及事故善后处理措施而支出的下列费用，保险人按照附加险合同和主险合同的约定负责赔偿： （1）现场施救费用。 （2）参与事故处理人员的加班费、住宿费、交通费、餐费以及生活补助费。 4. 附加医疗费用保险责任 在保险期间，被保险人的工作人员因主险条款所列情形导致的伤残或死亡，依照中华人民共和国法律应由被保险人承担的医疗费用，保险人按照附加险合同和主险合同的约定负责赔偿
《安全生产责任保险实施办法》的相关规定	2017 年 12 月 12 日，《关于印发〈安全生产责任保险实施办法〉的通知》（安监总办〔2017〕140 号）明确规定，根据《中共中央国务院关于推进安全生产领域改革发展的意见》关于建立健全安全生产责任保险制度的要求，为进一步规范安全生产责任保险工

续表

项目	具体内容
《安全生产责任保险实施办法》的相关规定	作，切实发挥保险机构参与风险评估管控和事故预防功能，国家安全监管总局（现已并入应急管理部）、保监会（现合并为银保监会）、财政部制定了《安全生产责任保险实施办法》。 第一章　总则 第一条　为了规范安全生产责任保险工作，强化事故预防，切实保障投保的生产经营单位及有关人员的合法权益，根据相关法律法规和规定，制定《安全生产责任保险实施办法》。 第二条　安全生产责任保险是指保险机构对投保的生产经营单位发生的生产安全事故造成的人员伤亡和有关经济损失等予以赔偿，并且为投保的生产经营单位提供生产安全事故预防服务的商业保险。 第三条　按照《安全生产责任保险实施办法》请求的经济赔偿，不影响参保的生产经营单位从业人员（含劳务派遣人员，下同）依法请求工伤保险赔偿的权利。 第四条　坚持风险防控、费率合理、理赔及时的原则，按照政策引导、政府推动、市场运作的方式推行安全生产责任保险工作。 第五条　安全生产责任保险的保费由生产经营单位缴纳，不得以任何方式摊派给从业人员个人。 第六条　煤矿、非煤矿山、危险化学品、烟花爆竹、交通运输、建筑施工、民用爆炸物品、金属冶炼、渔业生产等高危行业领域的生产经营单位应当投保安全生产责任保险。鼓励其他行业领域生产经营单位投保安全生产责任保险。各地区可针对本地区安全生产特点，明确应当投保的生产经营单位。对存在高危粉尘作业、高毒作业或其他严重职业病危害的生产经营单位，可以投保职业病相关保险。对生产经营单位已投保的与安全生产相关的其他险种，应当增加或将其调整为安全生产责任保险，增强事故预防功能。 第二章　承保与投保 第七条　承保安全生产责任保险的保险机构应当具有相应的专业资质和能力，主要包含以下方面： （1）商业信誉情况。 （2）偿付能力水平。 （3）开展责任保险的业绩和规模。 （4）拥有风险管理专业人员的数量和相应专业资格情况。 （5）为生产经营单位提供事故预防服务情况。 第八条　根据实际需要，鼓励保险机构采取共保方式开展安全生产责任保险工作。 第九条　安全生产责任保险的保险责任包括投保的生产经营单位的从业人员人身伤亡赔偿，第三者人身伤亡和财产损失赔偿，事故抢险救援、医疗救护、事故鉴定、法律诉讼等费用。保险机构可以开发适应各类生产经营单位安全生产保障需求的个性化保险产品

续表

项目	具体内容
《安全生产责任保险实施办法》的相关规定	第十条　除被依法关闭取缔、完全停止生产经营活动外，应当投保安全生产责任保险的生产经营单位不得延迟续保、退保。 第十一条　制定各行业领域安全生产责任保险基准指导费率，实行差别费率和浮动费率。建立费率动态调整机制，费率调整根据以下因素综合确定： (1)事故记录和等级。费率调整根据生产经营单位是否发生事故、事故次数和等级确定，可以根据发生人员伤亡的一般事故、较大事故、重大及以上事故次数进行调整。 (2)其他。投保生产经营单位的安全风险程度、安全生产标准化等级、隐患排查治理情况、安全生产诚信等级、是否被纳入安全生产领域联合惩戒“黑名单”、赔付率等。 各地区可以参考以上因素，根据不同行业领域实际情况进一步确定具体的费率浮动。 第十二条　生产经营单位投保安全生产责任保险的保障范围应当覆盖全体从业人员。 第三章　事故预防与理赔 第十三条　保险机构应当建立生产安全事故预防服务制度，协助投保的生产经营单位开展以下工作： (1)安全生产和职业病防治宣传教育培训。 (2)安全风险辨识、评估和安全评价。 (3)安全生产标准化建设。 (4)生产安全事故隐患排查。 (5)安全生产应急预案编制和应急救援演练。 (6)安全生产科技推广应用。 (7)其他有关事故预防工作。 第十四条　保险机构应当按照上述规定的服务范围，在安全生产责任保险合同中约定具体服务项目及频次。保险机构开展安全风险评估、生产安全事故隐患排查等服务工作时，投保的生产经营单位应当予以配合，并对评估发现的生产安全事故隐患进行整改；对拒不整改重大事故隐患的，保险机构可在下一投保年度上浮保险费率，并报告安全生产监督管理部门和相关部门。 第十五条　保险机构应当严格按照合同约定及时赔偿保险金；建立快速理赔机制，在事故发生后按照法律规定或者合同约定先行支付确定的赔偿保险金。生产经营单位应当及时将赔偿保险金支付给受伤人员或者死亡人员的受益人(以下统称受害人)，或者请求保险机构直接向受害人赔付。生产经营单位怠于请求的，受害人有权就其应获赔偿部分直接向保险机构请求赔付。 第十六条　同一生产经营单位的从业人员获取的保险金额应当实行同一标准，不得因用工方式、工作岗位等差别对待。 第十七条　各地区根据实际情况确定安全生产责任保险中涉及人员死亡的最低赔偿金额，每死亡1人按不低于30万元赔偿，并按本地区城镇居民上一年度人均可支配收入的变化进行调整。对未造成人员死亡事故的赔偿保险金额度在保险合同中约定

续表

项目	具体内容
《安全生产责任保险实施办法》的相关规定	第四章 激励与保障 第十八条 安全生产监督管理部门和有关部门应当将安全生产责任保险投保情况作为生产经营单位安全生产标准化、安全生产诚信等级等评定的必要条件，作为安全生产与职业健康风险分类监管，以及取得安全生产许可证的重要参考。安全生产和职业病预防相关法律法规另有规定的，从其规定。 第十九条 各地区应当在安全生产相关财政资金投入、信贷融资、项目立项、进入工业园区以及相关产业扶持政策等方面，在同等条件下优先考虑投保安全生产责任保险的生产经营单位。 第二十条 对赔付及时、事故预防成效显著的保险机构，纳入安全生产诚信管理体系，实行联合激励。 第二十一条 各地区将推行安全生产责任保险情况，纳入对本级政府有关部门和下级人民政府安全生产工作巡查和考核内容。 第二十二条 鼓励安全生产社会化服务机构为保险机构开展生产安全事故预防提供技术支撑。 第五章 监督与管理 第二十三条 建立安全生产监督管理部门和保险监督管理机构信息共享机制。安全生产监督管理部门和有关部门应当建立安全生产责任保险信息管理平台，并与安全生产监管信息平台对接，对保险机构开展生产安全事故预防服务及服务费用支出使用情况定期进行分析评估。安全生产监督管理部门可以引入第三方机构对安全生产责任保险信息管理平台进行建设维护及对保险机构开展预防服务情况开展评估，并依法保守有关商业秘密。 第二十四条 支持投保的生产经营单位、保险机构和相关社会组织建立协商机制，加强自主管理。 第二十五条 安全生产监督管理部门、保险监督管理机构和有关部门应当依据工作职责依法加强对生产经营单位和保险机构的监督管理，对实施安全生产责任保险情况开展监督检查。 第二十六条 对生产经营单位应当投保但未按规定投保或续保、将保费以各种形式摊派给从业人员个人、未及时将赔偿保险金支付给受害人的，保险机构预防费用投入不足、未履行事故预防责任、委托不合法的社会化服务机构开展事故预防工作的，安全生产监督管理部门、保险监督管理机构及有关部门应当提出整改要求；对拒不整改的，应当将其纳入安全生产领域联合惩戒“黑名单”管理，对违反相关法律法规规定的，依法追究其法律责任。 第二十七条 相关部门及其工作人员在对安全生产责任保险的监督管理中收取贿赂、滥用职权、玩忽职守、徇私舞弊的，依法依规对相关责任人严肃追责；涉嫌犯罪的，移交司法机关依法处理

第五章 应急管理

知识框架

- 应急管理
  - 应急管理体系建设
    - 事故应急救援的基本任务和特点
    - 事故应急救援体系的基本构建
  - 应急预案制定和演练
    - 事故应急预案的作用
    - 事故应急预案的基本要求
    - 事故应急预案的主要内容
    - 应急演练的定义、目的与原则
    - 应急演练的类型
  - 应急准备与响应

考点精讲

第一节 应急管理体系建设

考点1 事故应急救援的基本任务和特点

项目	具体内容
基本任务	1. 总目标 总目标是通过有效的应急救援行动,尽可能地降低事故的后果,包括人员伤亡、财产损失和环境破坏等。 2. 基本任务 (1)立即组织营救受害人员,组织撤离或者采取其他措施保护危害区域内的其他人员。抢救受害人员是应急救援的首要任务。 (2)迅速控制事态,并对事故造成的危害进行检测、监测,测定事故的危害区域、危害性质及危害程度。 (3)消除危害后果,做好现场恢复。 (4)查清事故原因,评估危害程度

续表

项目	具体内容
特点	(1)不确定性和突发性。 (2)应急活动的复杂性。 (3)后果影响易猝变、激化和放大

考点2　事故应急救援体系的基本构建

项目	具体内容
相关法规要求	1.《安全生产法》规定 (1)生产经营单位的主要负责人具有组织制定并实施本单位的生产安全事故应急救援预案的职责。 (2)生产经营单位对重大危险源应当登记建档，进行定期检测、评估、监控，并制定应急预案，告知从业人员和相关人员在紧急情况下应当采取的应急措施。 2.《危险化学品安全管理条例》规定 (1)县级以上地方人民政府安监部门应当会同工信、环保、公安、卫生、交通、铁路、质检等部门，根据本地区实际情况，制定危险化学品事故应急预案，报本级人民政府批准。 (2)危险化学品单位应当制定本单位危险化学品事故应急预案，配备应急救援人员和必要的应急救援器材、设备，并定期组织应急救援演练。危险化学品单位应当将其危险化学品事故应急预案报所在地设区的市级人民政府安监部门备案。 3. 国务院《特种设备安全监察条例》规定 特种设备使用单位应当制定特种设备的事故应急专项预案，并定期进行事故应急演练。 4. 国务院《关于特大安全事故行政责任追究的规定》规定 市(地、州)、县(市、压)人民政府必须制定本地区特大安全事故应急处理预案
事故应急管理理论框架	应急管理是一个动态的过程，包括预防、准备、响应和恢复4个阶段。 自然灾害、事故灾难或者公共卫生事件发生后，履行统一领导职责的人民政府可以采取下列一项或者多项应急处置措施： (1)组织营救和救治受害人员，疏散、撤离并妥善安置受到威胁的人员以及采取其他救助措施。 (2)迅速控制危险源，标明危险区域，封锁危险场所，划定警戒区，实行交通管制以及其他控制措施。 (3)立即抢修被损坏的交通、通信、供水、排水、供电、供气、供热等公共设施，向受到危害的人员提供避难场所和生活必需品，实施医疗救护和卫生防疫以及其他保障措施。 (4)禁止或者限制使用有关设备、设施，关闭或者限制使用有关场所，中止人员密集的活动或者可能导致危害扩大的生产经营活动以及采取其他保护措施

续表

项目	具体内容	
事故应急管理理论框架	(5)启用本级人民政府设置的财政预备费和储备的应急救援物资,必要时调用其他急需物资、设备、设施、工具。 (6)组织公民参加应急救援和处置工作,要求具有特定专长的人员提供服务。 (7)保障食品、饮用水、燃料等基本生活必需品的供应。 (8)依法从严惩处囤积居奇、哄抬物价、制假售假等扰乱市场秩序的行为,稳定市场价格,维护市场秩序。 (9)依法从严惩处哄抢财物、干扰破坏应急处置工作等扰乱社会秩序的行为,维护社会治安。 (10)采取防止发生次生、衍生事件的必要措施	
事故应急响应机制	一级紧急情况	(1)一级紧急情况是指必须利用所有有关部门及一切资源的紧急情况,或者需要各个部门同外部机构联合处理的各种紧急情况,通常要宣布进入紧急状态。 (2)在该级别中,作出主要决定的机构是紧急事务管理部门。 (3)现场指挥部可在现场作出保护生命和财产以及控制事态所必需的各种决定。
	二级紧急情况	(1)二级紧急情况是指需要两个或更多个部门响应的紧急情况。 (2)该事故的救援需要有关部门的协作,并且提供人员、设备或其他资源。 (3)该级响应需要成立现场指挥部来统一指挥现场的应急救援行动
	三级紧急情况	(1)三级紧急情况是指能被一个部门正常可利用的资源处理的紧急情况。 (2)正常可利用的资源指在该部门权力范围内通常可以利用的应急资源,包括人力和物力等。 (3)必要时,该部门可以建立一个现场指挥部,所需的后勤支持、人员或其他资源增援由本部门负责解决
	事故应急救援响应程序	(1)接警。 (2)警情判断及响应级别。 (3)应急启动。 (4)救援行动。 (5)事态控制。 (6)应急恢复。 (7)应急结束(关闭)

第二节　应急预案制定和演练

考点 1　事故应急预案的作用

项目	具体内容
事故应急预案的作用	(1)确定了应急救援的范围和体系,使应急管理不再无据可依、无章可循。 (2)有利于做出及时的应急响应,降低事故后果。 (3)是各类突发重大事故的应急基础。 (4)建立了与上级单位和部门应急救援体系的衔接。 (5)有利于提高风险防范意识

考点 2　事故应急预案的基本要求

项目	具体内容
事故应急预案的基本要求	(1)符合有关法律、法规、规章和标准的规定。 (2)结合本地区、本部门、本单位的安全生产实际情况。 (3)结合本地区、本部门、本单位的危险性分析情况。 (4)应急组织和人员的职责分工明确,并有具体的落实措施。 (5)有明确、具体的应急程序和处置措施,并与其应急能力相适应。 (6)有明确的应急保障措施,并能满足本地区、本部门、本单位的应急工作要求。 (7)预案基本要素齐全、完整,预案附件提供的信息准确。 (8)预案内容与相关应急预案相互衔接

考点 3　事故应急预案的主要内容

项目	具体内容	
概况	主要描述生产经营单位概况以及危险特性状况等,同时对紧急情况下应急事件、适用范围和方针原则等提供简述并作必要说明	
事故预防	预防程序是对潜在事故、可能的次生与衍生事故进行分析并说明所采取的预防和控制事故的措施	
	危险分析	(1)危险识别。 (2)脆弱性分析。 (3)风险分析
	资源分析	(1)针对危险分析所确定的主要危险,明确应急救援所需的资源,列出可用的应急力量和资源。 (2)包括:①各类应急力量的组成及分布情况。②各种重要应急设备、物资的准备情况。③上级救援机构或周边可用的应急资源

续表

<table>
<tr><th>项目</th><th colspan="2">具体内容</th></tr>
<tr><td>事故预防</td><td>法律法规要求</td><td>编制预案前,应调研国家和地方有关应急预案、事故预防、应急准备、应急响应和恢复相关的法律法规文件,以作为预案编制的依据和授权</td></tr>
<tr><td>准备程序</td><td colspan="2">(1)机构与职责。
①应急机构组织体系包括城市应急管理的领导机构、应急响应中心以及各有关机构部门等。
②对应急救援中承担任务的所有应急组织,应明确相应的职责、负责人、候补人及联络方式。
(2)应急资源。
应急资源的准备包括合理组建专业和社会救援力量,配备应急救援中所需的各种救援机械和装备、监测仪器、堵漏和清消材料、交通工具、个体防护装备、医疗器械和药品、生活保障物资等,并定期检查、维护与更新,保证始终处于完好状态。
(3)教育、培训与演习。
提高公众意识和自我保护能力、应急演习等方面。
(4)互助协议</td></tr>
<tr><td>应急程序</td><td colspan="2">(1)在应急救援过程中,存在一些必需的核心功能和任务,如接警与通知、指挥与控制、警报和紧急公告、通信、事态监测与评估、警戒与治安、人群疏散与安置、医疗与卫生、公共关系、应急人员安全、消防和抢险、泄漏物控制等,无论何种应急过程都必须围绕上述功能和任务开展。
(2)应急程序主要指实施上述核心功能和任务的程序和步骤</td></tr>
<tr><td>现场恢复</td><td colspan="2">(1)也可称为紧急恢复,是指事故被控制住后所进行的短期恢复。
(2)该部分主要内容应包括:①宣布应急结束的程序。②撤离和交接程序。③恢复正常状态的程序。④现场清理和受影响区域的连续检测。⑤事故调查与后果评价等</td></tr>
<tr><td>预案管理与评审改进</td><td colspan="2">(1)应急预案是应急救援工作的指导文件。
(2)应当对预案的制定、修改、更新、批准和发布做出明确的管理规定,保证定期或在应急演习、应急救援后对应急预案进行评审和改进,针对各种实际情况的变化以及预案应用中所暴露出的缺陷,持续地改进,以不断地完善应急预案体系</td></tr>
</table>

考点4　应急演练的定义、目的与原则

项目	具体内容
定义	各级政府部门、企事业单位、社会团体,组织相关应急人员与群众,针对待定的突发事件假想情景,按照应急预案所规定的职责和程序,在特定的时间和地域,执行应急响应任务的训练活动
目的	检验预案、完善准备、锻炼队伍、磨合机制、科普宣教
地位	是应急管理的重要环节,在应急管理工作中有着十分重要的作用

续表

项目	具体内容
原则	(1)结合实际、合理定位。 (2)着眼实战、讲求实效。 (3)精心组织、确保安全。 (4)统筹规划、厉行节约
作用	(1)实现评估应急准备状态,发现并及时修改应急预案、执行程序等相关工作的缺陷和不足。 (2)评估突发公共事件应急能力,识别资源需求,澄清相关机构、组织和人员的职责,改善不同机构、组织和人员之间的协调问题。 (3)通过演练手段,检验应急响应人员对应急预案、执行程序的具体了解程度和实际操作技能,评估人员的应急培训效果,分析培训需求。 (4)作为一种培训手段,通过调整演练难度,可以进一步提高应急响应人员的业务素质和能力。 (5)促进公众、媒体对应急预案的理解,争取他们对应急工作的支持

考点 5　应急演练的类型

项目	具体内容	
按照组织方式及目标重点的不同分类	桌面演练	(1)桌面演练是一种圆桌讨论或演习活动。 (2)其目的是使各级应急部门、组织和个人在较轻松的环境下,明确和熟悉应急预案中所规定的职责和程序,提高协调配合及解决问题的能力。 (3)桌面演练的情景和问题通常以口头或书面叙述的方式呈现,也可以使用地图、沙盘、计算机模拟、视频会议等辅助手段,有时被分别称为图上演练、沙盘演练、计算机模拟演练、视频会议演练等
	现场演练	(1)现场演练是以现场实战操作的形式开展的演练活动。 (2)参演人员在贴近实际状况和高度紧张的环境下,根据演练情景的要求,通过实际操作完成应急响应任务,以检验和提高相关应急人员的组织指挥、应急处置以及后勤保障等综合应急能力
按演练内容分类	单项演练	(1)单项演练是指只涉及应急预案中特定应急响应功能或现场处置方案中一系列应急响应功能的演练活动。 (2)注重针对一个或少数几个参与单位(岗位)的特定环节和功能进行检验
	综合演练	(1)综合演练是指涉及应急预案中多项或全部应急响应功能的演练活动。 (2)注重对多个环节和功能进行检验,特别是对不同单位之间应急机制和联合应对能力的检验

续表

项目	具体内容	
按演练目的和作用分类	检验性演练	检验性演练是指为了检验应急预案的可行性及应急准备的充分性而组织的演练
	示范性演练	示范性演练是指为了向参观、学习人员提供示范，为普及宣传应急知识而组织的观摩性演练
	研究性演练	研究性演练是为了研究突发事件应急处置的有效方法，试验应急技术、设施和设备，探索存在问题的解决方案等而组织的演练

第三节　应急准备与响应

考点　应急准备与响应

项目	具体内容
演练前检查	（1）演练实施当天，演练组织机构的相关人员应在演练开始前提前到达现场，对演练所用的设备设施等的情况进行检查，确保其正常工作。 （2）按照演练安全保障工作安排，对进入演练场所的人员进行登记和身份核查，防止无关人员进入
演练前情况说明和动员	（1）导演组完成事故应急演练准备，以及对演练方案、演练场地、演练设施、演练保障措施的最后调整后，应在演练前夕分别召开控制人员、评估人员、演练人员的情况介绍会，确保所有演练参与人员了解演练现场规则以及演练情景和演练计划中与各自工作相关的内容。 （2）演练模拟人员和观摩人员一般参加控制人员情况介绍会。 （3）导演组可向演练人员分发演练人员手册，说明演练适用范围、演练大致日期（不说明具体时间）、参与演练的应急组织、演练目标的大致情况、演练现场规则、采取模拟方式进行演练的行动等信息。 （4）演练过程中，如果某些应急组织的应急行为由控制人员或模拟人员以模拟方式进行演示，则演练人员应了解这些情况，并掌握相关控制人员或模拟人员的通讯联系方式，以免演练时与实际应急组织发生联系
演练启动	（1）示范性演练一般由演练总指挥或演练组织机构相关成员宣布演练开始并启动演练活动。 （2）检验性和研究性演练，一般在到达演练时间节点，演练场景出现后，自行启动
演练执行	1. 现场演练 应急演练活动一般始于报警消息，在此过程中，参演应急组织和人员应尽可能按实际紧急事件发生时的响应要求进行演示，即“自由演示”，由参演应急组织和人员根据自己

续表

项目	具体内容
演练执行	关于最佳解决办法的理解，对情景事件做出响应行动。 2. 桌面演练 桌面演练的执行通常是五个环节的循环往复： (1)演练信息注入。 (2)问题提出。 (3)决策分析。 (4)决策结果表达。 (5)点评。 3. 演练解说 (1)在演练实施过程中，演练组织单位可以安排专人对演练过程进行解说。 (2)解说内容一般包括演练背景描述、进程讲解、案例介绍、环境渲染等。 (3)对于有演练脚本的大型综合性示范演练，可按照脚本中的解说词进行讲解。 4. 演练记录 演练实施过程中，一般要安排专门人员，采用文字、照片和音像等手段记录演练过程。 5. 演练宣传报道 (1)演练宣传组按照演练宣传方案做好演练宣传报道工作。 (2)认真做好信息采集、媒体组织、广播电视节目现场采编和播报等工作，扩大演练的宣传教育效果。 (3)对涉密应急演练要做好相关保密工作
演练结束与意外终止	(1)演练完毕，由总策划发出结束信号，演练总指挥或总策划宣布演练结束。 (2)演练结束后所有人员停止演练活动，按预定方案集合进行现场总结讲评或者组织疏散。 (3)保障部负责组织人员对演练场地进行清理和恢复。 (4)演练实施过程中出现下列情况，经演练领导小组决定，由演练总指挥或总策划按照事先规定的程序和指令终止演练：①出现真实突发事件，需要参演人员参与应急处置时，要终止演练，使参演人员迅速回归其工作岗位，履行应急处置职责。②出现特殊或意外情况，短时间内不能妥善处理或解决时，可提前终止演练
现场点评会	(1)演练组织单位演练活动结束后，应组织针对本次演练现场点评会。 (2)包括专家点评、领导点评、演练参与人员的现场信息反馈等
文件归档与备案	(1)演练组织单位在演练结束后应将演练计划、演练方案、各种演练记录(包括各种音像资料)、演练评估报告、演练总结报告等资料归档保存。 (2)对于由上级有关部门布置或参与组织的演练，或者法律、法规、规章要求备案的演练，演练组织单位应当将相关资料报有关部门备案

第六章　生产安全事故与安全生产统计分析

知识框架

- 生产安全事故与安全生产统计分析
  - 生产安全事故报告、调查、处理
    - 生产安全事故报告
    - 生产安全事故调查
    - 生产安全事故处理
  - 安全生产统计分析
    - 事故统计的范围和内容
    - 经济损失的统计与计算方法

考点精讲

第一节　生产安全事故报告、调查、处理

考点1　生产安全事故报告

项目	具体内容
事故上报的时限和部门	(1)生产安全事故发生后，事故现场有关人员应当立即向本单位负责人报告。 (2)单位负责人接到报告后，应当于1小时内向事故发生地县级以上人民政府安全生产监督管理部门和负有安全生产监督管理职责的有关部门报告。 (3)情况紧急时，事故现场有关人员可以直接向事故发生地县级以上人民政府安全生产监督管理部门和负有安全生产监督管理职责的有关部门报告。 (4)如果，现场条件特别复杂，难以准确判定事故等级，情况十分危急，上一级部门没有足够能力开展应急救援工作，或者事故性质特殊、社会影响特别重大时，就应当允许越级上报事故。 (5)安全生产监督管理部门和负有安全生产监督管理职责的有关部门逐级上报事故情况，每级上报的时间不得超过2小时。 (6)所谓“2小时”起点是指接到下级部门报告的时间，以特别重大事故的报告为例，按照报告时限要求的最大值计算，从单位负责人报告县级管理部门，再由县级管理部门报告市级管理部门、市级管理部门报告省级管理部门、省级管理部门报告国务院管理部门，直至最后报至国务院，总共所需时间为9小时

续表

项目	具体内容
事故的补报	事故报告后出现新情况的,应当及时补报: (1)自事故发生之日起30日内,事故造成的伤亡人数发生变化的,应当及时补报。 (2)道路交通事故、火灾事故自发生之日起7日内,事故造成的伤亡人数发生变化的,应当及时补报。 (3)上报事故的首要原则是及时
不同级别事故上报单位	安全生产监督管理部门和负有安全生产监督管理职责的有关部门接到事故报告后,应当依照下列规定上报事故情况,并通知公安机关、劳动保障行政部门、工会和人民检察院。 (1)特别重大事故、重大事故逐级报至国务院安监部门和有关部门。 (2)较大事故逐级报至省级安监部门和有关部门。 (3)一般事故报至设区的市级安监部门和有关部门
事故上报内容	(1)事故发生单位概况。 (2)事故发生的时间、地点以及事故现场情况。 (3)事故的简要经过。 (4)事故已经造成或者可能造成的伤亡人数(包括下落不明的人数)和初步估计的直接经济损失。 (5)已经采取的措施。 (6)其他应当报告的情况

考点2 生产安全事故调查

项目	具体内容
事故调查工作的要求	(1)事故调查处理应当坚持实事求是、尊重科学的原则,及时准确地查清事故经过、事故原因和事故损失,查明事故性质,认定事故责任,总结事故教训。提出整改措施并对事故责任者依法追究责任。 (2)县级以上人民政府应当依照《生产安全事故报告和调查处理条例》的规定,严格履行职责,及时、准确地完成事故调查处理工作。 (3)事故发生地有关地方人民政府应当支持、配合上级人民政府或者有关部门的事故调查处理工作,并提供必要的便利条件。 (4)参加事故调查处理的部门和单位应当互相配合,提高事故调查处理工作的效率。 (5)工会依法参加事故调查处理,有权向有关部门提出处理意见。 (6)任何单位和个人不得阻挠和干涉对事故的报告和依法调查处理
组织原则与影响	(1)事故调查工作实行"政府领导、分级负责"的原则。 (2)特别重大事故由国务院,或者国务院授权有关部门组织事故调查组进行调查。 (3)重大事故、较大事故、一般事故分别由事故发生地省级人民政府、设区的市级人民政府、县级人民政府负责调查

续表

项目	具体内容
组织原则与影响	(4)下列情况下，上级人民政府可以调查由下级人民政府负责调查的事故：①事故性质恶劣、社会影响较大的；②同一地区连续频繁发生同类事故的；③事故发生地不重视安全生产工作、不能真正吸取事故教训的；④社会和群众对下级政府调查的事故反响十分强烈的；⑤事故调查难以做到客观、公正的。 (5)自事故发生之日起30日内(道路交通事故、火灾事故自发生之日起7日内)，因事故伤亡人数变化导致事故等级发生变化，应当由上级人民政府负责调查的，上级人民政府可以另行组织事故调查组进行调查。 (6)特别重大事故以下等级事故，事故发生地与事故发生单位不在同一个县级以上行政区域的，由事故发生地人民政府负责调查，事故发生单位所在地人民政府应当派人参加

考点3　生产安全事故处理

项目	具体内容
生产安全事故处理相关规定	(1)重大事故、较大事故、一般事故，负责事故调查的人民政府应当自收到事故调查报告之日起15日内做出批复；特别重大事故，30日内做出批复，特殊情况下，批复时间可以适当延长，但延长的时间最长不超过30日。 (2)有关机关应当按照人民政府的批复，依照法律、行政法规规定的权限和程序，对事故发生单位和有关人员进行行政处罚，对负有事故责任的国家工作人员进行处分。 (3)事故发生单位应当按照负责事故调查的人民政府的批复，对本单位负有事故责任的人员进行处理。 (4)负有事故责任的人员涉嫌犯罪的，依法追究刑事责任。 (5)事故发生单位应当认真吸取事故教训，落实防范和整改措施，防止事故再次发生。防范和整改措施的落实情况应当接受工会和职工的监督。 (6)安全生产监督管理部门和负有安全生产监督管理职责的有关部门应当对事故发生单位落实防范和整改措施的情况进行监督检查。 (7)事故处理的情况由负责事故调查的人民政府或者其授权的有关部门、机构向社会公布，依法应当保密的除外

第二节　安全生产统计分析

考点1　事故统计的范围和内容

项目	具体内容
事故统计的范围和内容	(1)伤亡事故统计的范围：中华人民共和国领域内从事生产经营活动的单位。 (2)统计内容：①企业的基本情况；②各类事故发生的起数；③伤亡人数；④伤亡程度；⑤事故类别；⑥事故原因；⑦直接经济损失

考点 2　经济损失的统计与计算方法

<table>
<tr><th>项目</th><th colspan="2">具体内容</th></tr>
<tr><td>直接经济损失的统计</td><td colspan="2">(1)人身伤亡后所支出的费用:①医疗费用(含护理费用);②丧葬及抚恤费用;③补助及救济费用;④歇工工资。
(2)善后处理费用:①处理事故的事务性费用;②现场抢救费用;③清理现场费用;④事故罚款和赔偿费用。
(3)财产损失价值:固定资产损失价值和流动资产损失价值。
①固定资产损失价值按下列情况计算:报废的固定资产,以固定资产净值减去残值计算;损坏的固定资产,以修复费用计算。
②流动资产损失价值按下列情况计算:原材料、燃料、辅助材料等均按账面值减去残值计算;成品、半成品、在制品等均以企业实际成本减去残值计算</td></tr>
<tr><td>间接经济损失的统计</td><td colspan="2">(1)停产、减产损失价值。
(2)工作损失价值。
(3)资源损失价值。
(4)处理环境污染的费用。
(5)补充新职工的培训费用。
(6)其他损失费用</td></tr>
<tr><td rowspan="4">计算方法</td><td>经济损失计算</td><td>$$E = E_d + E_i$$
式中:E——经济损失,万元;
E_d——直接经济损失,万元;
E_i——间接经济损失,万元</td></tr>
<tr><td>工作损失价值计算</td><td>$$V_W = D_L M/(SD)$$
式中:V_W——工作损失价值,万元;
D_L——一起事故的总损失工作日数,死亡一名职工按 6 000 个工作日计算,受伤职工视伤害情况按《企业职工伤亡事故分类标准》(GB 6441—1986)的附表确定,日;
M——企业上年税利(税金加利润),万元;
S——企业上年平均职工人数,人;
D——企业上年法定工作日数,日</td></tr>
<tr><td>固定资产损失价值计算</td><td>(1)报废的固定资产,以固定资产净值减去残值计算。
(2)损坏的固定资产,以修复费用计算</td></tr>
<tr><td>流动资产损失价值计算</td><td>(1)原材料、燃料、辅助材料等均按账面值减去残值计算。
(2)成品、半成品、在制品等均以企业实际成本减去残值计算</td></tr>
</table>

续表

项目	具体内容	
经济损失的评价指标	千人经济损失率	$R_S(‰)=E/S\times 1\,000$ 式中：R_S——千人经济损失率； E——全年内经济损失，万元； S——企业平均职工人数，人
	百万元产值经济损失率	$R_V(‰)=E/V\times 100$ 式中：R_V——百万元产值经济损失率； E——全年内经济损失，万元； V——企业总产值，万元

第七章　经典案例

案例 1

F 集团公司拥有长距离轻质原油输运管道(简称Ⅱ号管道),公司下属的 H 分公司负责Ⅱ号管道日常巡检维护,公司下属的 I 分公司负责Ⅱ号管道现场抢险堵漏及其他应急处置。

Ⅱ号管道路由 G 市的海港居民生活区(简称海港区)。2013 年 12 月 2 日 19 时许,Ⅱ号管道在海港区的港大十字路口附近发生原油泄漏。原油泄漏到港大路路面,再经港大路的污水井流人港海下水道。

港海下水道是 G 市生活污水排水系统的一部分,负责将生活污水输运至 G 市第二污水处理厂。

当日 21 时许,H 分公司向 G 市海港区安全生产监督管理局、F 集团公司安全生产管理部门报告了Ⅱ号管道在海港区的原油泄漏情况。同时,H 分公司开展泄漏点分析、泄漏量估算和泄漏原油流淌范围的勘查。初步确认,泄漏点在港海下水道与Ⅱ号管道交叉点的上方,泄漏原油已沿港大路流淌约 70m,并有大量原油流入港海下水道中。

为控制原油泄漏,H 分公司通知 I 分公司进行现场抢险堵漏。I 分公司抢险队伍和装备于 3 日 5 时到达泄漏现场,并组成现场抢修组,由甲任组长。甲带领技术人员乙、丙进行了现场勘查,发现 I 号管道泄漏部位上方有 0.4 m 厚的水泥盖板,必须动用工程机械先将水泥盖板凿碎、拖离,才能确认泄漏点,并进行后续抢修堵漏。甲调来液压破碎锤,准备进场施工。

海港区的部分晨练居民闻到油气味,不知发生了什么事情,部分人员到抢修现场围观。一些通过港大十字路口的行人,发现抢修现场交通受阻,也挤到现场观望。3 日 7 时 30 分,甲下令工程破碎机械进入抢修点作业,液压破碎锤开始敲砸水泥盖板,施工 5 min 后突然发生爆炸,随后施工点周围港海下水道内多处发生爆炸,事故造成重大人员伤亡和极其恶劣的社会影响。经事故调查组确认,此次爆炸事故的第一起爆点在液压破碎锤周边 0.5 m 范围内。

根据以上场景,回答下列问题:

1. 分析第一起爆点的可能点火源和港海下水道内参与爆炸的物质。
2. 指出此次事故在应急响应和应急处置方面存在的问题。
3. 指出此次事故事后处置应开展的工作。
4. 简要说明 F 集团公司为确保Ⅱ号管道运行应采取的安全措施。

参考答案及解析

1. 点火源:撞击火花、液压破碎锤发动机火源、静电放电火花、人工明火、手机。可燃物:轻质原油挥发物、污水沼气、污水其他可燃气体。

2. 此次事故在应急响应和应急处置方面存在的问题:(1)未及时通知周边群众;(2)未通知交管部门、安监部门或地方政府;(3)未进行风险评估;(4)未设置警戒区;(5)未启动应急预案。

3. 此次事故事后处置应开展的工作:(1)恢复现场;(2)对周边的损失进行评估统计;(3)检测环境并作出评价;(4)进行管道的隐患排查治理;(5)深度分析事故原因和责任人;(6)处理相关责任人并将处理结果向社会公开;(7)完善应急救援预案;(8)安全教育培训,向社会宣传管道安全。

4. 应采取的安全措施:(1)建立健全巡护制度,配备专人日常巡护;(2)对管道路由的违章建设进行隐患排查治理;(3)对管道定期检测危害,确保完好状态;(4)对风险较大区段进行重点监测监控;(5)加强宣传教育,提高全民的安全意识,加强安全培训,促使职工严格遵章守制;(6)设置安全标志和说明;(7)及时制止危害管道安全的行为;(8)制定应急预案,配备相应应急设施、物资,加强应急队伍建设;(9)将有关管道安全的情况向安全生产监管部门汇报。

案例 2

A 企业为禽类加工企业,有员工 415 人,厂房占地 15 000 m^2,包括一车间,二车间,冷冻库、冷藏库、液氨车间、配电室等生产单元和办公区。液氨车间为独立厂房,其余生产单元位于一个连体厂房内。连体厂房房顶距地面 12 m,采用彩钢板内喷聚氨酯泡沫材料;吊顶距房顶 2.7 m,采用聚苯乙烯材料;吊顶内的同一桥架上平行架设液氨管道和电线;厂房墙体为砖混结构,厂房内车间之间、车间与办公区之间用聚苯乙烯板隔断;厂房内的电气设备均为非防爆电气设备。

一车间为屠宰和粗加工车房,主要工艺有:宰杀禽类、低温褪毛、去内脏、水冲洗。半成品送二车间。

二车间为精加工车间,主要工艺有:用刀分割禽类、真空包装。成品送冷冻库或冷藏库。A 企业采用液氨制冷,液氨车间制冷压缩机为螺杆式压缩机,液氨储量 150 t。A 企业建有 1 000 m^3 消防水池,在厂区设置消防栓 22 个,但从未按规定检测。A 企业自 2002 年投产以来,企业负责人重生产、轻安全,从未组织过员工安全培训和应急演练,没有制定应急救援预案。连体厂房有 10 个出入口,其中 7 个常年封闭、2 个为货物进出通道、1 个为员工出入通道。

根据以上场景,回答下列问题(1 ~ 3 题为单选题,4 ~ 5 题为多选题):

1. 根据《火灾分类》(GB/T 4968),如果 A 企业配电室内的配电柜发生火灾,该火灾的类别为(　　)。

A. A类火灾
B. B类火灾
C. C类火灾
D. D类火灾
E. E类火灾

2. 根据《建筑设计防火规范》(GB 50016),A企业液氨车间的生产火灾危险性类别应为(　　)。

A. 甲级
B. 乙级
C. 丙级
D. 丁级
E. 戊级

3. 根据《企业职工伤亡事故分类标准》(GB 6441),如果冷冻库内液氨泄漏致人员伤亡,则该类事故类别为(　　)。

A. 中毒和窒息
B. 物体打击
C. 冲击
D. 机械伤害
E. 淹溺

4. A企业在安全管理方面存在的违规行为有(　　)。

A. 未对员工进行相应的安全培训
B. 连体厂房内的电气设备均为非防爆电气设备
C. 厂区内设置的消防栓未按规定检测
D. 连体厂房的7个出入口常年封闭
E. 吊顶内的同一桥架上平行架设液氨管道和电线

5. 在配电室内应采取的安全防护措施包括(　　)。

A. 高压区与低压区分设
B. 保持检查通道有足够的宽度和高度
C. 辐射防护
D. 设置应急照明
E. 设置消防栓

参考答案及解析

1. E　【解析】固体火灾属于A类火灾;液体火灾属于B类火灾;气体火灾属于C类火灾;金属火灾属于D类火灾;电气火灾属于E类火灾;厨房烹饪火灾属于F类火灾。

2. B　【解析】甲级:易燃气体、液体闪点<28℃、<10%。乙级:28 ℃≤闪点<60 ℃、≥10%。丙级:闪点≥60 ℃、可燃固体。丁级:难燃物质。戊级:不燃物质。

3. A　【解析】氨有毒,泄漏后形成氨气导致人员吸入中毒。

4. ACD　【解析】选项BE属于安全技术问题。

5. ABD　【解析】配电室存在轻微电磁辐射,对人体是无害的,无须采取辐射防护措施。配电室着火属于电气火灾,不应用水灭火,设置消防栓错误。

案例 3

2008 年，G 淀粉公司雇佣临时人员把仓库改造成第三生产车间。该车间为长 80 m、宽 50 m、高 15 m 的桁架砖混结构建筑，分为打包间和产品暂存间。打包间用 7 m 高砖墙与暂存间分隔。打包间内有打包机 8 台、振动筛 8 台。振动筛安装在 6 m 高的二层钢制平台上，振动筛内筛子采用木质框架，筛子四角与振动筛用铁质螺栓连接。振动筛开关和电动机为防爆电器设备。

2010 年 3 月 10 日 10 时 30 分，当班班长甲发现 4 号打包机故障，二层钢制平台滞留了大量淀粉，正散落到打包间地面。甲关停 4 号打包机，并向车间主任报告。14 时，甲带领 10 名工人到二层钢制平台清理淀粉。一部分工人使用扫把、铁锹等工具清理平台上的淀粉，装包后，通过楼梯把成包淀粉滚落到打包间地面，或从二层平台直接将淀粉包扔到打包间地面；另一部分工人用铁制扳手卸下筛子，用铁棍敲打清理筛子上的淀粉。

当清理工作进行到 15 时 10 分时，突然发生燃爆，而后发生多次爆炸，打包间一片火海，第三生产车间厂房的四面墙体全部倒塌。事发时，打包间和暂存间分别有作业人员 19 人和 79 人。事故导致 18 人死亡、7 人重伤、38 人轻伤。

事故发生后，当地政府立即成立现场救援指挥部。搜救人员多次进入车间搜救，利用切割器、生命探测仪、液压顶杆、起重气垫等装备进行救援，并在厂房周边同时用消防水枪灭火降温，防止再次燃爆。

根据以上场景，回答下列问题：

1. 指出引起此次淀粉燃爆的基本条件。

2. 分析该起事故的直接原因和间接原因。

3. 指出淀粉爆炸与气体爆炸在爆炸特性方面的不同。

4. 提出 G 淀粉公司为预防此类事故再次发生应采取的安全技术措施和安全管理措施。

参考答案及解析

1. 此次淀粉燃爆的基本条件：(1) 氧气或阻燃剂。(2) 淀粉粉尘空间分布达到爆炸极限。(3) 点火源或引火源。

2. 事故直接原因：(1) 淀粉粉尘在空气中扬起达到爆炸极限。(2) 使用铁制工具导致清理过程产生火花。

事故间接原因：(1) 企业安全生产条件不具备。(2) 安全培训不够，安全知识不具备。(3) 清理淀粉前没有进行安全风险分析。

3. 淀粉爆炸与气体爆炸在爆炸特性方面的不同：(1) 粉尘点火能高（高达几十豪焦），气体点火能低（小于 1 mJ）。(2) 粉尘爆炸常有多次爆炸、气体爆炸一般只有一次爆炸。(3) 粉尘爆炸孕育期长（达秒级），气体爆炸孕育期短（微秒到毫秒级）。(4) 粉尘爆炸高压持续时间长，气体爆炸高压持续时间短。

4. 安全技术措施:(1)厂房设计采用防爆设计。(2)粉尘浓度报警。(3)采用除尘措施。(4)电气接地。(5)清理淀粉采用防爆工具。

安全管理措施:(1)淀粉清理方案经批准后实施。(2)上岗安全培训。(3)完善安全生产责任制。(4)健全各项规章制度。(5)建立应急预案。(6)设置警示标志。

案例 4

某家电公司随着市场份额的不断扩大,原有生产规模不能满足目前市场的需要。为填补市场家具供应的不足,公司决定选择新址建造新的家具加工基地。考虑到城市规划、企业生产、销售及成本方面的需要,公司决定选择既方便运输又方便物料存放的一开阔地作为新厂址。

新址在开发区,与某精细涂料有限公司相邻,以东 10 km 的地方有一家生产甲醇的化工公司,该公司生产的甲醇主要通过家电公司西侧相邻码头外运,之间通过铁路专线运输。为节省资金,家电公司与精细涂料有限公司共同租赁了 M 公司的仓库,仓库归使用方管理。家电全部通过汽车运输,由公司选定的通过 OSHMS 认证的运输商承运。

公司的主要机械包括电钻、小型轮式起重机、叉车、组装流水线、运输车辆等。主要的生产过程包括材料运输和装卸、型材加工、组装、喷漆等。

为加强应急工作,家电公司将应急预案编制工作指派给安全科。安全科组织全体人员成立了编制小组,并进行了分工。编制小组在企业原有预案的基础上,认真分析了新址的周边情况、生产区域布局的变化后,形成新的预案。编写小组根据领导意见进行了完善,形成了最终版本,经领导签发后发布。

根据以上场景,回答下列问题:

1. 如果让你对该论证方案进行危险有害因素辨识,按照《企业职工伤亡事故分类标准》(GB 6441)的事故分类,指出主要的危险因素及产生部位。

2. 按照《企业职工伤亡事故分类标准》(GB 6441)的事故分类,指出喷漆车间可能发生的主要事故。为避免这些事故的发生,请列举主要的防范措施。

参考答案及解析

1. 主要的危险因素及产生部位:

(1)机械伤害。外壳加工过程中使用电钻等造成的伤害,组装流水线旋转部位的伤害,机械检修过程的各种伤害,加工件造成的伤害等。

(2)触电。电钻漏电触电,组装流水线电动机械维修时误操作触电等。

(3)物体打击。加工件飞出造成的打击伤害等。

(4)起重伤害。起重过程中由于起重机故障、人员操作造成的伤害。

(5)火灾。油漆等造成的火灾伤害,甲醇铁路运输事故引发的火灾。

(6)中毒和窒息。油漆、黏合剂等的挥发。

(7)车辆伤害。叉车、运输车辆等造成的车辆伤害。

(8)其他爆炸。油漆等遇火源爆炸，甲醇铁路运输事故引发爆炸。

2. 可能发生的主要事故及主要防范措施：可能发生的主要事故包括触电、火灾、其他爆炸、中毒和窒息等。主要防范措施包括：

(1)加强电气检修，预防漏电，保证接地良好。

(2)控制火源，禁止出现明火、电气设备电路破损老化漏电打火、使用非防爆电器，完善消除静电的各项措施，防止静电火花。

(3)降低作业空间油漆和其他可燃物质浓度，保证通风措施完好并正常使用。

(4)保证个体防护设施、用品完备，具有各项完备的安全操作规程及管理制度。

参考文献

[1]王柳. 电力生产安全技术及管理[M]. 第2版. 北京:中国水利水电出版社,2014.

[2]林建军. 电力安全技术[M]. 北京:中国电力出版社,2014.

[3]国家标准《电力(业)》安全工作规程辅导教材[M]. 北京:中国电力出版社,2012.

[4]国家电网公司. 电力安全工作规程线路部分. 北京:中国电力出版社,2014.

[5]陈界平,黄文峰. 烟花爆竹经营安全知识读本[M]. 北京:气象出版社,2011.

[6]土方与爆破工程施工技术标准[S]. 北京:中国建筑工业出版社,2013.

[7]中华人民共和国公安部. 爆破作业单位民用爆炸物品储存库安全评价导则[S]. 北京:中国标准出版社,2009.

[8]陈利琼. 油气储运安全技术与管理[M]. 北京:石油工业出版社,2014.

[9]潘一. 油气开采工程[M]. 北京:中国石化出版社,2014.

[10]郭建春,唐海,李海涛. 油气藏开发与开采技术. 北京:石油工业出版社,2013.

[11]公安部治安管理局. 爆破作业技能与安全[M]. 北京:冶金工业出版社,2014.

[12]孟宪杰,等. 电梯安全操作技术[M]. 北京:中国质检出版社. 2011.

[13]朱德文,刘剑. 电梯安全技术[M]. 北京:中国电力出版社. 2007.